JN409984

東洋古典譯註叢書 64

譯註 東萊博議 3

저자 呂祖謙
책임번역 鄭太鉉
공동번역 金炳愛

전통문화연구회

國譯委員

責任飜譯　鄭太鉉
共同飜譯　金炳愛
潤　　文　朴勝珠 南賢熙
校　　訂　田炳秀 郭成龍
諮問委員　吳圭根
出　　版　金圭賢 郭成龍
管　　理　咸明淑
普　　及　徐源英

東洋古典譯註叢書를 발간하면서

우리의 古典國譯事業은 민족문화 진흥의 기초사업으로 1960년대부터 政府 支援으로 古文獻 現代化 작업을 추진하여 많은 成果를 거두었다. 당시 이 사업 추진의 先行課題로 東洋古典이라 일컬어지는 중국의 基本古典을 먼저 飜譯하여야 한다는 學界의 주장이 있었음에도 불구하고 우리 고전이 아니라는 일부의 偏狹한 視角과 財政 事情 등으로 인하여 배제되어 왔다.

전통적으로 중국의 기본고전은 우리 歷史와 함께 숨 쉬며 각종 교육기관의 敎科書로 활용됨은 물론이고 지식인들의 必讀書가 되어 왔으며, 우리 文化의 基底에 자리잡고 거의 모든 방면의 體系와 根幹을 형성하여 왔다. 그래서 학문연구의 기본서 역할을 해 왔을 뿐만 아니라 오늘날에도 우리의 國學徒 및 東洋學 硏究者들에게 같은 역할을 하고 있음은 주지의 사실이다. 그럼에도 불구하고 中國古典은 우리 것이 아니라 하여 專門機關의 飜譯對象에 포함하지 않음으로써, 대부분 原典에서의 직접 번역이 아닌 重譯이나 拔萃譯의 방식이 주를 이루면서 敎養水準으로 出版되어 왔다.

오늘날 東洋 三國 중에서 우리의 東洋學 연구가 가장 부진한 이유는, 東洋基本古典에 대한 폭넓은 이해의 부족과 漢文古典 讀解力의 저하에 기인함을 우리는 솔직히 인정하여야 한다. 따라서 이들 중국고전에 대한 신뢰할 만한 國譯이 이루어지는 것이 한국학 연구를 촉진시키는 시급한 先行課題라 할 수 있다.

이에 韓國學 및 東洋學의 연구와 古典現代化의 基盤構築을 위해서는, 전문기관으로 하여금 동양고전을 단기간에 각 분야의 專門 硏究者와 漢學者가 상호 협동하여 연구・번역하여 飜譯의 傳統性과 效率性, 硏究의 專門性을 높일 수 있도록 政策的 配慮가 있어야 한다.

이에 本會에서는 元老 및 中堅 漢學者와 斯界의 專攻者로 하여금 協同硏究飜譯

하여 공부하는 사람들이 믿고 引用하거나 깊이 있는 註釋 등을 활용할 수 있게 하고, 知識人들의 教養을 증진시켜 줄 수 있는 東洋古典의 國譯書 간행을 지속적으로 추진해 왔다. 근래에 다행히 이 사업에 대하여 각계 지도층의 폭넓은 이해와 지원에 힘입어 2001년도부터 國庫補助를 받아 東洋古典譯註叢書를 간행하게 되었다. 이를 계기로 우리 先學의 註釋과 見解를 반영하는 등 국역사업의 內實을 기하게 되었음을 이 자리를 빌려 衷心으로 감사드리며, 아울러 國譯에 參與하신 관계자 여러분의 勞苦에 깊은 謝意를 표한다.

끝으로 우리의 이러한 작업은 오랜 역사 위에 축적된 先賢들의 業績과 現代學問을 이어주는 튼튼한 架橋와 礎石이 되어 진정한 韓國學과 東洋學 발전에 기여할 것을 굳게 믿으며, 21세기를 우리 文化의 世紀로 열어 가는 밑거름이 되도록 우리의 力量을 本 事業에 경주하고자 한다. 江湖諸賢의 부단한 관심과 지원을 기대해 마지않는다.

社團法人 傳統文化硏究會 會長 李啓晃

凡 例

1. 본서는 東洋古典譯註叢書 ≪譯註 東萊博議≫ 제3책이다.
2. 본서는 中宗 年間에 간행된 乙亥字本 ≪新刊詳增補註東萊先生左氏博議≫(국립중앙도서관 소장)를 저본으로 하되, 全25권 가운데 일부만이 소장(권1~2, 권9~11, 권23~25)되어 있어 日本 宮內廳 書陵部 소장의 同一本 서책으로 缺本을 대체하였고, 四庫全書의 ≪左氏博議≫(이하 '사고전서본'으로 약칭)와 臺灣 三民書局印行의 ≪新譯 東萊左氏博議≫(이하 '삼민서국본'으로 약칭), ≪精選東萊先生左氏博議句解≫(이하 '精選本'으로 약칭)를 참조하여 교감, 번역하였다.
3. 본서는 원전의 傳統性과 번역의 現代性을 구현하기 위해 노력하였다.
4. 번역은 原義의 충실하게 하되, 이해가 어려운 부분은 意譯 또는 보충역을 하였다.
5. ≪春秋左氏傳≫ 인용문과 ≪東萊博議≫ 본문에 懸吐하고 飜譯하였다. ≪춘추좌씨전≫의 인용문은 【左傳】으로 구분하였으며, 저본의 間註는 완역하였다.
6. ≪春秋左氏傳≫ 인용문에 대한 懸吐, 飜譯, 譯註는 譯者인 鄭太鉉의 ≪譯註 春秋左氏傳≫(전통문화연구회)에 의거하여 약간의 수정을 가하여 인용하였으며, 인용문이 두 개 이상일 경우에는 각각 일련번호를 부여하여 찾아보기에 용이하도록 하였다.
7. 저본에서는 ≪春秋左氏傳≫ 인용문・≪東萊博議≫ 본문・간주에 모두 避諱를 적용하였는데, 본서에서는 매 편의 처음 나온 부분에만 주석을 달았다.
   예) 威公 : 춘추시대 齊 桓公을 가리킨다. 北宋 欽宗의 이름이 '桓'이므로 '桓'을 諱하기 위해 '威'로 바꿔 쓴 것이다.
8. 譯者의 주석은 〔역주〕로 표시하여 原註와 구분하였다.

9. 본서에 사용된 주요 符號는 다음과 같다.

“ ” : 對話, 각종 引用

‘ ’ : 再引用, 强調

「 」 : ‘ ’ 안에서의 再引用, 强調

( ) : 원문에서는 漢字의 音, 同字, 通用字
번역문에서는 간단한 註釋

〔역주〕 : 역자의 주석과 교감

*) : 間註에 대한 역자의 주석

≪ ≫ : 書名, 出典

〈 〉 : 篇章節名, 作品名, 補充譯, 補充字

10. 본서의 校勘에 사용된 符號는 다음과 같다.

( )〔 〕 : ( ) 안은 저본의 글자, 〔 〕 안은 校勘한 글자

( ) : 원문의 衍文

〔 〕 : 번역문이나 주석의 의미를 명확히 하기 위해 보충한 漢字나 引用文

□ : 저본의 闕字

參考文獻

◇ 底本

- ≪新刊詳增補註東萊先生左氏博議≫, 呂祖謙 撰, 乙亥字本, 國立中央圖書館 所藏(승계貴1235-61), 1511.

◇ 底本 관련자료

- ≪新刊詳增補註東萊先生左氏博議≫, 呂祖謙 撰, 日本 宮內廳 書陵部 所藏, 1511.
- ≪左氏博議≫, 呂祖謙 撰, 文淵閣四庫全書, 臺灣商務印書館, 1986.
- ≪精選東萊先生左氏博議句解≫, 呂祖謙 撰, 國立中央圖書館 所藏(古貴2205-10-4).

◇ 經部

- ≪經典釋文≫, 陸德明 撰, 文淵閣四庫全書, 臺灣商務印書館, 1986.
- ≪論語集註大全≫, 朱熹 集註, 胡廣 等 編, 朝鮮 內閣本, 影印本, 學民文化社.
- ≪大戴禮記詳解≫, 王聘珍 撰, 中華書局, 1989.
- ≪大學章句大全≫, 朱熹 集註, 胡廣 等 編, 朝鮮 內閣本, 影印本, 學民文化社.
- ≪孟子集註大全≫, 朱熹 集註, 胡廣 等 編, 朝鮮 內閣本, 影印本, 學民文化社.
- ≪書傳大全≫, 蔡沈 集傳, 胡廣 等 編, 朝鮮 內閣本, 影印本, 學民文化社.
- ≪說文解字≫, 許愼 撰, 文淵閣四庫全書, 臺灣商務印書館, 1986.
- ≪詩傳大全≫, 朱熹 集傳, 胡廣 等 編, 朝鮮 內閣本, 影印本, 學民文化社.
- ≪呂氏家塾讀詩記≫, 呂祖謙 撰, 文淵閣四庫全書, 臺灣商務印書館, 1986.
- ≪禮記集說大全≫, 陳澔 集說, 胡廣 等 編, 朝鮮 內閣本, 影印本, 學民文化社.
- ≪儀禮注疏≫, 鄭玄 註, 賈公彦 疏, 北京大學出版社, 1999.

• ≪爾雅注疏≫, 郭璞 註, 邢昺 疏, 北京大學出版社, 1999.
• ≪周禮注疏≫, 鄭玄 註, 賈公彦 疏, 北京大學出版社, 1999.
• ≪周易傳義大全≫, 程頤 傳, 朱熹 本義, 胡廣 等 編, 朝鮮 內閣本, 影印本, 學民文化社.
• ≪中庸章句大全≫, 朱熹 集註, 胡廣 等 編, 朝鮮 內閣本, 影印本, 學民文化社.
• ≪春秋穀梁傳注疏≫, 范寧 註, 楊士勛 疏, 北京大學出版社, 2000.
• ≪春秋公羊傳注疏≫, 何休 註, 徐彦 疏, 北京大學出版社, 2000.
• ≪春秋左氏傳注疏≫, 杜預 註, 孔穎達 疏, 北京大學出版社, 2000.
• ≪孝經注疏≫, 唐 玄宗 注, 邢昺 疏, 北京大學出版社, 1999.

◇ 史部

• ≪舊唐書≫, 劉昫 撰, 中華書局, 1975.
• ≪國語≫, 左丘明 撰, 文淵閣四庫全書, 臺灣商務印書館, 1986.
• ≪大事記≫, 呂祖謙 撰, 文淵閣四庫全書, 臺灣商務印書館, 1986.
• ≪史記≫, 司馬遷 撰, 中華書局, 1999.
• ≪三國志≫, 陳壽 撰, 影印本, 景仁文化社, 1975.
• ≪水經注≫, 酈道元 撰, 文淵閣四庫全書, 臺灣商務印書館, 1986.
• ≪新唐書≫, 歐陽脩・宋祁 撰, 中華書局, 1975.
• ≪御批資治通鑑綱目≫, 朱熹 撰, 文淵閣四庫全書, 臺灣商務印書館, 1986.
• ≪晏子春秋≫, 晏嬰 撰, 文淵閣四庫全書, 臺灣商務印書館, 1986.
• ≪資治通鑑≫, 司馬光 撰, 文淵閣四庫全書, 臺灣商務印書館, 1986.
• ≪戰國策≫, 劉向 撰, 高誘 注, 文淵閣四庫全書, 臺灣商務印書館, 1986.
• ≪漢書≫, 班固 撰, 中華書局, 1962.
• ≪後漢書≫, 范曄・司馬彪 撰, 中華書局. 1965.

◇ 子部

• ≪說郛≫, 陶宗儀 撰, 文淵閣四庫全書, 臺灣商務印書館, 1986.

- ≪孔子家語≫, 王肅 注, 文淵閣四庫全書, 臺灣商務印書館, 1986.
- ≪論衡≫, 王充 撰, 文淵閣四庫全書, 臺灣商務印書館, 1986.
- ≪白虎通義≫, 班固 撰, 文淵閣四庫全書, 臺灣商務印書館, 1986.
- ≪說苑≫, 劉向 撰, 文淵閣四庫全書, 臺灣商務印書館, 1986.
- ≪世說新語≫, 劉義慶 撰, 文淵閣四庫全書, 臺灣商務印書館, 1986.
- ≪新書≫, 賈誼 撰, 文淵閣四庫全書, 臺灣商務印書館, 1986.
- ≪新序≫, 劉向 撰, 文淵閣四庫全書, 臺灣商務印書館, 1986.
- ≪揚子法言≫, 揚雄 撰, 李軌・柳宗元 注, 文淵閣四庫全書, 臺灣商務印書館, 1986.
- ≪呂氏春秋≫, 呂不韋 編, 高誘 注, 文淵閣四庫全書, 臺灣商務印書館, 1986.
- ≪列子≫, 張湛 注, 文淵閣四庫全書, 臺灣商務印書館, 1986.
- ≪藝文類聚≫, 歐陽詢 撰, 文淵閣四庫全書, 臺灣商務印書館, 1986.
- ≪莊子集釋≫, 莊周 撰, 郭象 注, 陸德明 釋文, 成玄英 疏, 郭慶藩 輯, 中華書局, 1961.

◇ 集部

- ≪古文關鍵≫, 呂祖謙 撰, 文淵閣四庫全書, 臺灣商務印書館, 1986.
- ≪朱子語類≫(全8冊), 黎靖德 編, 王星賢 點校, 中華書局, 1994.
- ≪二程文集≫, 程頤・程顥 撰, 文淵閣四庫全書, 臺灣商務印書館, 1986.

◇ 研究論著 및 飜譯書

〔韓國〕

- ≪논술의 백미 동래박의≫, 吳在錫 譯, 中和堂, 1995.
- ≪譯註 國語≫(全2冊), 許鎬九 外 譯註, 傳統文化研究會, 2005~2006.
- ≪譯註 近思錄集解≫(全3冊), 成伯曉 譯註, 傳統文化研究會, 2003~2004.
- ≪譯註 東萊博議 1~2≫, 鄭太鉉・金炳愛 譯註, 傳統文化研究會, 2010~2012.
- ≪譯註 春秋左氏傳≫(全8冊), 鄭太鉉 譯註, 傳統文化研究會, 2001~2009.
- ≪譯註 通鑑節要≫(全9冊), 成百曉 譯註, 傳統文化研究會, 2005~2009.

〔中國〕

- ≪東萊博議≫, 張明德 外 著, 北京市中國書店, 1936.
- ≪呂祖謙年譜≫, 杜海軍 著, 中華書局, 2007.
- ≪史記註譯≫, 王利器 著, 三秦, 1997.
- ≪新譯東萊左氏博議≫, 李進興・簡宗梧 註譯, 三民書局, 1991.
- ≪莊子讀本≫, 黃錦鋐 著, 三民書局, 2007.
- ≪春秋譯註≫, 上海古籍出版社, 2004.
- ≪春秋左傳注≫, 楊伯峻 著, 中華書局, 1983.

〔日本〕

- ≪左氏會箋≫, 竹添鴻光 著, 新文豊出版有限公司印行, 1978.

◇ 辭書

- ≪大漢和辭典≫, 諸橋轍次 著, 大修館書店, 1956.
- ≪春秋左傳詞典≫, 楊伯峻・徐提編 著, 中華書局, 1985.
- ≪漢語大詞典≫, 漢語大詞典出版社, 1992.
- ≪漢語大字典≫, 湖北辭書出版社・四川辭書出版社, 1990.

◇ 데이터베이스(DB) 자료

- 한국고전종합DB(http://db.itkc.or.kr)
- 동양고전종합DB(http://db.cyberseodang.or.kr)
- 電子版 文淵閣四庫全書, 上海古籍出版社.

目 次

東萊博議 卷13

東萊博議 卷14

東萊博議 卷15

〔附 錄〕

東萊博議 卷11

11-01 會于葵丘尋盟 葵丘에서 會合하여 지난 盟約을 다시 다지다

【左傳】 僖九年이라 夏에 會于葵丘하야 尋盟하고 且修好하니 禮也라 王使宰孔賜齊侯胙[1] 曰 天子有事于文武[2]르새 使孔賜伯舅胙[3]하노라 齊侯將下拜한대 孔曰 且有後命하니 天子使孔曰 以伯舅耋(질)老로 加勞일새 賜一級하노니 無下拜[4]하라 對曰 天威不違顏咫尺[5]하니 小白余敢貪天子之命하야 無下拜[6]잇가 恐隕越于下[7]하야 以遺天子羞니 敢不下拜릿가 下拜登受[8]하다

1) 〔역주〕 王使宰孔賜齊侯胙 : 胙는 祭肉이다. 齊 桓公을 二王의 후손과 같이 높인 것이다.〈杜注〉 二王은 夏나라와 殷나라의 後孫으로 杞나라와 宋나라를 이른다.
2) 〔역주〕 天子有事于文武 : 제사가 있었다는 말이다.〈杜注〉
3) 〔역주〕 使孔賜伯舅胙 : 天子가 異性諸侯를 '伯舅'라고 칭한다.〈杜注〉
4) 〔역주〕 以伯舅耋(질)老……無下拜 : 70세를 '耋'이라 한다. 級은 等이다.〈杜注〉 慰問과 慰勞를 더하고 또 한 등급을 올려주어 뜰로 내려가지 않게 한 것이다.〈附注〉

齊 桓公

5) 〔역주〕 天威不違顏咫尺 : 하늘의 監視가 멀지 않고, 威嚴이 항상 面前에 있다는 말이다. 8寸을 '咫'라 한다.〈杜注〉
6) 〔역주〕 小白余敢貪天子之命 無下拜 : 小白은 齊侯(齊 桓公)의 이름이다. 余는 自身이다.〈杜注〉

7) 〔역주〕 恐隕越于下 : 隕越은 추락의 뜻이다. 小白이 만약 天子의 명을 기꺼이 받아들여 뜰로 내려가 절하지 않는다면 天子의 권위를 아래로 추락시키게 된다는 말이다.

8) 〔역주〕 下拜登受 : 堂下에서 절하고 堂上으로 올라와 胙肉을 받은 것이다.〈杜注〉

僖公 9년, 여름에 葵丘에 會合하여 지난 盟約을 다시 다지고 또 修好를 增進하였으니 禮에 맞았다. 周 襄王이 宰孔을 보내어 齊侯에게 胙肉을 下賜하며 말하였다. "天子가 文王・武王께 제사를 지냈기에 宰孔을 보내어 伯舅에게 胙肉을 내리노라."

齊侯가 뜰 아래로 내려가 拜謝하려 하자, 宰孔이 말하였다. "또 다음 명이 계셨소. 天子께서 나에게 '伯舅는 나이가 높은 데다가 功勞까지 있으므로 한 等級을 올려주노니, 내려가서 배사하지 말게 하라.'고 하셨소."

齊侯가 대답하기를 "天子의 威嚴이 面前에서 咫尺도 떨어져 있지 않으니, 小白 제가 감히 天子의 命을 탐하여 내려가 배사하지 않겠소? 아래로 隕越시켜 天子께 羞辱을 끼칠까 두려우니, 감히 내려가 절하지 않을 수 있겠소."라 하고서 뜰로 내려가 절한 뒤에 올라와서 胙肉을 받았다.

秋에 齊侯盟諸侯于葵丘할새 曰 凡我同盟之人은 既盟之後에 言歸于好라하다 宰孔先歸[1)]라가 遇晉侯曰 可無會也[2)]라 齊侯不務德而勤遠略이라 故北伐山戎하고 南伐楚하고 西爲此會也하니 東略之不知어니와 西則否矣[3)]라 其在亂乎ㄴ저 君務靖亂이요 無勤於行[4)]하라 晉侯乃還하다

1) 〔역주〕 宰孔先歸 : 會合을 마치고는 諸侯에 앞서 돌아간 것이다.〈杜注〉

2) 〔역주〕 遇晉侯曰 可無會也 : 晉侯가 葵丘의 會盟에 가려 하였기 때문이다.〈杜注〉

3) 〔역주〕 東略之不知 西則否矣 : 다시 東方을 經略하는 것이라면 모르겠으나, 서쪽에서의 會盟을 마친 뒤에는 반드시 西方을 經理하는 데는 마음을 쓰지 않을 것이니, 晉나라에 난리가 일어난다 하여도 반드시 구원할 겨를이 없을 것이라는 말이다.〈附注〉

4) 〔역주〕 其在亂乎……無勤於行 : 在는 察이니, 晉侯에게 돌아가서 나라의 난리를 살피게 하고자 한 것이다. 獻公이 嫡子를 죽이고서 庶子를 太子로 세우고, 두 公子를 축출하였기 때문에 宰孔이 난리를 평정하라는 말로 넌지시 깨우친 것이다.〈附注〉

가을에 齊侯가 諸侯와 葵丘에 結盟할 때 "同盟한 우리들은 盟約한 뒤로는 友好로 돌아가자."고 하였다.

宰孔이 먼저 돌아가다 晉侯를 만나 말하였다. "會合에 가지 않는 것이 좋을 것이오.

齊侯는 德을 닦는 데는 힘쓰지 않고 遠征만을 힘쓰오. 그러므로 북쪽으로 山戎을 치고 남쪽으로 楚나라를 치고, 서쪽으로 와서 이 회합을 여는 것이니, 동쪽의 諸侯를 攻略할지는 모르겠으나 서쪽으로 〈晉나라를 공략하는 일은〉 없을 것이오. 晉나라에는 앞으로 난리가 있을 것이니, 임금께서는 난리를 평정하는 데 힘쓰고 회합에 가느라 수고할 것 없소." 이 말을 듣고 晉侯는 되돌아갔다.

【主意】 以期字立說이 與前篇待字[1]相類라 謂治以有期而成이나 亦以有期而害라 威公[2]本期於伯(패)하니 至葵丘之盟에 而所期遂(失)〔矣〕[3]라 故其心滿足而寖以衰焉이라 期字는 是一篇血脉이라

1) 〔역주〕 待字 : ≪譯註 東萊博議2≫의 10-05 〈齊桓公辭鄭太子華〉를 가리킨다.
2) 〔역주〕 威公 : 齊 桓公을 가리킨다. 宋나라 欽宗의 이름 '桓'을 諱하기 위해 '威'자로 바꿔 쓴 것이다. 이하 본편의 威公은 별도의 설명 없이 桓公으로 번역하였다.
3) 〔역주〕 (失)〔矣〕: 저본에는 '失'로 되어 있으나, 문맥을 살펴 '矣'로 바로잡았다.

'期'자로 논리를 세운 것이 前篇의 '待'자로 논리를 세운 것과 같다. '다스림'은 기대가 있음으로 인해 이루어지기도 하나, 또한 기대가 있음으로 인해 害가 되기도 한다. 桓公은 본래 霸者가 되기를 기대하였으니 葵丘의 회맹에 이르러 기대한 것이 이루어졌기 때문에 마음이 만족하여 점점 쇠퇴하게 된 것이다. '期'자는 이 글의 혈맥이다.

天下之爲治者는 未嘗無所期也[1]하니라 王期於王[2]하고 伯(패)期於伯[3]하며 强期於强[4]이라 不有以(約)〔的〕[5]之면 孰得而射之[6]며 不有以望之면 孰得而趨之[7]리오 志也者는 所以立是期也[8]요 動也者는 所以赴是期也[9]며 效也者는 所以應是期也[10]라 汎然而議[11]하고 卒然而行[12]하며 忽然而罷[13]하야 汗漫荒忽하야 無所歸宿者[14]면 是豈足與爲治哉[15]리오 故期者는 聖君賢臣所以先天下之治者也[16]라 期固爲治之先[17]이나 亦或爲治之害[18]라 自期於强者는 至强則止하니 欲挽之使進於伯라도 不可得也[19]요 自期於伯者는 至伯則止하니 欲挽之使進於王이라도 不可得也[20]라 何則고 其素所期者가 止於如是也[21]르새라

1) 天下之爲治者 未嘗無所期也 : 以期字主張
'期'자로 의론을 내세운 것이다.

2) 王期於王：行王道者自期於王

王道를 행하려는 자는 스스로 왕자가 될 것을 기대한다.

3) 伯(패)期於伯：圖伯功者自期於伯

霸者의 공로를 도모하는 자는 스스로 패자가 될 것을 기대한다.

4) 强期於强：欲强其國者自期於强

자기 나라가 강대국이 되기를 바라는 자는 스스로 强者가 될 것을 기대한다.

5) (約)〔的〕：저본에는 '約'으로 되어 있으나, 三民書局本에 의거하여 '的'으로 바로잡았다.

6) 不有以(約)〔的〕之 孰得而射之：如射者期終於所立之(約)〔的〕*)

활 쏘는 자가 세워져 있는 과녁에 다다를 것을 기대하는 것과 같다는 말이다.

*) 〔역주〕 (約)〔的〕：저본에는 '約'으로 되어 있으나, 문맥을 살펴 '的'으로 바로잡았다.

7) 不有以望之 孰得而趨之：如行者期至於所望之也

나그네가 望子의 引導대로 이를 것을 기대하는 것과 같다는 말이다.

8) 志也者 所以立是期也：有所期者 先立其志

기대함이 있는 자는 먼저 뜻을 세운다는 말이다.

9) 動也者 所以赴是期也：其始期有所擧者

기대한 시초에 거행하는 것이 있음을 이른다.

10) 效也者 所以應是期也：其終則收其以效

기대한 최종에 공효를 거둠을 이른다.

11) 汎然而議：反說 無所期者 汎然議論 不立志也

반대로 설명한 것이다. 기대함이 없는 자는 대충 의론하여 뜻을 세움이 없다는 말이다.

12) 卒然而行：擧動之妄

경거망동한다는 말이다.

13) 忽然而罷：功效之無

功效가 없다는 말이다.

14) 汗漫荒忽 無所歸宿者：形容泛泛無所期待之意

범범하여 기대하는 것이 없다는 뜻을 형용한 말이다.

15) 是豈足與爲治哉：王伯與强無所成

王道, 霸業, 强國 중에 어느 것도 이룬 것이 없음을 이른다.

16) 故期者 聖君賢臣所以先天下之治者也：此句結前生後 先稱期之功 此後言期之害

이 구절은 앞 문장을 결론하여 뒤 문장을 생성한 것이니, 먼저 기대의 공효를 칭술하고 이 뒤는 기대의 해를 말하였다.

17) 期固爲治之先：承接上句

위 구절을 이은 말이다.

18) 亦或爲治之害：轉生下意

문장을 전환하여 아래 뜻을 생성하였다.

19) 自期於强者……不可得也：初志但欲强耳 豈復(부)能伯

'처음 세운 의지가 강국이 되고자 할 뿐이니, 어찌 다시 霸業을 이룰 수 있겠느냐.'는 말이다.

20) 自期於伯者……不可得也：初志但欲伯耳 豈復能王

'처음 세운 의지가 패업을 이루고자 할 뿐이니, 어찌 다시 王道를 이룰 수 있겠느냐.'는 말이다.

21) 何則……止於如是也：所期旣滿 不復能進 所以爲治之害

기대한 것이 만족되면 더 이상 전진하지 않으니, 이 때문에 '다스림의 해'가 된다.

천하에 국가를 다스리는 자는 期待한 바가 없었던 적이 없다. 王道를 행하는 자는 王者가 되기를 기대하고, 霸道를 행하는 자는 霸者가 되기를 기대하며, 强國을 꾀하는 자는 强者가 되기를 기대한다. 과녁이 없으면 어떻게 화살을 쏠 수 있으며, 望子(주막을 알리는 깃발인데, 여기서 이정표의 뜻으로 쓰인 듯함)가 없으면 어떻게 달려갈 수 있겠는가? 뜻은 바로 기대의 목표를 세우기 위함이고, 행동은 바로 기대한 목표를 향해 나아감이며, 功效는 바로 기대한 목표의 반응이다.

그런데 대충 의론하고 경솔하게 행동하며 갑자기 그만두어 汗漫(허황됨)하고 荒忽(모호함)하여 귀결점이 없다면 이런 자가 어찌 천하를 다스리는 축에 낄 수 있겠는가? 그러므로 期待는 聖君과 賢臣이 천하를 다스리기 전에 먼저 세워야 할 일이다.

기대는 본래 나라를 다스리기에 앞서 세워야 할 일이지만 때로는 다스림에 해가 되기도 한다. 스스로 强者가 되기를 기대한 자는 强者가 되면 멈추니, 그를 이끌어 패업을 이루게 하려 해도 될 수 없을 것이다. 스스로 패자가 되기를 기대한 자는 패자가 되면 멈추니 그를 이끌어 왕도를 이루게 하려 해도 될 수 없을 것이다. 어째서인가? 그가 평소 기대한 것이 이와 같은 정도에 멈추었기 때문이다.

强而止於强하고 伯而止於伯[1)]는 是特安於小耳[2)]라 雖不足肩盛世而追遐軌[3)]나 然下視弱國陋邦[4)]이면 所獲不旣多矣乎[5)]아 謂之無志則可[6)]커니와 謂之有害則不可也[7)]라 抑不知天下之勢不盛則衰[8)]하고 天下之治不進則退[9)]하니 强而止於强者는 必不能保

其强也[10)]요 **伯而止於伯者**는 **必不能保其伯也**[11)]라 **驅駿馬而馳峻坂**[12)]에 **中間豈有駐足之地乎**[13)]리오

1) 强而止於强 伯而止於伯 : 文勢一再起伏 甚有體態

문장의 기세가 한두 번 起伏이 있으니, 문체의 형태를 잘 갖추었다.

2) 是特安於小耳 : 反難期何爲治之害

기대함이 어찌 다스림의 해가 되느냐고 반론한 것이다.

3) 雖不足肩盛世而追遐軌 : 肩 謂比肩也 遐 遠也 軌 車〔跡〕[*)]也 言强者伯者雖未至於王道

肩은 어깨를 나란히 한다는 뜻이고, 遐는 원대하다는 뜻이며, 軌는 수레자취이니 〈법도를 뜻한다.〉 '강자와 패자가 비록 王道에 이르지는 못하지만'을 말한다.

*) 〔역주〕〔跡〕: 저본에는 1자 빈칸으로 되어 있으나, 문맥을 살펴 '跡'을 보충하였다.

4) 然下視弱國陋邦 : 微弱之國 僻陋之邦 謂不伯不强者

미약한 나라와 궁벽한 나라는 覇者도 아니고 强者도 아닌 나라를 이른다.

5) 所獲不旣多矣乎 : (軌)〔較〕[*)]之弱陋者 所得已多

미약한 나라나 누추한 나라와 비교해보면 얻은 바가 이미 많다는 것이다.

*) 〔역주〕(軌)〔較〕: 저본에는 '軌'로 되어 있으나, 문맥을 살펴 '較'로 바로잡았다.

6) 謂之無志則可 : 無志 謂所期不遠大

無志는 기대한 것이 원대하지 못함을 이른다.

7) 謂之有害則不可也 : 辨論害字

害자를 변론한 것이다.

8) 抑不知天下之勢不盛則衰 : 所期不復增盛 則勢必衰

기대한 것이 더 이상 더 흥성하지 않으면 형세로 볼 때 반드시 쇠퇴한다는 말이다.

9) 天下之治不進則退 : 所期不復加進 則治必退

기대한 것이 더 이상 더 전진하지 않으면 다스림은 반드시 퇴보한다는 말이다.

10) 强而止於强者 必不能保其强也 : 非惟不至於伯 其强亦不可保

霸業에 이르지 못할 뿐만 아니라 그 강국도 보전할 수 없다는 말이다.

11) 伯而止於伯者 必不能保其伯也 : 非惟不至於王 其伯亦不可保 此期所以爲治之害

王道에 이르지 못할 뿐만 아니라 그 패업도 보전할 수 없다는 말이니, 이는 기대가 다스림에 해가 되는 이유이다.

12) 驅駿馬而馳峻坂 : 設喩

비유한 것이다.

13) 中間豈有駐足之地乎 : 喩爲治者 無可止之法

다스리는 자는 중지할 수 있는 법이 없음을 비유한 것이다.

强者가 되기를 기대한 자가 강자가 되자 멈추고, 霸者가 되기를 기대한 자가 패자가 되자 멈추는 것은 小成에 안주하는 것일 뿐이다. 비록 太平盛世와 어깨를 나란히 하고 원대한 규모를 추구하기에는 부족하나 아래로 약소하고 누추한 나라와 비교하면 얻은 것이 이미 많지 않은가? 이를 두고 뜻이 없다고 하면 옳지만 이를 두고 해가 된다고 하면 옳지 않다.

또 이는 천하의 형세는 興하지 않으면 衰하고, 천하의 정치는 前進하지 않으면 退步한다는 것을 전혀 알지 못한 것이다. 强者가 되기를 기대해 강자에서 멈추는 자는 반드시 그 강함을 보전할 수 없고, 패자가 되기를 기대해 패자에서 멈추는 자는 반드시 그 패업을 보전할 수 없다. 駿馬를 달려 비탈을 내려갈 때, 어찌 중간에 발길을 멈출 곳이 있겠는가?

齊威公拔管仲於縲紲(루설)桎梏[1)]之中[2)]하야 **屬之國政[3)]**한대 **立談之間**에 **遽以伯功相期[4)]**하니 **何其壯也[5)]**오 **所期旣立[6)]**에 **左國右高[7)]**와 **前鮑後隰[8)]**으로 **下逮比閭族黨之民[9)]**히 **夙興夜寐[10)]**하고 **淬(쉬)厲奮發[11)]**하야 **以赴吾君之所期[12)]**하니라 **至於葵丘之會[13)]**하야 **威加諸侯[14)]**하고 **名震四海[15)]**하니 **天子致胙(조)[16)]**하야 **王人下臨[17)]**한대 **環以旌旄[18)]**하고 **崇以壇陛[19)]**하고 **幕張燎擧[20)]**하니라 **有司戒期[21)]**에 **駢圭交舃(석)[22)]**하고 **抑首就位[23)]**하며 **弁冕秩秩[24)]**하고 **穆然無聲[25)]**이라 **於是威公降阼(사)遵廷[26)]**하야 **下拜王命[27)]**하니 **興俯跪起之容**이 **翼如也[28)]**하며 **環佩衝牙之音**이 **鏘如也[29)]**하니라

1) 縲紲(루설)桎梏 : 죄인의 몸이 되어 감옥에 갇혀 있음을 이른다. 縲紲은 죄인을 묶는 검은 줄이며, 桎梏은 죄수에게 채우는 형구로 桎은 차꼬이고 梏은 수갑이다.

2) 齊威公拔管仲於縲紲(루설)桎梏之中 : 入事 管仲召忽 初事齊公子糾 威公殺子糾 召忽死之 管仲請囚 鮑叔受之 旣而薦以爲相

〈여기부터 본편의〉 일로 들어간다. 管仲과 召忽은 애초에 齊나라 公子 糾를 섬겼는데, 환공이 公子 糾를 죽이자 召忽은 따라서 죽고 管仲은 옥에 갇히기를 청하였다. 鮑叔이 수락하고 얼마 뒤 환공에게 천거하여 〈관중이〉 재상이 된 것이다.

3) 屬之國政 : 一國之政 盡委管仲

온 나라의 정사를 모두 管仲에게 맡겼다는 말이다.

4) 立談之間 遽以伯功相期 : 管仲得政之初 所期如此 期字應起於血脉

管仲이 정권을 맡은 초기에 이와 같이 기대한 것이다. '期'字는 글의 혈맥에 호응하여 쓴 말이다.

5) 何其壯也 : 先揚

먼저 稱揚한 것이다.

6) 所期旣立 : 伯期於伯 應志也者所以立是期

霸業을 이루고자 패자를 기대하는 것이니, 윗글의 "뜻은 바로 기대의 목표를 세우기 위함이다."에 호응하는 말이다.

7) 左國右高 : 國氏高氏 皆天子之命卿 左傳曰 有天子之二守國高在[*)]

國氏와 高氏는 모두 天子가 임명한 卿이다. ≪春秋左氏傳≫에 "天子의 두 守臣 國氏와 高氏가 있습니다."라고 하였다.

*)〔역주〕: ≪春秋左氏傳≫ 僖公 12년에 보인다.

8) 前鮑後隰 : 鮑叔隰朋 此言威公輔佐之盛

鮑叔과 隰朋이다. 이는 齊 桓公을 보좌하는 신하가 성하였음을 말한다.

9) 下逮比閭族黨之民 : 周禮 五家爲比 五比爲閭 四閭爲族 五族爲黨

≪周禮≫에 "五家를 比라 하고, 五比를 閭라 하며, 四閭를 族이라 하고, 五族을 黨이라 한다."라고 하였다.

10) 夙興夜寐 : 早起夜寐

아침 일찍 일어나고 밤늦게 자는 것이다.

11) 淬(쉬)厲奮發 : 臣民無不勉力

신하와 백성 중에 힘쓰지 않는 이가 없음을 이른다.

12) 以赴吾君之所期 : 應動也者所以赴是期

윗글의 "행동은 바로 기대한 목표를 향해 나아감이다."에 호응하는 말이다.

13) 至於葵丘之會 : 葵丘地名

葵丘는 지명이다.

14) 威加諸侯 : 諸侯無不畏其威者

제후 중에 齊 桓公의 위엄을 두려워하지 않는 이가 없다는 말이다.

15) 名震四海 : 四海無不聞其名者

四海 안에 齊 桓公의 명성을 듣지 않은 이가 없다는 말이다.

16) 天子致胙(조) : 周襄王祭文武 使宰孔賜齊侯胙

周 襄王이 文王과 武王에게 제사 지낸 뒤에 宰孔을 보내어 齊侯에게 膰肉을 하사한 것이다.

17) 王人下臨 : 宰孔天子之人

天子의 신하인 宰孔을 보낸 것을 이른다.

18) 環以旌旄：旌 旗羽爲之 旄 旄牛尾 舞者所執也

旌은 깃발이니 새의 깃으로 만들고, 旄는 긴털 소의 꼬리 털로 만드니, 舞人의 도구이다.

19) 崇以壇陛：壇陛 築土爲之

壇陛는 흙을 쌓아 만든다.

20) 幕張燎擧：張帷幕 設廷燎

휘장과 장막을 펼쳐놓고 뜰에 횃불을 설치함을 이른다.

21) 有司戒期：執事者 預戒爲會之時日

執事가 미리 모이는 시기를 정함이다.

22) 駢圭交舃(석)：圭 手所執也 舃 足所履也

圭는 손으로 잡는 것이고, 舃은 발에 신는 것이다.

23) 抑首就位：言諸侯盛服 以次各之其位

제후들이 예복을 입고서 차례대로 각자 자기 자리에 나아감이다.

24) 弁冕秩秩：弁冕 皆冠名 秩秩 有序也

弁과 冕은 모두 冠의 이름이고, 秩秩은 질서가 있음이다.

25) 穆然無聲：致敬無〔言〕*)

공경이 지극하여 말이 없음이다.

*) 〔역주〕〔言〕: 저본에는 1자 빈칸으로 되어 있으나, 문맥을 살펴 '言'을 보충하였다.

26) 於是威公降阼(사)遵廷：阼 謂壇壝之(□□)〔陛階〕*)也

阼는 제단의 계단을 이른다.

*) 〔역주〕(□□)〔陛階〕: 저본에는 2자 빈칸으로 되어 있으나, 문맥을 살펴 '陛階'를 보충하였다.

27) 下拜王命：威公降陛階 受王之賜胙

齊 桓公이 계단을 내려가 천자가 하사한 번육을 받은 것이다.

28) 興俯跪起之容 翼如也：形容拜起之(□□)〔貌 府〕*) 下首也 跪 屈膝也

절을 올리고 일어나는 모습을 형용한 것이다. 府는 머리를 숙이는 것이고, 跪는 무릎을 굽히는 것이다.

*) 〔역주〕(□□)〔貌 府〕: 저본에는 2자 빈칸으로 되어 있으나, 문맥을 살펴 '貌'와 '府'를 보충하였다.

29) 環佩衝牙之音 鏘如也：形容佩玉之聲 圓者曰環 方者曰珮 半規者曰衝牙 行則佩與衝牙 相觸而成聲

佩玉의 소리를 형용한 것이다. 둥근 옥을 環이라고 하고, 모난 옥을 珮라고 하며, 半圓

인 옥을 衝牙라고 한다. 걸어가면 佩와 衝牙가 서로 부딪혀 소리가 난다.

齊 桓公이 管仲을 獄中에서 발탁하여 國政을 맡기자 잠깐 사이에 霸業을 이룰 것을 서로 기대하였으니 어쩌면 그리도 훌륭한가? 기대의 목표를 세운 뒤엔 左右의 國氏·高氏와 前後의 鮑氏·隰氏로부터 아래로 마을의 백성들에 이르기까지 모두 아침 일찍 일어나고 밤늦게 취침하며 노력하고 분발하여 우리 군주가 기대한 일에 달려갔다.

葵丘의 회맹에 이르러 위엄이 제후들에 미치고 명성이 천하에 떨쳤다. 天子께서 膰肉을 내리시어 王人(周王의 使者)이 이를 가지고 오자, 빙 둘러 깃발을 꽂고 壇陛를 높이 세우며, 장막을 치고 횃불을 밝혔다.

有司가 期日(번육을 받을 날짜)을 정하니 제후들이 圭玉(笏)을 나란히 잡고 가죽신을 신고서 머리를 숙여 각각 자리로 나아가며, 弁과 冕을 쓴 채 질서가 정연하고 엄숙하여 말이 없었다. 이에 제 환공이 섬돌에서 내려와 뜰을 따라 내려가서 천자께서 하사하신 번육을 절하고 받으니, 일어나고 굽히고 꿇어앉고 일어서는 모습이 공경스러웠고, 佩玉과 衝牙가 부딪치는 소리가 淸雅하였다.

管仲

隆寵榮光[1]이 焜燿在列[2]한대 申以五命之嚴[3]하고 示以載書之信[4]하니 明約顯命[5]이 若掞(섬)河漢而轟雷霆[6]이라 區區曹許之君[7]은 出於鼠壤蟻封之中[8]하야 驟見曠古駭俗之偉觀[9]하야 目眩氣奪하야 莫敢仰視[10]하고 雖平日跋扈倔强不受控御如晉侯者[11]도 猶膏車秣馬[12]하야 奔走道路하야 恐干後至之誅[13]라 五伯에 莫高於威公[14]하고 而威公九合之盟[15]에 葵丘之會 實居其最[16]하니 一時文物之盛[17]에 騷人墨客의 誇談矜語[18]가 至于今不衰[19]라 嗚呼라 威公素所期者[20] 及葵丘之會하야 悉償所願하니

滿足無餘[21)]로다 **種之累年而穫之於今日**[22)]하니 **信可謂不負所期矣**[23)]로다

1) 隆寵榮光：謂賜胙加勞賜一級

　膰肉을 하사하고 공로를 인정하여 한 등급을 올려준 일을 이른다.

2) 焜燿在列：爲諸侯之光顯

　제후의 광영이 됨을 이른다.

3) 申以五命之嚴：五命*)詳見孟子

　五命은 ≪孟子≫ 〈告子 下〉에 자세히 보인다.

*)〔역주〕五命：齊 桓公이 葵丘의 회맹에서 제후들에게 맹세한 다섯 가지의 명령으로, 첫 번째 명령은 '不孝하는 자를 처벌하며, 世子를 바꾸지 말며, 妾을 아내로 삼지 말라.'이고, 두 번째 명령은 '어진 이를 높이고 인재를 길러서 德이 있는 이를 표창하라.'이고, 세 번째 명령은 '노인을 공경하고 어린이를 사랑하며, 손님과 나그네를 잊지 말라.'이고, 네 번째 명령은 '선비는 대대로 관직을 주지 말며, 관청의 일을 겸직시키지 말며, 선비를 취함에 반드시 적임자를 얻으며, 마음대로 大夫를 죽이지 말라.'이고, 다섯 번째 명령은 '제방을 굽게 쌓지 말며, 쌀을 수입해가는 것을 막지 말며, 大夫들을 봉해주고서 告하지 않는 일이 없도록 하라.'이다.

4) 示以載書之信：載書*)云 凡我同盟之人 旣盟之後 言歸于好

　載書에 "同盟한 우리들은 盟約한 뒤로는 友好로 돌아가자."라고 하였다.

*)〔역주〕載書：맹약의 글을 올려놓는다는 말이다.

5) 明約顯命：約 謂載書 命 謂還命

　約은 '載書'를 이르고, 命은 우호의 명령으로 돌아가자는 뜻의 '還命'을 이른다.

6) 若掞(섬)河漢而轟雷霆：漢 天河也 霆 電也 掞河漢 言其書之信 轟雷霆 言其命之嚴

　漢은 은하수이고, 霆은 번개이다. 은하수가 펼쳐진 듯함은 맹약서의 신의를 말하고, 번개와 우레가 치는 듯함은 명령이 엄중함을 이른다.

7) 區區曹許之君：曹許 皆小國

　曹나라와 許나라는 모두 小國이다.

8) 出於鼠壤蟻封之中：形容同會諸小國

　함께 회맹하는 여러 小國들을 형용한 것이다.

9) 驟見曠古駭俗之偉觀：見前所未見之盛擧

　이전에 보지 못했던 성대한 행사를 보았다는 말이다.

10) 目眩氣奪 莫敢仰視：此一段 文筆端如畫(획)

　이 한 단락은 문필이 그어놓은 듯 단아하다.

11) 雖平日跋扈倔强不受控御如晉侯者：晉獻公驟强素不受伯命

晉 獻公은 갑자기 강해져서 평소 霸者의 명령을 받아들이지 않았다는 말이다.

12) 猶膏車秣馬：膏車 以脂塗車轄也 秣馬 以芻粟飼馬也

膏車는 수레 비녀장에 기름칠을 하는 것이고, 秣馬는 꼴과 곡식을 말에게 먹이는 것이다.

13) 奔走道路 恐干後至之誅：宰孔先歸遇晉侯云云

宰孔이 먼저 돌아가는 길에 晉侯를 만났다고 운운한 일을 이른다.

14) 五伯 莫高於威公：孟子曰 五伯威公爲盛

≪孟子≫ 〈告子 下〉에 “오패 중에 桓公이 가장 성하다.”라고 하였다.

15) 而威公九合之盟：九糾通用 孔子曰 威公九合諸侯 不以兵車*)

九는 糾와 通用한다. 孔子가 말하였다. “桓公이 제후들을 규합하되, 무력을 쓰지 않았다.”

*) 〔역주〕 ≪論語≫ 〈憲問〉에 보인다. 보주에서는 ≪論語集註≫에 따라 九를 糾와 通用하는 것으로 설명하였으나, ≪春秋左氏傳≫ 附注에 아홉 번의 회맹임을 밝히고 있음에 근거하여 ‘아홉 번의 회맹’으로 번역하였다.

16) 葵丘之會 實居其最：此會最爲獨盛

이 회맹이 독보적으로 가장 성대하다는 말이다.

17) 一時文物之盛：禮文儀物

禮儀의 文物을 이른다.

18) 騷人墨客 誇談矜語：秉筆爲文章者

붓을 잡고 문장을 짓는 자를 이른다.

19) 至于今不衰：極其揄揚

칭찬하여 드러내기를 지극히 함을 이른다.

20) 威公素所期者：應前期字

앞의 ‘期’자에 호응한다.

21) 及葵丘之會……滿足無餘：所期如此 而其效亦如此

기대한 것이 이와 같아서 공효도 이와 같음을 말한 것이다.

22) 種之累年而穫之於今日：累年經理 今日收功 如耕種而得穫

여러 해 동안 다스려서 오늘에야 공효를 거둔 것이니, 밭 갈고 씨 뿌려서 수확하게 된 일과 같음을 말하였다.

23) 信可謂不負所期矣：已上應前效也者所以應是期

이상은 윗글의 “功效는 바로 기대한 목표의 반응이다.”에 호응하는 말이다.

융숭한 총애와 영예로운 광채가 반열을 빛내는데 존엄한 다섯 조항의 맹약을 거듭 밝히고 信約한 載書를 밝게 보이니, 밝은 信約과 顯示한 命(條文)이 은하수가 펼쳐진 듯하고 번개와 우레가 치는 듯하다. 보잘것없는 曹나라와 許나라의 군주는 쥐구멍이나 개밋둑에서 나온 자들로 갑자기 세상이 놀랄 만한 전례 없던 위대한 威容을 보고서 눈이 현란하고 기가 꺾여 감히 우러러보지도 못하였고, 비록 평소에 제멋대로 날뛰며 고집 세고 강하여 누구에게도 제재받지 않던 晉 獻公 같은 이도 오히려 수레에 기름을 칠하고 말에게 꼴을 먹이고서 길을 달려 회맹에 지각하는 벌을 받을까 두려워했다.

五霸 중에 桓公보다 높은 이가 없고, 환공이 아홉 번 화합한 회맹 중에 葵丘의 회맹이 실로 가장 성대하니, 당시 文物의 성대함에 대하여 시인묵객들의 과장된 말과 자랑하는 말이 지금까지 줄지 않고 있다. 아! 환공이 평소 기대한 것이 葵丘의 회맹에서 바라는 대로 실현되었으니 만족하여 여한이 없다. 여러 해 전에 파종한 것을 오늘 수확하였으니 진실로 기대한 바를 저버리지 않았다고 할 수 있다.

所期既滿[1]이면 **其心亦滿**[2]이라 **滿則驕**[3]하고 **驕則怠**[4]하며 **怠則衰**[5]라 **近以來宰孔之譏**[6]하고 **遠以召五公子之亂**[7]하니 **孰知盛之極乃衰之始乎**[8]아 **吾嘗譬威公之功業**[9]은 **葵丘未會之前**엔 **猶自朔至望之月也**[10]하야 **浸長而浸盈**[11]하고 **葵丘既會之後**엔 **猶自望至晦之月也**[12]하야 **浸缺而浸盡**[13]이라호라 **蓋未滿則有增**[14]이나 **既滿則招損而已**[15]니 **尙安能復**(부)**增乎**[16]리오 **甚矣**로다 **人心之不可滿也**[17]여 **威公非不知滿之可戒也**[18]로되 **所期既滿**하야 **其心不得不滿也**[19]라 **使威公所自期者不止於伯**런들 **詎肯至伯而滿哉**[20]리오 **威公之罪**는 **在於自期之時**요 **而不在於既滿之時也**[21]라

1) 所期既滿：應前滿足無餘

윗글의 "만족하여 여한이 없다."에 호응하는 말이다.

2) 其心亦滿：轉說期爲治之害

전환하여 기대함이 다스림의 해가 됨을 말한 것이다.

3) 滿則驕：滿不期驕 而驕自生

만족하면 교만하기를 기대하지 않아도 교만함이 저절로 생긴다는 말이다.

4) 驕則怠：驕不期怠 而怠自生

교만하면 태만하기를 기대하지 않아도 태만함이 저절로 생긴다는 말이다.

5) 怠則衰：志驕必怠 志怠必衰

뜻이 교만하면 반드시 태만해지고, 뜻이 태만하면 반드시 쇠퇴한다는 말이다.

6) 近以來宰孔之譏 : 宰孔謂晉侯曰 齊侯不務德 而勤遠略云云

宰孔이 晉侯에게 말하기를 "齊侯는 德을 닦는 데는 힘쓰지 않고 遠征만을 힘쓰오."라고 한 말을 이른다.

7) 遠以召五公子之亂 : 威公卒 五公子爭立

桓公이 죽자 다섯 공자들이 君位에 서기를 다퉜음을 이른다.

8) 孰知盛之極乃衰之始乎 : 此句結前文生下意

이 구절은 앞 문장을 결론하여 뒤 문장의 뜻을 생성한 것이다.

9) 吾嘗譬威公之功業 : 此下引喩極切事意

이 이하에서 인용한 비유는 일의 뜻이 매우 절실하다.

10) 葵丘未會之前 猶自朔至望之月也 : 月以初一日生明 至初七八九而上弦 至十四五六而望

달은 1일에 밝음이 생겨나, 7일 · 8일 · 9일이 되면 上弦이 되고, 14일 · 15일 · 16일이 되면 보름이 된다.

11) 浸長而浸盈 : 猶威公功業 自微而漸盛

桓公의 공업이 미미한 데서부터 자라나 점점 번성하게 된 것과 같다는 말이다.

12) 葵丘既會之後 猶自望至晦之月也 : 月既望矣 至二十二三四而下弦 至月盡而晦

달이 보름을 지난 것이다. 22일 · 23일 · 24일이 되면 下弦이 되고, 달이 다하면 그믐이 된다.

13) 浸缺而浸盡 : 猶威公功業 既盛而漸衰

桓公의 공업이 이미 번성하여 점점 쇠퇴하게 된 것과 같다는 말이다.

14) 蓋未滿則有增 : 必未滿則治有增加

반드시 만족하지 않으면 다스림에 더함이 있다는 말이다.

15) 既滿則招損而已 : 心既滿則盛者衰 進者退矣 書曰 滿招損

마음이 이미 만족하게 되면 흥성한 자가 쇠퇴하고 전진한 자가 퇴보하게 된다. ≪書經≫ 〈虞書 大禹謨〉에 "가득 참은 덜어짐을 초래한다."라고 하였다.

16) 尙安能復(부)增乎 : 故驕怠以至于衰

그러므로 교만함과 태만함으로 쇠퇴하게 된다는 말이다.

17) 甚矣 人心之不可滿也 : 承上文滿字發明

윗글의 '滿'자를 이어 밝혔다.

18) 威公非不知滿之可戒也 : 轉此意新

이런 뜻으로 전환한 것이 참신하다.

19) 所期既滿 其心不得不滿也 : 期字是血脉 所以節節照應

'期'자는 혈맥이다. 이 때문에 마디마디 조응하는 것이다.

20) 使威公所自期者不止於伯 詎肯至伯而滿哉：應自期於伯者至伯則止

"스스로 패자가 될 것을 기대한 자는 패자가 되면 멈춘다."에 호응하는 말이다.

21) 威公之罪……而不在於旣滿之時也：發盡所期旣滿其心亦滿之意

"기대한 것이 이미 만족하게 이루어지면 그 마음 또한 만족해진다."의 뜻을 다 드러낸 말이다.

기대한 것이 이미 만족하게 이루어지면 그 마음 또한 만족해진다. 마음이 만족하면 교만해지고 교만하면 태만해지며 태만하면 쇠퇴한다. 그러므로 가까이로는 '宰孔의 비난'을 초래했고 멀리로는 '다섯 公子의 난리'를 불렀으니, 누가 알았으랴? 흥성의 극치가 도리어 쇠퇴의 시작인 줄을.

나는 일찍이 桓公의 功業은 葵丘의 회맹이 있기 전에는 초하루에서 보름으로 가는 달과 같아서 점차 자라나 점점 가득 찼고, 葵丘의 회맹이 있은 뒤에는 보름에서 그믐으로 가는 달과 같아서 점차 이지러져서 점점 사라졌다고 비유한 적이 있다. 대체로 가득 차기 전에는 增加함이 있으나 가득 찬 뒤에는 減損만이 있을 뿐이니, 오히려 어찌 다시 증가할 수 있겠는가?

심하도다! 사람의 마음이 가득 차서는 안 됨이여. 桓公은 가득 참을 경계해야 된다는 것을 모른 것은 아니었으나 기대한 것이 이미 만족히 이루어져서 그 마음이 만족하지 않을 수 없었던 것이다. 가령 桓公이 스스로 기대한 목표가 패업에 그치지 않았다면, 어찌 霸業을 이루고서 만족하였겠는가? 桓公의 잘못은 스스로 기대한 때에 있고, 이미 목표가 이루어져서 마음이 만족한 때에 있는 것이 아니다.

雨驟而沼溢[1]은 非雨之罪라 鑿沼者之罪也요 酒暴而巵翻[2]은 非酒之罪라 造巵者之罪也라 沼之所受有常限[3]하고 巵之所容有常量[4]하며 人之所期有常願[5]하니 踰其限[6]하고 過其量[7]하며 塞其願[8]이면 雖不欲滿이라도 而不自知其滿矣[9]리라 我不爲沼면 何憂乎十日之霖[10]이며 我不爲巵면 何憂乎千釀之醴[11]리오 威公素不以伯自期[12]면 則下視伯功하야 亦蚊虻之過前耳[13]리라 吾是以知自期之不可小也[14]라 進伯而至於王[15]이면 極天下之所期하야 無在其上者[16]니 其亦可以息乎[17]아 曰 王道果可息[18]이면 則禹之孜孜와 湯[19]〔之汲汲〕[20]과 文之純亦不已는 何爲者耶[21]리오

1) 雨驟而沼溢：水滿故溢

물이 찼기 때문에 넘친다는 말이다.

2) 酒暴而巵翻：酒滿故翻

술이 찼기 때문에 뒤집힌다는 말이다.

3) 沼之所受有常限：此沼所以易(이)滿

이는 못이 차기 쉬운 이유이다.

4) 巵之所容有常量：此巵所以易滿

이는 술잔이 차기 쉬운 이유이다.

5) 人之所期有常願：威公之心亦如此之易滿

환공의 마음도 이처럼 차기 쉽다는 말이다.

6) 踰其限：沼所以溢

못이 넘치는 이유이다.

7) 過其量：巵所以翻

술잔이 뒤집히는 이유이다.

8) 塞其願：心所以滿

마음이 만족하게 되는 이유이다.

9) 雖不欲滿 而不自知其滿矣：所期止此故也

기대한 것이 이 정도에 그쳤기 때문이다.

10) 我不爲沼 何憂乎十日之霖：反前雨暴沼溢之說

윗글의 "갑자기 비가 내려 못에 물이 넘친다."는 말과 반대이다.

11) 我不爲巵 何憂乎千釀之醴：反前酒暴巵翻之說 此喩人心當以遠大自期

윗글의 "사납게 술을 따름에 술잔이 뒤집힌다."는 말과 반대이다. 이는 사람의 마음은 스스로 기대하기를 원대하게 해야 함을 비유한 것이다.

12) 威公素不以伯自期：進一步說

한 걸음 나아가 설명한 것이다.

13) 則下視伯功 亦蚊虻之過前耳：自期遠大 則區區伯業何足道哉

'스스로 기대함이 원대하다면 변변찮은 霸業을 어찌 말할 것이 있겠는가.'의 뜻이다.

14) 吾是以知自期之不可小也：一篇血脉 首尾貫穿

본편의 혈맥이니, 문장의 首尾가 서로 관통한다.

15) 進伯而至於王：又轉一意 如百丈竿頭 更進一步

또 한 번 의미를 전환하였다. 백 길의 장대 꼭대기에서 한 걸음 더 나아가는 것과 같다.

16) 極天下之所期 無在其上者：所期至此 則遠大矣

기대하는 것이 이와 같다면 원대한 것이라는 말이다.

17) 其亦可以息乎 : 設問王道旣成可以止否

'王道가 이미 이루어졌으면 그칠 수 있는 것이냐.'고 물음을 가설한 것이다.

18) 曰王道果可息 : 答上文意

윗글의 뜻에 대하여 답한 것이다.

19) 則禹之孜孜 湯 : 楊子云 堯舜禹湯文武汲汲*)

楊子가 "堯·舜·禹·湯·文·武는 汲汲(급히 서둚)하였다."라고 하였다.

*) 〔역주〕 ≪楊子法言≫ 〈學行〉에 보인다.

20) 〔역주〕 〔之汲汲〕 : 저본에는 '之汲汲'이 없으나, 三民書局本에 의거하여 보충하였다.

21) 曰王道果可息……何爲者耶 : 此意極高 言雖至帝王之盛 亦不可息也

이 글의 뜻이 매우 고상하다. 비록 帝王의 흥성함에 이르더라도 〈나아감을〉 그쳐서는 안 됨을 말한 것이다.

갑자기 비가 내려 못에 물이 넘치는 것은 비의 잘못이 아니라 못을 만든 자의 잘못이고, 사납게 술을 따름에 술잔이 뒤집히는 것은 술의 잘못이 아니라 술잔을 만든 자의 잘못이다. 못이 수용할 수 있는 물은 일정한 한계가 있고, 술잔이 담을 수 있는 술은 일정한 양이 있듯이 사람이 기대하는 바에도 일정한 소원이 있어서 그 한계를 넘고 그 양을 초과하며 그 소원을 채웠다면 비록 만족해하려 하지 않아도 자신도 모르게 만족하게 될 것이다.

가령 내가 작은 연못이 아니라면 어찌 열흘 동안 내리는 큰 비를 걱정하겠으며, 내가 작은 술잔이 아니라면 어찌 천 동이의 술을 걱정하겠는가? 桓公이 평소 霸業을 자신의 기대로 삼지 않았다면 霸者의 공업을 하찮게 보아 모기나 등에가 눈앞을 지나가는 것처럼 여겼을 것이다. 나는 이로 인해 스스로 기대의 목표를 작게 세워서는 안 됨을 알았다.

霸業에서 더 나아가 王道에 이르면 천하 사람들이 기대하는 목표의 極點에 도달하여 이보다 더한 것이 없으니 더 나아감을 정지해도 괜찮겠는가? 나는 대답한다. "왕도가 과연 멈춰도 되는 것이라면 夏禹가 孜孜(근면)한 것과 成湯이 汲汲(급히 서둚)한 것과 文王이 純亦不已(순일해졌는데도 수양을 멈추지 않음)한 것은 어째서인가?"

11-02 晉獻公使荀息傅奚齊 晉 獻公이 荀息을 奚齊의 師傅로 삼다

11-02-01 晉獻公使荀息傅奚齊 晉 獻公이 荀息을 奚齊의 師傅로 삼다

【左傳】 僖九年이라 初에 獻公使荀息傅奚齊하다 公疾에 召之曰 以是藐諸孤[1] 辱在大夫[2]하니 其若之何오 稽首而對曰 臣竭其股肱之力하고 加之以忠貞이어니와 其濟는 君之靈也요 不濟면 則以死繼之하리이다 及里克將殺奚齊에 先告荀息曰 三怨將作[3]하고 秦晉輔之[4]하니 子將如何오 荀息曰 將死之하리라 里克曰 無益也라 荀叔曰 吾與先君言矣니 不可以貳라 冬十月에 里克殺奚齊于次하다 荀息將死之한대 人曰 不如立卓子而輔之니라 荀息立公子卓하다 十一月에 里克殺公子卓于朝[5]하니 荀息死之하다 君子曰 詩所謂白圭之玷은 尙可磨也어니와 斯言之玷은 不可爲也[6]라하니 荀息有焉[7]이로다

1) 〔역주〕 以是藐諸孤 : 奚齊는 幼弱하고 卑賤하여 다른 아들들에 비해 매우 어리다는 말이다.〈杜注〉
2) 〔역주〕 辱在大夫 : 〈杜注〉에 辱을 屈辱으로 해석한 것은 옳지 않다. 辱은 자신에 대한 謙辭와 상대에 대한 敬辭로 쓰이니, 여기서도 상대에 대한 존경의 표시로 보는 것이 옳으므로 '삼가'로 번역하였다.
3) 〔역주〕 三怨將作 : 三은 세 公子를 이르니, 申生・重耳・夷吾이다.
4) 〔역주〕 秦晉輔之 : 秦人은 밖에서 돕고, 晉人은 안에서 돕는다는 말이다.〈附注〉
5) 〔역주〕 里克殺公子卓于朝 : 장사를 지낸 뒤에 卓子가 조정에서 정사를 처리하였기 때문에 里克이 또 朝廷에서 그를 죽인 것이다.〈附注〉
6) 〔역주〕 詩所謂白圭之玷……不可爲也 : 詩는 ≪詩經≫ 〈大雅 抑〉이다. 이 말의 티는 흰 옥의 티보다 다스리기가 더 어렵다는 말이다.〈杜注〉
7) 〔역주〕 荀息有焉 : 이 詩人처럼 말을 중하게 여긴 뜻이 있다는 말이다.〈杜注〉

僖公 9년, 당초에 獻公은 荀息을 奚齊의 師傅로 삼았다. 獻公이 병이 중해지자 荀息을 불러 말하였다. "이 어린 孤兒를 삼가 大夫에게 맡기니 大夫는 장차 어떻게 輔佐하겠는가?" 荀息이 머리를 조아리며 대답하였다. "신은 全身의 힘을 다하고 거기에다가 忠貞을 더하겠습니다만 일이 성공하는 것은 하늘에 계시는 英靈의 도움이고, 성공하지 못한다면 뒤따라 죽겠습니다."

里克이 奚齊를 죽이려 할 때에 미쳐 먼저 荀息에게 고하였다. "원한을 품은 세 公子의 무리가 난리를 일으키려 하고 秦나라와 晉나라가 저들을 도우려 하니, 그대는 장

차 어찌할 생각이시오?" 荀息이 대답하였다. "나는 장차 그를 위해 죽을 것이오." 里克이 말하였다. "〈죽는 것은〉 아무 도움이 되지 않소." 荀息이 말하였다. "나는 先君과 약속하였으니, 두 마음을 품을 수 없소." 겨울 10월에 里克이 喪次에서 奚齊를 죽였다.

荀息이 그를 위해 죽으려고 하자, 어떤 사람이 "公子 卓을 세우고서 그를 輔佐하는 것만 못하다."고 하였다. 荀息은 公子 卓을 임금으로 세웠다.

11월에 里克이 朝廷에서 公子 卓을 죽이니 荀息도 그를 위해 죽었다. 이에 대해 君子는 다음과 같이 評論하였다. "≪詩經≫에 이른바 '흰 玉의 티는 오히려 갈아 없앨 수 있지만 이 말의 티는 어찌할 수가 없다.'고 하였으니, 荀息이 이와 같은 점이 있다."

11-02-02 秦伯納晉惠　秦伯이 晉 惠公을 晉나라로 들여보내다

【左傳】 僖九年이라 晉郤芮[1]使夷吾賂秦以求入齊隰朋帥(帥)〔師〕[2]會秦師納晉惠公[3]하다 秦伯謂郤芮曰 公子誰恃[4]오 對曰 臣聞亡人無黨하니 有黨必有讎[5]리이다 夷吾弱不好弄하며 能鬪不過하며 長亦不改요 不識其他[6]로이다 公謂公孫枝[7]曰 夷吾其定乎아 對曰 臣聞之하니 唯則(칙)定國[8]이라하고 詩曰 不識不知하야 順帝之則[9]이라하고 又曰 不僭不賊이면 鮮不爲則[10]이라하니 無好無惡(오)하야 不忌不克之謂也[11]니이다 今其言多忌克[12]하니 難哉[13]ㄴ저 公曰 忌則多怨이니 又焉能克이리오 是吾利也[14]라

1) 〔역주〕 郤芮 : 郤克의 祖父로 夷吾를 따른 자이다.〈杜注〉
2) (帥)〔師〕 : 저본에는 '帥'로 되어 있으나, ≪春秋左氏傳≫에 의거하여 '師'로 바로잡았다.
3) 〔역주〕 齊隰朋帥(帥)〔師〕會秦師納晉惠公 : 隰朋은 齊나라 大夫이고, 惠公은 夷吾이다.〈杜注〉
4) 〔역주〕 公子誰恃 : 夷吾는 누구를 중요하게 여겨 의지하느냐고 물은 것이다.〈附注〉
5) 〔역주〕 臣聞亡人無黨 有黨必有讎 : 夷吾는 黨이 없고, 黨이 없으면 원수가 없기 때문에 전에 나오기도 쉬웠고 이번에 들어가기도 쉽다는 말로 은근히 秦 穆公에게 歸國을 도와줄 것을 권한 것이다.〈杜注〉
6) 〔역주〕 長亦不改 不識其他 : 그가 成長하기에 미쳐서도 어릴 때와 같았고, 그 밖의 일은 나도 모르겠다는 말인데, 이는 夷吾가 임금이 될 만하다는 것을 말한 것이다.〈附注〉

7) 〔역주〕 公孫枝 : 秦나라 大夫 子桑이다.〈杜注〉

8) 〔역주〕 唯則(칙)定國 : 則은 法이다. 오직 法則이 있는 자만이 나라를 안정시킬 수 있다는 말이다.〈附注〉

9) 〔역주〕 詩曰……順帝之則 : 詩는 ≪詩經≫ 〈大雅 皇矣〉이다. 宰는 天이고, 則은 法이다. 이는 文王의 闇行이 자연스럽게 하늘의 법칙에 부합했다는 말이다.〈杜注〉 闇行이란 夜間의 行動인데, 자기 혼자 있을 때의 행위를 이름이다.

10) 〔역주〕 不僭不賊 鮮不爲則 : 僭은 분수를 넘어 도리에 어긋나는 것이고, 賊은 남을 傷害하는 것이니, 모두 시기하고 이기려는 것이다. 그렇게 하지 않으면 사람들의 본보기가 될 수 있다는 말이다.〈杜注〉 ≪詩經≫ 〈大雅 抑〉에 나온다.

11) 〔역주〕 無好無惡(오) 不忌不克之謂也 : 이것은 윗글의 뜻을 해석한 것이다. 好는 사사로이 좋아함이고, 惡는 사사로이 미워함이고, 忌는 懷疑이고, 克은 이기를 좋아함이다. 사사로운 지식을 쓰지 않으면 사사로이 좋아하고 미워함이 없고, 남을 不信하거나 해치지 않으면 의심하거나 이기려 하지 않는다.〈杜注〉

12) 〔역주〕 今其言多忌克 : 이미 남을 의심하고 해치려는 뜻이 많다는 말이다.〈杜注〉

13) 〔역주〕 難哉 : 스스로 나라를 안정시키기 어렵다는 말이다.〈杜注〉

14) 〔역주〕 其言多忌克……是吾利也 : 그의 말에 비록 의심이 많으나, 이는 단지 자신만을 해칠 뿐 남을 이길 수 없다는 말이다. 秦伯은 夷吾가 도리어 자신을 해칠 것으로 생각하였기 때문에 '이것은 우리에게 유리하다.'고 한 것이다.〈杜注〉

僖公 9년, 晉나라 郤芮가 夷吾에게 秦나라에 뇌물을 주고서 歸國을 도와달라고 요청하게 하였다.

齊나라 隰朋이 군대를 거느리고 秦軍과 연합하여 晉 惠公을 晉나라로 들여보내기로 하였다. 秦伯이 郤芮에게 "公子는 누구를 믿는가?"라고 묻자, 郤芮가 대답하였다. "臣이 듣기로는 亡人은 黨이 없으니 黨이 있으면 반드시 원수가 있을 것입니다. 夷吾는 어릴 때에도 장난을 좋아하지 않았고 싸움을 잘했지만 지나치지 않았으며, 長成한 뒤에도 그 습관을 고치지 않았다는 것만 알 뿐, 그 밖의 것은 모릅니다."

秦 穆公이 公孫枝에게 "夷吾가 晉나라를 안정시킬 수 있겠느냐?"고 묻자, 公孫枝가 대답하였다. "臣이 듣건대 오직 法則만이 나라를 안정시킬 수 있다고 하였습니다. 詩에 '사사로운 知識을 사용하지 않고 오직 하늘의 法則만을 따른다.'고 하였고, 또 詩에 '남을 不信〔僭〕하지 않고 해치지〔賊〕 않으면 본보기가 되지 않는 것이 드물다.'고 하였으니, 이는 사사로이 좋아하는 사람도 없고 미워하는 사람도 없으며 의심을 품지도

않고 이기려 하지도 않는다는 것을 말한 것입니다. 그런데 지금 夷吾의 말에는 의심과 이기려는 뜻이 많으니, 〈나라를 안정시키기〉 어려울 것입니다.” 穆公이 말하였다. “남을 의심하면 원수가 많이 생기는 것인데 또 어찌 이길 수가 있겠는가. 이것은 우리에게 유리하다.”

11-02-03 晉侯殺里克丕鄭 晉侯가 里克과 丕鄭을 죽이다

【左傳】 僖十年이라 夏四月에 周公忌父(보)王子黨[1] 會齊隰朋立晉侯하다 晉侯殺里克以說[2]하다 將殺里克할새 公使謂之曰 微子면 則不及此라 雖然이나 子弒二君與一大夫하니 爲子君者 不亦難乎아 對曰 不有廢也면 君何以興이릿가 欲加之罪인댄 其無辭乎[3]잇가 臣聞命矣라하고 伏劍而死하다 於是丕(비)鄭聘于秦하고 且謝緩賂[4]라 故不及[5]하다 丕鄭如秦에 言於秦伯曰 呂甥郤稱冀芮實爲不從하니 若重問以召之[6]시면 臣出晉君하리니 君納重耳가 蔑不濟矣리이다 冬에 秦伯使泠至[7]報問하고 且召三子하다 郤芮曰 幣重而言甘하니 誘我也라하고 遂殺丕鄭祁擧[8]及七輿大夫[9]라 丕豹[10]奔秦하야 言於秦伯曰 晉侯背大主而忌小怨[11]하니 民弗與也니이다 伐之면 必出하리이다 公曰 失衆이면 焉能殺[12]이며 違禍하니 誰能出君[13]이리오

1) 〔역주〕 周公忌父(보)王子黨 : 周公 忌父는 周나라 卿士이고, 王子 黨은 周나라 大夫이다.〈杜注〉

2) 〔역주〕 晉侯殺里克以說 : 〈杜注〉에는 자신이 簒奪하지 않았다는 것을 설명하기 위해 里克을 죽인 것으로 해석하였고, 楊伯峻은 임금을 弑害한 惡人을 誅殺하는 의리를 보인 것으로 해석하였다.

3) 〔역주〕 欲加之罪 其無辭乎 : 나에게 罪를 씌우고자 한다면 핑계 댈 말이 없는 것은 걱정할 필요가 없다는 말이다.〈杜注〉

4) 〔역주〕 且謝緩賂 : 뇌물은 晉 惠公이 자신을 晉나라의 임금으로 세워주면 秦나라에게 주겠다고 약속한 河外의 5城을 가리킨다.

5) 〔역주〕 故不及 : 丕鄭은 里克의 黨이다. 秦나라에 가 있었기 때문에 里克과 함께 죽지 않은 것이다.〈杜注〉

6) 〔역주〕 呂甥郤稱冀芮實爲不從 若重問以召之 : 세 사람은 晉나라 大夫이다. 不從은 秦나라에 뇌물(河外의 5城)을 주려 하지 않는 것이다. 問은 聘問의 幣帛이다.〈杜注〉

7) 〔역주〕 泠至 : 秦나라 大夫이다.

8) 〔역주〕 祈擧 : 晉나라 大夫이다.

9) 〔역주〕 七輿大夫 : 侯·伯은 七命으로 副車가 七乘이다. 命은 爵命이다. 周나라 때에는 官爵을 아홉 등급으로 나누었는데, 上公은 9命, 天子의 三公은 8命, 侯伯은 7命, 天子의 卿은 6命, 子男은 5命, 天子의 大夫와 公의 卿은 4命, 侯伯의 卿은 3命, 子男의 卿은 2命, 公侯伯의 士와 子男의 大夫는 1命이었다.

10) 〔역주〕 丕豹 : 丕豹는 丕鄭의 아들이다.〈杜注〉

11) 〔역주〕 晉侯背大主而忌小怨 : 大主는 秦나라이고, 小怨은 里克과 丕鄭이다.〈杜注〉

12) 〔역주〕 焉能殺 : 里克과 丕鄭의 黨을 죽인 것을 이름이다.〈杜注〉

13) 〔역주〕 違禍 誰能出君 : 丕豹가 禍를 피해 온 것을 이름이다. 이것이 다음 해에 晉나라가 丕鄭을 죽인 傳의 배경이다.〈杜注〉

僖公 10년, 여름 4월에 周公 忌父·王子 黨이 齊나라 隰朋에서 會合하여 惠公을 晉侯로 세웠다. 晉侯는 里克을 죽여 說明하였다. 晉侯가 里克을 죽이려고 할 때에 使者를 보내어 里克에게 말하였다. "그대가 아니었으면 내가 이에 이르지 못했을 것이다. 그러나 그대는 두 임금과 한 大夫를 죽였으니 그대의 임금 노릇 하기가 어렵지 않겠는가?" 里克이 대답하였다. "〈奚齊와 卓子를〉 廢黜하지 않았다면 임금님께서 어찌 일어설 수 있었겠습니까. 臣에게 罪를 씌우고자 하신다면 어찌 핑계 댈 말이 없겠습니까? 신은 명을 따르겠습니다."라고 하고서 칼에 엎어져 죽었다.

이때 丕鄭은 聘問使로 秦나라에 가 있었고, 또 뇌물이 늦어진 것에 대해 謝過하고 있었다. 그러므로 禍가 미치지 않은 것이다. 丕鄭이 秦나라에 갔을 적에 秦伯에게 말하였다. "呂甥·郤稱·冀芮가 실로 따르지 않으니, 만약 저들에게 많은 재물을 주어 秦나라로 부르신다면 臣이 晉君을 逐出하겠습니다. 그런 뒤에 君께서 重耳를 晉나라로 들여보내신다면 성공하지 못할 리가 없습니다."

겨울에 秦伯이 大夫 泠至를 晉나라로 보내어 答聘하게 하고, 또 세 사람을 秦나라로 초청하였다. 郤稱과 冀芮가 "幣帛은 많고 말은 달콤하니 우리를 유인하는 것이다."라 하고서 드디어 丕鄭·祈擧 및 七輿大夫를 죽였다.

丕豹가 秦나라로 도망가서 秦伯에게 말하였다. "晉侯가 大主를 배반하고 작은 원한을 꺼리니 백성들이 돕지 않습니다. 그를 치신다면 반드시 逐出할 것입니다." 秦 穆公이 말하였다. "그가 백성들의 마음을 잃었다면 어찌 저들을 죽일 수 있었겠으며, 그대가 禍를 피해 도망해 왔으니 누가 임금을 축출한단 말인가?"

11-02-04 晉乞糴于秦 晉나라가 秦나라에 糧穀購買를 요청하다

【左傳】 僖十三年이라 冬에 晉荐饑[1]하야 使乞糴于秦하다 秦伯謂子桑호되 與諸(저)乎아 對曰 重施而報면 君將何求[2]릿가 重施而不報면 其民必攜하리니 攜而討焉이면 無衆必敗[3]리이다 謂百里[4]호되 與諸乎아 對曰 天災流行은 國家代有[5]요 救災恤(憐)〔隣〕[6]은 道也니 行道면 有福이리이다 丕鄭之子豹在秦이러니 請伐晉[7]한대 秦伯曰 其君是惡(오)어니와 其民何罪오 秦於是乎輸粟于晉하야 自雍及絳相繼[8]하다 命之曰 汎舟之役[9]이라하다

1) 〔역주〕 晉荐饑 : 荐饑는 보리와 벼가 모두 여물지 않아 수확할 것이 없는 것이다.〈杜注〉
2) 〔역주〕 君將何求 : 秦나라에 손해가 없다는 말이다.〈杜注〉
3) 〔역주〕 重施而不報……無衆必敗 : 의리가 없기 때문에 백성들이 떨어진다는 말이다.〈杜注〉
4) 〔역주〕 百里 : 秦나라 大夫 百里奚이다.〈杜注〉
5) 〔역주〕 天災流行 國家代有 : 饑饉은 하늘이 내리는 災殃으로 물이 흘러가듯이 정해진 곳이 없어서 나라마다 번갈아 이런 재앙이 생긴다는 말이다.〈附注〉
6) (憐)〔隣〕 : 저본에는 '憐'으로 되어 있으나, ≪春秋左氏傳≫에 의거하여 '隣'으로 바로잡았다.
7) 〔역주〕 請伐晉 : 아비의 원수를 갚고자 한 것이다.〈杜注〉
8) 〔역주〕 自雍及絳相繼 : 雍은 秦나라 國都이고, 絳은 晉나라 國都이다.〈杜注〉
9) 〔역주〕 命之曰 汎舟之役 : 渭水에서 뱃길로 운송하여 黃河와 汾水로 들어간 것이다. 運送船이 渭水에서 출발하여 동쪽으로 가다가 弘農 華陽縣에 이르러 黃河로 들어가서 다시 물을 거슬러 北上하여 河東 汾陰縣에 이르고, 汾水로 들어가 물을 거슬러 동쪽으로 가면 絳에 닿는다.

僖公 13년, 겨울에 晉나라에 거듭 凶年이 들어 秦나라에 使臣을 보내어 糧穀購買를 요청하였다. 秦伯이 子桑에게 "주어야 하는가?" 하고 묻자, 子桑이 대답하였다. "거듭 은혜를 베풀었다가 보답을 받는다면 임금께서는 다시 무엇을 더 바라겠습니까. 그러나 거듭 은혜를 베풀었는데도 보답하지 않는다면 晉나라 백성의 마음이 반드시 惠公에게서 떠날 것이니, 백성의 마음이 떠난 뒤에 토벌하면 그를 돕는 무리가 없어서 반드시 敗亡할 것입니다."

〈秦伯이〉 百里에게 "주어야겠는가?"하고 묻자, 百里가 대답하였다. "天災가 유행하는 것은 나라마다 번갈아 있는 일이고, 災難을 구제하고 이웃 나라를 구휼하는 것이

도리이니, 도리를 행하면 복이 있을 것입니다."

이때 丕鄭의 아들 豹가 秦나라에 있었는데, 晉나라를 討伐하기를 청하자 秦伯은 "그 임금은 밉지만 그 백성들이야 무슨 죄가 있느냐." 하고서 秦나라는 이에 晉나라로 곡식을 수송하였는데, 〈수송하는 行列이〉 雍에서 絳에까지 이어졌다. 이를 일러 '泛舟之役'이라고 命名하였다.

11-02-05 秦乞糴于晉 秦나라가 晉나라에 糧穀購買를 요청하다

【左傳】 僖十四年이라 冬에 秦饑하야 使乞糴于晉한대 晉人弗與하다 慶鄭[1]曰 背施無親이요 幸災不仁이요 貪愛不祥[2]이요 怒隣不義니 四德皆失이면 何以守國이릿가 虢射(석)曰 皮之不存이어니 毛將安傅[3]리오 慶鄭曰 棄信背隣이면 患孰恤之[4]릿가 無信患作하고 失援必斃니 是則然矣니이다 虢射曰 無損於怨이요 而厚於寇니 不如勿與[5]니이다 慶鄭曰 背施幸災면 民所棄也[6]니 近猶讐之온 況怨敵乎[7]잇가 弗聽하다 退曰 君其悔是哉리라

1) 〔역주〕 慶鄭 : 晉나라 大夫이다.〈杜注〉

2) 〔역주〕 幸災不仁 貪愛不祥 : 남의 災難을 다행으로 여기는 것은 不仁이고, 탐욕스럽게 제 재물을 아껴 남의 재난을 救濟하지 않는 것은 不祥이라는 말이다.〈附注〉

3) 〔역주〕 虢射(석)曰……毛將安傅 : 虢射은 惠公의 外叔이다. 惠公이 秦나라의 도움으로 晉나라로 들어올 때 秦나라에 다섯 城을 뇌물로 주기로 약속해놓고는 들어온 뒤에 약속을 저버리고 주지 않았다. 여기서 皮는 秦나라에게 주기로 허락했던 城을 비유한 것이고, 毛는 秦나라가 요구한 양곡을 비유한 말이다. 이미 秦나라의 은혜를 저버려 원한이 깊어졌으니 비록 양곡을 준다 하더라도 가죽이 없는데 털을 붙이는 것과 같다는 말이다.〈附注〉

4) 〔역주〕 棄信背隣 患孰恤之 : 城을 주겠다고 허락한 信義를 버리고, 이웃 나라의 은혜를 저버린다면 國家에 患難이 생겼을 때 백성들도 임금을 버리고 救援하지 않는다는 말이다.〈附注〉

5) 〔역주〕 無損於怨……不如勿與 : 秦나라에 곡식을 준다 하더라도 秦나라의 怨恨을 풀 수 없고, 단지 秦나라를 强하게 할 뿐이라는 말이다.〈杜注〉

6) 〔역주〕 背施幸災 民所棄也 : 우리 백성들도 그 임금을 곧지 못한 사람으로 여겨 버린다는 말이다.〈附注〉

7) 〔역주〕 近猶讐之 況怨敵乎 : 평소에 서로 친근했던 나라도 오히려 원수가 될 것인데, 평소 원한을 품고 있던 秦나라 같은 敵國이야 더 말할 게 있겠느냐는 말이다.〈附注〉

僖公 14년, 겨울에 秦나라에 饑饉이 들어 晉나라에 使臣을 보내어 糧穀購買를 요청하니 晉人은 들어주지 않았다. 慶鄭이 말하였다. "은혜를 저버리는 것은 無親이고, 남의 災難을 다행으로 여기는 것은 不仁이고, 탐욕스럽게 아끼는 것은 不祥이고, 이웃 나라를 노하게 하는 것은 不義이니, 이 네 德을 모두 잃는다면 무엇으로 나라를 지키겠습니까." 虢射이 말하였다. "가죽이 남아 있지 않는데 털이 장차 어디에 붙겠습니까?"

慶鄭이 말하였다. "信義를 저버리고 이웃 나라를 배반한다면 우리에게 患難이 생겼을 때 누가 救援해주겠습니까. 신의가 없으면 환란이 생기고 應援하는 나라를 잃으면 敗亡하는 것은 必然의 이치입니다." 虢射이 말하였다. "원한은 줄이지 못하고 敵에게 힘만 보태줄 뿐이니, 주지 않는 것만 못합니다."

慶鄭이 말하였다. "은혜를 저버리고 남의 재난을 다행으로 여기면 백성의 버림을 받습니다. 친근한 사람도 오히려 원수로 여길 것인데 하물며 원한을 품은 적이겠습니까." 惠公은 듣지 않았다. 慶鄭이 물러나와 말하였다. "임금은 이 일을 후회하게 될 것이다."

11-02-06 秦晉戰韓原 秦나라와 晉나라가 韓原에서 싸우다

【左傳】 僖十五年이라 晉侯之入也에 許賂秦伯以河外列城五호되 旣而不與하고 晉饑에 秦輸之粟이로되 秦饑에 晉閉之糴하다 故秦伯伐晉하다 九月에 晉侯逆秦師하고 壬戌에 戰于韓原할새 秦獲晉侯以歸하다

僖公 15년, 〈희공 9년에〉 晉侯가 晉나라로 들어갈 때 秦伯에게 河外의 다섯 城을 賂物로 주겠다고 허락해놓고는 〈들어와 임금이 된〉 뒤에는 주지 않았으며, 〈희공 13년에〉 晉나라에 饑饉이 들었을 때 秦나라는 糧穀을 보내주었는데, 〈희공 14년에〉 秦나라에 기근이 들자 晉나라는 양곡 보내는 것을 막았다. 그러므로 秦伯이 晉나라를 討伐한 것이다. 9월에 晉侯가 秦軍을 맞아 싸우고, 壬戌日에 兩軍이 韓原에서 交戰할 때 秦伯이 晉侯를 잡아 데리고 돌아갔다.

正始者는 萬事之本也라 始其始而不終其始者는 蓋有之矣어니와 不始其始而能終其始者는 理之所必無也라 吾未聞種稗而得穀者也요 吾未聞植棘而得櫝者也요 吾未聞

造醯而得醪者也요 吾未聞網魚而得禽者也요 吾未聞學墨而得儒者也요 吾未聞圖伯(패)而得王者也니 失其始而求其終은 理之所必無也라

시작을 바르게 함은 萬事의 근본이다. 시작이 바르면서 그 시작을 잘 마치지 못하는 경우는 있지만, 시작이 바르지 않으면서 그 시작을 잘 마칠 수 있는 경우는 이치로 보아 절대로 없다.

피를 심고서 곡식을 수확했다는 소리를 나는 듣지 못했고, 가시나무를 심고서 오동나무를 얻었다는 소리를 나는 듣지 못했으며, 식초를 만들고서 막걸리를 얻었다는 소리를 나는 듣지 못했고, 물고기를 그물질하고서 새를 잡았다는 소리를 나는 듣지 못했으며, 墨子를 배우고서 儒者가 되었다는 소리를 나는 듣지 못했고, 霸者를 도모하면서 王者가 되었다는 소리를 나는 듣지 못했다. 시작이 바르지 않으면서 잘 마치기를 구하는 것은 이치로 보아 절대로 없는 일이다.

自古及今히 失於始而蹈禍釁者가 豈惟一人耶아 荀息은 受獻公不正之託이라가 國危身死하야 死無所名하니 失之於始也요 秦穆公은 不置德而置服이라가 親被晉惠反噬之辱하니 失之於始也며 晉惠公은 攬一國之利하야 不見輕諾之害하고 竟(被)〔背〕[1]內外之賂라가 自取囚縶하니 失之於始也라 失之於始면 良平不能爲之謀요 儀秦不能爲之辨이요 孫吳不能爲之戰이요 墨翟田單不能爲之守니 百補千營이라도 終亦必敗而已矣리라

張良

1) 〔역주〕 (被)〔背〕: 저본에는 '被'로 되어 있으나, 三民書局本에 의거하여 '背'로 바로잡았다.

예로부터 지금까지 시작을 잘못하여 화란에 빠진 자가 어찌 한 사람뿐이겠는가? 荀

息은 晉 獻公의 바르지 못한 부탁을 받아들였다가 나라는 위태로워지고 자신은 죽임을 당하였으며 죽은 뒤에 명예마저 없었으니 이는 시작을 잘못했기 때문이다. 秦 穆公은 유덕자를 〈晉나라의 임금으로〉 세우지 않고 자기에게 복종하는 자를 세웠다가 몸소 晉 惠公이 배반하는 치욕을 받았으니 이는 시작을 잘못했기 때문이다. 晉 惠公은 一國의 권력을 쥐고서 가벼이 승낙하는 화를 살피지 않고 끝내 국내와 국외에 뇌물을 주기로 한 약속을 저버렸다가 구금되는 화를 자초하였으니 이는 시작을 잘못했기 때문이다.

시작을 잘못하면 張良과 陳平도 그를 위해 꾀를 낼 수 없고, 張儀와 蘇秦도 그를 위해 변론할 수 없으며, 孫子와 吳子도 그를 위해 전투할 수 없고, 墨翟과 田單도 그를 위해 지키지 못할 것이니, 온갖 방법을 다해 보조하고 경영하여도 마침내 반드시 실패하고야 말 것이다.

雖然이나 **是說也**는 **爲始謀者言之可也**어니와 **不幸而已失其始者**는 **雖聞吾言**이라도 **不過拊膺搏髀**하야 **爲無益之悔**리니 **果何術而救之乎**아 **曰 見其無始而絶之者**는 **君子之正也**요 **見其無始尙欲扶持之者**는 **君子之恕也**라 **父母之於子**에 **雖其始不遵敎戒**하야 **已在憲網**하고 **已在縲紲**이라도 **自非甚不可救**인댄 **父母之心**에 **豈遽已乎**아 **經度赴援**하야 **使得末減其罪**하야 **降重爲輕**이 **亦父母之所屑爲也**라 **君子視天下**가 **猶父母之視子也**니 **雖見其已失於始**라도 **苟未至於勢窮理絶**이면 **亦豈惜一擧手之力乎**아

비록 그러나 이런 말은 시작을 바르게 하려고 꾀하는 자를 위해서는 말해줄 수 있으나, 불행히도 이미 그 시작을 잘못한 자는 비록 내 말을 듣더라도 가슴을 두드리고 무릎을 치며 쓸데없는 후회를 하는 데 불과할 뿐이니, 과연 무슨 방법으로 그를 구원할 수 있을까? 나는 아래와 같이 생각한다.

"시작이 바르지 못함을 보고서 絶交하는 것은 '君子의 엄정함'이고, 시작이 바르지 못함을 보고서 여전히 도와주고자 하는 것은 '君子의 너그러움'이다. 부모가 자식에 대해서 비록 처음에는 〈자식이〉 가르침과 경계를 준수하지 아니하여, 이미 法網에 걸리고 이미 감옥에 갇혔더라도 자기가 아주 구제할 수 없는 경우가 아니라면 부모의 마음에 어찌 당장 구제하기를 포기하겠는가?

계획을 세우고서 달려가 구원하여, 그 죄를 경감시켜 重罪를 輕罪로 낮추게 하는 것이 또한 부모된 이들이 기꺼이 하는 바이다. 君子가 천하 사람들을 보는 것이 부모가 자식을 보는 것과 같으니, 비록 이미 시작을 잘못한 것을 보았어도 진실로 형세가 곤궁하고 도리가 절망에 이르지 않았으면 또한 어찌 팔을 한 번 드는 힘을 아끼겠는가?"

荀息은 **以孤身**으로 **而當衆怨之衝**하니 **其禍大而不可救**요 **秦穆公**은 **雖受侮**라도 **而終能取償於晉**하니 **其禍小而不必救**라 **惟晉惠公之事**는 **在二者之間**하니 **猶君子之所當論也**라 **惠公**은 **始以甘言重賂誘秦**하고 **旣得國而盡食其言**하니 **秦穆公之心**에 **未嘗一日忘晉也**라 **至晉饑而秦輸之粟**하니 **非憂晉也**라 **積我之厚**하고 **形彼之薄**하야 **所以怒其衆而將使之也**라 **斯怨也 豈禱請所可謝**며 **言語所可回乎**리오 **幸而秦饑乞糴於晉**하니 **此天錫晉以釋怨之資也**라 **使君子爲晉謀**인댄 **必曰 吾久負秦約**하야 **常患無以自解**하니 **苟因其乞糴**하야 **亟如其請而振其急**이면 **則秦將見今日之恩**하고 **而忘前日之怨**이리라 **政使怨不盡解**라도 **亦可以殺(쇄)其怒而緩其毒**이리니 **雖鋒刃相向**이라도 **其致(怨)〔死〕**[1]**於我必不力矣**리라 **彼虢射(석)乃謂無損於怨**이요 **而厚於寇**라하니 **吁**라 **是何言歟**아 **虢公**[2]**徒知與粟之無損於怨**이요 **不知閉糴之增其怨也**라 **擇禍莫若輕**이요 **擇怨亦莫若輕**이니 **雖使果如虢公之言**하야 **無損於怨**이라도 **亦猶愈於增其怨**이온 **況與之粟 乃所以損其怨乎**아 **慶鄭 雖欲救之**나 **然其氣暴**하고 **其辭悍**하야 **適所以起晉惠之怒而已**로다 **惜乎**라 **慶鄭有救之之心**이나 **而未得救之之道也**여 **使君子爲晉謀**면 **則失之於始**런들 **豈不可收之於終乎**아

1) 〔역주〕(怨)〔死〕: 저본에는 '怨'으로 되어 있으나, 三民書局本에 의거하여 '死'로 바로잡았다.
2) 〔역주〕 公 : 三民書局本에는 '公'이 '射(석)'으로 되어 있다.

荀息은 한 사람의 몸으로 여러 怨人들의 공격을 당했으니 그 화가 커서 구원할 수 없었고, 秦 穆公은 비록 모욕을 받았으나 마침내 晉나라에서 보상을 받았으니 그 화가 작아서 구원할 필요가 없었다. 오직 晉 惠公의 일만은 이 두 일의 중간에 해당하니 오히려 君子가 마땅히 의론해야 할 바이다.

惠公은 처음에 달콤한 말과 많은 뇌물로 秦나라를 유혹하고, 나라를 얻은 뒤에는

그 약속을 다 저버렸으니, 秦 穆公의 마음은 하루도 晉나라를 잊은 적이 없었다. 그런데도 晉나라가 饑饉이 들자 秦나라는 곡식을 보내주었으니 이는 晉나라를 걱정해서가 아니라, 우리의 후덕함을 쌓고 저들의 야박함을 드러내어 민중을 분노케 해서 장차 그 민중을 전쟁에 사용하기 위함이었다. 이런 원한을 어찌 禱請으로 사과할 수 있는 것이며, 言語로써 되돌릴 수 있는 것이겠는가?

다행히 秦나라에 기근이 들어 晉나라에 곡식을 보내줄 것을 요청하였으니 이는 하늘이 晉나라에게 〈秦나라의〉 원한을 풀 수 있는 기회를 준 것이다. 그러니 가령 군자가 晉나라를 위하여 計謀를 냈다면 반드시 아래와 같이 말했을 것이다.

"우리나라가 오랫동안 秦나라와의 약속을 저버려 항상 스스로 그 잘못을 해명할 길이 없음을 근심하였으니, 만일 秦나라가 곡식을 요청하는 기회를 이용하여 서둘러 그들이 요청하는 대로 위급함을 진휼해준다면 秦나라는 아마도 오늘의 은혜를 보고 지난날의 원한을 잊을 것이다. 가령 원한을 다 풀지는 못하더라도 그들의 분노를 줄이고 毒氣를 완화시킬 수 있을 것이니, 비록 전쟁이 일어나서 서로 칼끝을 겨누게 되더라도 반드시 우리에게 죽을힘을 다해 공격하지는 않을 것이다."

그런데 저 虢射은 도리어 "怨恨은 줄이지 못하고 敵에게 힘만 보태줄 뿐이다."라고 하였다. 아! 이것이 무슨 말인가? 虢公(虢射)은 한갓 곡식을 주는 것이 원한을 줄일 수 없다는 것만 알고 곡식운송을 금지하는 것이 秦나라의 원한을 증가시킨다는 것은 모른 것이다.

재앙을 골라야 한다면 가벼운 것을 고르는 것이 최선이고, 원한을 골라야 한다면 이 또한 가벼운 것을 고르는 것이 최선이다. 가령 虢公의 말처럼 원한은 줄일 수 없다 하더라도 오히려 원한을 증가시키는 것보다 나은데, 하물며 곡식을 보내주는 것이 바로 그들의 원한을 줄일 수 있는 방법임에랴!

慶鄭은 비록 구원하고자 하였으나 기세가 갑작스럽고 말투가 사나워 다만 晉 惠公의 분노를 일으켰을 뿐이다. 애석하다. 慶鄭이 秦나라를 구원하고자 하는 마음은 있었으나 秦나라를 구원하는 방법은 알지 못했음이여! 가령 君子가 晉나라를 위해 도모했다면 시작할 때의 잘못을 어찌 終局에 수습할 수 없었겠는가.

吾嘗攷論秦晉交爭之際하고 **益知天下之理**는 **不可有毫髮之過焉**이라 **晉之負秦**하니 **理**

當怨也며 秦之伐晉하니 理當報也라 韓原之戰에 忿晉惠者가 豈特秦人哉아 雖晉之衆도 亦忿然有不直其君之心矣라 逮至秦穆執晉侯而歸하야 囚之靈臺는 則是奪蹊田之牛[1)]니 報之亦已甚矣라 惟其報之稍過於理일새 於是에 晉人反哀其君之窮하고 而怨秦之酷하야 移不直其君之心하야 爲不直秦之心이라 奮怒踊躍하야 征繕以輔孺子하야 有不與秦俱生之意하니라 嗚呼라 天下之理가 果可有毫髮之過耶아 千鈞之重도 加銖兩而移니 信矣哉로다

1) 奪蹊田之牛 : 見宣十一年[*)]

《春秋左氏傳》 宣公 11년에 보인다.

*) 〔역주〕 見宣十一年 : 《春秋左氏傳》 宣公 11년에 楚 莊王이 夏氏의 亂을 이유로 陳나라를 討伐하고 夏徵舒를 죽이고서, 陳나라를 楚나라의 縣으로 삼자, 申叔時(楚나라 大夫)가 楚 莊王에게 말하기를 "어떤 사람이 말하기를 '소를 끌고 남의 農地 가운데로 지나다니면 農地의 主人은 그 소를 빼앗는다.'고 하니, 소를 끌고 남의 農地로 지나다니는 자는 진실로 罪가 있습니다만 그렇다고 그 소를 빼앗는 것은 罰이 너무 무겁습니다."라고 하였다. 여기서는 秦 穆公이 晉 惠公에게 한 처사가 지나쳤음을 말한 것이다.

내가 일찍이 秦나라와 晉나라가 交戰한 상황을 상고하여 추론해보고서, 천하의 이치는 털끝만큼이라도 지나침이 있을 수 없다는 것을 더욱 자세히 알게 되었다.

晉나라가 秦나라를 배반했으니 이치상 원한을 갖는 것이 당연하며, 秦나라가 晉나라를 침벌했으니 이치상 보복하는 것이 당연하다. 韓原의 전쟁에서 晉 惠公에게 분노한 자가 어찌 秦人뿐이었겠는가. 비록 晉나라의 민중도 분노하여 자기들의 임금을 바르게 여기지 않는 마음을 가졌다.

秦 穆公이 晉侯를 사로잡아 귀국하여 靈臺에 감금한 것으로 말하면 이는 소를 끌고 남의 농지를 밟고 지나갔다 하여 그 소를 빼앗는 꼴이니, 보복이 또한 너무 심하다. 秦 穆公의 보복이 도리에서 약간 지나쳤기 때문에 이에 晉人이 도리어 자기 임금의 곤궁을 가여워하고 秦나라의 가혹함을 원망하여, 자기 임금을 바르게 여기지 않는 마음을 옮겨 秦나라를 바르게 여기지 않는 마음을 가졌다. 이에 분노하고 떨쳐 일어나 부세를 징수하고 군기를 정비하여 孺子(太子 圉)를 도와 秦나라와 공존하지 않으려는 뜻을 가졌다.

아! 천하의 이치가 과연 털끝만큼이라도 지나침이 있었던가? 千鈞의 무게도 1銖나

1兩이 더해지면 저울눈이 옮겨간다. 〈그런데 이치는 상황이 변하여도 털끝만큼도 옮김이 없으니, 이치란 참으로〉 진실이로다.

11-03 沙麓崩 沙鹿山이 무너지다

11-03-01 沙麓崩 沙鹿山이 무너지다

【左傳】 僖十四年이라 秋에 沙鹿崩하다 晉卜偃曰 期年將有大咎하야 幾亡國[1]하리라

1) 〔역주〕 幾亡國 : 나라의 主人은 山川이니 산이 무너지고 내가 마르는 것은 나라가 망할 징조라는 말이다.〈杜注〉

僖公 14년, 가을에 沙鹿山이 무너졌다. 晉나라 卜偃이 말하였다. "1년 안에 큰 災難이 생겨 나라가 거의 망하는 지경에 이를 것이다."

11-03-02 隕石鷁退飛 돌이 떨어지고, 바닷새가 밀려 날아가다

【左傳】 僖十六年이라 隕石于宋五하니 隕星也[1]라 六鷁(익)退飛하야 過宋都하니 風也[2]라 周內史叔興聘于宋하니 宋襄公問焉曰 是何祥也오 吉凶焉在[3]오 對曰 今茲魯多大喪[4]하고 明年齊有亂하고 君將得諸侯而不終[5]이리이다 退而告人曰 君失問이로다 是陰陽之事요 非吉凶所生也[6]라 吉凶由人[7]이니라 吾不敢逆君故也라

1) 〔역주〕 隕石于宋五 隕星也 : 별은 陽物이기 때문에 떨어져 땅에 닿으면 변화해 돌이 된다고 한다.〈附注〉

2) 〔역주〕 六鷁(익)退飛……風也 : 여섯 마리의 바닷새가 거센 바람을 만나 뒤로 밀려 날은 것이다. 높은 바람이어서 곡물에는 災害가 되지 않았기 때문에 바람의 災異를 기록하지 않은 것이다.〈杜注〉

3) 〔역주〕 宋襄公問焉曰……吉凶焉在 : 祥은 吉凶의 조짐이 먼저 나타나는 것이다. 襄公은 돌이 떨어지고 바닷새가 뒤로 밀려 날은 것이 禍福의 조짐이 될 수 있다고 생각했기 때문에 그 길흉이 어느 나라에 있느냐고 물은 것이다.〈杜注〉

4) 〔역주〕 今茲魯多大喪 : 今茲는 今年이다. 大喪은 魯나라의 季友와 公孫茲가 죽은 것이다.〈附注〉

5) 〔역주〕 對曰……君將得諸侯而不終 : 이 말은 叔興이 당시 各國의 政治·刑罰과 혹은 다른 일에 나타난 조짐을 보고서 안 것이지 隕石과 六鷁으로 안 것이 아니라는 말이다.

6) 〔역주〕 是陰陽之事 非吉凶所生也 : 별똥이 떨어지는 것과 바닷새가 밀려 뒤로 날 정도로 거세게 부는 바람은 陰陽이 正常을 잃어 생긴 일이고 사람으로 인해 생긴 일이 아니다. 그런데 襄公은 陰陽의 일인 줄을 모르고 人事를 물었기 때문에 임금께서는 잘못 물었다고 한 것이다. 叔興은 자신의 대답이 진실을 말한 것이 아니므로 지식인들의 비난을 받을 것이 두려웠기 때문에 물러나와서 사람에게 고한 것이다.〈杜注〉

7) 〔역주〕 吉凶由人 : 善을 쌓으면 자손이 福을 받고 惡을 쌓으면 자손이 災殃을 받는다는 말이다.〈杜注〉

僖公 16년, 宋나라에 다섯 개의 돌이 떨어졌으니, 이는 隕星이다. 여섯 마리의 바닷새가 바람에 밀려 뒤로 날아 宋나라 都城을 지나갔으니, 이는 바람 때문이었다.

周나라 內史 叔興이 宋나라를 聘問하니, 宋 襄公이 "이것이 무슨 조짐인가? 吉凶이 어느 나라에 있겠는가?"라고 묻자, 叔興은 "금년에 魯나라에는 喪事가 많을 것이고, 齊나라에는 난리가 날 것이고, 임금께서는 諸侯의 霸主가 될 것이나 결과가 좋지 못할〔不終〕 듯합니다."라고 대답하고는 물러나와서 다른 사람에게 말하였다. "君께서는 잘못 물으셨다. 이는 陰陽의 일이고 吉凶이 생기는 것이 아니다. 길흉은 사람으로 말미암아 생기는 것이다. 그러나 임금의 명을 거역할 수가 없기 때문에 〈이상과 같이 대답한 것이다.〉"

11-03-03 星孛北斗 彗星이 北斗星으로 들어가다

【左傳】 文十四年이라 有星孛入于北斗하다 周內史叔服曰 不出七年하야 宋齊晉之君이 皆將死亂[1]하리라

1) 〔역주〕 宋齊晉之君 皆將死亂 : 이 일이 있은 3년 뒤에 宋人이 昭公을 弑害하고, 5년 뒤에 齊人이 懿公을 시해하고, 7년 뒤에 晉나라 趙盾이 靈公을 시해하였다. 內史 叔服이 일의 徵兆만을 말하였고 그 占은 논하지 않은 것에 대하여 杜預는 자세히 알 수 없다고 하였다.

文公 14년, 彗星이 北斗星으로 들어갔다. 周나라 內史 叔服이 말하였다. "7년 안에 宋나라・齊나라・晉나라의 임금이 모두 叛亂에 의해 죽을 것이다."

11-03-04 梁山崩 梁山이 무너지다

【左傳】 成五年이라 梁山崩하니 晉侯以傳[1]召伯宗하다 伯宗辟重曰 辟傳[2]하라 重人曰 待我론 不如捷之速也[3]라 問其所하니 曰 絳人也라 問絳事焉한대 曰 梁山崩하야 將召伯宗謀之라 問將若之何오 曰 山有朽壤而崩하니 可若何오 國主山川[4]이라 故山崩川竭이면 君爲之不擧[5]하고 降服[6], 乘縵[7], 徹樂(악)[8], 出次[9], 祝幣[10], 史辭[11]하야 以禮焉[12]이라 其如此而已니 雖伯宗이라도 若之何[13]리오 伯宗請見之[14]한대 不可[15]라하다 遂以告하니 而從之[16]하다

1) 〔역주〕 傳 : 傳은 傳車로 急한 使命을 받고 가는 사람이나, 급한 傳喝을 전할 때 이용하는 驛站의 專用車이다. 傳車가 출발하여 다음 驛站에 당도할 때마다 말과 수레, 그리고 御者를 바꾸고서 목적지를 향해 계속 질주한다.
2) 〔역주〕 伯宗辟重曰 辟傳 : 重은 무거운 짐을 실은 수레이다. 辟은 길을 여는 것이다. 伯宗이 길을 가는데, 마침 무거운 짐을 실은 수레가 길에 있기 때문에 伯宗이 그 수레에게 피하여 물러나게 한 것이다.〈附注〉
3) 〔역주〕 待我 不如捷之速也 : 나에게 물러나 당신을 위해 길을 피하게 하는 것보다 당신이 捷徑을 취하는 것이 빠를 것이라는 말이다.〈附注〉
4) 〔역주〕 國主山川 : 杜預는 "主는 山川의 祭祀를 주관함을 이른다."고 하였으나, 글이 '國山川主'로 되었다면 이런 解釋이 가능하지만, '國主山川'으로 되었으니 '國은 山川을 主(根本)로 삼는다.'로 해석해야 한다. 山은 木材·鑛物·鳥獸 등 많은 물건을 생산하고, 川은 百穀이 자라도록 물을 공급하여 國家의 財政과 民生의 生活을 풍요롭게 하는 근본이 된다. 그러므로 譯者는 杜預의 注를 따르지 않고 '主'를 '根本'으로 번역하였다.
5) 〔역주〕 君爲之不擧 : 盛饌을 들지 않는 것이다.〈杜注〉
6) 〔역주〕 降服 : 盛服을 입지 않는 것이다.〈杜注〉
7) 〔역주〕 乘縵 : 文飾이 없는 수레이다.〈杜注〉
8) 〔역주〕 徹樂(악) : 八音(音樂)을 停止하는 것이다.〈杜注〉
9) 〔역주〕 出次 : 郊外에 머무는 것이다.〈杜注〉
10) 〔역주〕 祝幣 : 神에게 玉帛을 陳設하는 것이다.〈杜注〉
11) 〔역주〕 史辭 : 스스로의 罪를 꾸짖는 것이다.〈杜注〉
12) 〔역주〕 以禮焉 : 山川의 神에게 祭禮를 올리는 것이다.〈杜注〉
13) 〔역주〕 雖伯宗 若之何 : 晉君이 비록 伯宗을 불러 논의한다 하더라도 장차 어찌할 수 있겠느냐는 말이다. 重人은 그가 伯宗임을 몰랐기 때문에 대답한 말이 이와 같았던

것이다.〈附注〉

14)〔역주〕伯宗請見之 : 그를 晉君께 謁見시키고자 한 것이다.〈杜注〉

15)〔역주〕不可 : 謁見하려 하지 않은 것이다.〈杜注〉

16)〔역주〕遂以告 而從之 : 重人의 말을 따른 것이다.〈杜注〉

成公 5년, 梁山이 무너지니, 晉侯가 傳車를 보내어 伯宗을 불렀다. 伯宗이 〈命을 받고 오는 途中에〉 무거운 짐을 실은 수레(重車)에게 길을 피하게 하며 "이 傳車를 위해 길을 피하라."고 하니, 그 수레의 御者〔重人〕가 말하기를 "내가 길을 피하기를 기다리기보다 차라리 捷徑으로 가는 것이 빠를 것이오."라고 하였다.

伯宗이 그에게 사는 곳을 물으니, 그는 "絳(晉나라의 首都)에 사는 사람입니다."라고 대답하였다. 伯宗이 그에게 絳의 소식을 물으니, 그는 "梁山이 무너져 임금께서 伯宗을 불러 의논하려 한다고 합니다." 하였다.

伯宗이 "장차 이 일을 어찌면 좋겠는가?"라고 물으니, 그 사람이 "산에 썩은 흙이 있어서 무너진 것인데, 어찌할 수 있겠습니까? 國家는 山川을 根本〔主〕으로 삼기 때문에 산이 무너지고 내가 마르는 變故가 생기면 임금은 盛饌을 들지 않고, 素服을 입고, 文飾이 없는 수레를 타고, 음악을 撤廢하고, 宮闕을 떠나 郊野에 거처하며, 祝이 神에게 禮幣를 바치고, 史가 神에게 祝辭를 告하여 祭禮를 올립니다. 이와 같이 할 뿐이니, 아무리 伯宗이라 하더라도 어찌할 수 있겠습니까?"라고 하였다. 伯宗이 그에게 임금을 謁見하기를 청하였으나 그는 듣지 않았다. 伯宗은 드디어 가서 그가 말한 대로 告하니, 晉侯는 그 말을 따랐다.

11-03-05 晉侯論宋災 晉侯가 宋나라의 火災에 대하여 논하다

【左傳】 襄九年에 宋災하다 樂(악)喜爲司城以爲政[1]하다 晉侯問於士弱[2]曰 吾聞之컨대 宋災於是乎知有天道[3]라하니 何故오 對曰 古之火正이 或食於心하고 或食於咮[4]하야 以出內(납)火[5]라 故咮爲鶉火하고 心爲大火[6]니이다 陶唐氏之火正閼伯居商丘[7]하야 祀大火하고 而火紀時焉[8]이러니 相土[9]因之라 故商主大火니이다 商人閱其禍敗之釁이 必始於火라 是以日知其有天道也[10]니이다 公曰 可必乎아 對曰 在道니이다 國亂無象하니 不可知也[11]니이다

1)〔역주〕樂(악)喜爲司城以爲政 : 樂喜는 字가 子罕으로 宋나라의 賢臣이다. 政卿(正卿)이 되어, 장차 火災가 있을 것을 알고서 평소부터 경계해 火災를 방비하는 政事를 하

였다.〈杜注〉

2) 〔역주〕 士弱 : 晉나라의 대부 士渥濁의 아들 莊子이다.〈杜注〉

3) 〔역주〕 宋災於是乎知有天道 : 〈楊注〉에는 "宋人이 火災로 인해 天道를 알았다는 말이지, 天道를 보고서 미리 火災가 날 줄을 알았다는 말이 아니다." 하였다. 天道는 人世의 吉凶禍福과 관계가 있는 天體의 現象을 이른다. 〈杜注〉처럼 "宋人이 天體의 現象을 보고서 장차 火災가 날 줄을 알았다."고 해석하면 '於是乎' 세 字는 처리가 되지 않으니, 글대로 "宋나라에 火災가 났는데 이에서(이 火災로 인해) 天道가 있는 줄을 알았다."로 해석하는 것이 옳을 것 같으므로 이상과 같이 번역하였다.

4) 〔역주〕 咮 : 孔穎達의 疏에 "咮 謂柳也"라고 하였으니, 28宿 가운데 24번째인 柳宿를 이른다.

5) 〔역주〕 以出內(납)火 : 出內火는 天時에 순응하여 봄 3월이 되면 백성들에게 불을 사용해 陶器와 鑄物 등을 만들게 하는 것이고, 9월이 되면 炊事 이외에 불의 사용을 금하는 것이다.

6) 〔역주〕 或食於心…心爲大火 : 食은 食邑의 食과 같다. 두 별의 分野에 封하여 出納의 政令을 맡게 한 것이다.(≪左氏會箋≫)

7) 〔역주〕 陶唐氏之火正閼伯居商丘 : 陶唐은 堯가 天下를 소유했을 때의 國號이다. 閼伯은 高辛氏의 아들이다. 昭公 元年 傳에 "閼伯을 商丘로 옮겨 辰의 제사를 주관하게 하였다. 辰은 大火心星인데 지금은 宋나라의 별이 되었다."고 하였으니, 그렇다면 商丘는 宋나라 땅에 있다.〈杜注〉

8) 〔역주〕 而火紀時焉 : 季春에 불을 내고〔出〕 季秋에 불을 들일〔內〕 때를 정한 것이다.〈附注〉

9) 〔역주〕 相土 : 契(설)의 손자로 商나라의 祖上이다. 처음으로 閼伯의 뒤를 이어 商丘에 살면서 大火星의 제사를 주관하였다.〈杜注〉

10) 〔역주〕 是以日知其有天道也 : 禍敗의 조짐이 나타나려면 반드시 먼저 火災가 발생하였기 때문이다.(≪左氏會箋≫)

11) 〔역주〕 對曰……不可知也 : 나라에 道가 없으면 禍亂의 발생이 特殊하여 일정한 天象이 없기 때문에 알 수 없다는 말이다.〈杜注〉

襄公 9년, 宋나라에 火災가 났다. 樂喜가 司城으로 國政을 담당하였다. 晉侯가 士弱에게 "내 듣건대 宋나라는 화재로 인해 天道(吉凶을 豫示하는 天體의 현상)가 있는 줄을 알았다고 하니, 무슨 緣由로 알았다는 말인가?"라고 묻자, 士弱이 대답하기를 "古代의 火正은 혹은 心宿 分野(中國 全域을 하늘의 28宿에 나누어 배정한 天文學 용어)에 食邑(功臣에게 주는 領地)을 받기도 하고 혹은 柳宿 分野에 食邑을 받기도 하여 〈그곳에 머물면서 火星의 祭祀를 주관하고 星宿의 출입을 관측하여〉 불을 出納하는 政令을 맡았습니다. 그러므로 柳宿를 鶉火라 칭하고 心宿를 大火라 칭한 것입니다. 陶唐氏의 火正 閼伯이 商丘에 거주하며 大火의 제사를 주관하고 星宿의 출입을 관측하여 불을 출납하는 시절을 기록하였는데, 〈商나라 始祖〉 相土가 閼伯의 방법을 계승하였습니다. 그러므로 商나라는 大火의 제사를 주관하였습니다. 商나라 사람들은 禍亂과 失敗의 조짐이 반드시 불에서 시작하였다는 것을 考察〔閱〕하였기 때문에 일전에 天道가 있는 줄을 안 것입니다."라고 하였다.

晉 悼公이 말하기를 "期必할 수 있느냐?"고 하니, 士弱이 대답하기를 "〈國家의 治亂은〉 道의 有無에 달렸을 뿐입니다. 國家가 혼란하면 하늘이 그 조짐을 예시하지 않으니, 알 방법이 없습니다."라고 하였다.

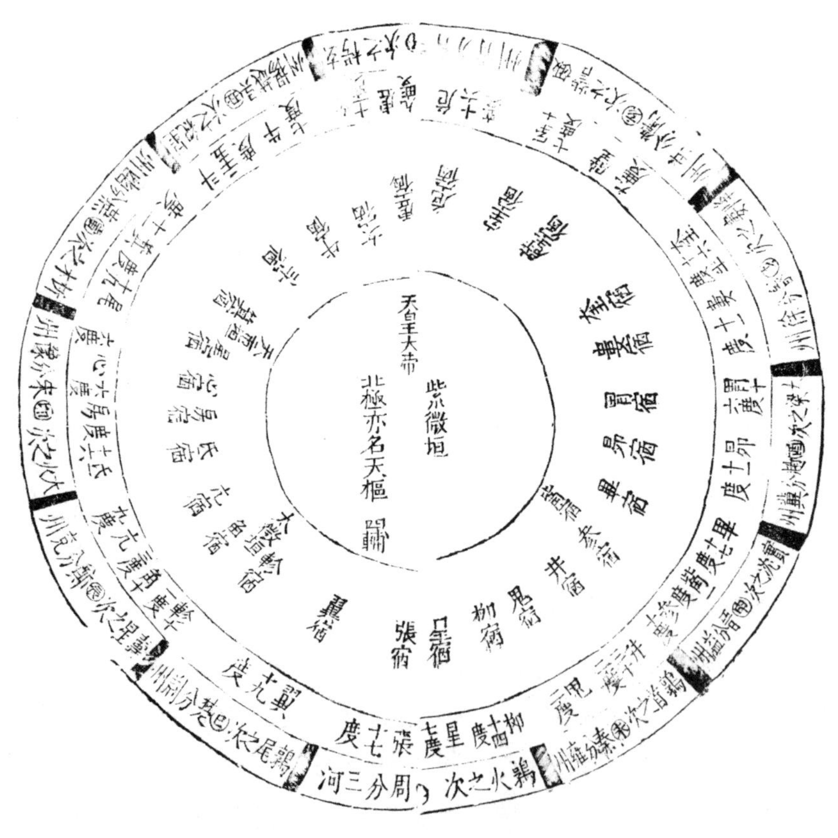

二十八宿分野之圖

11-03-06 梓愼論無冰　梓愼이 얼음이 얼지 않은 것에 대해 논하다

【左傳】 襄二十八年이라 春에 無冰하다 梓愼[1]曰 今玆宋鄭其饑乎ㄴ저 歲在星紀어늘 而淫於玄枵(효)[2]하야 以有時菑하니 陰不堪陽[3]이라 蛇乘龍[4]하니 龍은 宋鄭之星也[5]니 宋鄭必饑리라 玄枵는 虛中也[6]요 枵는 耗名也니 土虛而民耗면 不饑何爲[7]리오

1) 〔역주〕 梓愼 : 魯나라 大夫이다.〈杜注〉

2) 〔역주〕 歲在星紀 而淫於玄枵(효) : 星紀는 12星次(별의 位置로써 하늘을 12等分으로 나눈 것)의 하나로 12支(땅을 12등분으로 나눈 것)의 丑과 相應하고 28宿 중의 斗宿와 牛宿가 이에 속한다. 玄枵도 12星次의 하나로 12支의 子와 상응하고 28宿 중의 女宿・虛宿・危宿가 이에 속한다

3) 〔역주〕 以有時菑 陰不堪陽 : 時災는 얼음이 얼지 않은 것을 이른다. 옛사람들은 寒冷한 것을 陰이라 하고 溫暖한 것을 陽이라 하였다. 으레 얼음이 얼어야 할 때 얼음이 얼지 않은 것은 바로 추워야 할 때 춥지 않은 것이다. 그러므로 陰이 陽을 이기지 못했다고 한 것이다.〈楊注〉

4) 〔역주〕 蛇乘龍 : 蛇는 玄武의 星宿로 虛宿와 危宿를 이르고, 龍은 歲星이고, 歲星은 木星이다. 木星이 靑龍星인데, 位次를 잃고서 虛宿와 危宿의 아래에 出現하여 蛇星이 위에서 龍을 탄 것이다.〈杜注〉

5) 〔역주〕 龍 宋鄭之星也 : 歲星의 본래 위치는 東方인데, 東方의 房宿와 心宿는 宋나라의 별이고 角宿와 亢宿는 鄭나라의 별이다. 그러므로 龍星을 宋나라와 鄭나라의 별이라고 한 것이다.〈杜注〉

6) 〔역주〕 玄枵 虛中也 : 玄枵의 세 星宿 중에 虛宿가 中央에 있다.〈杜注〉

7) 〔역주〕 不饑何爲 : 歲星은 宋나라와 鄭나라의 별인데 지금 常軌를 잃고 지나가서 虛耗(虛宿)의 位次로 들어간 것이다. 이때 다시 얼음이 얼지 않고 地氣가 發洩하였기 때문에 土地가 비어 백성들이 損失〔耗〕을 입는 것이다.〈杜注〉

襄公 28년, 봄에 얼음이 얼지 않았다. 梓愼이 말하기를 "금년에 宋나라와 鄭나라에 아마도 饑饉이 들 것이다. 歲星(木星)이 星紀(斗・牛)에 있어야 하는데 이미 이곳을 지나 玄枵(女・虛・危)에 가서 있어서 天時가 正常을 잃는 災變이 생겼으니 이는 陰이 陽을 이기지 못하기 때문이다. 蛇星(玄武)이 龍星(木星)을 타고 있으니, 龍星은 宋나라와 鄭나라의 星宿이다. 그러므로 宋나라와 鄭나라에 반드시 饑饉이 들 것이다. 玄枵는 虛宿가 中央에 있고, 枵는 耗(損失)의 名稱이니 土地가 비어 백성들이 손실을 입는다면 굶주리지 않고 어쩌겠는가?"라고 하였다.

11-03-07 裨竈論楚 裨竈가 楚나라에 대해 논하다

【左傳】 襄二十八年이라 裨竈[1]曰 今玆周王及楚子皆將死하리라 歲棄其次하고 而旅於明年之次하야 以害鳥帑(노)하니 周楚惡之[2]하리라

1) 〔역주〕 裨竈 : 鄭나라 大夫이다.

2) 〔역주〕 歲棄其次……周楚惡之 : 旅는 나그네로 머무는 것이다. 歲星이 금년의 位次인 星紀를 버리고 明年의 位次인 玄枵에 나그네로 가서 있는 것이다. 歲星이 있는 곳에는 그 나라에 福이 있는 것인데, 지금 位次를 잃고 北方에 가 있기 때문에 禍衝(禍의 衝擊을 받음)이 南方에 있다. 南方은 朱鳥(井・鬼・柳・星・張・翼・軫 등 七宿의 總稱)의 分野인데, 朱鳥의 꼬리에 있는 별을 帑라 한다. 鶉火(柳・星・張)와 鶉尾(翼・軫)는 周나라와 楚나라의 분야이기 때문에 周王과 楚子가 그 禍를 받는다고 한 것이다. 이는 모두 歲星이 位次를 지나친 것을 논한 것인데, 梓愼은 宋나라와 鄭나라에 饑饉이 들 것이라고 하였고, 裨竈는 周王과 楚王이 죽을 것이라고 하였으므로 傳에 이를 갖추어 기록하여, 卜占을 풀이해 아는 것은 사람에게 달렸지만 사람마다 각각 의견이 다르다는 것을 제시하였다.〈杜注〉

襄公 28년, 裨竈가 말하기를 "금년에 周王과 楚子가 모두 죽을 것입니다. 歲星이 그 位次를 버리고 明年의 位次에 가서 있어 鳥帑를 해쳤으니 周나라와 楚나라가 그 禍를 입을 것입니다." 하였다.

11-03-08 子産論參商[1] 子産이 商나라의 參星에 대해 논하다

1) 子産論參商 : 事在昭(九)〔元〕[*1]年 註見八卷首[*2]

이 일은 昭公 元年에 있다. ≪春秋左氏傳≫에 대한 本註는 본서 권8의 제1편에 보인다.

*1) 〔역주〕 (九)〔元〕 : 저본에는 '九'로 되어 있으나, ≪春秋左氏傳≫에 의거하여 '元'으로 바로잡았다.

*2) 〔역주〕 註見八卷首 : 저본에서는 ≪春秋左氏傳≫에 대한 본주가 권8의 제1편과 중복되므로 별도로 인용하지 않았다. 그러나 ≪譯註 東萊博議2≫에 수록되어 있으므로 편의상 번역문만 아래와 같이 첨부한다.

"昭公 원년, 晉侯가 病을 앓으니, 鄭伯이 公孫 僑(子産)를 晉나라에 보내어 聘問하고 또 問病하게 하였다. 叔向이 子産에게 묻기를 '우리 임금님의 病患이 위독합니다.

成王이 唐叔虞를 봉하다〔桐葉封虞〕

卜人은「實沈과 臺駘가 빌미가 되었다.」고 하는데, 太史는 그것이 무엇인지를 모르니, 감히 묻습니다. 이것이 무슨 神입니까?'라고 하니, 子産이 말하였다.

'옛날 高辛氏에게 두 아들이 있었으니 큰 아들은 閼伯이고 작은 아들은 實沈이었습니다. 그들은 曠林에 살면서 서로 사이가 좋지 못하여 날마다 干戈를 사용해 서로 공격하니, 后帝(堯)는 그들을 좋지 않게 여겨 閼伯을 商丘로 옮겨 辰星(大火星)의 祭祀를 주관하게 하였더니, 商人이 이 일을 因襲하였습니다. 그러므로 辰星이 商나라의 별이 된 것입니다.

實沈을 大夏로 옮겨 參星의 제사를 주관하게 하였더니, 唐人이 이 일을 因襲하여 夏王朝와 商王朝에 복종해 섬겼습니다. 唐나라 末世의 임금이 唐叔虞였습니다. 武王의 后妃 邑姜이 太叔을 姙娠할 때를 당하여, 꿈에 天帝가 邑姜에게「내가 너의 아들을 虞로 命名하고서, 장차 이 아이에게 唐나라를 주어 參星 분야의 땅을 歸屬시켜 子孫이 번창하게 하려 한다.」고 하였습니다. 出生함에 미쳐 손바닥에「虞」자 모양의 무늬가 있으니, 드디어「虞」로 이름을 지었습니다. 成王에 미쳐 唐國을 滅하고 太叔을 그곳에 封하였으므로 參星이 晉나라의 별이 된 것입니다. 이로써 보면 實沈은 參星의 神입니다.

옛날에 金天氏의 후예에 昧라는 자가 있었더니, 玄冥師가 되어 允格과 臺駘 두 아들을 낳았습니다. 臺駘는 능히 그 世業을 계승하여 汾水와 洮水를 소통시키고 大澤에 堤防을 쌓아 廣大한 平原에 人民들을 편히 살게 하니, 帝(顓頊)가 이를 가상히 여겨 그를 汾川에 봉하였으므로 〈그 後孫인〉 沈國・姒國・蓐國・黃國이 실로 그 제사를 대대로 지내왔는데, 지금 晉나라가 汾水 일대를 주재(통치)하면서 이 네 나라들을 멸하였습니다. 이로써 보면 臺駘는 汾水의 神입니다.

그러나 이 두 神은 晉君의 身病과는 무관합니다. 장마와 가뭄과 전염병 등의 災害가 있으면 이에 山川의 신에게 禜祭(영제)를 지내고, 눈과 서리, 바람과 비 등이 철을 잃으면 이에 日月星辰의 신에게 禜祭를 지냅니다. 晉君의 身病으로 말하면 出入, 飮食, 哀樂의 일로 인해 생긴 것이니, 山川이나 星辰의 신이 또 어찌 병을 줄 수 있겠습니까…….'

叔向이 말하기를 '좋은 말씀입니다. 나는 아직 이런 말을 들어보지 못했습니다. 지적하신 내용이 모두 사실입니다.' 하였다."

11-03-09 大雨雹 우박이 크게 내리다

【左傳】 昭四年이라 大雨雹하다 季武子問於申豐曰 雹可禦乎[1]아 對曰 聖人在上에는 無雹이요 雖有라도 不爲災라 古者에 日在北陸而藏冰[2]하고 西陸朝覿而出之[3]라 其藏冰也엔 深山窮(水)〔谷〕[4]에 固陰沍寒[5]이면 於是乎取之하고 其出之也엔 朝之祿位[6]의 賓食喪祭에 於是乎用之[7]라 其藏之也에 黑牡秬黍로 以享司寒[8]하고 其出之也에 桃弧棘矢로 以除其災[9]하니 其出入也時라 食肉之祿[10]은 冰皆(預)〔與〕[11]焉하고 大夫命婦喪浴用冰[12]이라 祭寒而藏之[13]하고 獻羔而啓之[14]하야 公始用之[15]하고 火出而畢賦[16]하니 自命夫命婦至于老疾[17]히 無不受冰이라 山人取之하고 縣人傳之[18]하며 輿人納之하고 隷人藏之[19]라 夫冰은 以風壯[20]하고 而以風出[21]이라 其藏之也周[22]하고 其用之也徧[23]이면 則冬無愆陽[24]하고 夏無伏陰[25]하며 春無凄風하고 秋無苦雨[26]하며 雷出不震[27]하고 無菑霜雹하며 癘疾不降[28]하야 民不夭札[29]이어늘 今藏川池之冰하고 棄而不用[30]하야 風不越而殺하고 雷不發而震[31]하니 雹之爲菑를 誰能禦之리오 七月之卒章은 藏冰之道也[32]니라

1) 〔역주〕 季武子問於申豐曰 雹可禦乎 : 禦는 방지함이다. 申豐은 魯나라 大夫이다.〈杜注〉

2) 〔역주〕 日在北陸而藏冰 : 陸은 道(太陽이 運行하는 길)이니, 夏曆 12월에는 太陽이 虛宿와 危宿의 위치에 있어, 얼음이 굳게 얼므로 채취해 저장한다는 말이다.〈杜注〉

3) 〔역주〕 西陸朝覿而出之 : 夏曆 3월에는 太陽이 昴宿와 畢宿의 위치에 있어 冬眠하던 벌레가 나오므로 얼음을 사용한다는 말이다. 春分 중에는 奎星이 새벽에 東方에 출현한다.〈杜注〉

4) (水)〔谷〕 : 저본에는 '水'로 되어 있으나, ≪春秋左氏傳≫에 의거하여 '谷'으로 바로잡았다.

5) 〔역주〕 固陰沍寒 : 固는 凝固(凍結)이고, 陰은 寒氣이고, 沍는 응고이니, 바로 寒氣가 凝結하여 얼음이 되는 것이다.〈楊注〉

6) 〔역주〕 朝之祿位 : 卿大夫를 이른다.〈楊注〉

7) 〔역주〕 於是乎用之 : 國君에게만 進供(進上)하는 것이 아님을 말한 것이다.〈杜注〉

8) 〔역주〕 黑牡秬黍 以享司寒 : 黑牡는 검은 犧牲이고, 秬는 검은 기장이다. 司寒은 玄冥(冬神)이니, 北方의 神이다. 그러므로 祭物을 모두 검은 것으로 쓴다. 얼음을 채취하는 일이 있기 때문에 그 神에게 祭祀 지내는 것이다.〈杜注〉

9) 〔역주〕 桃弧棘矢 以除其災 : 복숭아나무로 만든 활과 가시나무로 만든 화살로써 凶邪한 기운을 물리쳐 없애는 것은 장차 至尊(國君)께 進御(進上)해야 하기 때문이다.〈杜

注〉 얼음을 꺼낼 때 복숭아나무로 활을 만들고 가시나무로 화살을 만들어 冰室의 문에 걸어두어 災殃을 제거하는 것이다.〈楊注〉

10) 〔역주〕 食肉之祿 : 받는 祿이 고기를 먹기에 넉넉한 자이다.〈楊注〉

11) (預)〔與〕 : 저본에는 '預'로 되어 있으나, ≪春秋左氏傳≫에 의거하여 '與'로 바로잡았다.

12) 〔역주〕 大夫命婦喪浴用冰 : 命婦는 大夫의 妻이다. 날씨가 따뜻해지면 喪浴에 모두 얼음을 사용할 수 있다는 말이다.〈杜注〉

13) 〔역주〕 祭寒而藏之 : 전설상의 冬神인 司寒에 祭享하는 것이다.〈杜注〉

14) 〔역주〕 獻羔而啓之 : 2월 春分에 羊을 바치고 부추로 제사 지내고서 비로소 冰室을 여는 것을 이른다.〈杜注〉

15) 〔역주〕 公始用之 : 國君이 먼저 사용하는 것은 至尊을 우대함이다.〈杜注〉

16) 〔역주〕 火出而畢賦 : 火星이 初昏에 東方에 출현하는 시기는 3월과 4월의 중간을 이른다.〈杜注〉 얼음을 받아야 할 자들에게 다 나누어준다는 말이다.〈附注〉

17) 〔역주〕 自命夫命婦至于老疾 : 老는 벼슬을 내어놓고 집에 있는 자이다.〈杜注〉

18) 〔역주〕 山人取之 縣人傳之 : 山人은 虞官(山澤을 맡은 官吏)이고, 縣人은 遂屬(五縣이 遂이니, 縣人은 遂에 속한 縣正)이다.〈杜注〉

19) 〔역주〕 輿人納之 隷人藏之 : 輿人과 隷人은 모두 賤官이다.〈杜注〉

20) 〔역주〕 夫冰 以風壯 : 얼음은 차가운 바람으로 인해 단단해진다는 말이다.〈杜注〉

21) 〔역주〕 而以風出 : 봄바람이 불면 철에 순응하여 얼음을 흩어주어 사용하게 하는 것이다.〈杜注〉

22) 〔역주〕 其藏之也周 : 周는 치밀함이다.〈杜注〉

23) 〔역주〕 其用之也徧 : 老疾者에까지 미친 것이다.〈杜注〉

24) 〔역주〕 則冬無愆陽 : 愆은 허물이니, 겨울 날씨가 따뜻한 것을 이른다.〈杜注〉

25) 〔역주〕 夏無伏陰 : 伏陰은 여름 날씨가 추운 것을 이른다.〈杜注〉

26) 〔역주〕 秋無苦雨 : 장맛비는 사람들이 고통스러워한다.〈杜注〉

27) 〔역주〕 雷出不震 : 震은 霆(번개)이다. 천둥소리는 나지만 벼락은 치지 않는 것이다.〈附注〉

28) 〔역주〕 無菑霜雹 癘疾不降 : 癘는 惡氣이다. 여름에 서리가 내리거나 우박이 떨어지는 災變이 없다는 말이다.〈附注〉

29) 〔역주〕 民不夭札 : 夭는 短命해 죽는 것이고, 札은 流行病으로 죽는 것이다.〈楊注〉

30) 〔역주〕 棄而不用 : 이미 深山窮谷의 얼음을 저장하지 않고, 또 火星이 출현하여도 얼음을 다 나누어주지 않고, 남으면 버린다는 말이다.〈杜注〉

31) 〔역주〕 風不越而殺 雷不發而震 : 바람이 發散하지 않아 草木이 零落하고, 천둥이 울리지 않고 벼락을 쳐서 사람과 家畜을 해친다는 말이다.〈楊注〉

32) 〔역주〕 七月之卒章 藏冰之道也 : 〈七月〉은 ≪詩經≫ 〈豳風〉의 篇名이다. 그 卒章에 말한 "2월(夏曆 12월)에 쿵쿵 소리 내며 얼음을 떠서〔二之日 鑿冰沖沖〕"는 12월에 얼음을 채취하는 것을 이른 것이고, "3월(夏曆 正月)에 凌陰에 넣고〔三之日 納於凌陰〕"의 凌陰은 冰室(冰庫)이다. "4월(夏曆 2월) 春分日 아침에 羊을 바치고 부추로 祭祀한다.〔四之日其蚤 獻羔祭韭〕"는 2월 春分日 아침에 冰室을 열고 얼음을 꺼내어 宗廟에 올리는 것을 이른 것이다.〈杜注〉

昭公 4년, 우박이 크게 내렸다. 季武子가 申豐에게 "우박을 방지할 수 있는가?"라고 묻자, 申豐은 다음과 같이 대답하였다.

"聖人이 윗자리에 있을 때는 우박이 없었고, 비록 있어도 災害가 되지 않았습니다. 옛날에는 太陽이 北陸의 위치에 있을 때에 얼음을 떠서 저장하고, 太陽이 西陸의 위치에 있고 새벽에 東方에 奎星이 출현할 때에 얼음을 꺼내었습니다.

얼음을 저장할 때에는 깊은 산 후미진 골짜기에 차가운 기운이 엉켜 얼음이 되면 이곳에서 얼음을 채취하여 〈저장하고,〉 꺼낼 때에는 朝廷에 祿位가 있는 사람이 賓客을 맞거나 음식을 장만하거나 喪事나 祭祀의 일이 있으면 이곳(冰室)에서 꺼내어 사용하게 하였습니다. 얼음을 저장할 때는 검은 犧牲과 검은 기장으로 司寒(冬神)에게 제사를 지내고, 얼음을 꺼낼 때는 복숭아나무 활과 가시나무 화살을 〈冰室 門에 걸어〉 災殃을 제거하였는데, 그 얼음을 저장하고 꺼내는 데 모두 일정한 시기가 있었습니다.

고기를 먹기에 넉넉한 祿을 받는 자들은 모두 얼음을 頒賜하는 班列에 참여하였으며, 大夫와 命婦의 喪에 尸身을 목욕시키는 데도 얼음을 사용하였습니다. 司寒에 제사 지내고서 얼음을 저장하고, 羊을 바치고서 冰室을 열어 國君이 먼저 사용하고, 火星이 출현하면 얼음을 나누어주는 일을 마쳤으니, 命夫·命婦로부터 老疾者에 이르기까지 얼음을 받지 않은 자가 없었습니다.

얼음은 山人이 채취하고 縣人이 운반하고 輿人이 납부하고 隷人이 저장하였습니다. 얼음은 차가운 바람으로 인해 견고해지고, 봄바람이 불면 꺼내어 씁니다. 얼음을 저장하기를 치밀하게 하고 사용하기를 널리 하면 겨울에 溫暖한 날이 없고, 여름에 陰寒한 날이 없으며, 봄에 싸늘한 바람이 없고, 가을에 장맛비가 없으며, 천둥은 쳐도 벼락이 떨어지지 않고, 서리와 우박이 재해가 되지 않으며, 전염병이 생기지 않아 백성이 요절하지 않습니다.

그런데 지금은 河川과 연못의 얼음을 채취해 저장하고도 버리고 사용하지 않으므로 바람이 흩어지지 않아 草木이 말라 죽고, 천둥이 울리지 않고 벼락이 치니, 우박의 재해를 누가 막을 수 있겠습니까? ≪詩經≫ 〈豳風 七月〉의 卒章은 얼음을 저장하는 방법을 말한 것입니다."

11-03-10 士文伯論火見 士文伯이 火星이 나타난 것에 대해 논하다

【左傳】 昭六年이라 士文伯曰 火見(현)이면 鄭其火乎[1]ㄴ저 火未出에 而作火以鑄刑器[2]하야 藏爭辟焉[3]하니 火如象之면 不火何爲[4]리오 六月丙戌에 鄭果災하다

1) 〔역주〕 鄭其火乎 : 火는 心星을 이르는데, 周正 5월 初昏에 나타난다.〈杜注〉
2) 〔역주〕 刑器 : 鼎을 이른다.〈杜注〉
3) 〔역주〕 藏爭辟焉 : 罪를 論爭하는 法을 鼎에 저장하였다는 말이다.〈附注〉
4) 〔역주〕 火如象之 不火何爲 : 火星이 불을 상징하는 것이라면 火星이 출현할 때에 미쳐 반드시 火災가 발생할 것이라는 말이다.(≪左氏會箋≫)

昭公 6년, 士文伯이 말하기를 "火星이 나타나면 鄭나라에 아마도 火災가 발생할 것이다. 火星이 나오기도 전에 불을 사용해 刑器를 주조하여 罪를 논쟁하는 法을 저장하였으니, 火星이 만약 불을 상징하는 것이라면 火災가 발생하지 않고 어쩌겠는가?"라고 하였다. 6월 丙戌日에 鄭나라에 과연 火災가 발생하였다.

11-03-11 晉侯問日食 晉侯가 日食에 대해 묻다

【左傳】 昭七年이라 夏四月甲辰朔에 日有食之하다 晉侯問於士文伯曰 誰將當日食고 對曰 魯衛惡之[1]나 衛大魯小하리이다 公曰 何故오 對曰 去衛地如魯地[2]하니 於是有災면 魯實受之[3]리이다 其大咎는 其衛君乎ㄴ저 魯將上卿[4]이리이다 公曰 詩所謂彼日而食하니 于何不臧者는 何也[5]오 對曰 不善政之謂也니이다 國無政하고 不用善이면 則自取謫[6]于日月之災니이다 故政不可不愼也니이다 務三而已니 一曰擇人[7]이요 二曰因民[8]이요 三曰從時[9]니이다 十一月에 季武子卒하다 晉侯謂伯瑕曰 吾所問日食이 從矣[10]니 可常乎[11]아 對

曰 不可니이다 六物不同[12]하고 民心不一[13]하며 事序不類[14]하고 官職不則[15]하며 同始異終[16]하니 胡可常也릿가 公曰 何謂六物고 對曰 歲時日月星辰을 是謂也니이다 公曰 多語寡人[17]辰而莫同하니 何謂辰[18]고 對曰 日月之會是謂辰[19]이라 故以配日[20]이니이다

1) 〔역주〕 誰將當日食……魯衛惡之 : 古人은 迷信하여 日食을 하늘의 譴責으로 여겨, 사람이 禍를 받는 것으로 믿었다.〈楊注〉

2) 〔역주〕 去衛地如魯地 : 古代에는 하늘의 星宿를 12位次로 나누어 각국에 配屬시켜, 〈그 星宿의 움직임을 관측하여〉 그 나라의 吉凶을 점쳤는데, 이를 '分野'라고 하였다. 娵訾(室宿와 壁宿)는 衛나라 分野이고 降婁는 魯나라 分野이다. '去衛地'는 이번 日食이 娵訾의 끝에서 먼저 시작했다는 말이고, '如魯地'는 太陽이 降婁에 이른 뒤에 비로소 나타났다는 말이다.〈楊注〉

3) 〔역주〕 魯實受之 : 災殃이 衛나라에서 발생하지만 魯나라도 그 餘禍를 받는다는 말이다.〈杜注〉

4) 〔역주〕 其衛君乎 魯將上卿 : 8월에 衛侯가 卒하고, 11월에 季孫宿이 卒하였다.〈杜注〉

5) 〔역주〕 詩所謂彼日而食 于何不臧者 : 日食에 느낌이 있어 詩를 물은 것이다. 詩는 《詩經》〈小雅 十月之交篇〉의 詩句이다. 《詩經》에는 '彼日'이 '此日'로 되어 있다.

6) 〔역주〕 謫 : 견책의 뜻이다.〈杜注〉

7) 〔역주〕 一曰擇人 : 賢人을 선택하는 것이다.〈杜注〉

8) 〔역주〕 二曰因民 : 백성들이 이롭게 여기는 바에 따라 백성들을 이롭게 하는 것이다.〈杜注〉

9) 〔역주〕 三曰從時 : 네 철의 일을 그 철에 맞게 하는 것이다.〈杜注〉

10) 〔역주〕 吾所問日食 從矣 : 衛侯와 武子가 모두 죽었기 때문이다. 그대의 말이 틀리지 않고 모두 맞았다는 말이다.〈杜注〉

11) 〔역주〕 可常乎 : 可常은 常可의 倒置로 日食이 있을 때마다 항상 그 禍가 누구에게 닥칠 것인지 미리 알 수 있느냐는 말이다.

12) 〔역주〕 六物不同 : 각각 때가 다른 것이다.〈杜注〉

13) 〔역주〕 民心不一 : 政治와 敎化가 다름으로 인해 民心이 통일되지 않는다는 말인 듯하다.

14) 〔역주〕 事序不類 : 事理는 언제나 같은 것이 아니고 시대에 따라 變易한다는 말인 듯하다.

15) 〔역주〕 官職不則 : 則은 類와 같으니, 不類와 不則은 모두 上文의 不同, 不一과 同義이다. 事理가 바르고 官職이 다스려지면 民心이 和合하여 日食의 災禍를 피할 수 있으

나, 그렇지 못하면 그 재화가 반드시 클 것이다.(≪左氏會箋≫)

16) 〔역주〕 同始異終 : 今日이 後日과 같지 않다는 말이다.(≪左氏會箋≫)

17) 〔역주〕 多語寡人 : 나에게 辰에 대해 자세히 告하였다는 말이다.〈附注〉

18) 〔역주〕 多語寡人辰而莫同 何謂辰 : 모든 이가 나에게 말한 '辰'은 北辰(北極星), 大辰(大火心星) 같은 類로 그 뜻이 같지 않으니, 무엇을 '辰'이라 하느냐고 물은 것이다.〈附注〉

19) 〔역주〕 日月之會是謂辰 : 1년에 해와 달이 열두 번 만나는데, 만나는 곳을 '辰'이라 한다.〈杜注〉

20) 〔역주〕 故以配日 : 子丑(地支)을 甲乙(天干)에 配合한 것을 이른다.〈杜注〉

昭公 7년, 여름 4월 초하루 甲辰日에 日食이 발생하였다. 晉侯가 士文伯(士匄)에게 "누가 장차 이 日食의 禍를 받을 것인가?"라고 묻자, 士匄가 "魯나라와 衛나라가 禍〔惡〕를 당할 것입니다만 衛나라는 禍가 크고 魯나라는 禍가 작을 것입니다."라고 대답하였다.

晉 平公이 "무엇 때문인가?"라고 묻자, 士匄가 대답하기를 "〈日食할 때 太陽이〉 衛나라 分野를 떠나 魯나라 分野로 옮겨갔으니, 이로 인해〔於是〕 災禍가 발생한다면 魯나라도 실로 재화를 받을 것입니다. 그러나 그 큰 재화는 아마도 衛君이 받게 될 것이고, 魯나라는 上卿이 받게 될 것입니다."라고 하였다.

晉 平公이 "≪詩經≫에 '저 해가 먹혔으니 무슨 좋지 못한 일이 있어서인가?'라는 것은 무슨 뜻인가?"라고 묻자, 士匄가 대답하기를 "善政을 행하지 않는 것을 이름입니다. 나라에 善政이 없고 善人을 등용하지 않으면 譴責하는 日月의 災禍를 자초하는 것입니다. 그러므로 政事는 삼가지 않아서는 안 됩니다. 세 가지를 힘쓸 뿐이니, 첫째는 人材를 선택하는 것이고, 둘째는 백성의 생각을 따르는 것이고, 셋째는 때를 따르는 것입니다."라고 하였다.

11월에 季武子가 卒하였다. 晉侯가 伯瑕(士文伯)에게 일러 말하기를 "전에 내가 물었던 日食의 禍가 그대의 말대로 되었으니, 〈日食이 있을 때마다〉 항상 그 禍를 미리 알 수 있는가?"라고 하니, 伯瑕가 대답하기를 "알 수 없습니다. 六物이 같지 않고, 民心이 同一하지 않으며, 事序(事理)가 같지 않고, 官職이 같지 않으며, 始初는 같으나 終末이 다르니, 어찌 항상 미리 알 수 있겠습니까?"라고 하였다.

晉 平公이 "무엇을 六物이라 하는가?"라고 물으니, 伯瑕는 "歲(歲星), 時(四時), 日

(甲日에서 癸日까지), 月(正月에서 12월까지), 星(28宿), 辰(日月이 만나는 12會)을 이릅니다."라고 대답하였다.

晉 平公이 말하기를 "寡人에게 '辰'에 대해 말한 사람이 많은데 그 말이 모두 같지 않으니, 무엇을 '辰'이라 하는가?"라고 하니, 伯瑕가 대답하기를 "해와 달이 만나는 곳을 '辰'이라 합니다. 그러므로 地支를 天干〔日〕에 配合하여 〈날짜를 記錄합니다.〉"라고 하였다.

11-03-12 晉侯問史趙 晉侯가 史趙에게 묻다

【左傳】 昭八年이라 楚公子棄疾……使穿封戌爲陳公[1]이라 晉侯問於史趙曰 陳其遂亡乎아 對曰 未也니이다 公曰 何故오 對曰 陳은 顓頊之族也[2]라 歲在鶉火에 是以卒滅하니 陳將如之[3]리이다 今在析木之津하니 猶將復(부)由[4]리이다 且陳氏得政于齊而後에 陳卒亡[5]이리이다 自幕至于瞽瞍히 無違命[6]하고 舜重之以明德일새 寘德於遂[7]하니이다 遂世守之하니 及胡公不淫이니이다 故周賜之姓하야 使祀虞帝[8]하니이다 臣聞盛德必百世祀라하니 虞之世數未也[9]니이다 繼守將在齊하리니 其兆旣存矣[10]니이다

1) 〔역주〕 楚公子棄疾 使穿封戌爲陳公 : 저본에는 '楚公子棄疾' 뒤에 여러 문장이 생략되어 楚公子棄疾이 주어인 듯 보이나, 원전을 살펴보면 公子 棄疾이 陳나라를 擊滅시키자 楚 靈王이 陳나라를 縣으로 만들어 穿封戌를 그 縣의 縣公으로 삼은 것이다.

2) 〔역주〕 顓頊之族也 : 陳나라는 舜을 조상으로 삼고, 舜은 顓頊에서 나왔다.〈杜注〉

3) 〔역주〕 歲在鶉火……陳將如之 : 鶉火는 南方의 柳宿와 星宿로 午의 位次이다. 陳나라는 顓頊의 後孫이니, 장차 顓頊과 같은 代數를 누릴 것이라는 말이다.〈附注〉

4) 〔역주〕 今在析木之津 猶將復(부)由 : 箕宿와 斗宿 사이에 天漢이 있기 때문에 그곳을 일러 析木의 나루라고 한다.〈杜注〉 由는 甹의 省文으로 베어낸 나무 등걸에 새로 돋는 움이다.〈楊注〉, ≪左氏會箋≫

5) 〔역주〕 且陳氏得政于齊而後 陳卒亡 : 물건은 둘이 함께 旺盛할 수 없다는 말이다.〈杜注〉 齊나라의 陳氏는 바로 陳敬仲의 後孫이다.〈附注〉

6) 〔역주〕 自幕至于瞽瞍 無違命 : 幕은 舜의 先祖이고, 瞽瞍는 舜의 아버지이다. 幕으로부터 瞽瞍에 이르기까지 그 사이에 天命을 어겨 廢絶(衰落하여 代가 끊김)한 자가 없었다는 말이다.〈杜注〉

7) 〔역주〕 舜重之以明德 寘德於遂 : 遂는 舜의 後孫이다. 대개 殷나라가 일어났을 때 舜의

後嗣를 보존하여 遂를 封해준 듯하니, 舜의 德이 遂에게 이르렀다는 것을 말한 것이다.〈杜注〉

8) 〔역주〕 遂世守之……使祀虞帝 : 胡公 滿은 遂의 후손이다. 周 武王을 섬겨 '嬀(규)'라는 姓을 하사받고 陳나라에 봉해져 舜의 뒤를 이었다.〈杜注〉

9) 〔역주〕 臣聞盛德必百世祀 虞之世數未也 : 舜으로부터 지금까지 아직 百世의 數에 미치지 않았다는 말이다.〈杜注〉

10) 〔역주〕 繼守將在齊 其兆旣存矣 : 陳氏가 齊나라에서 興盛할 조짐이 이미 드러났다는 말이다.〈杜注〉

昭公 8년, 楚나라 公子 棄疾이 〈陳나라를 擊滅시키자 楚 靈王이〉 穿封戌를 陳公으로 삼았다. 晉侯(平公)가 史趙에게 "陳나라가 드디어 멸망할 것인가?"라고 묻자, 史趙가 "망하지 않을 것입니다."라고 대답하였다. 平公이 "무슨 까닭이냐?"라고 묻자, 史趙는 다음과 같이 대답하였다.

"陳나라는 顓頊의 後裔입니다. 歲星이 鶉火에 있을 때에 顓頊氏가 마침내 멸망하였으니, 陳나라도 장차 그와 같이 될 것입니다. 지금 歲星이 析木의 나루에 있으니 오히려 장차 다시 움〔由〕이 돋을 것입니다. 그리고 또 陳氏가 齊나라에서 政權을 잡은 뒤에야 陳나라가 마침내 멸망할 것입니다.

幕으로부터 瞽瞍에 이르기까지 天命을 어긴 이가 없었고, 舜이 거듭 밝은 德을 가졌으므로 그 德이 遂에게 이르러서 〈殷나라에 의해 諸侯로 封해졌습니다.〉 遂의 後孫이 대대로 그 德을 지키니 胡公不淫에 미쳐 〈周나라에 의해 陳나라에 封해졌습니다.〉 그러므로 周나라가 胡公에게 姓을 하사하고 虞帝(舜)의 祭祀를 받들게 하였습니다. 臣이 듣건대 盛大한 德을 가진 분은 百世 동안 제사를 받는다고 하는데, 虞舜의 代數가 아직 百世가 되지 않았으니, 그 제사를 계승해 지키는 일이 아마도 齊나라에 있을 것입니다. 이미 그 조짐이 있습니다."

11-03-13 裨竈論陳災　裨竈가 陳나라의 火災에 대해 논하다

【左傳】 昭九年이라 夏四月에 陳災하다 鄭裨竈曰 五年陳將復(부)封하고 封五十二年而遂亡하리라 子産問其故한대 對曰 陳은 水屬也[1]요 火는 水妃也[2]로 而楚所相也[3]라 今火出而火陳[4]하니 逐楚而建陳也[5]라 妃以五成이라 故曰五年[6]이라 歲五及鶉火而後陳卒亡하고 楚克有之리니 天之道也라 故曰五十二年[7]이라하니라

1) 〔역주〕 陳 水屬也 : 顓頊이 水德으로 天下를 다스렸기 때문에 그 後孫인 陳나라가 水에 속한다고 한 것이다.(≪春秋左傳正義≫)

2) 〔역주〕 火 水妃也 : 火는 離이고 水는 坎이다. 離는 中女이고 坎은 中男이기 때문에 火가 水의 妃가 된다고 한 것이다.(≪春秋左傳正義≫)

3) 〔역주〕 而楚所相也 : 相은 治이다. 楚나라 先祖 祝融이 高辛氏의 火正(불을 맡은 長官)이 되어 불에 관한 일을 주관해 다스렸다.〈杜注〉

4) 〔역주〕 今火出而火陳 : 火는 心星이다. 火星은 周正 5월에 出現하는데 4월에 出現한 것으로 말한 것은 長曆으로 推算해보면 前年에 閏月을 잘못 넣었기 때문이다.〈杜注〉

5) 〔역주〕 逐楚而建陳也 : 水가 妃(火)를 얻으면 興盛하니, 陳(水)나라가 흥성하면 楚(火)나라가 쇠퇴한다. 그러므로 楚人을 축출하고 陳나라를 세운다고 한 것이다.〈杜注〉

6) 〔역주〕 妃以五成 故曰五年 : 妃는 合이다. 五行이 각각 서로 配合하는 데는 五를 얻어 이루어지기 때문에 5년 뒤에 陳나라가 다시 封해진다고 한 것이다. 13년에 陳侯 吳가 陳나라로 돌아간 傳의 배경이다.〈杜注〉

7) 〔역주〕 天之道也 故曰五十二年 : 今年에 歲星이 星紀에 있으니 5년 뒤에 大梁에 이르면 陳나라가 다시 봉해진다. 歲星이 大梁에서 4년 뒤이면 鶉火에 미치고, 뒤이어 4周하면 48년이 되니 歲星이 다섯 차례 鶉火에 미치기까지 모두 52년이다. 天數(陽數)는 五를 紀로 삼기 때문에 다섯 차례 鶉火에 미치면 火가 盛하여 水가 衰한다.〈杜注〉

昭公 9년, 여름 4월에 陳나라에 火災가 발생하였다. 鄭나라 裨竈가 말하기를 "5년 뒤에 陳나라가 다시 封해지고, 봉해진 지 52년 뒤에 드디어 망할 것이다."라고 하였다. 子産이 그 까닭을 묻자, 裨竈는 다음과 같이 대답하였다.

"陳나라는 水에 속하였고, 火는 水의 配偶로 楚나라가 다스리는 바입니다. 지금 火星이 출현하자 陳나라에 火災가 발생하였으니, 이는 楚人을 몰아내고 陳나라를 再建할 조짐입니다. 配合〔妃〕은 五로써 이루어지기 때문에 '5년'이라 하였고, 歲星이 다섯 차례 鶉火에 미친 뒤에 陳나라가 마침내 망하고 楚나라가 그 땅을 소유할 것이니, 이는 天道입니다. 그러므로 '52년'이라고 한 것입니다."

11-03-14 星出婺女 客星이 婺女에 출현하다

【左傳】 昭十年이라 春王正月에 有星出于婺(무)女[1]하다 鄭裨竈言於子産曰 七月戊子에 晉君將死리라 今玆歲在顓頊之虛[2]하고 姜氏任氏實守其地[3]라 居其維首[4]어늘 而有妖星焉하니 告邑姜也[5]라 邑姜은 晉之妣也라 天以七紀[6]라 戊子逢公以登하니 星斯於是乎

出[7)]이라 吾是以譏之[8)]하노라

1) 〔역주〕 有星出于婺(무)女 : 星은 客星이고, 婺女는 女宿이다. 이를 經에 기록하지 않은 것은 彗星〔孛〕이 아니기 때문이다.〈杜注〉

2) 〔역주〕 今玆歲在顓頊之虛 : 歲는 歲星이다. 顓頊之虛는 玄枵를 이른다.〈杜注〉

3) 姜氏任氏實守其地 : 姜은 齊나라의 姓이고, 任은 薛나라의 姓이다. 齊나라와 薛나라가 玄枵 分野의 땅을 지키고 있다.〈杜注〉

4) 〔역주〕 維首 : 維首의 維를 ≪春秋左傳正義≫에는 綱維로 풀었고, 〈楊注〉에는 星次로 풀었다.

5) 〔역주〕 而有妖星焉 告邑姜也 : 妖星은 災禍를 예시하는 별을 이른다. 古代 占星家들은 歲星이 머물러 있는 星次의 分野에 있는 나라에는 좋은 일이 있다고 믿었다. 今年에 歲星이 齊나라 분야인 玄枵에 있는데, 妖星이 玄枵의 첫째 별인 婺女에 출현하였으나 齊나라는 歲星이 머문 星次의 분야에 있기 때문에 災禍가 없을 것이고, 婺女는 이미 出嫁한 딸을 상징하니 齊나라 姜太公의 딸로서 晉나라 始封祖 唐叔의 母后가 된 邑姜의 子孫에게 禍가 있을 것임을 예고한 것이라는 말이다.

6) 〔역주〕 天以七紀 : 하늘은 七로써 數를 기록한다는 말이다. 28宿를 7宿씩 사방에 分屬한 것을 이른다.

7) 〔역주〕 戊子逢公以登 星斯於是乎出 : 逢公은 殷王朝 때 諸侯로 齊나라 땅에 주거한 자이다. 登은 죽음이다. 逢公이 죽으려 할 때 婺女에 妖星이 출현하였다. 이때에는 歲星이 齊나라 分野에 있지 않았기 때문에 齊나라가 직접 禍를 당하여 戊子日에 逢公이 죽은 것이다.〈杜注〉

8) 〔역주〕 吾是以譏之 : 譏는 '마(계)'와 같은데 ≪說文解字≫에서 '마는 점을 쳐서 의심나는 것을 묻는 것이다.' 하였다. 이 말은 별의 형상으로 점을 치고 이어 이로써 晉侯가 죽을 날을 알게 되었다는 말이다.〈楊注〉

昭公 10년, 봄 周王 正月에 客星이 婺女(女宿)에 출현하였다. 鄭나라 裨竈가 子産에게 말하였다.

"7월 戊子日에 晉君이 죽을 것입니다. 今年에 歲星이 玄枵〔顓頊之虛〕에 있는데 姜氏(齊)와 任氏(薛)가 실로 그 分野의 땅을 지키고 있습니다. 女宿가 그 星次〔維〕의 首位에 있는데 그곳에 妖星이 출현하였으니, 이는 邑姜에게 災禍를 예고한 것입니다. 邑姜은 晉나라의 先妣입니다. 하늘은 7宿로 星次(星位)를 다스립니다. 戊子日에 逢公이 죽었는데 그때에도 客星이 이곳에 출현하였으니, 저는 이로써 晉君이 죽을 것을 압니다."

11-03-15 景王問萇(洪)〔弘〕[1] 景王이 萇弘에게 묻다

【左傳】 昭十一年이라 景王問於萇(洪)〔弘〕曰 今玆諸侯何實吉하고 何實凶가 對曰 蔡凶이리이다 此蔡侯般弑其君之歲也라 歲在豕韋[2]하니 弗過此矣[3]리이다 楚將有之[4]어니와 然壅也[5]니 歲及大梁이면 蔡復楚凶하리이다 天之道也[6]니이다 楚子在申하야 召蔡靈侯하다 靈侯將往한대 蔡大夫曰 王貪而無信하고 唯蔡於感[7]이러니 今幣重而言甘하니 誘我也라 不如無往이니이다 蔡侯不可하다 三月丙申에 楚子伏甲而享蔡侯於申이라가 醉而執之하야 夏四月丁巳에 殺之하고 刑其士七十人[8]하다

1) (洪)〔弘〕: 저본에는 '洪'으로 되어 있으나, ≪春秋左氏傳≫에 의거하여 '弘'으로 바로잡았다. '洪'은 宋 宣祖 趙弘殷(宋 太祖의 부친)의 避諱字이다. 아래의 경우도 같다.
2) 〔역주〕 此蔡侯般弑其君之歲也 歲在豕韋 : 襄公 30년에 蔡나라 世子 般이 그 임금을 弑害하였다. 그때 歲星이 豕韋에 있었는데, 13년이 지난 지금 歲星이 다시 豕韋에 와 있다는 말이다. 般은 바로 蔡 靈侯이다.〈杜注〉
3) 〔역주〕 弗過此矣 : 蔡나라가 금년을 넘기지 못하고 凶한 일을 당할 것이라는 말이다.〈杜注〉
4) 〔역주〕 楚將有之 : 蔡나라가 楚나라 가까이에 있기 때문에 楚나라가 蔡나라를 소유하게 될 것을 안 것이다.〈杜注〉
5) 〔역주〕 然壅也 : 壅은 악행이 쌓임을 이른다.
6) 〔역주〕 歲及大梁……天之道也 : 楚 靈王이 郟敖를 弑害하고서 스스로 임금이 된 해에 歲星이 大梁에 있었는데, 昭公 13년에 이르러 歲星이 다시 大梁에 와 있게 된다. 美惡(善事나 惡事)은 12년마다 반드시 반복되기 때문에 楚나라에 凶한 일이 있을 것을 안 것이다.〈杜注〉
7) 〔역주〕 唯蔡於感 : 蔡나라는 大國인 楚나라 가까이에 있었기 때문에 楚나라는 蔡나라가 자기들에게 복종하지 않는 것을 항상 恨으로 여겼다.〈杜注〉 '唯蔡於感'은 '唯感於蔡'이다.
8) 〔역주〕 刑其士七十人 : 蔡侯를 수행한 사람까지 모두 70인을 함께 죽인 것이다.〈附注〉

昭公 11년, 景王이 萇弘(周나라 大夫)에게 "금년에 諸侯 중에 어느 나라가 吉하고 어느 나라가 凶하겠느냐?"고 묻자, 萇弘이 대답하기를 "蔡나라가 凶할 것입니다. 금

년이 바로 蔡侯 般이 그 임금을 弑害했던 해와 같이 歲星이 豕韋(室宿)에 있으니 蔡나라는 금년을 넘기지 못할 것입니다. 楚나라가 장차 蔡나라를 소유하겠지만 楚나라는 惡行이 쌓였으니, 歲星이 大梁에 미치면 蔡나라는 復興하고 楚나라는 凶한 일을 당할 것입니다. 이것이 天道(하늘의 뜻)입니다."라고 하였다.

楚子가 申에 있으면서 蔡 靈侯를 불렀다. 靈侯가 가려 하자, 蔡나라 大夫들이 말하기를 "楚王은 탐욕스러워 信義가 없고, 유독 우리 蔡나라에 恨을 품고 있었는데, 지금 보내온 예물이 많고 초청하는 말이 달콤하니 이는 우리를 유인하는 것입니다. 가지 않는 것이 좋겠습니다."라고 하였으나, 蔡侯는 따르지 않았다.

3월 丙申日에 楚子는 군대를 매복시켜 놓고서 申에서 蔡侯를 접대하다가 蔡侯가 술에 취하자 체포하여, 여름 4월 丁巳日에 蔡侯를 죽이고, 그 수행원 70인까지 함께 죽였다.

11-03-16 梓愼論禘 梓愼이 禘祭에 대해 논하다

【左傳】 昭十五年이라 **春**에 **將禘于武公**하야 **戒百官**하다 **梓愼曰 禘之日其有咎乎**ㄴ저 **吾見赤黑之祲**(침)하니 **非祭祥也**라 **喪氛也**[1]니 **其在涖事乎**[2]ㄴ저 **二月癸酉**에 **禘**할새 **叔弓涖事**러니 **籥入而卒**하다 **去樂**(악)하고 **卒事**하니 **禮也**[3]라

1) 〔역주〕 吾見赤黑之祲(침)……喪氛也 : 祲은 妖氛(妖氣)이다. 妖氛이 宗廟에 나타났기 때문에 祭祀의 祥瑞가 아니라고 여긴 것이다. 氛은 惡氣이다.〈杜注〉

2) 〔역주〕 其在涖事乎 : 涖는 臨이다. 그 災禍가 제사를 주재하는 사람에게 있을 것이라는 말이다.〈附注〉

3) 〔역주〕 去樂(악)卒事 禮也 : 대신이 卒하였기 때문에 음악을 철거한 것이다.〈杜注〉

昭公 15년, 봄에 武公의 廟에 禘祭를 지내려고 百官에게 〈미리 날짜를 알려〉 齋戒하게 하였다. 梓愼(魯나라 대부)이 말하기를 "禘祭日에 아마도 災禍가 있을 성싶다. 내가 보기에 하늘에 붉고 검은 妖氣가 있으니 이는 祭祀의 祥瑞가 아니라 喪事의 妖氣이니, 아마도 제사를 主宰하는 사람의 몸에 禍가 있을 것이다."라고 하였다.

2월 癸酉日에 禘祭를 지낼 때 叔弓이 제사를 주재하였는데, 籥舞가 進入할 때 卒하였다. 음악을 撤去하고서 제사를 마쳤으니 禮에 맞았다.

11-03-17 星孛大辰 大辰에 彗星이 出現하다

【左傳】 昭十七年이라 冬에 有星孛于大辰하야 西及漢[1]하다 申須曰 彗는 所以除舊布新[2]也라 天事恒象[3]이어늘 今除於火하니 火出必布焉하리라 諸侯其有火災乎[4]ㄴ저 梓愼曰 往年吾見之하니 是其徵也[5]라 火出而見[6]하고 今兹火出而章하니 必火入而伏[7]하리라 其居火也久矣니 其與不然乎[8]아 火出於夏爲三月[9]이요 於商爲四月이요 於周爲五月이라 夏數得天[10]하니 若火作이면 其四國當之리니 在宋衛陳鄭乎ㄴ저 鄭裨竈言於子産曰 宋衛陳鄭將同日火리라 若我用瓘斝(가)玉瓚이면 鄭必不火[11]리라 子産弗與[12]하다

1) 〔역주〕 有星孛于大辰 西及漢 : 夏正 8월에 辰星이 天漢(銀河) 서쪽에 출현하는데, 지금 彗星이 辰星 서쪽에 출현하여 光芒이 동쪽의 天漢까지 미친 것이다.〈杜注〉

2) 〔역주〕 除舊布新 : 묵은 것을 소제하고 새 것을 편다는 말인데, 彗星의 모양이 빗자루와 같기 때문에 이렇게 말한 것이다.〈杜注〉

3) 〔역주〕 天事恒象 : 人事가 善하면 하늘은 吉한 징조를 보이고, 人事가 惡하면 凶한 징조를 보인다는 말인데, 이것은 古代에 迷信하던 사람이 常用하던 말인 듯하다.〈楊注〉

4) 〔역주〕 今除於火……諸侯其有火災乎 : 지금 大火星이 아직 潛伏한 때이므로 大火星이 출현할 때를 기다려 불이 퍼져서 災殃이 될 줄을 안 것이다.〈杜注〉

5) 〔역주〕 是其徵也 : 징조는 비로소 形象이 나타났으나 그 형상이 희미한 것이다.〈杜注〉

6) 〔역주〕 火出而見 : 작년에 火星이 출현하던 달에 징조가 비로소 나타났다는 말이다.〈附注〉

7) 〔역주〕 今兹火出而章 必火入而伏 : 금년에 火星이 출현한 달에 彗星이 더욱 빛이 밝았으니 마침내 彗星이 반드시 大火星을 따라 함께 없어질 것이라는 말이다.〈附注〉

8) 〔역주〕 其與不然乎 : 與는 句中助辭로 뜻이 없다.〈楊注〉 반드시 그렇게 된다는 말이다.〈杜注〉

9) 〔역주〕 火出於夏爲三月 : 初昏에 출현함을 이른다.〈杜注〉

10) 〔역주〕 夏數得天 : 天正(天時)과 부합한다는 말이다.〈杜注〉

11) 〔역주〕 若我用瓘斝(가)玉瓚 鄭必不火 : 瓘은 珪이고, 斝는 玉杯이고, 瓚은 玉으로 만든 국자이다. 이 세 가지 물건을 神에게 바쳐 火災를 물리치려 한 것이다.〈杜注〉

12) 〔역주〕 子産弗與 : 天災의 流行은 祈禱로써 물리칠 수 있는 것이 아니라고 여겼기 때문이다. 明年에 宋나라·衛나라·陳나라·鄭나라에 火災의 발생을 기록한 傳의 배경이다.〈杜注〉

昭公 17년, 겨울에 大辰에 彗星이 출현하여 光芒(강렬한 빛)이 서쪽으로 天漢(銀

河)까지 미쳤다. 申須가 말하기를 "彗는 옛것을 쓸어내고 새것을 펴는 것이다. 하늘에서 발생하는 일은 항상 吉凶의 徵兆〔象〕를 豫示하는 것인데, 지금 火星을 쓸어냈으니 明年에 火星이 출현하면 반드시 불이 퍼져 災殃이 질 것이니 諸侯國에 아마도 火災가 발생할 것이다."라고 하니, 梓愼이 말하였다.

"昨年에 내가 彗星을 보았으니 바로 화재의 징조이다. 작년에 大火星이 출현할 때 彗星이 나타났고 금년에 大火星이 출현할 때는 그 빛이 더욱 밝으니 반드시 大火星이 들어가는 시기가 되어야 彗星이 潛伏할 것이다. 彗星이 大火星에 있은 지가 오래이니 어찌 그렇지 않겠는가? 大火星이 출현하는 시기가 夏正(夏曆)으로는 3월이고, 商正으로는 4월이고, 周正으로는 5월인데, 夏나라의 曆數가 天時와 符合하니 만약 화재가 발생한다면 아마도 宋·衛·陳·鄭 네 나라가 화재를 당할 것이다."

鄭나라 裨竈가 子産에게 말하기를 "宋나라·衛나라·陳나라·鄭나라에 아마도 同日에 화재가 발생할 것입니다. 그러나 만약 우리가 瓘·斝·玉瓚을 神에게 바치고서 祈禱한다면 우리 鄭나라에는 반드시 화재가 일어나지 않을 것입니다."라고 하니, 子産은 허락하지 않았다.

11-03-18 火始昏見 火星이 비로소 黃昏에 출현하다

【左傳】 昭十八年이라 夏五月에 火始昏見하고 丙子에 風하다 梓愼曰 是謂融風이니 火之始也[1])니 七日에 其火作乎[2])ㄴ저 戊寅에 風甚하고 壬午에 大甚하다 宋衛陳鄭皆火하다 梓愼登大庭氏之庫以望之[3])하고 曰 宋衛陳鄭也라하다 數日皆來告火하다 裨竈曰 不用吾言이면 鄭又將火[4])하리라 鄭人請用之[5])한대 子産不可하다 子大叔曰 寶以保民也라 若有火면 國幾亡이니 可以救亡인댄 子何愛焉고 子産曰 天道遠하고 人道邇하야 非所及也니 何以知之오 竈焉知天道리오 是亦多言矣니 豈不或信[6])가 遂不與하다 亦不復(부)火[7])하다

1)〔역주〕是謂融風 火之始也 : 東北風을 融風이라 하는데, 融風은 木이다. 木은 火의 母體이기 때문에 火災의 始初라고 한 것이다.〈杜注〉

2)〔역주〕七日 其火作乎 : 丙子日로부터 壬午日까지가 7일인데, 壬午는 水火가 合하는 날이기 때문에 火災가 일어날 것을 안 것이다.〈杜注〉

3)〔역주〕梓愼登大庭氏之庫以望之 : 大庭氏는 옛날 나라의 이름으로 魯나라 城內에 있었다. 魯나라가 그곳에 창고를 지었는데, 그 地帶가 높기 때문에 올라가서 天氣를 바라

보고서 近日의 占을 참고해 前年 겨울에 彗星이 나타났을 때 네 나라에 火災가 날 것이라고 한 말이 틀리지 않았음을 안 것이다.〈杜注〉

4) 〔역주〕 不用吾言 鄭又將火 : 前年에 裨竈가 瓘斝를 사용해 神에게 제사하여 화재를 물리치고자 하였으나, 子産이 허락하지 않았기 때문에 이제 다시 그것을 사용해 제사하기를 청한 것이다.〈杜注〉

5) 〔역주〕 鄭人請用之 : 裨竈의 말을 믿은 것이다.〈杜注〉

6) 〔역주〕 是亦多言矣 豈不或信 : 말이 많은 자는 간혹 때때로 맞는 말이 있다.〈杜注〉

7) 〔역주〕 遂不與 亦不復(부)火 : 傳文은, 天道는 분명히 알기가 어려우니 비록 裨竈라 하더라도 오히려 극진히 알 수 없다는 것을 말한 것이다.〈杜注〉

昭公 18년, 여름 5월에 火星(心星)이 비로소 黃昏에 출현하고, 丙子日에 바람이 불었다. 梓愼이 말하기를 "이 바람을 融風이라 하는데 이는 火災의 시작이니, 7일 뒤에 火災가 일어날 것이다."라고 하였다. 戊寅日에 바람이 심하고, 壬午日에는 더욱 심하였다.

宋나라·衛나라·陳나라·鄭나라에 모두 화재가 발생하였다. 梓愼이 大庭氏의 창고에 올라가서 바라보고서 말하기를 "〈火災가 일어난 곳은〉 宋나라·衛나라·陳나라·鄭나라이다."라고 하였는데, 며칠 뒤에 네 나라가 모두 使者를 보내와서 화재를 通告하였다.

裨竈가 말하기를 "내 말을 따르지 않으면 鄭나라에 또다시 화재가 발생할 것이다."라고 하니, 鄭人들이 그의 말을 따르기를 청하였으나 子産이 반대하였다. 子太叔이 말하기를 "國家의 寶物(瓘斝와 玉瓚을 이름)은 백성을 보호하기 위해 마련한 것이오. 만약 화재가 발생한다면 나라가 거의 망하게 될 것이니, 나라가 망하는 것을 구제할 수 있다면 그대는 아낄 게 뭐 있소."라고 하니, 子産이 말하기를 "天道는 幽遠하고 人道는 切近하여 서로 미칠 수 있는 바가 아니니, 어찌 天道를 가지고 人道를 알 수 있겠습니까? 裨竈가 어찌 天道를 알겠습니까? 그는 말이 많은 사람이니 어찌 간혹 맞는 말이 없겠습니까?"라고 하고서 끝내 〈瓘斝와 玉瓚을〉 내어주지 않았다. 〈그러나 鄭나라에는〉 또다시 화재가 발생하지 않았다.

11-03-19 梓愼望氣 梓愼이 雲氣를 관찰하여 吉凶을 점치다

【左傳】 昭二十年이라 二月己丑에 日南至하다 梓愼望氛[1]하고 曰 今玆宋有亂하야 國幾

亡이라가 三年而後弭하고 蔡有大喪[2]하리라 叔孫昭子曰 然則戴桓也[3]라 汰侈無禮已甚하니 亂所在也[4]라

1) 〔역주〕 梓愼望氛 : 望氛은 望氣와 같은 말로 雲氣를 관찰하여 吉凶을 점치는 것이다. 이때 魯侯가 臺에 올라 望氣하는 禮를 행하지 않고 梓愼을 보내어 望氣하게 한 것이다.〈杜注〉

2) 〔역주〕 今玆宋有亂……蔡有大喪 : 宋나라 華氏・向(상)氏가 出奔하고 蔡侯가 卒한 傳의 배경이다.〈杜注〉

3) 〔역주〕 然則戴桓也 : 戴族은 華氏이고, 桓族은 向氏이다.〈杜注〉

4) 〔역주〕 汰侈無禮已甚 亂所在也 : 災禍〔妖〕는 사람으로 인해 일어난다는 것을 말한 것이다.〈杜注〉

昭公 20년, 2월 己丑日에 冬至〔日南至〕가 들었다. 梓愼이 雲氣를 관찰하고서 말하기를 "금년에 宋나라에는 난리가 나서 나라가 거의 망하게 되었다가 3년이 지난 뒤에 안정될 것이고, 蔡나라에는 大喪이 있을 것입니다."라고 하니, 叔孫昭子가 말하기를 "〈宋나라에 난리가〉 일어난다면 〈난리를 일으키는 자가〉 戴公과 桓公의 宗族일 것이다. 그들은 교만하고 사치하여 無禮함이 너무 심하니 禍亂의 원인이 內在한 바이다."라고 하였다.

11-03-20 梓愼對日食 梓愼이 日食에 대하여 대답하다

【左傳】 昭二十一年이라 七月壬午朔에 日有食之하다 公問於梓愼曰 是何物也오 禍福何爲오 對曰 二至二分[1]에 日有食之는 不爲災하나니 日月之行也는 分엔 同道也하고 至엔 相過也[2]니이다 其他月則爲災하니 陽不克也라 故常爲水[3]니이다 於是叔輒哭日食하니 昭子曰 子叔將死리라 非所哭也[4]라 八月에 叔輒卒하다

1) 〔역주〕 二至二分 : 二至는 冬至・夏至이고, 二分은 春分・秋分이다.〈杜注〉

2) 〔역주〕 分同道也 至相過也 : 二分에는 晝夜의 길이가 같기 때문에 '同道'라 하고, 二至에는 晝夜의 길이가 極에 달하기 때문에 '相過'라고 한 것이다.〈杜注〉 太陽은 黃道의 中線으로 운행하는데, 春分과 秋分 때에 黃道와 白道가 서로 교차하는 것을 '同道'라 이르고, 冬至와 夏至 때에 赤道의 內外로 각각 23도를 超過하는 것을 '相過'라 이른 것이다.〈楊注〉

3) 〔역주〕 故常爲水 : 그 災殃이 항상 水災였다는 말이다.〈附注〉

4) 〔역주〕 非所哭也 : 哭할 바가 아닌데 곡하였으니 精神이 이미 나간 것이다.〈附注〉

昭公 21년, 가을 7월 초하루 壬午日에 日食이 있었다. 昭公이 梓愼에게 묻기를 "이 것이 무슨 징조인가? 禍福이 어떠하겠는가?"라고 하니, 대답하기를 "冬至・夏至와 春分・秋分에 발생하는 日食은 災禍가 되지 않으니, 日月의 운행은 春分과 秋分에는 같은 길을 가고〔同道〕 冬至와 夏至에는 서로 超過하기 때문입니다. 그 밖의 달에 발생하는 日食은 災禍가 되니, 이는 陽氣가 陰氣를 이기지 못하기 때문입니다. 그러므로 항상 水災가 발생하였습니다."라고 하였다.

이때 叔輒이 日食이 〈災殃이 될 것을 근심하여〉 哭을 하니, 昭子가 말하기를 "叔輒은 아마도 죽을 성싶다. 곡할 바가 아닌데 〈곡을 하였으니 말이다.〉"라고 하였다. 8월에 叔輒이 卒하였다.

11-03-21 梓愼論日食 梓愼이 日食에 대하여 논하다

【左傳】 昭二十四年이라 夏五月乙未朔에 日有食之하니 梓愼曰 將水[1)]하리라 昭子曰 旱也리라 日過分而陽猶不克하니 克必甚하리니 能無旱乎[2)]아 陽不克莫(모)하니 將積聚也[3)]리라 秋八月에 大雩하니 旱也[4)]라

1) 〔역주〕 將水 : 陰氣가 陽氣를 이겼기 때문에 장차 水災가 발생할 것이라고 한 것이다.〈杜注〉

2) 〔역주〕 日過分而陽猶不克……能無旱乎 : 春分이 지나 陽氣가 盛할 때인데도 陰氣를 이기지 못해서이다. 그러나 장차 陽氣가 盛하게 나올 것이므로 가뭄이 들 것이라고 한 것이다.〈杜注〉

3) 〔역주〕 陽不克莫(모) 將積聚也 : 莫는 暮와 통용이니, 시기가 지난 것을 이른다. 太陽이 春分點을 지났는데도 陽이 오히려 陰을 이기지 못하여 陽이 陰을 이기지 못하는 것이 이미 늦었으니 반드시 장차 陽氣가 積聚하여 旱災가 될 것이라는 말이다.(≪左氏會箋≫)

4) 〔역주〕 大雩 旱也 : 끝내 叔孫의 말처럼 되었다는 말이다.〈杜注〉

昭公 24년, 여름 5월 초하루 乙未日에 日食이 발생하였다. 梓愼이 말하기를 "장차 水災가 발생할 것이다."라고 하니, 昭子가 말하기를 "가뭄이 들 것이다. 太陽이 春分點을 지났는데도 陽氣가 오히려 陰氣를 이기지 못해 〈日食이 발생한 것이다.〉 陰氣를 이기게 되면 반드시 日光이 매우 猛烈할 것이니 가물지 않을 수 있겠는가? 陽氣가

늦도록〔莫〕 陰氣를 이기지 못하니 장차 陽氣가 모여 쌓일 것이다.”라고 하였다. 가을 8월에 雩祭를 지냈으니 가물었기 때문이다.

11-03-22 齊有彗星 齊나라에 彗星이 출현하다

【左傳】 昭二十六年이라 齊有彗星하니 齊侯使禳之한대 晏子曰 無益也요 祇取誣焉이니이다 天道不謟[1]하야 不貳其命하니 若之何禳之[2]릿가 且天之有彗也는 以除穢也니 君無穢德이면 又何禳焉이며 若德之穢면 禳之何損이릿가 公說(열)하야 乃止하다

1) 〔역주〕 天道不謟 : 天道는 日月星辰이 운행하는 自然의 법칙인데, 古人은 日食・月食・彗星의 출현 등 自然現象을 항상 人事의 吉凶禍福과 관계가 있을 것으로 여겼다. 天道不謟는 天命은 의심할 수 없다는 말이다.〈楊注〉

2) 〔역주〕 不貳其命 若之何禳之 : 禍福이 오는 것은 變易시킬 수 없으니 어찌 祈禱해 제거할 수 있겠느냐는 말이다.〈附注〉

昭公 26년, 齊나라에 彗星이 출현하니 齊侯가 사람을 시켜 〈祭祀를 지내어〉 彗星의 消滅을 祈求하게 하자, 晏子가 말하기를 “도움은 없고 단지 속임만을 취할 뿐입니다. 天道는 의심할 수 없이 〈진실하여〉 그 命(天體에 나타난 現象)에 착오〔貳〕가 없으니 어찌 祈禱해 소멸시킬 수 있겠습니까? 그리고 또 하늘에 彗星이 출현하는 것은 더러운 것들을 쓸어내기 위함이니, 임금님께 穢德(더러운 행위)이 없다면 또 彗星의 소멸을 祈求할 필요가 뭐 있으며, 만약 임금님의 행위에 더러움이 있다면 祈求한다 해서 어찌 소멸되겠습니까?”라고 하니, 齊 景公은 기뻐하여 이에 禳除를 정지시켰다.

11-03-23 史墨占日食 史墨이 日食을 점치다

【左傳】 昭三十一年이라 十二月辛亥朔에 日有食之하다 是夜也에 趙簡子夢에 童子贏(라)而轉以歌하다 旦占諸史墨曰 吾夢如是어늘 今而日食하니 何也[1]오 對曰 六年及此月也하야 吳其入郢乎ㄴ저 終亦弗克하리라 入郢必以庚辰하리니 日月在辰尾라 庚午之日에 日始有謫하니라 火勝金이라 故弗克이니라

1) 〔역주〕 吾夢如是……何也 : 簡子가 꿈을 꾼 날이 마침 日食이 일어난 날과 마주쳤으므로 簡子는 災殃〔咎〕이 자기에게 닥칠 것으로 여겼다. 그러므로 물은 것이다.〈杜注〉

昭公 31년, 12월 초하루 辛亥日에 日食이 있었다. 그날 밤에 趙簡子가 꿈을 꾸었는데, 童子가 발가벗고 뒹굴면서 노래를 불렀다. 다음날 아침에 史墨을 불러 꿈의 길흉을 점치게 하며 말하기를 "내가 이런 꿈을 꾸었는데 오늘 일식이 일어났으니 이것이 무슨 징조인가?"라고 하니, 史墨이 다음과 같이 대답하였다.

"6년 뒤 이달에 미쳐 吳軍이 아마도 楚나라 郢都로 진입할 것입니다. 하지만 끝내 승리하지는 못할 것입니다. 郢都로 들어가는 일이 반드시 庚辰日에 있을 것이니, 이날은 해와 달이 辰尾에 있기 때문입니다. 庚午日에 해가 비로소 變化〔謫〕하기 시작하니 〈楚나라가 災禍를 입겠지만〉 火(楚를 뜻함)는 金(兵器를 뜻함)을 이기기 때문에 〈吳가〉 승리하지 못합니다."

11-03-24 楚雲如赤(烏)〔鳥〕[1] 楚나라에 붉은 새 모양을 한 구름이 생기다

【左傳】 哀六年이라 吳伐陳하니 楚子救陳[2]한대 將戰에 王有疾하다 庚寅에 卒于城父하다 是歲也에 有雲如衆赤(烏)〔鳥〕하야 夾日以飛三日하다 楚子使問於周太史한대 周太史曰 其當王身乎[3]ㄴ저 若禜(영)之[4]면 可移於令尹司馬리라 王曰 除腹心之疾하야 而寘諸(저)股肱이면 何益[5]이리오 不穀不有大過면 天其夭諸(저)[6]아 有罪受罰이면 又焉移之리오하고 遂弗禜하다

1) (烏)〔鳥〕: 저본에는 '烏'로 되어 있으나, ≪春秋左氏傳≫에 의거하여 '鳥'로 바로잡았다. 아래도 같다.

2) 〔역주〕 楚子救陳 : 楚 昭王이 봄에 出兵하여 城父에 駐在한 뒤로 지금까지 아직 退軍하지 않았다.〈附注〉

3) 〔역주〕 其當王身乎 : 太陽은 임금을 상징하는데, 妖氣가 태양을 지키고 있기 때문에 王의 신상에 해당한다고 한 것이다. 구름이 楚나라 天上에 滯在하여 오직 楚나라에서만 볼 수 있었기 때문에 禍가 다른 나라에는 미치지 않은 것이다.〈杜注〉

4) 〔역주〕 若禜(영)之 : 禜은 禳祭(神에게 災殃을 물리쳐주기를 비는 祭祀)이다.〈杜注〉

5) 〔역주〕 除腹心之疾……何益 : 腹心은 昭王 자신을 비유한 것이고, 股肱은 令尹과 司馬를 비유한 것이다.〈附注〉

6) 〔역주〕 不穀不有大過 天其夭諸(저) : 나에게 큰 過失이 없다면 하늘은 반드시 나를 夭折해 죽게 하지 않을 것이라는 말이다.〈附注〉

哀公 6년, 吳나라가 陳나라를 토벌하니 楚子가 陳나라를 구원하고자 하였는데, 戰

爭하려 할 때 昭王이 病을 앓았다. 庚寅日에 昭王이 城父에서 卒하였다.

이해에 〈楚나라 하늘에〉 한 떼의 붉은 새 모양을 한 彩雲이 太陽을 끼고 사흘 동안 飛翔하였다. 楚子가 사람을 보내어 周나라 太史에게 물으니, 周나라 太史가 말하기를 "〈그 應驗이〉 아마도 王의 身上에 당도할 것이다. 그러나 禳祭를 지낸다면 〈그 禍를〉 令尹이나 司馬에게로 옮겨가게 할 수 있다."라고 하였다.

楚 昭王이 말하기를 "나〔腹心〕의 병을 제거하려고 그 병을 신하〔股肱〕에게 옮겨놓는 것이 무슨 이익이 되겠는가? 나에게 大過가 없다면 하늘이 어찌 나를 夭死시킬 것이며, 罪가 있어 받는 罰이라면 또 어찌 남에게 옮겨가게 할 수 있겠는가?"라고 하고서 드디어 禳祭를 지내지 않았다.

一氣運行乎天地之間이니 **災祥祲兆**가 **未始不以其類應也**라 **麗**(리)**於上**하고 **峙於下**하며 **群於中**이 **同本同生**하고 **同體同流**하니 **未有一物之不類**요 **未有一物之不應**이라 **類乎類乎**여 **其天地萬物之樞乎**ㄴ저

한 기운이 天地의 사이에 운행하니 災殃・祥瑞・妖氣의 조짐이 종류에 따라 호응하지 않은 적이 없다. 위로 하늘에 걸려 있고 아래로 땅에 솟아 있으며 중간에 무리 지어 있는 것들이 같은 뿌리에서 나오고 같은 몸에 함께 유행하니 한 물건도 同流가 없는 것이 없고, 한 물건도 서로 호응하지 않는 것이 없다. 類여, 類여! 천지 만물의 樞紐(만물을 생성하는 관건)로다.

有明類하고 **有晦類**하며 **有旁類**하고 **有互類**하며 **有遠類**하고 **有反類**라 **肅雨乂暘**하고 **哲燠謀寒**[1)]하야 **晷儀之不可測**하고 **數術之不可推者**는 **明類也**라 **渾淪磅礴**[2)]하고 **恍惚杳冥**하야 **相與於無相與**하며 **相求於無相求者**는 **晦類也**라 **盪而相侵**하고 **迫而相陵**하야 **指其影而射其形**하고 **動於室而兆於隣者**는 **旁類也**라 **經緯羅絡**하고 **參錯回薄**[3)]하야 **其應復**(부)**爲感**하고 **其感復爲應者**는 **互類也**라 **悶悶其遲**하고 **恢恢其容**하야 **形若疏而實密**하고 **近若差而實精者**는 **遠類也**라 **憂喜聚門**하고 **吉凶同域**하며 **或順來而逆往**하고 **或咎終而休始者**는 **反類也**라

1) 〔역주〕 肅雨乂暘 哲燠謀寒 : ≪書經≫ 〈洪範〉에 "아름다운 징조는, 엄숙하면 제때에 비가 내

리며, 잘 다스리면 제때에 맑아지며, 지혜로우면 제때에 날이 따뜻하며, 잘 도모하면 제때에 날이 추우며, 성스러우면 제때에 바람이 부는 것이다.〔曰休徵 曰肅 時雨若 曰乂 時暘若 曰哲 時燠若 曰謀 時寒若 曰聖 時風若〕"라고 하였다.

2) 〔역주〕 渾淪磅礴 : 광대하여 끝이 없다는 뜻이다. 본래 渾淪은 昆侖으로 하늘을 형상한 말이고, 磅礴은 旁薄으로 땅을 형상한 말이다. 漢나라 揚雄의 ≪太玄經≫ 권1에 "初一은 광대하고 끝이 없어 그윽하다.〔初一 昆侖旁薄幽〕"라고 하였다.

3) 〔역주〕 經緯羅絡 參錯回薄 : 經緯羅絡은 縱橫交錯과 같은 말로 온갖 사물이 뒤섞임이고, 參錯回薄은 뒤섞여 하나가 되어 순환하고 부딪치며 변화함이다.

明類도 있고 晦類도 있으며, 旁類도 있고 互類도 있으며, 遠類도 있고 反類도 있다. 〈천자가〉 엄숙하면 제때에 비가 내리고 잘 다스리면 제때에 맑아지며 賢哲하면 제때에 따뜻해지고 잘 도모하면 제때에 추위가 와서 天文을 관측하는 儀器로도 측량할 수 없고 曆法을 계산하는 算法으로도 추산할 수 없는 것이 明類이다.

광대해 끝이 없으며 황홀하고 아득하여 함께할 수 없는 대상과 함께하고 구할 수 없는 대상을 구하는 것이 晦類이다.

옮겨가서 서로 침범하고 다가가서 서로 능멸하여 그림자를 가리키며 그 형체를 쏘아 맞히고 방에서 움직였는데 이웃에 조짐이 일어나는 것이 旁類이다.

종횡으로 종합하여 뒤섞이고, 서로 맞닿아 순환하고 변화하여 應이 다시 感이 되고 感이 다시 應이 되는 것이 互類이다.

우매하여 굼뜨고 너그럽게 포용하여, 형상은 疏遠한 것 같지만 실제로는 親切하며, 가까운 이에게 난잡한 것 같지만 실제로는 정확한 것이 遠類이다.

근심스러운 일과 기쁜 일이 한 가문에 모이고 길한 일과 흉한 일이 한 지역에 모여서, 때로는 순조롭게 왔다가 거슬러서 가고 때로는 종극에 禍가 있으나 시작이 아름다웠던 것이 反類이다.

類與不類가 相與爲類하니 類之中復分其類焉하야 毫而析之하고 縷而陳之면 雖合天下之人皆爲硏〔桑〕[1]하고 空渭濱之竹皆爲籌筭이라도 亦有所不能計리라 貫之以理면 則一而已矣라 千姸萬醜라도 無二鏡也요 千柯萬葉이라도 無二木也며 千殊萬別이라도 無二類也니 一而萬이요 萬而一者也라 貫一理而通之者는 聖人也[2]요 名一說而執一類

者는 瞽史[3)]也라

1) 〔역주〕 硏〔桑〕 : 저본에는 '硏'자 다음에 1자 빈칸으로 되어 있으나, 四庫全書本에 의거하여 '桑'을 보충하였다. 硏桑은 계산을 잘 했던 計硏과 桑弘羊을 가리킨다. 計硏은 일명 計然으로 춘추시대 越나라 사람이다. 성은 辛이고 자는 子文으로 范蠡의 스승이며, 暗算에 능했고 致富의 方術에 뛰어나 越王 句踐에게 재물을 축적하는 묘리를 가르쳤다. 桑弘羊은 漢 武帝 때의 侍中으로 鹽鐵法과 均輸平準法을 실시한 중심인물이다. 계산에 뛰어났으나 각박하게 계산하여 세금을 징수했으므로, 국가의 이익은 컸으나 群盜가 일어난 원인을 제공했다는 비난이 있다.

2) 〔역주〕 貫之以理…… 聖人也 : ≪論語≫ 〈里仁〉에, 공자께서 "나의 도는 하나의 이치가 관통해 있다.〔吾道一以貫之〕"라고 하였는데, ≪論語集註≫에 "이는 天地가 지극히 성실하여 쉼이 없어서〔至誠無息〕 만물이 각기 제자리를 얻음과 같은 것이다."라고 비유하고, 이른바 '至誠無息'이란 道의 體이니 '만 가지의 다름〔萬殊〕'이 '하나의 근본〔一本〕'인 것이고, 萬物이 각기 제 곳을 얻음은 道의 用이니, '하나의 근본'이 '만 가지의 다름'이 되는 것이라고 부연하였다.

3) 〔역주〕 瞽史 : 일반적으로 樂師와 史官을 병칭하는 말이나, 여기서는 점을 치는 장님과 史書의 기록에 얽매이는 변통 없는 史官으로 보았다.

類와 不類가 서로 더불어 類가 되기도 하니, 類 중의 무리를 다시 分類하여 세밀히 분석해서 일일이 모두 진술하려 한다면, 비록 천하 사람을 다 모아 모두 計硏과 桑弘羊으로 만들고, 渭水 가의 대나무를 다 베어다가 모두 산가지를 만들더라도 계산할 수 없을 것이다.

그러나 이치로써 모든 것을 꿰면 하나일 뿐이니, 예쁜 자와 못난 자가 천만 인이라도 거울은 둘이 아니고, 가지와 잎이 천만 개라도 나무는 둘이 아니며, 천 가지로 다르고 만 가지로 구별되어도 類는 둘이 아니니, 하나의 근본에서 만 가지 다른 것이 생겨나고 만 가지 다른 것이 하나의 근본으로 귀결된다. 하나의 이치로 모든 것을 관통하는 이는 聖人(孔子)이고, 한 가지 說만으로 이름을 얻어 한 가지 종류만을 고집하는 자는 瞽史이다.

春秋二百四十二年之間에 災眚之見이 視前世爲多라 一時爲瞽史之學者의 占候推步가 時合時舛하고 時得時失하야 瑣碎繳繞하니 聽者益厭之하야 則爲說以攻之曰 星墜

木鳴하고 川竭谷堙은 彼之咎也요 德薄道虧하야 政荒民散은 我之咎也라 彼爲彼요 我爲我니 我不能預彼事어늘 彼亦安能預我事哉리오 是說既出에 又有爲說以攻之者曰 居天下之上者는 君也요 居人君之上者는 天地也라 聖人患人君在人上하야 肆情任意면 無物可制라 故復假在君之上者以制之하니 此災眚變異之說所以興也라 苟明言其無預於人이면 則聖人之機 一旦發露하야 爲君者不復有所畏矣리라 是說既出에 又有爲說以攻之者曰 天地人未有不相通也니 聖人非虛假災眚以脅人君也라 召瑞者德이요 召妖者暴가 昭然不可誣나 但不當如瞽史之苛細耳라 災眚之來면 修吾政하고 省吾過하야 以敬天怒는 可也어니와 指某災謂由某事하니 修某事以應某災는 不可也라

春秋時代 242년간에 발생한 재앙이 前代에 비해 많았다. 당시 瞽史學을 배운 자들이 天上을 관찰해 人事를 점치고 曆法을 推算한 것이 때로는 맞기도 하고 틀리기도 하며 때로는 효과가 있기도 하고 없기도 하였는데, 세세히 분석하고 견강부회하니 듣는 자들이 더욱 혐오하여 곧 논설을 지어 아래와 같이 반박하였다.

"별이 떨어지고 나무가 울고 시내가 마르고 골짜기가 메이는 것은 천지의 災禍이고, 德이 박하고 道가 무너져 정치가 황폐하고 백성이 離散하는 것은 나의 잘못이다. 저는 저이고 나는 나이니, 내가 天地의 일에 관여할 수 없는데 천지가 어찌 내 일에 관여할 수 있겠는가."

이런 논설이 나오자, 또 논설을 지어 아래와 같이 반박하는 자가 있었다.

"天下 사람의 위에 있는 이는 임금이고, 임금의 위에 있는 이는 천지이다. 聖人이, 임금은 백성의 위에 있으니 멋대로 방종하면 제제할 방법이 없을 것을 걱정하셨다. 그러므로 다시 임금의 위에 있는 천지를 가차해 임금을 제제한 것이다. 이것이 災禍와 變異의 說이 일어나게 된 원인이다. 만약 災禍와 變異가 人事와 무관하다고 분명하게 말하였다면 聖人의 心思〔機〕가 하루아침에 드러나 임금이 된 자들이 더 이상 두려워하는 마음을 갖지 않았을 것이다."

이런 논설이 나오자, 또 논설을 지어 아래와 같이 반박하는 자가 있었다.

"天・地・人은 서로 통하지 않은 적이 없으니, 聖人이 거짓으로 재앙과 변괴에 가탁하여 임금을 위협한 것이 아니다. 有德한 임금은 瑞氣를 부르고 포악한 임금은 妖氣를 부른 것이 명백하여 속일 수 없으나, 다만 瞽史처럼 지나치게 세분하는 것은 옳지 않

다. 災變이 생기면 나의 정사를 닦고 나의 허물을 성찰하여 하늘의 노하심을 敬畏하는 것은 옳지만, 아무 재변을 가리켜 아무 일로 인해 생겼으니 아무 일을 修行하여 아무 재변에 응대해야 한다고 하는 것은 옳지 않다."

說至於此하니 **天下之論其已**[1]**定乎**아 **未定也**라 **天地之應**은 **未嘗不以其類也**라 **汎謂之災**요 **而不知其所由災**하며 **汎謂之怒**요 **而不知其所由怒**하니 **何其汗漫而無統也**오 **一人之身**에 **痛發於股**면 **則知其在股**하고 **痛發於肱**이면 **則知其在肱**하며 **痛發於腹**이면 **則知其在腹**하고 **痛發於心**이면 **則知其在心**하니 **詎有蹙頞呻吟**하야 **而不知痛之所在者乎**아 **天地萬物皆吾體也**나 **惟聖人不爲私意小智所間**하야 **全體混然**하고 **大而無際**하니 **一星一雲之祲**과 **一川一阜之變**이 **歷然如疾痛之在身**하야 **無不知其所自起**하야 **錙錙銖銖**라도 **不紊不亂**하니 **豈若世之汗漫者哉**리오

1) 〔역주〕 已 : 三民書局本에는 '已'가 '矣'로 되어 있다.

논설이 이에 이르렀으니 천하의 논의가 이미 評定되었는가? 아직 평정되지 않았다. 天地가 호응함에는 同類끼리 호응하지 않은 적이 없다. 모호하게 그것을 재앙이라 말할 뿐, 그 재앙이 무슨 연유로 생겼는지는 알지 못하며, 모호하게 그것을 하늘의 노함이라 말할 뿐, 하늘이 무슨 연유로 노했는지는 알지 못하니, 어쩌면 그리도 허탄하여 두서가 없단 말인가?

사람의 일신 중에 다리가 아프면 통증이 다리에 있음을 알고, 팔이 아프면 통증이 팔에 있음을 알며, 배가 아프면 통증이 배에 있음을 알고, 심장이 아프면 통증이 심장에 있음을 아는데, 어찌 이맛살을 찌푸리고 신음하면서 통증이 있는 곳을 모르는 자가 있겠는가?

天地의 萬物은 모두 내 몸이다. 그러나 오직 聖人만이 사사로운 생각과 작은 지혜의 가림을 당하지 않아 전체가 渾然하고 광대해 끝이 없으니, 별 하나 구름 한 조각의 異變과 한 하천 한 언덕의 이변이 내 몸에 있는 통증처럼 분명하여, 그 통증의 원인을 모르는 것이 없어서 조금도 문란함이 없으니 어찌 세상에 허탄하여 두서가 없는 자들과 같겠는가?

是聖人曆象在身하야 **而不待羲和之曆象**[1)]하고 **璣衡**[2)]**在身**하야 **而不待璿玉之璣衡也**라 **然堯不信己而信曆象**하고 **舜不信己而信璣衡**하니 **豈所謂制行以人不以己耶**[3)]아 **非也**라 **身有曆象而不廢羲和之曆象**이 **堯之所以爲堯也**요 **身有璣衡而不廢璿玉之璣衡**이 **舜之所以爲舜也**라 **彼謂制行以人不以己者**가 **果足以知堯舜哉**[4)]아

1) 〔역주〕 是聖人曆象在身 而不待羲和之曆象 : 曆象은 曆과 천문을 병칭하는 말로, 고대에는 이를 관찰하여 미래의 길흉화복을 추정하였다. 羲和는 羲氏와 和氏인데 堯舜 때에 해를 맡은 관리로 曆을 관장했다.

2) 〔역주〕 璣衡 : 고대의 천문관측기구이며, 玉으로 장식하여 璿璣玉衡(璇璣玉衡)이라고도 한다. 璿玉(璇玉)은 璣衡을 장식한 아름다운 玉이다. ≪書經≫ 〈虞書 舜典〉의 孔穎達 疏에 "璣衡이란 것은, 璣는 轉運하는 것이고 衡은 가로로 된 筩이며, 璣를 轉運하여 움직이게 하고 그 아래에서 衡으로 바라보니, 이것은 王者가 天文을 바로잡는 기구이다. 漢代 이래로 渾天儀라고 하는 것이 바로 그것이다.〔璣衡者 璣爲轉運 衡爲橫筩 運璣使動 於下以衡望之 是王者正天文之器 漢世以來 謂之渾天儀者是也〕"라고 하였다.

3) 〔역주〕 豈所謂制行以人不以己耶 : ≪禮記≫ 〈表記〉에 "성인이 백성들의 행동을 제어함에 자기가 능한 바로써 하지 않고, 백성으로 하여금 권면하고 부끄러워하는 바가 있게 하여 그 말을 행하게 한다.〔聖人之制行也 不制以己 使民有所勸勉愧恥 以行其言〕"라고 하였다.

4) 是聖人曆象在身……果足以知堯舜哉 : 見堯典及舜典
≪書經≫의 〈堯典〉과 〈舜典〉에 보인다.

이는, 聖人은 曆象(曆을 推算하고 天象을 관찰하는 능력)이 자신에게 있어서 羲和의 曆象을 기다릴 필요가 없고, 璣衡(천문관측기구)이 자신에게 있어서 璿玉으로 만든 璣衡을 기다릴 필요가 없었기 때문이다. 그러나 堯임금은 자기를 믿지 않고 曆象을 믿었으며, 舜임금은 자기를 믿지 않고 璣衡을 믿었으니, 이것이 어찌 이른바 '다른 사람의 능력을 기준으로 행위의 준칙을 제정하고 자기를 기준으로 하지 않는다.'는 것이 아니겠는가?

아니다. 자신에게 曆象이 있었으나 羲和의 曆象을 폐기하지 않은 것이 요임금이 요임금이 된 이유이고, 자신에게 璣衡이 있었으나 璿玉으로 만든 璣衡을 폐기하지 않은 것이 순임금이 순임금이 된 이유이다. 저 '다른 사람의 능력을 기준으로 행위의 준칙을 제정하고 자기를 기준으로 하지 않는다.'고 한 자가 과연 충분히 堯舜을 안 자이겠는가?

璿璣玉衡圖

11-04 楚子賜鄭伯金 楚子가 鄭伯에게 銅을 하사하다

11-04-01 楚子賜鄭伯金 楚子가 鄭伯에게 銅을 하사하다

【左傳】(伯)〔僖〕[1]十八年이라 鄭伯始朝于楚[2]하니 楚子賜之金하고 既而悔之하야 與之盟曰 無以鑄兵[3]하라 故以鑄(之)〔三〕鐘[4]하다

1) (伯)〔僖〕: 저본에는 '伯'으로 되어 있으나, ≪春秋左氏傳≫에 의거하여 '僖'로 바로잡았다.
2) 〔역주〕 鄭伯始朝于楚 : 中國에 霸者가 없었기 때문이다.〈杜注〉
3) 〔역주〕 無以鑄兵 : 楚의 銅으로 兵器를 만들면 銳利하기 때문이다.〈杜注〉
4) 〔역주〕 故以鑄(之)〔三〕鐘 : 옛날에는 銅으로 兵器를 만들었다. 傳의 말은 楚나라가 霸者로서의 遠大한 策略이 없다는 뜻이다.〈杜注〉 '三'은 저본에는 '之'로 되어 있으나, ≪春秋左氏傳≫에 의거하여 바로잡았다.

僖公 18년, 鄭伯이 비로소 楚나라에 朝見하니, 楚子가 鄭伯에게 銅을 주고는 곧 後悔하여, 鄭伯과 盟約하기를 "이 銅으로 兵器를 만들지 말라."고 하였다. 그러므로 鄭伯은 이 銅으로 세 개의 종을 鑄造하였다.

11-04-02 趙姬請逆叔隗 趙姬가 叔隗를 맞이해 오기를 청하다

【左傳】僖二十四年이라 狄人歸季隗于晉하고 而請其二子[1]하다 文公妻趙衰하야 生原同屛括樓嬰[2]하다 趙姬請逆盾與其母[3]하니 子餘辭하다 姬曰 得寵而忘舊면 何以使人[4]이릿가 必逆之하소서 固請한대 許之하다 來에 以盾爲才라하야 固請于公하야 以爲嫡子하고 而使其三子下之하고 以叔隗爲內子[5]하고 而己下之하다

1) 〔역주〕 而請其二子 : 두 아들은 伯儵와 叔劉이다. 보내야 하는지 말아야 하는지 下命해 달라고 요청한 것이다.〈附注〉
2) 〔역주〕 生原同屛括樓嬰 : 原·屛·樓는 세 아들의 邑이다.
3) 〔역주〕 趙姬請逆盾與其母 : 趙姬는 文公의 딸이자, 趙衰의 아내이다. 趙衰가 狄에 있을 때 叔隗를 아내로 맞아 盾을 낳았으므로 이제 그들을 맞이해 晉나라로 데려오기를 청한 것이다.〈附注〉
4) 〔역주〕 得寵而忘舊 何以使人 : 새로 사랑하는 사람을 얻었다 하여 옛사람을 잊는다면 어떻게 사람들의 마음을 悅服시킬 수 있겠느냐는 말이다.〈杜注〉

5) 〔역주〕 以叔隗爲內子 : 卿의 嫡妻를 '內子'라 한다.

僖公 24년, 狄人이 季隗를 晉나라로 보내면서 그 두 아들의 去就를 물었다. 文公이 딸을 趙衰에게 아내로 주어 原同·屛括·樓嬰을 낳았다.

趙姬가 趙衰에게 盾과 그 어미를 맞이해 오기를 청하니 子餘(趙衰의 字)가 거절하였다. 趙姬가 말하기를 "새로 사랑하는 사람을 얻었다 하여 옛사람을 잊는다면 어떻게 사람을 부릴 수 있겠습니까? 반드시 맞이해 오십시오!"라고 하면서 굳이 청하니 趙衰는 허락하였다.

〈盾과 그 어미가〉 온 뒤에 趙姬는 盾이 재주가 있다고 여겨 文公에게 굳이 청하여 盾을 嫡子로 삼고서 자기의 세 아들을 그의 下位에 있게 하고, 叔隗를 內子로 삼고서 자기는 그의 下位가 되었다.

11-04-03 楚子討陳 楚子가 陳나라를 토벌하다

【左傳】 宣十一年이라 冬에 楚子爲陳夏氏亂故[1]로 伐陳할새 謂陳人無動하라 將討於少西氏[2]라하고 遂入陳하야 殺夏徵舒하야 轘諸栗門[3]하고 因縣陳[4]하다 陳侯在晉[5]하다 申叔時使於齊라가 反하야 復命而退하니 王使讓之曰 夏徵舒爲不道하야 弑其君이어늘 寡人以諸侯討而戮之하니 諸侯縣公皆慶寡人[6]이로되 女獨不慶寡人은 何故오 對曰 猶可辭乎잇가 王曰 可哉라 〔曰〕[7] 夏徵舒弑其君은 其罪大矣요 討而戮之는 君之義也니이다 抑人有言曰 牽牛以蹊人之田이면 而奪之牛라하니 牽牛以蹊者는 信有罪矣어니와 而奪之牛는 罰已重矣니이다 諸侯之從也는 曰討有罪也어늘 今縣陳하시니 貪其富也니이다 以討召諸侯라가 而以貪歸之면 無乃不可乎잇가 王曰 吾未之聞也로다 反之可乎아 對曰 可哉니이다 吾儕小人所謂取諸懷而與之也[8]니이다 乃復封陳하고 鄕取一人焉以歸하야 謂之夏州라하다 故書曰 楚子入陳하야 納公孫寧儀行父于陳이라하니 書有禮也[9]라

1) 〔역주〕 楚子爲陳夏氏亂故 : 宣公 10년에 夏徵舒가 그 임금을 弑害하였다.〈杜注〉

2) 〔역주〕 將討於少西氏 : 少西는 徵舒의 祖父 子夏의 이름이다.〈杜注〉

3) 〔역주〕 轘諸栗門 : 轘은 車裂하는 것인데, 車裂은 사람의 肢體를 두 수레의 중간에 매어놓고 수레를 끌어 찢어 죽이는 것이다. 栗門은 陳나라의 城門이다.

4) 〔역주〕 因縣陳 : 陳나라를 滅하고서 楚나라의 郡縣으로 삼은 것이다.〈杜注〉

5) 〔역주〕 陳侯在晉 : 陳侯는 陳 靈公의 아들 成公 午이다.〈杜注〉

6) 〔역주〕 諸侯縣公皆慶寡人 : 楚나라는 縣大夫를 모두 公으로 僭稱하였다.〈杜注〉
7) 〔曰〕 : 저본에는 '曰'이 없으나, ≪春秋左氏傳≫에 의거하여 보충하였다.
8) 〔역주〕 吾儕小人所謂取諸懷而與之也 : 叔時가 小人은 생각이 얕다고 겸손하게 말하면서, 그 사람의 품에서 빼앗은 물건을 그 사람에게 되돌려주는 것이 돌려주지 않는 것보다 낫다고 비유한 것이다.〈杜注〉
9) 〔역주〕 書有禮也 : 陳나라를 縣으로 삼고자 한 楚王의 本意는 묻어두고 오로지 亂賊을 討伐하고 陳나라를 보존시킨 것으로 글을 만든 것은 楚王의 처사가 禮에 맞은 것을 훌륭하게 여겨서이다.〈杜注〉

宣公 11년, 겨울에 楚子가 陳나라 夏氏의 亂을 이유로 陳나라를 討伐할 적에 陳人들에게 이르기를 "驚動하지 말라. 少西氏를 치려는 것이다." 하고서 드디어 陳나라로 쳐들어가 夏徵舒를 죽여 栗門에서 車裂하고서, 陳나라를 楚나라의 縣으로 삼았다. 이때 陳侯는 晉나라에 있었다.

申叔時(楚나라 大夫)가 齊나라에 使臣으로 갔다가 돌아와서 復命하고 물러가니, 楚王이 사람을 보내 꾸짖어 말하기를 "夏徵舒가 不道하여 그 임금을 弑害하였기에 寡人이 諸侯를 거느리고 가서 그를 討伐해 죽였다. 諸侯와 縣公은 모두 寡人에게 慶賀하는데 유독 그대만이 경하하지 않는 것은 무슨 까닭인가?"라고 하였다.

申叔時가 대답하기를 "말씀드려도 좋겠습니까?"라고 하니, 楚王이 "좋다."고 하였다. 그러자 申叔時가 말하였다.

"夏徵舒가 그 임금을 시해한 것은 큰 罪이고, 그를 토벌해 죽인 것은 君王께서 正義를 行하신 것입니다. 어떤 사람이 말하기를 '소를 끌고 남의 農地 가운데로 지나다니면 농지의 主人은 그 소를 빼앗는다.'고 합니다. 소를 끌고 남의 농지로 지나다니는 자는 진실로 罪가 있습니다만, 그렇다고 그 소를 빼앗는 것은 罰이 너무 무겁습니다. 諸侯가 君王을 따라 〈함께 陳나라를 친 것은〉 '죄 있는 자를 토벌한다.'고 하셨기 때문인데, 지금 陳나라를 우리나라의 縣으로 삼으려 하시니, 이는 陳나라의 풍부한 財物을 貪하는 것입니다. 〈죄 있는 자를〉 토벌한다는 명분으로 諸侯를 불러놓고, 재물을 탐하는 것으로 결말을 낸다면 불가하지 않습니까?"

楚王이 "내 아직 이런 말은 들어보지 못하였다. 〈그 땅을 도로 陳나라에〉 돌려주는 것이 좋겠는가?"라고 하니, 申叔時가 대답하기를 "좋습니다. 우리 小人들이 이른바 '그 사람의 품에서 빼앗은 물건을 그 사람에게 되돌려준다.'는 것입니다."라고 하였다.

이에 楚王은 다시 陳侯를 그곳에 封해주고, 鄕에서 한 사람씩 데리고 가서 한곳을 정해 살게 하고는 돌아와 그곳을 '夏州'라고 이름하였다. 그러므로 經에 "楚子가 陳나라로 쳐들어가 公孫 寧과 儀行父를 陳나라로 들여보냈다."라고 기록하였으니, 〈이는 楚子의 處事가〉 禮에 맞았음을 기록한 것이다.

11-04-04 晉使魯歸汶陽田 晉侯가 魯나라에게 汶陽의 땅을 齊나라에 돌려주라고 말하다

【左傳】 成八年이라 春에 晉侯使韓穿來言汶陽之田歸之于齊하다 季文子餞之[1)]할새 私焉曰 大國制義라야 以爲盟主라 是以諸侯懷德畏討하야 無有二心이라 謂汶陽之田이 敝邑之舊也라하야 而用師於齊[2)]하야 使歸諸(數)〔敝〕[3)]邑이러니 今有二命曰 歸諸齊라 信以行義하고 義以成命[4)]을 小國所望而懷也어늘 信不可知하고 義無所立[5)]이면 四方諸侯가 其誰不解體[6)]리오 詩曰 女也不爽이어늘 士二其行이로다 士也罔極하야 二三其德[7)]이라하야늘 七年之中에 一與一奪하니 二三孰甚焉가 士之二三도 猶喪妃耦온 而況霸主아 霸主將德是〔以〕[8)]어늘 而二三之면 其何以長有諸侯乎아 詩曰 猶之未遠이라 是用大(諫)〔簡〕[9)]이라하니 行父[10)]懼晉之不遠猶而失諸侯也라 是以敢私言之하노라

1) 〔역주〕 季文子餞之 : 餞은 길을 떠나는 사람을 보내며 술을 먹이는 것이다.〈杜注〉

2) 〔역주〕 而用師於齊 : 用師는 鞍의 戰爭을 이른다.〈杜注〉

3) (數)〔敝〕 : 저본에는 '數'로 되어 있으나, ≪春秋左氏傳≫에 의거하여 '敝'로 바로잡았다.

4) 〔역주〕 信以行義 義以成命 : 信義를 지킴으로써 處事가 道義에 맞고, 처사가 도의에 맞음으로써 命令을 완성할 수 있다는 말이다.

5) 〔역주〕 信不可知 義無所立 : 주었다가 빼앗았다가 하여 信義를 모르고, 魯나라에서 빼앗아 齊나라에 주어 義를 수립한 바가 없다는 말이다.〈附注〉

6) 〔역주〕 四方諸侯 其誰不解體 : 諸侯들이 다시는 晉나라를 恭敬하지 않을 것이라는 말이다.〈杜注〉

7) 〔역주〕 女也不爽……二三其德 : 爽은 허물이고, 極은 中正이다. 詩는 ≪詩經≫ 〈衛風 氓篇〉이다. 婦人이 남편의 행위가 한결같지 않은 것을 원망한 詩인데, 魯나라가 晉나라를 섬김에 女子가 남편을 섬기듯이 감히 잘못을 범하지 않았는데도 晉나라는 不正

〔罔極〕한 마음을 가지고서 도리어 그 행동을 이랬다저랬다 한다는 것을 비유한 것이다.〈杜注〉

8) 〔역주〕〔以〕: 저본에는 1자 빈칸으로 되어 있으나, ≪春秋左氏傳≫에 의거하여 '以'를 보충하였다. 以는 使用하는 것이다.〈杜注〉

9) 〔역주〕 猶之未遠 是用大(諫)〔簡〕: 猶는 圖謀이고, 簡은 諫함이다. 詩는 ≪詩經≫ 〈大雅 板篇〉이다. 王者가 일을 圖謀하는 것이 遠大하지 못하기 때문에 大道로써 諫한다는 말이다.〈杜注〉 '簡'은 저본에는 '諫'으로 되어 있으나, ≪春秋左氏傳≫에 의거하여 바로잡았다.

10) 〔역주〕 行父: 季文子의 이름이다.

成公 8년, 봄에 晉侯가 韓穿을 보내 와서 汶陽의 땅을 齊나라에 돌려주라고 말하였다. 季文子가 韓穿을 餞送할 때 사사로이 말하였다.

"大國의 處事가 道義에 맞아야 盟主로 삼는 것입니다. 그러므로 모든 諸侯들이 德을 思慕하고 懲罰을 두려워하여 두 마음을 품지 않습니다. 貴國은 汶陽의 땅이 본래 우리나라의 領土라 하여 齊나라에 兵力을 사용해 齊나라로 하여금 우리에게 돌려주게 하더니, 이제 다시 '齊나라에 돌려주라.'는 다른 命令을 내리셨습니다. 大國이 信으로써 道義를 실행하고, 道義로써 命令을 완성하기를 小國이 바라고 생각하는 바인데, 大國이 信을 알지 못하고 義를 수립하지 않는다면 사방의 諸侯가 누군들 마음이 떠나지 않겠습니까?

≪詩經≫에 '여자는 잘못이 없는데 사내는 행동을 이랬다저랬다 하네. 사내는 準則〔極〕이 없어 그 행동〔德〕을 이랬다저랬다 하네.'라고 하였는데, 7년 안에 한 번 주었다가 한 번 빼앗으니, 이랬다저랬다 함이 이보다 심함이 어디 있습니까? 사내가 이랬다저랬다 하는 것도 오히려 아내를 잃게 되는데, 하물며 霸主이겠습니까?

霸主는 德을 행해야 하는데, 이랬다저랬다 한다면 어찌 길이 諸侯의 추대를 받을 수 있겠습니까? ≪詩經≫에 '計謀가 遠大하지 못하다. 그러므로 크게 諫한다.'고 하였으니, 나는 晉나라의 計謀가 원대하지 못하여 諸侯를 잃을까 두렵습니다. 그러므로 감히 사사로이 말씀드리는 것입니다."

11-04-05 鄭伯石辭卿 鄭나라 伯石이 卿을 사양하다

【左傳】 襄三十年이라 鄭伯有旣死에 使太史命伯石爲卿한대 辭[1]하다 太史退하야 則請命

焉[2)]이어늘 復命之한대 又辭하다 如是者三에 乃受策入拜하다 子產由是以惡(오)其爲人也[3)]로되 使次己位[4)]하다

1)〔역주〕使太史命伯石爲卿 辭 : 伯石을 策命(任命)하여 卿으로 삼으니 伯石이 사양한 것이다.〈附注〉

2)〔역주〕太史退 則請命焉 : 太史에게 다시 자기를 卿에 임명해주기를 청한 것이다.〈杜注〉

3)〔역주〕子產由是以惡(오)其爲人也 : 사실은 卿의 지위를 얻고자 하면서 거짓으로 세 차례 사양하였기 때문에 미워한 것이다.

4)〔역주〕使次己位 : 그가 亂을 일으킬까 두려웠기 때문에 그에게 恩寵을 내린 것이다.〈杜注〉

襄公 30년, 鄭나라 伯有가 죽은 뒤에 鄭伯이 太史를 보내어 伯石을 卿에 임명하자, 伯石은 사양하였다. 太史가 물러나올 때 〈伯石은 太史에게 다시 자기를 卿에〉 任命해주기를 청하였다. 그러므로 다시 임명하니 또 사양하였다. 이렇게 하기를 세 차례 한 뒤에 策命(任命狀)을 접수하고 조정에 들어와 肅拜하였다.

子產은 이로 인해 그 사람됨을 미워하였으나 〈그가 亂을 일으킬 것을 두려워하여 恩寵을 내려〉 그를 자기의 다음 자리에 앉혔다.

11-04-06 楚復取魯大屈　楚나라가 魯나라 주었던 大屈弓을 도로 가져가다

【左傳】 昭七年이라 楚子享公于新臺[1)]할새 使長鬣(렵)者相[2)]하다 好以大屈[3)]하고 旣而悔之하다 薳啓彊聞之하고 見公하니 公語之하다 拜賀한대 公曰 何賀오 對曰 齊與晉越欲此久矣로되 寡君無適與也[4)]러니 而傳諸君이니이다 君其備禦三隣[5)]하야 愼守寶矣리니 敢不賀乎잇가 公懼하야 反之하다

1)〔역주〕楚子享公于新臺 : 新臺는 章華臺이다. 잔치를 열어 章華臺의 완성을 알리는 落成式을 거행한 것이다.〈附注〉

2)〔역주〕使長鬣(렵)者相 : 鬣은 鬚(수염)이다. 魯侯에게 과시하고자 해서이다. 吳나라와 楚나라의 사람들은 수염이 적기 때문에 수염이 긴 자를 뽑아 禮를 보좌하게 한 것이다.(≪春秋左傳正義≫)

3)〔역주〕好以大屈 : 宴席에서 友好를 表하기 위해 준 것이다. 大屈은 弓名이다.〈杜注〉 大屈(地名)에서 생산한다.〈附注〉

4) 〔역주〕 寡君無適與也 : 누구를 오로지 重視하여 주어야 할지 몰랐다는 말이다. 適은 專主로 오로지 依存하거나 중시하는 것이다.

5) 〔역주〕 君其備禦三隣 : 齊나라·晉나라·越나라가 魯나라를 侵伐하여 大屈을 탈취하려 할 것이라는 말이다.〈杜注〉

昭公 7년, 楚子가 新臺에서 宴會를 열어 魯 昭公을 접대할 때 수염이 긴 자에게 禮를 돕게 하였다. 〈楚子는 宴席에서〉 友好를 表하기 위해 昭公에게 大屈弓을 주고는 오래지 않아 이를 후회하였다.

薳啓彊이 楚子가 후회한다는 말을 듣고는 昭公을 찾아가 뵈니, 昭公이 大屈弓을 받았다고 말하였다. 薳啓彊이 절하고서 축하하자, 昭公이 "무엇 때문에 축하하는가?"라고 물었다. 薳啓彊이 대답하기를 "齊나라와 晉나라·越나라가 이 물건을 갖고 싶어 한 지가 오래되었으나, 우리 임금님께서는 그중 한 사람에게만 줄 수 없으므로 〈주지 않았던 것인데,〉 지금 임금님(昭公)께 전하셨습니다. 임금님께서는 아마도 세 이웃 나라를 대비하고 방어하여 이 寶弓을 신중히 지키실 것이니, 어찌 감히 축하하지 않을 수 있습니까?"라고 하니, 昭公은 겁이 나서 그 寶弓을 되돌려주었다.

予奪之際는 猶辭受之際也라 已受者可辭어니와 已辭者不可受요 已奪者可予어니와 已予者不可奪이라 趙姬旣爲內子에 復(부)推以與叔隗而身下之하니 已受者可辭也요 鄭伯石爲卿旣辭하고 而復請命에 子産是以惡(오)其爲人하니 已辭者不可受也라 楚莊王已縣陳하고 從申叔時之諫而續其封하니 已奪者可與也요 晉景公剖齊汶陽之田以畀魯하야 七年之中一予一奪하야 以納季文子之侮하니 已予者不可奪也라

'주고 빼앗음〔予奪〕'의 관계는 '사양하고 받음〔辭受〕'의 관계와 같다. 이미 받은 것은 사양할 수 있으나 이미 사양한 것은 다시 받을 수 없고, 이미 빼앗은 것은 다시 줄 수 있으나 이미 준 것은 다시 빼앗을 수 없다.

趙姬는 이미 內子(嫡妻)가 된 뒤에 다시 적처를 사양해 叔隗에게 그 자리를 내어주고 자신은 그녀의 아랫사람이 되었으니 이는 이미 받은 것은 사양할 수 있기 때문이고, 鄭나라 伯石은 卿이 되는 것을 이미 사양하고서 다시 임명해주기를 청하자 子産이 이로 인해 그 사람됨을 미워했으니 이는 이미 사양한 것은 다시 받을 수 없기 때문이다.

楚 莊王은 이미 陳나라를 楚나라의 縣으로 만들고서도 申叔時의 간언에 따라 陳侯를 그곳에 봉해주었으니 이는 이미 빼앗은 것은 도로 줄 수 있기 때문이고, 晉 景公은 齊나라 汶陽의 땅을 떼어서 魯나라에 주고서 7년 사이에 한 번은 주고 한 번은 빼앗아 季文子의 비난을 받았으니 이는 이미 준 것은 빼앗을 수 없기 때문이다.

君子無苟辭하니 **知其不可復受也**요 **君子無苟與**하니 **知其不可復奪也**라 **理不當辭**면 **在我何愧**리오 **始辭而卒受之**면 **則愧心生焉**이라 **理不當予**면 **在彼何怨**이리오 **始予之而卒奪之**면 **則怨心生焉**이라 **吾尙欲釋有愧爲無愧**어든 **豈可反使無愧爲有愧乎**며 **吾尙欲平有怨爲無怨**이어든 **豈可反使無怨爲有怨乎**아

君子는 구차하게 사양함이 없으니 다시 받지 않음을 알 수 있고, 君子는 구차히 줌이 없으니 다시 빼앗지 않음을 알 수 있다. 도리로 보아 사양함이 부당하다면 〈사양하지 않더라도〉 나에게 무슨 부끄러움이 되겠는가? 그러나 처음에 사양하다가 뒤에 받는다면 부끄러운 마음이 생길 것이다. 도리로 보아 주는 것이 부당하다면 〈주지 않더라도〉 저 상대가 무슨 원망을 하겠는가? 그러나 처음에 주었다가 뒤에 뺏는다면 원망하는 마음이 생길 것이다.

나는 오히려 '부끄러움이 있는 마음'을 없애고서 '부끄러움이 없는 마음'이 되게 하고자 하면서, 어찌 도리어 '부끄러움이 없는 마음'을 '부끄러움이 있는 마음'이 되게 하는가? 나는 오히려 '원망함이 있는 마음'을 平靜心으로 돌려 '원망함이 없는 마음'이 되게 하고자 하면서, 어찌 도리어 '원망함이 없는 마음'을 '원망함이 있는 마음'이 되게 하는가?

王述之未嘗辭官하니 **不察者**는 **固疑其貪也**[1]요 **伊尹之一介不以與人**하니 **不察者**는 **固疑其吝也**[2]라 **觀其辭受未定之初**면 **人競自處於廉**하고 **而處王述以貪**이로되 **王述固不辨也**라 **及觀其終**하얀 **則人皆不免於愧**로되 **超然居衆愧之外者**는 **王述一人而已矣**로다 **觀其予奪未定之初**면 **人皆**[3]**競自處於義**하고 **而處伊尹以吝**이로되 **伊尹固不辨也**라 **及觀其終**하얀 **則人皆不免於怨**이로되 **泰然居衆怨之外者**는 **伊尹一人而已矣**로다 **是故**로 **賢王述於後者**가 **貪王述於先者也**요 **聖伊尹於後者**가 **吝伊尹於先者也**니 **聖賢之辭受**

予奪은 非衆人所能識也니라

1) 王述之未嘗辭官……固疑其貪也 : 晉哀帝興寧二年 以揚州刺史王述爲尙書令 述每受職 不爲虛讓 其所辭必於所不受 及爲尙書令 子坦之白述 故事當讓 述曰 汝謂我不堪耶 坦之曰 非也 但克讓 自美事耳 述曰 旣謂堪之何爲復讓 人言汝勝我 定不及也*)

晉 哀帝 興寧 2년(364)에 揚州刺史 王述을 尙書令으로 삼았다. 王述은 官職에 제수될 때마다 형식적으로 사양하는 짓을 하지 않고, 반드시 받지 말아야 할 경우에만 사양하였다. 王述이 尙書令이 되자 아들 王坦之가 王述에게 아뢰었다. "故事에 비춰보건대 마땅히 사양하여야 합니다." 王述이 말하였다. "너는 내가 이 벼슬을 감당하지 못할 것이라고 생각하느냐?" 王坦之가 말하였다. "아닙니다. 다만 사양하는 것이 본래 아름다운 일이기 때문입니다." 王述이 말하였다. "이미 감당할 수 있다고 했으니 어찌 다시 사양하겠느냐. 사람들은 네가 나보다 낫다고 말하나 너는 참으로 나에게 미치지 못한다."

*) 〔역주〕 以揚州刺史王述爲尙書令……定不及也 : ≪資治通鑑≫ 〈晉紀〉에 보인다.

2) 伊尹之一介不以與人……固疑其吝也 : 萬章問曰 人有言伊尹以割烹要湯 有諸 孟子曰 否 不然 伊尹 耕於有莘之野 而樂堯舜之道焉 非其義也 非其道也 祿之以天下 弗顧也 繫馬千駟 弗視也 非其義也 非其道也 一介不以與人 一介不以取諸人*)

萬章이 물었다. "사람들이 말하기를 '伊尹이 고기를 썰어 요리하는 것으로 湯王에게 등용되기를 요구하였다.' 하니, 그러한 일이 있었습니까?" 孟子가 말하였다. "아니다. 그렇지 않다. 伊尹이 有莘의 들에서 밭을 갈면서 堯舜의 道를 좋아하여, 正義가 아니고 正道가 아니면, 천하로써 녹을 주더라도 돌아보지 않고, 말 4천 필이 매어 있어도 돌아보지 않았다. 正義가 아니고 正道가 아니면 지푸라기 하나라도 남에게 주지 않았으며 지푸라기 하나라도 남에게서 취하지 않았다."

*) 〔역주〕 萬章問曰……一介不以取諸人 : ≪孟子≫ 〈萬章 上〉에 보인다.

3) 〔역주〕 皆 : 三民書局本에는 '皆'가 없다.

王述은 관직을 사양한 적이 없으니, 그를 잘 알지 못하는 사람은 진실로 그가 탐욕스럽다고 의심하였다. 伊尹은 지푸라기 하나라도 남에게 주지 않았으니, 그를 잘 알지 못하는 사람은 진실로 그가 인색하다고 의심하였다.

사양할 것인지 받을 것인지를 아직 결정하지 않은 초기를 살펴보면, 사람들은 다투어 자신은 청렴한 사람으로 자처하고 王述은 탐욕스런 사람으로 처우하지만, 그래도 王述은 굳이 변명하지 않는다. 그러다가 그 後日을 살펴봄에 미쳐서는 사람들은 모두 부끄러워함을 면치 못하나, 부끄러워하는 사람들 밖에서 초연히 있을 수 있는 이는

王述 한 사람뿐이다.

줄 것인지 빼앗을 것인지를 아직 결정하지 않은 초기를 살펴보면, 사람들은 모두 다투어 자신은 의로운 사람으로 자처하고 伊尹은 인색한 사람으로 처우하지만, 그래도 伊尹은 굳이 변명하지 않는다. 그러다가 그 後日을 살펴봄에 미쳐서는 사람들은 모두 원망을 면치 못하나, 원망하는 사람들 밖에서 태연히 지낼 수 있는 이는 伊尹 한 사람뿐이다.

伊尹

그러므로 뒤에 王述을 현인으로 여긴 자가 앞에서 王述을 탐욕스런 사람으로 여긴 자이고, 뒤에 伊尹을 성인으로 여긴 자가 앞에서 伊尹을 인색한 사람으로 여긴 자이니, 聖賢의 '주고 빼앗음〔予奪〕'과 '사양하고 받음〔辭受〕'은 사람들이 알 수 있는 바가 아니다.

物在彼則謂之辭受요 物在我則謂之予奪이니 一名而二實者也라 辭受旣不可中悔면 予奪其可中悔乎아 予奪固[1)]不可中悔는 若土地廣輪[2)]之博과 爵秩印韍[3)]之崇은 猶人情之所重者일새 不能堅(次)〔決〕[4)]하고 尙有說也라 彼楚成之金과 楚靈之弓은 淺心狹量하야 拳拳於一物하니 何其愈下耶아 世俗猶以鑄兵之盟과 薳啓疆之說로 爲楚之得計요 抑不知楚成與鄭以金하고 而禁其鑄兵하니 則鄭忘楚之賜하고 而怨楚之猜라 是雖不奪鄭之金이나 而實奪鄭之心也라 在楚(未有寶之用)〔失有用之寶〕[5)]하고 在鄭得無用之具하야 我有所損而彼無所益하니 計無拙於此矣로다 魯侯懼薳啓疆之說하야 而反楚之弓者는 非果懼三隣之窺也라 懼楚靈之怒也니라 不壓以全楚之威면 則區區兒戱之說로 豈足以動魯侯耶아 以堂堂六千里之楚로 而下臨蕞爾之魯하니 令出於正이면

何索不獲이리오 **乃以一弓之故**로 **卑體巧說**하야 **惟恐魯之不從**하니 **想啓疆之膝一屈**이면 **而楚國之威索然矣**라 **信哉**라 **予奪之不可輕也**여

1) 〔역주〕 固 : 三民書局本에는 '旣'로 되어 있다.
2) 〔역주〕 廣輪 : 토지의 면적이 넓음을 이른다. 동서를 '廣'이라 하고, 남북을 '輪'이라 한다.
3) 〔역주〕 印韍 : 인끈〔印綬〕과 같은 말이다. 인끈이란, 벼슬아치가 兵符를 차던 긴 끈을 이른다.
4) (次)〔決〕 : 저본에는 '次'로 되어 있으나, 三民書局本에 의거하여 '決'로 바로잡았다.
5) 〔역주〕 (未有寶之用)〔失有用之寶〕 : 저본에는 '未有寶之用'으로 되어 있으나, 三民書局本에 의거하여 '失有用之寶'로 바로잡았다.

사물이 상대에게 있는 경우에는 이를 '辭受'라 하고, 사물이 나에게 있는 경우에는 이를 '予奪'이라 하니, 명칭은 하나이나 내용은 둘이다. 사양하거나 받는 일을 이미 중도에 후회할 수 없다면 주거나 빼앗는 일을 어찌 중도에 후회할 수 있겠는가?

주거나 빼앗는 일은 이미 중도에 후회할 수 없지만, 광대한 토지와 崇高한 官爵과 같은 것은 그래도 사람들이 중대하게 여기는 것이기 때문에 결단하지 못하고 오히려 〈후회하는〉 말이 있을 수 있다. 그런데 저 銅을 준 楚 成王이나 활을 준 楚 靈王은 마음이 열고 도량이 좁아 〈광대한 토지나 숭고한 관작도 아닌〉 한 물건에 연연하였으니 어쩌면 그리도 더욱 낮았는가?

세속에서는 오히려 병기를 주조하지 말라는 맹약과 薳啓疆이 유세한 말을 楚나라의 좋은 계책으로만 여겼고, 楚 成王이 鄭나라에 銅을 주고서 兵器를 주조하지 못하도록 금지하였으니 곧 鄭나라가 楚나라의 恩賜를 잊고 楚나라의 시기를 원망하리라는 것을 모른 것이다. 이는 비록 鄭나라에 주었던 銅을 빼앗지는 않았으나 실제로는 鄭나라의 마음을 빼앗은 것이다. 楚나라는 유용한 보물을 잃고 鄭나라는 쓸모없는 기물을 얻어서, 우리도 손해이고 저들도 이익이 없으니 계책이 이보다 더 졸렬할 수 없다.

魯侯가 薳啓疆의 말을 듣고 두려워하여 楚나라에 활을 돌려준 것은 과연 세 이웃나라가 기회를 엿볼 것을 두려워한 것이 아니라 楚 靈王이 노할까를 두려워한 것이다. 楚나라 전체의 위세로 압박하지 않았다면 아이들의 장난 같은 하찮은 말로 어찌 魯侯를 움직일 수 있었겠는가? 6천 리 땅을 소유한 당당한 楚나라로서 작은 魯나라를 아래로 굽어보고 있으니, 명령을 내는 것이 정당하였다면 무엇을 구한들 얻지 못하겠는

가? 그런데 곧 한 자루의 활 때문에 몸을 낮추고 말을 교묘하게 꾸며 오직 魯나라가 따르지 않을까만 걱정하였으니, 아마도 薳啓疆이 무릎을 한 번 굽히자 楚나라가 위세를 완전히 잃게 된 것이다. 진실이로다. 주고 빼앗음을 가벼이 할 수 없음이여!

予奪不可輕은 猶衆人事耳라 聖人之視予奪에 初未嘗有輕重也라 舜視天下如棄弊屣나 豈舜眞輕天下如弊屣哉리오 孟子特爲桃應言之耳[1)]라 天下者는 桃應之所重也요 弊屣者는 桃應之所輕也라 以其所輕으로 而明其所重하야 欲使知舜之等視輕重而已라 孟子止言舜之無所重이나 而人遂疑舜之有所(重)〔輕〕[2)]하니 誤矣라 吾將因孟子之言而附益之하야 曰 舜當其可與엔 視天下如弊屣하고 當其不可與엔 視敝屣如天下라하노라

1) 舜視天下如棄弊屣……孟子特爲桃應言之耳 : 見孟子[*)]

≪孟子≫에 보인다.

*) 〔역주〕 見孟子 : ≪孟子≫ 〈盡心 上〉에 보이며, 전문은 아래와 같다. "桃應이 물었다. '舜임금이 天子이시고, 皐陶가 법관인데, 瞽瞍가 사람을 죽였다면 〈皐陶가〉 어떻게 해야 합니까?' 孟子가 말하였다. '法을 집행할 뿐이다.' '그렇다면 舜임금은 금지하지 않습니까?' '舜임금이 어떻게 금지할 수 있겠는가. 전수받은 바가 있는 것이다.' '그렇다면 舜임금은 어떻게 하겠습니까?' '舜임금은 천하를 버림을 보되 마치 헌신짝을 버리듯이 하여, 〈고수를〉 몰래 업고 도망하여 바닷가를 따라 거처하면서 종신토록 흔쾌히 즐거워하면서 천하를 잊으셨을 것이다.'〔桃應問曰 舜爲天子 皐陶爲士 瞽瞍殺人 則如之何 孟子曰 執之而已矣 然則舜不禁與 曰 夫舜惡得而禁之 夫有所受之也 然則舜如之何 曰 舜視棄天下猶棄敝蹝也 竊負而逃 遵海濱而處 終身訢然 樂而忘天下〕"

2) (重)〔輕〕 : 저본에는 '重'으로 되어 있으나, 三民書局本에 의거하여 '輕'으로 바로잡았다.

주고 빼앗음을 가벼이 할 수 없는 것은 오히려 보통 사람의 일일 뿐이다. 聖人은 주고 빼앗음에 대하여 애초에 輕重의 차이를 둔 적이 없다. 〈孟子는〉 "舜임금은 天下 보기를 헌신짝 버리듯 하였다."고 하였으나, 어찌 순임금이 참으로 천하를 헌신짝처럼 가볍게 여겼겠는가? 孟子는 다만 桃應을 위해 이렇게 말한 것뿐이다.

'天下'는 桃應이 중하게 여긴 것이고 '헌신짝'은 桃應이 가벼이 여긴 것이다. 그가 가벼이 여기는 것을 가지고 그가 중하게 여기는 것을 밝혀서 그로 하여금 순임금은 輕重을 똑같이 보았음을 알게 하고자 한 것뿐이다. 맹자는 다만 순임금이 특별히 重하게 여긴 것이 없음을 말했을 뿐인데, 사람들은 마침내 순임금이 특별히 輕하게 여긴 것

이 있다고 의심하였으니 잘못이다.

나는 孟子의 말로 인하여 아래와 같이 보충하고자 한다. "舜임금은 주어야 할 때를 당해서는 천하를 헌신짝처럼 보았고, 주어서는 안 될 때를 당해서는 헌신짝을 천하처럼 보았다."

11-05 邢人狄人伐衛 邢人과 狄人이 衛나라를 토벌하다

11-05-01 邢人狄人伐衛 邢人과 狄人이 衛나라를 토벌하다

【左傳】 僖十八年이라 邢人狄人伐衛하야 圍菟圃[1)]하다 衛侯以國讓父兄子弟及朝衆曰 苟能治之면 燬請從焉[2)]하리라 衆不可[3)]하다 而後師于訾婁[4)]하니 狄師還하다

1)〔역주〕圍菟圃：衛나라의 菟圃邑을 포위한 것이다.〈附注〉

2)〔역주〕燬請從焉：燬는 衛 文公의 이름이다.〈杜注〉

3)〔역주〕衆不可：衛侯의 사양을 받아들이지 않은 것이다.〈杜注〉

4)〔역주〕而後師于訾婁：군대를 訾婁에 布陣시킨 것이다. 訾婁는 衛나라 邑이다.〈杜注〉

僖公 18년, 邢人·狄人이 衛나라를 토벌하여 菟圃를 포위하였다. 衛侯(衛 文公)가 父兄·子弟 및 朝廷의 衆人들에게 나라를 사양하며 말하였다. "진실로 나라를 잘 다스릴 수 있는 자가 있다면 나는 그의 명을 따르겠다." 衆人이 불가하다고 한 뒤에 訾婁에 군대를 布陣시키니 狄軍이 돌아갔다.

11-05-02 衛叛晉 衛나라가 晉나라를 배반하다

【左傳】 定八年이라 衛侯欲叛晉이나 而患諸大夫[1)]하니 王孫賈使次于郊[2)]하다 大夫問故[3)]한대 公以晉詬語之하고 且曰 寡人辱社稷하니 其改卜[4)]嗣하라 寡人從焉하리라 大夫曰 是衛之禍니 豈君之過也리오 公曰 又有患焉하니 謂寡人호되 必以而子與大夫之子爲質[5)]하라하니라 大夫曰 苟有益也면 公子則往이어든 群臣之子敢不皆負羈絏以從[6)]가 將行에 王孫賈曰 苟衛國有難이면 工商未嘗不爲患하니 使皆行而後可[7)]라 公以告大夫한대 乃皆將行之하다 行有日이러니 公朝國人[8)]使賈問焉曰 若衛叛晉이면 晉五伐我하리니 病何如矣오 皆曰 五伐我라도 猶可以能戰이라 賈曰 然則如叛之[9)]라 病而後質焉[10)]이라도 何遲之有리오 乃叛晉하다 晉人請改盟[11)]이어늘 弗許하다

1) 〔역주〕 而患諸大夫 : 大夫들이 자기의 뜻을 따르지 않을까 걱정한 것이다.〈附注〉
2) 〔역주〕 王孫賈使次于郊 : 衛侯로 하여금 晉나라 國都의 郊外에 머물게 한 것이다. 〈附注〉
3) 〔역주〕 大夫問故 : 晉나라 國都로 들어가지 않는 까닭을 물은 것이다.〈杜注〉
4) 〔역주〕 改卜 : 기존의 임금을 폐하고 유능한 사람을 골라 다시 임금으로 세움이다.
5) 〔역주〕 必以而子與大夫之子爲質 : 晉나라에 人質로 보냄이다. 而는 汝(너)이다.
6) 〔역주〕 群臣之子敢不皆負羈絏以從 : 羈는 말굴레이고, 絏은 말고삐이니, 公子를 위해 卑賤한 일을 하겠다는 말이다.〈附注〉
7) 〔역주〕 使皆行而後可 : 이 말로써 國人을 激怒시키고자 한 것이다.〈附注〉
8) 〔역주〕 公朝國人 : 靈公이 國人을 朝廷으로 올라오게 한 것이다.〈附注〉
9) 〔역주〕 如叛之 : 如는 不如이다.(≪左氏會箋≫)
10) 〔역주〕 病而後質焉 : 과연 이와 같다면 晉나라를 배반할 수 있으니, 攻伐을 받아 〈백성들이〉 고통을 호소한 뒤에 人質을 보내라는 말이다.〈杜注〉
11) 〔역주〕 晉人請改盟 : 晉나라도 無禮했던 것을 스스로 후회하였다. 그러므로 改盟(盟約을 개정함)하기를 청한 것이다.〈附注〉

定公 8년, 衛侯(衛 靈公)가 晉나라를 배반하고자 하였으나 大夫들이 〈따르지 않을까〉 걱정하니, 王孫賈가 衛侯로 하여금 〈晉나라 國都의〉 郊外에 머물게 하였다. 大夫들이 그 까닭을 묻자, 衛 靈公은 晉나라에게 恥辱을 당한 일을 말하고, 또 말하기를 "寡人은 社稷을 욕되게 하였으니, 다른 사람을 골라 先君의 뒤를 잇게 하라. 과인은 〈그를 임금으로〉 따르겠다."라고 하니, 大夫들이 말하기를 "이것은 衛나라의 禍이지 어찌 임금님의 잘못이겠습니까?"라고 하였다.

靈公이 말하기를 "또 큰 걱정거리가 있다. 晉人이 과인에게 '반드시 너의 아들과 大夫들의 아들을 人質로 보내라.'고 한다." 하니, 大夫들이 말하기를 "만약 나라에 이익이 된다면 公子도 인질로 가는데 신하들의 아들이 감히 羈絏을 지고 隨行하지 않겠습니까."라고 하였다.

〈公子와 大夫의 子弟가〉 떠나려 할 때 王孫賈가 "만약 衛나라에 危難이 생기면 工商人이 患難을 일으키지 않은 적이 없었으니, 그들의 〈子弟도〉 모두 수행하게 한 뒤에야 무사할 수 있습니다."라고 하자, 靈公이 이 말을 大夫들에게 고하니, 大夫들도 모두 그들을 수행시키고자 하였다.

출발할 날을 정하고서 靈公이 國人들을 조정으로 불러놓고서 王孫賈를 보내어 그들에게 "만약 우리 衛나라가 晉나라를 배반한다면 晉나라는 우리나라를 다섯 차례 토벌할 것이니, 그 고통〔病〕이 어떠하겠는가?"라고 물으니, 〈大夫들이〉 모두 "다섯 차례 우리를 토벌하더라도 우리는 오히려 抗戰할 수 있습니다."라고 대답하였다.

王孫賈가 〈衛侯에게〉 말하기를 "〈衆意가〉 그렇다면 먼저 晉나라를 배반하는 것만 못합니다. 고통을 당하게 된 뒤에 인질을 보내더라도 어찌 늦겠습니까?"라고 하니, 衛侯는 이에 晉나라를 배반하였다. 晉人이 盟約을 개정하기를 청하였으나, 衛人은 허락하지 않았다.

11-05-03 公孫文子拒衛侯 公孫文子(公孫彌牟)가 衛侯에게 항거하다

【左傳】 哀二十五年이라 夏五月庚辰에 衛侯出奔宋하다 衛侯爲靈臺於籍圃하고 與諸大夫飮酒焉에 褚師聲子韈而登席[1)]한대 公怒하다 辭曰 臣有疾하야 是以不敢이로라 公愈怒라 褚師出하니 公戟其手[2)]曰 必斷而足하리라 公之入也에 奪南氏[3)]邑하고 而奪司寇亥政하고 公使侍人納公文懿子之車于池[4)]하다 初에 衛人翦夏丁氏[5)]하고 以其帑賜彭封彌子[6)]러니 彌子飮公酒하고 納夏戊之女[7)]하니 嬖하야 以爲夫人하다 其弟期는 大(태)叔疾之從孫甥也[8)]라 少畜於公이러니 以爲司徒하다 夫人寵衰에 期得罪[9)]하다 公使三匠久[10)]하고 公使優狡盟拳彌[11)]하고 而甚近信之하다 故褚師比[12)]公孫彌牟[13)]公文要[14)]司寇亥[15)]司徒期因三匠與拳彌以作亂[16)]하니 乃出하다 適蒲[17)]한대 彌曰 晉無信하니 不可[18)]라 將適鄄(견)[19)]한대 彌曰 齊晉爭我니 不可[20)]라 將適泠[21)]한대 彌曰 魯不足與[22)]니 請適城鉏[23)]하야 以鉤越하소서 越有君[24)]하니이다 乃適城鉏하다 彌曰 衛盜不可知也니 請速하라 自我始라하고 乃載寶以歸[25)]하다

1) 〔역주〕 褚師聲子韈而登席 : 옛날에는 임금을 뵐 때 버선을 벗었다.〈杜注〉

2) 〔역주〕 公戟其手 : 손바닥을 치며 팔꿈치를 굽혀 三枝戟 모양처럼 만든 것이다.〈杜注〉

3) 〔역주〕 南氏 : 子南의 아들 公孫彌牟이다. 公孫彌牟의 시호가 文이므로 文子라고 칭하기도 한다.

4) 〔역주〕 公使侍人納公文懿子之車于池 : 公文懿子는 公文要이다. 出公이 그에게 怒한 일이 있어서 사람을 시켜 그 수레를 못물 속에 던져 넣게 한 것이다.〈杜注〉

5) 〔역주〕 衛人翦夏丁氏 : 哀公 11년에 있었다. 夏丁氏는 바로 夏戊이다.

6) 〔역주〕 以其帑賜彭封彌子 : 夏戊의 妻子를 彌子瑕에게 준 것이다.〈附注〉

7) 〔역주〕 彌子飮公酒 納夏戊之女 : 彌子가 衛 出公과 술을 마실 때 哀公 11년에 出公이 하사했던 夏戊의 딸을 出公에게 바친 것이다.〈附注〉

8) 〔역주〕 其弟期 大(태)叔疾之從孫甥也 : 期는 夏戊의 아들이다. 姊妹의 손자는 나에게 從孫甥(外從孫)이 되니, 나의 손자와 同行이다.〈杜注〉

9) 〔역주〕 期得罪 : 期는 누이의 총애로 인해 司徒가 되었고, 역시 누이의 총애가 쇠함으로 인해 罪를 얻었다.〈楊注〉

10) 〔역주〕 公使三匠久 : 出公이 匠人을 使役하면서 오래도록 휴식할 수 없게 한 것이다.〈附注〉

11) 〔역주〕 公使優狡盟拳彌 : 優狡는 俳優이고, 拳彌는 衛나라 大夫이다. 배우를 大夫와 盟約하게 한 것은 拳彌를 치욕스럽게 하고자 해서이다.〈杜注〉

12) 〔역주〕 褚師比 : 이전에 버선을 신고서 자리에 올라 出公의 노여움을 산 자이다.

13) 〔역주〕 公孫彌牟 : 邑을 잃은 자이다.〈杜注〉

14) 〔역주〕 公文要 : 수레를 잃은 자이다.〈杜注〉

15) 〔역주〕 司寇亥 : 政權을 빼앗긴 자이다.〈杜注〉

16) 역주〕 因三匠與拳彌以作亂 : 三匠과 拳彌는 여전히 궁중에 있었기 때문에 褚師比 등이 그들에게 의지한 것이다.〈楊注〉

17) 〔역주〕 蒲 : 晉나라와 가까운 邑이다.〈杜注〉

18) 〔역주〕 晉無信 不可 : 晉나라를 가까이해서는 안 된다는 말이다.〈附注〉

19) 〔역주〕 鄄(견) : 齊나라와 晉나라의 경계에 있는 邑이다. 拳彌가 公을 축출하려는 叛軍의 陰謀를 모르는 것처럼 속였기 때문에 公이 그를 믿은 것이다.〈杜注〉

20) 〔역주〕 齊晉爭我 不可 : 齊와 晉 두 나라가 장차 우리를 잡으려고 다툴 것이라는 말이다.〈附注〉

21) 〔역주〕 泠 : 魯나라와 가까운 邑이다.〈杜注〉

22) 〔역주〕 魯不足與 : 魯나라는 작고 힘이 약하여 도움이 되기에 부족하다는 말이다.〈楊注〉

23) 〔역주〕 城鉏 : 宋나라와 가까운 邑이다.〈杜注〉

24) 〔역주〕 以鉤越 越有君 : 宋나라는 남쪽으로 越나라와 가까우니, 생각을 전환하여 서로 結託〔鉤牽〕할 수 있다는 말이다.〈杜注〉 越나라 句踐이 한창 강성하였기 때문에 훌륭한 임금이 있다고 한 것이다.〈附注〉

25) 〔역주〕 衛盜不可知也……乃載寶以歸 : 衛君을 속여 말하기를 "임금님께서 직접 寶物을 싣고 가시면 衛나라의 盜賊을 부르게 될 것이니 속히 떠나소서. 내가 먼저 출발하겠습니다."라고 하고서, 그 틈을 이용해 보물을 싣고서 衛나라로 돌아온 것이다.

〈杜注〉

哀公 25년, 여름 5월 庚辰日에 衛侯(出公 輒)가 宋나라로 出奔하였다. 衛侯가 籍圃에 靈臺를 建造하고서 여러 大夫들과 술을 마실 때 褚師聲子가 버선을 신은 채 자리에 오르자, 衛 出公이 노하였다. 褚師聲子가 해명해 말하기를 "신은 병(부스럼)이 있습니다. 그러므로 감히 버선을 벗을 수 없습니다."라고 하니, 出公은 더욱 노하였다. 褚師聲子가 나가자, 出公은 그 손을 굽혀 三枝戟 모양으로 만들면서 말하기를 "반드시 너의 발을 자르겠다."고 하였다.

衛 出公이 처음 衛나라로 들어왔을 때 南氏의 邑을 빼앗고, 司寇 亥의 政權을 빼앗았다. 그리고 또 出公은 侍人을 시켜 公文懿子의 수레를 못 속에 던져 넣게 하였다. 당초에 衛人이 夏丁氏를 滅하고 가족과 재산을 彭封彌子에게 주었는데, 彌子가 出公을 초청해 술을 접대하고서 夏戊의 딸을 바치니, 〈出公은 그 女人을〉 총애하여 夫人으로 삼았다. 夫人의 동생 期는 太叔疾의 外從孫이므로 어려서부터 公宮에서 자랐는데, 出公은 그를 司徒로 삼았다. 夫人에 대한 총애가 쇠하자 期도 罪를 얻었다.

公은 세 직종의 匠人을 사역하면서 오랫동안 쉬지도 못하게 하였고, 公은 광대 狡로 하여금 拳彌와 盟約하게 하여 〈拳彌에게 치욕을 주고서도〉 그를 매우 가까이하고 신임하였다. 그러므로 褚師比, 公孫彌牟, 公文要, 司寇 亥, 司徒 期가 세 직종의 匠人 및 拳彌에게 의지해 반란을 일으키니 이에 公은 出奔하였다.

蒲로 가려 하자, 拳彌는 "晉나라는 信義가 없으니 그곳은 안 됩니다."라고 하고, 鄄으로 가려 하자, 拳彌는 "齊나라와 晉나라가 우리나라를 얻으려고 다툴 것이니 그곳도 안 됩니다."라고 하고, 泠으로 가려 하자, 拳彌가 "魯나라는 도움이 되기에 부족하니, 城鉏로 가셔서 越나라와 관계를 맺으소서. 越나라에는 훌륭한 임금이 있습니다."라고 하니, 出公은 이에 城鉏로 갔다. 拳彌가 말하기를 "衛나라의 도적이 우리를 습격할지 모르니 빨리 가소서. 나부터 먼저 출발하겠습니다."라고 하고서, 寶物을 싣고서 衛나라로 돌아왔다.

【主意】 衛之賢君이 避位激民하야 而能滅邢叛晉者는 以君臣之機[1)]一有感觸이면 則不可禦故也르새라

1) 〔역주〕 機 : 靈機이니 곧 天賦의 性을 이른다.

衛나라의 현명한 임금이 임금 자리를 떠나는 것으로 백성의 〈애국심을〉 건드려서 邢나라를 멸하고 晉나라를 배반할 수 있었던 것은 군신 사이에 天機가 感觸함이 있으면 그 기세를 막을 수 없기 때문이다.

天下之物에 有置之則不可見[1)]이나 動之則不可禦者[2)]하니 殆非人力之能爲也요 機[3)]之發於天者也[4)]니라 兄弟鬩(혁)于墻[5)]엔 鬪狠忿詈(리)하니 手足之歡이 無復(부)存矣라 他日俱出에 塗人歐[6)]其兄이면 爲弟者忘向之怨하고 勃然往救之하니 是心安從生耶[7)]아 兄弟之愛는 天也[8)]니 鬪鬩之時[9)]엔 其機伏而不見[10)]이요 初未嘗亡[11)]也[12)]라 一(朝)〔旦〕[13)]遇塗人之辱에 以動吾之機[14)]하고 是機一發[15)]에 奮厲勁烈하야 海可倒하고 山可移하며 金石可貫하니 豈薄忿細怨所能遏耶[16)]아

1) 有置之則不可見 : 無事而置之則不露

일이 없어 버려두면 드러나지 않는다는 말이다.

2) 動之則不可禦者 : 遇事而激之則發

일을 만나 부딪치면 드러난다는 말이다.

3) 〔역주〕 機 : ≪大學≫의 "한 집안이 仁하면 한 나라가 仁을 興起하고, 한 집안이 사양하면 한 나라가 사양함을 興起하고, 한 사람이 탐하고 어그러지면 한 나라가 亂을 일으키니, 그 기틀이 이와 같다.〔一家仁 一國興仁 一家讓 一國興讓 一人貪戾 一國作亂 其機如此〕"에 대하여 鄭玄 注에 "機는 발동하는 근원이다〔機 發動所由也〕"라고 하였고, ≪莊子≫ 〈至樂〉에 "만물은 機에서 나와 機로 들어간다〔萬物皆出於機 皆入於機〕"에 대하여 成玄英 疏에 "機는 발동이니 이른바 조화라는 것이다.〔機者 發動 所謂造化也〕"라고 하였다. 機는 發動의 근원으로, 어떤 일을 촉발할 수 있는 부분을 뜻한다.

4) 機之發於天者也 : 一篇主意 天機謂人之大倫 皆出於人心天理之眞 以其激之則發 故不謂之理 而謂之機

본편의 主意이다. 天機는 사람의 큰 질서를 이르니 모두 참된 人心과 天理에서 나와 부딪치면 드러나기 때문에 '理'라고 하지 않고 '機'라고 한 것이다.

5) 兄弟鬩(혁)于墻 : 出詩小雅常棣篇 鬩 鬪也 牆 謂在家內也 此引兄弟以正君臣

≪詩經≫ 〈小雅 常棣〉편에 나온다. 鬩은 싸움이고, 牆은 집안에 있는 것을 이르니, 이는 兄弟를 끌어다가 君臣間을 바르게 하고자 한 것이다.

6) 〔역주〕 歐 : '毆(때리다)'와 같다.

7) 是心安從生耶 : 設問以明天機

물음을 가설하여 天機를 밝혔다.

8) 兄弟之愛 天也 : 同氣相愛 天理之眞

동기간은 서로 아낀다는 말이니, 참된 天理이다.

9) 鬩鬩之時 : 鬩于墻時

집안에서 싸울 때를 말한다.

10) 其機伏而不見 : 天理之機 爲私忿所蔽故也 機字 是一篇骨子

天理의 기미가 사사로운 忿心에 가려졌기 때문이다. 機는 본편의 핵심이다.

11) 〔역주〕 亡 : 四庫全書本에는 忘으로 되어 있다.

12) 初未嘗亡也 : 天理終不可滅

天理는 마침내 멸할 수 없다.

13) (朝)〔旦〕: 저본에는 '朝'로 되어 있으나, 四庫全書本에 의거하여 '旦'으로 바로잡았다. '朝'는 朝鮮 太祖 李旦을 避諱한 글자이다.

14) 一(朝)〔旦〕遇塗人之辱 以動吾之機 : 謂外禦其侮時

외부의 수모를 막아낼 때를 이른다.

15) 是機一發 : 相愛之心復生

서로 아끼는 마음이 다시 생겨남을 이른다.

16) 豈薄忿細怨所能遏耶 : 此時必忘前日鬩墻之爭 而相與以禦侮矣 所謂天機也

이때는 반드시 전날 집안에서 싸웠던 일을 잊어버리고 서로 함께 수모를 막아내니 이른바 天機이다.

천하의 물건 중에 놓아두면 드러나지 않으나 한번 건드리면 막을 수 없는 것이 있으니, 이는 사람의 힘으로 할 수 있는 것이 아니라 천부의 靈機(性)가 발현되기 때문이다. 兄弟가 담 안에서 싸울 때에는 사납게 다투고 분노해 욕하니 형제간의 기쁨이 더 이상 존재하지 않는 것 같다. 그러다가 다른 날 함께 외출했을 때에 길 가는 사람이 그 형을 구타하면 아우는 전일의 분노는 잊고 발끈 성을 내며 달려가 형을 구원한다. 이런 마음이 어디에서 생겼는가?

兄弟간의 애정은 天性이다. 집안에서 싸울 때에는 그 靈性이 잠복해 드러나지 않았을 뿐이고 애초에 없었던 것이 아니다. 어느 날 길 가는 사람에게 모욕을 당하는 광경이 나의 영기를 건드렸고, 이 영기가 한번 발현하자 격분한 마음이 강렬하여 바다를 뒤집고 산악을 옮기고 金石을 뚫을 수 있으니 이것을 어찌 작은 忿怨으로 막을 수 있는 것이겠는가?

君臣也[1)]와 父子也[2)]와 夫婦也[3)]와 兄弟也[4)]와 朋友也[5)]五者는 天下之大機也[6)]나 私欲梏之[7)]하고 小智藩之[8)]하야 封縶固密[9)]하니 其機若不可復還也[10)]라 或叩焉이어나 或觸焉[11)]이면 其機立應[12)]하야 目不容瞬에 掣其梏[13)]하고 決其藩[14)]하야 千封萬縶이 剝落解散하니 固有破百年之人僞[15)]於一息之間者矣[16)]리라

1) 君臣也：君臣有義
   임금과 신하 사이에는 의리가 있다는 말이다.
2) 父子也：父子有親
   아비와 자식 사이에는 친함이 있다는 말이다.
3) 夫婦也：夫婦有別
   부부 사이에는 구별이 있다는 말이다.
4) 兄弟也：長幼有序
   어른과 아이 사이에는 순서가 있다는 말이다.
5) 朋友也：朋友有信
   붕우 사이에는 信義가 있다는 말이다.
6) 五者 天下之大機也：五者 人之大倫 人心激而必發之大機也
   다섯 가지는 사람의 큰 질서이니 人心이 격발되면 반드시 大機를 발휘한다는 말이다.
7) 私欲梏之：或爲私欲之所桎梏
   때로는 사욕에 속박됨을 이른다.
8) 小智藩之：或爲小智之所藩籬
   때로는 잔단 지혜에 막힘을 이른다.
9) 封縶固密：封之甚密 縶之甚固
   함봉하기를 매우 촘촘하게 하고, 묶기를 매우 단단하게 한다는 말이다.
10) 其機若不可復還也：此時天機若泯然者
   이때는 天機가 없어진 것 같다는 말이다.
11) 或叩焉 或觸焉：一朝遇事以叩觸之
   '하루아침에 일을 만나 두드리고 부딪히면'의 뜻이다.
12) 其機立應：激之則發
   격발되면 드러난다는 말이다.
13) 掣其梏：掣去私欲之梏
   사사로운 욕심에 구속된 것을 뽑아서 버린다는 말이다.
14) 決其藩：決開小智之藩

잔단 지혜에 막힌 것을 터서 연다는 말이다.

15) 〔역주〕 人僞 : '인간의 作爲'이다. 이 글에서는 私慾이나 小智를 포괄하는 말이며 天理에 상반되는 말로 쓰였다.

16) 固有破百年之人僞於一息之間者矣 : 發明天機之不可禦

天機를 막을 수 없음을 밝혔다.

임금과 신하의 관계, 아비와 자식의 관계, 남편과 부인의 관계, 형과 아우의 관계, 친구간의 관계, 이 다섯 가지는 천하의 大機(기본이 되는 천성)이다. 이 대기를 사욕이 속박하고 작은 지혜가 가리어 엄밀히 봉하고 단단히 묶으니 그 靈機가 다시 회복될 수 없을 것 같다.

그러나 혹 두드리거나 혹 건드리면 그 영기가 즉시 반응하여 순식간에 그 속박이 풀리고 그 가린 것이 철거되어 천만 겹으로 봉하고 묶은 것이 벗겨지고 흩어져서, 진실로 백년 동안의 人僞를 순식간에 파괴할 것이다.

唐代宗何如君也[1)]며 德宗何如君也오 昏庸猜虐[2)]하야 民困其暴[3)]하니 固已不復知有君臣之義也[4)]라 及在播遷流離之中[5)]하야 用柳伉陸贄之言하야 貶損自責하야 以感發天下君臣之機[6)]하니라 眞機旣生에 森不可禦[7)]하야 向日之抑塞[8)]과 向日之殘酷[9)]과 向日之橫斂[10)]과 向日之征徭[11)] 後機一衝[12)]에 前怨咸息[13)]하야 愛君之外에 擧無餘念[14)]일새 疾首痛心[15)]하야 爭先赴敵[16)]하야 不越月踰時하고 而歸二君於故都[17)]하고 祀唐配天[18)]하야 不失舊物[19)]하니라 蹔動其機[20)]에 效已若此[21)]하니 況其機素明者耶[22)]아

1) 唐代宗何如君也 : 引唐二君爲證

당나라의 두 임금을 인용하여 증명한 것이다.

2) 昏庸猜虐 : 昏暗 庸常 猜疑 虐暴

昏은 어리석음이고, 庸은 凡常함이며, 猜는 의심함이고, 虐은 난폭함이다.

3) 民困其暴 : 平日民苦於二君之苛暴

평소에 백성들은 두 임금의 가혹한 폭정에 괴로웠다는 말이다.

4) 固已不復知有君臣之義也 : 民心離叛已久

民心이 이반한 지 이미 오래되었다는 말이다.

5) 及在播遷流離之中 : 代宗 以吐藩入寇 出奔陝州 德宗 以朱泚之亂 出幸奉天

代宗은 吐藩이 침입하자 陝州로 출분하였고, 德宗은 朱泚의 난리 때문에 奉天으로 출행하였음을 이른다.

6) 用柳伉陸贄之言……以感發天下君臣之機：柳伉上疏代宗曰 宜削尊號 下詔引咎曰 天下其許朕自新改過 宜卽募士西赴朝廷 若以朕惡未悛 則帝王大器 敢妨聖賢 如此而兵不至 人不感 天下不服 臣請闔門寸斬 以謝陛下*1) ○ 陸贄爲德宗言 今盜徧天下 宜痛自咎悔 以感人心 陛下誠不吝改過 以言謝天下 使臣民 皆無所忌 庶叛者革心 帝從之 故奉天所下制書 雖武人悍卒 無不感動流涕*2)

柳伉이 代宗에게 상소하였다. “마땅히 尊號를 삭제하고 조서를 내려 자책하시기를 ‘천하 사람들이 짐이 스스로 새로워져 허물을 고치는 것을 허락하거든 즉시 군대를 모집하여 서쪽으로 달려와 조정을 구원해야 할 것이다. 만약 짐이 악을 고칠 수 없다고 여긴다면 帝王의 지위를 가지고 내 감히 聖賢을 방해하겠는가.’라고 하소서. 이와 같이 했는데도 구원하는 군사들이 오지 않고 사람들이 감동하지 않으며 천하가 복종하지 않거든 신은 온 가문 사람을 한 치 한 치 베어 죽여서 폐하께 사죄할 것을 청합니다.”

○ 陸贄가 德宗에게 말하였다. “지금 도적이 天下에 퍼져 있으니 의당 통렬히 자책하여 민심을 감동시켜야 합니다. 폐하께서 진실로 잘못을 고침에 인색하지 않으시고 말로써 천하에 사죄하시어 臣民에 대한 정성에 꺼리는 바가 없으시면, 반란의 무리들이 마음을 고치게 될 것입니다.” 덕종이 그 말을 따랐다. 그러므로 奉天에서 내린 조서는 비록 武勇이 있는 장수나 사나운 병졸이라도 〈이 내용을 듣고〉 감격하여 눈물을 흘리지 않는 자가 없었다.

*1) 〔역주〕 削尊號……以謝陛下：≪資治通鑑≫ 〈唐紀〉에 보인다.

*2) 〔역주〕 今盜徧天下……無不感動流涕：≪新唐書≫ 〈陸贄傳〉에 보인다.

7) 眞機旣生 森不可禦：應前動之則不可禦

앞글의 “건드리면 막을 수 없다.”와 호응한다.

8) 向日之抑塞：下情不伸

아래 백성의 실정이 펴지지 않음을 이른다.

9) 向日之殘酷：刑政暴虐

刑政이 포악하고 잔인함을 이른다.

10) 向日之橫斂：賦斂無度

賦稅를 거둠에 절제가 없음을 이른다.

11) 向日之征徭：役使無節

부역이 절도가 없음을 이른다.

12) 後機一衝：爲後來眞機所衝破

'훗날 純眞한 天機에 부딪히니'의 뜻이다.

13) 前怨咸息：前日怨君之心皆息

전날 임금을 원망했던 마음이 모두 사라진다는 말이다.

14) 愛君之外 擧無餘念：變怨君之心而爲愛君

임금을 원망했던 마음이 바뀌어 임금을 사랑하게 된다는 말이다.

15) 疾首痛心：視君之難 如首之疾 如心之痛

임금의 어려움을 보고 머리가 아픈 듯하고 마음이 애통한 듯하다는 말이다.

16) 爭先赴敵：爭先用命 爲君討賊

앞다투어 먼저 명령에 따라 임금을 위하여 적을 친다는 말이다.

17) 不越月踰時 而歸二君於故都：以故二君得以復還長安

이런 까닭으로 두 임금이 장안으로 돌아올 수 있었다는 말이다.

18) 祀唐配天：唐之祖宗 得以配侑祀天之祭

唐나라 역대 임금은 하늘에 지내는 제사에 배향되어 侑食한다는 말이다.

19) 不失舊物：不失祖宗舊業 ○ 左傳曰 少康祀夏配天 不失舊物

역대 임금의 옛 제도를 잃지 않음을 이른다. ○ ≪春秋左氏傳≫ 哀公 元年에 "少康은 夏나라의 선조를 天帝와 合祀하여 옛 制度〔舊物〕를 잃지 않았다." 하였다.

20) 蹔動其機：二君僅能蹔時動其天機

大宗과 德宗은 겨우 잠깐 동안 〈臣民에게〉 天機를 움직이게 할 수 있었다는 말이다.

21) 效已若此：已收恢復之效

이미 회복의 효과를 거두었다는 말이다.

22) 況其機素明者耶：何況古之賢君 愛民有素 君臣之機素明者乎

'더구나 옛날 현명한 임금으로서 평소 백성을 사랑하여 군신간의 天機가 평소 밝은 경우는 어떻겠는가.'의 뜻이다.

唐나라 代宗은 어떤 임금이었으며, 德宗은 어떤 임금이었던가? 어둡고 용렬하며 시기하고 포학하여 백성들이 그 폭정에 시달렸으니 진실로 다시 군신간의 의리가 있는 줄을 몰랐다.

그러나 播遷하여 피난할 때에 미쳐 柳伉과 陸贄의 諫言을 받아들여 자신을 낮추고 자책하여 천하 사람들의 군신간의 天機를 感發시켰다. 순진한 靈機가 발생하자 왕성하여 막을 수가 없어서, 지난날에 자행했던 억압과 잔혹과 苛斂과 요역 등의 虐政이 뒤에 백성들의 영기를 자극하자 전일의 怨怒가 모두 사라지고 임금을 사랑하는 마음밖에 남은 것이 없게 되었다.

그러므로 백성들은 괴로워하고 가슴 아파하며 앞다투어 먼저 적에게 달려가 싸워, 달을 넘기지도 철을 넘기지도 않고 두 임금을 故都로 복귀시켰다. 그리고 唐나라 宗廟의 제사를 하늘에 配享하여 옛 제도를 잃지 않게 하였다. 잠깐 동안 발동한 영기의 효과가 이미 이와 같았는데, 하물며 그 영기가 평소 밝은 경우이겠는가.

衛國之君에 **兩用此機**[1)]하니라 **文公以邢狄之侵**으로 **避位而激其民**[2)]하니 **動是機於前**하야 **而終能滅邢**[3)]하고 **靈公以晉之侮**로 **亦避位以激其民**[4)]하니 **動是機於後**하야 **而終能亢晉**[5)]이라 **是非樂於自屈也**[6)]라 **不屈己於此**면 **則無以發機於彼也**[7)]ㄹ새니라 **文公固賢主**[8)]나 **若靈公之淫縱侈慢**하니 **豈素拊循其民者耶**[9)]아 **民之所以畢力拒晉者**[10)]는 **非爲靈公也**[11)]라 **靈公之言**이 **適動其愛君之機而不能已也**[12)]ㄹ새니라

1) 衛國之君 兩用此機 : 入本題文公靈公事

〈여기부터〉 本題(≪春秋左氏傳≫)인 衛 文公과 衛 靈公의 일로 들어간다.

2) 文公以邢狄之侵 避位而激其民 : 見本題註

本題의 주(≪春秋左氏傳≫)에 보인다.

3) 動是機於前 而終能滅邢 : 僖二十五年 諸侯之滅邢

僖公 25년에 제후군의 도움으로 邢나라를 물리칠 수 있었다.

4) 靈公以晉之侮 亦避位以激其民 : 見本題

本題의 주(≪春秋左氏傳≫)에 보인다.

5) 動是機於後 而終能亢晉 : 衛叛晉 (淸)〔請〕[*1)]改盟 弗許 遂殺涉佗成何[*2)]

衛나라가 晉나라를 배반하자 晉나라가 다시 회맹하기를 청하였으나 衛나라가 허락하지 않으니, 〈晉나라는 衛나라와의 회맹을 위해〉 마침내 涉佗와 成何를 죽여 〈그 죄를 물었다.〉

*1) 〔역주〕 (淸)〔請〕 : 저본에는 '淸'으로 되어 있으나, ≪春秋左氏傳≫에 의거하여 '請'으로 바로잡았다.

*2) 〔역주〕 遂殺涉佗成何 : 실제로 涉佗는 衛 文公의 손을 밀쳐 삽혈해야 할 피를 팔뚝에 튀게 하였기 때문에 그 죄가 무거워 죽임을 당했고, 成何는 衛나라를 晉나라의 溫邑과 原邑에 비교한 죄가 있으나 죽임을 당하지는 않고 燕나라로 달아났다.

6) 是非樂於自屈也 : 言二公避位 非是樂於屈己

文公과 靈公이 임금 자리를 떠나고자 한 것은 스스로 굽히기를 즐거워한 것이 아니라는 말이다.

7) 不屈己於此 則無以發機於彼也：君不自屈 則無以發民之天機故也
임금이 스스로 굽히지 않으면 백성에게 天機를 드러내게 할 수 없기 때문이다.
8) 文公固賢主：又就二公分別優劣
또 文公과 靈公에게 나아가 優劣을 분별한 것이다.
9) 若靈公之淫縱侈慢 豈素拊循其民者耶：靈公無道 平日豈能恤民
'靈公은 무도하니 어찌 평소에 백성을 돌볼 수 있겠느냐?'는 말이다.
10) 民之所以畢力拒晉者：民皆曰 晉五伐我 猶可以能戰
백성들이 모두 "晉나라가 우리나라를 다섯 번 치더라도 오히려 싸울 수 있다."고 말한 것을 이른다.
11) 非爲靈公也：非靈公之素得民心
靈公이 평소 民心을 얻은 것이 아니라는 말이다.
12) 靈公之言 適動其愛君之機而不能已也：人心天理 自然之機 動之則發故也
人心과 天理는 본래 그러한 靈機이니 건드리면 드러나기 때문이다.

衛나라 임금 중에 두 분이 靈機를 운용하였다. 文公은 邢과 狄이 침입하자 임금 자리를 피하는 것으로써 백성의 〈애국심을〉 건드렸으니, 앞에서 영기를 충동하여 마침내 邢나라를 멸망시켰고, 靈公은 晉나라의 모욕을 받자 또한 임금 자리를 피하는 것으로써 그 백성의 〈애국심을〉 건드렸으니, 뒤에서 영기를 충동하여 마침내 晉나라에 항거한 것이다. 이는 스스로 굽히기를 즐겨서가 아니라 이때에 몸을 굽히지 않으면 저 백성들의 영기를 충동할 수 없었기 때문이다.

文公은 본래 현명한 군주였으나 靈公으로 말하면 음란하고 방종하며 사치하고 태만하였으니 어찌 평소에 그 백성을 어루만진 군주였겠는가? 백성이 힘을 다해 晉나라에 항거한 까닭은 靈公을 위해서가 아니라 靈公의 말이 다만 임금을 사랑하는 백성들의 영기를 충동해서 그만둘 수 없었기 때문이다.

雖然[1)]이나 動天之機者는 不可雜之以人[2)]이라 邢狄之侵과 與晉之侮[3)]는 非有陜郊之危와 奉天之急也[4)]로되 而文公靈公은 張大其事[5)]하야 遽自避位하야 甚己之辱하야 而起民之怒[6)]하니 其動民之本이 旣雜而不純矣[7)]라 故衛國之民은 天機雖動[8)]이나 人機亦隨[9)]하야 馴致其患[10)]하야 公孫彌牟가 反竊是機하야 以拒出公[11)]이라 非文靈動其機者不端[12)]이면 詎至是耶[13)]아 以人蔽天은 猶可也[14)]어니와 以人亂天은 不可也[15)]라 蔽

者其天尙存[16]이어니와 方開之以天에 而遽投之以人[17]이면 匿邪於根하고 浹毒於髓하야 本原之地가 爲所汨亂[18]이니 吾不知何時而能去也[19]로라 心不受病이니 受病則其狂不可制요 眞不受僞니 受僞則其惡不可除라 蔽心之狂과 蔽眞之惡을 果終無術而不可解耶아 吁[20]라

1) 雖然：結尾 主意

이 글의 결미로, 主意이다.

2) 動天之機者 不可雜之以人：人 謂人僞也 (北)〔此〕*1)句是□□*2)主意

人은 人僞(私慾)이다. 이 구절은 主意이다.

*1)〔역주〕(北)〔此〕: 저본에는 '北'으로 되어 있으나, 문맥을 살펴 '此'로 바로잡았다.

*2)〔역주〕□□ : 저본에는 2자 빈칸으로 되어 있다.

3) 邢狄之侵 與晉之侮：狄侵衛 文事 晉侮衛 靈事

狄人이 衛나라를 침략한 것은 文公의 일이고, 晉人이 衛나라를 무시한 것은 靈公의 일이다.

4) 非有陝郊之危 奉天之急也：較之代德二宗播遷之事 猶爲有異

德宗과 大宗이 파천했던 일과 비교해보면 오히려 〈그보다 위급하지 않은〉 차이가 있다는 말이다.

5) 而文公靈公 張大其事：此言二公雜之以人

이는 文公과 靈公이 한 일은 사욕이 섞였다는 말이다.

6) 遽自避位……而起民之怒：毅然避位 以動其怒

의연하게 임금 자리를 피하여 백성의 분노를 충동하였다는 말이다.

7) 其動民之本 旣雜而不純矣：君臣本是天機 而二公以私意激民 則是雜以人焉

군신간은 본래 天機인데 文公과 靈公이 사사로운 뜻으로 백성의 〈애국심을〉 건드렸으니 이는 사욕을 개입시킨 것이라는 말이다.

8) 故衛國之民 天機雖動：爲二公以滅邢叛晉

'文公과 靈公이 邢나라를 멸하고 晉나라를 배반했던 이유'라는 말이다.

9) 人機亦隨：雜以人僞 故動其天機 其事在下文

사욕이 개입되었기 때문에 天機를 움직인 것이다. 그 일이 아래 글에 보인다.

10) 馴致其患：漸致民心離叛之患

점차 民心이 이반하는 근심을 초래하였다는 말이다.

11) 公孫彌牟……以拒出公：其後衛出公無道 國人逐之*1) 出公使祝史□*2) 如越乞師 越大夫臯如等 會魯宋之兵 納衛侯 文子致衆而問焉曰 君以蠻夷伐國 國幾亡矣 請納之 衆日 勿納 日 彌牟

亡而有益 請自此開出 衆曰 勿出 乃重賂越人 開門守陴而拒公 公不敢入 師還 立悼公 彌牟 文子名也

그 뒤 衛 出公이 무도하자 國人이 축출하였는데 出公이 祝史에게 越나라에 가서 군대를 요청하게 하니, 越나라 大夫 皐如 등이 魯나라·宋나라 군대와 회합하여 衛侯(出公) 輒을 들여보내고자 하였다. 文子(公孫彌牟)가 大衆을 불러놓고 물었다. "임금이 蠻夷의 군대를 거느리고 와서 나라를 공격해 쳐서 나라가 거의 망하게 되었으니 임금을 받아들이기를 청한다." 大衆은 "받아들이지 말라."고 하였다. 文子가 말하였다. "만약 내가 出亡하는 것이 여러분에게 이익이 된다면 나는 이 門을 열고 나가겠다." 大衆은 "出亡하지 말라."고 하였다. 그러자 文子는 越人에게 많은 재물을 주고서 城門을 열어놓고 성가퀴를 수비하면서 衛 出公의 입국을 막으니, 出公은 감히 들어가지 못하였다. 越나라 군대가 돌아가자, 衛人은 悼公을 임금으로 세웠다. 彌牟는 文子의 이름이다.

*1) 〔역주〕 其後衛出公無道 國人逐之 : 衛 出公이 부친인 蒯聵(衛 莊公)를 몰아내고 衛나라로 돌아왔으나, 그 뒤 무도하여 公孫彌牟 등의 叛軍에 의해 축출된다. 出公은 越나라로 망명해 다시 위나라로 돌아오려 했지만 公孫彌牟가 여론을 모아 저지하고, 靈公의 다른 아들인 悼公을 輔佐한다. 出公은 越나라에서 죽었다.

*2) 〔역주〕 □ : 저본에는 1자 빈칸으로 되어 있다.

12) 非文靈動其機者不端 : 不端 謂雜以人僞也

'단정하지 않음'은 사욕이 개입됨을 이른다.

13) 詎至是耶 : 衛人亦以人僞蔽之*) 而出公不得入

偉人도 사욕에 가려져서 出公이 들어갈 수 없었던 것이다.

*) 〔역주〕 衛人亦以人僞蔽之 : 公孫彌牟가 신하로서 임금을 막았으니 天機가 아니다.

14) 以人蔽天 猶可也 : 爲民而怨其君者 是以人欲蔽其天理

백성으로서 그 임금을 원망하는 것, 이는 사욕이 天理를 가렸기 때문이다.

15) 以人亂天 不可也 : 動民而雜以人者 是以人欲亂其天理

백성을 충동하되 사심이 개입된 것, 이는 사욕〔人欲〕이 天理를 어지럽혔기 때문이다.

16) 蔽者 其天尙存 : 言閉者有時而開

닫힌 것은 열릴 때가 있다는 말이다.

17) 方開之以天 而遽投之以人 : 如二公開人天機 而雜以人僞

文公과 靈公이 백성의 天機를 열었으나 사욕을 개입한 것과 같은 것이다.

18) 匿邪於根……爲所汨亂 : 以人亂天

사욕으로 天理를 어지럽힌 것이다.

19) 吾不知何時而能去也 : 衛之人心 自是離横不復振矣

衛나라의 人心이 본래 이반되고 횡행하여 다시 진작되지 않을 것이라는 말이다.

20) 吁：寓有餘不盡之意

다하지 않는 여운의 뜻을 붙인 것이다.

비록 그러나 천부의 靈機를 충동하는 자는 사람의 사욕을 개입시켜서는 안 된다. 邢人과 狄人이 침입한 때와 晉나라의 모욕을 받았을 때는 陝郊와 奉天으로 도망가야 했던 때처럼 위급함이 있었던 것이 아닌데도, 文公과 靈公은 그 일을 크게 떠벌려 갑자기 스스로 君位에서 물러나겠다는 말로 자기가 받은 모욕을 과장하여 백성들의 분노를 일으켰으니, 백성을 충동하는 근본에 이미 사욕이 섞여 순수하지 못하다.

그러므로 衛나라 백성들의 天機가 비록 발동하였으나 人機(사람의 사심)가 따라 일어나서 점차 환란을 초래하여 公孫彌牟가 도리어 인민의 靈機를 도용하여 出公의 回國을 거부하는 데 이른 것이다. 가령 文公과 靈公이 백성들의 영기를 충동할 때에 그 마음이 不正하지 않았다면 어찌 이 지경에 이르렀겠는가?

사람의 사욕으로 天機를 가리는 것은 오히려 괜찮지만, 사람의 사욕으로 천기를 어지럽히는 것은 옳지 않다. 가려도 그 천기는 여전히 존재하지만, 막 천기를 개도했을 때에 갑자기 사람의 사욕을 개입시키면 사특함이 뿌리에 숨고 악독함이 골수에 스며들어 本原의 자리가 이로 인해 어지러워지니, 나는 이것을 언제 다 제거할 수 있을지 모르겠다.

마음은 병들어서는 안 되니 병들면 狂氣를 통제할 수가 없고, 순진한 天機는 사욕〔人僞〕을 받아들여서는 안 되니 사욕을 받아들이면 그 惡을 제거할 수 없다. 마음을 가린 광기와 순진한 천기를 가린 惡을 과연 끝내 해제할 수 있는 방법은 없는가. 아!

11-06 秦取梁新里　秦나라가 梁나라의 新里를 취하다

11-06-01 秦取梁新里　秦나라가 梁나라의 新里를 취하다

【左傳】 僖十八年이라 梁伯益其國而不能實也[1]하고 命曰 新里라하다 秦取之[2]하다

1)〔역주〕梁伯益其國而不能實也：城邑을 많이 築造하였으나 백성을 移住시켜 그곳을 채우지 않았다는 말이다.〈杜注〉

2)〔역주〕秦取之：秦나라가 그 城이 빈 틈을 타 그 땅을 취한 것이다.〈附注〉

僖公 18년, 梁伯이 國土를 넓혔으나 백성을 그곳에 채우지 못하고서, '新里'라고 命名하였다. 秦나라가 그곳을 취하였다.

11-06-02 梁亡 梁나라가 망하다

【左傳】 僖十九年이라 梁亡에 不書其主[1]는 自取之也라 初에 梁伯好土功하야 亟城而弗處[2]하니 民罷而弗堪하다 則曰 某寇將至라하고 乃溝公宮曰 秦將襲我라하니 民懼而潰하다 秦遂取梁하다

1) 〔역주〕 不書其主 : 梁나라를 취한 나라의 이름을 기록하지 않은 것이다.〈杜注〉

2) 〔역주〕 亟城而弗處 : 자주 그 邑에 城을 쌓고도 그 성안에 백성을 居住시키지 않은 것이다.〈附注〉

僖公 19년, 梁나라가 망한 것에 대해 經에 梁나라를 멸망시킨 나라를 기록하지 않은 것은 〈梁나라가 멸망을〉 자초했기 때문이다.

당초에 梁伯이 土木工事 일으키기를 좋아하여 자주 성을 쌓고도 그 성안에 백성을 居住시키지 않았으니 백성들이 성을 쌓는 일에 지쳐서 그 勞役을 감내하지 못하였다. 그러자 梁伯은 '아무 적이 쳐들어오려 한다.'라고 하고, 公宮 밖에 해자를 파게 하며 말하기를 '秦나라가 우리나라를 습격하려 한다.'라고 하니 백성들이 겁을 먹고 흩어졌다. 秦나라가 드디어 梁나라를 취하였다.

【主意】 謂天理常在人欲中이라 如梁伯之好土功이나 罷民不從하니 乃虛張外寇以脇之하니라 盖其心自不以爲是也하야 欲心方熾에 而慊心遽生하니 是豈非天理之眞在乎아

이 글에서 말하였다. "天理는 항상 人慾 속에 있다. 예컨대 梁伯이 토목공사를 좋아하였으나 지친 백성이 따르지 않으니 곧 外寇가 침입할 것이라고 과장하여 위협하였다. 이는 그 마음에 스스로 옳지 않게 여겨, 욕심이 한창 치솟을 때 갑자기 꺼림칙해하는 마음이 생겨났기 때문이니, 이것이 어찌 天理가 진실로 존재하는 증거가 아니겠는가?"

觀治不若觀亂이요 觀善不若觀惡이라 自古及今히 蹂踐殘賊이라도 而終不可亡者는 乃

天理之眞在也ㄹ새니라 登唐虞之朝者는 擧目皆德政[1)]이요 陪洙泗之席者는 入耳皆德音[2)]이니 縱橫交錯이 無非此理[3)]하야 左顧右盻(혜)하야 應接不暇[4)]하니 果何自以窺天理之眞在哉[5)]리오 至於居亂世하야 遇惡人이면 所見者莫非橫逆이요 所聞者莫非詖淫이니 所謂天理疑若殄滅하야 而靡有孑遺矣[6)]라 然橫逆詖淫之中[7)]에 天理間發[8)]하야 時見一班하니 豈非是理之眞在歟[9)]아

1) 登唐虞之朝者 擧目皆德政 : 唐虞 堯舜有天下之號也 登堯舜之朝者 所見皆天理之政事
唐虞는 堯舜이 天下를 소유했을 때의 칭호이다. 堯舜의 조정에 오른 자들은 보는 것이 모두 天理에 맞는 政事였다는 말이다.

2) 陪洙泗之席者 入耳皆德音 : 洙泗 二水名 孔子所居也 侍孔子之座者 所聞皆天理之議論
洙泗는 두 강 이름으로 孔子가 거처했던 곳이다. 孔子의 자리를 모시던 자들은 듣는 것이 모두 天理에 맞는 議論이었다는 말이다.

3) 縱橫交錯 無非此理 : 羅列滿前 皆此天理
나열하여 앞에 가득한 것이 모두 이 天理였다는 말이다.

4) 左顧右盻(혜) 應接不暇 : 取之左右 逢其原
左右에서 취하여 그 근원을 만난다는 말이다.

5) 果何自以窺天理之眞在哉 : 以其無非天理 反不足以觀天理不可泯之處
天理 아님이 없기 때문에 도리어 天理가 泯滅될 수 없는 곳을 관찰할 수 없다는 말이다.

6) 〔역주〕 所謂天理疑若殄滅 而靡有孑遺矣 : ≪詩經≫ 〈大雅 雲漢〉에 "周나라에 남은 여민들이 半身도 남은 이가 없는데 호천의 상제가 또 나에게 남겨주지 않으시도다.〔周餘黎民 靡有孑遺 昊天上帝 則不我遺〕"라고 하였는데 朱子의 ≪詩集傳≫에 "孑은 오른쪽 팔이 없는 모양이다. 遺는 남음이다.〔孑 無右臂貌 遺 餘也〕"라고 하였다.

7) 然橫逆詖淫之中 : 橫逆 悖亂也 淫 慝也 詖 偏也 轉說人欲中可觀天理
橫逆은 어긋나 어지러움이며, 淫은 사특함이고, 詖는 치우침이다. 전환하여 人慾 가운데 天理를 볼 수 있음을 말하였다.

8) 天理間發 : 如紂言天跖言道之類
紂가 하늘에 대해 말하고, 盜跖이 道를 말하는 것과 같은 종류이다.

9) 時見一班 豈非是理之眞在歟 : 此方見得天理之不可泯
이는 바야흐로 天理가 민멸될 수 없음을 알 수 있다는 말이다.

治世를 관찰하는 것이 亂世를 관찰하는 것만 못하고, 善을 관찰하는 것이 惡을 관찰하는 것만 못하다. 예로부터 오늘에 이르기까지 짓밟히고 잔인하게 해침을 당하여도

끝내 없어지지 않은 것은 바로 天理가 참으로 존재하기 때문이다.

唐堯와 虞舜의 조정에 오른 자들은 눈을 들고 본 것이 모두 德政이고, 洙水와 泗水의 講席에서 孔子를 모신 자들은 귀에 들어온 것이 모두 德音(善言)이었다. 번잡한 각종 사물〔縱橫交錯〕이 이 이치가 아님이 없어서 이리저리 살피며 응대하기에 겨를이 없었으니, 과연 어디에서 天理가 참으로 존재한다는 것을 엿보았겠는가?

亂世에 살면서 惡人과 遭遇한 자들은 보는 것이 흉포하고 불순한 일이 아님이 없고 듣는 것이 치우치고 음란한 말이 아님이 없으니, 이른바 天理란 것이 아마도 다 없어지고 남은 것이 조금도 없었을 듯하다. 그러나 흉포하고 불순한 일과 치우치고 음란한 말 중에도 천리가 간혹 드러나 지극히 작은 일면이 보일 때가 있으니 이것이 어찌 천리가 참으로 존재해서가 아니겠는가?

堯　　　　舜

我生不有命在天[1)]은 紂之所以拒祖伊也니 人皆知其託辭也[2)]라 託則託矣어니와 然天之一言이 胡爲而忽出於紂之口哉[3)]아 何適而無道[4)]는 跖之所以答其徒也니 人皆知其託辭也[5)]라 託則託矣어니와 然道之一言이 胡爲而忽出於跖之口哉[6)]아 紂身與天違로되 而口忽言天하고 跖身與道違로되 而口忽言道[7)]라 噫라 不如是면 何以知是理之果不可亡歟[8)]아 善觀理者가 於此所以深致其觀也니라

1) 我生不有命在天：商書西伯戡黎篇 載紂言如此

≪書經≫〈商書 西伯戡黎〉篇에 이와 같은 紂의 말이 실려 있다.

2) 紂之所以拒祖伊也 人皆知其託辭也：託天爲辭 以拒祖伊之諫

하늘을 칭탁하여 말해서 祖伊의 간언을 거절한 것이다.

3) 然天之一言 胡爲而忽出於紂之口哉：見得天理 不以紂而亡

天理를 안다면 紂王 때문에 〈천리가〉 없어지지 않을 것이다.

4) 何適而無道：莊子胠篋篇 跖之徒 問於跖曰 盜亦有道乎 跖曰 何適而無有道邪(야)

≪莊子≫〈胠篋〉편에 나온다. 盜跖의 무리가 도척에게 물었다. "도둑질하는 데도 道가 있습니까?" 도척이 말하였다. "어디에 간들 道가 없겠는가?"

5) 跖之所以答其徒也 人皆知其託辭也：託道爲辭 以答其徒之問

道를 칭탁하여 말해서 무리의 물음에 답한 것이다.

6) 託則託矣……胡爲而忽出於跖之口哉：見得天理 不以跖而亡

天理를 안다면 盜跖 때문에 〈천리가〉 없어지지 않을 것이다.

7) 紂身與天違……而口忽言道：人欲横流中 尤見天理之不可泯

人慾이 멋대로 행해지는 중에도 더욱 天理가 민멸될 수 없음을 볼 수 있다.

8) 噫……何以知是理之果不可亡歟：繳結一段意盡

한 단락의 뜻을 다 포괄하여 글을 맺었다.

"나의 生存은 命이 하늘에 있기 때문이 아닌가?"는 商紂가 祖伊의 간언을 거부하기 위해 한 말이니 사람들은 모두 그것이 핑계 댄 말임을 안다. 핑계는 핑계이지만 '하늘〔天〕'이라는 한 글자〔言〕가 어찌하여 갑자기 商紂의 입에서 나왔는가?

"어디에 간들 道가 없겠는가?"는 盜跖이 그의 무리에게 대답한 말이니 사람들은 모두 그것이 핑계 댄 말임을 안다. 핑계는 핑계이지만 '道'라는 한 글자가 어찌하여 갑자기 盜跖의 입에서 나왔는가?

商紂의 몸은 천리를 위배하면서 입은 갑자기 '하늘'을 말하고, 盜跖의 몸은 道를 위배하면서 입은 갑자기 '도'를 말하였다. 아! 이런 일이 없었다면, 天理는 과연 없어질 수 없다는 것을 어찌 알겠는가? 〈이것이〉 천리를 잘 관찰하는 자가 이에 대해 그 관찰을 깊이 하는 까닭이다.

梁伯溺於土功[1)]하야 無故勞民하야 底於滅亡하니 議者莫不指罔民以寇[2)]하야 自致駭潰로 定梁伯之罪라 是則然矣[3)]어니와 吾獨於罪之中에 而知天理之所在焉[4)]이로라 人

皆以罔民爲梁伯之詐心[5)]이나 **吾獨以爲梁伯之良心**[6)]이라 **世之論良心者**[7)]는 **歸之仁**[8)]하고 **歸之義**[9)]하며 **歸之禮**하고 **歸之智**[10)]**信**[11)]하니 **未有敢以詐爲良心者也**[12)]라 **名詐以良心**하니 **豈有說乎**[13)]아 **曰**[14)] **詐非良心也**[15)]나 **所以詐者**는 **良心也**[16)]라 **梁伯之版築**[17)]에 **其自以爲是乎**아 **自以爲非乎**[18)]아 **如自以爲是**면 **必不待罔民以某寇將至也**[19)]요 **必不待罔民以秦將襲我也**[20)]라 **惟其心慊然**하야 **以爲非**[21)]면 **恐民之不我從**[22)]이라 **故虛張外寇以脅之耳**[23)]라 **嗜版築而不已者**는 **心之私也**[24)]요 **慊版築而不安者**는 **心之正也**[25)]라 **詐固非良心**[26)]이나 **慊獨非良心乎**[27)]아 **吾是以知天理常在人欲中**[28)]하야 **未嘗須臾離也**[29)]라 **梁伯欲心方熾**에 **而慊心遽生**[30)]하니 **孰導之**며 **而孰發之乎**[31)]아

1) 梁伯溺於土功：入本題事 土功 謂築城也

〈여기부터〉 본편의 일로 들어간다. 土功은 城을 쌓음을 이른다.

2) 議者莫不指罔民以寇：無寇而欺其民曰有寇 卒致秦寇之來

적이 습격하려는 일이 없는데도 백성을 속여서 적이 습격할 것이라고 말하여 마침내 秦나라 적이 습격해오는 일을 초래하였다는 말이다.

3) 是則然矣：誠如左氏所云

진실로 左氏가 말한 바와 같다는 말이다.

4) 吾獨於罪之中 而知天理之所在焉：斷以主意

主意로 단언한 것이다.

5) 人皆以罔民爲梁伯之詐心：無寇而詐曰寇至 無秦兵而詐曰秦將襲我

적이 습격할 일이 없는데도 속여서 적이 습격할 것이라고 하였고, 秦나라 군대가 습격할 일이 없는 데도 속여서 秦나라가 장차 우리를 습격할 것이라고 한 것을 이른다.

6) 吾獨以爲梁伯之良心：良心 便是天理

良心이 바로 天理라는 말이다.

7) 世之論良心者：下論說如何是良心

아래에서 良心이 어떠한 것인지를 논설하였다.

8) 歸之仁：惻隱之心

측은하게 여기는 마음을 이른다.

9) 歸之義：羞惡之心

부끄러워하고 미워하는 마음을 이른다.

10)〔역주〕智：四庫全書本에는 智가 없다.

11) 歸之禮 歸之智信：恭敬辭遜是非誠實之心
恭敬하는 마음, 辭讓하는 마음, 是非를 분별하는 마음, 誠實한 마음을 이른다.

12) 未有敢以詐爲良心者也：文勢起伏
문장의 기세에 起伏이 있다.

13) 名詐以良心 豈有說乎：設問
물음을 가설하였다.

14) 曰：答
답하는 말이다.

15) 詐非良心也：詐是人欲
詐는 人欲(慾)이다.

16) 所以詐者 良心也：心知城築之非 而設辭詐民 乃良心之不可泯者也
마음속으로 성을 쌓는 일이 그른 일임을 알았으므로 말을 만들어 백성을 속인 것이니, 바로 良心이 없어질 수 없다는 것이다.

17) 梁伯之版築：築城用版 故曰 版築
城을 쌓는 데 版을 사용하기 때문에 '版築'이라고 한다.

18) 其自以爲是乎 自以爲非乎：是非二字 發明梁伯之所以詐
'是'와 '非' 2자는 梁伯이 백성을 속인 이유를 밝힌 것이다.

19) 如自以爲是 必不待罔民以某寇將至也：恐民怨其無故而亟築城
백성이 이유 없이 성 쌓기를 서두른다고 원망할까 두려워한 것이다.

20) 必不待罔民以秦將襲我也：恐民怨其無故而構公宮
백성이 이유 없이 公宮을 짓는다고 원망할까 두려워한 것이다.

21) 惟其心慊然 以爲非：自知其非 而慊然內愧 便是良心
스스로 그 일이 그른 줄을 알아 꺼림칙하여 속으로 부끄러웠으니 이것이 바로 良心이다.

22) 恐民之不我從：恐民疲而不堪
백성이 지쳐서 견뎌내지 못할까 두려워한 것이다.

23) 故虛張外寇以脅之耳：所以詐爲罔民之言
이 때문에 속여서 백성을 기망하는 말을 한 것이다.

24) 嗜版築而不已者 心之私也：此是人欲之私
이는 人慾의 사사로움이다.

25) 慊版築而不安者 心之正也：此是天理之正也
이는 天理의 바름이다.

26) 詐固非良心：應前

앞 글에 호응한다.

27) 慊獨非良心乎：慊然自知其非 盖其是非之心 未盡泯滅也

꺼림칙하여 스스로 그 일이 그른 줄을 아니 이는 是非를 분별하는 마음이 다 없어지지 않은 것이다.

28) 吾是以知天理常在人欲中：人欲終滅天理不得

人欲은 끝내 天理를 멸할 수 없다는 말이다.

29) 未嘗須臾離也：於此見天理常存

여기에서 天理가 항상 보존됨을 알 수 있다는 말이다.

30) 梁伯欲心方熾 而慊心遽生：人欲之中 天理發見

人欲 가운데 天理가 드러난다는 말이다.

31) 孰導之 而孰發之乎：無人導發 而自然如此 乃此心本然之天

인도하거나 격발하는 자가 없어도 저절로 이와 같으니, 바로 이 마음이 本然의 天理이다.

梁伯은 토목공사에 빠져 까닭 없이 백성을 괴롭히다가 멸망에 이르렀다. 이를 논평하는 자들은, 外寇가 침범한다는 말로 백성을 속여, 백성들이 놀라 흩어지는 결과를 자초한 것을 지적하여 梁伯의 罪名으로 정하지 않는 이가 없다. 옳기는 옳지만 나는 홀로 그 죄 가운데 天理가 존재함을 알았다.

사람들은 모두 백성을 속인 것을 梁伯의 詐心으로 여겼지만 나는 홀로 양백의 良心으로 여긴다. 세상에 良心을 논하는 자들은 〈양심을〉 仁과 義와 禮와 智와 信에 귀속시키니 감히 속임〔詐〕을 良心으로 여기는 자는 없다. 그런데 속임을 일컬어 양심이라 하였으니 이에 대해 어찌 해설하겠는가?

나는 이렇게 말한다. 속임은 良心이 아니지만 속이는 것은 良心이 있기 때문이다. 梁伯이 版築한 것을 스스로 옳은 일로 여겼을까? 그른 일로 여겼을까? 만일 스스로 옳다고 여겼다면 굳이 外寇가 장차 쳐들어올 것이라는 말로 백성들을 속일 필요가 없었을 것이고, 굳이 秦나라가 장차 우리를 습격할 것이라고 백성들을 속일 필요가 없었을 것이다. 오직 그 마음이 꺼림칙하여 그르게 여기면 백성들이 자기를 따르지 않을까 두려웠기 때문에 외구가 습격할 것이라고 과장하여 백성들을 위협했을 뿐이다. 판축을 좋아하여 마지않은 것은 사사로운 마음이고, 판축을 꺼림칙하게 여겨 불안해 한 것은 바른 마음이다. 속임은 본래 良心이 아니지만 꺼림칙하게 여기는 마음이 어찌〔獨〕 良心이 아니겠는가?

나는 이로 인해 天理는 항상 人慾 속에 있어서 잠시도 떠난 적이 없다는 것을 알았다. 梁伯은 욕심이 강렬하게 일어나는 때에 꺼림칙해하는 마음이 갑자기 생겨났으니 이를 누가 인도하고 누가 발생하게 한 것인가?

嗚呼[1]라 **梁伯一念之慊**[2]이 **此改過之門也**[3]요 **此復禮之基也**[4]요 **此堯舜禹湯文武之路也**[5]라 **使聖人迎其善端**하야 **推而**[6]**大之**[7]하니 **沛然若決江河**하야 **莫之能禦**[8]하니라 **奈何一慊方生**에 **而遽繼之以詐**[9]하니 **是猶隕雪霜以摧始萌之草**하고 **群鷹隼以擊未翼之雛**니 **良心安得而獨勝乎**[10]아

1) 嗚呼：此段又轉一意

이 단락은 또 다른 뜻으로 전환한 것이다.

2) 梁伯一念之慊：接上段慊字說

위 단락의 '慊'자를 이어 설명한 것이다.

3) 此改過之門也：可因此以改過自新

이것으로 인하여 허물을 고쳐 스스로 새로워질 수 있다는 말이다.

4) 此復禮之基也：可因此以復還天理節文之內

이것으로 인하여 天理와 節文의 안으로 돌이킬 수 있다는 말이다.

5) 此堯舜禹湯文武之路也：可因此克念而作聖*)

이것으로 인하여 잘 생각하면 성인이 될 수 있다는 말이다.

*) 〔역주〕 克念而作聖：≪書經≫ 〈周書 多方〉에 "狂人이라도 능히 생각하면 성인이 될 수 있다.〔惟狂 克念作聖〕"라고 하였다.

6) 推而：三民書局本과 四庫全書本에 '推'와 '而' 사이에 '之而廣之' 4자가 더 있다.

7) 使聖人迎其善端 推而大之：惜夫梁伯當時不遇聖人如此

梁伯이 당시에 이와 같은 성인을 만나지 못함을 애석하게 여긴 것이다.

8) 沛然若決江河 莫之能禦：善端推廣 其勢如此

善의 단서를 미루고 넓히면 그 형세가 이와 같다는 말이다.

9) 奈何一慊方生 而遽繼之以詐：過而不改 反爲詐言 以罔其民

허물이 있으나 고치지 않고 도리어 속이는 말을 만들어 백성을 기망한 것을 이른다.

10) 是猶隕雪霜以摧始萌之草……良心安得而獨勝乎：不能勝其詐心

〈양심이〉 속이려는 마음을 이겨내지 못한다는 말이다.

아! 梁伯의 꺼림칙해하는 일념이 바로 허물을 고치는 길로 들어가는 門이고, 바로 禮로 돌아가는 基點이며, 바로 堯・舜・禹・湯・文・武로 향하는 길이다. 가령 聖人이 그 善의 단서를 맞이하여 미루어 크게 하니, 마치 江河의 제방이 터진 것처럼 〈대단한 기세로 쏟아져 나오는 善行을〉 막을 수가 없었는데, 어찌 꺼림칙해하는 일념이 생기자마자 갑자기 속임으로 뒤를 이었으니, 이는 눈과 서리가 내려 갓 나온 풀의 새싹을 죽이고, 새매가 떼 지어 날아와 아직 날개도 나지 않은 병아리를 채가는 꼴이니, 良心이 어찌 홀로 견딜 수 있겠는가?

與生俱生者를 **謂之良心**[1)]이니 **毁之不能消**하고 **背之不能遠**[2)]이라 **雖甚無道之人**이라도 **是心或一日而數起也**니 **是心旣起**에 **有以繼之**면 **則爲君子**[3)]요 **無以繼之**면 **則爲小人**[4)]이니 **繼與不繼**로 **而君子小人分焉**[5)]이라 **故學者**는 **不憂良心之不生**이요 **而憂良心之不繼**[6)]니라

1) 與生俱生者 謂之良心：民受天地之中以生 卽有仁義禮智信之良心
   백성은 天地의 중심을 받아 태어나니 곧 仁義禮智信의 良心이 있는 것이다.
2) 毁之不能消 背之不能遠：雖下愚不移 如紂如跖 亦不能泯滅
   비록 교화시킬 수 없는 下愚인 紂王이나 盜跖 같은 자일지라도 〈天理가〉 없어지지 않는다는 말이다.
3) 是心旣起……則爲君子：續此心而不已 則爲賢人君子
   이 마음을 계속하여 그치지 않는다면 賢人 君子가 된다는 말이다.
4) 無以繼之 則爲小人：如梁伯繼以詐 終爲下愚之歸
   만일 梁伯이 속임으로 계속한다면 끝내 下愚로 돌아가게 된다는 말이다.
5) 繼與不繼 而君子小人分焉：鎖上二句
   위 두 구절을 연결한 말이다.
6) 故學者……而憂良心之不繼：文有理趣 而句語脫洒
   문장에 이치의 아취가 담겨 있고, 구절이 세속을 벗어나 청아하다.

생명과 함께 생겨난 것을 良心이라 이르니 이는 훼손해도 소멸할 수 없고 배반해도 멀리할 수 없다. 비록 매우 무도한 사람이라도 이 마음이 하루에 몇 번씩 일어난다. 이미 일어난 이 마음을 계속 保有할 수 있으면 군자가 되고 계속 보유할 수 없으면 소인이 되니, 계속 보유하느냐 계속 보유하지 않느냐에 따라 군자와 소인으로 갈라진

다. 그러므로 學者(학문을 익히고 심성을 수양하는 사람)들은 良心이 생기지 않는 것을 걱정하지 않고 良心을 계속 보유하지 못하는 것을 걱정한다.

東萊博議 卷12

12-01 宋公使邾文公用鄫子 宋公이 邾 文公에게 鄫子를 犧牲으로 쓰게 하다

12-01-01 宋公使邾文公用鄫子 宋公이 邾 文公에게 鄫子를 犧牲으로 쓰게 하다

【左傳】 僖十九年이라 宋公使邾文公用鄫子于次睢之社하야 欲以屬東夷[1)]하다 司馬子魚曰 古者六畜不相爲用[2)]하고 小事不用大牲[3)]이온 而況敢用人乎잇가 祭祀는 以爲人也[4)]요 民은 神之主也니 用人이면 其誰享之릿가 齊桓公存三亡國以屬諸侯[5)]로되 義士猶曰 薄德[6)]이어늘 今一會而虐二國之君[7)]하고 又用諸淫昏之鬼[8)]하야 將以求伯(패)하니 不亦難乎잇가

1) 〔역주〕 宋公使邾文公用鄫子于次睢之社 欲以屬東夷 : 睢水는 汴水를 받아들여 동으로 흘러 陳留·梁·譙·沛·彭城縣을 거쳐 泗水로 들어간다. 이 물가에 妖神이 살고 있으므로 東夷가 모두 祠堂을 세워 제사 지내는 데 사람을 잡아 犧牲으로 쓴 듯하다.〈杜注〉

2) 〔역주〕 司馬子魚曰 古者六畜不相爲用 : 司馬 子魚는 公子 目夷이다. 六畜을 서로 쓰지 않았다는 것은 馬先(말의 先祖)의 제사에 말을 희생으로 쓰지 않는 類이다.〈杜注〉

3) 〔역주〕 小事不用大牲 : 釁廟나 釁門 등이 小事이다. 釁廟는 새 宗廟가 완성되면 羊의 피를 받아 제사 지내는 것이고, 釁門은 문이 완성되면 닭의 피를 받아 제사 지내는 것이다.

4) 〔역주〕 祭祀 以爲人也 : 제사는 백성을 위하여 복을 비는 것이다.〈附注〉

5) 〔역주〕 齊桓公存三亡國以屬諸侯 : 망해가는 세 나라는 魯나라·衛나라·邢나라이다.〈杜注〉

6) 〔역주〕 義士猶曰 薄德 : 어지러운 틈을 타서 魯나라를 취하려 하였고, 邢나라와 衛나라를 늦게 구원한 것을 이름이다.〈杜注〉

7) 〔역주〕 今一會而虐二國之君 : 宋公이 3월에 會盟을 이유로 諸侯를 소집하고서 滕子를 잡았고, 6월에 會盟하고서 그달 22일에 鄫子를 잡았기 때문에 한 번의 회합에서 두 나라 임금을 해쳤다고 한 것이다.〈杜注〉

8) 〔역주〕 又用諸淫昏之鬼 : 周社가 아니기 때문이다. 周社란 周나라 祀典에 들어 있지 않은 제사이다.

僖公 19년, 宋公이 邾 文公에게 鄫子를 次睢의 社에 犧牲으로 쓰게 하여 東夷를 복속시키고자 하였다. 宋나라 司馬 子魚가 말하였다.

"옛날에는 六畜을 서로 쓰지 않았고, 작은 제사에는 큰 희생을 쓰지 않았는데, 하물며 감히 사람을 쓴다는 말입니까. 제사는 사람을 위해서 지내는 것이고 백성은 神의 主人이니, 사람을 희생으로 쓴다면 그 어느 神이 歆饗하겠습니까. 齊 桓公은 망해가는 세 나라를 보존시켜 諸侯들을 服屬시켰는데도 義士는 오히려 德이 부족하다고 하였는데, 임금께서는 지금 한 번의 會合에서 두 나라 임금을 해치고, 또 鄫子를 淫昏한 귀신(妖邪한 귀신)의 제사에 희생으로 써서 霸者가 되기를 구하고자 하시니 어찌 어렵지 않겠습니까."

12-01-02 季平子用人於亳社　季平子가 亳社에 사람을 犧牲으로 쓰다

【左傳】 昭十年이라 秋에 平子伐莒하야 取郠[1]하다 獻俘[2]할새 始用人於亳社[3]하다 臧武仲在齊하야 聞之하고 曰 周公其不享魯祭乎ㄴ저 周公享義어늘 魯無義[4]로다 詩曰 德音孔昭하야 視民不佻[5]라하니라 佻之謂甚矣어늘 而一用之[6]하니 將誰福哉아

1) 〔역주〕 平子伐莒 取郠 : 郠은 莒나라 邑이다. 郠邑을 취한 것을 經에 기록하지 않은 것은 昭公이 郠邑을 취한 일로 13년에 平丘의 會合에서 聲討를 당하였기 때문에 魯나라가 이를 숨긴 것이다.〈杜注〉

2) 〔역주〕 獻俘 : 莒나라에서 잡은 俘虜를 太廟에 바친 것이다.〈附注〉

3) 〔역주〕 始用人於亳社 : 사람을 殷社에 희생으로 쓴 것이다.〈杜注〉 魯나라에 殷社가 있었다.

4) 〔역주〕 周公享義 魯無義 : 臧武仲은 바로 臧孫紇이다. 이때 出奔하여 齊나라에 있었다. 魯나라가 사람을 죽여 제사 지낸 것이 바로 道義를 무시한 것이다.〈附注〉

5) 〔역주〕 詩曰……視民不佻 : 詩는 ≪詩經≫ 〈小雅 鹿鳴〉의 詩句이다. 佻는 偸(구차함)이다. 백성 보기를 상처 입은 자를 보듯이 애처롭게 여기고 감히 투박하게 대하지 않았다는 말이다.〈附注〉

6) 〔역주〕 而一用之 : 一은 同이니, 사람을 畜生과 동일하게 여겼다는 말이다.〈杜注〉

昭公 10년, 가을에 季平子가 莒나라를 쳐서 郠邑을 취하였다. 〈勝戰하고 돌아와 太廟에〉 俘虜를 바칠 때 비로소 亳社에 사람을 犧牲으로 썼다. 臧武仲이 齊나라에서 이 소식을 듣고 다음과 같이 말하였다.

"周公은 아마도 魯나라의 제사를 歆饗하지 않을 것이다. 周公은 道義에 맞는 제사를 흠향할 것인데, 魯나라가 도의를 무시했으니 말이다. ≪詩經≫에 '德音(道德에 맞는 말)이 매우 밝아서, 백성 대하기를 偸薄(苟且)하지 않게 하네.'라고 하였다. 투박한 것도 심하다고 할 수 있는데 〈사람과 牛羊을〉 동일하게 여겨 희생으로 썼으니 장차 어찌〔誰〕 福을 받을 수 있겠는가?"

12-01-03 楚子用隱太子　楚子가 隱太子를 犧牲으로 쓰다

【左傳】 昭十一年이라 冬十一月에 楚子滅蔡하고 用隱大子[1]于岡山하다 申無宇曰 不祥이라 五牲不相爲用이어든 況用諸侯乎[2]아 王必悔之[3]하리라

1)〔역주〕隱大子 : 蔡 靈公의 아들이고 蔡侯 廬의 아버지이다.〈杜注〉
2)〔역주〕五牲不相爲用 : 五牲은 牛・羊・豕・犬・雞이다. 不相爲用은 이를테면 馬先(말의 祖上)의 제사에 말을 희생으로 쓰지 않는 類이다.〈附注〉
3)〔역주〕王必悔之 : 暴虐한 짓을 한 것을 후회할 것이라는 말이다.〈杜注〉

昭公 11년, 겨울 11월에 楚子가 蔡나라를 멸하고서 隱太子를 죽여 岡山에 지내는 제사에 犧牲으로 썼다. 申無宇가 말하기를 "상서롭지 못하다. 五牲을 서로 희생으로 쓰지 않는 것인데 하물며 諸侯를 쓴단 말인가? 楚王은 반드시 후회하게 될 것이다."라고 하였다.

【主意】 無間則仁하고 有間則暴니 幽明物我가 本同一體로되 宋襄季孫楚靈之徒가 不知此理하야 視幽明物我爲有間이라 於是便己而媚神하고 媚神而殺人하야 淪於殘忍暴虐之爲也로다

〈마음에 物我의〉 간격이 없으면 仁厚하고, 간격이 있으면 殘暴하다. 幽(귀신)와 明(사람), 物과 我가 본래 동일체인데, 宋 襄公・季孫子・楚 靈王 등은 이런 이치를 모르고서 幽와 明, 物과 我를 간격이 있는 것으로 보았다. 이에 제 몸을 이롭게 하기 위하여 귀신에게 아첨하고, 귀신에게 아첨하기 위하여 사람을 죽여, 잔인하고 포학한 짓거리를 하는 죄에 빠졌다.

無間則仁[1]하고 有間則暴[2]라 無間則天下皆吾體니 烏得而不仁[3]이며 有間則獨私其

身하니 **烏得而不暴**[4]리오 **幽明也**[5]와 **物我也**[6]는 **混混同流而無間者也**[7]라 **喜同一喜**[8]하니 **喜觸於心**이면 **則幽明物我 不約而皆喜**[9]하며 **怒同一怒**[10]하니 **怒觸於心**이면 **則幽明物我 不約而皆怒**[11]라 **判而爲慘舒休戚愛憎哀樂之情**[12]하고 **別而爲盈虛予奪損益是非之理**[13]하며 **散而爲禍福利害安危死生之變**[14]하야 **彼動則此應**하고 **彼發則此知**[15]하니 **未嘗有間也**[16]라

1) 無間則仁：仁者 以天地萬物爲一體

仁者는 天地 萬物을 一體로 여기기 때문이다.

2) 有間則暴：不仁者 私於家 則隔藩墻而分比隣 私於己 則隔形骸[*)]而分爾汝

不仁者는 자기 집을 사사로이 여겨 담으로 막아 이웃과 분리하고, 자기를 사사로이 여겨 形骸에 막혀 나와 너로 분리한다.

*)〔역주〕形骸：私慾을 뜻한다.

3) 無間則天下皆吾體 烏得而不仁：說無間則仁之意

〈物我의〉 간격이 없으면 仁厚해진다는 뜻을 설명한 것이다.

4) 有間則獨私其身 烏得而不暴：說有間則暴之意 ○ 起語數句 話頭甚大

〈物我의〉 간격이 있으면 잔포해진다는 뜻을 설명한 것이다. ○ 첫머리의 몇 구절은 話頭가 매우 크다.

5) 幽明也：幽 謂鬼神 明 謂人物

幽는 鬼神을 이르고, 明은 人物을 이른다.

6) 物我也：物 謂人 我 謂己

物은 남을 이르고, 我는 나를 이른다.

7) 混混同流而無間者也：本同一體

본래 동일체라는 말이다.

8) 喜同一喜：同一體 則同一性情

동일체이면 性情도 동일하다.

9) 喜觸於心……不約而皆喜：喜之情同故也

기뻐하는 感情이 같기 때문이다.

10) 怒同一怒：人有七情 擧喜怒兩端 對言[*)]之

사람에게 七情이 있으나, 기쁨과 분노 두 가지를 들어 對言한 것이다.

*)〔역주〕對言：對文과 같은 말로 훈고학에서 뜻이 상반되거나 관련이 있는 詞句를 상대시켜 형성한 문장을 이른다.

11) 怒觸於心……不約而皆怒：怒之情亦同也

분노하는 感情이 또한 같기 때문이다.

12) 判而爲慘舒休戚愛憎哀樂之情：變文好 ○ 有慘必有舒 有休必有戚 有愛必有憎 有哀必有樂 其情無不同也

문장의 변화가 좋다. ○ 참혹함이 있으면 반드시 舒泰(마음이 편안함)함이 있고, 편안함이 있으면 반드시 근심이 있고, 사랑이 있으면 반드시 미움이 있고, 슬픔이 있으면 반드시 즐거움이 있게 마련이니, 그 感情이 같지 않음이 없다.

13) 別而爲盈虛予奪損益是非之理：有盈必有虛 有與必有奪 有是必有非 有損必有益 其理無不同也

참이 있으면 반드시 빔이 있고, 줌이 있으면 반드시 뺏음이 있고, 옳음이 있으면 반드시 그름이 있고, 덜어짐이 있으면 반드시 보태짐이 있게 마련이니, 그 이치가 같지 않음이 없다.

14) 散而爲禍福利害安危死生之變：有禍必有福 有利必有害 有安必有危 有死必有生 其變無不同也

화가 있으면 반드시 복이 있고, 이로움이 있으면 반드시 해로움이 있고, 편안함이 있으면 반드시 위태로움이 있고, 죽음이 있으면 반드시 삶이 있게 마련이니, 그 변화가 같지 않음이 없다.

15) 彼發則此知：以上皆發明幽明物我本同一體之意

이상은 모두 幽와 明, 物과 我가 본래 동일체라는 뜻을 분명하게 드러낸 것이다.

16) 未嘗有間也：知幽明物我之無間則仁矣

幽와 明, 物과 我에 간격이 없음을 안다면 仁者라는 말이다.

〈마음에 物我의〉 간격이 없으면 仁厚하고, 간격이 있으면 잔포하다. 간격이 없으면 천하가 모두 내 몸이니 어찌 인후하지 않을 수 있겠으며, 간격이 있으면 제 몸만을 偏愛하니 어찌 잔포하지 않을 수 있겠는가?

幽와 明, 物과 我는 여러 줄기의 물이 하나로 합쳐져 흐르는 것과 같아 간격이 없다. 기쁘면 다함께 기쁘니 기쁨이 마음을 자극하면 幽와 明, 物과 我가 약속하지 않고도 모두 기뻐하고, 분노하면 다함께 분노하니 분노가 마음을 자극하면 幽와 明, 物과 我가 약속하지 않고도 모두 분노한다.

이것이 갈라져서 慘舒・休戚・愛憎・哀樂의 感情이 되고, 나뉘어 盈虛・予奪・損益・是非의 이치가 되며, 흩어져서 禍福・利害・安危・死生의 변화가 되는데, 저것이 움직이면 이것이 반응하고 저것이 발생하면 이것이 지각하니 일찍이 간격이 있은 적이 없었다.

昔之仁人이 **所以視民如傷者**[1] **豈以冥冥之不可欺**[2]며 **昭昭之不可犯哉**[3]리오 **幽明物我**는 **通爲一體**[4]니 **不見有可傷之地也**[5]라 **旣傷於民**이면 **亦傷於身**[6]하고 **旣傷於身**이면 **復**(부)**傷於神**[7]이라 **噫**라 **知此者**는 **其知仁之方乎**[8]인저

1) 昔之仁人 所以視民如傷者：孟子曰 文王視民如(蕩)〔傷〕[*]

孟子가 말하였다. "文王은, 백성 보기를 상처를 입은 것처럼 안쓰럽게 여겼다."

*)〔역주〕孟子曰 文王視民如(蕩)〔傷〕：저본에는 '蕩'으로 되어 있으나, ≪孟子≫〈離婁 下〉에 의거하여 '傷'으로 바로잡았다.

2) 豈以冥冥之不可欺：冥冥謂鬼神

冥冥은 귀신을 이른다.

3) 昭昭之不可犯哉：昭昭 謂天地 言仁人非爲天地鬼神之可畏 乃始視民如傷也

昭昭는 天地를 이르니, 仁人이 天地와 鬼神을 두렵게 여기지 않아야 비로소 백성 보기를 상처를 입은 것처럼 안쓰럽게 여길 수 있다는 것을 말한 것이다.

4) 幽明物我 通爲一體：斷以主意

主意를 단정한 것이다.

5) 不見有可傷之地也：引用如傷事極好 同體皆不可傷 況可殺人以祭鬼乎

상처처럼 여긴 일을 인용한 것이 매우 좋다. 같은 몸도 모두 상해할 수 없는데 하물며 사람을 죽여〈희생으로 써서〉귀신에게 제사 지낼 수 있겠는가?

6) 旣傷於民 亦傷於身：物我同體故也

남과 내가 같은 몸이기 때문이다.

7) 旣傷於身 復(부)傷於神：幽明同體故也

鬼神〔幽〕과 人物〔明〕이 같은 몸이기 때문이다.

8) 知此者 其知仁之方乎：方 猶術也 孔子言可謂仁之方 孟子言是乃仁術也 仁至難言 故假於實事以曉人 如方術然 可以推類而通之也

方은 '術(방법)'과 같다. 공자는 "仁을 행하는 방법이라고 이를 수 있다."라고 하였고, 孟子는 "이것이 바로 仁을 행하는 방법이다"라고 하였다. 仁은 말로 표현하기가 지극히 어렵기 때문에 실제의 일을 빌려 사람들을 깨우쳐 마치 방술처럼 類推해 통할 수 있게 한 것이다.

옛날의 어진 사람이 백성 보기를 상처를 입은 것처럼 안쓰럽게 본 까닭이, 어찌 어두운 곳의 귀신을 속일 수 없고 밝은 곳의 사람들의 눈을 침범할 수 없다고 여겨서이겠는가? 幽와 明, 物과 我는 모두 한 몸이니 상처를 입힐 만한 곳을 보지 못한 것이

다. 이미 백성에게 상처를 입혔다면 제 몸도 상처를 입을 것이고, 이미 제 몸이 상처를 입었다면 다시 神에게도 상처를 입히게 될 것이다. 아! 이것을 아는 자는 아마도 仁을 행하는 방법을 알 것이다.

不仁則不覺[1]하고 **不覺則不合**[2]이라 **幽明不合**이면 **而有人與(物)〔神〕**[3]**之間焉**[4]하고 **物我不合**이면 **而有人與己之間焉**[5]이라 **遂以爲苟便於身**이면 **何恥乎媚神**[6]이며 **苟媚於神**이면 **何恤乎害人**[7]이라하야 **以妄傳妄**[8]하고 **以僞傳僞**[9]하니 **然後嚚淫怪誕之說興**[10]하고 **然後焄蒿悽愴之妖作**[11]하며 **然後陰詭側僻之祀起**[12]하고 **然後釁塗刳剔之亂生**[13]이라 **如宋襄楚靈季平子之事**[14]는 **蓋有戎狄禽獸**[15]**之所不忍爲者**[16]라 **非天獨賦以酷戾狠逆之性也**[17]라 **私己深**[18]하고 **畏神甚**[19]하야 **淪惑其心**하야 **而至此極也**[20]라 **一時之君子 隨而議之**[21]나 **是猶詆蚩尤之殘**하고 **哂盜跖之貪**하야 **適爲贅爾**하니 **曷若求其爲暴之原而滌之乎**[22]아

1) 不仁則不覺：不仁之人 觸處皆蔽
어질지 않은 사람은 가는 곳마다 모두 가려진다는 말이다.

2) 不覺則不合：獨私其身 謂民物自爲民物 鬼神自爲鬼神
사사로이 제 몸만을 아껴 民物은 民物이고 鬼神은 鬼神이라고 이르기 때문이다.

3) 〔역주〕：(物)〔神〕：저본에는 '物'로 되어 있으나, 三民書局本에 의거하여 '神'으로 바로잡았다.

4) 而有人與(物)〔神〕之間焉：於是 有私己畏神之擧
이에 제 몸만을 아끼고 귀신을 두려워하는 일이 있게 되었다는 말이다.

5) 而有人與己之間焉：於是 有殺人媚神之事
이에 사람을 죽여 귀신에게 아첨하는 일이 있게 되었다는 말이다.

6) 何恥乎媚神：視幽明爲有間
幽明을 간격이 있는 것으로 보기 때문이다.

7) 何恤乎害人：視物我爲有間
物我를 간격이 있는 것으로 보기 때문이다.

8) 以妄傳妄：不誠則妄
성실하지 않으면 망령된다.

9) 以僞傳僞：不眞則僞 僞妄相傳 其弊至於殺人祭鬼

진실하지 않으면 거짓이 되니, 거짓과 허망을 서로 전하면 그 폐단이 사람을 죽여 귀신에게 제사 지내는 데에 이른다.

10) 然後囂淫怪誕之說興：神怪之論

신비하고 괴이한 의론이다.

11) 然後君蒿悽愴之妖作：妖之事

요사스런 일이다.

12) 然後陰詭側僻之祀起：祭淫昏之鬼

부정한 귀신에게 제사 지낸 것이다.

13) 然後釁塗刳剔之亂生：肆(崴)〔屠〕*)殺之毒

도살하는 악독한 짓을 제멋대로 행한 것이다.

*)〔역주〕(崴)〔屠〕: 저본에는 '崴'로 되어 있으나, 문맥을 살펴 '屠'로 바로잡았다.

14) 如宋襄楚靈季平子之事：三事竝見本題註

3가지 일은 모두 本題 註에 보인다.

15)〔역주〕戎狄禽獸：四庫全書本에는 '禽獸異類'로 되어 있다.

16) 蓋有戎狄禽獸之所不忍爲者：殺人祭鬼 非理之甚

사람을 죽여 귀신에게 제사 지내는 것은 도리에 어긋남이 심하다.

17) 非天獨賦以酷戾狠逆之性也：人性皆善 而三人所爲如此

사람의 본성은 모두 善한데 세 사람의 행위는 이와 같았다.

18) 私己深：始於視人己爲有間

남과 나 사이에 간격이 있다고 보는 데서 비롯한다.

19) 畏神甚：繼而視幽明爲有間

이어 幽와 明에 간격이 있는 것으로 본 것이다.

20) 淪惑其心 而至此極也：有間則暴 故其末流至此

간격이 있으면 잔포하기 때문에 末流가 이 지경에 이른다는 말이다.

21) 一時之君子 隨而議之：謂子魚臧孫申無宇之徒

子魚・臧孫・申無宇의 무리를 이른다.

22) 曷若求其爲暴之原而滌之乎：滌 洗也 此句生下文意

滌은 닦아낸다는 뜻이다. 이 구절은 아래 글의 뜻을 생성하였다.

仁心이 없으면 공통의 감각이 없고, 공통의 감각이 없으면 융합할 수 없다. 幽와 明이 융합하지 못하면 사람과 귀신 사이에 간격이 있고, 나와 남이 융합하지 않으면 남과 나 사이에 간격이 있다.

마침내 자신에게 편리하다면 귀신에게 아첨하기를 부끄러워할 게 뭐 있으며, 귀신에게 아첨해야 한다면 사람 해치는 것을 걱정할 게 뭐 있느냐고 하여 망령된 말을 망령되이 전하고 거짓을 거짓으로 전하니, 그런 뒤에 경박하고 음란하며 괴이하고 허탄한 說들이 일어나고, 그런 뒤에 사람의 魂氣가 상승해 사람을 슬프게 한다는 妖說이 일어나고, 그런 뒤에 몰래 속이는 부정한 제사가 시작되고, 그런 뒤에 器物에 피를 바르고 배를 가르는 悖亂이 생겨났다.

宋 襄公・楚 靈王・季平子가 한 일은 짐승 같은 戎狄도 차마하지 못한 바이다. 이는 하늘이 유독 잔혹하고 패려궂고 사납고 거스르는 심성을 부여해서가 아니라, 자기를 편애함이 깊고 귀신을 두려워함이 심하여 마음이 미혹되어 이러한 지경에 이른 것이다. 당시의 군자들이 따라서 비평하였으나 이는 蚩尤의 잔학을 꾸짖고 盜跖의 탐욕을 비웃는 것과 같아서 다만 쓸데없는 군말이 될 뿐이니, 어찌 그 포학의 근원을 찾아서 깨끗이 제거하는 것만 하겠는가?

天下之理는 **有通有塞**[1)]하니 **其通耶**[2)]엔 **八荒之外**[3)]와 **六合之內**[4)]에 **幽明物我**가 **上際下蟠**하야 **不見其間**[5)]하니 **孰非吾仁者哉**[6)]리오 **其塞耶**[7)]엔 **雖汲汲以愛人利物爲志**[8)]하야 **朝三省而日九思**라도 **然在此有毫芒之塞**[9)]이면 **則在彼有尋丈之間**하야 **發於其身**[10)]하야 **害於其事**[11)]하고 **發於其事**[12)]하야 **害於其政**[13)]하야 **民有不得其死者矣**[14)]리라 **一念之毒**이 **流金鑠石**[15)]하고 **一念之駛**[16)]가 **奔電走霆**[17)]이라 **雖未嘗以兵殺人**이나 **實以心殺人**[18)]이요 **雖未嘗用人以祭社之神**이나 **而實用人以祭心之神也**[19)]라 **其視宋襄輩**컨대 **何以大相過乎**[20)]리오 **通者**는 **仁之門也**[21)]요 **塞者**는 **暴之門也**[22)]라 **是故**로 **欲仁者**는 **不于其仁**하고 **于其通**[23)]하며 **去暴者**는 **不于其暴**하고 **于其塞**[24)]이니라

1) 有通有塞 : 通則無間 塞則有間

통하면 간격이 없고, 막히면 간격이 있다.

2) 其通耶 : 此下說理之通者

이 이하는 이치가 통하는 것에 대하여 설명한 것이다.

3) 八荒之外 : 爾雅云 泰遠邠國(漢)〔濮〕[*)]鈆祝栗謂之四極 觚竹北戶西王母日下謂之四荒

≪爾雅≫에 이르기를 "泰遠・邠國・濮鈆・祝栗을 四極이라고 하고, 觚竹・北戶・西王母・日下를 四荒이라고 한다."라고 하였다.

*) 〔역주〕 (漢)〔濮〕 : 저본에는 '漢'으로 되어 있으나, ≪爾雅≫에 의거하여 '濮'으로 바로잡았다.

4) 六合之內 : 上下四方 謂之六合

上下와 四方(동서남북)을 六合이라고 한다.

5) 不見其間 : 通故如此

통하기 때문에 이와 같은 것이다.

6) 孰非吾仁者哉 : 無間故仁

간격이 없기 때문에 仁하다는 말이다.

7) 其塞耶 : 此下說理之塞者

이 이하는 이치가 막힌 것에 대하여 설명한 것이다.

8) 雖汲汲以愛人利物爲志 : 雖愚蔽之人 誰無此志

비록 어리석어 사리를 모르는 사람이라도 누가 이런 뜻이 없겠는가?

9) 然在此有毫芒之塞 : 視此身之外 皆與自己不相干

자기 몸 밖은 모두 자기와 상관없는 것으로 본다는 말이다.

10) 則在彼有尋丈之間 發於其身 : 不仁之心

不仁한 마음을 이른다.

11) 害於其事 : 見於有爲 皆不仁也

행위에 드러나는 것이 모두 不仁하기 때문이다.

12) 發於其事 : 不仁之事

不仁한 일을 이른다.

13) 害於其政 : 施於有政 皆不仁也

정사에 시행되는 것이 모두 不仁하기 때문이다.

14) 民有不得其死者矣 : 不待用以祭鬼 而殺人多矣

〈사람을 제물로〉 써서 귀신에게 제사 지내는 일이 아니더라도 사람을 죽이는 일이 많을 것이라는 말이다.

15) 一念之毒 流金鑠石 : 喩其毒之至烈

그 독이 지극히 맹렬함을 비유한 말이다.

16) 一念之駛 : 音史

〈駛의〉 독음은 '史'이다.

17) 奔電走霆 : 喩其暴之至速

포학함이 매우 빠름을 비유한 것이다.

18) 雖未嘗以兵殺人 實以心殺人 : 念念無非害人之心

생각마다 사람을 해치는 마음 아님이 없다는 말이다.

19) 雖未嘗用人以祭社之神 而實用人以祭心之神也 : 時時無非嗜殺之心 ○ 造語極精巧

어느 때이고 사람 죽이기를 즐기는 마음 아님이 없다는 말이다. ○ 造語가 매우 정교하다.

20) 其視宋襄輩 何以大相過乎 : 與宋襄楚靈季平子之心 其毒烈則一也

宋 襄公·楚 靈王·季平子의 마음과 그 독이 맹렬한 것은 같다는 말이다.

21) 通者 仁之門也 : 通則無間 故爲仁之門

통하면 간격이 없기 때문에 仁으로 들어가는 문이 된다.

22) 塞者 暴之門也 : 塞則有間 故爲暴之門

막히면 간격이 있기 때문에 포학으로 들어가는 문이 된다.

23) 欲仁者……于其通 : 由其通者 則漸漸可以至於仁矣

통함으로 말미암는 자는 점점 仁에 이를 수 있다는 말이다.

24) 去暴者……于其塞 : 撤其塞者 則漸漸可以銷其暴矣 ○ 結語深有理趣

막힘을 제거하는 자는 점점 포학함을 없앨 수 있다는 말이다. ○ 맺음말에 깊은 의리의 정취가 있다.

天下의 이치는 통함도 있고 막힘도 있다. 통하는 경우에는 八荒의 밖과 六合의 안에 幽明과 物我가 상하에 꽉 차서 그 간격을 볼 수 없으니 무엇인들 나의 仁이 아니겠는가? 막힌 경우에는 비록 급급히 사람을 사랑하고 외물을 이롭게 하는 것으로 뜻을 삼아 아침마다 세 번 반성하고 날마다 아홉 번 생각하더라도 여기에 털끝만치라도 막힘이 있으면 저기에 있는 크게 벌어진 간격이 그 몸에서 생겨나 그 일을 해치고, 그 일에서 생겨나 그 정치를 해쳐서 백성들이 제명대로 죽지도 못하게 된다.

악독한 일념이 金石을 녹이고, 달리고픈 일념이 번개나 우레보다 빠르다. 비록 무기로 사람을 죽이지는 않았으나 실제로 마음으로는 사람을 죽인 것이고, 비록 사람을 社神의 제사에 희생으로 쓰지는 않았으나 실제로 마음은 사람을 제물로 쓴 것이다. 그렇다면 宋 襄公의 무리에 비해 무슨 큰 차이가 있는가?

통함은 仁으로 들어가는 문이고, 막힘은 포학으로 들어가는 문이다. 그러므로 仁者가 되고자 하는 자는 그 仁을 구하는 데 마음을 쓰지 않고 통하기를 구하는 데에 마음을 쓰며, 포학을 제거하고자 하는 자는 그 포학을 제거하는 데에 마음을 쓰지 않고 막힘을 제거하는 데에 마음을 쓴다.

12-02 衛旱伐邢 衛나라에 가뭄이 들자 邢나라를 치다

【左傳】 僖一十九年이라 秋에 衛大旱하야 卜有事[1)]於山川하니 不吉이라 甯莊子曰 昔周饑에 克商而年豐이니이다 今邢無道하고 諸侯無伯(패)하니 天其或者欲使衛討邢乎아 從之하야 師興而雨[2)]하다

1) 〔역주〕 有事 : 제사를 이른다.〈杜注〉

2) 〔역주〕 師興而雨 : 李震相은 "邢나라를 토벌하자 마침 비가 내린 것이지 하늘의 뜻은 아니다."라고 하였다.(≪春秋集傳≫)

僖公 19년, 가을에 衛나라에 크게 가뭄이 들어 山川의 神에 祈雨祭 지낼 것을 점치니 不吉하였다. 甯莊子가 말하였다.

"옛날 周나라에 饑饉이 들었을 때 商나라를 쳐서 이기자 풍년이 들었다고 합니다. 지금 邢나라가 無道하고 諸侯에는 패자가 없으니, 하늘이 혹시 우리 衛나라로 하여금 邢나라를 치게 하려는 것이 아닌지요."

衛侯가 그의 말을 따라 군사를 일으키니 비가 내렸다.

昔之善用兵者는 託於怪神以使其衆하니 雖苟收一時之勝이라도 其患有遂流於後世而不可解者矣라 然所託者가 出於人之所共疑면 則其患淺하고 出於人之所共信이면 則其患深이라 卜偃之牛聲[1)]과 田單之禽翔[2)]과 陳勝之書帛[3)]과 樊崇之探籌[4)]는 皆託神怪以譎衆者也라 是其說妖誕不經하니 可以欺愚者나 而不可以欺智士며 可以欺小人이나 而不可以欺君子며 可以欺一時나 而不可以欺後世니 亦何足與深辨哉리오 乃若衛之伐邢에 其所托者는 有不得不辨者焉이로라

1) 卜偃之牛聲 : 僖三十二年[*)]

≪春秋左氏傳≫ 僖公 32년에 보인다.

*) 〔역주〕 僖三十二年 : 晉 文公이 卒하자, 曲沃에 殯하기 위해 絳(晉의 國都)을 나가는데, 靈柩에서 소 울음 같은 소리가 나니, 卜偃이 大夫들에게 절하게 하며 말하기를 "君께서 大事를 명하셨다. 장차 秦나라의 군대가 우리나라를 지나갈 것이니 저들을 공격하면 반드시 크게 승리할 것이다."라고 하였다. 卜偃은 이를 가탁해 전쟁을 부추긴 것이다.

2) 田單之禽翔 : 史記[*)]

≪史記≫ 〈田單傳〉에 보인다.

*)〔역주〕史記:戰國時代, 燕나라가 齊나라를 공격하여 70여 城을 함락했는데, 齊나라 장군으로 추대된 田單이, 성 안의 사람들에게 끼니때마다 반드시 뜰에 음식을 차려놓고 조상들에게 제사를 지내도록 명하였다. 그러자 새들이 비상하다가 내려와 그 음식을 먹으니 연나라 사람들은 이를 괴상하게 여겼다. 이에 전단은 "신께서 우리를 가르쳐주시기 위해 내려오시는 것이다."라고 선전하였다. 그 뒤 다시 부녀자들과 소를 군사처럼 보이게 하는 계책을 써서 연나라를 물리쳤다.

3) 陳勝之書帛:見漢書陳勝傳*)

≪漢書≫ 〈陳勝傳〉에 보인다.

*)〔역주〕見漢書陳勝傳:秦나라 二世皇帝 때, 陳勝이 수자리 살 군사를 인솔하고 漁陽으로 갈 때에 폭우로 인하여 기일을 지키지 못하게 되자, 吳廣과 함께 반란을 일으킨 뒤, 비단에 붉은 글씨로 '陳勝王'이라는 세 글자를 써서 몰래 어망 속의 물고기 뱃속에 넣고는 나중에 사람들에게 물고기 뱃속에서 이것을 꺼내게 하여 하늘의 뜻이라고 속여 왕이 되었다.

4) 樊崇之探籌:見後漢劉盆子傳*)

≪後漢書≫ 〈劉盆子傳〉에 보인다.

*)〔역주〕見後漢劉盆子傳:王莽 후기에(前漢 末期) 樊崇이 군사를 일으켜 王莽에 반기를 들고 漢나라의 宗室을 황제로 세우고자 하여 軍中에서 景王의 후손 70여 인을 발견하였는데, 그중에 劉盆子 및 劉茂·劉孝만이 가장 가까운 親屬이었다. 세 사람 중에 누구를 황제로 세우는 것이 좋을지를 몰라 심지 뽑기를 시켜 劉盆子를 황제로 세운 일을 이른다.

옛날에 用兵을 잘한 자들은 기괴한 귀신에 가탁하여 군대를 부렸으니, 비록 구차히 한때의 승리를 거두기는 하였으나 그 환란이 마침내 후세에 流傳되어 해결할 수 없는 경우가 있었다.

그러나 가탁한 것이 사람들이 다함께 의심하는 것인 경우에는 환란이 경미했고, 사람들이 다함께 믿는 것인 경우에는 환란이 심각하였다. 卜偃이 〈棺 안에서 나는〉 소 울음소리를 듣고 〈적의 침입을 안〉 일과, 田單이 새가 모여들게 한 일과, 陳勝이 〈물고기 뱃속에〉 帛書를 넣은 일과, 樊崇이 심지를 뽑게 한 일이 모두 神怪에 가탁하여 군중을 속인 것이다.

이는 그 말이 요사스럽고 허탄하여 常理에 맞지 않으니, 어리석은 자는 속일 수 있겠지만 지혜로운 자는 속일 수 없고, 소인은 속일 수 있겠지만 군자는 속일 수 없으며, 한때는 속일 수 있겠지만 후세까지 속일 수는 없으니, 이 또한 어찌 깊이 변론할 가치가 있겠는가? 그러나 衛나라가 邢나라를 칠 때에 가탁한 것은 변론하지 않을 수 없다.

天者는 **人之所大也**요 **聖人者**는 **人之所尊也**니 **以天爲辭**면 **人孰敢違**며 **以聖人爲辭**면 **人孰敢議**리오 **衛方欲伐邢**이나 **而患無以使其衆**이라 **甯莊子乃因歲旱之災**하야 **爲動民之具**하야 **其言曰 昔**에 **周饑**에 **克商而年豐**이라 **今邢方無道**하니 **天其或者使衛討邢乎**인저 **甯莊子之意**는 **不過欲假天之神**하고 **借武王之重**하야 **取衆人之所共信者**하야 **誑脅其民而使之戰耳**라 **滹沱(호타)之濟**에 **非果能前知其冰也**라 **濟適與冰會也**[1]요 **伐邢之役**에 **非果能前知其雨也**라 **師適與雨會也**라 **逢其適然**이어늘 **而人遂以爲必然**하야 **甯莊子之說**이 **遂行於後世矣**로다

1) 滹沱(호타)之濟……濟適與冰會也 : 漢光武起兵 至下曲陽傳 聞王郎兵在後 從者皆恐 至滹沱河 侯*1)吏還白 河水流澌*2) 無船不可濟 使王霸往視之 霸恐驚衆 欲且前阻水 還卽詭曰 冰堅可渡 官屬皆喜 光武笑曰 侯吏果妄語也 遂前比至河 河冰亦合 乃令王霸護渡 未畢數騎而冰解*3)

漢 光武帝가 군대를 일으켜 下曲陽의 여관에 이르렀을 때, 王郎의 군대가 뒤에 있다는 말을 들었다. 수행하던 자들이 모두 두려워하였는데, 滹沱河에 이르니 정탐하는 관리가 돌아와 아뢰기를 "河水에 얼음이 떠다니고 배가 없어 건널 수가 없습니다."라고 하였다. 광무제가 王霸로 하여금 가서 살펴보게 하였는데, 王霸는 사람들이 놀랄까 염려하고 또 앞으로 나아가 물에 의지하여 막고자 해서 돌아와 즉시 거짓으로 말하기를 "얼음이 단단히 얼어 건널 수 있습니다."라고 하니, 官屬들이 모두 기뻐하였다. 광무제가 웃으며 말하기를 "정탐하는 관리가 참으로 망령된 말을 하였다."라고 하고는 마침내 앞으로 나아가 河水에 이르니, 河水의 얼음이 또한 얼어 있었다. 이에 王霸로 하여금 호위하여 건너게 하였는데, 〈다 건너고〉 몇 騎만이 건너지 못했을 때 얼음이 풀렸다.

*1) 〔역주〕 侯 : 候와 같다.

*2) 〔역주〕 澌 : 음이 '시'이니, 해빙이 되어 물위에 떠다니는 얼음덩이를 이른다.

*3) 〔역주〕 漢光武起兵……未畢數騎而冰解 : ≪後漢書≫ 〈王霸傳〉에 나온다.

하늘은 사람들이 위대하게 여기는 바이고, 聖人은 사람들이 존엄하게 여기는 바이니, 하늘을 핑계 대면 누가 감히 어기겠으며, 성인을 핑계 대면 누가 감히 비방하겠는가?

衛나라가 바야흐로 邢나라를 치고 싶었으나 그 백성을 출전시킬 명분이 없어 걱정스럽자 甯莊子는 이에 旱災를 이용해 백성을 동원할 구실로 삼아 말하기를 "옛날 周나

라에 饑饉이 들었을 때 商나라를 쳐서 이기자 풍년이 들었다고 합니다. 지금 邢나라가 바야흐로 無道하니, 하늘이 혹시 우리 衛나라로 하여금 邢나라를 치게 하려는 것이 아닌지요."라고 하였다.

甯莊子의 의도는, 하늘의 신명과 武王의 重望을 빌리어, 민중이 함께 신뢰하는 〈하늘과 무왕의〉 일을 취하여 백성을 속이고 위협하여 전쟁하도록 하는 데 지나지 않았을 뿐이다. 滹沱河를 건널 때에 과연 미리 얼음이 얼 것을 안 것이 아니라 건널 때에 마침 얼음이 언 것을 만난 것이고, 邢나라를 치는 전쟁에 과연 미리 비가 올 것을 안 것이 아니라, 군대가 마침 비를 만난 것이다. 그런 우연을 만난 것뿐인데, 사람들은 이를 마침내 필연으로 여겨 甯莊子의 말이 마침내 후세에 전해지게 된 것이다.

是役也 雖衛國之幸이나 **實後世之不幸也**라 **後世徒見伐邢之役**에 **言脫於口**하야 **師出於境**에 **雨降於天**이라 **三者相隨**가 **如枹如鼓**하고 **如影如響**하야 **不約而俱應**하니 **遂以爲天道果可以意窺**하며 **天變果可以術移**라하야 **歸亢旱於乾封**[1)]하고 **歸星變於輔弼**[2)]하며 **歸火災於丁傅**[3)]하야 **矯誣上天**하고 **文飾六經**하야 **傲然無所忌憚**하니 **導其源而遺其毒者**가 **庸非甯莊子乎**아

1) 歸亢旱於乾封 : 漢 武帝 封泰山 改元封元年 明年夏旱 公孫卿曰 黃帝時封 則天旱 乾封三年 乃下詔曰 天意欲乾封乎

漢 武帝가 泰山에서 封祭를 지내고 元封 元年으로 연호를 바꿨다. 이듬해 여름에 가뭄이 들자 公孫卿이 말하기를 "黃帝 때에 封祭를 지내면 날이 가물어서 封土(봉한 흙)를 3년 동안 말렸습니다."라고 하니, 이에 조서를 내리기를 "〈날씨가 가문 것은 아마도〉 하늘의 뜻이 封土를 말리고자 해서인 듯하다."라고 하였다.

漢光武帝眞像

2) 歸星變於輔弼 : 漢成帝 綏和二年 熒惑守心 時翟方進爲相憂之 會郎賁麗善爲星 言大臣宜當之上乃詔見方進 責以政事不治 災害竝臻 百姓窮困 方進卽日自殺

漢 成帝 綏和 2년(B.C. 7)에 熒惑星이 心星 근방에 머무니, 이때 翟方進이 재상이었는데 이를 근심하였다. 마침 낭관 賁麗가 별자리를 잘 보았는데 그가 “大臣이 담당해야 한다.”라고 하니 成帝가 조서를 내려 翟方進을 불러 보고서 ‘政事를 다스리지 못하여 災害가 나란히 이르고 백성이 곤궁하다.’고 꾸짖으니, 翟方進이 그날로 自殺하였다.

3) 歸火災於丁傅 : 傅太后 哀帝祖母也 丁太后 哀帝母也 哀帝卽位 暴〔興〕*1)尤甚 帝崩 王莽秉政 使有司 擧奏丁傅罪惡 奏貶傅太后 號爲定陶共王母 丁太后號曰丁姬 莽復言 請發冢 太后以爲旣已之事 不須復發 莽固爭之 太后*2)詔曰 因故棺爲致棺槨作冢*3) 旣發傅太后冢 崩壓殺數百人 開丁姬槨戶火出炎四五〔丈〕*4) 吏卒以水沃滅乃得入 燒燔槨中器物 莽復奏言 前共王母生 僭居桂宮 皇天震怒 災*5)其〔正〕*6)殿 丁姬死 葬踰制度 今火焚其槨 此天見變以告 當改如媵妾也

傅太后는 哀帝의 祖母이고, 丁太后는 哀帝의 어머니이다. 哀帝가 즉위한 뒤에 〈두 母后의 親家 세력이〉 갑자기 일어남이 더욱 심하였다. 애제가 붕어하자 王莽이 정권을 잡고 有司를 시켜 丁태후와 傅태후의 罪惡을 들어 아뢰게 하고서, 〈王莽이 태황태후에게 아뢰어〉 傅太后의 존호를 貶下하여 ‘定陶共王母’라 하고 ‘丁太后’의 호를 ‘丁姬’라 하였다. 王莽은 〈定陶共王母와 丁姬를 태후의 禮로 장사 지낸 것은 예가 아니라고〉 말하여 그 무덤을 파내어 〈媵妾의 예로 장사 지내기를〉 청하니, 〈太皇太后는〉 이미 지나간 일이니 다시 파낼 필요 없다고 하였다. 王莽이 굳이 爭執(고집을 부림)하니, 太皇太后는 “이전의 棺을 그대로 두고 棺槨을 포개어 새로 무덤을 만들라.”고 조서를 내렸다. 傅太后의 무덤을 파낼 때 무덤이 무너져 수백 명이 壓死하였고, 丁姬의 槨戶(墓室의 문)를 열자 불길이 네다섯 길이나 치솟았다. 관리와 병졸들이 물을 부어 불을 끈 뒤에야 들어가보니 관 속의 기물이 다 불에 탔다. 왕망이 다시 상주하기를 “定陶共王母가 생전에 참람되이 桂宮에 거처하니 皇天이 震怒하여 그 正殿을 불태웠고, 丁姬가 죽었을 때에 葬禮가 제도를 넘었기 때문에 지금 그 관에 불이 난 것입니다. 이는 하늘이 변고를 보여 경고한 것이니 媵妾의 禮로 改葬하는 것이 마땅합니다.”라고 하였다.

*1) 〔역주〕 〔興〕 : 저본에는 1자 빈칸으로 되어 있으나, ≪漢書≫ 〈外戚傳〉에 의거하여 ‘興’을 보충하였다.

*2) 〔역주〕 太后 : 太皇太后이니, 元帝의 后이고 成帝의 어머니이다. 哀帝가 죽었을 때 아들이 없으므로 그녀가 의논하여 平帝를 迎立해서 태자로 삼았으며, 9월에 황제에 즉위하니 이때 平帝의 나이 9세였다. 太皇太后가 조회에 임하고 大司馬 王莽이 정권을 잡았는데, 재위한 지 5년에 王莽이 平帝를 시해하였다.

*3) 〔역주〕 因故棺爲致棺槨作冢 : ≪漢書≫ 〈外戚傳〉의 顔師古의 注에 “致는 포개는 것이다.

〔致 謂累也〕"라고 하였다.

*4) 〔역주〕〔丈〕: 저본에는 1자 빈칸으로 되어 있으나, ≪漢書≫ 〈外戚傳〉에 의거하여 '丈'을 보충하였다.

*5) 〔역주〕 災 : 雷電이나 물체의 상호 마찰로 인해 발생하는 自然發火를 이른다.

*6) 〔역주〕〔正〕: 저본에는 1자 빈칸으로 되어 있으나, ≪漢書≫ 〈外戚傳〉에 의거하여 '正'을 보충하였다.

이번 〈邢나라와의〉 전쟁이 비록 衛나라에는 다행스러운 일이나 실제로 후세의 불행이다. 후세 사람들은 邢나라를 치는 전쟁에 명령이 떨어져서 군대가 국경으로 출동하자, 하늘에서 비가 내린 것만을 보았을 뿐이다.

이 세 가지 일이 서로 뒤따른 것이 마치 북채를 잡고 북을 치면 즉시 소리를 내듯, 형체에 그림자가 생기듯, 소리에 메아리가 치듯 약속하지 않고도 모두 반응하였다. 〈이에 사람들은〉 드디어 天道를 과연 예측할 수 있고, 天氣의 변화를 과연 술법으로 옮길 수 있다고 여겨, 심한 가뭄을 封土를 말리기 위함으로 돌리고, 星像의 변화를 보필하는 신하의 잘못으로 돌리고, 火災를 丁太后와 傅太后의 잘못으로 돌리어, 上天을 矯誣(天命을 가탁하여 무고한 사람을 무함함)하고 六經을 文飾(六經의 말을 빌려 자기의 말을 수식함)하여 오만하게 기탄하는 바가 없었으니, 그 근원을 인도하여 그 독을 끼친 자가 어찌 甯莊子가 아니겠는가?

噫라 **甯莊子欲僥倖一勝**인댄 **尙有他塗也**라 **勢可以使人**이며 **氣可以使人**이며 **賞罰可以使人**이니 **激揚奮發**하면 **豈患無術**이리오 **何爲輕取古今之所共信者**하야 **一朝而墮壞之耶**아 **雖然**이나 **不知天**이면 **則壓以天之大而不敢辨**이요 **不知聖人**이면 **則壓以聖人之尊而不敢爭**이라 **虛服其名**하고 **而實闇其理**하니 **此甯莊輩所以每得行其說也**라

아! 甯莊子가 僥倖으로 한 번 승리하기를 바랐다면 오히려 다른 길이 있었을 것이다. 권세가 사람을 부릴 만하였고, 기세가 사람을 부릴 만하였으며, 賞罰이 사람을 부릴 만하였으니, 民心을 격동시켜 분발하게 하였다면 어찌 방법이 없음을 걱정할 필요가 있었겠는가?

그런데 어찌하여 경솔하게 古今이 함께 신뢰하는 〈하늘과 武王을〉 취하여 하루아침에 그 신뢰를 무너뜨렸는가? 비록 그러나 하늘을 모르면 하늘의 위대함에 눌려서 감

히 〈眞假를〉 분변하지 못하고, 성인을 모르면 성인의 존엄함에 눌려서 감히 〈是非를〉 쟁론하지 못할 것이다. 사람들은 헛되이 하늘과 성인의 명성만을 信服하고 실제로 그 이치에는 어두우니, 이것이 甯莊子 같은 무리들이 매양 그 말을 시행할 수 있었던 이유이다.

眞知天與聖人者는 **異是矣**라 **親見憲貧回夭**나 **而不疑天之〔禍〕**[1]**善**[2]하고 **親見慶富跖壽**나 **而不疑天之〔利〕**[3]**淫**[4]이라 **雖聞速貧速朽之言**이나 **而斷然知其不出於夫子**[5]요 **雖聞血流漂**[6]**杵之言**이나 **而斷然知其不出於武王**[7]이라 **蓋其所知者在理不在事**요 **在實不在名也**니 **政使**[8]**百甯莊子**라도 **亦豈能眩之哉**리오

1) 〔역주〕〔禍〕: 저본에는 1자 빈칸으로 되어 있으나, 四庫全書本에 의거하여 '禍'를 보충하였다.

2) 親見憲貧回夭 而不疑天之〔禍〕善 : 見家語及史記[*]

≪孔子家語≫와 ≪史記≫에 보인다.

*) 〔역주〕 見家語及史記 : ≪孔子家語≫ 〈七十二弟子解〉에 "原憲은 宋나라 사람으로 자는 子思이며, 孔子보다 36세 적다. 자질이 맑고 깨끗하며 절개를 지켜 가난하면서도 천도를 즐기니, 孔子가 魯나라 司寇를 맡고 있을 때 原憲을 자신의 가신으로 삼았다.〔原憲宋人 字子思 少孔子三十六歲 淸淨守節 貧而樂道 孔子爲魯司寇 原憲嘗爲孔子宰〕"라고 하였으며, ≪史記≫ 〈仲尼弟子列傳〉에 "顔回는 魯나라 사람이며 孔子보다 30세 적다. 안회는 29세에 백발이 되었으며 일찍 죽었다.〔顔回者 魯人也 字子淵 少孔子三十歲 回年二十九 髮盡白 蚤死〕"라고 하였다.

3) 〔역주〕〔利〕: 저본에는 1자 빈칸으로 되어 있으나, 四庫全書本에 의거하여 '利'를 보충하

原憲

였다.

4) 親見慶富跖壽 而不疑天之〔利〕淫：齊慶封事見襄二十八年[*1)] 盜跖事見莊子[*2)]

齊나라 慶封의 일은 ≪春秋左氏傳≫ 襄公 28년에 보이고, 盜跖의 일은 ≪莊子≫에 보인다.

*1)〔역주〕齊慶封事見襄二十八年：慶封은 齊나라 대부로 자는 子家이다. 崔杼와 莊公을 시해하고 景公을 세웠으며, 최저의 아들 私鬪와 함께 최씨를 멸하고 경공의 재상이 되었으나 경공이 이들을 죽이려 함에 晉나라로 달아났다가 다시 吳나라로 도망했는데, 후에 楚 靈王이 吳나라를 정벌하고 경봉을 잡아 죽였다. ≪春秋左氏傳≫ 襄公 28년에 "慶封이 吳나라로 도망하였다. 吳王 句餘가 慶封에게 朱方을 주어 그 族人을 모아 그곳에 살게 하니 慶封의 財産이 齊나라에 있을 때보다 더 富裕하였다.〔奔吳 句餘予之朱方 聚其族焉而居之 富於其舊〕"라고 하였다.

*2)〔역주〕盜跖事見莊子：≪莊子≫ 〈盜跖〉에 의하면, 柳下惠의 아우로 성은 展이고 이름은 跖인데, 도적 떼 구천을 거느리고 천하를 횡행한 大盜였기 때문에 사람들이 도척이라 불렀다고 한다. 사람의 간으로 회를 쳐서 먹고 가축을 훔치고 부녀자를 납치하는 등 온갖 악행을 저질렀음에도 장수하였다고 한다.

5) 雖聞速貧速朽之言 而斷然知其不出於夫子：見禮記[*)]

≪禮記≫에 보인다.

*)〔역주〕見禮記：≪禮記≫ 〈檀弓 上〉에, 曾子가 "孔子께서 '관직을 잃으면 빨리 가난하고자 하고 죽으면 빨리 썩고자 한다.〔喪欲速貧 死欲速朽〕'고 하셨다."라고 하니, 有子가 "그것은 군자의 말씀 같지 않다.〔是非君子之言也〕"라고 하였다.

6) 漂：四庫全書本에는 '標'로 되어 있다.

7) 雖聞血流漂杵之言 而斷然知其不出於武王：孟子盡心[*)]

≪孟子≫ 〈盡心〉에 보인다.

*)〔역주〕孟子盡心：≪孟子≫ 〈盡心 下〉에 "나는 ≪書經≫ 〈武成〉에서 두서너 쪽을 취할 뿐이다. 仁人은 천하에 대적할 사람이 없다. 지극한 仁으로 지극히 不仁한 사람을 정벌하였으니, 어찌 그 피가 절굿공이를 떠내려가게 하는 일이 있었겠는가?〔吾於武成 取二三策而已矣 仁人 無敵於天下 以至仁 伐至不仁 而何其血之流杵也〕"라고 하였다.

8)〔역주〕政使：政은 正과 같으니, 正使는 '縱使(설령 ~한다면)'와 같다.

진실로 하늘과 聖人을 아는 자는 이와 다르다. 〈孔子는〉 原憲의 가난과 顔回의 요절을 직접 보았으나 하늘이 善人에게 재앙을 내린다고 의심하지 않았으며, 慶封의 부유와 盜跖의 將帥를 직접 보았으나 하늘이 惡人을 이롭게 한다고 의심하지 않았다. 〈有

子는〉 비록 빨리 가난하고자 하고 빨리 썩고자 한다는 말을 들었으나 결단코 孔夫子에게서 나온 말이 아님을 알았으며, 〈孟子는〉 피가 흘러 절굿공이가 떠내려갔다는 기록을 보았으나 결단코 武王의 일에서 나온 것이 아님을 알았다.

대체로 〈유자와 맹자가〉 안 것은 이치에 있고 일에 있지 않았으며 實狀에 있고 이름에 있지 않았으니, 설령 백 명의 甯莊子가 있다 하더라도 어찌 이들을 현혹할 수 있겠는가?

顏子

12-03 子魚宋公圍曹 宋公이 曹나라를 포위한 것에 대해 子魚가 말하다

【左傳】 僖十九年이라 宋人圍曹하니 討不服也[1]라 子魚言於宋公曰 文王聞崇德亂而伐之[2]하야 軍三旬而不降이어늘 退脩教而復(부)伐之하야 因壘而降[3]하니이다 詩曰 刑于寡妻하야 至于兄弟하야 以御于家邦[4]이라하니 今君德無乃猶有所闕가 而以伐人하니 若之何[5]오 盍姑內省德乎잇가 無闕而後動하소서

1) 〔역주〕 宋人圍曹 討不服也 : 曹南의 會盟에서 曹나라가 地主의 禮를 수행하지 않았기 때문이다.〈杜注〉
2) 〔역주〕 文王聞崇德亂而伐之 : 崇은 崇侯 虎이다.〈杜注〉
3) 〔역주〕 因壘而降 : 壘는 軍壘이니, 군대를 증원하지 않고 단지 전에 쌓았던 堡壘를 이용했을 뿐인데도 崇나라가 스스로 항복하였다는 말이다.〈附注〉
4) 〔역주〕 詩曰……以御于家邦 : 詩는 ≪詩經≫ 〈大雅 思齊〉이니, 文王의 敎化가 가까운 곳에서부터 먼 곳에까지 미쳤다는 것을 말한 것이다. 寡妻는 嫡妻이니 太姒를 이름이다. 刑은 法이다.〈杜注〉

5) 〔역주〕 若之何 : 어떻게 남을 복종시킬 수 있겠느냐는 말이다.〈附注〉

僖公 19년, 宋人(宋 襄公)이 曹나라를 포위하였으니 이는 曹나라가 복종하지 않은 것을 討罪한 것이다. 子魚가 宋公에게 말하였다.

"文王은 崇나라의 德이 어지럽다는 말을 듣고 崇나라를 정벌하여 30일 동안 공격하였으나 항복하지 않자, 退軍해 돌아와서 敎化를 닦은 뒤에 다시 정벌하여 전의 堡壘를 〈그대로〉 이용하였으나 崇人이 항복하였습니다. ≪詩經≫에 '아내에게 본보기가 되어 兄弟에게 미쳐서 집안과 나라를 다스린다.'고 하였습니다. 지금 임금의 德에 오히려 부족한 점이 있지 않습니까? 그런데도 남을 토벌하시니 어찌 남을 복종시킬 수 있겠습니까? 어찌 우선 안으로 자신의 덕을 반성하지 않으십니까? 德에 부족함이 없은 뒤에 움직이소서."

【主意】 謂王道本無速成之效러니 春秋以來로 伯(패)者始以僥倖而收朝夕之功이라 宋襄公厭王道之遲鈍하야 而欲竊效焉이라 故子魚擧文王之事以諫이나 而能止其伐曹之師也아

이 글은 王道는 본래 신속하게 이루어지는 공효가 없는데, 춘추시대 이후로 霸者가 비로소 요행으로 아침저녁 사이에 신속하게 이루는 공을 거두었음을 말하였다. 宋 襄公은 王道의 성과가 더딘 것을 싫어하여 부정한 방법으로 공효를 이루고자 하였다. 그러므로 子魚가 문왕의 일을 들어 간하였으나, 조나라를 치려는 군대를 저지할 수 있었겠는가?

天下之情은 不見其速[1)]이면 未有見其遲者也[2)]라 浴焉而食[3)]하고 食焉而繭[4)]하며 繭焉而繅(소)[5)]하고 繅焉而織[6)]하니 歷數月而後得帛[7)]이라 凡蠶者는 皆以爲固然[8)]이니 不聞厭其遲也[9)]라 耕焉而種[10)]하고 種焉而耘[11)]하며 耘焉而穫[12)]하고 穫焉而舂[13)]하니 歷一歲而後得粟[14)]이라 凡農者는 皆以爲固然[15)]하니 不聞厭其遲也[16)]라 身修而後家齊[17)]하고 家齊而後國治[18)]하며 國治而後天下平[19)]이라 是猶自浴而至織과 自耕而至舂하니 一階一戺(사)인들 豈可妄躐哉[20)]리오 由三代以前[21)]으로 亦未聞有厭其遲者也[22)]라

1) 不見其速 : 不見他人收利之速

다른 사람이 빠르게 이익을 거두는 것을 보지 못함이다.

2) 未有見其遲者也 : 如在己耕蠶之類 收利雖遲 小不自覺其遲也

이를테면 자기에게 있는 농사일과 양잠하는 일 따위에 이익을 거둠이 비록 더디더라도 조금도 더딤을 자각하지 못하는 것이다.

3) 浴焉而食 : 譬如蠶者初浴種 而後食以葉

비유하자면 양잠을 하는 자가 처음에 누에씨를 씻긴 뒤에 뽕잎을 먹이는 것과 같다는 말이다.

4) 食焉而繭 : 蠶已成而作繭

누에가 다 자라서 고치를 만든 것이다.

5) 繭焉而繅(소) : 蠶已收而練絲

누에고치를 거두어 생사를 누인다는 말이다.

6) 繅焉而織 : 絲已繅而織帛

생사를 켜서 비단을 짠다는 말이다.

7) 歷數月而後得帛 : 用力之久

오랫동안 힘쓴다는 말이다.

8) 凡蠶者 皆以爲固然 : 理當如此

이치가 마땅히 이와 같아야 한다는 말이다.

9) 不聞厭其遲也 : 不見他人得帛之速故也

다른 사람이 신속하게 비단을 얻는 것을 보지 못했기 때문이다.

10) 耕焉而種 : 譬如農者初耕田而後種粟

비유하자면 농사짓는 자가 처음에 밭을 갈고 난 뒤에 곡식을 파종한다는 말이다.

11) 種焉而耘 : 苗已長而殺草

싹이 이미 자랐으면 잡초를 제거한다는 말이다.

12) 耘焉而穫 : 禾已熟而收刈

벼가 이미 익었으면 수확한다는 말이다.

13) 穫焉而舂 : 禾已收而舂之爲米

벼를 이미 수확했으면 방아를 찧어 쌀을 만든다는 말이다.

14) 歷一歲而後得粟 : 用力尤久

힘을 쓰는 기간이 더욱 오래라는 말이다.

15) 凡農者 皆以爲固然 : 理當如此

이치가 마땅히 이와 같아야 한다는 말이다.

16) 不聞厭其遲也：不見他人得粟之速故也
다른 사람이 빠르게 곡식을 얻는 것을 보지 못했기 때문이다.

17) 身修而後家齊：大學之道 自格物致知誠意正心 皆所以脩其身 脩其身 所以正其家也
≪大學≫의 道에서 格物로부터 致知, 誠意, 正心까지는 모두 자기의 몸을 수양하기 위한 전제이고, 그 몸을 수양하는 것은 그 집안을 바르게 하기 위한 전제이다.

18) 家齊而後國治：正其家 所以理其國也
집안을 바르게 하는 것은 나라를 다스리기 위한 전제이다.

19) 國治而後天下平：治其國 所以平天下也
나라를 다스리는 것은 천하를 태평하게 하기 위한 전제이다.

20) 一階一戺(사) 豈可妄躐哉：自脩身至平天下 猶升階級然
'脩身'으로부터 '平天下'에 이르기까지가 계단을 오르는 것과 같다는 말이다.

21) 由三代以前：三代以前 不見伯(패)者功利之習
三代 이전에는 霸者들이 功利를 앞세우는 습관을 보지 못했다는 말이다.

22) 亦未聞有厭其遲者也：如蠶者耕者 視以爲固然
蠶婦나 農夫가 당연한 것으로 여기는 것과 같다.

천하 사람들의 常情으로 볼 때, 남의 빠른 성공을 보지 않았다면 자기의 성공이 더디다고 보는 자는 없다. 누에씨를 씻기고 뽕잎을 먹이며, 뽕잎을 먹여 고치를 짓게 하고, 고치가 지어지면 고치를 켜고, 고치를 켜서 비단을 짜니, 여러 달이 지난 뒤에야 비단을 얻는다. 무릇 누에 치는 자들은 모두 당연〔固然〕한 것으로 여기니 그 더딤을 싫어한다는 소리를 듣지 못했다.

밭을 갈아 씨를 뿌리고, 씨를 뿌린 뒤에 김매며, 김매어 수확하고, 수확하여 방아를 찧으니, 1년이 지난 뒤에야 곡식을 얻는다. 무릇 농사짓는 자들은 모두 당연한 것으로 여기니 그 더딤을 싫어한다는 소리를 듣지 못했다.

몸이 닦인 뒤에 집안이 가지런해지고, 집안이 가가지런해진 뒤에 나라가 다스려지며, 나라가 다스려진 뒤에 천하가 태평해진다. 이는 누에씨를 씻김으로부터 비단을 짜는 데 이르고, 밭을 갊으로부터 방아를 찧는 데 이르는 것과 같으니, 한 계단 한 섬돌인들 어찌 함부로 뛰어넘을 수 있겠는가? 三代 이전으로부터 또한 그 더딤을 싫어하는 자가 있다는 소리를 듣지 못했다.

見倚市門者가 得帛於一笑之頃[1)]이면 則回視蠶婦數月之勞하고 不勝其遲矣[2)]며 見坐

賈區者가 **得粟於一日之間**[3)]이면 **則回視農夫終歲之勞**하고 **不勝其遲矣**[4)]리라 **功利之說興**[5)]하고 **變詐之風起**[6)]하야 **棄本徇末**[7)]하고 **忘內事外**하야 **競欲收富强之效於立談之餘**[8)]하니 **反顧王道**에 **豈不甚遲而可厭哉**[9)]리오 **是宜子魚擧文王之事**[10)]로되 **而終不能止**[11)]**宋襄之師也**[12)]로다

1) 見倚市門者 得帛於一笑之頃 : 爲倡優者 不蠶而得帛速
   광대나 배우는 양잠을 하지 않고도 빠르게 비단을 얻는다는 말이다.
2) 則回視蠶婦數月之勞 不勝其遲矣 : 見有得帛速者 始見蠶婦之遲
   빠르게 비단을 얻는 자를 보고서야 비로소 누에 치는 아낙이 비단을 얻는 것이 더딤을 안다는 말이다.
3) 見坐賈區者 得粟於一日之間 : 爲買賣者 不耕而得粟速
   상인은 농사짓지 않고도 빠르게 곡식을 얻는다는 말이다.
4) 則回視農夫終歲之勞 不勝其遲矣 : 見有得粟速者 始見農夫之遲
   빠르게 곡식을 얻는 자를 보고서야 비로소 농부가 곡식을 얻는 것이 더딤을 안다는 말이다.
5) 功利之說興 : 自圖伯者 (出)[*)]不尙仁義 而尙功利
   스스로 霸者를 도모하는 자는 仁義를 숭상하지 않고 功利를 숭상한다는 말이다.
*) 〔역주〕 (出) : 衍字인 듯하다.
6) 變詐之風起 : 不務誠實而務變詐
   성실을 힘쓰지 않고 變詐(거짓으로 속임)만을 힘쓴다는 말이다.
7) 棄本徇末 : 棄王道之本 徇伯圖之末
   다스림의 근본인 王道를 버리고, 말단인 霸者를 도모하는 일을 좇는다는 말이다.
8) 忘內事外 競欲收富强之效於立談之餘 : 富國强兵 收效甚速
   富國强兵은 그 공효를 거둠이 매우 빠르다.
9) 反顧王道 豈不甚遲而可厭哉 : 猶〔見〕[*)]世人得粟帛之易者 始厭耕蠶者所得之遲也
   세상 사람들이 곡식과 비단을 쉽게 얻는 것을 보고서 비로소 농부와 양잠하는 아낙이 곡식과 비단을 얻는 것이 더딤을 싫어하는 것과 같다는 말이다.
*) 〔역주〕 〔見〕 : 저본에는 '見'이 없으나, 脫字인 듯하여 보충하였다.
10) 是宜子魚擧文王之事 : 子魚 宋司馬也
   子魚는 宋나라 司馬이다.
11) 〔역주〕 止 : 四庫全書本에는 正으로 되어 있다.
12) 宋襄之師也 : 詳見本題註

本題의 註에 자세히 보인다.

시장 문에 기대어 〈웃음을 파는 기녀가〉 한번 웃음을 파는 사이에 비단을 얻는 것을 보면, 누에 치는 아낙이 여러 달의 노고 끝에 비단을 얻는 것을 돌아보고서 너무 더디다는 생각을 견디지 못할 것이다.

시장에 앉아 물건 파는 상인이 하루 사이에 곡식을 얻는 것을 보면, 농부가 1년의 노고 끝에 곡식을 얻는 것을 돌아보고서 너무 더디다는 생각을 견디지 못할 것이다.

이에 功利를 중시하는 학설이 일어나고 變詐의 풍기가 유행하여 근본을 버리고 말단을 쫓으며 국내의 안정은 잊고 밖으로 세력의 확장만을 일삼아, 서로 경쟁적으로 잠깐 사이에 富强의 효과를 거두고자 하였으니, 이들이 王道를 돌아볼 때 어찌 매우 더뎌서 싫지 않았겠는가? 子魚가 文王의 일을 들어 간하였으나 끝내 宋 襄公의 군대를 저지할 수 없었던 것이 당연하다.

儒者之論曰[1)]**蠶而帛**하고 **農而粟**[2)]하며 **身而治**[3)]는 **正也**[4)]라 **不以蠶**[5)]하고 **不以農**[6)]하며 **不以身**[7)]이면 **雖得利**[8)]라도 **如不正何**[9)]아 **嗚呼**[10)]라 **小人之情**은 **惟利是嗜**[11)]하니 **旣衣其帛**이면 **何恤乎不蠶之名**[12)]이며 **旣食其粟**이면 **何恤乎不農之名**[13)]이며 **旣享其治**면 **何恤乎不身之名**[14)]이리오 **爲是論者 豈足以柅**(니)**小人之心而閉之哉**[15)]아 **則盍反其本矣**[16)]아

1) 儒者之論曰：此下言儒者之論 不能正世俗之習
 이 이하는 儒者의 의론이 世俗의 습관을 바로잡을 수 없음을 말하였다.

2) 蠶而帛 農而粟：照應前文
 앞의 글과 호응한다.

3) 身而治：自脩身而治天下 亦如農蠶然
 '脩身'에서부터 '治天下'에 이르기까지도 농사의 일이나 양잠의 일과 같이 〈단계가 있다는〉 말이다.

4) 正也：此皆理之正也
 이것은 모두 바른 이치라는 말이다.

5) 不以蠶：而得帛
 〈누에 치지 않고도〉 비단을 얻는다는 말이다.

6) 不以農：而得粟

〈농사짓지 않고도〉 곡식을 얻는다는 말이다.

7) 不以身：而事功利

〈수신하지 않고〉 功利를 일삼다는 말이다.

8) 雖得利：如倚市門 坐賈區 圖伯業者

시장 문에 기대어 〈웃음을 팔거나,〉 시장에 앉아 물건을 팔거나, 覇業을 도모하는 자와 같은 이들을 말한다.

9) 如不正何：得之不以其道 儒者之論止此

正道로 얻은 것이 아니라는 말이다. 儒者의 의론이 여기에서 그쳤다.

10) 嗚呼：此下言儒者之論所以不行

이 이하는 儒者의 의론이 행해지지 않는 이유를 말하였다.

11) 小人之情 惟利是嗜：謂小人不顧正理

小人은 바른 도리를 돌아보지 않음을 이른다.

12) 旣衣其帛 何恤乎不蠶之名：但欲得帛

비단을 얻고자 할 뿐이라는 말이다.

13) 旣食其粟 何恤乎不農之名：但欲得粟

곡식을 얻고자 할 뿐이라는 말이다.

14) 旣享其治 何恤乎不身之名：但欲得功利耳 名之不美 擧無恤也

功利를 얻고자 할 뿐, 불명예가 될 아름답지 못한 일을 모두 걱정하지 않는다는 말이다.

15) 爲是論者 豈足以柅(니)小人之心而閉之哉：儒者之論 豈能止小人嗜利之心

儒者의 의론이 어찌 小人의 利를 좋아하는 마음을 저지할 수 있겠느냐는 말이다.

16) 則盍反其本矣：此一轉 下議論精當

이 글은 한 번 전환한 말이니, 아래의 의론이 정밀하고 합당하다.

儒者는 이렇게 논한다.

"누에를 쳐서 비단을 얻고, 농사를 지어 곡식을 얻으며, 修身하여 국가를 다스리는 것은 바른 이치이다. 누에 치지 않고 농사짓지 않고 수신하지 않는다면, 비록 이익을 얻는다 해도 바른 도리가 아니니 어찌하겠는가?"

아! 소인의 심정은 오직 이익만을 좋아하니 이미 비단옷을 입는다면 어찌 누에 치지 않았다는 불명예를 걱정하겠으며, 이미 곡식을 먹는다면 어찌 농사짓지 않았다는 불명예를 걱정하겠으며, 이미 남을 다스리는 권세를 누린다면 어찌 수신하지 않았다는 불명예를 걱정하겠는가? 그러니 이런 의논을 한 儒者가 어찌 소인의 욕심을 막아 근절시킬 수 있겠는가? 그렇다면 어찌 그 근본으로 돌아가지 않는가?

天下之所以有僥倖而得帛者는 以蠶婦陰爲之織也[1]요 天下之所以有僥倖而得粟者는 以農夫陰爲之耕也[2]ㄹ새라 如使天下盡厭耕織[3]하야 焚其機[4]하고 斧其耒[5]면 則雖有巧術이라도 何從而取帛이며 雖有巧計라도 何從而得粟[6]이리오 皆將凍於冬而餒於塗矣[7]리라 彼僥倖而收功利가 豈眞其力哉[8]리오 亦聖人之遺澤으로 三綱五常之猶未亡者가 陰有以扶持之也[9]ㄹ새라 向若聖人皆效後世之欲速[10]하야 蹷其根[11]하고 涸其源[12]하야 以爭旦暮之利[13]면 則大經大法[14]이 殄滅無遺[15]하야 人之類不能自立於中國久矣[16]리라 當是時하야 城皆戎狄[17]之城이라 吾亦無城之可爭이요 地皆鳥獸[18]之地라 吾亦無地之可奪이니 雖有欲速之心이나 果何所用其速哉[19]리오

1) 天下之所以有僥倖而得帛者 以蠶婦陰爲之織也：無蠶婦 則倚市門者 何以有帛
양잠하는 아낙이 없다면 시장 문에 기대어 있는 기녀가 어떻게 비단을 가질 수 있겠느냐는 말이다.

2) 天下之所以有僥倖而得粟者 以農夫陰爲之耕也：無農夫 則坐賈區者 何以有粟
농부가 없다면 시장에 앉아 물건 파는 상인이 어떻게 곡식을 가질 수 있겠느냐는 말이다.

3) 如使天下盡厭耕織：假設無人肯爲農夫蠶婦
農夫나 蠶婦가 되려는 사람이 없음을 가정한 것이다.

4) 焚其機：而不織
〈베틀을 불사르고〉 길쌈하지 않는다는 말이다.

5) 斧其耒：而不耕
〈농기구를 부수고〉 농사짓지 않는다는 말이다.

6) 則雖有巧術……何從而得粟：人人皆不耕織 安得粟帛
사람마다 모두 농사짓지 않고 길쌈하지 않는다면 어떻게 곡식과 비단을 얻겠느냐는 말이다.

7) 皆將凍於冬而餒於塗矣：無帛故凍於家 無粟故餓於路
비단이 없기 때문에 집에서 凍死하고, 곡식이 없기 때문에 길에서 餓死한다는 말이다.

8) 彼僥倖而收功利 豈眞其力哉：謂伯(패)者如不耕織而得粟帛
霸者가 농사일과 길쌈질하지 않고서 곡식과 비단을 얻는 것과 같음을 이른다.

9) 亦聖人之遺澤……陰有以扶持之也：如農夫陰爲之耕 蠶婦陰爲之織
農夫가 남몰래 그를 위해 농사짓고, 蠶婦가 남몰래 그를 위해 길쌈하는 것과 같다.

10) 向若聖人皆效後世之欲速：如天下盡厭耕織

天下 사람들이 모두 농사일과 길쌈을 싫어하는 것과 같다.

11) 蹷其根 : 如焚其機

베틀을 불사르는 것과 같다.

12) 涸其源 : 如斧其耒

농기구를 부수는 것과 같다.

13) 以爭旦暮之利 : 競圖僥倖之功利

다투어 요행의 功利를 도모한다는 말이다.

14) 則大經大法 : 謂三綱五常之類

三綱과 五常의 종류를 이른다.

15) 殄滅無遺 : 如天下盡無粟帛

천하에 곡식과 비단이 모두 없는 것과 같다.

16) 人之類不能自立於中國久矣 : 如人盡凍餒而死

사람들이 모두 얼어 죽고 굶주려 죽는 것과 같다.

17) 〔역주〕 戎狄 : 四庫全書本에 '他人'으로 되어 있다.

18) 〔역주〕 鳥獸 : 四庫全書本에 '他人'으로 되어 있고, 三民書局本에 '禽獸'로 되어 있다.

19) 當是時……果何所用其速哉 : 發明利害明白 眞足以破嗜利小人之心

이해관계를 설명한 것이 명백하니, 진실로 이익을 좋아하는 小人의 마음을 깨뜨리기에 충분하다.

천하에 요행으로 비단을 얻는 자가 있는 것은 누에 치는 아낙이 남몰래 그를 위해 비단을 짜주었기 때문이고, 천하에 요행으로 곡식을 얻는 자가 있는 것은 농부가 남몰래 그를 위해 농사를 지어주었기 때문이다.

가령 천하 사람들이 모두 밭 가는 일과 베 짜는 일을 싫어하여 베틀을 불사르고 농기구를 부순다면 아무리 교묘한 기술이 있다 하더라도 어디에서 비단을 얻을 수 있을 것이며, 아무리 교묘한 계책이 있다 하더라도 어디에서 곡식을 얻을 수 있겠는가? 모두 장차 겨울에 얼어 죽고 길거리에서 굶어 죽게 될 것이다.

요행으로 공리를 거둔 저들이 어찌 진실로 제 능력으로 얻은 것이겠는가? 이 또한 聖人께서 남기신 은택인 三綱五常이 아직 다 없어지지 않고 남아서 남몰래 도왔기 때문이다.

지난날 만일 聖人께서 후세의 빨리 이루려는 마음을 본받아 그 근본을 해치고 그 근원을 고갈시키고서 잠시의 이익만을 다투었다면, 大經大法(인류의 常道와 常法)이

남김없이 다 없어져서 人類가 中國에 자립하지 못한 지 오래였을 것이다. 〈이렇게 되면〉 이때에는 城이 모두 戎狄의 城이어서 우리가 다툴 만한 城이 없고, 땅이 모두 鳥獸의 땅이어서 우리가 뺏을 만한 땅이 없을 것이니, 비록 빠르게 이루고 싶은 마음이 있다 하더라도 과연 어디에다 그 빠르게 이루고 싶은 마음을 쓰겠는가?

然則後世共詆薄以爲遲鈍迂闊者[1)]가 **乃其所恃以生者也**[2)]라 **無賢者**면 **則不肖者不能獨立**[3)]하고 **無智者**면 **則愚者不能獨存**[4)]이라 **彼其相戕相賊**[5)]하야 **歲消月鑠**[6)]이로되 **而戴髮含齒之屬**[7)]이 **終不可盡者**[8)]는 **意者其中必有所恃也**[9)]ㄴ저 **所恃者 果專在於聖人乎**[10)]아 **曰否**라[11)]

1) 然則後世共詆薄以爲遲鈍迂闊者：謂王道無速成之效

王道는 신속하게 이루어지는 공효가 없음을 이른다.

2) 乃其所恃以生者也：三綱五常 人賴以有此身

三綱과 五常은 사람들이 의뢰하여 이 몸을 保有하는 원리이다.

3) 無賢者 則不肖者不能獨立：轉此意好 不肖者恃賢者以生

이렇게 전환한 의도가 좋다. 不肖者는 賢者를 의지하여 살아간다는 말이다.

4) 無智者 則愚者不能獨存：愚者恃賢者以生

어리석은 자는 賢者를 의지하여 살아간다는 말이다.

5) 彼其相戕相賊：亂世兵戈屠戮之禍

난세에 兵戈에 도륙되는 禍亂을 말한다.

6) 歲消月鑠：人之死者不知其幾

죽은 이가 얼마나 많은지 모른다는 말이다.

7) 而戴髮含齒之屬：頭戴髮而口含齒 謂民也[*)]

머리에 머리카락을 이고 입에 치아를 머금은 것이니, '民'을 이른다.

*) 〔역주〕 頭戴髮而口含齒 謂民也：≪列子≫ 〈黃帝〉에 "7척의 몸뚱이에 손과 발의 형상이 다르고 머리털을 이고 치아를 머금어 의지하여 달리는 것을 사람이라고 한다.〔有七尺之骸 手足之異 戴髮含齒 倚而趣者 謂之人〕"라고 하였다.

8) 終不可盡者：雖遭亂世 而人之類不滅

비록 난세를 만났어도 인류는 멸망하지 않았다는 말이다.

9) 意者其中必有所恃也：恃聖人之遺澤三綱五常之道也

聖人의 遺澤인 三綱五常의 도를 믿는다는 말이다.

10) 所恃者 果專在於聖人乎 : 再設問
다시 물음을 가설한 것이다.

11) 曰否 : 含有餘不盡之意 盖謂自古雖有聖人之道 猶賴後世賢君 有以維持之 不然 則所恃者 有時而泯矣
여운을 남겨 다하지 않은 뜻을 함축한 것이다. 이는 '예로부터 비록 성인의 도가 있었으나 오히려 후세의 賢君에 의지하여 유지되었다. 그렇지 않다면 의지하는 대상이 민멸되는 때가 있었을 것이다.'라는 말이다.

그렇다면 후세 사람들이 遲鈍하고 오활하다며 함께 비난하고 경시하는 자가 바로 그들이 의지하여 살아가는 사람이다. 賢者가 없으면 不肖者가 홀로 설 수 없고, 지혜로운 자가 없으면 어리석은 자가 홀로 생존할 수 없다.

저들이 서로 죽이고 서로 해쳐서 해마다 줄어들고 달마다 소멸되어 없어지는데도 머리칼을 이고 齒牙를 머금은 인류가 마침내 다 없어지지 않은 것은 아마도 그 안에 반드시 의지할 사람이 있어서일 것이다. 의지할 사람이 과연 오로지 성인뿐인가? 나는 아니라고 생각한다.

12-04 隨叛楚 隨나라가 楚나라를 배반하다

【左傳】 僖二十年이라 隨以漢東諸侯叛楚하니 冬에 楚鬪穀於菟(투누오도)帥師伐隨하야 取成而還하다 君子曰 隨之見伐은 不量力也라 量力而動이면 其過鮮矣라 善敗由己[1]요 而由人乎哉아 詩曰 豈不夙夜리오 謂行多露[2]ㄹ새니라

1) [역주] 善敗由己 : 善은 成의 뜻이다.〈附注〉

2) [역주] 詩曰……謂行多露 : 詩는 ≪詩經≫ 〈召南 行露〉이다. 어찌 아침저녁으로 가고 싶지 않으랴만 많은 이슬이 내 옷을 적실까 두렵다고 말하여, 禮儀를 어기고 행동하면 반드시 汚辱이 있다는 것을 비유한 것이다. 이 또한 事理의 마땅함을 헤아리고 時期를 보아 움직이는 뜻이다.〈杜注〉

僖公 20년, 隨나라가 漢水 이동의 諸侯를 거느리고서 楚나라를 배반하니, 겨울에 楚나라 鬪穀於菟가 군대를 거느리고 가서 隨나라를 討伐하여 和親을 맺고 돌아왔다. 이에 대해 君子는 다음과 같이 論評하였다.

"隨나라가 토벌당한 것은 스스로의 힘을 헤아리지 않았기 때문이다. 힘을 헤아려

행동하면 過失이 적을 것이다. 성공과 실패는 자기에게 달린 것이지 남에게 달린 것이겠는가? ≪詩經≫에 '어찌 밤낮으로 가고 싶지 않으랴만, 길에 이슬이 많기 때문이다.'라고 하였다."

【主意】 摘出左氏不量力一語以立論하야 謂隨不能自强其國하니 假使量力自保라도 豈能禁楚之呑噬리오 是則量力一語가 反所以隳天下之力也라

≪春秋左氏傳≫의 '스스로의 힘을 헤아리지 않았기 때문이다.〔不量力〕'라는 한마디 말을 뽑아내어 논리를 세워서, 다음과 같이 말하였다.

"隨나라는 스스로 자기 나라를 강하게 할 수 없었으니 가령 힘을 헤아려 스스로 보존했다고 해도 어찌 楚나라의 병탄을 막을 수 있었겠는가? 이렇다면 '힘을 헤아려야 한다.'는 한마디 말이 도리어 천하 사람들의 힘을 무너뜨리는 원인이 되었다."

君子는 憂我之弱하고 而不憂敵之强[1)]하며 憂我之愚하고 而不憂敵之智[2)]니라 國爲敵所陵而不能勝者는 非敵之果强也라 罪在於我之弱也요 爲敵所陷而不能知者는 非敵之果智也라 罪在於我之愚也라 强者는 弱之對也[3)]니 我苟不弱이면 則天下無强兵[4)]이요 智者는 愚之對也[5)]니 我苟不愚면 則天下無智術[6)]이라 後之爲國者[7)]는 終歲憂敵之强하고 而未嘗一日憂我之弱[8)]하며 終歲憂敵之智하고 而未嘗一日憂我之愚[9)]라 使其移憂敵之心而自憂[10)]면 則誰敢侮之哉[11)]리오

1) 君子……而不憂敵之强 : 憂我之弱 則能强矣 故不憂敵之强

나의 약함을 걱정한다면 강해질 수 있기 때문에 적의 강함을 걱정하지 않는다는 말이다.

2) 憂我之愚 而不憂敵之智 : 憂我之愚 則能智矣 故不憂敵之智 ○ 强弱智愚四字 是眼目

나의 어리석음을 걱정한다면 지혜로워질 수 있기 때문에 적의 지혜로움을 걱정하지 않는다는 말이다. ○ 强·弱·智·愚 네 글자가 요점이다.

3) 强者 弱之對也 : 我强而後敵弱

내가 강한 뒤에야 적이 약해진다.

4) 我苟不弱 則天下無强兵 : 所以憂我之弱

이러므로 나의 약함을 걱정하는 것이다.

5) 智者 愚之對也 : 我愚而後敵智

내가 어리석은 뒤에야 적이 지혜로워진다.

6) 我苟不愚 則天下無智術：所以憂我之愚
이러므로 나의 어리석음을 걱정하는 것이다.

7) 後之爲國者：正與上文所言相反
윗글에서 말한 것과 서로 정반대이다.

8) 終歲憂敵之强 而未嘗一日憂我之弱：所以終弱而不能强
이러므로 끝내 약하고 강해질 수 없는 것이다.

9) 終歲憂敵之智 而未嘗一日憂我之愚：所以終愚而不能智 ○ 終歲一日字用得響喚
이러므로 끝내 어리석고 지혜로울 수 없는 것이다. ○ '終歲'와 '一日'이라는 글자를 써서 메아리처럼 호응할 수 있게 하였다.

10) 使其移憂敵之心而自憂：此一轉 甚精神
이 글은 한 번 전환하였으니 깊은 정신이 있다.

11) 則誰敢侮之哉：能自憂 則不弱不愚矣 敵雖强且智 誰敢侮之
스스로 걱정하면 약하지 않고 어리석지 않을 것이니 적이 비록 강하고 지혜롭더라도 누가 감히 그를 무시하겠느냐는 말이다.

君子는 자기의 약함만을 걱정하고 적의 강함을 걱정하지 않으며, 자기의 어리석음만을 걱정하고 적의 지혜로움을 걱정하지 않는다. 나라가 적에게 침범당해도 이길 수 없는 것은 적이 과연 강해서가 아니라 그 죄가 자기의 약함에 있고, 적의 함정에 빠지고도 알지 못하는 것은 적이 과연 지혜로워서가 아니라 그 죄가 자기의 어리석음에 있다.

강함은 약함의 상대이니 자기가 만일 약하지 않다면 천하에 강한 군대는 없고, 지혜로움은 어리석음의 상대이니 자기가 만일 어리석지 않다면 천하에 지혜로운 술수는 없다.

후세에 나라를 다스리는 자들은 1년 내내 적의 강함만을 걱정하고 하루도 자기의 약함은 걱정한 적이 없으며, 1년 내내 적의 지혜로움만을 걱정하고 하루도 나의 어리석음을 걱정한 적이 없다. 가령 적을 걱정하는 마음을 옮겨 자기를 걱정한다면 누가 감히 그를 얕보겠는가.

以隨之陋로 **而隣於楚**[1)]하야 **以隨之君臣**으로 **與楚成子文抗**[2)]하니 **其强弱智愚判然矣**[3)]라 **隨非惟不知自憂**[4)]라 **而又且不知自量**하고 **怒臂以當轍**[5)]타가 **亟蹈禍敗**[6)]하니

左氏以不量力譏之允矣[7]라 其言曰[8] 隨之見伐은 不量力也[9]ㄹ새라 量力而動[10]이면 其過鮮矣[11]라 善敗由己[12]니 而由人乎哉[13]아 左氏之論[14]은 以謂楚雖强暴나 終不敢無故加兵於隨[15]니 使隨自知力不如楚[16]하야 甘處於退怯[17]이면 則禍何由至哉[18]아 伐隨者楚也요 召楚者隨也[19]니 是隨之敗由己之敗요 而不由人也[20]라 見伐者는 雖在人[21]이나 無致伐之端者는 顧不在我耶[22]아

1) 以隨之陋 而隣於楚：入本題事 ○ 言隨弱而楚强

〈여기부터〉 본편의 일로 들어간다. ○ 隨나라는 약하고 楚나라는 강하다는 말이다.

2) 以隨之君臣 與楚成子文抗：子文 楚令尹 姓鬬 名穀於菟(누오도) 言隨之君臣愚 楚之君臣智

子文은 楚나라 令尹으로 姓은 鬬이고 이름은 穀於菟이다. 隨나라의 임금과 신하는 어리석고, 楚나라의 임금과 신하는 지혜롭다는 말이다.

3) 其强弱智愚判然矣：應前强弱愚智四字

앞글의 强・弱・愚・智 4자에 호응한다.

4) 隨非惟不知自憂：自憂字 亦應前主意

'自憂'자도 앞글의 主意에 호응한다.

5) 又且不知自量 怒臂以當轍：莊子云 螳螂怒其臂以當車轍*)

≪莊子≫에 "사마귀가 앞발을 들고 〈사나운 기세로 휘두르며〉 수레바퀴에 맞선다."라고 하였다.

*) 〔역주〕 莊子云 螳蜋怒其臂以當車轍：≪莊子≫ 〈人間世〉에 "사마귀는 앞발을 들고 수레바퀴에 맞서 자신이 감당할 수 없음을 알지 못하니〔怒其臂以當車轍 不知其不勝任也〕 이것은 자신의 재능이 뛰어나다고 생각하기 때문이다."라고 하였다. '怒'는 사나운 기세로 휘두른다는 뜻이며, '臂'는 사마귀의 앞발이다. '當'은 감당하다는 뜻이며, '轍'은 본래 수레바퀴가 지나간 자국이지만 여기서는 수레바퀴를 의미한다.

6) 亟蹈禍敗：隨叛楚而見伐

隨나라가 楚나라를 배반하여 侵伐을 받은 것이다.

7) 左氏以不量力譏之允矣：允 信也 先取左氏之說

允은 '미덥다'는 말이다. 먼저 左氏의 말을 취하였다.

8) 言曰：引左氏所載君子之言

≪春秋左氏傳≫에 실린 군자의 말을 인용한 것이다.

9) 隨之見伐 不量力也：不自量其力不如楚 而敢叛楚

스스로 자기 나라의 힘이 楚나라만 못하다는 것을 헤아리지 않고 감히 楚나라를 배반했다는 말이다.

10) 量力而動：使能量其力而後動
'가령 자기 나라의 힘을 헤아린 뒤에 움직였다면'의 뜻이다.

11) 其過鮮矣：雖有過亦少矣
비록 허물이 있더라도 허물이 적었을 것이라는 말이다.

12) 善敗由己：善治其國 與自敗其國 皆自取之
자기 나라를 잘 다스리는 것과 스스로 자기 나라를 패망하게 하는 것, 이는 모두 자초하는 것이라는 말이다.

13) 而由人乎哉：不可諉之他人矣 左氏語止此
다른 사람에게 이끌려서는 안 된다는 말이다. 左氏의 말은 여기까지이다.

14) 左氏之論：東萊發明其意
東萊가 그 의중을 발명한 것이다.

15) 以謂楚雖强暴 終不敢無故加兵於隨：隨不叛楚 楚不先伐
隨나라가 楚나라를 배반하지 않았다면 楚나라가 먼저 토벌하지는 않았을 것이라는 말이다.

16) 使隨自知力不如楚：自量其力
'스스로 자기 나라의 힘을 헤아려봄'의 뜻이다.

17) 甘處於退怯：不敢與楚爲敵
감히 楚나라와 대적하지 않았을 것이라는 말이다.

18) 則禍何由至哉：必無見伐之禍
반드시 토벌을 당하는 재앙이 없었을 것이라는 말이다.

19) 伐隨者楚也 召楚者隨也：伐隨雖楚兵 而隨自召之
隨나라를 토벌한 쪽이 비록 楚나라 군대일지라도 隨나라가 자초한 것이라는 말이다.

20) 是隨之敗由己之敗 而不由人也：非楚實敗隨 乃隨自取敗也
楚나라가 실제로 隨나라를 패배시킨 것이 아니라 곧 隨나라가 패배를 자초했다는 말이다.

21) 見伐者 雖在人：伐隨 雖由於楚
'隨나라를 토벌한 것이 비록 楚나라로 말미암았을지라도'의 뜻이다.

22) 無致伐之端者 顧不在我耶：致楚來伐者 則由於隨也 發盡左氏之意 下文乃貶其說之非
楚나라를 치러 오도록 부른 것은 隨나라로 말미암았다는 말이니 左氏의 의중을 다 밝혔다. 아래 글에서는 곧 좌씨의 설명이 잘못되었다고 폄하하였다.

작은 隨나라가 楚나라와 이웃하여 隨나라의 군신이 楚나라의 成王 및 令尹 子文과 대항하였으니, 그들 사이에 누가 강하고 누가 약하며 누가 지혜롭고 누가 어리석은지는 이미 판별이 되었다.

隋나라는 스스로 걱정할 줄을 몰랐을 뿐만 아니라 또 자기 나라의 힘을 헤아릴 줄도 모르고서 마치 사마귀가 앞발을 들고서 수레바퀴에 덤비듯이 〈楚나라에 대항하였다가〉 즉시 재앙에 빠져 패망하였으니, 左氏가 "스스로의 힘을 헤아리지 않았기 때문이다."라고 비난한 것이 당연하다.

左氏는 "隨나라가 토벌당한 것은 스스로의 힘을 헤아리지 않았기 때문이다. 힘을 헤아려 행동하면 過失이 적다. 成敗는 자기에게 달린 것이지 남에게 달린 것이겠는가?"라고 말하였다. 左氏의 논리는 "楚나라가 비록 강대하고 포학하였지만 마침내 감히 까닭 없이 隋나라를 토벌하지는 않았을 것이니, 가령 隋나라가 스스로 자기나라의 힘이 楚나라만 못한 것을 알고서 기꺼이 겁먹고 물러나는 〈태도로〉 처신하였다면 재앙이 어디로부터 이르렀겠는가? 隋나라를 토벌한 것은 楚나라지만 楚나라를 불러들인 것은 隋나라이니, 隋나라의 패배는 자기에게서 나온 패배이고 남에게서 나온 것이 아니다. 토벌하는 것은 남이지만 토벌을 부를 꼬투리를 없애는 것은 도리어 자기에게 있지 않으냐?"는 것이다.

嗚呼라 信如是說[1)]인댄 乃所謂由人而不由己也[2)]라 畏楚而不敢先動者는 固出於隨矣[3)]어니와 所以制隨而使之不動者는 非楚耶[4)]아 是其不動者는 名由於我나 而實由於人也[5)]로다 有宗廟하고 有社稷하며 有民人[6)]이로되 而寄存亡之命於他國[7)]하고 惴惴(췌췌)自保[8)]하야 惟幸不見侵[9)]하니 陋矣[10)]로다 漢陽諸姬[11)]를 楚實盡之[12)]나 彼豈皆先犯楚者哉[13)][14)]아 隨雖量力自守[15)]하야 恪遵信約[16)]이라도 疆(場)〔埸〕[17)]有釁[18)]이면 楚之執事[19)] 가 豈其顧盟[20)]가 然則隨雖自守라도 不能禁楚之吞噬[21)]니 存亡之權은 固由楚而不由隨也[22)]라 左氏能誦善敗由己之言而止耳[23)]니 孰知夫善敗由己之理乎[24)]아

1) 信如是說 : 果如左氏之說

'과연 左氏의 말대로라면'의 뜻이다.

2) 乃所謂由人而不由己也 : 反左氏之說

左氏의 말과 반대로 말한 것이다.

3) 畏楚而不敢先動者 固出於隨矣 : 隨雖自量其力 不敢先動

'隨나라가 비록 자기 나라의 힘을 헤아려 감히 먼저 움직이지 않았더라도'의 뜻이다.

4) 所以制隨而使之不動者 非楚耶：受楚所制而不敢動 乃是由人而不由己

楚나라의 제재를 받아 감히 움직이지 못하였으니 바로 이것이 〈군대를 출동시키는 권한이〉 남에게 있고 나에게 있지 않은 것이다.

5) 是其不動者……而實由於人也：隨雖名爲不先動 其實則受制而不敢動

隨나라가 비록 명색은 먼저 움직이지 않은 것이 되지만 그 실상은 제재를 받아 감히 움직이지 못한 것이다.

6) 有宗廟……有民人：有此三者 而爲諸侯

이 3가지를 소유하고서 제후가 되었다는 말이다.

7) 而寄存亡之命於他國：有國不能自立 而或存或亡 聽命於人

국가를 소유한 자가 자립하지 못하고 국가의 존망에 관한 일을 다른 사람에게 명을 듣는다는 말이다.

8) 惴惴(췌췌)自保：惴惴 恐懼貌

惴惴는 두려워하는 모양이다.

9) 惟幸不見侵：幸大國之不來侵伐

大國이 와서 침벌하지 않는 것을 다행으로 여긴다는 말이다.

10) 陋矣：深貶量力之說

'힘을 헤아려야 한다.'라고 한 말을 매우 폄하한 것이다.

11) 漢陽諸姬：姬 周姓也 漢水之(南)〔北〕[*] 與周同姓之國

姬는 周나라의 姓이다. 漢水의 북쪽 지역은 周나라와 同姓의 나라이다.

*)〔역주〕(南)〔北〕: 저본에는 '南'으로 되어 있으나, 漢陽의 陽이 水北의 뜻이니, 이에 의거해 '北'으로 바로잡았다.

12) 楚實盡之：楚悉呑而滅之

楚나라가 모두 병탄하여 멸망시켰다는 말이다.

13) 彼豈皆先犯楚者哉：彼諸姬之國 豈皆以先犯楚而遭滅哉 引此證極切當

저 여러 姬姓의 나라들이 어찌 모두 먼저 楚나라를 침범하여 멸망당하였겠느냐는 말이다. 이 일을 인용하여 증명한 것이 매우 적절하고 합당하다.

14)〔역주〕哉：四庫全書本과 三民書局本에 '也'로 되어 있다.

15) 隨雖量力自守：設使誠如左氏量力之戒

'가령 진실로 左氏의 「스스로의 힘을 헤아려야 한다.」는 경계와 같이 했더라도'의 뜻이다.

16) 恪遵信約：守盟約而不敢先動

맹약을 지켜 감히 먼저 움직이지 않음이다.

17) (埸)〔場〕: 저본에는 '埸'으로 되어 있으나, 四庫全書本에 의거하여 '場'으로 바로잡았다.

18) 疆(埸)〔場〕有釁 : 隨之邊境 苟有釁隙

'隨나라의 변경에 만일 분쟁이 생기면'의 뜻이다.

19) 楚之執事 : 治事之臣

국사를 다스리는 신하를 이른다.

20) 豈其顧盟 : 楚必先敗盟 而滅隨矣

반드시 楚나라가 먼저 맹약을 어기고 隋나라를 멸하였을 것이라는 말이다.

21) 然則隨雖自守 不能禁楚之吞噬 : 非量力所能免禍

힘을 헤아림으로써 화를 면할 수 있는 것이 아니라는 말이다.

22) 存亡之權 固由楚而不由隨也 : 發盡由人不由己之意

남에게 달렸고 자기에게 달린 것이 아니라는 뜻을 다 말하였다.

23) 左氏能誦善敗由己之言而止耳 : 又就此語 貶左氏

또 이 말을 가지고 左氏를 폄하한 것이다.

24) 左氏能誦善敗由己之言而止耳 孰知夫善敗由己之理乎 : 左氏能誦此言 而不知此理

左氏는 이 말을 외었으나, 이런 이치는 몰랐다는 말이다.

아! 진실로 左氏의 말대로라면 곧 이른바 "남에게 달렸고 자기에게 달리지 않았다."는 것이다. 楚나라를 두려워하여 감히 먼저 움직이지 못한 것은 본래 隨나라의 의도에서 나온 것이지만, 隨나라를 제어하여 움직이지 못하게 한 것은 楚나라가 아닌가? 이는 〈隋나라가〉 움직이지 않은 것이 겉으로 보기에는 자기에게서 나온 것 같지만 실상은 남의 강압에 의해 마지못해 그리 한 것이다. 宗廟가 있고 社稷이 있으며 백성이 있는 국가로서 存亡의 운명을 다른 나라에 맡기고서 두려워하며 스스로 보전되기를 바라 오직 침략당하지 않은 것만을 요행으로 여겼으니, 비루하다.

漢水 북쪽의 여러 姬姓 제후들을 실제로 楚나라가 다 격멸하였으나, 저들이 어찌 모두 먼저 楚나라를 침범한 자들이었겠는가? 隨나라가 비록 힘을 헤아려 스스로 지키고 삼가 맹약을 따랐더라도 국경에 분쟁이 생긴다면 楚나라의 執政者가 어찌 맹약을 돌아보겠는가?

그렇다면 隨나라가 비록 스스로 지켰다 해도 楚나라의 병탄을 막을 수 없었을 것이니, 존망의 권한은 본래 楚나라에 있고 隨나라에 있지 않았다. 左氏는 성공과 실패는 자기에게 달렸다는 말만을 외었을 뿐이니, 어찌 성공과 실패가 자기에게 달린 이치를 알았겠는가?

天下之事는 未有不由己者[1)]라 善者己也[2)]니 極其善이면 則爲堯爲舜爲禹爲湯者도 亦己也[3)]요 敗者己也[4)]니 極其敗면 則爲桀爲紂爲幽爲厲者도 亦己也[5)]라 前無禦者[6)]니 欲聖則聖[7)]이요 後無挽者[8)]니 欲狂則狂[9)]이라 隨侯果知此理[10)]런들 則位天地[11)]하고 育萬物[12)13)]이 無不由己[14)]니 況區區之楚를 何足畏耶[15)]리오 而左氏不知己之尤하고 反以畏楚爲量力[16)]하니 抑不知適所以墮(휴)人之力也[17)]로다

1) 天下之事 未有不由己者：吉凶悔吝 咸其自取
吉凶과 悔吝은 모두 스스로 취하는 것이라는 말이다.

2) 善者己也：推廣左氏善由己之說
左氏의 '성공〔善〕도 자기에게 달렸다.'는 말을 미루어 넓힌 것이다.

3) 極其善……亦己也：雖爲上聖之君 亦由於己
비록 上等의 성군이 되는 것이라도 자기에게 달렸다는 말이다.

4) 敗者己也：推廣左氏敗由己之說
左氏의 '실패도 자기에게 달렸다.'는 말을 미루어 넓힌 것이다.

5) 極其敗……亦己也：雖爲無道之君 亦由於己
비록 無道한 임금이 되는 것이라도 자기에게 달렸다는 말이다.

6) 前無禦者：己自爲善 人不能禦
자기가 스스로 善을 하면 누구도 막을 수 없다는 말이다.

7) 欲聖則聖：聖 謂堯舜禹湯
聖은 堯・舜・禹・湯을 이른다.

8) 後無挽者：己自取敗 人不能挽
자기가 스스로 실패를 취하면 누구도 만류할 수 없다는 말이다.

9) 欲狂則狂：狂 謂桀紂幽厲
狂은 桀・紂・幽・厲를 이른다.

10) 隨侯果知此理：理字應前
'理'자는 앞글과 호응한다.

11) 則位天地：位吾身之天地 以位天地之天地
자신의 天地를 제자리에 안정시켜 천지의 천지를 제자리에 안정시킴이다.

12) 育萬物：育吾身之萬物 以育萬物之萬物

자신의 萬物을 육성하여 만물의 만물을 육성하는 것이다.

13) 〔역주〕 位天地 育萬物 : ≪中庸≫에 “中과 和를 지극히 하면 天地가 제자리에 안정되고 萬物이 잘 육성된다.〔致中和 天地位焉 萬物育焉〕”라고 하였다.

14) 無不由己 : 此學問之極功 聖人之能事 無不由於己者
이것은 學問의 極功(더없이 큰 성과)과 聖人의 能事(성인만이 할 수 있는 일)가 자기에게서 나오지 않음이 없다는 말이다.

15) 況區區之楚 何足畏耶 : 楚雖强且智 又何畏焉
楚나라가 비록 강하고 지혜롭다 하더라도 또 어찌 두려워했겠느냐는 말이다.

16) 而左氏不知己之尤 反以畏楚爲量力 : 承上文畏字 又貶左氏量力之說
윗글의 ‘畏’자를 이어 또 左氏의 ‘힘을 헤아려야 한다.’는 말을 폄하한 것이다.

17) 抑不知適所以墮(휴)人之力也 : 墮 許規切 壞也
墮는 許와 規의 反切이니, 무너뜨린다는 뜻이다.

天下의 일에는 〈그 성패가〉 자기 손에 달려 있지 않은 것이 없다. 성공〔善〕도 자기에게 달린 것이니 성공의 극치에 도달하면 帝堯·帝舜·夏禹·成湯 같은 聖君이 되는 것도 자기에게 달렸고, 실패도 자기에게 달린 것이니 실패의 극치에 도달하면 夏桀·商紂·幽王· 厲王 같은 폭군이 되는 것도 자기에게 달렸다. 앞에서 막는 자가 없으니 성인이 되고자 하면 성인이 되고, 뒤에서 만류하는 자가 없으니 미치광이가 되고자 하면 미치광이가 된다.

隨侯가 과연 이런 이치를 알았다면, 천지를 제자리에 안정시키고 만물을 化育하는 일이 자기에게 달려 있지 않음이 없었을 것이니, 하물며 보잘것없는 楚나라를 어찌 두려워하였겠는가? 그런데 左氏는 본인의 잘못을 알지 못하고서 도리어 楚나라를 두려워하는 것을 자기의 힘을 헤아리는 것으로 여겼으니, 이것이 바로 남의 힘을 무너뜨리는 원인이 될 뿐임을 모른 것이다.

古之所謂量力者[1)]는 蓋有說矣[2)]로다 養而未充也[3)]하고 爲而未成也[4)]하며 修而未備也[5)]면 於是에 量力而未敢輕動焉[6)]이라 吾之所以未動者는 非憂彼之强이라 憂我之弱也며 非憂彼之智라 憂我之愚也니 所憂固在於己요 而不在於人也[7)]라 養已(克)〔充〕[8)]하고 爲已成하며 修已備[9)]면 則有所不動이언정 動而無敵[10)]이니 今之伸이 豈不由向之屈乎아 苟以齷齪自保爲量力[11)]이면 則人將自安於弱하야 而終於弱矣[12)]며 自

安於愚하야 而終於愚矣[13)]리라 噫라 隳天下之力者가 非量力之論歟[14)15)]아

1) 古之所謂量力者：古人亦有量力之說 但其意與左氏不同

古人들도 '힘을 헤아려야 한다.'는 말을 하였으나, 그 뜻이 左氏와 같지 않을 뿐이다.

2) 蓋有說矣：其說在下

그에 대한 설명이 아래에 있다.

3) 養而未充也：養吾國之力而未充

우리나라의 힘을 길렀으나 아직 충분하지 않다는 말이다.

4) 爲而未成也：爲吾國之事而未成

우리나라의 일을 했으나 아직 이루지 못했다는 말이다.

5) 修而未備也：修吾國之政而未備

우리나라의 정사를 닦았으나 아직 갖추지 못했다는 말이다.

6) 於是 量力而未敢輕動焉：以是三者 故量力而未動 非謂不養不爲不修 但量力自守也

이 세 가지 때문에 힘을 헤아려 輕擧妄動하지 않는다는 것이니, 힘을 기르지도 일을 하지도 정사를 닦지도 않는다는 말이 아니라, 다만 힘을 헤아려 스스로 지킬 뿐이라는 말이다.

7) 吾之所以未動者……而不在於人也：照起語謂 古人所以量力者 憂在我之弱與愚而已

起句의 '古人이 힘을 헤아린 이유는 근심하는 바가 나의 약함과 어리석음에 있었을 뿐이다.'라고 한 말을 照應한 것이다.

8)〔역주〕(克)〔充〕：저본에는 '克'으로 되어 있으나, 四庫全書本에 의거하여 '充'으로 바로잡았다.

9) 養己(克)〔充〕……修己備：三者皆綽然而有餘

세 가지가 모두 넉넉하여 여유가 있다는 뜻이다.

10) 則有所不動 動而無敵：雖無敵於天下 可也

비록 천하무적이라 해도 좋을 것이다.

11) 苟以齷齪自保爲量力：此乃左氏量力之說

이것이 바로 左氏의 '힘을 헤아려야 한다.'는 말이다.

12) 則人將自安於弱 而終於弱矣：豈復能强

어찌 다시 강해질 수 있겠느냐는 말이다.

13) 自安於愚 而終於愚矣：豈復能智 ○ 强弱智愚 首尾呼喚

어찌 다시 지혜로워질 수 있겠느냐는 말이다. ○ 强·弱·智·愚는 首尾가 호응한다.

14)〔역주〕非量力之論歟：四庫全書本과 三民書局本에는 '非' 앞에 '獨'이 있다.

15) 隳天下之力者 非量力之論歟：貶左氏量力之說 以其隳壞天下之力 使之齷齪自保 不復有爲也

左氏의 '힘을 헤아려야 한다.'는 말은, 천하 사람들의 力量을 무너뜨려 악착같이 스스로 보호하게만 할 뿐 더 이상 큰일을 해낼 수 없게 한다고 폄하한 것이다.

옛사람들의 이른바 '힘을 헤아린다.'는 것은 대체로 〈그 정황을 따로〉 설명할 수 있다. 힘을 길렀으나 아직 충분하지 못하고, 일을 하였으나 아직 이루지 못하였으며, 정사를 닦았으나 아직 완전하지 못하였다면, 이런 때에는 힘을 헤아려 감히 輕擧妄動하지 않아야 한다는 말이다.

우리가 움직이지 않는 이유는 상대의 강함을 걱정해서가 아니라 우리의 약함을 걱정해서이고, 상대의 지혜로움을 걱정해서가 아니라 우리의 어리석음을 걱정해서이니, 걱정해야 할 바가 본래 우리에게 있고 남에게 있지 않기 때문이다.

힘을 기른 것이 이미 충분하고, 일한 것이 이미 이루어지고, 정사를 닦은 것이 이미 완비되었다면, 움직이지 않을지언정 움직였다 하면 대적할 상대가 없을 것이니, 오늘에 힘을 펴는 것이 어찌 지난날 굽힌 데서 온 것이 아니겠는가?

만약 악착같이 스스로 보호하는 것을 힘을 헤아리는 것으로 여긴다면, 사람들은 장차 스스로 약한 것을 편안히 여겨 약한 채로 끝날 것이며, 스스로 어리석은 것을 편안히 여겨 어리석은 상태로 끝날 것이다. 아! 천하 사람들의 역량을 무너뜨리는 것이 "힘을 헤아려야 한다."는 左氏의 논평이 아니겠는가?

12-05 宋襄公及楚人戰于泓[1] 宋 襄公이 楚人과 泓에서 싸우다

12-05-01 宋襄公及楚人戰于泓 宋 襄公이 楚人과 泓에서 싸우다

【左傳】 僖二十年이라 宋襄公欲合諸侯하니 臧文仲聞之하고 曰 以欲從人則可[2]어니와 以人從欲이면 鮮濟[3]라하다

1) 〔역주〕 宋襄公及楚人戰于泓 : 四庫全書本과 三民書局本에는 題名이 '宋襄公欲合諸侯'로 되어 있다.

2) 〔역주〕 以欲從人則可 : 以欲從人은 나의 욕심을 버리고 많은 이들의 善을 따른다는 말이다.〈杜注〉

3) 〔역주〕 以人從欲 鮮濟 : 明年에 鹿上에서 會盟한 傳의 배경이다.〈杜注〉

僖公 20년, 宋 襄公이 諸侯를 糾合하려 하니 臧文仲이 이를 듣고 말하였다.

"자신의 욕망을 버리고 다른 사람의 善을 따르면 成功할 수 있지만, 다른 사람에게 나의 욕망을 따르게 한다면 成功하지 못할 것이다."

12-05-02 宋爲鹿上之盟 宋人이 鹿上에서 結盟하다

【左傳】 僖二十一年이라 春에 宋人爲鹿上之盟하야 以求諸侯於楚[1]하니 楚人許之하다 公子目夷曰 小國爭盟은 禍也니 宋其亡乎ㄴ저 幸而後敗[2]로다

1) 〔역주〕 以求諸侯於楚 : 楚나라의 威勢를 빌려 諸侯의 霸主가 되기를 구한 것이다. 〈附注〉

2) 〔역주〕 幸而後敗 : '幸而後敗'는 여러 가지 解釋이 있다. 楊伯峻은 僖公 15년 傳의 '幸而得囚'과 같은 句法으로 보아 '전쟁에 패배만하고 나라가 망하지 않으면 다행이다.'라는 뜻으로 풀었다. 杜預의 注에는 敗만을 해석하고 幸而後에 대해서는 전혀 해석하지 않았으며, 林堯叟와 楊伯峻도 '後'를 해석하지 않았다. 譯者는 이상의 說들을 따르지 않고 아래와 같이 번역하였다.

僖公 21년, 봄에 宋人이 鹿上에서 結盟하고서 楚나라에게 諸侯가 자기를 盟主로 추대하도록 도와주기를 요구하니 楚人이 허락하였다. 公子 目夷가 말하기를 "小國이 盟主가 되기를 다투는 것은 禍를 부르는 것이니 宋나라는 망할 것이다. 행운이 있은 뒤에야 敗戰에 그칠 것이다."라고 하였다.

12-05-03 楚執宋公 楚子가 宋公을 사로잡다

【左傳】 秋에 諸侯會宋公于盂하다 子魚曰 禍其在此乎ㄴ저 君欲已甚하니 其何以堪之[1]리오 於是에 楚執宋公하야 以伐宋하다

1) 〔역주〕 君欲已甚 其何以堪之 : '어찌 霸者의 일을 이룰 수 있겠느냐'는 뜻이니, 반드시 諸侯를 얻을 수 없다는 말이다.〈附注〉

가을에 諸侯가 宋公과 盂에서 會合하였다. 子魚가 말하기를 "禍가 이번 회합에 있을 것이다. 임금의 욕심이 너무 심하니 어찌 감당할 수 있겠는가?"라고 하였다. 이에 楚子가 宋公을 잡고서 宋나라를 토벌하였다.

12-05-04 宋公伐鄭 宋公이 鄭나라를 토벌하다

【左傳】 僖二十二年이라 夏에 宋公伐鄭[1]하니 子魚曰 所謂禍在此矣라

1) 〔역주〕 宋公伐鄭 : 宋公은 鄭伯이 楚나라에 간 것에 怒하였기 때문에 鄭나라를 토벌한 것이다. 이것이 11월에 泓에서 전쟁이 일어난 원인이 되었다.〈杜注〉

僖公 22년, 여름에 宋公이 鄭나라를 토벌하니 子魚가 말하였다. "내가 앞서 말한 '禍'라는 것이 이번 전쟁에 있을 것이다."

12-05-05 楚宋戰于泓 楚人과 宋公이 泓에서 戰爭하다

【左傳】 僖二十二年이라 秋에 楚人伐宋以救鄭하다 宋公將戰한대 大司馬固諫曰 天之棄商久矣어늘 君將興之하시니 弗可赦也已[1]리이다 弗聽하다 宋公及楚人戰于泓하다 宋人旣成列하고 楚人未旣濟[2]어늘 司馬曰 彼衆我寡하니 及其未旣濟也하야 請擊之하소서 公曰 不可하다 旣濟而未成列이어늘 又以告한대 公曰 未可하다 旣陳而後擊之하야 宋師敗績하다 公傷股하고 門官殲焉[3]하다

1) 〔역주〕 大司馬固諫曰……弗可赦也已 : 大司馬 固는 宋 莊公의 손자 公孫固이다. 君께서 하늘이 버린 나라를 다시 일으키는 것은 결코 불가능하니 楚나라를 용서하고 싸우지 않는 것이 낫다는 말이다.〈杜注〉
2) 〔역주〕 楚人未旣濟 : 군대가 아직 泓水를 다 건너지 못한 것이다.〈杜注〉
3) 〔역주〕 門官殲焉 : 門官은 문을 지키는 사람인데, 出戰한 때에는 임금의 좌우에 있으면서 임금을 보호한다. 殲은 다 죽은 것이다.〈杜注〉

僖公 22년, 가을에 楚人이 宋나라를 토벌하여 鄭나라를 救援하였다. 宋公이 전쟁하려 하자, 大司馬 固가 諫하였다. "하늘이 商나라를 버린 지 오래인데 임금님께서 復興시키려 하시니, 하늘이 용서하지 않을 것입니다." 宋公은 듣지 않았다.

宋公이 楚人과 泓에서 전쟁하였다. 이때 宋人은 이미 戰列을 이루었으나 楚人은 아직 泓水를 다 건너지 못하였다. 司馬(子魚)가 말하기를 "저들은 군대가 많고 우리는 적으니 저들이 다 건너기 전에 공격하소서."라고 하니, 宋公은 "不可하다."고 하였다. 楚軍이 泓水를 다 건넜으나 아직 戰列을 이루지 못하였을 때 司馬가 또 공격하자고 고하니, 宋公은 또 "不可하다."고 하였다. 楚軍이 전열을 이룬 뒤에 공격하였다가 宋軍이 大敗하여 宋公은 허벅지에 상처를 입었고, 門官들은 모두 죽었다.

宋 襄公이 거짓 仁으로 군대를 잃다〔宋襄公假仁失衆〕

國人皆咎公하니 公曰 君子不重傷[1]하고 不禽二毛[2]니라 古之爲軍也에 不以阻隘也[3]하니 寡人雖亡國之餘[4]나 不鼓不成列[5]이라 子魚曰 君未知戰이로소이다 勍敵之人이 隘而不列은 天贊我也[6]니 阻而鼓之가 不亦可乎잇가 猶有懼焉[7]이니이다 且今之勍者는 皆吾敵也니 雖及胡耇[8]라도 獲則取之어늘 何有於二毛릿가 明恥教戰은 求殺敵也[9]니 傷未及死면 如何勿重[10]이릿가 若愛重傷이면 則如勿傷이요 愛其二毛면 則如服焉[11]이니이다 三軍以利用也[12]요 金鼓以聲氣也[13]니 利而用之면 阻隘可也요 聲盛致志면 鼓儳可也[14]니이다

1) 〔역주〕 君子不重傷 : 이미 상처를 입은 敵을 차마 재차 傷害할 수 없다는 말이다. 〈附注〉

2) 〔역주〕 不禽二毛 : 二毛는 머리가 반쯤 세어 두 색깔이 나는 老人이다.〈杜注〉

3) 〔역주〕 不以阻隘也 : 험한 지형을 이용해 승리를 구하지 않는다는 말이다.〈杜注〉

4) 〔역주〕 寡人雖亡國之餘 : 宋나라는 商나라 紂王의 후손이다.〈杜注〉

5) 〔역주〕 不鼓不成列 : 敵軍이 戰陣을 갖추기 전에 우리가 북을 울려 진격하지 않은 것은 속임수로 승리를 취하는 것을 수치로 여긴 것이다.〈附注〉

6) 〔역주〕 勍敵之人……天贊我也 : 勍은 强이다. 楚軍이 험한 곳에 있어 전열을 이루지 못하는 것은 하늘이 宋나라를 돕는 것이라는 말이다.〈杜注〉

7) 〔역주〕 猶有懼焉 : 비록 敵이 험한 곳에 있어 전열을 갖추지 못한 기회를 이용하여 공격하더라도 승리하지 못할까 두렵다는 말이다.〈杜注〉

8) 〔역주〕 且今之勍者……雖及胡耇 : '今之勍者'는 우리와 경쟁하는 자들을 이름이다. 胡耇는 元老를 일컫는 말이다.〈杜注〉

9) 〔역주〕 明恥教戰 求殺敵也 : 刑戮의 제도를 밝게 설치하여 용감하지 못한 자를 부끄럽게 한다는 말이다.〈杜注〉

10) 〔역주〕 傷未及死 如何勿重 : 그 敵이 오히려 나를 해칠 수 있다는 말이다.〈杜注〉

11) 〔역주〕 若愛重傷……則如服焉 : 敵軍을 殺傷하고자 하지 않는다면 본래 전투할 필요가 없다는 말이다. 楊伯峻은 "두 '愛'자는 모두 憐憫의 뜻이고, 두 '如'자는 모두 當의 뜻이다."라고 하였고, ≪左氏會箋≫에는 如를 不如의 준말로 해석하였다. 譯者는 ≪左氏會箋≫의 설을 취하여 '하느니만 못하다'는 뜻으로 번역하였다.

12) 〔역주〕 三軍以利用也 : 군대는 이로움을 위해 일으킨다는 말이다.〈杜注〉

13) 〔역주〕 金鼓以聲氣也 : 북소리로 군사들의 士氣를 돋는 것이다.〈杜注〉

14) 〔역주〕 聲盛致志 鼓儳可也 : 儳은 험한 곳이니 戰陣을 整齊하지 못한 것이다.〈杜注〉 이미 북소리가 크게 울려 士卒의 용감한 意志가 드높아졌으면 敵軍이 험한 곳에서 戰陣을 이루지 못하고 있을 때 공격해야 한다는 말이다.〈附注〉

國人이 모두 宋公을 탓하니 宋公은 말하였다.

“君子는 상처를 입은 敵을 거듭 찌르지 않고, 二毛를 포로로 잡지 않는 것이다. 옛날의 전쟁에는 험한 地形을 이용해 敵을 공격하지 않았으니, 寡人이 비록 亡國의 후손이지만 戰列을 이루지 못한 敵에게 진격을 명하는 북을 치지 않았노라.”

子魚가 말하였다.

“임금께서는 전쟁을 모르십니다. 강한 적군이 지형이 험하여 전열을 이루지 못하는 것은 하늘이 우리를 돕는 것이니 敵이 험한 곳에 있을 때 공격하는 것이 옳지 않습니까? 그래도 오히려 〈승리하지 못할까〉 두렵습니다. 오늘날 임금님과 霸權을 다투는 자들은 모두 우리의 敵이니 비록 늙은이라 하더라도 잡을 수만 있다면 잡아야 하는데 무엇 때문에 저 二毛를 고려하겠습니까?

군대들에게 수치를 밝게 일러주고 戰術을 가르친 것은 적을 죽이도록 요구한 것이니, 적이 상처를 입고도 죽음에 이르지 않았다면 무엇 때문에 거듭 傷害하지 않겠습니까? 만약 거듭 傷害하는 것을 가엾게 여긴다면 애당초 상처를 입히지 않느니만 못하고, 二毛를 가엾게 여긴다면 적에게 항복하느니만 못합니다.

三軍은 유리한 때를 보아 사용하는 것이고, 金鼓는 소리로써 사기를 북돋워주는 것이니, 유리한 때를 만나 군대를 사용한다면 적이 험한 곳이 있을 때에 공격하는 것이 옳고, 북소리가 크게 울려 士氣가 높아졌으면 적이 戰列을 이루지 못했을 때 공격하는 것이 옳습니다.”

12-05-06 宋襄公卒 宋 襄公이 卒하다

【左傳】 僖二十三年이라 夏五月에 宋襄公卒하니 傷於泓故也라

僖公 23년, 여름 5월에 宋 襄公이 卒하였으니, 이는 泓에서 부상하였기 때문이다.

【主意】 謂宋襄之愚론 尙不能料目前之事온 況能知帝王之兵乎아 論者謂宋襄以帝王之兵取敗라하니 豈不過哉아

이 글에서 말하였다.

“宋 襄公의 어리석음으로는 오히려 눈앞의 일도 헤아리지 못하였는데, 하물며 帝王의 戰法을 알았겠는가? 그런데 論評하는 자들은 ‘宋 襄公이 제왕의 전법을 썼다가 패

배를 자초하였다.'고 하였으니, 어찌 지나치지 않은가?"

由涿鹿으로 而至牧野[1)]히 擧帝王之兵이 更數十戰[2)]이요 由六經으로 而至諸子[3)]히 談帝王之兵이 踰數萬言[4)]하니 效非不明[5)]이요 而說非不詳也[6)]라 及宋襄公爲泓之役[7)]하야 而以帝王之兵自許[8)]라가 反至喪敗[9)]하니 後世指其一戰之失하야 盡疑數十戰之功爲不可信[10)]하고 指其一言之謬하야 盡廢數萬言之理爲不可行하니 果哉라 說之遽也[11)]여 是說旣行하야 帝王之兵을 人共視以爲迂闊遲鈍之具하고 儒者相與力挽而極辨之로되 終莫能勝이라 意者컨대 未知爭之之說乎ㄴ저

1) 由涿鹿 而至牧野：黃帝與蚩尤 戰于涿鹿之野 武王伐商 與紂戰于牧野
 黃帝가 蚩尤와 涿鹿의 들에서 싸웠고, 武王이 商나라를 칠 때에 紂王과 牧野에서 싸웠다.
2) 擧帝王之兵 更數十戰：紀帝王之用兵 甚多
 帝王의 用兵에 대한 기록이 매우 많다는 말이다.
3) 由六經 而至諸子：六經 易詩書禮樂春秋 諸子 百家之書也
 六經은 ≪易經≫·≪詩經≫·≪書經≫·≪禮記≫·≪樂經≫·≪春秋≫이고, 諸子는 여러 사상가들이 지은 책들이다.
4) 談帝王之兵 踰數萬言：論帝王之用兵 甚詳
 帝王의 用兵을 담론한 것이 매우 상세하다는 말이다.
5) 效非不明：謂數十戰
 앞글의 '數十戰'을 이른다.
6) 而說非不詳也：謂數萬言
 앞글의 '數萬言'을 이른다.
7) 及宋襄公爲泓之役：與楚人戰于泓
 楚人와 泓에서 싸운 것을 말한다.
8) 而以帝王之兵自許：謂不重傷 不禽二毛 不阻隘 不鼓不成列
 상처를 입은 敵을 거듭 상해하지 않고, 반백의 노인을 포로로 잡지 않으며, 험한 地形을 이용해 적을 공격하지 않고, 戰列을 이루기 못한 적에게 진격을 명하는 북을 치지 않음을 이른다.
9) 反至喪敗：宋師敗績 襄公傷股而死
 宋나라 군대는 크게 패배하고, 襄公은 다리에 부상을 입고 죽었음을 이른다.
10) 後世指其一戰之失 盡疑數十戰之功爲不可信：後世指宋襄爲戒 而廢帝王之兵

후세 사람들은 宋 襄公을 가리키며 경계로 삼아 帝王의 용병을 폐기하였음을 이른다.

11) 果哉 說之遽也 : 謂後世論者不審

후세의 논평하는 자들이 자세히 살피지 않았음을 이른다.

'涿鹿의 전쟁'에서부터 '牧野의 전쟁'에 이르기까지 帝王이 군대를 일으켜 전쟁한 것이 수십 차례였고, 六經에서부터 諸子에 이르기까지 帝王의 用兵을 담론한 것이 수만 字가 넘으니, 효과가 분명하지 않은 것이 아니고, 설명이 상세하지 않은 것이 아니다.

周 武王

그런데도 宋 襄公이 泓에서 楚軍과 전쟁할 적에 帝王의 군대로 자부하였다가 도리어 실패에 이르니, 후세 사람들은 이 한 차례의 전쟁에 실패한 것을 가지고 聖王이 거둔 수십 차례의 전공을 모두 의심하여 믿을 수 없다고 하고, 한마디 말의 오류를 가지고 수만 자로 설명한 이치를 모두 폐기하여 행할 수 없다고 하니, 과감하구나. 말을 너무 경솔히 함이여!

이런 말이 이미 유행하여 제왕의 용병을 사람들은 모두 오활하고 미련한 도구로 여기고, 儒者들은 함께 노력해 만회하려고 극력 변호하지만 끝내 논쟁해 이길 수가 없다. 생각건대 이는 아마도 전쟁의 說(意義)을 모른 데서 연유한 듯하다.

輿薪之不見而自謂能見秋毫者는 愚也요 責其不見者도 亦愚也라 撞鐘之不聞이로되 而自謂能聞蚋(예)飛者는 愚也요 責其不聞者도 亦愚也라 信之在前하고 責之在後라 不見輿薪者가 方自譽其目之明이면 人固已不信之矣니 豈待其眞不見秋毫而始責之乎아 不聞撞鐘者가 方自譽其耳之聰이면 人固已不信之矣니 豈待其眞不聞蚋飛而後責之乎아 古之難知는 秋毫也와 蚋飛也요 今之易(이)知는 輿薪也와 撞鐘也라 欲驗宋

襄言古道之是非인댄 **當先觀宋襄料今事之中否**라

수레에 실린 땔감을 보지 못하면서 스스로 가을 터럭을 볼 수 있다고 말하는 자는 어리석은 자이고, 보지 못한다고 책망하는 자도 어리석다. 종 치는 소리를 듣지 못하면서 스스로 파리 나는 소리를 들을 수 있다고 말하는 자는 어리석은 자이고, 듣지 못한다고 책망하는 자도 어리석다.

믿음은 사전에 있고, 책망은 사후에 있다. 수레에 실린 땔감을 보지 못하는 자가 바야흐로 제 눈이 밝다고 자랑하면 사람들은 진실로 이미 그 말을 믿지 않을 것이니, 어찌 참으로 가을 터럭을 보지 못할 때를 기다린 뒤에야 비로소 그를 책망하겠는가? 종 치는 소리를 듣지 못하는 자가 바야흐로 스스로 제 귀가 밝다고 자랑하면 사람들은 진실로 이미 그 말을 믿지 않을 것이니, 어찌 참으로 파리가 나는 소리를 듣지 못할 때를 기다린 뒤에 그를 책망하겠는가?

古代의 일은 알기 어렵기가 마치 '가을 터럭'이나 '파리 나는 소리'와 같고, 今世의 일은 알기 쉽기가 마치 '수레에 실린 땔감'이나 '종을 치는 소리'와 같다. 宋 襄公이 옛 道를 말한 것이 옳았는지 글렀는지를 징험하고자 한다면, 마땅히 먼저 宋 襄公이 당시의 사정을 헤아린 것이 이치에 맞았는지 틀렸는지를 관찰해야 한다.

宋襄生於宋하니 **豈不知宋之弱**[1)]이며 **迫於楚**하니 **豈不知楚之强**[2)]이리오 **乃不量宋之力**[3)]하고 **偃然自爲盟主**[4)]하야 **欲屈强楚之君於會**[5)]하니 **其愚而不能料事一矣**[6)]라 **齊威**[7)]**之霸**를 **宋襄公耳目所接也**[8)]니 **宋襄自觀**컨대 **信義與齊威孰愈**[9)]며 **壤地與齊威孰愈**[10)]며 **兵甲與齊威孰愈**[11)]아 **齊威九合諸侯**[12)]나 **終不能屈致楚子**[13)]어늘 **而宋襄乃驟欲致之**[14)]하니 **其愚而不能料事二矣**[15)]라 **盂之會**에 **宋襄身見執於楚**[16)]하야 **幾不免虎口**[17)]라가 **僅能縱釋**[18)]하고 **曾未閱時**에 **忘前日之辱**[19)]하고 **忘前日之懼**하며 **忘前日之禍**하야 **尙敢稱兵與楚爭鄭**[20)]하야 **自取傷敗**하니 **其愚而不能料事三矣**[21)]라 **是三者皆匹夫匹婦之共曉**[22)]어늘 **宋襄尙不能知**[23)]하니 **況所謂帝王之兵制**는 **遠在千百年之外**[24)]하야 **斷編遺簡**[25)]하야 **若滅若沒**하고 **若存若亡**[26)]하니 **是豈宋襄之所能知乎**[27)]아 **觀其料今事之疏**[28)]면 **卽可驗其談古道之謬**[29)]하니 **雖未交鋒之前**[30)]이라도 **固預知其必敗也**[31)]라 **說者乃以宋襄之敗**로 **爲古道之累**[32)]하니 **是猶見聵**(외)**者之誤評宮**

角[33]하고 **遂欲幷廢大樂**(악)[34]이니 **豈不過甚矣哉**[35]아

1) 宋襄生於宋 豈不知宋之弱：自生長以至爲君 深知宋之弱矣
〈宋 襄公은〉 나고 자라면서부터 임금이 되기까지 宋나라가 약한 줄을 깊이 알았을 것이라는 말이다.

2) 迫於楚 豈不知楚之强：與楚爲隣 深知楚之疆大
〈宋나라는〉 楚나라와 이웃이니 초나라의 강대함을 깊이 알았을 것이다.

3) 乃不量宋之力：不自量其强弱不敵
자기 나라의 强弱이 〈楚나라를〉 대적할 수 없음을 헤아리지 못했다는 말이다.

4) 偃然自爲盟主：自爲霸主 以主諸侯之盟
스스로 霸主가 되어 諸侯의 회맹을 주관하고자 했다는 말이다.

5) 欲屈强楚之君於會：爲盂之盟屈致楚子 遂爲楚子所執
盂의 회맹에 楚子를 불러 굴복시키려 했다가 마침내 楚子에게 사로잡혔다는 말이다.

6) 其愚而不能料事一矣：不料彼己强弱 欲盟楚子 其愚一也
상대와 자기의 强弱을 헤아리지 못하고 楚子와 회맹하고자 했으니, 그 첫 번째 어리석음이라는 것이다.

7) 〔역주〕 齊威：齊 桓公이다. '威'는 宋 欽宗의 이름 趙桓을 피휘한 것이다. 아래도 같다.

8) 齊威之霸 宋襄公耳目所接也：宋襄親見齊威之伯(패)業
宋 襄公은 齊 桓公이 패업을 이루는 것을 직접 보았다는 말이다.

9) 宋襄自觀 信義與齊威孰愈：愈 勝也 言信義不如齊威之着
愈는 낫다는 뜻이니, 〈宋 襄公의〉 信義가 齊 桓公만큼 착실하지 못하다는 것이다.

10) 壤地與齊威孰愈：土地不如齊威之廣
土地도 齊 桓公만큼 광대하지 못하다는 것이다.

11) 兵甲與齊威孰愈：兵甲不如齊威之盛
兵甲도 齊 桓公만큼 성대하지 못하다는 것이다.

12) 齊威九合諸侯：糾合諸侯 盟會屢矣
諸侯를 규합하여 자주 회맹했다는 말이다.

13) 終不能屈致楚子：中間召陵之盟 楚子使屈完如師 而不自來
중간에 召陵의 회맹에 楚子는 屈完을 제후의 군중으로 보내어 〈강약을 살피게 하고〉 직접 오지는 않았다.

14) 而宋襄乃驟欲致之：欲屈楚子與盂之盟
〈宋 襄公은〉 楚子를 굴복시켜 盂의 회맹에 참여시키고자 했다는 말이다.

15) 其愚而不能料事二矣：不料宋不如齊 欲致齊威之所不能致 其愚二也

宋나라가 齊나라만 못한 것을 헤아리지 못하고 齊 桓公도 招致하지 못한 〈楚子를〉 초치하고자 하였으니, 그 두 번째 어리석음이라는 것이다.

16) 盂之會 宋襄身見執於楚：楚子執宋公以伐宋

楚子가 宋公을 사로잡고서 宋나라를 쳤다는 말이다.

17) 幾不免虎口：幾爲楚子所殺

〈宋 襄公은〉 楚子에게 살해당할 뻔했다는 말이다.

18) 僅能縱釋：會于薄以釋之

〈宋 襄公은〉 薄에서의 회합에서 풀려났다.

19) 曾未閱時 忘前日之辱：楚釋宋公 在二十一年之冬

楚나라가 宋公을 풀어준 것은 魯 僖公 21년 겨울이었다.

20) 忘前日之懼……尙敢稱兵與楚爭鄭：次年之夏 遂擧兵伐鄭

이듬해 여름에 마침내 군대를 출동하여 鄭나라를 쳤다.

21) 自取傷敗 其愚而不能料事三矣：不料宋不如楚 欲使鄭捨楚而從己 其愚三也

宋나라가 楚나라만 못함을 헤아리지 못하고 鄭나라에게 楚나라를 배반하고 자기 나라를 따르게 하고자 했으니, 그 세 번째 어리석음이라는 것이다.

22) 是三者皆匹夫匹婦之共曉：以上三事 甚不難知

이상의 3가지 일은 매우 알기 어려운 일이 아니라는 말이다.

23) 宋襄尙不能知：目前之事 尙不能料

눈앞에 닥친 일도 오히려 헤아리지 못했다는 말이다.

24) 況所謂帝王之兵制 遠在千百年之外：得於傳聞 其事已遠

전하는 소문을 들었다면 그 일이 이미 먼 옛날의 일이라는 말이다.

25) 斷編遺簡：經史所載 未必全文

經史에 실린 글이 반드시 온전한 글이 아닐 수도 있다는 말이다.

26) 若滅若沒 若存若亡：不可究詰

다 밝혀낼 수 없다는 말이다.

27) 是豈宋襄之所能知乎：智者尙不能知 況宋襄之愚乎

지혜로운 자도 오히려 알 수 없는데 하물며 어리석은 宋 襄公이 어떻게 알겠느냐는 말이다.

28) 觀其料今事之疏：謂上文三事 且不能料

위 글의 세 가지 일도 헤아릴 수 없었음을 이른다.

29) 卽可驗其談古道之謬：謂其遠慕帝王之兵 此二句甚有力量 眞宋襄之斷案也

먼 옛날의 帝王의 用兵을 사모하였음을 이른다. 이 두 구절은 매우 힘 있으니, 참으로

宋 襄公에 대한 斷案(論斷)이라 하겠다.

30) 雖未交鋒之前：雖未與楚人決戰之時

'비록 아직 楚人과 결전하지 않을 때라도'의 뜻이다.

31) 固預知其必敗也：已可前知其喪敗矣

宋 襄公이 반드시 喪敗할 것임을 먼저 알 수 있다는 말이다.

32) 說者乃以宋襄之敗 爲古道之累：謂帝王之兵 因宋襄而廢

帝王의 용병이 宋 襄公으로 인하여 폐기되었음을 이른다.

33) 是猶見聵(외)者之誤評宮角：聵 聾也 宮角 樂音也 以喩宋襄誤評帝王之兵

聵는 귀머거리이다. 宮角은 음악의 음률이다. 이로써 宋 襄公이 帝王의 용병을 잘못 품평한 것을 비유하였다.

34) 遂欲幷廢大樂(악)：以喩說者因宋襄而幷廢古道

이로써 說者가 宋 襄公으로 인하여 古道까지 아울러 폐기하였음을 비유하였다.

35) 豈不過甚矣哉：其過失又甚矣

그 과실이 더욱 심하다는 말이다.

宋 襄公은 宋나라에서 生長하였으니 어찌 송나라의 미약함을 몰랐겠으며, 楚나라에 핍박받았으니 어찌 초나라의 강대함을 몰랐겠는가? 그런데도 송나라의 힘을 헤아리지 않고 오만하게 스스로 盟主가 되어 강한 초나라의 군주를 회맹에서 굴복시키고자 하였으니, 이것이 그가 어리석어 일을 헤아리지 못한 첫 번째이다.

齊 桓公의 霸業은 宋 襄公이 직접 보고 들은 바이니, 송 양공은 스스로 보기에 자기의 信義가 제 환공에 비해 누가 더 나으며 자기의 영토가 제 환공에 비해 누가 더 나으며 자기의 군대가 제 환공에 비해 누가 더 낫다고 여긴 것인가? 제 환공은 아홉 번 제후를 회합하였으되 끝내 초나라 군주를 회맹에 나오도록 굴종시키지 못하였는데, 송 양공은 갑자기 초군을 회맹에 나오도록 부르고자 하였으니, 이것이 그가 어리석어 일을 헤아리지 못한 두 번째이다.

盂의 회맹에서 송 양공은 초나라에 포로로 잡혀 위험에서 벗어나지 못할 뻔하다가 겨우 풀려난 지 얼마 지나지 않아 지난날에 당했던 치욕과 지난날에 당했던 두려움과 지난날에 당했던 화란을 잊고서 오히려 감히 군대를 일으켜 정나라를 차지하려고 초나라와 전쟁하여 부상과 패배를 자초하였으니, 이것이 그가 어리석어 일을 헤아리지 못한 세 번째이다.

이 세 가지는 모두 평범한 사람들도 다 아는 것인데 송 양공은 오히려 몰랐으니,

하물며 이른바 '帝王의 兵制'는 먼 수백 년 전에 있었던 제도로서 記載된 典籍이 완전하지 못하여 없어진 것도 있고 빠트린 것도 있고 보존된 것도 있고 망실된 것도 있어서 〈다 규명할 수 없는데〉 어찌 송 양공이 알 수 있었겠는가? 그가 앞에 닥친 일을 헤아린 것이 이처럼 엉성했음을 보면 그가 담론한 古道 또한 오류임을 짐작할 수 있으니, 비록 교전하기 전이라도 그가 반드시 패배할 것임을 미리 알 수 있다.

그런데도 論說하는 자들은 곧 송 양공의 실패를 古道를 따른 잘못으로 여긴다. 이는 귀머거리가 宮角(음률)을 잘못 논평하는 것을 보고서 드디어 大樂(雅樂)마저 아울러 없애고자 하는 것과 같으니, 어찌 심한 잘못이 아닌가?

或者는 **又謂宋襄無帝王之德而欲效帝王之兵**[1)]하니 **所以致敗**[2)]라하니 **亦非也**[3)]라 **使帝王之世**에 **人皆服其德**이면 **則固不待於用兵矣**[4)]리라 **德不能服**[5)]이라 **是以有兵**[6)]이니 **則兵者生於人之不服也**[7)]니라 **彼旣不服矣**요 豨(희)**縱豖突**[8)]이면 **亦何所不至**[9)]리오 **我乃欲從容揖遜以待之**[10)]면 **適遺之禽耳**[11)]니 **吾恐帝王之兵不如是之拙也**[12)]라 **古之誓師者**[13)]는 **曰殄殲乃讐**[14)]하라하고 **曰取彼凶殘**[15)]하라하니 **凜然未嘗有毫髮貸**[16)]요 **其所寬者**는 **惟弗**迓**克奔而已**[17)]라 **奔而歸我**라 **是**[18)]**以弗擊**[19)]이니 **苟推鋒而與之爭一旦之命**[20)]이면 **胡爲而縱之哉**[21)]리오 **是縱降者**는 **帝王之兵**[22)]이요 **縱敵者**는 **宋襄之兵也**[23)]니 **烏可置之一域耶**[24)]아

1) 又謂宋襄無帝王之德而欲效帝王之兵：又生一說辨難
   또 一說을 만들어 辯難한 것이다.
2) 所以致敗：謂無德以致敗
   德이 없어서 패배를 초래하였음을 이른다.
3) 亦非也：此一說 亦未是
   이 一說도 옳지 않다는 말이다.
4) 使帝王之世……則固不待於用兵矣：此說甚當 斷得極到
   이 말은 매우 타당하니, 論斷이 극점에 도달하였다.
5) 德不能服：雖帝王之世 猶有不服其德而背叛者
   비록 帝王의 시대라고 하더라도 오히려 그 덕에 복종하지 않고 배반하는 자가 있었다는 말이다.
6) 是以有兵：故不免於用兵

그러므로 군대를 쓰는 일에서 벗어나지 못했다는 말이다.

7) 則兵者生於人之不服也 : 議論的當

의론이 정확하다.

8) 彼旣不服矣 狶(희)縱豕突 : 狶 野猪也 以喩背叛之人

狶는 멧돼지이니 배반하는 사람을 비유하였다.

9) 亦何所不至 : 如蚩尤作亂之類

蚩尤가 난을 일으킨 것과 같은 따위를 이른다.

10) 我乃欲從容揖遜以待之 : 如宋襄不重傷 不禽二毛之擧

宋 襄公이 상처를 입은 敵을 거듭 찌르지 않고, 반백의 노인을 포로로 잡지 않는 것과 같은 일을 이른다.

11) 適遺之禽耳 : 未有不爲敵人所敗者

敵人에게 패배당하지 않을 자가 없다는 말이다.

12) 吾恐帝王之兵不如是之拙也 : 必不如宋襄之拙以取敗也

반드시 宋 襄公처럼 졸렬하여 패배를 자초하지 않았을 것이라는 말이다.

13) 古之誓師者 : 引武王事 以證帝王之兵

周 武王의 일을 인용하여 帝王의 用兵을 증명한 것이다.

14) 曰殄殲乃讐 : 殄殲 殺戮也 讐 謂紂也

殄殲은 죽인다는 뜻이다. 讐는 紂王을 이른다.

15) 故之誓師者……曰取彼凶殘 : 凶殘 亦謂紂也 二句皆出泰誓

凶殘도 紂王을 이른다. 이 2구는 모두 ≪書經≫〈周書 泰誓〉에 보인다.

16) 凜然未嘗有毫髮貸 : 見得宋襄所謂不重傷不禽二毛者 非帝王之兵也

宋 襄公이 말한 상처를 입은 敵을 거듭 찌르지 않고, 반백의 노인을 포로로 잡지 않는다는 것은 帝王의 용병이 아님을 알 수 있다.

17) 其所寬者 惟弗迓克奔而已 : 此句出牧誓 謂敵人奔而降者 則不迎而殺之

이 구절은 ≪書經≫〈周書 牧誓〉에 보인다. 敵人이 도망해 와서 항복하는 자는 맞아 공격해 죽이지 않는다는 말이다.

18) 〔역주〕是 : 四庫全書本에는 '所'로 되어 있다.

19) 以弗擊 : 釋弗迓克奔之意

"도망해 오는 적군을 맞이해 공격하지 말라.〔弗迓克奔〕"는 뜻을 해석한 것이다.

20) 苟推鋒而與爭一旦之命 : 推鋒 接戰也 我不殺彼 則彼必殺我矣

推鋒은 接戰함이니, 내가 상대를 죽이지 않으면 상대가 반드시 나를 죽일 것이라는 말이다.

21) 胡爲而縱之哉：豈如宋襄所謂不阻隘不鼓不成列者哉

어찌 宋 襄公이 말한 험한 지형을 이용해 敵을 공격하지 않고, 戰列을 이루기 못한 적에게 진격을 명하는 북을 치지 않은 것처럼 하겠느냐는 말이다.

22) 是縱降者 帝王之兵：弗迓克奔 是也

≪書經≫ 〈周書 牧誓〉에 "도망해 오는 적군을 맞이해 공격하지 말라."는 것이 이것이다.

23) 縱敵者 宋襄之兵也：未旣濟而弗擊 未成列而弗鼓 是也 二句見得宋襄與帝王之兵全不同

적군이 강을 건너지 않았다 하여 공격하지 않고, 전열을 이루지 않았다 하여 북을 치지 않은 것이 이 일에 해당한다. 이 두 구에서 宋 襄公과 帝王의 용병이 전혀 같지 않음을 볼 수 있다.

24) 烏可置之一域耶：宋襄之兵 豈可係於帝王之列

宋 襄公의 용병을 어찌 帝王의 대열에 귀속〔係〕시킬 수 있겠느냐는 말이다.

또 어떤 이는 "宋 襄公이 帝王의 德이 없으면서 帝王의 용병을 본받고자 하였기 때문에 실패를 부른 것이다."라고 하니, 이 또한 옳지 않다.

가령 帝王의 시대에 사람들이 모두 제왕의 德에 복종하였다면 진실로 군대를 쓸 필요가 없었을 것이다. 德으로 복종시킬 수 없기 때문에 군대를 쓰는 것이니, 군대를 쓰는 일은 사람들이 복종하지 않을 때에 발생한다. 저들이 이미 복종하지 않고 함부로 날뛴다면 또한 무슨 짓인들 못하겠는가? 그런데도 나는 도리어 침착하게 예로써 그들을 대우하고자 한다면 다만 그들에게 사냥감을 주는 것일 뿐이니, 나는 제왕의 용병은 이처럼 졸렬하지는 않았을 것으로 생각한다.

옛날에 출정할 때에 誓師하던 자는 "너의 원수를 섬멸하라." 하고 "저 흉악하고 잔학한 자를 잡으라."고 하였으니 그 기상이 엄숙하여 조금도 관용한 적이 없고, 관용한 경우는 오직 도망쳐 오는 적군을 맞이해 공격하지 않는 것일 뿐이었다. 도망쳐 와서 우리에게 귀순하기 때문에 공격하지 않는 것이니, 만일 나와 접전하여 언제 죽을지 모를 생명을 다툰다면 어찌 그대로 놓아두겠는가? 항복한 자를 놓아주는 것은 帝王의 용병이고, 적을 놓아주는 것은 宋 襄公의 용병이니 어찌 동격으로 논할 수 있겠는가?

公羊子는 以宋襄之戰으로 爲文王(之)〔不是〕[1]過[2]라 嗚呼[3]라 宋襄何足以知文王이리오 若子魚라야 乃眞知文王者也[4]라 子魚諫宋襄之伐曹曰[5] 文王聞崇德亂而伐之[6]하야

軍三旬而不降[7)]이어늘 退修教而復伐之[8)]하니 因壘而降[9)]이라 其言薰然而不傷[10)]하고 退然而不伐[11)]하야 妙得文王之本心[12)]이러니 至於泓之戰하얀 其諫宋襄之辭[13)]가 發揚激厲하고 奮起勁悍[14)]하니 驟與前日異[15)]하야 若與文王不相似[16)]라 與變推移하야 不主故常[17)]이니 此眞學文王者也[18)]라 知子魚之善學文王이면 則知宋襄之不善學文王矣[19)]리라

1) 〔역주〕(之)〔不是〕: 저본에는 '之'로 되어 있으나, 三民書局本에는 '不是'로 되어 있다. '之'를 '不是'로 고치는 것이 ≪春秋公羊傳≫에 부합하므로 '不是'로 바로잡았다.

2) 公羊子……爲文王(之)〔不是〕過 : 公羊傳曰 君子大其不鼓不成列 臨大事而不忘大禮 以爲雖文王之戰 亦不過此也

≪春秋公羊傳≫에 이르기를 "君子는 宋 襄公이 〈楚軍이〉 대열을 이루기 전에 북을 쳐 진군하지 않았음과 大事에 임하여 大禮를 잊지 않았음을 크게 여겨 비록 文王의 전쟁이라도 이에서 지나지 않았을 것이라고 여겼다."라고 하였다.

3) 嗚呼 : 斷公羊之說謬

公羊高의 말이 잘못되었음을 단언한 것이다.

4) 若子魚 乃眞知文王者也 : 子魚 名目夷 宋之司馬 襄公庶兄也

子魚는 이름이 目夷이며, 宋나라의 司馬로 襄公의 庶兄이다.

5) 子魚諫宋襄之伐曹曰 : 見僖公十九年

≪春秋左氏傳≫ 僖公 19년에 보인다.

6) 文王聞崇德亂而伐之 : 崇 國名 言昔者崇侯無道 文王伐之

崇은 나라 이름이다. 옛날에 崇侯가 무도하자 文王이 그를 쳤다는 말이다.

7) 軍三旬而不降 : 圍之三十日 而崇侯不服

30일을 포위하였으나 崇侯가 항복하지 않았다.

8) 退修教而復伐之 : 文王退兵 而修德教 乃復伐之

文王이 군대를 퇴각하여 德教를 닦고 나서 다시 쳤다는 말이다.

9) 因壘而降 : 因舊營壘 不復增兵 而崇侯遂降

옛 보루를 그대로 사용하고 더 군대를 늘리지 않았는데도 崇侯가 마침내 항복하였다는 말이다.

10) 其言薰然而不傷 : 薰然 和也

薰然은 화기애애한 모양이다.

11) 退然而不伐 : 退然 謙也 不伐 不矜也

退然은 겸손한 모양이며, 不伐은 자랑하지 않음이다.

12) 妙得文王之本心：子魚前日之言 有文王之氣象

子魚의 전일의 말에는 文王의 기상이 있었다.

13) 至於泓之戰 其諫宋襄之辭：其略曰 勍敵之人 隘而不列 天贊我也 阻而鼓之 不亦可乎 雖及胡耈 獲則取之 何有於二毛 傷未及死 如何勿重 若愛重傷 則如勿傷 愛其二毛 則如服焉*)

그 대략은 아래와 같다. "강한 적군이 地形이 험하여 전열을 이루지 못하는 것은 하늘이 우리를 돕는 것이니 敵이 험한 곳에 있을 때 攻擊하는 것이 옳지 않습니까? 비록 늙은이라 하더라도 잡을 수만 있다면 잡아야 하는데 무엇 때문에 저 '二毛'를 고려하겠습니까? 敵이 상처를 입고도 죽음에 이르지 않았다면 무엇 때문에 거듭 傷害하지 않겠습니까? 만약 거듭 傷害하는 것을 가엾게 여긴다면 애당초 상처를 입히지 않느니만 못하고, '二毛'를 가엾게 여긴다면 敵에게 降服하느니만 못합니다."

*)〔역주〕勍敵之人……則如服焉：≪春秋左氏傳≫ 僖公 22년에 나온다.

14) 發揚激厲 奮起勁悍：形容其言切直

그 말이 강직하고 간절함을 형용한 것이다.

15) 驟與前日異：與前日伐曹之諫氣象 頓不同

전일 曹나라를 정벌하는 일을 간할 때의 기상과는 크게 달랐다는 말이다.

16) 若與文王不相似：與修敎因壘之事亦異

德敎를 닦은 일과 보루를 그대로 사용했던 일과도 달랐다는 말이다.

17) 與變推移 不主故常：言子魚進諫 隨事變易 不膠於一也

子魚가 간언을 올린 것은 사안에 따라 變易하였고 하나에 膠着되지 않았다는 말이다.

18) 此眞學文王者也：文王作易 以明隨時變易之道 何嘗膠於一也

文王은 ≪周易≫을 지어 때에 따라 變易하는 道에 밝았으니 어찌 하나에 교착한 적이 있었겠느냐는 말이다.

19) 知子魚之善學文王 則知宋襄之不善學文王矣：此意極佳 政如孔子所謂善學柳下惠者 無如魯男子*) 深得奪胎換骨之法 又不待辨論 而公羊之說 自屈 尤見筆力之高

이 뜻이 매우 좋다. 바로 孔子께서 이른바 "柳下惠를 잘 배운 자로는 魯나라 男子만 한 자가 없다."라고 말한 것과 같으니 換骨奪胎하는 法을 깊이 터득한 것이다. 다시 변론할 필요 없이 公羊高의 논설이 저절로 꺾였으니 더욱 筆力이 高强함을 보겠다.

*)〔역주〕孔子所謂善學柳下惠者 無如魯男子：魯男子는 女色을 가까이하지 않는 사내를 가리키는 말로 ≪詩經≫ 〈小雅 巷伯〉의 〈毛傳〉에 보인다. 魯나라에 홀로 사는 사내가 있었는데, 그 이웃에 홀로 된 과부가 살고 있었다. 어느 날 밤에 폭풍우로 과부의 집이 무너지니, 과부가 이 남자의 집에 와서 의탁하고자 하였으나 남자는 문을 닿고 받아들이지 않았다. 과부가 창문 밖에서 "그대는 어째서 나를 받아들이지 않는 것이오?"라고 묻자, 사내는 "내

듣건대 남녀가 60세가 되지 않았으면 한 방에 거처하지 않는다고 하오. 지금 그대도 젊고 나도 젊으니 그대를 받아들일 수 없소."라고 하였다. 그러자 과부는 "그대는 어째서 柳下惠처럼 하지 않으십니까? 유하혜는 성문에 들어가지 못한 여자를 품어주었으되 사람들은 그를 음란하다고 하지 않았습니다."라고 하니, 남자가 말하기를 "유하혜는 가능하지만 나는 불가능하니, 나는 장차 나의 불가능을 가지고 유하혜의 가능을 배우겠소."라고 하였다. 孔子는 이 말을 듣고서 "유하혜를 배우고자 한 자에는 이 사람 같이 한 자가 없었다."라고 하였다. ≪輟耕錄≫에 의하면, 유하혜는 술에 취해 郭門 밖에서 露宿할 때에 곁에서 노숙하던 여자가 凍死할까 우려하여 품에 안고 잤으나 아침이 될 때까지 음란한 일이 없었다고 한다.

周 文王

公羊子는 宋 襄公의 전쟁을 논하면서 文王의 전쟁도 이에서 지나지 않았을 것이라고 여겼다. 아! 宋 襄公이 어찌 文王을 알겠는가?

子魚야말로 진실로 文王을 안 자이다. 子魚가 宋 襄公이 曹나라를 치려 할 때에 諫言하기를 "文王은 崇나라의 德이 어지럽다는 말을 듣고 崇나라를 征伐하여 30일 동안 攻擊하였으나 항복하지 않자, 退軍해 돌아와서 敎化를 닦은 뒤에 다시 征伐하여 전의 堡壘를 그대로 이용하였으나 崇人이 항복하였습니다."라고 하였다. 그 말이 화기애애하여 상처를 주지 않고 겸손하여 자랑하지 않아 신묘하게 文王의 본심을 터득하였는데, '泓의 전쟁'에 이르러서는 宋 襄公에게 간한 말이 강직하고 간절하게 기운을 북돋우면서도 사납고 거칠었으니, 갑자기 전일의 말과 달라 文王의 기상과 전혀 닮지 않은 듯하다.

이는 상황에 따라 변화하고 常規를 고집하지 않은 것이니, 이것이 바로 참으로 文王을 잘 배운 것이다. 子魚가 文王을 잘 배운 것을 안다면 宋 襄公이 文王을 잘 배우지 못했음을 알 것이다.

12-06 魯饑而不害 魯나라에 饑饉이 들었으나 백성이 害를 입지는 않다

【左傳】 僖二十一年이라 夏에 大旱하니 公欲焚巫尫[1)]한대 臧文仲曰 非旱備也[2)]니 修城郭[3)]하고 貶食省(생)用[4)]하고 務穡勸分[5)]이 此其務也[6)]니이다 巫尫何爲[7)]릿가 天欲殺之면 則如勿生[8)]이요 若能爲旱이면 焚之滋甚[9)]이리이다 公從之하다 是歲也에 饑而不害하다

1) 〔역주〕 公欲焚巫尫 : 巫尫은 여자 무당으로 기도해 비를 비는 일을 맡은 자이다. 或者는 "尫은 무당이 아니고 앞곱사이다. 그 얼굴이 위를 향하기 때문에 세속에서는 '하늘이 그 병을 가엾게 여겨 비를 내리면 비가 그 코로 들어갈 것을 염려하여 가물게 한다.'고 한다. 그러므로 僖公이 그들을 태워 죽이고자 한 것이다."라고 하였다.〈杜注〉
2) 〔역주〕 非旱備也 : 旱災를 대비하는 방도가 아니라는 말이다.〈附注〉
3) 〔역주〕 修城郭 : 城郭을 修築하면 주린 백성들이 먹을 수 있다.〈附注〉
4) 〔역주〕 貶食省用 : 임금의 盛饌을 없애고 비용을 줄이는 것이다.〈附注〉
5) 〔역주〕 務穡勸分 : 穡은 검소함이다. 勸分은 있고 없는 것을 서로 나누어서 융통해 구제하게 하는 것이다.〈杜注〉 富者에게 권유하여 貧民에게 나누어주게 하는 것이다.〈附注〉
6) 〔역주〕 修城郭……此其務也 : 朝鮮의 朴致遠은 "臧文仲이 말한 가뭄에 대비한 方策은 긴요하고 완전하다고 이를 만하다. 城郭을 수리하면 饑民이 먹을 수 있고, 음식과 비용을 절약하면 財穀이 넉넉해지고 농사에 힘쓰면 곡식을 수확할 수 있고, 나누어 먹기를 권면하면 가진 자가 갖지 못한 자를 구제하게 되니 救荒의 방책은 이와 같을 뿐이다."라고 하였다.(朴致遠, ≪雪溪隨錄≫ 〈春秋〉)
7) 〔역주〕 巫尫何爲 : 무당인 앞곱사가 무슨 능력으로 가뭄을 불렀겠느냐는 말이다.〈附注〉
8) 〔역주〕 則如勿生 : 楊伯峻은 '如'는 應當의 뜻이라고 하였다.
9) 〔역주〕 若能爲旱 焚之滋甚 : 이 사람이 과연 가뭄을 불렀다면 이 사람을 태워 죽이면 하늘의 뜻을 거스르는 것이어서 가뭄이 더욱 심해질 것이라는 말이다.〈附注〉

僖公 21년, 여름에 크게 가뭄이 드니 僖公이 무당인 앞곱사를 태워 죽이려 하였다. 臧文仲이 말하였다.

"이는 旱災에 대한 대비책이 아닙니다. 城郭을 修築하고 먹는 것을 줄이고 비용을 절약하며 農事에 힘쓰고 나누어 먹기를 권하는 것이 급선무입니다. 巫尫이 무슨 힘이 있어 〈가뭄을 불렀겠습니까?〉 하늘이 그를 죽이고자 하였다면 응당 내지 않았을 것이고, 저가 가뭄을 불렀다면 태워 죽이면 가뭄이 더욱 심해질 것입니다."

僖公이 그의 말을 따랐다. 이해에 饑饉이 들었으나 백성이 害를 입지는 않았다.

【主意】 左氏意謂旱在天備在人이라 是判天人而二之也니 殊不知天者人之不能外라 旱固天也니 臧文仲所以諫과 僖公所以從과 旱備所以修가 無往而非天也어늘 而謂人事之修無預於天可乎아

左氏의 생각에는 '가뭄은 하늘에 달렸고 가뭄에 대비하는 것은 사람에 달렸다.'고 여긴 듯하다. 이는 하늘과 사람을 분리해 둘로 본 것이니 하늘은 사람이 벗어날 수 없는 것임을 전혀 모르고서 한 말이다. 가뭄은 본래 하늘에 달렸으므로 臧文仲이 간한 것과 僖公이 따른 것과 가뭄의 대비가 닦여진 것이 어느 것 하나 하늘의 뜻에 순종하지 않음이 없는데, 人事를 닦는 것이 하늘과 관련이 없다고 하면 되겠는가?

天者는 人之所不能外也[1)]라 信者固信하고 不信者亦信하며 從者固從하고 不從者亦從이라 使不信者果能不信이면 是可外也니 可外면 非天也요 使不從者果能不從이면 是可外也니 可外면 非天也라

1) 天者 人之所不能外也 : 一篇主意 議論甚大
이 한 편의 主意이다. 議論이 매우 광대하다.

하늘은 사람이 벗어날 수 없는 것이다. 하늘을 믿는 자는 당연히 믿고 믿지 않는 자도 믿으며, 하늘의 명을 따르는 자는 당연히 따르고 따르지 않는 자도 따른다. 가령 믿지 않는 자가 과연 믿지 않을 수 있다면 이는 하늘을 벗어나는 것이니 벗어날 수 있으면 하늘이 아니며, 가령 따르지 않는 자가 과연 따르지 않을 수 있다면 이는 하늘을 벗어나는 것이니 벗어날 수 있다면 하늘이 아니다.

嗚呼라 世之論天者는 何其小耶[1)]아 日月星辰之運則付之天[2)]하고 災祥妖孽之變則付之天[3)]하며 豐歉疫癘之數則付之天[4)]이라 若是者는 皆非人之所能爲[5)]니 吾知崇吾德하고 修吾政而已[6)]라 彼蒼蒼者를 吾烏知其意之所在哉[7)]아 以湯之時而天[8)]旱[9)]은

天與湯未嘗相參也[10)]라 **當是時**하야 **天亂而湯治**[11)]요 **以秦之暴而稔**은 **天與秦未嘗相參也**[12)]라 **當是時**하야 **天治而秦亂**[13)]이라 **天自旱之**[14)]요 **湯自養之**[15)]며 **天自稔之**[16)]요 **秦自暴之**[17)]니 **天與人曷嘗相預耶**[18)]아 **自世俗之說行**으로 **天人始離而不合矣**[19)]라

1) 世之論天者 何其小耶：貶世俗之見

세속의 소견을 폄하한 것이다.

2) 日月星辰之運則付之天：此曆象之天

이것은 曆象의 하늘이다.

3) 災祥妖孼之變則付之天：此禍福之天

이것은 禍福의 하늘이다.

4) 豐歉疫癘之數則付之天：此氣候之天 豐 穀熟也 歉 歲饑也 疫 癘時疾也

이것은 氣候의 하늘이다. 豐은 곡식이 잘 익은 것이며, 歉은 기근이 든 해이고, 疫은 계절성 전염병을 이른다.

5) 若是者 皆非人之所能爲：三者 非人所能容其力

이 세 가지는 人力으로 할 수 있는 바가 아니라는 말이다.

6) 吾知崇吾德 修吾政而已：崇德修政世俗以爲人事 不知乃所以爲天也

덕을 높이고 정사를 닦는 것을 세속에서는 '人事'라고 하니, 이것이 바로 '하늘'임을 모른다는 말이다.

7) 彼蒼蒼者 吾烏知其意之所在哉：謂人自人天自天 故立論如此

사람은 사람이고 하늘은 하늘이라고 여겼기 때문에 이와 같이 논리를 세운 것이다.

8) 〔역주〕 天：四庫全書本과 三民書局本에는 '天'자가 없다.

9) 以湯之時而天旱：湯有七年之旱

湯임금 때에 7년간의 가뭄이 있었다.

10) 天與湯未嘗相參也：湯太旱七年 太史占之 當以人禱 湯曰 吾所爲請雨者 民也 若以人禱 吾請自當 遂禱于桑林之野 而以六事自責 言未已而雨[*)]

湯임금 때에 큰 가뭄이 7년 동안 지속되자 太史가 점을 쳐 '사람을 〈제물로 바치고〉 기도해야 한다.'고 하였다. 湯임금은 "내가 기우제를 지냄은 백성을 위해서이니, 만일 사람을 〈제물로 삼고〉 기도해야 한다면 내가 스스로 감당하겠다."라고 하고, 마침내 桑林의 들에서 기도를 올리며 여섯 가지 일로 자신을 책망하니, 말이 끝나기도 전에 비가 내렸다.

*) 〔역주〕 湯太旱七年……言未已而雨：≪太平御覽≫ 〈皇王部〉에 인용된 ≪帝王世紀≫에

보인다.

11) 當是時 天亂而湯治 : 世俗之論如此

세속의 의론이 이와 같았다.

12) 以秦之暴而稔 天與秦未嘗相參也 : 秦自孝公用商鞅之說 變法修刑 始皇用李斯之言 焚書坑儒 至趙高相二世 復勸其嚴法刻令 於是誹謗者族 偶語者棄市 天下咸怨 陳涉一唱而秦遂以亡

秦나라는 孝公이 商鞅의 말을 받아들여 법령을 고쳐 형벌을 집행한 이래로, 始皇은 李斯의 말을 받아들여 서적을 불사르고 儒者를 묻어 죽였으며, 趙高가 二世를 보좌함에 미쳐 다시 법령을 엄혹하고 각박하게 하기를 권하였다. 이에 誹謗하는 자는 삼족을 멸하고, 마주 서서 이야기하는 자는 棄市刑에 처하니, 天下 사람들이 모두 원망하였다. 陳涉이 한번 先唱하자 秦나라는 마침내 망하였다.

13) 當是時 天治而秦亂 : 世俗之論如此

세속의 의론이 이와 같다는 말이다.

14) 天自旱之 : 天亂

하늘이 어지러웠음을 말한 것이다.

15) 湯自養之 : 湯治

湯임금이 잘 다스렸음을 말한 것이다.

16) 天自稔之 : 天治

하늘이 잘 다스렸음을 말한 것이다.

17) 秦自暴之 : 秦亂

秦나라가 어지러웠음을 말한 것이다.

18) 天與人曷嘗相預耶 : 世俗之論 謂天時人事 初不相關

世俗의 의론은 天時와 人事가 애당초 서로 관련이 없다고 한 것이다.

19) 自世俗之說行 天人始離而不合矣 : 結上文一段意

윗글의 한 단락의 뜻을 맺은 것이다.

商湯王眞像

아! 세상에서 하늘을 논하는 자들은 어쩌면 그리도 소견이 좁은가? 〈그들은〉 "日月星辰의 운행과 재앙・상서・요얼의 변괴와 풍년・흉년・돌림병의 운수를 하늘에 돌린다. 이런 것들은 모두 사람이 할 수 있는 것이 아니니, 나는 나의 덕을 높이고 나의 정사를 닦음을 알 뿐이다. 저 푸르고 푸른 하늘의 뜻을 내가 어찌 알겠는가? 湯임금 때에 가뭄이 든 것은 하늘과 湯임금 사이에 관계가 있어서가 아니라 당시에 天道는 어지러웠으나 湯임금의 정치가 다스려졌기 때문이고, 포악한 秦나라 때에 풍년이 든 것은 하늘과 秦나라 사이에 관계가 있어서가 아니라 당시에 天道는 다스려졌으나 秦나라의 정치가 어지러웠기 때문이다. 하늘이 스스로 가문 것이고 湯임금이 스스로 백성을 잘 기른 것이며, 하늘이 스스로 풍년을 내린 것이고 秦나라가 스스로 포학을 자행한 것이니, 하늘과 사람이 언제 서로 관계된 적이 있었느냐."고 말한다. 이러한 세속의 말이 유행하면서부터 하늘과 사람이 비로소 서로 분리되어 하나로 합쳐지지 않았다.

魯僖公遇旱而欲焚巫[1]**尫**[2]하니 **其陋已甚**[3]이나 **賴從臧文仲之諫**[4]하야 **亟修旱備**하니 **是歲饑而不害**[5]하니라 **詳考左氏之所載**컨대 **殆未免世俗之見也**[6]라 **左氏之意**[7]는 **以謂旱在天**하고 **備在人**[8]하니 **泉枯石燥**하고 **土焦金流**[9]는 **人固無如天何**[10]며 **修城節費**[11]하고 **務穡勸分**[12]은 **天亦無如人何**[13]라 **饑者**는 **天之所爲也**요 **而不害者**는 **人之所爲也**[14]라 **果如是說**[15]이면 **則所見者**는 **不過覆物之天而已矣**[16]니 **抑不知天大無外**[17]하야 **人或順或違**[18]하고 **或向或背**[19]하며 **或取或捨**하야 **徒爲紛紛**[20]이나 **實未嘗有出天之外者也**[21]라 **順中有天**하고 **違中有天**[22]하며 **向中有天**하고 **背中有天**[23]하며 **取中有天**하고 **捨中有天**하니 **果何適而非天耶**[24]아

1) 〔역주〕 巫 : 四庫全書本과 三民書局本에는 '巫'자가 없다.

2) 魯僖公遇旱而欲焚巫尫 : 巫 禱雨者也 尫 羸疾人也 僖公以巫禱雨不效 尫疾人致旱[*] 故欲焚殺之

巫는 기우제를 지내는 사람이고, 尫은 병(곱사병)을 앓은 사람이다. 僖公이 巫에게 기우제를 지내게 했으나 효과가 없었고, 앞곱사가 가뭄을 초래했다고 여겼기 때문에 불살라 죽이고자 한 것이다.

*) 〔역주〕 尫疾人致旱 : 본편의 ≪春秋左氏傳≫ 주 참조.

3) 其陋已甚 : 公之見 甚淺陋

僖公의 소견이 매우 얕고 좁다는 말이다.

4) 賴從臧文仲之諫 : 見本題註

본편의 ≪春秋左氏傳≫ 주에 보인다.

5) 亟修旱備 是歲饑而不害 : 左氏之意 以爲人有備 而天旱不能爲災

左氏의 생각은 사람이 잘 대비하면 하늘이 가뭄을 내려도 災禍가 될 수 없다는 것이다.

6) 詳考左氏之所載 殆未免世俗之見也 : 左氏未免判天人而二之

左氏는 하늘과 사람을 나누어 두 가지로 여기는 관점에서 벗어나지 못했다는 말이다.

7) 左氏之意 : 發明其意

左氏의 생각을 밝히는 말이다.

8) 以謂旱在天 備在人 : 天自天 人自人

하늘은 하늘이고 사람은 사람이라는 말이다.

9) 泉枯石燥 土焦金流 : 此旱之在天者

이것은 가뭄이 하늘에 달린 사례들이다.

10) 人固無如天何 : 人不能使天之不旱

사람이 하늘에게 가뭄 들지 않게 할 수 없다는 말이다.

11) 修城節費 : 脩城 以備不虞 節用 以待救荒

'성곽을 수축하는 것'은 예기치 못한 禍에 대비하는 것이고, '비용을 절약하는 것'은 救荒에 대비하는 것이다.

12) 務穡勸分 : 務穡事以儲蓄 勸富者以分民 此備之在人者

농사에 힘써 저축하게 하고 부유한 자에게 권유하여 빈민에게 나눠주게 한다는 말이다. 이것은 '대비함은 사람에게 달려 있다'는 것이다.

13) 天亦無如人何 : 天終不能以旱害人

하늘은 결과적으로 가뭄으로 사람을 해칠 수 없다는 말이다.

14) 饑者……人之所爲也 : 摘出饑而不害二句 斷左氏流於世俗之見

'饑饉이 들었으나 백성이 害를 입지는 않았다.'는 두 구를 적출하여 左氏가 世俗의 견해를 따랐음을 단언하였다.

15) 果如是說 : 果如左氏之說

'과연 左氏의 말과 같다면'의 뜻이다.

16) 則所見者 不過覆物之天而已矣 : 知天之天 而不知人無往而非天

하늘이 하늘인 것만 알고 사람의 일도 하늘의 일 아님이 없음을 모른다는 말이다.

17) 抑不知天大無外 : 斷以主意

본편의 主意로 단언하였다.

18) 人或順或違 : 有順天者 有違天者
하늘에 순응하는 자도 있고, 하늘에 위역하는 자도 있다는 말이다.
19) 或向或背 : 有向天者 有背天者
하늘을 向慕하는 자도 있고 하늘을 배반하는 자도 있다는 말이다.
20) 或取或捨 徒爲紛紛 : 人徒自爲紛紛
사람들은 부질없이 스스로 어지럽게 움직인다는 말이다.
21) 實未嘗有出天之外者也 : 應起頭天者人所不能外一語
글머리의 '하늘이란 사람이 벗어날 수 없는 것이다.〔天者 人所不能外〕'에 호응한다.
22) 順中有天 違中有天 : 天非順違之所能有無
하늘은 순응하느냐 위역하느냐로 있게 하거나 없게 할 수 있는 존재가 아니라는 말이다.
23) 向中有天 背中有天 : 天非向背之所能損益
하늘은 向慕하거나 배반하는 것으로 손익을 가할 수 있는 대상이 아니라는 말이다.
24) 取中有天……果何適而非天耶 : 人不能外
사람이 〈하늘을〉 벗어날 수 없다는 말이다.

魯 僖公은 가뭄을 만나자 巫尫을 불에 태워 죽이려 하였으니 그 식견의 고루함이 너무 심하였다. 그러나 臧文仲의 간언을 받아들여 서둘러 가뭄의 대비책을 실시한 데 힘입으니 이해에 기근이 들었으나 백성이 해를 입지는 않았다.

≪春秋左氏傳≫에 실린 말을 자세히 살펴보면 〈左氏는〉 아마도 세속의 陋見을 벗어나지 못한 듯하다. 左氏는 아래와 같이 생각했을 것이다.

"가뭄은 하늘에 달렸고 대비하는 것은 사람에 달렸으니, 우물이 마르고 돌이 달구어지며 흙이 타고 쇠가 녹아 흐르는 것은 하늘의 일이라 사람이 진실로 어찌할 수 없으며, 城郭을 수축하고 費用을 절약하며 農事에 힘쓰고 나누어주기를 권하는 것은 사람의 일이라 하늘도 어찌할 수 없다. 기근이 드는 것은 하늘의 일이고, 해를 입지 않는 것은 사람의 일이다."

과연 이 말과 같다면 그가 본 것은 만물을 덮고 있는 하늘에 불과할 뿐이니, 이는 하늘은 가없이 커서 〈포함하지 않은 것이 없으니〉 사람들이 하늘에 순응하기도 하고 違逆하기도 하며 向慕하기도 하고 배반하기도 하며 취하기도 하고 버리기도 하여 부질없이 紛亂하지만 실제로는 하늘 밖으로 벗어난 적이 없다는 것을 알지 못한 것이다.

순응하는 가운데도 하늘이 있고 違逆하는 가운데도 하늘이 있으며 向慕하는 가운데도 하늘이 있고 배반하는 가운데도 하늘이 있으며 취하는 가운데도 하늘이 있고 버리는 가운데도 하늘이 있으니, 과연 어디를 간들 하늘이 아니겠는가?

左氏意以修旱備爲無預於天[1)]이라하니 **抑不知臧文仲之諫自何而發**[2)]이요 **魯僖公之悔自何而生**[3)]이며 **旱備之修自何而出**[4)]이라 **人言之發**이 **卽天理之發也**[5)]요 **人心之悔 卽天意之悔也**[6)]며 **人事之修**가 **卽天道之修也**[7)]라 **無動非天**이어늘 **而反謂無預於天**[8)]하니 **可不爲大哀耶**[9)]아

1) 左氏意以修旱備爲無預於天：再提起辨論
다시 변론을 제기한 것이다.

2) 抑不知臧文仲之諫自何而發：發於文仲 此心之天也
臧文仲에게서 드러난 것, 이것이 마음의 하늘이라는 것이다.

3) 魯僖公之悔自何而生：生於僖公 此心之天也
僖公에게서 생겨난 것, 이것이 마음의 하늘이라는 것이다.

4) 旱備之修自何而出：出於人事之天也
하늘과 관련된 人事에서 나온 것이라는 말이다.

5) 人言之發 卽天理之發也：文仲之諫 發於天
臧文仲의 간언은 天理에서 나온 것이라는 말이다.

6) 人心之悔 卽天意之悔也：僖公之悔 動於天
僖公의 후회는 天理로 움직여진 것이라는 말이다.

7) 人事之修 卽天道之修也：旱備之修無非天
가뭄에 대비하여 일함이 하늘과 관련된 일 아님이 없는 것이다.

8) 無動非天 而反謂無預於天：責左氏之說非
左氏의 말이 잘못된 것임을 질책하는 말이다.

9) 可不爲大哀耶：深可歎也
매우 탄식할 만하다는 말이다.

左氏의 생각에는 가뭄에 대비한 것이 하늘과 관련이 없다고 여긴 것이니, 이는 臧文仲의 간언이 어째서 나왔고, 魯 僖公의 후회가 어째서 생겼고, 가뭄에 대비한 조처가 어째서 나왔는지는 모른 것이다. 사람의 말이 나오는 것이 바로 하늘의 이치가 發現하는 것이고, 사람의 마음이 뉘우치는 것이 바로 하늘의 뜻이 뉘우치는 것이며, 사람의 일이 닦여지는 것이 바로 하늘의 道가 닦여지는 것이다. 一動一靜이

하늘의 뜻이 아님이 없는데 도리어 하늘과 관련이 없다고 여기니 크게 슬퍼하지 않을 수 있겠는가?

善觀天者는 **觀其精**[1)]이나 **不善觀天者**는 **觀其形**[2)]이라 **成王之方疑周公**[3)]엔 **其天固嘗蔽也**[4)]라가 **及天大雷電以風**[5)]에 **成王肅然祗懼**[6)]하야 **與召公太公**으로 **共啓金縢之書**[7)]하고 **執書以泣**하야 **始信周公之勤勞**[8)]하니라 **是成王胸中之天**이 **已回於執書以泣之時矣**[9)]니 **豈必待天雨反風禾則盡起**[10)]**然後知天意之回耶**[11)]리오 **待天雨反風而知天意者**는 **周人之知天也**[12)]라 **非召公太公之知天也**[13)]라

1) 善觀天者 觀其精 : 以理觀天

이치로 하늘을 관찰함이다.

2) 不善觀天者 觀其形 : 以天觀天

하늘이라는 형체로 하늘을 관찰함이다.

3) 成王之方疑周公 : 引事證 昔周公忠於王室 而管蔡流言於國 謂公將不利於孺子 成王疑焉

일을 인용하여 증명한 것이다. 옛날 周公이 王室에 충성하였으나 管叔과 蔡叔이 나라에 유언비어를 퍼뜨려 "周公이 장차 孺子(成王)에게 이롭지 못한 짓을 할 것이다."라고 하니 成王이 의심하였다.

4) 其天固嘗蔽也 : 惑於流言 而蔽此心之天

유언비어에 현혹되어 이 마음의 하늘을 가린 것이다.

5) 及天大雷電以風 : 秋大熟未穫 天大雷電以風 禾盡偃

가을에 크게 풍년이 들었으나 아직 수확하지 못했는데, 하늘에서 심하게 우레와 번개가 치고 바람이 불어 벼가 전부 쓰러졌다.

6) 成王肅然祗懼 : 因天變而恐懼

하늘의 변고로 인하여 두려워한 것이다.

7) 與召公太公 共啓金縢之書 : 先是周公爲武王 禱疾得卜 納書于金縢之匱中 至是與二公啓而觀之

이에 앞서 周公이 武王의 병환이 낫기를 기도하고 점을 쳐서 그 기록을 '金縢(쇠사슬로 묶어 봉함한 상자)'에 넣었었는데, 이때에 〈成王이〉 太公·召公과 함께 열어본 것이다.

8) 執書以泣 始信周公之勤勞 : 王執書以泣曰 昔公勤勞王家 惟子沖人 弗及知[*)]

成王이 글을 잡고 눈물을 흘리면서 말하기를 "옛날에 周公이 王家에 勤勞하셨으나 어린 내가 미처 알지 못했다."라고 하였다.

*)〔역주〕王執書以泣曰……弗及知：≪書經≫ 〈周書 金縢〉에 보인다.

9) 是成王胸中之天 已回於執書以泣之時矣：此心之天 昔蔽而今已回

이 마음의 하늘이 예전엔 가리었다가 이제는 이미 되돌아온 것이다.

10) 豈必待天雨反風禾則盡起：旋有此應

이내 이런 반응이 있었던 것이다.

11) 然後知天意之回耶：執書以泣者 心之天回也 反風起禾者 天之天回也

金縢의 글을 잡고 눈물을 흘린 것은 마음의 하늘이 돌아온 것이고, 바람이 반대로 불어 벼를 일으킨 것은 하늘의 하늘이 돌아온 것이라는 말이다.

12) 待天雨反風而知天意者 周人之知天也：此不善觀天〔者〕 觀其(者)形也*)

이것이 '하늘을 잘 관찰하지 못하는 자는 하늘의 형체만 관찰한다.'는 것이다.

*)〔역주〕此不善觀天〔者〕 觀其(者)形也：저본에는 '此不善觀天 觀其者形也'로 되어 있으나, 본문에 의거하여 '此不善觀天者 觀其形也'로 바로잡았다.

13) 非召公太公之知天也：二公 所謂善觀(者天)〔天者〕 觀其精(者)也*) 結語說約

召公과 太公이 〈아는 하늘은〉 이른바 '하늘을 잘 관찰하는 자는 하늘의 정미한 이치를 관찰한다.'는 것이니, 맺음말의 서술이 간단명료하다.

*)〔역주〕善觀(者天)〔天者〕 觀其精(者)也：저본에는 '善觀者天 觀其精者也'로 되어 있으나, 본문에 의거하여 '善觀天者 觀其精也'로 바로잡았다.

하늘을 잘 관찰하는 자는 하늘의 정미한 이치를 관찰하지만, 하늘을 잘 관찰하지 못하는 자는 하늘의 형체만을 관찰한다.

成王이 周公을 의심할 때에는 그 심중의 하늘이 이미〔固〕 가려졌다가 하늘에서 크게 천둥과 번개가 치고 바람이 불자 成王이 엄숙히 공경하고 두려워하여, 召公・太公과 함께 金縢을 열고 〈그 안에 간직된〉 글을 꺼내어 보고 글을 잡고 눈물을 흘림에 미쳐서야 비로소 周公이 국가를 위해 근로한 것을 믿었다.

이는 成王의 가슴속의 하늘이 金縢의 글을 잡고 눈물을 흘릴 때에 이미 돌아온 것이니, 어찌 하늘이 비를 내리고 바람이 반대 방향으로 불어 쓰러졌던 벼가 다 일어나기를 기다린 뒤에야 하늘의 뜻이 돌아온 것을 알겠는가? 하늘이 비를 내리고 바람이 반대 방향으로 불기를 기다린 뒤에야 하늘의 뜻을 안 것은 평범한 周나라 사람들이 아는 하늘이고, 召公과 太公이 아는 하늘이 아니다.

雷電以風圖

王啓金縢圖

12-07 成風請封須句 成風이 須句를 봉해줄 것을 청하다

【左傳】 僖二十一年이라 任宿須句顓臾는 風姓也라 實司太皥與有濟之祀[1)]하야 以服事諸夏[2)]하다 邾人滅須句[3)]에 須句子來奔하니 因成風也라 成風爲之言於公曰 崇明祀保小寡[4)]는 周禮也요 蠻夷猾夏는 周禍也[5)]니 若封須句면 是崇皥濟而脩祀紓禍也[6)]라

1) 〔역주〕 實司太皥與有濟之祀 : 司는 主管하는 것이다. 太皥는 伏羲(風姓)이다. 네 나라는 모두 伏羲의 후손이기 때문에 그 제사를 주관한 것이다. 任은 지금의 任城縣이다. 顓臾는 泰山 남쪽과 武陽縣 동북쪽에 있고, 須句는 東平 須昌縣 서북쪽에 있다. 네 나라의 封地가 濟水에 가깝기 때문에 대대로 濟水에 제사를 지냈다. 濟는 濟水이다.〈杜注〉
2) 〔역주〕 以服事諸夏 : 諸夏와 함께 朝聘, 征伐 등의 일을 행한 것이다.〈杜注〉
3) 〔역주〕 邾人滅須句 : 須句는 僖公의 어머니 成風의 親家이다.〈杜注〉
4) 〔역주〕 崇明祀保小寡 : 明祀는 太皥와 有濟의 제사이다. 保는 안정시키는 것이다.〈杜注〉
5) 〔역주〕 蠻夷猾夏 周禍也 : 여기서는 邾나라가 須句를 멸하자 邾나라를 蠻夷라고 하였고, 昭公 23년 傳에 叔孫豹가 '邾나라는 또 夷이다.'라고 하였으니, 邾나라가 비록 曹姓의 나라이지만 그 나라가 諸戎과 인접해 夷禮를 사용하였기 때문에 극단적으로 표현해 蠻夷라고 말한 것이다. 滑夏는 諸夏를 어지럽히는 것이다.〈杜注〉 諸侯는 모두 周나라의 신하이기 때문에 周나라 王室의 禍라고 한 것이다.〈附注〉
6) 〔역주〕 是崇皥濟而脩祀紓禍也 : 紓는 푸는 것이다. 明年에 邾나라를 친 傳의 배경이다.〈杜注〉

僖公 21년, 任・宿・須句・顓臾는 風姓이다. 실제로 太皥와 有濟의 제사를 맡아 諸夏에 복종하여 섬겼다. 邾人이 須句를 멸하자 須句子가 魯나라로 도망해 왔으니 成風에 의지하기 위해서이다. 成風이 그를 위해 僖公에게 말하였다.

"明祀를 높이고 小國을 보호하는 것은 周나라의 禮이고, 蠻夷가 諸夏를 어지럽히는 것은 周나라의 禍이니, 만약 須句를 봉해준다면 이는 太皥와 有濟를 높여 제사를 修行하고 禍를 푸는 일이오."

【主意】 謂文武之澤이 入人之深이라 雖成風以一女子나 而發言不捨周室하야 禮曰周禮라하고 禍曰周禍라하니라 周禮之說은 人所(以)〔知〕[1)]也언마는 邾人滅須句에 不曰須句之

禍라하고 不曰魯之禍라하며 而曰周禍라하니 春秋之時에 知此說者는 成風一人而已라

1) 〔역주〕 (以)〔知〕 : 저본에는 '以'로 되어 있으나, 본문의 '其知之者 代不乏人'에 의거하여 '知'로 바로잡았다.

이 글은 文王과 武王의 은택이 사람들의 마음속 깊이 스며든 것을 말하였다. 成風은 한낱 부녀자였지만 말을 할 때 周나라 왕조를 버리지 않아 禮를 '周나라의 禮'라고 하고 禍를 '周나라의 禍'라고 하였다. 周나라의 禮를 말하는 것은 사람들이 아는 것이지만, 〈成風은〉 邾人이 須句를 멸하였는데 須句의 禍라고 하지 않고, 魯나라의 禍라고도 하지 않고서, 周나라의 禍라고 하였으니, 春秋時代에 이 말을 아는 사람은 成風 한 사람뿐이다.

先王之澤은 入人之深[1)]하야 雖至於世降道散[2)]이라도 猶相與誦說歌詠而不衰[3)]라 出於學士大夫之談者는 教之餘也[4)]요 出於故家遺老之傳者는 俗之餘也[5)]며 出於田夫野父之口者는 治之餘也[6)]라 習其教[7)]하고 漸其俗[8)]하며 思其治[9)]하야 向望懷想하야 而不能自已[10)]하니 亦其勢之當然[11)]이라 乃若所謂婦人女子者[12)]는 足不踰於墻屛하고 視不下於堂(奧)〔階〕[13)]하야 組織是供하고 脯脩是職하니 其視先王之道면 果何物耶[14)]아

1) 先王之澤 入人之深 : 此句一篇主意
이 구절이 이 한 편의 主意이다.

2) 雖至於世降道散 : 謂春秋之時
春秋時代를 이른다.

3) 猶相與誦說歌詠而不衰 : 誦說 謂形於議論 歌詠 謂述於篇章
誦說은 議論에 나타남을 이르고, 歌詠은 篇章을 서술함을 이른다.

4) 教之餘也 : 此先王之餘教
이는 先王이 남겨준 교화라는 말이다.

5) 俗之餘也 : 此先王之餘俗
이는 先王이 남겨준 풍속이라는 말이다.

6) 治之餘也 : 此先王之餘治 ○ 主意欲說婦人女子 不忘先王之道 故先敍三者引入
이는 先王이 남겨준 다스림이라는 말이다. ○ 主意는 부녀자(성풍)가 先王의 道를 잊지 않은 것을 말하고자 하였기 때문에 먼저 세 가지를 서술하여 인용한 것이다.

7) 習其教：學士大夫 講習其餘教

學士와 大夫들은 先王이 남겨준 가르침을 익힌다는 말이다.

8) 漸其俗：故家遺老 漸染其餘俗

舊臣과 野老는 先王이 남겨준 풍속에 점차 물든다는 말이다.

9) 思其治：田夫野人 思想其餘治

농부나 촌부는 先王이 남겨준 정치를 사모한다는 말이다.

10) 向望懷想 而不能自已：不忘先王之道

先王의 도를 잊지 못한다는 말이다.

11) 亦其勢之當然：以先王之澤入人深故也

先王의 은택이 사람들에게 깊이 스며들었기 때문이다.

12) 乃若所謂婦人女子者：形容成風

成風을 형용한 것이다.

13) 〔역주〕(奧)〔階〕：저본에는 '奧'로 되어 있으나, 三民書局本에 의거하여 '階'로 바로잡았다.

14) 足不踰於墻屛……果何物耶：文勢(柳楊)〔抑揚〕[*)]起伏

문장의 기세에 抑揚과 起伏이 있다.

*) 〔역주〕(柳楊)〔抑揚〕：저본에는 '柳楊'으로 되어 있으나, '抑揚'의 오자인 듯하므로 '抑揚'으로 바로잡았다.

先王의 은택은 사람들의 마음속에 깊이 스며들어 비록 세대가 내려와서 道가 흩어지는 데 이르렀어도 오히려 서로 더불어 傳誦하며 해설하고 노래하고 읊조림이 쇠퇴하지 않는다. 學士와 大夫들의 담론에 나오는 것은 바로 禮敎의 遺風〔餘〕이고, 舊臣〔故家〕과 野老〔遺老〕의 전술함에서 나오는 것은 풍속의 유풍이며, 농부와 촌부의 입에서 나오는 것은 정치의 餘澤이다.

그 예교를 익히고 그 풍속에 점차 물들고 그 정치를 사모하여 우러러 바라고 그리워해 스스로 그만두지 못하는 것 또한 그 형세의 당연함이다. 이른바 '부녀자(成風)'로 말하면 발이 담이나 병풍을 넘지 않았고 시선이 마루나 섬돌 아래로 내려가지 않았으며, 베를 짜는 일과 음식을 만드는 일만을 직무로 삼았으니, 그것을 先王의 道에 비교하면 과연 어떠한가?

蓋嘗觀詩之變風[1)]하니 往往多出於婦人女子之手[2)]하니라 綠衣는 莊姜之詩也[3)]요 泉

水는 衛女之詩也[4)]며 柏舟는 共姜之詩也[5)]요 載馳는 許穆夫人之詩也[6)]라 其辭忠厚雅馴[7)]하야 憂而不傷[8)]하고 勁而不怒[9)]하야 藹然文武周公之遺澤在焉[10)]이라 是孰開之而孰誘之耶[11)]아 吾是以知文武周公之化[12)]가 固有默行乎禮教風俗致治之外者矣[13)]로라 不然이면 則婦人女子가 豈告語之所可及이며 防範之所可率哉[14)]아 成周[15)]之澤이 至於使婦人女子不能忘[16)]하니 則文武周公之用功深矣[17)]라 是豈一朝一夕之故哉[18)]아

1) 盖嘗觀詩之變風：自邶國風 至豳國風 十三國 皆變風也

〈邶風〉부터 〈豳風〉에 이르기까지 13國風이 모두 變風이다.

2) 往往多出於婦人女子之手：本題成風是女子 故引用女子作詩事

본편에 등장하는 成風이 여자이기 때문에 여자가 詩를 지은 일을 인용한 것이다.

3) 綠衣 莊姜之詩也：邶國風綠衣 衛莊姜傷己也 莊姜 衛莊公夫人

〈邶風〉의 〈綠衣〉는 衛나라 莊姜이 자기 신세를 상심한 시이다. 莊姜은 衛 莊公의 夫人이다.

4) 泉水 衛女之詩也：同上 泉水 衛女思歸也

위와 같다. 〈泉水〉는 衛나라 여인이 歸寧하기를 생각하는 시이다.

5) 柏舟 共姜之詩也：鄘國風柏舟 共姜自誓也 共姜 衛世子共伯之妻

〈鄘風〉의 〈柏舟〉는 共姜이 스스로 맹세하는 시이다. 共姜은 衛나라 世子 共伯의 妻이다.

6) 載馳 許穆夫人之詩也：同上 載馳 許穆夫人作也 夫人 衛文公之妹

위와 같다. 〈載馳〉는 許 穆公의 夫人이 지은 시이다. 許 穆公의 夫人은 衛 文公의 누이이다.

7) 其辭忠厚雅馴：總上四詩而言

위의 네 詩를 총결하여 말한 것이다.

8) 憂而不傷：詩辭之憂思者 易至於傷 而不傷

근심하는 자의 詩語는 哀傷에 이르기 쉬운데, 〈이 詩는〉 애상에 이르지 않았다는 말이다.

9) 勁而不怒：辭之勁直者 易至於怒 而不怒 此言得性情之正

강직한 자의 詩語는 怨怒에 이르기 쉬운데, 〈이 詩는〉 원노에 이르지 않는다는 말이다. 이는 性情의 바름을 얻었음을 말한다.

10) 藹然文武周公之遺澤在焉：應起語

起句의 말에 호응한다.

11) 是孰開之而孰誘之耶：設問

물음을 가설한 것이다.

12) 吾是以知文武周公之化：以化字斷

'化'자로써 斷案한 것이다.

13) 固有默行乎禮敎風俗致治之外者矣：一篇主意在此 又應前敎俗治三字

이 한 편의 主意가 여기에 있다. 또 앞의 '敎', '俗', '治' 3자에 호응한다.

14) 不然……防範之所可率哉：號令不可以告語 法制不可以防範*) 非王化之所及而何

號令으로 告戒할 수 없고 法制로 防犯할 수 없는데, 〈成風은 그렇지 않았으니〉 선왕의 교화가 미친 것이 아니고 무엇이냐는 말이다.

*)〔역주〕防範：범위를 넘지 못하도록 방지함이니, 곧 법도를 넘지 않도록 禮로 규제함을 이른다.

15)〔역주〕成周：西周 때의 東都였던 '洛邑'의 地名인데, 周公이 成王을 도와 周나라가 흥성했던 때를 일컫는다.

16) 成周之澤 至於使婦人女子不能忘：引入成風言周禮周禍意

成風이 '周나라의 禮'라 하고 '周나라의 禍'라고 말한 뜻을 끌어다 넣은 것이다.

17) 則文武周公之用功深矣：用功於敎化者深

敎化에 공력을 들인 것이 深大하다는 말이다.

18) 是豈一朝一夕之故哉：發明深字

'深'자의 의미를 발명하였다.

일찍이 ≪詩經≫의 變風을 살펴보니, 흔히 부녀자의 손에서 나온 작품이 많았다. 〈綠衣〉는 莊姜의 詩이고, 〈泉水〉는 衛나라 여인의 詩이며, 〈柏舟〉는 共姜의 詩이고, 〈載馳〉는 許 穆公의 夫人이 지은 詩이다. 그 시의 말이 忠厚하고 雅正하여 근심하면서도 哀傷으로 흐르지 않고 강직하면서도 怨怒로 흐르지 않아, 文王・武王・周公이 남긴 和氣어린 은택이 그 속에 담겼다. 이는 누가 그들을 開導하고 누가 그들을 引導한 것인가?

나는 이로 인해 문왕・무왕・주공의 교화가 이미〔固〕禮敎・풍속・정치 밖에서 말없이 행해졌다는 것을 알겠다. 그렇지 않다면 부녀자(성풍)가 어찌 告誡하는 말로 언급하고 防範하는 예법으로 이끌었겠는가? 成周의 은택이 부녀자까지 周나라를 잊지 못하게 만들었으니 이것은 문왕・무왕・주공이 교화에 공력을 들인 것이 심원해서이다. 이것이 어찌 일조일석에 이루어진 것이겠는가?

成風請救須句[1)]는 特以親昵而發[2)]이니 盖人情之常이라 不足深道[3)]라 然이나 其言曰 崇明祀[4)]하고 保小寡[5)]는 周禮也[6)]요 蠻夷猾夏[7)]는 周禍也[8)]라하니 成風以一女子로되 而造次發言이 不捨周室[9)]하니 非文武周公之遺化[10)]가 潛中其心[11)]하야 陰致其意[12)]면 詎能至是乎[13)]아 遠矣로다 周澤之長也[14)]여

1) 成風請救須句：(句音劬) 成風 僖公之(世)〔母〕*) 風姓 謚曰成 須句 其國也

〈句는 讀音이 劬(구)이다.〉 成風은 僖公의 어머니이다. 風은 姓이고 시호는 成이다. 須句는 그녀의 친정나라이다.

*)〔역주〕(世)〔母〕: 저본에는 '世'로 되어 있으나 문맥을 살펴 '母'로 바로잡았다.

2) 特以親昵而發：其宗國爲邾所滅 故請救之

成風의 祖國이 邾나라에게 멸망당하기 때문에 구원을 요청한 것이다.

3) 盖人情之常 不足深道：道 言也 爲親請救 盖常情也

道는 말함이다. 친족을 위하여 구원을 요청한 것이니 이는 인지상정이다.

4) 崇明祀：尊崇明德之祀 指大(태)皞有濟也

밝은 덕을 지녔던 분을 존숭해 제사한다는 것이니 太皞와 有濟를 가리킨다.

5) 保小寡：保存寡小之國 指須句也

약소국을 보존한다는 것이니 須句를 가리킨다.

6) 周禮也：此二者 周室之禮也

이 두 가지는 周나라 왕실이 행하는 禮라는 말이다.

7) 蠻夷猾夏：以蠻夷之國 而猾亂諸夏 蠻夷 指邾也

蠻夷의 나라로서 諸夏를 어지럽혔다는 말이다. 蠻夷는 邾나라를 가리킨다.

8) 周禍也：此周室之禍也

이것은 周나라 왕실의 禍라는 말이다.

9) 成風以一女子……不捨周室：禮曰周禮 禍曰周禍

〈成風은〉 禮을 周나라의 禮라고 하였고, 禍를 周나라의 禍라고 하였다.

10) 非文武周公之遺化：應前化字

앞글의 '化'자에 호응한다.

11) 潛中其心：非告語之可及

告戒하는 말로 언급할 수 있는 것이 아니라는 말이다.

12) 陰致其意：非防範可率

방범하는 예법으로 이끌 수 있는 것이 아니라는 말이다.

13) 詎能至是乎：足以見聖化之所感深矣

성인의 교화에 감동받음이 깊음을 알 수 있다는 말이다.

14) 周澤之長也：取照主意

主意에 조응함을 취한 것이다.

成風이 須句를 구원하기를 요청한 것은 친속이기 때문에 그리 말한 것뿐이니 이는 인지상정이므로 심각하게 말할 것이 못 된다.

그러나 그 말에 "明祀를 높이고 小國을 보호하는 것은 周나라의 禮이고, 蠻夷가 諸夏를 어지럽히는 것은 周나라의 禍이다."라고 하였다. 成風은 한낱 여자인데도 창졸간의 말이 周나라 왕실을 버리지 않았으니, 文王·武王·周公이 남긴 교화가 그 마음속에 스며들어 저도 모르게 그 뜻을 통달한 것이 아니라면 어찌 여기에 이를 수 있겠는가? 심원하다. 周나라 은택의 장구함이여!

吾嘗紬繹成風周禮之說[1]하니 **如仲孫湫**[2]하고 **如韓宣子**[3]**輩**하니 **其知之者**가 **代不乏人**[4]이라 **至周禍之說**[5]하야는 **則春秋二百四十二年之間**에 **諸侯皆不能知**[6]하고 **知之者成風一人而已**[7]라 **平王之東**[8]에 **降於列國**[9]하야 **國異政**하고 **家殊俗**[10]하야 **各私其私**[11]하고 **各戚其戚**하야 **燕不謀楚之難**하고 **齊不預秦之憂**하니라 **曰天禍晉國者**[12]는 **晉人自言**[13]**也**[14]니 **未聞在晉而言周禍**[15]**也**[16]며 **天禍鄭國者**[17]는 **鄭人自言也**[18]니 **未聞在鄭而言周禍也**[19][20]라 **成風請救須句**하니 **自常情言之**면 **必以邾旣滅須句**엔 **勢將逼魯**[21]니 **實魯之禍**[22]로 **庶幾可動僖公之聽**[23]이어늘 **今乃置魯而專言周禍**[24]하니 **周自有禍**가 **何預於魯耶**리오 **成風之意則有在矣**[25]라

1) 吾嘗紬繹成風周禮之說：自此以下 拈出周禮立論

이 이하의 글을 '周나라의 禮'로 끌어내어 의론을 세웠다.

2) 如仲孫湫：閔公元年 齊仲孫湫曰 魯不棄周禮 未可動也

≪春秋左氏傳≫ 閔公 元年에 齊나라 仲孫湫가 말하기를 "魯나라는 周나라의 禮를 버리지 않고 있으니, 아직 〈우리가 군대를〉 움직일 때가 아닙니다."라고 하였다.

3) 如韓宣子：昭公二年 韓宣子聘魯 見易象與魯春秋曰 周禮盡在魯矣

≪春秋左氏傳≫ 昭公 2년에 韓宣子가 魯나라에 빙문할 때 ≪易象≫과 ≪魯春秋≫를 보고서 말하기를 "周나라의 禮가 모두 魯나라에 있구나."라고 하였다.

4) 其知之者 代不乏人：知禮爲周禮者如二子 尚多有之

仲孫湫나 韓宣子처럼 禮가 周나라의 예임을 아는 자들이 아직 많이 있었다는 말이다.

5) 至周禍之說：至於以蠻夷猾夏而爲周禍者

'蠻夷가 諸夏를 어지럽히는 것으로써 周나라의 禍로 여긴 것에 대해서'라는 말이다.

6) 則春秋二百四十二年之間 諸侯皆不能知：無人道及此語

이렇게 언급한 사람이 없었다는 말이다.

7) 知之者成風一人而已：獨有成風言此

成風만이 이렇게 언급하였다는 말이다.

8) 平王之東：周平王 以犬戎之亂 東遷於洛

周 平王은 犬戎의 난리로 인해 동쪽의 洛邑으로 遷都하였다.

9) 降於列國：其詩爲王國風 儕於諸侯之列

周나라의 詩가 〈王風〉이 되어 諸侯의 반열에 함께 끼게 된 것을 말한다.

10) 國異政 家殊俗：國自爲政 家自爲俗

나라마다 각자의 정치가 있고, 집집마다 각자의 풍속이 있다는 말이다.

11) 各私其私：無復王大一統*)之說

다시 王大一統이란 말을 들을 수 없게 되었다는 말이다.

*) 〔역주〕 王大一統：천명을 받은 군왕이 즉위하는 해를 천하 사람들이 모두 받들어 元年으로 삼는 것을 이른다.(≪春秋公羊傳≫ 隱公 元年)

12) 曰天禍晉國者：成公十三年 晉侯使呂相 絶秦曰 天禍晉國 文公如齊 惠公如秦

≪春秋左氏傳≫ 成公 13년에 晉侯가 呂相을 秦나라에 보내어 絶交를 通告하며 말하게 하기를 "하늘이 晉나라에 禍를 내려 文公이 齊나라로 出奔하고 惠公이 秦나라로 出奔하였습니다."라고 한 것을 이른다.

13) 〔역주〕 晉人自言：四庫全書本과 三民書局本에는 '言'자 뒤에 '晉禍' 두 자가 있다.

14) 晉人自言也：自言其爲晉之禍

〈晉나라 사람이〉 스스로 그것이 晉나라 禍라고 말한 것이다.

15) 〔역주〕 未聞在晉而言周禍：四庫全書本과 三民書局本에는 '禍'자 뒤에 '者'자가 있다.

16) 未聞在晉而言周禍也：晉自言晉 不知爲周之晉

晉나라는 스스로 晉이라 말하였고, 周나라의 晉이 된다는 것을 몰랐다는 말이다.

17) 天禍鄭國者：襄公九年 公子騑曰 天禍鄭國 使介居二大國之間

≪春秋左氏傳≫ 襄公 9년에 公子騑가 말하기를 "하늘이 鄭나라에 禍를 내려 두 大國 사이에 끼어 있게 하였다."라고 하였다.

18) 鄭人自言也：自言其爲鄭之禍

鄭나라 사람이 스스로 그것을 鄭나라의 禍라고 말한 것이다.

19) 未聞在鄭而言周禍也：鄭自言鄭 不知爲周之鄭
鄭나라는 스스로 鄭이라 말하였고, 周나라의 鄭이 된다는 것을 몰랐다는 말이다.

20)〔역주〕天禍鄭國者……未聞在鄭而言周禍也：四庫全書本와 三民書局本에는 "曰是衛之禍者 衛人自言衛禍也 未聞在衛而言周禍者也(이것이 衛나라의 禍라고 한 것은 衛人이 스스로 衛나라의 禍라고 말한 것이니, 衛나라에 있으면서 周나라의 禍라고 말한 자가 있다는 소리는 듣지 못했다.)"로 되어 있다.

21) 勢將逼魯：逼 近也
逼은 가까이 다가감이다.

22) 實魯之禍：他人言之 必如此
다른 사람이 말했다면 반드시 이와 같이 말했을 것이라는 말이다.

23) 庶幾可動僖公之聽：禍切於魯故也
禍가 魯나라에 절실하기 때문이다.

24) 今乃置魯而專言周禍：成風不曰魯而曰周禍
成風은 魯나라라고 말하지 않고 周나라의 禍라고 말하였다.

25) 成風之意則有在矣：爲成風解說其意
成風을 위하여 그 뜻을 해설한 것이다.

내가 일찍이 成風이 '周나라의 禮'를 말한 것에 대해 그 근원을 찾아보니 仲孫湫와 韓宣子 등이 말한 것과 같았다. 이는 이것을 안 자가 대대로 끊이지 않은 것이다. 그러나 '周나라의 禍'라고 한 말에 대해서는 춘추 242년간의 諸侯들이 모두 알지 못하였고, 안 자는 成風 한 사람뿐이었다.

平王이 東遷한 뒤에는 〈周 王室이 쇠미해져서〉 列國으로 떨어졌다. 〈이때는〉 나라마다 정치가 다르고 집집마다 풍속이 달라서 각각 제 편만을 편애하고 제 친척만을 친애하여, 燕나라는 楚나라의 재난을 구원하기를 꾀하지 않고 齊나라는 秦나라의 우환에 관여하지 않았다.

'하늘이 晉나라에 禍를 내렸다.'는 것은 晉人이 스스로 〈晉나라의 禍를〉 말한 것이니 晉나라에 있으면서 周나라의 禍를 말했다는 것은 듣지 못했으며, '하늘이 鄭나라에 禍를 내렸다.'는 것은 鄭人이 스스로 〈鄭나라의 禍를〉 말한 것이니 鄭나라에 있으면서 周나라의 禍를 말했다는 것은 듣지 못하였다.

成風이 〈魯 僖公에게〉 須句를 구원하기를 청하였으니, 일반적인 정서로 말하면 반드시 '邾나라가 須句를 멸망시킨 뒤에는 그 형세를 이용해 魯나라를 핍박할 것이니 실제로 魯나라의 禍가 될 것입니다.'라는 말로 僖公의 마음이 움직이기를 바랐을 것이다. 그런데 지금 魯나라는 버려두고 오로지 周나라의 禍라고 말하였으니 周나라에 固有한 禍가 魯나라와 무슨 상관이 있다는 말인가? 成風의 말에는 다른 의미가 있을 것이다.

通天下皆周也[1]니 **魯**는 **非魯之魯**요 **乃周之魯也**며 **須句**는 **非須句之須句**요 **乃周之須句也**[2]라 **邾爲不道**하야 **翦滅周之須句**[3]하니 **則爲周之魯者**가 **安得不被髮纓冠而亟救之耶**[4]아 **諸侯視王室如家**하고 **而國則其身也**라 **以家禍爲不切於身者**를 **是謂大不孝**요 **以國禍爲不切於身者**를 **是謂大不忠**이니 **成風之言**을 **孰謂其緩而不切哉**아

1) 通天下皆周也 : 周爲天子 天下皆周所有
　周나라는 天子이니 天下가 모두 周나라의 소유라는 말이다.
2) 魯……乃周之須句也 : 發得十分精神
　정신을 십분 발휘하였다.
3) 邾爲不道 翦滅周之須句 : 諸侯相滅 不道之甚
　諸侯가 서로 격멸하였으니 무도함이 심하다.
4) 則爲周之魯者 安得不被髮纓冠而亟救之耶 : 魯爲周救須句 議論正大 孟子曰 今有同室之人鬪者 救之 雖被髮纓冠往救之可也
　魯나라가 周나라를 위하여 須句를 구원한 것은 議論이 정대하다. ≪孟子≫〈離婁 下〉에 "지금 한 집안 사람 중에 싸우는 자가 있다면 그를 구원하되, 머리를 풀어 헤친 채 갓끈만 매고 달려가 구원하여도 괜찮다." 하였다.

온 천하가 모두 周나라이니 魯나라는 魯나라의 魯나라가 아니고 곧 周나라의 魯나라이며, 須句나라는 須句나라의 須句나라가 아니라 곧 周나라의 須句나라이다. 邾나라가 無道하여 周나라의 須句나라를 침략하여 격멸하였으니, 周나라의 魯나라가 된 자가 어찌 머리를 풀어 헤친 채 갓끈을 매고서 급히 달려가 구원하지 않을 수 있겠는가?

諸侯는 王室을 제 집처럼 보고 列國을 제 몸처럼 여긴다. 집안의 禍를 제 몸에 절실하게 여기지 않는 자를 큰 不孝라고 하고, 나라의 禍를 제 몸에 절실하게 여기지 않는 자를 큰 不忠이라고 하니, 成風의 말을 누가 느슨하여 절실하지 않다고 할 수 있는가?

嗚呼[1)]라 **文武周公旣沒數百年**[2)]이로되 **而一女子之所見**이 **猶非周時諸侯之所能及**[3)]하니 **吾是以知周之所以盛**[4)]하고 **晉楚齊秦以降數十國**[5)]의 **合諸侯之所見**이라도 **反出一女子之下**[6)]하니 **吾是以知周之所以衰**[7)]호라 **君子未嘗不歎息於斯焉**[8)]이로라

1) 嗚呼：轉結尾意

結尾의 뜻을 전환하였다.

2) 文武周公旣沒數百年：言去聖人已遠

성인과의 거리가 이미 멀다는 말이다.

3) 而一女子之所見 猶非周時諸侯之所能及：成風獨能言周禍之語

成風만이 홀로 '周나라의 禍'라는 말을 할 수 있었다는 말이다.

4) 吾是以知周之所以盛：以見文武周公之化不可忘

文王・武王・周公의 교화를 잊을 수 없음을 나타낸다는 말이다.

5) 晉楚齊秦以降數十國：言大國尙多

大國이 여전히 많았다는 말이다.

6) 合諸侯之所見 反出一女子之下：無一人能道成風之語

成風처럼 말할 수 있는 자가 한 사람도 없었다는 말이다.

7) 吾是以知周之所以衰：以見文武周公之化不可恃

文王・武王・周公의 교화를 믿을 수 없음을 나타낸 말이다.

8) 君子未嘗不歎息於斯焉：意味深長

意味가 深長하다.

아, 文王・武王・周公이 죽은 지 이미 수백 년이 되었으되 한 여자의 소견이 오히려 周나라 때의 제후들이 미칠 수 있는 바가 아니었으니 나는 이로써 周나라가 번성한 이유를 알았고, 晉・楚・齊・秦 이하 수십 나라의 諸侯들의 소견을 합해도 도리어 한 여자만 못하였으니 나는 이로써 周나라가 쇠퇴한 이유를 알았다. 君子는 이에 대해 탄식하지 않은 적이 없다.

12-08 秦晉遷陸渾之戎[1)] 秦나라와 晉나라가 陸渾에 사는 戎族을 移住시키다

【左傳】 **僖二十二年**이라 **初**에 **平王之東遷也**[2)]에 **辛有適伊川**[3)]이라가 **見被髮而祭於野者**하고 **曰 不及百年**하야 **此其戎乎**ㄴ저 **其禮先亡矣**[4)]로다 **秋**에 **秦晉遷陸渾之戎于伊川**[5)]하다

1) 〔역주〕 四庫全書本에는 본편이 없다.

2) 〔역주〕 平王之東遷也 : 周 幽王이 犬戎에 의해 멸망하자 平王이 王位를 승계하고서 洛邑으로 東遷하였다.〈杜注〉

3) 〔역주〕 辛有適伊川 : 辛有는 周나라 大夫이고, 伊川은 周나라 땅이다. 伊는 물 이름이다.〈杜注〉

4) 〔역주〕 其禮先亡矣 : 머리를 풀어 헤치고 제사 지내는 것은 戎狄의 풍속을 닮은 것이다.〈杜注〉

5) 〔역주〕 秦晉遷陸渾之戎于伊川 : 允姓의 戎이 살고 있는 陸渾이 晉나라와 秦나라의 西北에 위치하였으므로 두 나라가 이들을 달래어 伊川으로 이주시키고서 드디어 戎이 살던 옛 땅의 이름에 따라 伊川을 陸渾으로 고쳤으니, 지금의 陸渾縣이다.〈杜注〉 秦나라와 晉나라가 陸渾에 사는 戎族을 伊川으로 이주시킨 뒤 이 지역을 '陸渾戎'이라고 하였으나, 공식적으로는 周 襄王 때의 명칭이 '伊川'이다. 漢 惠帝 4년(B.C. 191)에 이곳에 新城縣을 설치하고 三川郡에 소속시켰다가 이후 三川郡을 河南郡으로 고쳤고, 西晉 때에 河南郡을 河南尹으로 고친 뒤, 陸渾縣과 新城縣을 관할하게 하였다. 이후에는 伊川이라는 명칭을 혼용하고 있다.

僖公 28년, 당초에 平王이 東遷할 때에 辛有가 伊川에 갔다가 머리를 풀어 헤치고 野外에서 제사 지내는 자를 보고 말하였다. "백 년도 못 되어 이곳은 戎이 될 것이다. 周나라의 禮가 먼저 없어졌다." 가을에 秦나라와 晉나라가 陸渾의 戎을 伊川으로 이주시켰다.

【主意】 辛有見伊川之被髮野祭하고 而預料遷戎之事於百年之前하니 可謂知幾矣로다 然當被髮野祭之時에 其地雖華나 而人則夷矣니 豈待陸渾既遷而後爲夷哉아

辛有가 伊川에서 머리를 풀어 헤치고 야외에서 제사 지내는 자를 보고, 戎狄을 이주시킬 일을 백 년 전에 예측하였으니 기미를 알았다고 이를 수 있다. 그러나 머리를 풀어 헤치고 야외에서 제사 지낼 때에, 그 땅은 비록 中華였으나 사람은 夷狄이었으니, 어찌 陸渾의 戎族을 이주시킨 뒤에 이적이 되었겠는가?

物之相召者가 捷於風雨[1]라 地夷而人華者는 公劉之治豳也[2]니 以華召華하야 不旋踵而有文武之興王[3]하고 地華而人夷者는 晉帝之納款也니 以夷召夷하야 不旋踵而有耶律之俘虜[4]하니 是知居夷而華者는 必變夷爲華하고 居華而夷者는 必變華爲夷라

物物相召者는 **未嘗不以其類也**[5)]니라

1) 物之相召者 捷於風雨 : 言氣類之相感甚速

氣類(기질이 같은 것)는 서로 감응함이 매우 빠르다는 말이다.

2) 地夷而人華者 公劉之治豳也 : 公劉 后稷之孫 居於豳 豳乃西戎之地 公劉修后稷之業 以厚其民 故曰 地夷而人華

公劉는 后稷의 증손으로 豳에 살았다. 豳은 바로 西戎의 땅인데 公劉가 后稷의 遺業을 닦아 그 백성들의 생활을 넉넉하게 하였기 때문에 '땅은 夷狄의 땅이나 사는 사람은 中華의 사람이다.'라고 말한 것이다.

3) 以華召華 不旋踵而有文武之興王 : 周之先 后稷 名棄 堯擧爲農師 天下得其利 有功 封於邰號曰 后稷 別姓姬氏 越三世而公劉立 公劉雖在戎狄之間 復修后稷之業 百姓懷之 多徙而保焉 周道之興 實自此始

周나라의 先祖는 后稷이니 이름은 棄이다. 堯임금이 그를 擧用하여 農師로 삼으니 天下 사람들이 그 이익을 얻었다. 공적이 있자 邰에 봉하여 后稷이라 호칭하고 따로 姬氏 姓을 하사하였다. 3世 뒤에 公劉가 즉위하였는데, 公劉는 비록 夷狄의 지역에 살았으나, 다시 后稷의 유업을 닦으니 百姓들이 사모하여 대대적으로 옮겨와 歸附하였다. 周나라의 道가 흥성한 것이 실로 이때부터 비롯된 것이다.

4) 地華而人夷者……不旋踵而有耶律之俘虜 : 五代晉高祖石敬瑭 其本出於西夷 淸泰[*1)]初 爲河東節度使 徙鎭天平 (帝)〔不〕[*2)]受命 唐主命張敬達討 敬瑭求援於契丹耶律[*3)] 入自鴈門 唐兵大敗 遂約爲父子 立敬瑭爲皇帝 及崩 出帝卽位 大臣議奉表稱臣 告哀於契丹 景延廣請致書稱孫而不稱臣 契丹大怒 遂大擧入寇 出帝北遷

五代 때의 後晉 高祖 石敬瑭은 본래 西夷 지역 출신이다. 淸泰 初年에 河東節度使에서 天平節度使로 좌천되자 〈황제의〉 命을 따르지 아니하니, 唐主(後唐 廢帝)가 張敬達에게 토벌할 것을 명하였다. 石敬瑭이 契丹의 耶律에게 구원을 요청하니, 耶律이 鴈門으로 쳐들어와 唐軍을 대패시키고서 마침내 父子관계를 맺고 石敬瑭을 추대해 皇帝로 삼았다. 石敬瑭이 죽고 出帝가 즉위하니, 大臣들이 '表文을 올려 臣이라 칭하고 契丹에게 喪事를 알리자.'고 의논하였다. 景延廣은 〈표문을 올리지 말고〉 편지를 보내되 孫이라 칭하고 臣이라 칭하지 말 것을 청하였다. 契丹이 크게 노하여 마침내 대규모의 군사를 일으켜 쳐들어와서 出帝를 북쪽 변경으로 축출하였다.

*1) 〔역주〕 淸泰 : 五代 後唐 廢帝 때의 연호(934~935)이다. 廢帝의 이름은 李從珂인데, 石敬瑭이 배반하자 마침내 스스로 불타 죽었다.

*2) 〔역주〕 (帝)〔不〕 : 저본에는 '帝'로 되어 있으나, ≪新五代史≫에 의거하여 '不'로 바로잡았다.

*3) 〔역주〕 耶律 : 遼 太宗 耶律德光(902~947)을 이른다. 거란의 칸이자, 遼나라의 제2대 황제(재위 926~947)이다. 시호는 孝武惠文皇帝이다.

5) 物物相召者 未嘗不以其類也 : 物物若此 華夷亦然 此結上文
물건과 물건의 관계가 이와 같으니 中華와 夷狄의 관계도 그러하다. 이는 윗글을 맺은 것이다.

물건이 서로 감응하는 것이 風雨보다 빠르다. 땅은 夷狄의 땅이나 사람은 中華의 〈도리를 행하는〉 사람이었던 경우는 公劉가 豳을 다스렸을 때이니, 중화 사람으로서 중화 사람들을 감응시켜 얼마 되지 않아 文王·武王의 왕업을 일으킨 것이고, 땅은 중화의 땅이나 사람은 夷狄이었던 경우는 後晉 황제가 〈거란에게〉 복종하였을 때이니, 夷狄으로서 夷狄을 감응시켜 얼마 되지 않아 耶律의 포로가 되었다.

이로 인해 夷狄의 땅에 사나 中華의 도를 행하는 자는 반드시 夷狄을 변화시켜 中華가 되게 하고, 中華의 땅에 사나 夷狄의 도를 행하는 자는 반드시 中華를 변화시켜 夷狄이 되게 함을 알겠다. 물건과 물건이 서로 감응하는 것은 同類가 아닌 적이 없다.

中天下而畫(획)壤者인댄 **是爲伊洛**[1)]이니 **萬國莫先焉**[2)]이라 **天地之所合也**[3)]요 **四時之所交也**[4)]요 **風雨之所會也**[5)]요 **陰陽之所和也**[6)]라 **自伊洛而俯(睎)〔睎〕**[7)]**夷狄**[8)]이면 **猶鈞天帝居與偃溷然**하야 **相去不知其幾千百等**[9)]이라 **政使**[10)]**風俗隳壞**[11)]라도 **何至遽淪於夷狄乎**[12)]아 **辛有一見被髮之祭**[13)]하고 **預期爲戎於百年之前**[14)]한대 **而秦晉之遷陸渾**[15)]이 **果不出其所料者**[16)]하니 **抑有由矣**[17)]니라

1) 中天下而畫(획)壤者 是爲伊洛 : 伊洛 二水名 其地正在天地之中 故(成)〔平〕*)王遷于洛邑
伊와 洛은 두 강의 이름이다. 이 지역이 바로 天地의 중심에 해당하기 때문에 平王이 洛邑으로 遷都하였다는 말이다.

*) 〔역주〕 (成)〔平〕 : 저본에는 '成'으로 되어 있으나, 史書에 의거하여 '平'으로 바로잡았다.

2) 萬國莫先焉 : 言伊川正當中國
伊川이 바로 中國의 중앙에 해당한다는 말이다.

3) 天地之所合也 : 天地之氣 於此訢合
天地의 기운이 이곳에서 交合한다는 말이다.

4) 四時之所交也 : 四時 於此而交通
四時가 이곳에서 서로 갈마든다는 말이다.

5) 風雨之所會也：風雨 以序而至

비와 바람이 차례로 이른다는 말이다.

6) 陰陽之所和也：陰陽調而不乖 以上四句 出周禮地官大司徒

陰陽의 기운이 조화하고 어그러지지 않는다는 말이다. 이상의 네 구는 ≪周禮≫〈地官大司徒〉에 보인다.

7) (眎)〔眎〕: 저본에는 '眎'로 되어 있으나, 이는 '眎'의 오자이므로 '眎'로 바로잡았다. '眎'는 '視'와 같다.

8) 自伊洛而俯(眎)〔眎〕夷狄：自天地之中 而下視偏方之陋

천하의 중심에서 누추한 一方을 내려다본다는 말이다.

9) 猶鈞天帝居與偃溷然 相去不知其幾千百等：其尊卑貴賤 大有逕庭

그 尊卑와 貴賤이 크게 차이가 난다는 말이다.

10)〔역주〕政使：이는 就使와 같으니 '가령'의 뜻이다.

11) 政使風俗隳壞：假使伊洛之地 風俗頹敗

'가령 伊水와 洛水 지역의 風俗이 무너졌다고 하더라도'의 뜻이다.

12) 何至遽淪於夷狄乎：亦未至遽流於夷狄也 此設問

그렇다고 하더라도 갑자기 夷狄으로 흐르지는 않았을 것이라는 말이다. 문제를 제기한 것이다.

13) 辛有一見被髮之祭：辛有 周大夫 見有被髮而祭於野者

辛有는 周나라 大夫이다. 머리를 풀어 헤치고 야외에서 祭祀 지내는 자가 있는 것을 본 것이다.

14) 預期爲戎於百年之前：曰不及百年 此其爲戎乎

"백 년도 못 되어 이곳은 戎狄이 될 것이다."라고 말한 것이다.

15) 而秦晉之遷陸渾：此年二國共遷陸渾之戎于(夷)〔伊〕*)川

이해에 두 나라가 함께 陸渾의 戎族을 伊川으로 이주시켰다.

*)〔역주〕(夷)〔伊〕: 저본에는 '夷'로 되어 있으나, 본문에 의거하여 '伊'로 바로잡았다.

16) 果不出其所料者：自辛未年周平王東遷 至是年癸未 已一百三十三年

周 平王이 東遷했던 辛未年에서부터 이해 癸未年까지가 이미 133년이다.

17) 抑有由矣：其說在下

이에 대한 설명은 아래에 있다.

天下의 중심에 서서 천하를 구획한다면 바로 伊水와 洛水〈일대가 천하의 중심이니〉 천하에 이곳보다 더 중심점에 가까운 곳은 없다. 이곳은 天地의 기운이 만나는 곳이고, 四時가 교차하는 곳이며, 바람이 알맞게 불고 비가 알맞게 내리는 곳이고, 陰陽이 조화하는 곳이다. 伊水와 洛水 지대에서 夷狄을 굽어보면 마치 하늘 중앙〔鈞天〕의 옥황상제의 거처에서 더러운 측간을 보는 것과 같아서 그 차이가 나는 것이 몇 천 등인지 몇 백 등인지 알 수 없다.

가령 풍속이 무너졌다 하더라도 어찌 이렇게 갑자기 이적에 빠지게 된 것인가? 辛有가 머리를 풀어 헤치고 祭祀 지내는 자를 한번 보고서 백 년 뒤에 戎狄이 될 것을 예견했는데, 秦나라와 晉나라가 陸渾의 戎族을 伊川으로 이주시킨 것이 과연 그의 예견에서 벗어나지 않았으니, 이는 원인이 있다.

曠百世而相合者는 **心也**[1)]요 **跨百里而相通者**는 **氣也**[2)]라 **伊洛之民**이 **雖居中華聲明文物之地**[3)]나 **然被髮野祭**[4)]하니 **意之所向**이 **已在於太荒絶漠之外矣**[5)]라 **故以心感心**[6)]하고 **以氣動氣**[7)]하니 **安得不爲陸渾之遷哉**[8)]리오 **旣爲沮澤**[9)]이라 **潦水自歸**[10)]하고 **旣爲羶肉**이라 **螻蟻自集**이며 **旣爲夷俗**[11)]이라 **戎狄自至**[12)]하니 **辛有所以能預期於百年之前者**는 **非有他術也**[13)]라 **閒田隙地**로 **散在九州者 尙多也**[14)]로되 **秦晉必徙於此**하고 **而不之他焉**[15)]하며 **陸渾亦必居於此**하고 **而不之他焉**[16)]하니 **是豈嘗擇而處之哉**[17)]리오 **風聲氣習**이 **自相感召**[18)]하야 **以默而驅之**[19)]하고 **潛而趍之**[20)]하니 **蓋有不能自已者矣**[21)]라 **是故秦晉非能徙**라 **不得不徙**며 **陸渾非能居**라 **不得不居**[22)]니 **罪在此而不在彼也**[23)]라 **使在我無召戎之具**면 **彼胡爲乎來哉**[24)]리오

1) 曠百世而相合者 心也：時有久近 心無久近

시간에는 길고 짧음이 있으나, 마음에는 길고 짧음이 없다는 말이다.

2) 跨百里而相通者 氣也：(他)〔地〕[*)]有遠邇 氣無遠邇

거리에는 멀고 가까움이 있으나, 기운에는 멀고 가까움이 없다는 말이다.

*) 〔역주〕 (他)〔地〕 : 저본에는 '他'로 되어 있으나, 문맥을 살펴 '地'로 바로잡았다.

3) 伊洛之民 雖居中華聲明文物之地：謂中國之地 聲明文物 見楚滅弦黃篇註[*)]

中國의 땅을 이른다. 聲明文物은 〈楚滅弦黃〉편 註에 보인다.

*) 〔역주〕 見楚滅弦黃篇註 : 〈楚滅弦黃〉편은 ≪東萊博議≫ 권10에 실린 〈楚滅黃〉(10-03-02)을 가리킨다. 그 註에 "〈聲明文物은〉 禮樂을 이른다. ≪春秋左氏傳≫ 〈桓公〉 2년에 '火·龍·黼·黻은 文章을 소명하기 위함이며, 五色으로 각종 物象을 假似하게 그리는 것은 物

色을 소명하기 위함이며, 錫・鸞・和・鈴은 聲音을 소명하기 위함이며, 三辰의 旌旗는 光明을 소명하기 위함이다.' 하였다.〔謂禮樂也 左傳曰 火龍黼黻 昭其文也 五色比象 昭其物也 錫鸞和鈴 昭其聲也 三辰旂旗 昭其明也〕"라고 하였다. 여기서 '火龍黼黻'의 火는 袞衣에 불을 그린 것이고, 龍은 용을 그린 것이다. 白色과 黑色의 실을 사용해 刺繡한 것을 黼라 하는데 모양이 도끼와 같고, 黑色과 青色의 실을 사용해 刺繡한 것을 黻이라 하는데 모양이 두 '己'字가 서로 등지고 있는 것 같다. '錫鸞和鈴'의 錫은 말 이마에 있는 방울이고, 鸞은 재갈에 달린 방울이며, 和는 衡에 있는 방울이고, 鈴은 旗에 달린 방울인데, 움직이면 모두 소리를 낸다. 三辰은 日・月・星인데, 旗에 그려 하늘의 光明을 상징한다.

4) 然被髮野祭：地華而人夷

땅은 中華의 땅이나 사람은 夷狄이라는 말이다.

5) 意之所向 已在於太荒絶漠之外矣：太荒絶漠 夷狄所居也 言身居於此而意在彼

크게 황량하고 먼 사막지대는 夷狄이 사는 곳이니, 몸은 이곳에 있으나 뜻은 저곳에 있다는 말이다.

6) 故以心感心：應在前百世而相(通)〔合〕*)

앞의 '백 세대가 떨어졌어도 서로 합할 수 있는 것'에 호응하는 말이다.

*)〔역주〕(通)〔合〕: 저본에는 '通'으로 되어 있으나, 본문에 의거하여 '合'으로 바로잡았다.

7) 以氣動氣：應前跨百里而相(合)〔通〕*)

앞의 '백 리가 떨어졌어도 서로 통할 수 있는 것'에 호응하는 말이다.

*)〔역주〕(合)〔通〕: 저본에는 '合'으로 되어 있으나, 본문에 의거하여 '通'으로 바로잡았다.

8) 安得不爲陸渾之遷哉：心氣自然感召如此

마음과 기운이 저절로 감응하는 것이 이와 같다는 말이다.

9) 旣爲沮澤：沮澤之勢卑下

늪지대의 지세가 낮다는 말이다.

10) 潦水自歸：不期流水之歸而自歸

물이 흘러 들어오기를 기대하지 않아도 저절로 흘러든다는 말이다.

11) 旣爲沮澤……旣爲夷俗：夷狄之俗僻陋

夷狄의 풍속이 누추함을 말한다.

12) 戎狄自至：不期戎狄之至而自至

戎狄이 오기를 기대하지 않아도 저절로 온다는 말이다.

13) 辛有所以能預期於百年之前者 非有他術也：以與類相感而知之也

같은 종류는 서로 감응하기 때문에 알 수 있다는 말이다.

14) 閒田隙地……尙多也：可以處戎狄者 非特伊川

戎狄이 살 수 있는 곳이 伊川뿐만이 아니라는 말이다.

15) 秦晉必徙於此 而不之他焉：秦晉不徙陸渾於他處 而徙於伊川

秦나라와 晉나라가 陸渾의 戎族을 다른 지역으로 이주시키지 않고 伊川에 이주시켰다는 말이다.

16) 陸渾亦必居於此 而不之他焉：陸渾之戎 不遷居於他處 而居於伊川

陸渾의 戎族이 다른 곳으로 이주하여 살지 않고 伊川에 살았다는 말이다.

17) 是豈嘗擇而處之哉：非故擇伊川以處陸渾也

일부러 伊川을 선택하여 陸渾의 戎族을 살게 한 것이 아니라는 말이다.

18) 風聲氣習 自相感召：斷以主意

主意로써 논단한 것이다.

19) 以默而驅之：非陸渾能驅之

陸渾의 戎族이 달려갈 수 있었던 것이 아니라는 말이다.

20) 潛而趍之：非秦晉能趍之

秦나라와 晉나라가 좇을 수 있는 것이 아니라는 말이다.

21) 盖有不能自已者矣：感召之機 自然而然

감응하는 기미는 저절로 그렇게 되는 것이다.

22) 是故秦晉非能徙……不得不居：發明自然感召之意

저절로 감응한 뜻을 발명하였다.

23) 罪在此而不在彼也：罪在伊川之民 不在秦晉陸渾

잘못이 伊川의 백성에게 있고 秦나라와 晉나라가 陸渾의 戎族을 이주시킨 데 있지 않다는 말이다.

24) 使在我無召戎之具 彼胡爲乎來哉：風聲氣習 召戎之具

風聲과 氣習이 戎族을 불러들인 방법이라는 말이다.

백 세대가 떨어졌어도 서로 합할 수 있는 것은 마음이고, 백 리가 떨어졌어도 서로 통할 수 있는 것은 기운이다. 伊水와 洛水 지역의 백성이 비록 中華의 禮樂文物이 성대한 지역에 살고 있으나 머리를 풀어 헤치고 야외에서 제사 지냈으니 이는 그 마음이 이미 황량하고 먼 大漠(사막) 밖의 풍속에 쏠려 있었던 것이다.

그러므로 마음으로써 마음을 움직이고 기운으로써 기운을 움직였으니 어찌 陸渾의 戎族이 이주해 오지 않을 수 있었겠는가? 이미 늪지대가 되었으므로 빗물이 저절로 흘러들고, 이미 누린내 나는 양고기가 되었으므로 개미떼가 저절로 모여들고, 이미 夷狄의 풍속이 되었으므로 戎狄이 저절로 옮겨온 것이다.

辛有가 백 년 전에 예견할 수 있었던 것은 특별한 방법이 있어서가 아니다. 九州에 흩어져 있는 空閒地가 오히려 많은데도 秦나라와 晉나라가 하필이면 陸渾의 융족을 이곳으로 이주시키고 다른 곳으로 보내지 않았으며, 陸渾의 융족도 하필이면 이곳에 거주하고 다른 곳으로 가지 않았으니, 이것이 어찌 일찍이 선택하여 거주하게 한 것이겠는가? 風聲과 氣習이 서로 감응〔感召〕하여 말없이 달려가고 남몰래 좇은 것이니 이는 스스로 그만둘 수 없어서였던 것이다.

그러므로 이는 秦나라와 晉나라가 저들을 이주시킨 것이 아니라 이주시키지 않을 수 없었던 것이고, 陸渾의 융족이 이주한 것이 아니라 이주하지 않을 수 없었던 것이니, 잘못이 이쪽에 있고 저쪽에 있지 않다. 가령 우리에게 융족을 불러들일 방법이 없었다면 저 융족이 어찌 올 수 있었겠는가?

嗚呼라 **辛有可謂知幾矣**[1])로다 **然其言曰 不及百年**하야 **此其戎乎**[2])ㄴ저호되 **吾以爲猶未盡也**[3])로라 **善惡無定位**[4])하고 **華夷無定名**[5])하니 **一淪禮義**[6])면 **旋踵戎狄**[7])이라 **彼被髮野祭之際**에 **固已爲戎矣**[8])니 **豈待百年而始爲戎乎**[9])아 **陸渾未遷之前**엔 **戎狄其心者也**[10])나 **陸渾旣遷之後**엔 **戎狄其形者也**[11])라 **人徒以秦晉之遷陸渾**으로 **爲亂華之始**[12])하고 **不知伊洛之爲戎久矣**[13])니 **豈待氈毳**(전취)**其服**[14])하고 **穹廬**[15])**其居**[16])하며 **侏離其語**[17])**然後謂之戎哉**[18])아 **十九年掘鼠牧羊於北海之濱**[19])이로되 **而未嘗少改蘇武之漢也**[20])나 **承乾身未離唐宮**이로되 **而已純乎突厥矣**[21])라 **天下之可畏者**는 **莫大於吾心之夷狄**[22])이요 **而要荒之夷狄次之**[23])니라

1) 嗚呼 辛有可謂知幾矣：稱其先見事幾
그가 먼저 일의 기미를 안 것을 칭찬한 것이다.

2) 然其言曰……此其戎乎：却貶他此語未盡善
도리어 그가 말한 이 말이 설명이 충분하지 못했다고 폄하한 것이다.

3) 吾以爲猶未盡也：何必拘百年之數
구태여 '百年'이라는 수에 구애될 필요가 있겠느냐는 말이다.

4) 善惡無定位：欲善則善 欲惡則惡
善을 하고자 하면 善이 되고, 惡을 하고자 하면 惡이 된다는 말이다.

5) 華夷無定名：召華則華 召夷則夷

中華로 인도하면 중화가 되고, 夷狄으로 인도하면 이적이 된다는 말이다.

6) 一渝禮義 : 渝 變也

渝는 바뀐다는 말이다.

7) 旋踵戎狄 : 中國所以爲中國者 以禮義也 禮義一變 卽戎狄矣

中國이 中國이 된 이유는 禮義를 지키기 때문이니, 禮義가 한번 변하면 바로 戎狄이라는 말이다.

8) 彼被髮野祭之際 固已爲戎矣 : 人非戎而心已戎矣

사람은 戎狄의 사람이 아니나, 마음은 이미 戎狄이라는 말이다.

9) 豈待百年而始爲戎乎 : 辛有百年之說 所以大拘

辛有의 '百年'이란 말에 크게 구애되었기 때문이다.

10) 陸渾未遷之前 戎狄其心者也 : 伊川之民 心已爲戎

伊川의 백성들의 마음이 이미 戎狄이 되었다는 말이다.

11) 陸渾旣遷之後 戎狄其形者也 : 伊川之地 始居眞戎 此發主意 最精采處

伊川 땅에 비로소 진짜 융적이 살게 되었다는 말이다. 이 말이 主意를 가장 잘 드러낸 부분이다.

12) 人徒以秦晉之遷陸渾 爲亂華之始 : 常人所見如此

보통 사람의 견해는 이와 같다는 말이다.

13) 不知伊洛之爲戎久矣 : 被髮野祭之時 已爲戎矣

머리를 풀어 헤치고 야외에서 祭祀 지낼 때에 이미 戎狄이 되었다는 말이다.

14) 豈待氈毳(전취)其服 : 毳 細毛也 戎狄 以氈毛爲服飾

毳는 가는 털이다. 戎狄은 짐승가죽으로 옷을 지어 입는다.

15) 〔역주〕 穹廬 : '파오'이다. 유목 민족의 주거용 원형 천막 가옥을 이른다.

16) 穹廬其居 : 穹 大也 廬 室也 戎狄以露天爲居屋

穹은 크다는 뜻이고, 廬는 집이다. 戎狄은 露天을 주거로 삼는다.

17) 侏離其語 : 侏離 戎狄之語音也

侏離는 戎狄의 언어이다.

18) 然後謂之戎哉 : 不待此時眞戎居之而後謂之戎也

이때 진짜 융적이 거주하기를 기다린 뒤에 융적이라 한 것이 아니라는 말이다.

19) 十九年掘鼠牧羊於北海之濱 : 漢蘇武使匈奴 匈奴欲降之 蘇武不屈 匈奴乃徙武居北海上 使牧羝(저)*) 留十九年方得歸

漢나라 蘇武가 匈奴에 사신으로 갔을 때 匈奴가 그를 굴복시키고자 하였으나 蘇武가 굴복하지 않자 흉노는 곧 소무를 北海 가로 유배하여 숫양을 기르게 하였다. 소무는 그곳에

19년 억류되었다가 귀국하였다.

*) 〔역주〕 使牧羝(저) : 흉노는 소무에게 "숫양이 새끼를 낳아야 돌아갈 수 있다.〔羝乳乃得歸〕"고 하였다.(≪史記≫ 〈匈奴傳〉)

20) 而未嘗少改蘇武之漢也 : 武雖身居戎狄之地 而仗漢節牧羊 不爲戎狄所變

蘇武는 비록 그 몸은 융적의 땅에 살면서 漢節(한나라 사신의 旗)을 짚고서 양을 길렀으나 戎狄에게 변화되지 않았다는 말이다.

21) 承乾身未離唐宮 而已純乎突厥矣 : 唐太宗立承乾爲太子 承乾使宮奴數十百人 (皆)〔習〕*)音聲學胡舞 椎髻剪綵爲舞衣 又好突厥言及所服 選貌類胡者 被以羊裘辮髮 設穹廬自居 承乾身作可汗云

唐 太宗이 李承乾을 太子로 삼았는데, 承乾이 宮奴 수십 명에게 돌궐의 노래를 익히게 하고 돌궐의 춤을 배우게 하였으며, 상투를 틀고 비단을 잘라 舞衣를 만들게 하였다. 또 돌궐의 말과 복식을 좋아하여 돌궐인과 외모가 비슷한 자를 선발해서 양 갖옷을 입히고 머리를 땋아 늘어뜨리게 하고서 파오를 지어 스스로 그곳에 거처하며 承乾 자신이 칸〔可汗〕이 되었다고 한다.

*) 〔역주〕 (皆)〔習〕 : 저본에는 '皆'로 되어 있으나, ≪新唐書≫ 〈太宗子列傳〉에 의거하여 '習'으로 바로잡았다.

22) 天下之可畏者 莫大於吾心之夷狄 : 應前戎狄其心

앞의 '그 마음만 戎狄이다.'에 호응한 것이다.

23) 而要荒之夷狄次之 : 應前戎狄其形 要荒 荒服*) 戎狄之國也 結語簡嚴峻厲

앞의 '그 모습까지 戎狄이다.'에 호응한 것이다. 要荒은 荒服이니 戎狄의 나라이다. 結語가 간결하면서도 준엄하다.

*) 〔역주〕 要荒 荒服 : 要는 五服 가운데 要服이고, 荒은 荒服으로, 王畿 밖 매우 먼 지역을 일컫는 말로 쓰인다. 五服은 侯服·甸服·綏服·要服·荒服이다.

아! 辛有는 기미를 안 사람이라고 이를 만하다. 그러나 그는 "백 년도 못 되어 이곳은 戎狄의 거주지가 될 것이다."라고 말하였으나, 나는 오히려 설명이 충분하지 못하다고 생각한다.

善과 惡은 고정된 자리가 없고, 中華와 夷狄은 고정된 이름이 없으니 한번이라도 禮義를 변경하면 바로 戎狄이다. 저들이 머리를 풀어 헤치고 야외에서 제사 지낼 때에 이미 융적이 된 것이니, 어찌 백 년을 기다린 뒤에야 비로소 융적이 되었겠는가?

陸渾의 戎族이 이주해 오기 전에는 그 마음만 戎狄이었으나, 陸渾의 戎族이 이주해 온 뒤에는 그 모습까지 융적이 되었다. 사람들은 다만 秦나라와 晉나라가 陸渾의 戎族

을 이주시킨 것이 중화를 어지럽게 한 시초로만 여기고, 伊水와 洛水 일대가 융적이 된 지 이미 오래되었음을 모른 것이니, 어찌 털옷을 입고 파오에 살며 蠻語를 한 뒤에야 융적이라고 하겠는가?

蘇武는 19년 동안 北海 가에서 땅을 파서 쥐를 잡아먹으며 양을 길렀으되 그는 漢나라에 대한 忠心을 조금도 바꾼 적이 없었다. 그러나 承乾은 몸이 唐나라 황궁을 떠난 적이 없었으되 이미 완전히 突厥 사람이었다. 천하에 두려운 것은 내 마음이 夷狄이 되는 것보다 심한 것이 없고, 要服이나 荒服의 夷狄은 그 다음이다.

蘇武

12-09 子圉逃歸 子圉가 秦나라에서 도망하여 晉나라로 돌아가다

【左傳】 僖二十二年이라 晉太子圉爲質於秦이러니 將逃歸할새 謂嬴氏[1]曰 與子歸乎인저 對曰 子는 晉太子而辱於秦하니 子之欲歸는 不亦宜乎잇가 寡君之使婢子侍執巾櫛(즐)[2]은 以固子也[3]어늘 從子而歸면 棄君命也니 不敢從이어니와 亦不敢言[4]하리이다 遂逃歸하다

1) 〔역주〕 嬴氏 : 嬴氏는 秦나라가 子圉에게 아내로 준 懷嬴이다.〈杜注〉

2) 〔역주〕 寡君之使婢子侍執巾櫛(즐) : 婢子는 婦人이 자신을 낮추어 일컫는 말이다.〈杜注〉 수건으로 손을 닦아주고 빗으로 머리를 빗겨주는 것은 모두 賤한 사람이 하는 일이다.〈附注〉

3) 〔역주〕 以固子也 : 公子의 마음을 편안하게 하기 위해서라는 말이다.〈附注〉

4) 〔역주〕 從子而歸……亦不敢言 : 감히 당신을 따라 晉나라로 가지 않겠다는 것은 君臣의 의리를 잃을까 두려워서이고, 감히 이 말을 누설하지 않겠다는 것은 夫婦의 恩愛을

손상할까 두려워서이다.〈附注〉

僖公 22년, 晉나라 太子 圉가 人質이 되어 秦나라에 있었는데 도망해 돌아오려 할 때에 嬴氏에게 "그대와 함께 돌아가겠다."고 하자, 嬴氏가 대답하였다.

"公子는 晉나라의 太子로 秦나라에서 屈辱의 생활을 하고 있으니, 公子가 돌아가고자 하는 것은 당연하지 않습니까. 그러나 우리 임금님께서 婢子에게 수건과 빗을 들고서 公子를 모시게 한 것은 公子가 안심하고 〈秦나라에 있게 하기 위함인데〉 만약 公子를 따라 함께 晉나라로 간다면 이는 君命을 버리는 것이니, 감히 따라가지 않겠습니다만 감히 이 말을 누설하지도 않겠습니다."

圉는 마침내 도망해 晉나라로 돌아왔다.

【主意】責嬴自爲苟免之計로되 而不爲子圉忠謀라

嬴氏가 자신을 위해서는 구차하게 화를 면할 계책을 세웠으면서 子圉를 위해서는 충심으로 도모하지 않았음을 질책하였다.

謀於塗者가 不若謀於隣[1]하고 謀於隣者가 不若謀於家[2]라 非遠則愚而近則智也[3]요 愛淺者其慮略[4]하고 愛深者其慮詳[5]이 理也요 亦勢也[6]일새라 四海九州之人[7]이 卒然相遇[8]하고 倏然相遭는 猶斷梗枯槎가 偶相値於大澤之陂니 恩何從而生이며 愛何從而發哉리오 問焉而不對者有矣며 間有對者라도 謾對也니 非眞對也요 叩焉而不應者有矣며 間有應者라도 謾應也니 非眞應也라 操兩可之論하야 近足以免我之累하고 遠足以逃彼之責이면 則自以爲得計라 其爲人謀而忠者는 蓋千萬而一遇耳나 乃若家人婦子則不然[9]이라 同分義[10]하고 均休戚[11]하니 其反覆謀議於家庭者는 非相爲賜也요 如手足之赴頭目하야 不知其然而同也라 內無所隱이라 故其情眞[12]하고 外無所飾이라 故其語眞[13]이라 以眞遇眞[14]하야 懇款惻怛[15]하야 往往得利害之眞焉[16]이라 彼家人婦子之智가 非果踰於他人也[17]요 智者之略이 固不如愚者之詳也[18]일새니라 故家人婦子之謀[19]에 智慮有所不及[20]하고 聰明有所不逮[21]면 則付之無可奈何而已矣[22]니 豈肯僥倖苟免而懷不盡을 如塗人之爲耶[23]아

1) 謀於塗者 不若謀於隣：隣人之情 親於塗人故也

이웃사람의 情이 길 가는 사람보다 가깝기 때문이다.

2) 謀於隣者 不若謀於家：家人之情 尤親於隣人也

집안사람의 情이 이웃사람보다 더욱 가깝기 때문이다.

3) 非遠則愚而近則智也：辨論上二句意 隣比於塗爲近 家比於隣尤近

위 두 구의 뜻을 변론하였다. 이웃사람은 길 가는 사람에 비해 가깝고, 집안사람은 이웃사람에 비해 더욱 가깝다는 말이다.

4) 愛淺者其慮略：遠者情愛淺 故其謀疏略

먼 사람은 정과 사랑이 얕기 때문에 그 계획이 성글고 간략하다는 말이다.

5) 愛深者其慮詳：近者情愛深 故其謀詳悉

가까운 사람은 정과 사랑이 깊기 때문에 그 계획이 상세하고 세밀하다는 말이다.

6) 理也 亦勢也：此自然之理 亦必然之勢

이것은 자연스런 이치이고 필연적인 형세라는 말이다.

7) 四海九州之人：至疏遠者

매우 소원한 자를 말한다.

8) 卒然相遇：忽然相遇於塗

홀연히 서로 길에서 만난 것이다.

9) 乃若家人婦子則不然：暗指嬴氏

은근히 嬴氏를 가리키는 말이다.

10) 同分義：情分恩義則同

情分과 恩義를 그와 함께한다는 말이다.

11) 均休戚：休美憂戚則均

좋은 일과 근심스런 일을 그와 같이한다는 말이다.

12) 內無所隱 故其情眞：內以眞實之情相孚

속으로 진실한 情을 서로 믿는 것이다.

13) 外無所飾 故其語眞：外以眞實之語相告

밖으로 진실한 말을 서로 발해주는 것이다.

14) 以眞遇眞：(被)〔彼〕*) 此皆以眞實相與

彼此가 모두 진실함으로 서로 함께하는 것이다.

*) 〔역주〕 (被)〔彼〕: 저본에는 '被'로 되어 있으나, 문맥을 살펴 '彼'로 바로잡았다.

15) 懇款惻怛：懇款則情之蜜 惻怛則愛之深

懇款은 情이 많은 것이고, 惻怛은 사랑이 깊은 것이다.

16) 往往得利害之眞焉：所以謀事與他人不同

이러므로 일을 계획하는 것이 남과는 같지 않은 것이다.

17) 彼家人婦子之智 非果踰於他人也：上言得利害之眞 所以如此辨論

윗글에서 '참된 이해관계를 알게 된다.'고 말하였기 때문에 이와 같이 변론한 것이다.

18) 智者之略 固不如愚者之詳也：他人雖智 以愛淺而其慮略 家人雖愚 以愛深而其慮詳 智愚詳略字應前

남은 비록 지혜롭더라도 사랑이 얕고 생각이 소략하기 때문이고, 집안사람은 비록 어리석더라도 사랑이 깊고 생각이 세밀하기 때문이다. '智·愚·詳·略'자는 앞글과 호응한다.

19) 故家人婦子之謀：承上文意發明

윗글을 이어 발명하였다.

20) 智慮有所不及：見事有不到處

일을 보는 데 도달하지 못하는 부분이 있다는 말이다.

21) 聰明有所不逮：察事有不審處

일을 살피는 데 다 알지 못하는 부분이 있다는 말이다.

22) 則付之無可奈何而已矣：見識止於如此 非不忠也

식견이 이와 같을 뿐이라고 해서 충심이 아닌 것은 아니라는 말이다.

23) 豈肯僥倖苟免而懷不盡 如塗人之爲耶：此句斷盡嬴氏之罪 一篇主意在此

이 구절은 嬴氏의 죄를 결단하였다. 이 한 편의 主意가 여기에 있다.

길 가는 사람을 위해 일을 계획하는 것이 이웃사람을 위해 일을 계획하는 것만 못하고, 이웃사람을 위해 일을 계획하는 것이 집안사람을 위해 일을 계획하는 것만 못하다. 나와 소원한 사람은 어리석고 친근한 사람은 지혜로워서가 아니라, 사랑이 얕은 사람은 그 계획이 엉성하고 사랑이 깊은 사람은 그 계획이 세밀한 것이 사리와 형세의 당연함이기 때문이다.

천하 각지에 살고 있는 사람들이 갑자기 서로 遭遇하는 것은 마치 잘린 나무토막과 마른 뗏목이 우연히 서로 큰 못가에서 만난 것과 같으니, 은혜가 어디에서 생겨나며 사랑이 어디에서 일어나겠는가? 물어도 대답하지 않는 자가 있을 것이며 간혹 대답하는 자가 있다 해도 건성으로 대답할 것이니 성실한 대답이 아니고, 질문〔叩〕하여도 응답하지 않는 자가 있을 것이며 간혹 응답하는 자가 있다 해도 건성으로 응답할 것이니 성실한 응답이 아니다. 〈이들은〉 양쪽으로 유리한 논법을 구사하여 가까이는 나를 죄에서 면하게 하고 멀리는 상대를 책망에서 회피하게 하였으면 스스로 계책이 실현되었다고 여긴다.

남을 위하여 계획함에 있어 마음을 다하는 사람은 천만 번에 한 번 만날까 말까 하지만 집안사람인 妻子의 경우는 그렇지 않다. 情分과 道義가 서로 같고 기쁨과 근심을 함께하니 집안에서 반복하여 계획하고 상의하는 것은 서로 은혜를 베풀고자 해서가 아니라, 마치 손과 발이 머리와 눈을 보호하듯이 자기도 모르게 저절로 그렇게 되는 것이다. 속으로 숨김이 없기 때문에 그 마음이 진실하고, 밖으로 꾸밈이 없기 때문에 그 말이 진실하다. 진실함으로 진실함을 만났기 때문에 간절한 정성과 측은한 마음이 되어 종종 참된 利害를 알게 된다.

이는 저 집안사람인 妻子의 지혜가 과연 남보다 뛰어나서가 아니라, 지혜로운 자의 엉성한 계획이 본래 어리석은 자의 상세한 계획만 못하기 때문이다. 그러므로 집안사람인 妻子가 일을 계획할 때 智慮나 聰明이 미치지 못하면 어찌할 수 없는 일에 붙일 뿐이니, 어찌 요행으로 구차히 화를 면하기를 바라 길 가는 사람처럼 마음을 다하지 않아서야 되겠는가?

異哉라 **嬴氏之於子圉**[1)]에 **何其親則同室**이로되 **而情則塗人也**[2)]아 **當子圉逃秦而歸**[3)]에 **嬴氏曾不爲之反覆訂議**[4)]하고 **遽告之宜歸**하야 **以順其意**[5)]하고 **又不與之俱**하야 **以脫其身**[6)]하고 **又自詭不泄**하야 **以解其疑**[7)]라 **意之所主**[8)]는 **特欲自爲僥倖苟免之計**[9)]요 **而子圉之利害未嘗過而問焉**이라 **苟免**은 **固賤行也**[10)]나 **然世人之苟免者**는 **猶曰姑以免吾身焉**[11)]이라 **父子一體也**요 (兄弟)〔**夫婦**〕[12)]**一體也**[13)]니 **害於彼則傷於此矣**[14)]라 **此嬴氏所以始欲苟免**[15)]이나 **而終不免於二孌之辱也**[16)]니라

1) 異哉 嬴氏之於子圉 : 入本題事 先是秦穆公 伐晉執惠公以歸 旣而釋惠公置官司 以征晉河東之地 其後使子圉爲賢□□[*1)]歸河東[*2)]而妻之 嬴氏是也

〈여기부터〉 본편의 일로 들어간다. 이 일에 앞서 秦 穆公은 晉나라를 쳐서 晉 惠公을 사로잡아 돌아갔는데, 얼마 뒤에 惠公을 석방하고 官司를 설치하여 晉나라 河東 지역을 정벌하였다. 그 뒤에 子圉를 현명하다고 여겨 河東을 돌려주고 딸을 그의 아내로 주었으니, 바로 嬴氏이다.

*1) 〔역주〕 □□ : 저본에는 2자 빈칸으로 되어 있다.

*2) 〔역주〕 歸河東 : 秦나라가 河東에 官司를 설치하고 賦稅를 징수하였는데, 河東은 본래 惠公이 秦나라에 뇌물로 주기로 허락한 河外의 다섯 城이다. 秦나라에 歸屬되었다가 이때에 다시 晉나라에 돌려준 것이다.

2) 何其親則同室 而情則塗人也：嬴氏爲子圉妻 不爲子圉忠謀 反與塗人無異

嬴氏는 子圉의 아내이면서 子圉를 위하여 충심으로 계획하지 않았으니 도리어 길 가는 사람과 다름없었다는 말이다.

3) 當子圉逃秦而歸：子圉欲挈嬴氏 逃歸於晉

子圉는 嬴氏를 데리고 도망하여 晉나라로 돌아가고자 했다.

4) 嬴氏曾不爲之反覆訂議：嬴氏不爲子圉詳悉評

嬴氏는 子圉를 위하여 이해관계를 자세히 평론하지 않았다는 말이다.

5) 遽告之宜歸 以順其意：謂子之欲歸 不亦宜乎

"公子가 돌아가고자 하는 것은 당연하지 않습니까?"라고 말한 것을 이른다.

6) 又不與之俱 以脫其身：謂從子而歸 棄君命也

"만약 公子를 따라 함께 晉나라로 간다면 이는 君命을 버리는 것입니다."라고 말한 것을 이른다.

7) 又自詭不泄 以解其疑：自詭 自爲詭詐不實之言也 謂不敢從 亦不敢言

自詭는 스스로 속여 진실하지 않은 말을 한 것이니 "감히 따라가지 않겠습니다만 감히 이 말을 누설하지도 않겠습니다."라고 말한 것을 이른다.

8) 意之所主：推究嬴氏之意

'嬴氏의 의도를 추구해보면'의 뜻이다.

9) 特欲自爲僥倖苟免之計：應前僥倖苟免

앞글의 "僥倖苟免"에 호응한다.

10) 而子圉之利害未嘗過而問焉 苟免固賤行也：承上句苟免而言 謂苟免固是可賤之行

위 구절의 '苟免'을 이어 말한 것이다. 苟免은 본래 천하게 여길 만한 행동을 이른다.

11) 然世人之苟免者 猶曰姑以免吾身焉：世人僥倖而免一身之害 猶可言也

세상 사람 중에 요행으로 일신의 해를 면한 자는 그래도 말할 만하다는 말이다.

12) 〔역주〕 (兄弟)〔夫婦〕：저본에는 '兄弟'로 되어 있으나, 뒤의 "父子夫婦之間 顧不兩全乎"에 의거하여 '夫婦'로 바로잡았다. 三民書局本에도 夫婦로 되어 있다.

13) 父子一體也 (兄弟)〔夫婦〕一體也：未有害夫而妻可苟免者 父子夫婦 應前後

남편이 해를 당하였는데 아내가 구차하게 화를 면한 경우는 없다는 말이다. '父子夫婦'는 앞뒤의 글이 호응한다.

14) 害於彼則傷於此矣：彼謂子圉 此謂嬴氏

彼는 子圉를 이르고, 此는 嬴氏를 이른다.

15) 此嬴氏所以始欲苟免：初嬴如此 故不忠於夫

애초에 嬴氏가 이와 같았기 때문에 남편에게 충심으로 말하지 않았다는 말이다.

16) 而終不免於二嬖之辱也：其後公子重耳在秦 穆公納女五人 嬴氏與焉 旣而重耳歸晉 是爲文公 嬴氏生公子樂 故賈季曰 辰嬴嬖於二君也*) 重耳 惠公之兄 子圉之伯父也 此言嬴氏終不能自免其身

그 뒤에 公子 重耳가 秦나라에 있을 때에 秦 穆公이 여인 5인을 부인으로 주었는데 嬴氏도 그 안에 있었다. 얼마 뒤에 重耳가 晉나라로 귀국하니 그가 바로 晉 文公이다. 嬴氏가 公子 樂을 낳았기 때문에 賈季가 "辰嬴은 두 임금에게 사랑을 받았다."고 말하였다. 重耳는 晉 惠公의 형이자, 子圉의 伯父이다. 이는 嬴氏의 一身이 끝내 스스로 화에서 면할 수 없었다는 말이다.

*) 〔역주〕 賈季曰 辰嬴嬖於二君也：晉 襄公이 죽자 그의 후계를 세우는 과정에서 賈季가 公子 樂을 옹호하여 한 말이다. 辰嬴은 懷嬴을 이른다. 두 임금은 懷公과 文公이다.

이상하다. 嬴氏가 子圉에 대해서 어찌 親分은 부부이면서 情分은 길 가는 사람 같았는가? 子圉가 秦나라에서 도망하여 晉나라로 돌아가려 할 때에 嬴氏는 그를 위해 반복해 상의하지 않고 대번에 돌아감이 마땅하다고 말하여 그의 뜻을 따랐다. 또 함께 갈 수 없다고 하여 자신은 빠졌으며, 또 스스로 누설하지 않겠다고 속여서 의심을 피하였다.

嬴氏의 주요한 의도는 다만 자신을 위하여 요행으로 구차하게 화를 면하기만을 계획하고자 하고, 子圉의 利害에 대해서는 지나가는 말로라도 물은 적이 없었다. 구차하게 화를 면하고자 하는 것은 본래 천박한 행동인데, 세상에 구차하게 화를 면하려는 자들은 오히려 "우선 내 몸의 화를 면하려는 것이다."라고 말한다.

그러나 아비와 자식은 한 몸이고 남편과 아내는 한 몸이니 저쪽을 해치면 이쪽에 상처가 난다. 이것이 嬴氏가 처음에 구차하게 화를 면하고자 하였으나 끝내 두 임금에게 사랑받았다는 치욕을 면하지 못한 까닭이다.

昔之烈女는 〔不〕[1]幸而處不可兩全之地[2]면 固有殺身以致吾義者矣[3]어든 況子圉之事는 未至於不可兩全耶[4]아 使嬴氏當子圉之謀歸에 易辭以對[5]曰 子淹恤於秦者는 非他[6]라 所以合秦晉之交也[7]어늘 今不忍數年之不燕[8]하야 而蔑棄敝邑[9]이면 若二國何[10]오 寡君有社稷之事[11]하야 不得以身服役[12]일새 而使賤妾得侍巾櫛[13]이어늘 子介然有他志[14]하니 是寡君不得事子也[15]라 妾將復於寡君[16]하리라 嬴氏苟能爲此言[17]이런들 則子圉憚嬴氏之告[18]하야 必不敢興逃遁之謀[19]요 嬴氏席秦伯之勢[20]하야

必不至爲子圉之害[21)]며 **秦伯(固)〔顧〕**[22)]**嬴氏之愛**[23)]하야 **必不入重耳之策**[24)]이니 **父子夫婦之間**이 **顧不兩全乎**[25)]아 **嗚呼**라 **嬴氏果知出此**[26)]런들 **則可以成父之志**[27)]하고 **可以解夫之禍**[28)]하며 **可以盡婦之道**[29)]하고 **可以全己之節**[30)]하며 **可以續惠公廢絶之祀**[31)]하고 **可以解秦伯戎狄之議**[32)]리라 **一擧而數利附**[33)]하니 **使嬴氏少致思焉**이런들 **則何憚不出於此也**[34)]리오

1) 〔역주〕〔不〕: 저본에는 '不'이 없으나, 四庫全書本에 의거하여 보충하였다.

2) 〔不〕幸而處不可兩全之地 : 謂偶遭大變 而夫婦勢不可兩全者

　큰 변고를 만나 부부가 형편상 양쪽 모두 온전할 수 없는 경우를 이른다.

3) 固有殺身以致吾義者矣 : 寧可爲夫以授其身 盡夫婦之義也

　차라리 남편을 위하여 제 몸을 바쳐 부부의 도리를 다한다는 말이다.

4) 況子圉之事 未至於不可兩全耶 : 嬴氏苟善處此 則夫妻猶可兩全也 其說在下

　嬴氏가 진실로 이 일에 대처하기를 잘했더라면 부부가 오히려 양쪽 모두 온전할 수 있었을 것이라는 말이다. 그 설명이 아래 글에 있다.

5) 使嬴氏當子圉之謀歸 易辭以對 : 此下代爲嬴氏答子圉之言

　이 이하의 글은 嬴氏가 子圉에게 대답하는 말을 대신하였다.

6) 子淹恤於秦者 非他 : 淹 久也 恤 憂也 言以久留爲憂也

　淹은 오래 머물다의 뜻이며, 恤은 근심한다는 뜻이니, 오래 머무름을 근심한다는 말이다.

7) 所以合秦晉之交也 : 惠公旣服於秦 故質子以爲信

　晉 惠公이 이미 秦나라에 복종하였기 때문에 아들을 볼모로 보내어 신의로 삼았다.

8) 今不忍數年之不燕 : 不燕 謂不樂也

　不燕은 즐겁지 않음을 이른다.

9) 而蔑棄敝邑 : 敝邑 自稱秦也 言子圉逃歸 則自蔑棄秦國

　敝邑은 스스로 秦나라를 칭하는 것이니, 子圉가 도망해 돌아가는 것은 스스로 秦나라를 무시하여 버리는 것이라는 말이다.

10) 若二國何 : 敗秦晉之交也

　秦나라와 晉나라의 우호관계가 잘못될 것이라는 말이다.

11) 寡君有社稷之事 : 寡君 自稱秦穆公也 有社稷之事 謂治國事

　寡君은 嬴氏 스스로 秦 穆公을 칭하는 말이다. '社稷에 일이 있다.'는 국사를 다스리는 일을 이른다.

12) 不得以身服役 : 謂爲嬴氏告夫之辭也 謂穆公以治國事 故不能親執役使之事

이 말은 嬴氏를 위하여 남편에게 고하는 말을 이른 것이다. 秦 穆公이 국사를 다스리는 일 때문에 직접 그를 돌보는 일을 행할 수 없음을 이른다.

13) 而使賤妾得侍巾櫛：賤妾 嬴氏自稱也 櫛 梳也 侍巾櫛 謂事其夫也

賤妾은 嬴氏 자신을 칭한 말이다. 櫛은 빗이니, 수건과 빗을 가지고 모시는 것은 남편을 섬기는 일이다.

14) 子介然有他志：今汝介然欲棄而歸

지금 그대는 불안하게 여겨 秦나라를 버리고 돌아가고자 한다는 말이다.

15) 是寡君不得事子也：謙言穆公不得事子圉也

秦 穆公이 子圉를 잘 섬길 수 없었다고 겸손하게 말하는 것이다.

16) 妾將復於寡君：將以逃歸之言 告於穆公 ○ 以上一節 設爲嬴氏之言 深得左氏文法

장차 〈子圉가〉 도망하여 돌아갈 것이라는 말을 秦 穆公에게 고한다는 말이다. ○ 이상의 한 단락은 嬴氏의 말을 가설한 것이니 左氏의 문장법을 깊이 터득한 것이다.

17) 嬴氏苟能爲此言：設使嬴氏果能以此言答子圉

'가령 嬴氏가 과연 이런 말로 子圉에게 답할 수 있었다면'의 뜻이다.

18) 則子圉憚嬴氏之告：恐嬴氏實以此言告穆公

嬴氏가 실제로 이 말을 秦 穆公에게 고할까 두려워했을 것이라는 말이다.

19) 必不敢興逃遁之謀：以罷逃歸之謀

도망하여 돌아갈 계획을 그만둘 것이기 때문이다.

20) 嬴氏席秦伯之勢：倚恃其父爲秦國之君

자기의 아버지가 秦國의 임금임을 의지하여 믿는다는 말이다.

21) 必不至爲子圉之害：重耳雖得國 必畏穆公 而不殺子圉

重耳가 비록 나라를 얻었을지라도 반드시 秦 穆公을 두려워하여 子圉를 죽이지 못했을 것이라는 말이다.

22) 〔역주〕 (固)〔顧〕：저본에는 '固'로 되어 있으나, 四庫全書本에 의거하여 '顧'로 바로잡았다.

23) 秦伯(固)〔顧〕嬴氏之愛：穆公旣自愛惜其女

秦 穆公은 이미 스스로 자기의 여식을 사랑하고 아낀다는 말이다.

24) 必不入重耳之策：必不聽重耳之言自殺其女胥也 子圉旣逃歸 未幾惠公卒 子圉立 是爲懷公 秦穆公納文公 而殺懷公于高梁 故此云然

반드시 스스로 자기의 사위를 죽이려는 重耳의 말을 들어주지 않았을 것이다. 子圉가 도망하여 돌아간 뒤 얼마 되지 않아 晉 惠公이 죽고 子圉가 즉위하니 이 사람이 晉 懷公이다. 秦 穆公이 晉 文公(重耳)을 들여보내 高梁에서 晉 懷公을 죽였기 때문에 여기에서 이렇게 말한 것이다.

25) 父子夫婦之間 顧不兩全乎：穆公嬴氏得全其爲父子 子圉嬴氏得全其爲夫婦 應前父子夫婦體

穆公과 嬴氏는 그 父子 관계를 온전히 할 수 있고, 子圉와 嬴氏는 그 夫婦 관계를 온전히 할 수 있다는 말이다. 앞글의 '父子夫婦'와 호응하는 문체이다.

26) 嗚呼 嬴氏果知出此：果能如此爲子圉謀

'과연 이와 같이 子圉를 위하여 계획할 수 있었다면'을 이른다.

27) 則可以成父之志：嫁女之志

여식을 시집보내는 뜻을 이른다.

28) 可以解夫之禍：免圉之殺

子圉가 살해당하는 화를 면할 수 있었을 것임을 이른다.

29) 可以盡婦之道：盡忠於夫

남편에게 충심을 다함을 이른다.

30) 可以全己之節：不貽二嬖之辱

두 남편에게 사랑받았다는 치욕을 받지 않았을 것이라는 말이다.

31) 可以續惠公廢絶之祀：子圉不死 則惠公有後

子圉가 죽지 않았다면 晉 惠公에게 후사가 있었을 것이라는 말이다.

32) 可以解秦伯戎狄之譏：穀梁傳曰 亂人子女之敎 無男女之別 秦之爲狄 自殽之戰始也*)

≪春秋穀梁傳≫에 이르기를 "남의 나라의 子女의 교육을 어지럽히고 男女의 분별이 없으니 秦나라를 狄이라고 한 것은 殽의 전쟁에서 비롯된 것이다."라고 하였다.

*)〔역주〕亂人子女之敎……自殽之戰始也：이 말은 ≪春秋穀梁傳≫ 僖公 33년에 秦나라가 滑나라를 정벌하고 퇴각하면서 그 군대가 저지른 만행을 기록한 부분으로, 秦나라를 戎狄으로 여겼다.

33) 一擧而數利附：如前所云數端之利

앞글에서 말한 여러 가지 일들의 이로움을 이른다.

34) 使嬴氏少致思焉 則何憚不出於此也：深責嬴氏

嬴氏를 깊이 질책하는 말이다.

옛날의 烈女 중에는 불행하여 양쪽 모두 온전할 수 없는 처지에 놓이면 본래 목숨을 버리고 자신의 도리를 다한 자가 있었는데, 하물며 子圉의 일은 양쪽 모두 온전할 수 없는 지경에 이르지 않았음에랴.

가령 嬴氏가 子圉가 돌아가기를 계획할 때를 당하여 말을 바꾸어 대답하기를 "그대가 우환을 만나 오랫동안 秦나라에 머문 것은 다름이 아니라 秦나라와 晉나라의 우호를 맺기 위함이었는데, 지금 몇 년간의 불편을 참지 못하여 우리 秦나라를 가벼이 버리신다면 두 나라의 관계가 어떻게 되겠습니까? 우리 임금께는 社稷의 일이 있어 직접 그대를 돌볼 수 없기 때문에 저를 보내어 그대를 모시게 한 것인데, 그대는 불안하게 여겨 다른 뜻을 품고 있으니 이는 우리 임금께서 그대를 잘 섬기지 못한 때문입니다. 제가 우리 임금께 아뢰겠습니다."라고 말하였다고 가정해보자.

嬴氏가 과연 이렇게 말하였다면 子圉는 嬴氏가 고발할까 두려워 반드시 감히 도망갈 계획을 세우지 못했을 것이고, 嬴氏는 秦伯의 권세에 의지해서 반드시 子圉가 해를 당하도록 버려두지 않았을 것이며, 秦伯은 嬴氏가 子圉를 사랑하는 것을 고려해 반드시 重耳를 들여보낼 계획을 세우지 않았을 것이니, 父子와 夫婦 사이가 어찌 양쪽 모두 온전하지 않았겠는가?

아, 嬴氏가 과연 이렇게 할 줄 알았다면 아버지의 뜻을 이룰 수 있고 남편의 재앙을 解除할 수 있으며, 아내의 도리를 다할 수 있고 자기의 정절을 온전히 할 수 있으며, 끊어진 晉 惠公의 제사를 이을 수 있고 秦伯이 받는 戎狄이라는 비난도 해제할 수 있었을 것이다. 한 번의 행위에 몇 가지 이로움이 따르는 것이니, 가령 嬴氏가 조금이라도 집중해 생각하였다면 무엇을 꺼려 이렇게 하지 않았겠는가?

思之苟는 **生於情之疏**[1)]요 **情之疏**는 **生於義之薄**[2)]이라 **土薄則無豐殖**[3)]하고 **雲薄則無甘霖**[4)]이며 **鐘薄則無震聲**[5)]하고 **味薄則無珍膳**[6)]하니 **未有薄其誠於先**이요 **而厚其謀於後者也**[7)]라 **然則嬴氏之不能謀**가 **豈在於子圉逃秦之時哉**[8)]아

1) 思之苟 生於情之疏：承上文思字 說夫婦之情 不當如是之疏
   윗글의 '思'字를 이어 夫婦의 情이 이처럼 소원해서는 안 됨을 말하였다.
2) 情之疏 生於義之薄：夫婦之義 不當如是之薄
   夫婦의 도리가 이처럼 야박해서는 안 됨을 말하였다.
3) 土薄則無豐殖：又取薄字設喩 無豐殖 謂不生美材
   또 '薄'자를 취하여 비유를 든 것이다. 無豐殖은 아름다운 재목이 생산되지 않음을 이른다.
4) 雲薄則無甘霖：不能作雨
   비를 만들 수 없다는 말이다.
5) 鐘薄則無震聲：不作大聲

소리를 크게 낼 수 없다는 말이다.

6) 味薄則無珍膳：不成美味

맛난 음식이 될 수 없다는 말이다.

7) 未有薄其誠於先 而厚其謀於後者也：誅心之論

마음가짐을 질책하는 언론이다.

8) 然則嬴氏之不能謀 豈在於子圉逃秦之時哉：斷其平時情義之薄有素

평소 정분과 도의가 야박한 데는 근본 원인이 있음을 단정한 말이다.

생각이 구차함은 情分이 소원한 데서 생기고, 정분이 소원함은 의리가 야박한 데서 생긴다. 토양이 척박하면 풍성한 번식이 없고 구름이 엷으면 단비가 없으며 鐘이 얇으면 울리는 소리가 없고 맛이 얕으면 진귀한 반찬이 없으니, 앞에 정성이 야박하면서 뒤에 계획이 치밀한 경우는 없다. 그렇다면 嬴氏가 계획을 잘 세우지 못한 것이 어찌 子圉가 秦나라에서 도망하고자 했던 때에 생긴 것이겠는가?

東萊博議 卷13

13-01 邾敗魯於升陘　邾나라가 魯나라를 升陘에서 패배시키다

【左傳】 僖二十二年이라 邾人以須句故出師로되 公卑邾[1]하야 不設備而禦之하다 臧文仲曰 國無小하니 不可易(이)也니이다 無備면 雖衆이나 不可恃也니이다 詩曰 戰戰兢兢하야 如臨深淵하며 如履薄冰[2]이라하고 又曰 敬之敬之어다 天維顯思라 命不易(이)哉[3]라하니이다 先王之明德으로도 猶無不難也하고 無不懼也온 況我小國乎잇가 君其無謂邾小하소서 蜂蠆有毒이온 而況國乎잇가 弗聽하다 公及邾師戰于升陘하야 我師敗績하다 邾人獲公冑하야 縣諸魚門[4]하다

1) 〔역주〕 公卑邾 : 卑는 얕보는 것이다.〈杜注〉
2) 〔역주〕 詩曰……如履薄冰 : 詩는 ≪詩經≫ 〈小雅 小旻〉이다. 항상 경계하고 조심하라는 말이다.〈杜注〉
3) 〔역주〕 敬之敬之……命不易(이)哉 : ≪詩經≫ 〈周頌 敬之〉이다. 顯은 明이고, 思는 語助辭이다. 國家를 소유한 사람은 공경하고 경계해야 한다. 하늘은 밝게 아래를 굽어 살피므로 하늘의 명을 받들어 따르기가 매우 어렵다는 말이다.〈杜注〉
4) 〔역주〕 邾人獲公冑 縣諸魚門 : 冑는 투구이다. 魚門은 邾나라의 城門이다. 그 투구를 邾나라의 城門에 매달아 僖公을 모욕한 것이다.〈杜注〉

僖公 22년, 邾人이 魯나라가 須句를 救援한 일로 出兵하여 〈魯나라를 侵犯하는데도〉 僖公은 邾나라를 얕보아 防備를 설치하지 않고서 방어하였다. 臧文仲이 말하였다.

"나라에는 弱小國이 따로 없으니 얕보아서는 안 됩니다. 방비가 없으면 아무리 군대가 많아도 믿을 수 없습니다. ≪詩經≫에 '조심하고 경계하기를 깊은 물가에 다다른 듯이, 엷은 얼음을 밟은 듯이 하라.'고 하고, 또 '공경하고 공경하라. 天道는 밝아서 天命을 保存하기가 쉽지 않다.'고 하였습니다. 先王의 밝은 덕으로도 어려워하지 않음이 없고 두려워하지 않음이 없었는데 하물며 우리 같은 작은 나라이겠습니까? 임금님께서는 邾나라를 작다고 얕보지 마소서. 벌과 전갈도 독이 있는데 하물며 한 나라이겠습니까?"

僖公은 듣지 않았다. 僖公이 邾軍과 升陘에서 전투하다가 我軍이 大敗하였다. 邾人이 僖公의 투구를 鹵獲하여 魚門에 달아놓았다.

【主意】僖公爲居所移하야 上視大國則畏하고 下視小國則驕하니 以驕心而待邾라 故不設備而取敗也라

僖公은 거처한 환경에 따라 마음가짐이 바뀌어 위로 大國을 보면 두려워했고, 아래로 小國을 보면 교만했다. 교만한 마음으로 邾나라를 상대했기 때문에 방비를 갖추지 않아 패배를 초래했다.

天下有常勝之道하니 大勝小[1)]하고 强勝弱[2)]하며 多勝寡[3)]가 此兵家之定論也[4)]언마는 大有時而敗於小하고 强有時而敗於弱하며 多有時而敗於寡하니 豈所謂常勝者或不可常耶인저 非然也라 用兵은 以力相加也니 使各極其力이면 則小終無勝大之理하고 弱終無勝强之理하며 寡終無勝多之理라 惟恃大恃强恃多하야 隳廢其力而不能用이면 則與無力者同이니 顧不如小者弱者寡者가 猶有毫末之力也니라

1) 大勝小：大敵 必勝小敵
大敵은 반드시 小敵을 이긴다는 말이다.
2) 强勝弱：强敵 必勝弱敵
强敵은 반드시 弱敵을 이긴다는 말이다.
3) 多勝寡：兵多者 必勝兵少者
병사가 많은 경우는 반드시 병사가 적은 경우를 이긴다는 말이다.
4) 天下有常勝之道……此兵家之定論也：二者 兵家一定之論
두 가지는 兵家의 一定한 논리이다.

천하에는 항상 이기는 방도가 있으니, 큰 것이 작은 것을 이기고 강한 것이 약한 것을 이기며 많은 것이 적은 것을 이김은 兵家의 定論이다. 그러나 큰 것이 때로는 작은 것에 패배하고 강한 것이 때로는 약한 것에 패배하며 많은 것이 때로는 적은 것에 패배하니, 어쩌면 이른바 '항상 이기는 방도'란 것이 혹 항구적일 수 없다는 것일까? 그렇지 않다.

군대를 씀은 武力을 상대방에게 가하는 것이니 만약 각각 제 힘을 다하면 작은 것이

끝내 큰 것을 이길 도리가 없고 약한 것이 끝내 강한 것을 이길 도리가 없으며 적은 것이 끝내 많은 것을 이길 도리가 없다. 오직 큰 것만을 믿고 강한 것만을 믿으며 많은 것만을 믿고서 해이해져서 자기의 역량을 폐지하여 쓰지 못하면 힘이 없는 것과 같으니, 도리어 작은 것·약한 것·적은 것이 오히려 털끝만 한 힘이라도 있는 것만 못하다.

以呑舟之魚로 而俯視螻蟻면 其小大之相去가 豈止相什百而相千萬哉리오마는 碭而失水면 反爲螻蟻之食[1)]한대 人以爲小勝大也라하니 抑不知得水則魚大而蟻小하고 失水則魚小而蟻大라 置其形而論其力이면 則是大勝小요 而非小勝大也라 强弱衆寡之相勝도 皆此類也라 故曰 大勝小하고 强勝弱하며 多勝寡가 兵家之定論也라하노라 魯與邾戰할새 兵未接之前[2)]엔 人皆意魯之必勝矣[3)]라 然이나 升陘之役에 僖公卑邾[4)]而不設備[5)]하니 雖有衆이나 與無衆等爾라 曾[6)]不若邾 猶有一旅[7)]之兵과 一割之用이니 是魯無魯요 而邾有邾也[8)]라 以有對無[9)]하니 勝安得不在邾[10)]며 敗安得不在魯乎[11)]아

1)〔역주〕碭而失水 反爲螻蟻之食：≪莊子≫〈庚桑楚〉에 "무릇 수레를 삼켜버릴 정도로 큰 짐승이라도 홀로 산을 떠나게 되면 그물에 걸리는 재앙을 피할 수 없게 되고, 배를 삼킬 만한 큰 물고기라도 튕겨나가 물을 잃어버리게 되면 땅강아지나 개미가 괴롭힐 수 있게 된다.〔夫函車之獸 介而離山 則不免於罔罟之患 呑舟之魚 碭而失水 則螻蟻能苦之〕"라고 하였다. 碭은 '튕겨나감'의 뜻이다.

2) 魯與邾戰 兵未接之前：入本題事
〈여기부터〉 본편의 일로 들어간다.

3) 人皆意魯之必勝矣：魯强大而兵多 邾弱小而兵寡 故人意其必勝
魯나라는 강하고 크며 병사의 수도 많으나, 邾나라는 약하고 작으며 병사의 수도 적기 때문에 사람들은 魯나라가 반드시 이길 것이라고 생각한 것이다.

4) 然升陘之役 僖公卑邾：下視邾國
邾나라를 멸시한 것이다.

5) 而不設備：不設伏兵爲備
伏兵을 설치하여 침입에 대비하지 않았다는 말이다.

6)〔역주〕曾：三民書局本에는 '魯'로 되어 있다.

7)〔역주〕一旅：旅는 군대의 편제 단위로, 군사가 500명이다.

8) 雖有衆……而邾有邾也：造語巧 魯兵多而無備 是魯無魯 邾兵寡而有備 是邾有邾

말을 만든 것이 탁월하다. 魯나라의 군대는 많으나 대비함이 없었으니 이는 魯나라에 魯나라가 없는 것이고, 邾나라는 군대가 적으나 대비함이 있었으니 이는 邾나라에 邾나라가 있는 것이다.

9) 以有對無：無魯有邾

없는 것은 魯나라를 이르고, 있는 것은 邾나라를 이른다.

10) 勝安得不在邾：有者必勝

있는 자가 반드시 이긴다는 말이다.

11) 敗安得不在魯乎：無者必敗 ○ 以上斷升陘之敗 已自的當 然意味短淺 所以下文推廣立意 謂僖公爲居所移 設論便大 末用舜事尤佳 大抵善作文者 愈出愈奇

없는 자가 반드시 패배한다는 말이다. ○ 이상의 글은 升陘에서의 패배를 단언한 것이 이미 나름대로는 꼭 들어맞는 말이나 의미를 전달하기에는 미흡하다. 이 때문에 아래 글에 미루어 넓혀 의미를 세워서 "僖公은 거처한 환경에 따라 마음이 바뀌었다."고 하였으니 바로 논리를 확대하여 전개한 것이다. 글의 말미에 舜임금의 일을 적용한 것은 더욱 아름다우니, 대체로 문장을 잘 짓는 자는 글의 후미로 갈수록 더욱 솜씨가 기발해지는 듯하다.

배를 삼킬 만한 큰 물고기의 입장에서 아래로 개미를 굽어보면 그 작고 큼의 차이가 어찌 서로 열 배 백 배가 되고 서로 천 배 만 배가 될 뿐이겠는가? 그러나 튕겨나가 물을 잃게 되면 도리어 땅강아지나 개미의 먹잇감이 된다. 그런데 사람들은 이것을 보고 작은 것이 큰 것을 이긴다고 하니, 이는 물을 얻으면 물고기가 크고 개미가 작으나, 물을 잃으면 물고기가 작고 개미가 큰 것임을 모르는 말이다.

형편을 버려두고 힘만 논한다면 이는 큰 것이 작은 것을 이기는 것이지 작은 것이 큰 것을 이기는 것이 아니다. '강한 것과 약한 것' 및 '많은 것과 적은 것'이 서로 이기는 경우도 모두 이런 종류이다. 그러므로 "큰 것이 작은 것을 이기고 강한 것이 약한 것을 이기며 많은 것이 적은 것을 이김은 '兵家의 定論'이다."라고 한 것이다.

魯나라가 邾나라와 전쟁할 때에 군대가 서로 접전하기 전에는 사람들이 모두 魯나라가 반드시 승리할 것이라고 생각했다. 그러나 升陘의 전쟁에서 僖公은 邾나라를 깔보아 대비하지 않았으니 비록 많은 군대가 있더라도 군대가 없는 것과 같을 뿐이었다. 이는 일찍이 邾나라에 오히려 한 旅團의 군대가 있고 〈무딘 칼이나마〉 한 번 벨 수 있는 쓰임이 있는 것과는 같지 않으니, 魯나라에는 魯나라가 없으나 邾나라에는 邾나라가 있는 것이다. 있는 것으로 없는 것을 상대했으니 승리가 어찌 邾나라에 있지 않겠으며, 패배가 어찌 魯나라에 있지 않겠는가?

吾嘗論僖公之爲君[1]컨대 **納莒挐之俘**[2]하고 **受介葛盧之朝**[3]엔 **警**(오)**然軒然**[4]하야 **自處於衆人之上**[5]하니 **是亦一僖公也**[6]요 **奔走於葵丘**[7]**之會**[8]하고 **周章於踐土之盟**[9]엔 **惴然眇然**[10]하야 **自處於衆人之下**[11]하니 **是亦一僖公也**[12]라 **彼一僖公耳**[13]르진대 **昨勇今怯**[14]하고 **朝盛夕衰**[15]하니 **何其多變而無特操耶**[16]아 **殆非專僖公之罪**요 **其居使之然也**[17]라 **僖公所居者魯**[18]니 **以魯而臨介莒**[19]면 **則自大視細**하니 **心不期驕而驕**[20]요 **以魯而望齊晉**[21]이면 **則自細視大**하니 **心不期畏而畏**[22]라 **旣見大國之可尊**[23]이면 **必見小國之可忽**[24]이니 **斯其所以禍生所忽**[25]하야 **而召魚門之辱歟**[26]인저

1) 吾嘗論僖公之爲君：推究僖公之病

僖公의 병통을 미루어 탐구해본다는 말이다.

2) 納莒挐之俘：元年 公子友敗莒師于酈 獲莒子之弟挐

僖公 원년에 公子 友가 莒나라의 군대를 酈에서 무찌르고 莒子의 아우인 挐를 잡아왔다.

3) 受介葛盧之朝：二十九年 介葛盧二次來朝 介 國名 葛盧 其君之名

僖公 29년에 介葛盧가 두 차례 와서 朝見하였다. 介는 나라이름이고, 葛盧는 介나라 군주의 이름이다.

4) 警(오)然軒然：警然 自大 軒然 自高

警然은 스스로 큰 체하는 모양이고, 軒然은 스스로 높은 체하는 모양이다.

5) 自處於衆人之上：言其驕也

교만하다는 말이다.

6) 是亦一僖公也：此時僖公何其驕

'이때에 僖公은 어쩌면 그리도 교만하였는가.'의 뜻이다.

7) 〔역주〕丘：三民書局本에는 '丘'가 '邱'로 되어 있다.

8) 奔走於蔡丘之會：九年 齊威公盟諸侯於蔡丘

僖公 9년에 齊 桓公이 蔡丘에서 제후들과 회맹하였다.

9) 周章於踐土之盟：周章 猶倉皇也 二十八年 晉文公盟諸侯於踐土

周章은 '倉皇(어찌할 겨를이 없이 매우 급함)'과 같은 말이다. 僖公 28년에 晉 文公이 踐土에서 제후들과 회맹하였다.

10) 惴然眇然：惴然 自恐 眇然 自小

惴然은 스스로 두려워함이고, 眇然은 스스로 작게 여김이다.

11) 自處於衆人之下 : 言其畏也

두려워한다는 말이다.

12) 是亦一僖公也 : 此時僖公何其畏

이때에 僖公은 어쩌면 그리도 두려워했는가의 뜻이다.

13) 彼一僖公耳 : 同一僖公

동일한 僖公이라는 말이다.

14) 昨勇今怯 : 乍勇乍怯

잠깐 용맹했다가 금방 겁쟁이가 된다는 말이다.

15) 朝盛夕衰 : 乍盛乍衰

잠깐 번성했다가 금방 쇠락해진다는 말이다.

16) 何其多變而無特操耶 : 無特操 謂無介特之操守 莊子罔兩問景曰 曩子行 今子止 曩子臥 今子起 何其無特操耶*)

無特操는 孤高하게 지키는 지조가 없음을 이른다. ≪莊子≫에 곁그림자가 그림자에게 묻기를 "조금 전에는 그대가 걸어가다가 지금은 그대가 멈췄으며, 조금 전에는 그대가 누워 있다가 지금은 그대가 일어서 있으니, 어찌 그다지도 孤高한 지조가 없는가?" 하였다.

*) 〔역주〕 莊子罔兩問景曰……何其無特操耶 : ≪莊子≫ 〈齊物論〉에 있는 말이다. 罔兩은 '곁그림자'이다. 向秀는 '그림자의 그림자〔景之景也〕'라고 했고, 郭象은 '그림자 바깥의 엷은 그늘〔景外之微陰也〕'이라고 했다. 景은 影과 통용한다.

17) 殆非專僖公之罪 其居使之然也 : 此句一篇主意

이 구절이 본편의 主意이다.

18) 僖公所居者魯 : 魯比介莒 則爲大國 比齊晉 則爲小國

魯나라는 介나라나 莒나라에 비교하면 大國이고, 齊나라나 晉나라에 비교하면 小國이라는 말이다.

19) 以魯而臨介莒 : 以大臨小

大國으로서 小國에 군림하는 것이다.

20) 則自大視細 心不期驕而驕 : 其居使之驕也

그가 거처한 환경이 그를 교만하게 만든다는 것이다.

21) 以魯而望齊晉 : 以小望大

小國으로서 大國을 바라보는 것이다.

22) 則自細視大 心不期畏而畏 : 其居使之畏也

그가 거처한 환경이 그를 두렵게 만든다는 것이다.

23) 旣見大國之可尊 : 畏心移於大國

두려워하는 마음은 大國을 보고 바뀐 것이다.

24) 必見小國之可忽：則驕心必移於小國

교만한 마음은 반드시 小國을 보고 바뀐 것이다.

25) 斯其所以禍生所忽：以邾爲小而忽之

邾나라를 작다고 여겨 무시했다는 말이다.

26) 而召魚門之辱歟：所以召升陘之敗 邾人獲公冑 懸諸魚門也 冑 兜鍪也

이 때문에 升陘의 패배를 초래하였으니 邾人이 僖公의 투구를 노획하여 魚門에 걸었다는 말이다. 冑는 투구를 이른다.

내가 일찍이 僖公의 임금 노릇 함을 논한 적이 있다. 〈僖公은〉 莒나라 〈군주의 아우인〉 拏를 포로로 잡아들이고 介나라 〈군주인〉 葛盧의 조회를 받았을 때에는 큰 체하고 높은 체하여 여러 사람 위에 군림하는 것으로 자처했으니 이 역시 같은 僖公이고, 葵丘의 회맹에 분주하게 달려가고 踐土의 회맹에 다급히 서둘렀을 때에는 두려워하고 작아져서 여러 사람 아래에 자처했으니 이 역시 같은 僖公이다.

저 동일한 僖公일 뿐인데 어제는 용감했다가 오늘은 겁쟁이가 되고 아침에는 번성했다가 저녁에는 쇠락하게 되니, 어쩌면 그렇게도 변화가 많고 남다른 지조가 없는가. 이는 아마도 전적으로 僖公의 잘못만이 아니라 그 거처한 환경이 그렇게 만들었을 것이다.

僖公이 거처한 곳은 魯나라이다. 魯나라로서 介나라나 莒나라에 군림하면 큰 입장에서 작은 것을 보는 것이니 마음이 교만하지 않으려 해도 교만해지는 것이고, 魯나라로서 齊나라나 晉나라를 바라보면 작은 입장에서 큰 것을 보는 것이니 마음이 두려워하지 않으려 해도 두려워지는 것이다. 이미 大國을 높여야 함을 알면 반드시 小國을 무시할 수 있음도 아는 것이니, 이것이 재앙이 무시했던 상대에게서 생겨나 魚門의 치욕을 초래한 이유일 것이다.

臧文仲之諫忠矣[1)]나 **惜其能箴僖公之病**[2)]이로되 **而未知僖公受病之源也**[3)]라 **僖公受病之源**은 **安在哉**[4)]오 **使僖公易地而居齊晉**[5)]이면 **則將變畏爲驕**[6)]요 **易地而居介莒**[7)]면 **則將變驕爲畏**[8)]리라 **吾是以知尊大國者**는 **非僖公也**요 **魯也**[9)]며 **忽小國者**는 **非僖公也**요 **魯也**[10)]라 **僖公**은 **不以己爲己**[11)]요 **而以魯爲己**[12)]라 **故**로 **大於魯者**엔 **吾亦大**

之[13]하고 小於魯者엔 吾亦小之[14]하니 豈非爲居之所移乎[15]아

1) 臧文仲之諫忠矣：見本題註
 본편의 ≪春秋左氏傳≫ 주에 보인다.
2) 惜其能箴僖公之病：箴 謂醫者之砭石也
 箴은 의원이 병을 치료하는 돌침을 이른다.
3) 而未知僖公受病之源也：受病之源 在於爲居所移
 병이 생겨난 근원은 거처한 환경에 따라 마음이 바뀐 데 있다는 말이다.
4) 僖公受病之源 安在哉：下文發明此意
 아래 글에서 이에 대한 뜻을 밝혔다.
5) 使僖公易地而居齊晉：設使居齊晉之大國
 '가령 齊나라나 晉나라 같은 大國에 거처했다면'의 뜻이다.
6) 則將變畏爲驕：必不復有畏心
 반드시 더 이상 두려워하는 마음을 갖지 않았을 것이라는 말이다.
7) 易地而居介莒：設使居介莒之小國
 '가령 介나라나 莒나라 같은 小國에 거처했다면'의 뜻이다.
8) 則將變驕爲畏：必不復有驕心
 반드시 더 이상 교만한 마음을 갖지 않았을 것이라는 말이다.
9) 吾是以知尊大國者……魯也：魯小於齊晉 故能使僖公以畏心而尊之
 魯나라는 齊나라나 晉나라보다 작았기 때문에 僖公에게 두려워하는 마음으로 그들을 높이게 한 것이라는 말이다.
10) 忽小國者……魯也：魯大於介莒 故能使僖公以驕心而忽之
 魯나라는 介나라나 莒나라보다 컸기 때문에 僖公에게 교만한 마음으로 그들을 무시하게 한 것이라는 말이다.
11) 僖公 不以己爲己：以己爲己 則不隨己而變
 자기를 자기로 여겼다면 자기를 따르고 달리 변하지 않았을 것이라는 말이다.
12) 而以魯爲己：以魯爲己 故每爲居所移
 魯나라를 자기로 여겼기 때문에 거처한 환경에 따라 마음가짐이 바뀐 것이라는 말이다.
13) 故大於魯者 吾亦大之：大之故尊之
 크게 여겼기 때문에 높인 것이라는 말이다.
14) 小於魯者 吾亦小之：小之故忽之
 작게 여겼기 때문에 무시했다는 말이다.
15) 豈非爲居之所移乎：說出僖公病源

僖公의 병통의 근원을 말한 것이다.

臧文仲의 諫言은 충심에서 나온 것이나, 그가 僖公의 병통을 경계할 수 있었으면서도 僖公의 병통이 생겨난 근원은 알지 못했다는 것이 애석하다. 僖公의 병통이 생겨난 근원은 어디에 있는가?

가령 僖公이 처지가 바뀌어 齊나라나 晉나라에 거처했다면 장차 두려움이 바뀌어 교만함이 되었을 것이고, 처지가 바뀌어 介나라나 莒나라에 거처했다면 장차 교만함이 바뀌어 두려움이 되었을 것이다. 나는 이로써 大國을 높이는 자가 僖公이 아니고 魯나라이며, 小國을 무시하는 자가 僖公이 아니고 魯나라임을 알겠다. 僖公은 자기를 자기로 여기지 않고 魯나라를 자기로 여겼기 때문에, 魯나라보다 큰 나라에 대해서는 자신도 크게 여기고 魯나라보다 작은 나라에 대해서는 자신도 작게 여겼으니, 어찌 거처한 환경이 마음가짐을 바꾼 것이 아니겠는가?

昔者에 舜自側微而登至尊[1)]한대 木石不能使之愚[2)]하고 鹿豕不能使之野[3)]하며 耕稼不能使之勞[4)]하고 陶漁不能使之辱[5)]하며 袗衣鼓琴不能使之逸[6)]하고 牛羊倉廩不能使之奢[7)]하니 蓋居爲舜所移요 而舜未嘗爲居所移也[8)]라 噫라 當僖公之時에 有能誦舜之事하야 以起僖公之病[9)]이런들 庶幾其有瘳乎[10)]ㄴ저

1) 昔者 舜自側微而登至尊 : 用此事極佳 側 僻也 微 賤也 舜以匠夫而爲天子
이 일을 인용한 것이 매우 좋다. 側은 궁벽하다는 뜻이고, 微는 미천하다는 뜻이다. 순임금은 匠夫로서 天子가 되었다.

2) 木石不能使之愚 : 此在側微時 與木石居 而不爲之愚
이는 궁벽한 곳의 미천한 자리에 있었을 때 나무 및 돌과 함께 거처했으나 그 때문에 어리석게 되지 않았다는 말이다.

3) 鹿豕不能使之野 : 與鹿豕遊 而不爲之野
사슴 및 멧돼지와 함께 놀았으나 그 때문에 야만스럽게 되지 않았다는 말이다.

4) 耕稼不能使之勞 : 躬耕歷山 而不以爲勞
몸소 歷山에서 농사지었으나 피로하게 여기지 않았다는 말이다.

5) 陶漁不能使之辱 : 陶河濱 漁雷澤 而不以爲辱
河水 가에서 질그릇 굽고 雷澤에서 물고기 잡으며 살았으나 치욕스럽게 여기지 않았다는 말이다.

6) 袗衣鼓琴不能使之逸 : 及其爲天子也 被袗衣鼓琴 而不以爲逸

天子가 되자 수놓은 옷을 입고 거문고를 타는 즐거움에 거처했으나 안일함에 빠지지 않았다는 말이다.

7) 牛羊倉廩不能使之奢 : 百官牛羊倉廩備 而不以爲奢

百官과 소·양과 창고가 갖추어졌으나 사치하지 않았다는 말이다.

8) 蓋居爲舜所移 而舜未嘗爲居所移也 : 收照主意 造語警發

결론적으로 이 글의 主意에 照應한다. 말을 다듬어 경계를 발명하였다.

9) 噫……以起僖公之病 : 就其病源而藥之

병통의 근원에 나아가 치료한다는 말이다.

10) 庶其有瘳乎 : 僖公爲居所移之病除矣

거처한 환경에 따라 마음이 바뀌는 僖公의 병통이 제거되었을 것이라는 말이다.

옛날 舜임금은 궁벽한 곳의 미천한 자리에서 지극히 존귀한 자리에 올랐다. 〈처음에〉 나무와 돌 사이에 거처했으나 그를 어리석게 하지 못했으며, 사슴 및 멧돼지와 함께 거처했으나 그를 야만스럽게 만들지 못했고, 농사지으며 거처했으나 그를 피로하게 하지 못했으며, 질그릇 굽고 물고기 잡으며 거처했으나 그를 치욕스럽게 하지 못했고, 수놓은 옷을 입고 거문고를 타는 즐거움에 거처했으나 그를 안일하게 하지 못했으며, 소와 양이 있고 창고가 있는 풍족한 데 거처했으나 그를 사치하게 하지 못했다. 이는 거처한 환경이 舜임금에 의해 바뀐 것이지 舜임금이 일찍이 거처한 환경에 따라 마음가짐이 바뀐 적은 없었던 것이다.

아! 僖公의 시대에 舜임금의 일을 되뇌어 僖公의 병통을 일깨웠다면, 그의 병통을 치료할 수 있었을 것이다.

13-02 鄭文夫人勞楚子入享于鄭 鄭 文公의 夫人이 楚子를 위로하니, 楚子가 鄭나라에 들어가 饗宴을 받다

【左傳】 僖二十二年이라 鄭文夫人(芊)〔羋〕[1]氏勞楚子于柯澤[2]하니 楚子使師縉示之俘馘(괵)[3]하다 君子曰 非禮也라 婦人送迎不出門하고 見兄弟不踰閾하며 戎事不邇女器[4]하나니라 楚子入享于鄭[5]에 九獻[6]하고 庭實旅百[7]하고 加籩豆六品[8]하다 享畢하고 夜出에 文(芊)〔羋〕送于軍이어늘 取鄭二姬以歸[9]하다 叔詹[10]曰 楚王其不沒乎[11]ㄴ저 爲禮卒於無別[12]이로다 無別不可謂禮니 將何以沒이리오 諸侯是以知其不遂霸也[13]하다

1) 〔역주〕 (芊)〔羋〕 : 저본에는 '芊'으로 되어 있으나, ≪春秋左氏傳≫에 의거하여 '羋'로 바로잡았다. ≪春秋左氏傳≫의 일부 판본에는 '芊'으로 된 곳도 있으나, 楚나라 출신이므로 楚나라의 姓인 '羋'가 되어야 한다. 아래도 같다.
2) 〔역주〕 鄭文夫人(芊)〔羋〕氏勞楚子于柯澤 : 楚子가 宋나라를 치고 돌아갈 때 鄭나라에 들른 것이다. 鄭 文公의 夫人 羋氏는 楚나라의 딸이다. 柯澤은 鄭나라 땅이다.〈杜注〉
3) 〔역주〕 楚子使師縉示之俘馘(괵) : 師縉은 楚나라의 樂師이다. 俘는 잡은 포로이고, 馘은 베어온 敵軍의 귀이다.〈杜注〉
4) 〔역주〕 戎事不邇女器 : 戎事에는 女子가 사용하는 器物도 가까이하지 않는다는 말이다.
5) 〔역주〕 楚子入享于鄭 : 鄭나라의 접대를 받은 것이다.〈杜注〉
6) 〔역주〕 九獻 : 上公의 禮를 사용한 것이다. 아홉 잔의 술을 올리고서 享禮를 마친 것이다.〈杜注〉
7) 〔역주〕 庭實旅百 : 庭中에 벌여놓은 物品의 수가 1백이라는 말이다.〈杜注〉
8) 〔역주〕 加籩豆六品 : 食物 여섯 가지를 籩豆에 추가한 것으로, 籩豆는 禮食(宴饗를 베풀어 음식을 대접하는 것)에 사용하는 그릇이다.〈杜注〉
9) 〔역주〕 取鄭二姬以歸 : 二姬는 文羋의 두 딸이다. 姬는 두 딸의 姓(鄭나라의 姓)이다.〈杜注〉
10) 〔역주〕 叔詹 : 賢人의 평을 받고 있는 鄭나라 대부이다.
11) 〔역주〕 楚王其不沒乎 : 壽命대로 살지 못하고 죽는다는 말이다.〈杜注〉
12) 〔역주〕 爲禮卒於無別 : 두 甥姪女를 취한 것이 바로 분별이 없다는 말이다.〈附注〉 鄭 文公의 부인 羋氏(文羋)는 楚 成王의 누이이므로 二姬는 초 성왕의 생질녀이다.
13) 〔역주〕 諸侯是以知其不遂霸也 : 楚子가 城濮에서 敗戰하고 끝내 商臣에게 弑害된 원인을 말한 것이다.〈杜注〉

僖公 22년, 鄭 文公의 夫人 羋氏가 柯澤에서 楚子(楚 成王)를 위로하니 楚子가 악사인 縉을 시켜 그들에게 俘馘을 보여주게 하였다. 君子는 이에 대해 다음과 같이 論評하였다.

"禮가 아니다. 夫人은 남을 餞送하거나 迎接할 때 房門을 나가지 않고, 兄弟를 만날 때에도 문지방을 넘지 않으며, 戎事에는 女人의 器物을 가까이하지 않는 것이다."

楚子가 鄭나라에 들어가 饗宴을 받을 때에 鄭伯이 아홉 잔의 술을 올리고, 뜰에 백 가지의 禮物을 벌여놓고, 籩豆에 여섯 가지 食品을 추가하였다. 연향을 마치고 楚子가 밤에 나오는데, 文羋가 楚子를 楚나라 軍中까지 護送하니, 楚子는 鄭나라의 二姬를 데리고 돌아갔다. 叔詹이 말하였다.

"楚王은 아마도 壽命대로 살지 못할 것이다. 禮를 행하면서 男女의 分別이 없는 일로 끝을 맺었으니 말이다. 남녀의 분별이 없는 것을 禮라 할 수 없으니 장차 어찌 수명대로 살다가 죽을 수 있겠는가?"

諸侯는 이 일로 인해 楚子가 霸業을 이루지 못할 줄을 알았다.

見奔而謂之敗라하고 **見間而謂之讐**라하며 **見憊而謂之疾**이라하니 **何其見之晩也**오 **未奔之前**에 **有先敗焉**이요 **未間之前**에 **有先讐焉**이며 **未憊之前**에 **有先疾焉**이라 **冥冥之中**에 **其先固已瞭然而不可揜**하니 **豈必待見形而後悟哉**리오

도망하는 것을 보고서야 '싸움에 졌다'고 하며, 틈이 있는 것을 보고서야 '원수관계'라고 하며, 피곤한 모습을 보고서야 '병들었다'고 하니, 어찌면 그렇게 보는 것이 늦는가?

도망하기 전에 먼저 싸움에 진 것이며, 틈이 생기기 전에 먼저 원수관계이고, 피곤하기 전에 먼저 병이 든 것이다. 어두운 가운데서도 먼저 이미 환하여 가릴 수 없는 것이니, 어찌 반드시 형체를 보고서야 깨닫는가?

楚子帥師道鄭할새 **納文夫人之勞**하며 **受享祀之僭**하고 **又取鄭二姬以歸**하니 **固蠻夷之常態**요 **不足以汚簡冊**이라 **吾獨怪叔詹之言**하노니 **何其見之晩也**오 **叔詹譏楚子取鄭之二姬**하야 **曰 爲禮卒於無別**하니 **無別不可謂禮**라 **是叔詹徒知無別之非禮**요 **而不知受享之非禮也**라 **使楚子不取二姬**면 **則叔詹將遂以受享爲禮之正矣**리니 **孰知夫受享之際**에 **乃無別之先乎**아 **當鄭之享楚子也**에 **陳其鼎俎**하고 **肅其罇彛**하며 **蠲其巾冪**하고 **豐其(暇)〔腵〕**[1]**脩**하며 **威儀可則**(칙)하고 **進退可度**하니 **宜叔詹不悟其非禮也**로다

1) 〔역주〕 (暇)〔腵〕: 저본에는 '暇'로 되어 있으나, 四庫全書本에 의거하여 '腵'로 바로잡았다.

楚子가 군대를 거느리고 鄭나라를 지날 때, 文夫人의 위로를 받아들이고 참람한 享祀를 받고도 또 鄭나라 文芈의 두 딸을 데리고 돌아갔으니, 진실로 蠻夷에게나 있을 법한 행태이며, 역사책을 더럽히는 정도가 아닐 것이다.

나는 홀로 叔詹의 말을 괴이하게 여기니, 어찌면 그렇게 보는 것이 늦었는가? 叔詹이 楚子가 鄭나라 文芈의 두 딸을 데리고 돌아가자 말하기를 "禮를 행하면서 男女의

分別이 없는 일로 끝을 맺었으니, 남녀의 분별이 없는 것을 禮라 할 수 없다."라고 하였다. 이는 叔詹이 한갓 남녀의 분별이 없는 것이 禮가 아닌 줄만 알고 참람한 연향을 받은 것이 禮가 아님은 모른 것이다.

가령 楚子가 두 딸을 데리고 가지 않았다면 叔詹은 끝내 참람한 연향을 받은 것을 바른 예로 여겼을 것이니, 연향을 받을 때에 이미 먼저 분별이 없는 것이었음을 어찌 알았겠는가? 鄭나라가 楚子를 위해 연향을 베풀 때에 솥과 제기를 벌여놓고, 술단지와 술그릇을 엄숙하게 갖추었으며, 수건과 보를 정갈하게 마련하고, 연향의 음식을 풍성하게 장만하여, 예법에 맞는 행실이 모범이 될 만하고 나아가고 물러남이 법도에 맞았으니, 의당 叔詹은 禮가 아님을 깨닫지 못했을 것이다.

抑不知生天下之善者는 出於敬하고 生天下之惡者는 出於慢이라 一籩一豆之相去는 其爲禮也微矣나 嚴之而不敢犯者는 敬心存也요 是心苟存이면 將無所不敬하야 推而上之하야 至於守君臣父子夫婦之分이니 爲世大法者는 同一敬也라 忽之而無所顧者는 慢心生也요 是心苟生이면 將無所不慢하야 推而下之하야 至於亂君臣父子夫婦之分이니 爲世大戒者는 同一慢也라 是故로 今日謹一籩一豆者는 卽他日謹君臣父子夫婦之分者也요 今日易(이)一籩一豆者는 卽他日易君臣父子夫婦之分者也로다

또 天下의 善을 생성하는 것은 공경에서 나오고, 天下의 惡을 생성하는 것은 태만에서 나옴을 모르는 것이다. 하나의 籩과 하나의 豆의 차이는 그 禮가 은미하다. 그러나 이것을 엄수하여 감히 침범하지 않는 자는 공경하는 마음이 보존되고, 이 마음이 보존되면 장차 공경하지 않을 일이 없어서 미루어 올라가 君臣·父子·夫婦의 분수를 지키게 되니, 세상의 큰 법도가 되는 것은 똑같이 하나의 공경이다.

이것을 소홀히 하여 되돌아봄이 없는 자는 태만한 마음이 생기고, 이 마음이 생겨나면 장차 태만하게 하지 않을 일이 없어서 미루어 내려가 君臣·父子·夫婦의 분수를 어지럽히게 되니, 세상의 큰 경계가 되는 것은 똑같이 하나의 태만이다.

이런 까닭으로 오늘 하나의 籩과 하나의 豆를 삼가는 자는 바로 훗날 君臣·父子·夫婦의 분수를 삼가는 자이고, 오늘 하나의 籩과 하나의 豆를 소홀히 하는 자는 바로 훗날 君臣·父子·夫婦의 분수를 소홀히 하는 자이다.

楚爵則子로되 **而輒當上公九獻之儀**와 **庭實旅百之盛**과 **加籩豆六品之侈**는 **其於燕享之禮**에 **固已無別矣**라 **燕享之無別**이 **卽男女之無別也**니 **均爲無別耳**라 **始之罪不爲輕**하고 **而後之罪不爲重**하며 **始之罪不爲小**하고 **而後之罪不爲大**하니 **豈可立等於其間哉**아

楚나라의 爵位는 子爵인데, 문득 아홉 잔의 술을 올리는 上公의 의식과 뜰에 백 가지의 禮物을 벌여놓는 성대함과 籩豆에 여섯 가지 食品을 추가하는 사치를 감당했다면 이는 燕享의 禮에 있어서 진실로 이미 분별이 없는 것이다. 燕享의 예에 분별이 없는 것이 곧 男女의 分別이 없는 일이니 똑같이 분별이 없는 것일 뿐이다.

처음의 잘못이 가볍지 않고 나중의 잘못이 무겁지 않으며, 처음의 잘못이 작지 않고 나중의 잘못이 크지 않으니, 어찌 처음과 나중 사이에 차등을 둘 수 있는가?

燕享之禮無別은 **其罪隱**하고 **二姬之無別**은 **其罪彰**하니 **叔詹捨其隱而譏其彰**이라 **噫**라 **何其見之晩也**오 **吏必先明法**이니 **然後**에 **可以責人之踰法**이요 **士必先明禮**니 **然後**에 **可以責人之踰禮**라 **叔詹猶以鄭之享楚爲禮**하니 **則旣不知禮之爲禮矣**라 **又何責楚子之踰禮哉**아

燕享의 禮에 분별이 없는 것은 그 잘못이 숨어 있고, 두 딸을 데리고 감에 남녀의 분별이 없는 것은 그 잘못이 드러났다. 叔詹은 숨어 있는 것을 버려두고 드러난 것만 비난하였다. 아! 어쩌면 그리도 보는 것이 늦는가?

獄吏는 반드시 먼저 형법에 밝아야 하니 그런 뒤에야 법을 어긴 사람을 문책할 수 있고, 선비는 반드시 먼저 예에 밝아야 하니 그런 뒤에야 예를 어긴 사람을 책망할 수 있다. 叔詹은 오히려 鄭나라가 楚나라를 위해 연향을 베푼 것을 禮라고 여겼으니 이미 禮를 禮로 여길 줄을 모른 것이다. 그런데 또 어찌 楚子가 예를 어겼다고 책망하는가?

13-03 楚子文使成得臣爲令尹 楚나라 子文이 成得臣을 令尹으로 삼다

13-03-01 楚子文使成得臣爲令尹 楚나라 子文이 成得臣을 令尹으로 삼다

【左傳】 僖二十三年이라 楚成得臣帥師伐陳하야 遂取焦夷하고 城頓而還[1)]하다 子文以爲

之功이라하야 使爲令尹[2)]한대 叔伯曰 子若國何[3)]오 對曰 吾以靖國也라 夫有大功而無貴仕면 其人能靖者與有幾[4)]오

1) 〔역주〕 遂取焦夷 城頓而還 : 焦는 지금의 譙縣이다. 夷의 一名은 城父로 지금의 譙郡 城父縣이다. 두 땅은 모두 陳나라 邑이다. 頓나라는 지금의 汝陰 南頓縣이다.〈杜注〉 頓나라를 위해 城을 쌓아준 것은 頓나라가 陳나라의 핍박을 받기 때문이다.〈附注〉

2) 〔역주〕 子文以爲之功 使爲令尹 : 子文은 子玉이 두 城을 취한 공이 있다고 여겨 자기를 대신해 令尹이 되게 한 것이다.〈附注〉

3) 〔역주〕 叔伯曰 子若國何 : 叔伯은 楚나라 大夫 薳呂臣이다. 子玉이 令尹의 임무를 감당하지 못할 것이라 여긴 것이다.〈杜注〉

4) 〔역주〕 夫有大功而無貴仕 其人能靖者與有幾 : 반드시 자신의 공로를 뽐내며 난리를 일으킬 것이니 賞을 주지 않을 수 없다는 말이다.〈杜注〉

僖公 23년, 楚나라 成得臣(子玉)이 군대를 거느리고 가서 陳나라를 토벌하여, 드디어 焦·夷를 취하고 頓나라에 성을 쌓고서 돌아왔다. 子文은 이것을 子玉의 功으로 여겨 그를 令尹으로 삼았다. 叔伯이 말하였다.

"그대는 나라를 어찌할 생각인가?"

子文이 대답하였다. "나는 이렇게 함으로써 나라를 안정시키려는 것이다. 큰 공을 세운 사람에게 높은 벼슬을 주지 않는다면 〈亂을 일으키지 않고〉 국가를 안정시킬 사람이 몇이나 되겠는가?"

13-03-02 范武子請老　范武子가 致仕를 請하다

【左傳】 宣十七年이라 春에 晉侯使郤克徵會于齊[1)]하다 齊頃公帷婦人하야 使觀之[2)]하다 郤子登에 婦人笑於房[3)]하니 獻子怒하야 出而誓曰 所不此報면 無能涉河[4)]리라 獻子先歸하며 使欒京廬待命于齊曰 不得齊事[5)]면 無復命矣라하다 郤子至하야 請伐齊하다 范武子將老[6)]할새 召文子曰 (爕)〔燮〕[7)]乎아 吾聞之컨대 喜怒以類者鮮[8)]하고 易者實多[9)]라하니라 詩曰 君子如怒면 亂庶遄沮하고 君子如祉면 亂庶遄已[10)]라하니 君子之喜怒는 以已亂也[11)]라 弗已者는 必益之[12)]니 郤子其或者欲已亂於齊乎아 不然이면 余懼其益之也[13)]라 余將老하야 使郤子逞其志면 庶有豸乎[14)]ㄴ저 爾從二三子[15)]하야 唯敬하라하고 乃請老하니 郤獻子爲政하다

1) 〔역주〕 晉侯使郤克徵會于齊 : 徵은 부르는 것이다. 斷道에서 會盟하고자 한 것이다. 〈杜注〉

2) 〔역주〕 齊頃公帷婦人 使觀之 : 帷는 帳幕이다. ≪春秋穀梁傳≫에 "婦人은 蕭同叔子로 齊頃公의 어머니이다."라고 하였다.〈附注〉

3) 〔역주〕 郤子登 婦人笑於房 : 다리를 절면서 계단을 올랐기 때문에 웃은 것이다.〈杜注〉 ≪春秋穀梁傳≫에 "郤克이 절름발이였기 때문에 齊侯가 절름발이를 시켜 그를 맞이하게 하였다."고 하였다.〈附注〉

4) 〔역주〕 無能涉河 : 다시 黃河를 건너 동쪽의 齊나라로 오지 않겠다는 말이다.

5) 〔역주〕 不得齊事 : 齊나라에 온 使命을 완수하지 못하는 것이다. 〈附注〉에서는 "비웃어 侮辱한 齊人의 罪를 追窮하지 못하는 것이다."라고 하였다.

6) 〔역주〕 范武子將老 : 老는 致仕이다. 처음에는 隨邑을 采地로 받았기 때문에 隨武子라 하였고, 뒤에 다시 范邑을 받았기 때문에 다시 范武子라 한 것이다.〈杜注〉

7) 〔역주〕 (爕)〔燮〕 : 저본에는 '爕'으로 되어 있으나, ≪春秋左氏傳≫에 의거하여 '燮'으로 바로잡았다. '爕'은 '燮'의 俗字이다.

8) 〔역주〕 召文子曰……喜怒以類者鮮 : 文子는 士會의 아들이다. 燮은 그의 이름이다. 기쁨과 노여움이 다른 데로 옮겨 가지 않고 단지 한 일에만 드러나는 사람이 매우 적다고 말한 것이다.〈杜注〉

9) 〔역주〕 易者實多 : 易은 憤怒를 다른 사람에게 옮기는 것이다.

10) 〔역주〕 詩曰……亂庶遄已 : 詩는 ≪詩經≫ 〈小雅 巧言〉이다. 如는 而이니, 君子로서 怒하는 바가 있으면 禍亂이 거의 속히 그치고, 君子로서 福을 받으면 禍亂이 거의 속히 그친다는 말이다.〈附注〉 譯者는 이를 따르지 않고, 君子如祉의 '祉'를 ≪詩經集傳≫ 朱子의 註를 취해 '喜'로 번역하였다.

11) 〔역주〕 君子之喜怒 以已亂也 : 君子는 喜怒가 모두 公正하기 때문에 모두 禍亂을 그치게 할 수 있다는 말이다.〈附注〉

12) 〔역주〕 弗已者 必益之 : 만약 君子가 아니면 喜怒가 公正하지 못하여 禍亂을 그치게 하지 못하고, 도리어 禍亂을 증가시킨다는 말이다.〈附注〉

13) 〔역주〕 不然 余懼其益之也 : 만약 郤子로 하여금 齊나라에 報復하려는 마음을 만족하게 풀지 못하게 한다면 나는 그가 憤怒를 옮겨 晉나라를 해쳐서 禍亂을 증가시킬까 두렵다는 말이다.〈附注〉

14) 〔역주〕 使郤子逞其志 庶有豸乎 : 豸는 푸는 것이다. 郤子로 하여금 執政이 되어 마음대로 行事하여 禍亂을 그치게 하고자 한다는 말이다.〈杜注〉

15) 〔역주〕 爾從二三子 : 二三子는 晉나라의 諸大夫이다.〈杜注〉

宣公 17년, 봄에 晉侯가 郤克(郤獻子)을 齊나라에 보내어 齊侯를 會盟에 초청〔徵〕하였다. 齊 頃公이 婦人에게 帳幕 뒤에 숨어서 郤克을 엿보게 하였다. 郤子가 계단을 오를 때 부인이 房에서 소리 내어 웃으니, 獻子(郤克)가 怒하여 나와서 盟誓하기를 "만약〔所〕 이 치욕을 갚지 못한다면 다시 黃河를 건너오지 않을 것이다."라고 하였다.

獻子는 먼저 돌아가며 欒京廬(郤克의 副使)에게 齊나라에서 命을 기다리게 하면서 말하기를 "齊나라에 온 일(齊侯를 會盟에 초청하는 일)을 이루지 못하면 돌아와 復命하지 말라."고 하였다. 郤子(郤克)가 돌아와서 齊나라 討伐하기를 청하였다.

范武子(晉의 士會, 혹은 隨會, 隨武子)가 告老(致仕)하려 할 때 그 아들 文子를 불러 말하기를 "燮아, 내가 듣건대 喜怒를 도리에 맞게 하는 자는 드물고, 반대로 하는 자는 실로 많다고 한다. ≪詩經≫에 '君子가 만약 노한다면 禍亂이 이내 그치고, 君子가 만약 기뻐한다면 화란이 이내 그친다.'고 하였으니, 이는 君子의 喜怒는 禍亂을 沮止하기 위함이라는 말이다. 화란을 저지하고자 하지 않는 자는 반드시 화란을 증가시킬 것이니, 郤子는 혹시 齊나라의 화란을 저지하고자 하는가? 그렇지 않다면 나는 그가 화란을 증가시킬까 두렵다. 내 告老하여 郤子의 마음을 만족하게 한다면 거의 화란이 풀릴 것이니, 너는 여러 大夫들을 따라 일처리에 恭敬하라."라고 하고서 致仕를 청하니, 郤獻子(郤克)가 執政이 되었다.

【主意】 人之忿慾無涯나 國之權位有限이라 先王은 以權位로 爲忿慾之巨防也로되 今子文은 推令尹之位하야 以塞得臣之慾하고 范武子는 授晉國之政하야 以逞郤克之忿하니 是授以資而成其惡이라 忿慾二字로 斷二事하니 甚的當不可移易이라

사람의 분노와 욕망은 끝이 없으나, 나라의 권력과 지위는 한계가 있다. 先王은 권력과 지위로 분노와 욕망을 막는 큰 제방으로 삼았는데, 지금 子文은 令尹의 지위를 미루어 넘겨주어 成得臣의 욕망을 막고자 했고, 范武子는 晉國의 執政을 넘겨주어 郤克의 분노를 풀고자 했으니, 이는 밑천을 주어 그 惡을 이루게 한 것이다. '분노와 욕망'이라는 두 말로 두 가지 일을 단언하였으니, 다른 말로 바꿀 수 없을 만큼 매우 적절하다.

多而不可滿者 慾也[1)]요 銳而不可極者 忿也[2)]라 治慾之法엔 有窒而無開[3)]며 治忿之法엔 有懲而無肆[4)]니 處己是法也요 處人亦是法也라

1) 多而不可滿者 慾也 : 子文不當滿成得臣之慾
   子文은 成得臣의 욕심을 채워주어서는 안 된다는 말이다.
2) 銳而不可極者 忿也 : 武子不當極郤獻子之忿 ○ 二句立說 如斷案
   范武子는 郤獻子의 분노를 다 풀게 해서는 안 된다는 말이다. ○ 이 2구에서 논설을 세움이 斷案(옳고 그름을 결단하여 쓰는 글)과 같다.
3) 治慾之法 有窒而無開 : 治己之慾如此 治人亦然
   자기의 욕심을 다스림도 이와 같이 해야 하고, 남을 다스리는 것도 그렇게 해야 한다는 말이다.
4) 治忿之法 有懲而無肆 : 治己之忿如此 治人亦然 懲忿窒慾 出易損卦*)
   자기의 분노를 다스림도 이와 같이 해야 하고, 남을 다스리는 것도 그렇게 해야 한다는 말이다. '분노를 징계하고 욕심을 막음'은 ≪周易≫ 損卦에 나온다.
*) 〔역주〕 懲忿窒慾 出易損卦 : ≪周易≫ 損卦의 〈大象傳〉에 "산 아래에 못이 있음이 損卦이니, 군자가 이것을 본받아 忿怒를 懲戒하고 욕심을 막는다.〔山下有澤 損 君子以 懲忿窒欲〕"라고 하였다.

많아도 만족할 수 없는 것이 욕망이고, 예리한 무기로도 다 풀 수 없는 것이 분노이다. 욕망을 다스리는 법에는 '막음'은 있지만 '열어줌'은 없으며, 분노를 다스리는 법에는 '징계함'은 있지만 '멋대로 함'은 없으니, 자신을 처신함에도 이런 법을 쓰고 남에게 대처함에도 이런 법을 써야 한다.

或者之論曰 饑者는 得食則止[1)]하고 渴者는 得飮則止[2)]하며 寒者는 得衣則止[3)]하고 熱者는 得濯則止[4)]하며 慾者는 得求則止[5)]하고 忿者는 得報則止[6)]라 我慾可窒이요 我忿可懲이나 乃若他人之忿慾은 不有以少償之면 彼亦安肯遽止乎아하니 嗚呼[7)]라 此非忿慾之譬也로다 忿慾譬則火나 然畏火之怒하야 而投薪以濟之[8)]면 則其勢隨投而隨熾[9)]요 忿慾譬則盜나 然畏盜之怒하여 而授刃以濟之면 則其勢隨授而隨增이라 薪者는 火之資也[10)]요 刃者는 盜之資也며 權位者는 忿慾之資也[11)]니 假其資而望其止하니 天下寧有是也[12)]리오

1) 饑者 得食則止：得食而後不饑
먹은 뒤에는 굶주림을 느끼지 않는다는 말이다.
2) 渴者 得飮則止：得飮而後不渴
마시고 난 뒤에는 목마르지 않는다는 말이다.
3) 寒者 得衣則止：得衣而後不寒
옷을 입고 난 뒤에는 추위를 느끼지 않는다는 말이다.
4) 熱者 得濯則止：得濯而後不熱
찬물로 씻고 난 뒤에는 더위를 느끼지 않는다는 말이다.
5) 慾者 得求則止：猶食可以止飢
먹으면 굶주림을 그칠 수 있는 것과 같다는 말이다.
6) 忿者 得報則止：猶飮可以止渴
마시면 목마름을 그칠 수 있는 것과 같다는 말이다.
7) 嗚呼：辨或者之說非
〈이 이하는〉 或者의 말이 잘못되었음을 분별하는 말이다.
8) 忿慾譬則火……而投薪以濟之：譬如抱薪救火
비유하자면 섶을 안고 불을 끄는 것과 같다는 말이다.
9) 則其勢隨投而隨熾：火得薪而益盛 引喩極當
불은 섶을 얻으면 더욱 치성하니 비유를 든 것이 매우 합당하다.
10) 薪者 火之資也：火無薪則不然
불은 섶이 없으면 불타지 않는다는 말이다.
11) 權位者 忿慾之資也：忿慾無權位則不得逞
분노와 욕망은 권력과 지위가 없으면 풀 수 없다는 말이다.
12) 假其資而望其止 天下寧有是也：謂權位可以止忿慾 無是理也
권력과 지위로 분노와 욕망을 그칠 수 있다고 하지만, 이런 이치는 없다.

어떤 이는 말한다.

"굶주린 자는 음식을 먹으면 배고픔이 그치고 목마른 자는 물을 마시면 목마름이 그치며, 추운 자는 옷을 입으면 추위가 그치고 더운 자는 찬물로 씻으면 더움이 그치며, 욕망이 있는 자는 바라는 것을 얻으면 욕망이 그치고 분노를 느끼는 자는 보복하면 분노가 그친다. 나의 욕망은 막을 수 있으며 나의 분노는 징계할 수 있지만, 다른 사람의 분노와 욕망은 조금이나마 보상하는 것이 있지 않으면 저 상대가 어찌 대번에 그치고자 하겠는가?"

아! 이것은 분노와 욕망에 대한 적절한 비유가 아니다. 분노와 욕망은 비유하자면 불과 같은데 불기운이 치솟음을 두려워하여 섶을 던져 끄려 한다면 그 기세가 섶을 던짐에 따라 더 치성할 것이다. 분노와 욕망은 비유하자면 도둑과 같은데 도둑의 노함을 두려워하여 칼을 주어 도우려 한다면 그 기세가 칼을 줌에 따라 더 증가할 것이다. 섶은 불의 밑천이고 칼은 도둑의 밑천이며 권력과 지위는 분노와 욕망의 밑천이니, 밑천을 빌려주고 그치기를 바라니 천하에 어찌 그런 이치가 있겠는가?

先王尊權位以示天下[1)]는 所以嚴萬世之巨防也[2)]라 何人而無慾이며 何人而無忿[3)]이리오마는 忿慾之興이라도 局於無權無位而不得展[4)]이라 足將行而復駐하며 手將擧而復礙[5)6)]하고 口將言而復默하며 念將生而復消라 有谿壑貪惏之慾[7)]과 鬱勃炮燔之忿[8)]이라도 莫不限於權位之巨防而止[9)]하니 止則回[10)]하고 回則有趨於善者矣[11)]리라 天下方馳鶩於忿慾而不知反也[12)]나 先王固未嘗與之爭也[13)]라 嚴吾權位之巨防[14)]이로되 使忿慾者로 窘於無資[15)]하야 氣衰力怠하고 道窮塗絶[16)]하야 倀倀然而無所歸[17)]하니 雖吾不使之趨於善이라도 而彼自不得不趨於善[18)]이라 然則權位者는 眞先王閉忿慾之巨防也歟[19)]인저 先王以是爲忿慾之防[20)]하고 後世乃以是爲忿慾之資[21)]하니 何其反也[22)]아

1) 先王尊權位以示天下 : 尊重權位 不輕與人
권력과 지위를 높이고 신중하게 해서 가벼이 남에게 주지 않는다는 말이다.

2) 所以嚴萬世之巨防也 : 以權位防忿慾 如以隄而防水
권력과 지위로 분노와 욕망을 막는 것은 제방으로 물을 막는 것과 같다는 말이다.

3) 何人而無慾 何人而無忿 : 忿慾 人之七情 所不能無
분노와 욕망은 사람의 七情이니 없을 수 없다는 말이다.

4) 忿慾之興 局於無權無位而不得展 : 發明權位爲巨防意
권력과 지위는 큰 제방이라는 뜻을 발명한 것이다.

5) 〔역주〕 礙 : 四庫全書本과 三民書局本에는 '斂'으로 되어 있다.

6) 足將行而復駐 手將擧而復礙 : 無權位 故如此[*)]
권력과 지위가 없기 때문에 이와 같은 것이라는 말이다.

*) 〔역주〕 無權位 故如此 : 저본에는 註가 '復' 뒤에 있으나, 문맥을 고려하여 이곳으로 옮겼다.

7) 有谿壑貪惏之慾：人之慾 雖如此無厭

'사람의 욕심이 비록 이와 같이 싫증남이 없지만'의 뜻이다.

8) 鬱勃炮燔之忿：人之忿 雖如此莫遏

'사람의 분노가 비록 이와 같이 막을 수 없지만'의 뜻이다.

9) 莫不限於權位之巨防而止：無權無位 則不得行

권력이 없고 지위가 없다면 행할 수 없다는 말이다.

10) 止則回：不得行 必復反

행할 수 없으면 반드시 되돌아온다는 말이다.

11) 回則有趨於善者矣：復反 則忿慾必消 而全本性之善

되돌아오면 분노와 욕망이 반드시 사라져서 본성의 善을 온전히 할 수 있다는 말이다.

12) 天下方馳騖於忿慾而不知反也：再敍起

다시 서술한 것이다.

13) 先王固未嘗與之爭也：與之爭 必不勝

그들과 다투었다면 반드시 이기지 못했을 것이라는 말이다.

14) 嚴吾權位之巨防：主意在此

主意가 이 구절에 있다.

15) 使忿慾者 窘於無資：應前權位者 忿慾之資

앞의 "권력과 지위는 분노와 욕망의 밑천이다."에 호응한다.

16) 氣衰力怠 道窮塗絶：無資 自然如此

밑천이 없으면 저절로 이와 같이 된다는 말이다.

17) 倀倀然而無所歸：倀倀 無見之貌

倀倀은 보이는 것이 없는 모양이다.

18) 雖吾不使之趨於善 而彼自不得不趨於善：此乃不爭善勝之法

이것이 바로 다투지 않고 잘 이기는 방법이다.

19) 然則權位者 眞先王閉忿慾之巨防也歟：收繳而歸主意

요점을 수렴하여 主意에 귀결하였다.

20) 先王以是爲忿慾之防：接上生下 轉入本題

윗글에 이어 아래 글을 생성하였다. 〈여기부터〉 전환하여 본편의 일로 들어간다.

21) 後世乃以是爲忿慾之資：(寓)〔寓〕*) 貶子文范武子之意 資字應前

子文과 范武子를 폄하하는 뜻을 부쳤다. '資(밑천)'자는 앞글에 호응한다.

*) 〔역주〕 (寓)〔寓〕: 저본에는 '寓'로 되어 있으나, 문맥을 살펴 '寓'로 바로잡았다.

22) 何其反也：與先王正相反

先王과 정반대라는 말이다.

先王이 권력과 지위를 높여 천하에 보여줌은 만세에 큰 제방을 엄중히 하려는 것이다. 누군들 욕망이 없겠으며, 누군들 분노가 없겠는가마는, 분노와 욕망이 일어나더라도 권력이 없고 지위가 없는 데 국한되어 펴지 못할 뿐이다. 그리하여 발이 나아가려다가 도로 멈추고, 손이 들려지다가 도로 꺼리며, 입이 말하려다가 도로 침묵하고, 생각이 일어나려다가 도로 사라진다. 골짜기와 구렁같이 탐욕스러운 욕망과 성하게 솟구치고 불사르듯 일어나는 분노가 있더라도 권력과 지위의 커다란 제방에 막혀 그치지 않음이 없으니, 그치면 되돌리고 되돌리면 善을 추향할 자가 있게 될 것이다.

天下가 바야흐로 분노와 욕망에 치달려 돌아올 줄을 모르나, 先王은 진실로 그들과 다툰 적이 없다. 다만 나의 권세와 지위라는 큰 제방을 엄중히 할 뿐인데, 분노와 욕망이 있는 자로 하여금 밑천이 없어 군색해서 기력이 쇠퇴하고 길이 다하고 끊어져 갈팡질팡 돌아갈 곳이 없게 하니, 비록 내가 선을 추향하게 하지 않더라도 저 상대가 스스로 선을 추향하지 않을 수 없게 된다.

그렇다면 권력과 지위라는 것은 진실로 先王이 분노와 욕망을 막는 큰 제방일 것이다. 先王은 이것을 분노와 욕망의 제방으로 삼고, 後世는 곧 이것을 분노와 욕망의 밑천으로 삼으니 어쩌면 그리도 반대인가?

楚成得臣有功於陳[1)]에 **子文推令尹之位〔與之〕**[2)]하야 **以塞其慾**[3)]하고 **晉**郤**克旣辱於齊**에 **范武子授**郤**克以政**[4)]하야 **使逞其忿**[5)6)]이라 **噫**라 **令尹豈賞功之物**[7)]이며 **而晉數百年之社稷**도 **亦豈二三臣逞憾之具歟**[8)]아 **楚非置兩令尹也**[9)]니 **幸而一成得臣有功耳**[10)]요 **如使數人者**가 **竝立大功**[11)]이면 **吾不知子文**이 **復何以與之**[12)]로다 **晉之行人見辱者多矣**[13)14)]니 **若解楊之見執於宋**[15)]과 **韓起羊舌**肸**之見挫於楚**[16)]가 **如與**郤**克之辱**으로 **竝發於一時**[17)]면 **則晉師亦將車弊馬汗**하야 **東馳西逐**하야 〔偏遶天下〕[18)]하야 **盡報諸臣之怨而後已歟**[19)]아

1) 楚成得臣有功於陳 : 見本題註 得臣字子玉

본편의 주에 보인다. 得臣의 字는 子玉이다.

2) 〔역주〕〔與之〕: 저본에는 '與之'가 없으나, 四庫全書本에 의거하여 보충하였다.

3) 子文推令尹之位〔與之〕以塞其慾 : 此以權位爲慾之資 令尹者 楚執政之官名 子文自爲此官 今推以遜子玉

이는 권력과 지위를 욕망을 채우는 밑천으로 삼은 것이다. 令尹은 楚나라 執政의 官名이다. 子文은 본래 이 관직에 있었는데 지금 미루어 子玉에게 양보한 것이다.

4) 〔역주〕晉郤克既辱於齊 范武子授郤克以政 : 四庫全書本에는 "齊侯既辱郤克 范武子遽請老而授郤克以政"으로 되어 있다.

5) 〔역주〕忿 : 四庫全書本에는 '忿'자 앞에 '其'자가 없고, 뒤에 '於齊' 2자가 더 있다.

6) 晉郤克既辱於齊……使逞其忿 : 此以權位爲忿之資 晉執政者 謂之將中軍 范武子請老而遜於郤克

이는 권력과 지위를 분노를 푸는 밑천으로 삼은 것이다. 晉나라의 執政官을 中軍將이라고 하는데, 范武子가 致仕를 청하여 郤克에게 양보한 것이다.

7) 噫 令尹豈賞功之物 : 斷子文之罪

子文을 단죄한 것이다.

8) 而晉數百年之社稷 亦豈二三臣逞憾之具歟 : 斷武子之罪

范武子를 단죄한 것이다.

9) 楚非置兩令尹也 : 令尹 專主楚國之政

令尹은 전적으로 楚나라의 정사를 주관한다는 말이다.

10) 幸而一成得臣有功耳 : 此下發明令尹非賞功之物

이 이하의 글은 令尹이 功을 포상하는 물건이 아님을 발명하였다.

11) 如使數人者 竝立大功 : 假設如此

이와 같이 가설한 것이다.

12) 吾不知子文 復何以與之 : 豈可增置數令尹以賞之乎

'어찌 여러 令尹을 증설하여 상 줄 수 있겠느냐?'는 말이다.

13) 晉之行人見辱者多矣 : 行人 使人也 此下發明晉數百年之社稷 豈二三臣逞憾之具

行人은 사신을 이른다. 이 이하의 글은 '晉나라의 수백 년간의 社稷이 어찌 두세 신하가 유감을 푸는 도구이겠느냐?'는 말이다.

14) 〔역주〕晉之行人見辱者多矣 : 이 문장이 四庫全書本과 三民書局本에는 "春秋之時 行人見辱者 何國蔑有 姑以晉言之"로 되어 있다.

15) 若解楊之見執於宋 : 宣公十五年 楚子圍宋 宋告急于晉 晉使解楊如宋 使無降楚 鄭人囚而獻諸楚

≪春秋左氏傳≫ 宣公 15년에 楚子가 宋나라를 포위하였다. 宋나라가 晉나라에 위급함을

고하니 晉나라는 解楊을 宋나라에 使者로 보내어 楚나라에 항복하지 않게 하고자 하였는데, 〈도중에〉 鄭人이 解揚을 잡아 楚軍에 바쳤다.

16) 韓起羊舌肸之見挫於楚 : 昭公五年 晉韓宣子如楚送女 叔向爲介 楚子朝其大夫曰 若吾以韓起爲閽 以羊舌肸爲司宮 足以辱晉可乎 薳啓彊曰 云云*1) 王曰 不穀之過也 大夫無辱*2) 韓起謚宣子 羊舌肸字叔向 楚子初欲刖韓起之足 使之守門 羊舌肸加宮刑 使爲內官也

≪春秋左氏傳≫ 昭公 5년에, 晉나라의 韓宣子(韓起)가 晉女를 護送해 楚나라로 갈 때 叔向(羊舌肸)이 介使였다. 〈楚나라에 당도하자〉 楚子가 楚나라 大夫들을 朝廷으로 불러 말하기를 "만일 내가 韓起를 閽人(守門人)으로 삼고 羊舌肸을 司宮으로 삼는다면 晉나라에 치욕을 안겨주기에 충분하겠는가?" 하니, 薳啓疆이 답하였다.……楚王은 "이는 나의 잘못이니, 大夫는 수고하지 말라."라고 하였다. 韓起의 시호는 宣子이고, 羊舌肸의 字는 叔向이다. 楚子는 처음에 韓起의 발목을 잘라 〈죄인을 만들어서〉 守門人을 삼고, 羊舌肸에게는 宮刑을 가하여 內官으로 삼고자 했었다.

*1) 〔역주〕 薳啓疆曰 云云 : 薳啓疆은 楚王에게 '楚나라가 晉나라에 婚姻을 요구하자 晉君은 딸을 바치면서 직접 餞送하고 上卿과 上大夫가 호송해 왔는데, 楚王의 말대로 한다면 韓起의 밑에 있는 여러 장수와 羊舌肸 밑에 있는 여러 장수들이 군대를 거느리고 초나라를 칠 것'이라고 하면서 만류하였다.

*2) 〔역주〕 不穀之過也 大夫無辱 : '辱'은 수고로움이니, 薳啓彊이 諫할 때 반드시 절하고 꿇어앉아 엎드린 뒤에 말하였을 것이다. 그러므로 楚王이 "나의 잘못이니, 大夫는 수고하지 말고 도로 편안히 앉으라."고 한 것이다.(≪左氏會箋≫)

17) 如與郤克之辱 竝發於一時 : 假使與郤克同時而受辱

'가령 郤克과 같은 때에 치욕을 받았다면'의 뜻이다.

18) 〔역주〕 〔徧遶天下〕 : 저본에는 '徧遶天下'가 없으나, 四庫全書本에 의거하여 보충하였다.

19) 則晉師亦將車弊馬汗……盡報諸臣之怨而後已歟 : 必無一二爲諸臣報怨之禮

반드시 한두 명의 신하가 여러 신하를 위하여 원수를 갚는 예는 없었을 것이라는 말이다.

楚나라 成得臣이 陳나라에서 공을 세우자 子文은 자신의 令尹의 자리를 미루어 그에게 주어서 그의 욕망을 막고자 했고, 晉나라 郤克이 齊侯에게 치욕을 당하자 范武子는 郤克에게 執政의 자리를 주어서 齊나라에 대한 분노를 풀게 했다.

아! 令尹이 어찌 功을 포상하는 물건이겠으며, 수백 년간의 晉나라의 社稷이 또한 어찌 몇몇 신하의 유감을 푸는 도구이겠는가? 楚나라는 두 명의 令尹을 두지 않으니 한 명의 成得臣이 功을 세워서 다행이지 만일 여러 명이 아울러 큰 공을 세웠다면 子文이 다시 무엇으로 그들에게 포상했을지 나는 모르겠다. 晉나라의 사신 중에 치욕을 받은 자가 많으니, 예컨대 解楊이 宋나라에 사신 가는 길에 사로잡힌 일과 韓起와 羊舌肸이 楚나라에서 치욕을 받은 일이, 만일 郤克이 치욕을 받은 일과 아울러 동시에 일어났다면, 晉나라 군대가 수레가 닳고 말이 지치도록 동쪽으로 달리고 서쪽으로 좇아 천하에 두루 행하여 여러 신하들의 원망을 다 갚아준 뒤에야 그만두었을까?

甚矣로다 子文武子之不思也[1)]여 將以飽其慾[2)]이나 適以滋其慾[3)]하고 將以散其忿[4)]이나 適以張其忿[5)]이라 故得臣之慾이 與位俱長[6)]하야 成師而出하야 服陳服蔡하고 服魯服鄭하며 服曹服衛에 嗜勝不止[7)]하야 〔貪以遇大敵〕[8)]이라 迄至城濮之敗[9)]하야 軍覆身殞하야 爲天下笑라 向若子文不畀以大柄이런들 雖驕縱怨望이언정 不過〔煩〕[10)]司敗之刀鋸耳라 楚必不至於不競이요 晉必不至於獨霸며 西廣東宮若敖之卒도 亦必不至於偕死也리라 至於郤克鞌之戰[11)]하얀 雖曰幸勝이나 然忿不思難[12)]하야 至欲質齊侯之母[13)]하니 苟無魯衛之諫이런들 則以晉之驕로 當齊之怒하야 背城借一之際에 吾未知齊晉雌雄之所在也로다 不幸而敗於垂成하니 則亂原禍端을 武子安得不任其咎乎아 得臣之慾은 得子文之位而盛[14)]이요 郤克之忿은 得武子之位而伸[15)]이라 君子視人之忿慾에 不能救則已矣[16)]어니와 安可假其資而成其惡乎[17)]아

1) 甚矣 子文武子之不思也 : 揔責二臣思慮不審
　子文과 范武子의 사려가 세심하지 못함을 총괄하여 꾸짖은 것이다.

2) 將以飽其慾 : 授子玉令尹之本意如此
　子玉(成得臣)에게 令尹을 물려준 본의가 이와 같다는 말이다.

3) 適以滋其慾 : 子玉之慾 不止取敗於晉
　子玉의 욕망은 晉나라를 패배시키는 데서 그치지 않는다는 말이다.

4) 將以散其忿 : 授郤子以政之本意如此
　郤子에게 집정을 물려준 本意가 이와 같다는 말이다.

5) 適以張其忿 : 郤克之忿 不止結怨於齊
　郤克의 분노는 齊나라와 원수가 되는 데 그치지 않았다는 말이다.

6) 故得臣之慾 與位俱長 : 得權位 以爲慾之資

권력과 지위를 얻어 욕망을 채우는 밑천으로 삼았다는 말이다.

7) 成師而出……嗜勝不止：服陳蔡魯晉曹鄭諸國猶不知止

陳나라・蔡나라・魯나라・晉나라・曹나라・鄭나라 등 여러 나라를 복종시켰어도 여전히 그칠 줄 몰랐다는 말이다.

8) 〔역주〕〔貪以遇大敵〕：저본에는 '貪以遇大敵'이 없으나, 四庫全書本에 의거하여 보충하였다.

9) 迄至城濮之敗：子玉與晉文公 戰于城濮 楚師敗績 楚殺子玉

子玉이 晉 文公과 城濮에서 싸워 楚나라 군대가 크게 패배하자 楚나라는 子玉을 죽였다.

10) 〔역주〕〔熕〕：저본에는 1자 빈칸으로 되어 있으나, 三民書局本에 의거하여 '熕'을 보충하였다.

11) 至於郤克鞍之戰：成公二年 郤克與齊師 戰于鞍 齊師敗績

成公 2년에 郤克이 齊나라 군대와 鞍에서 싸웠는데, 齊나라 군대가 크게 졌다.

12) 然忿不思難：不思後患

후환을 생각하지 않는다는 말이다.

13) 至欲質齊侯之母：齊侯 使賓媚人*)致賂 郤克不可曰 必以蕭同叔子爲質 蕭同叔子 齊侯之母也 叔子 公穀作姪子

齊侯가 賓媚人에게 〈晉과의 화평을 위해 晉軍에게〉 뇌물을 바치게 하고 〈화평을 요구하였으나〉 郤克이 허락하지 않으면서 말하기를 "반드시 蕭同叔子를 인질로 보내라."고 하였다. 蕭同叔子는 齊侯의 모친이다. 叔子는 ≪春秋公羊傳≫과 ≪春秋穀梁傳≫에 '姪子'로 되어 있다.

*) 〔역주〕 賓媚人：賓은 姓이고 媚人은 族이다.

14) 得臣之慾 得子文之位而盛：子文 不當以位與人爲慾之資

子文이 지위를 남에게 주어 욕망을 채우는 밑천으로 삼게 해서는 안 된다는 말이다.

15) 郤克之忿 得武子之位而伸：武子 不當以位與人爲忿之資

范武子는 지위를 남에게 주어 분노를 푸는 밑천으로 삼게 해서는 안 된다는 말이다.

16) 君子視人之忿慾 不能救則已矣：可救則救 不可則止

구제할 수 있으면 구제하고, 할 수 없으면 그만두어야 한다는 말이다.

17) 安可假其資而成其惡乎：二子之罪 不容逃矣 資字應前

子文과 范武子의 죄는 피할 길이 없다는 말이다. '資'자는 앞글에 호응한다.

심하구나. 子文과 范武子의 생각이 부족함이여. 장차 그 욕심을 채워주려 했으나 다만 욕심을 불어나게 하였고, 장차 그 분노를 풀어주려 했으나 다만 분노를 확장시켰을 뿐이다. 그러므로 成得臣의 욕망은 지위와 함께 자라나 大軍을 출정시켜 陳나라·蔡나라·魯나라·鄭나라·曹나라·衛나라를 굴복시키자 끊임없이 승리에 도취하여 탐욕으로 큰 상대(晉)를 만났다. 그리하여 마침내 城濮의 敗戰에 이르러 군대는 무너지고 자신은 죽어 천하의 비웃음거리가 되었다.

예전에 가령 子文이 그에게 큰 權柄을 주지 않았다면 비록 교만하고 원망하더라도 패전의 책임을 지고 司寇가 내리는 형구를 받았으면 될 일이었다. 그렇다면 楚나라는 반드시 어렵게 되지 않았을 것이고 晉나라는 반드시 홀로 霸者가 되지 못했을 것이며, 군졸인 西廣·東宮·若敖 등도 반드시 함께 죽게 되지 않았을 것이다.

심지어 郤克이 鞍에서 싸워 비록 요행히 이겼다고는 하나 분노가 일어날 때 훗날의 어려움을 생각하지 않고 齊侯의 모후를 인질로 삼고자 했다. 그때 만일 魯君과 衛君의 간언이 없었다면 晉나라의 교만함이 齊나라의 분노를 만났을 것이니 城을 등지고 최후의 一戰을 하는 즈음에 齊나라와 晉나라 중에 누가 승리했을지 나는 모르겠다. 불행히도 垂成에서 패배했으니 화란의 근원과 단초를 만든 일에 있어서 어찌 范武子가 그 허물에서 벗어날 수 있겠는가?

成得臣의 욕망은 子文의 지위를 얻어 성하게 되었고, 郤克의 분노는 范武子의 지위를 얻어 펼 수 있었다. 군자는 남의 분노와 욕망을 보고 구제할 수 없으면 그만이거니와 어찌 그 밑천을 빌려주어 그 惡을 이루게 하겠는가?

吾嘗攷論二子之言한대 **武子誦已亂之詩**로되 **而誤領已亂之意**하니 **猶未足深責**이어니와 **彼子文之語**[1]**叔伯者**는 **一何悖耶**[2]아 **曰 吾以靖國也**라 **夫有大功而無貴仕**면 **其人能靖者有幾**오 **凡人爵不足酬功**이니 **慊之者固多矣**[3]일새라 **若遽作不靖**하야 **危其國家**[4]하야 **自非盜賊小人**이면 **未必皆有是心也**[5]로되 **子文之爲是言**하니 **將概以盜賊小人待天下耶**[6]아 **自子文之言出**[7]로 **人臣之立大功者**를 **人君或懼其不靖**하야 **反加屠戮**[8]하니 **是功者身之賊也**[9]라 **以是位而答是功**[10]하고 **不復問其材之能否**[11]하야 **使播其惡於民**[12]하니 **是功者位之賊也**[13]라 **旣立大功**에 **自謂居危疑不賞之地**[14]하야 **而姦謀始生**[15]하니 **是功者國之賊也**[16]라 **一有大功**이면 **則爲身之不幸**이요 **位之不幸**이며 **國之不幸**[17]이니 **孰敢以功業自奮耶**[18]리오 **詩曰**[19] **誰生厲階**[20]리오 **至今爲梗**[21]이로다

1) 武子誦已亂之詩……彼子文之語：見本題註

본편의 주에 보인다.

2) 叔伯者 一何悖耶：逆理之甚

이치에 어긋남이 심하다는 말이다.

3) 凡人爵不足酬功 慊之者固多矣：慊 不足也 此言賞薄而怨望者

慊은 부족하게 여긴다는 뜻이다. 이는 賞을 박하게 여겨 원망하는 자를 말한다.

4) 若遽作不靖 危其國家：因怨望而爲叛逆之事

원망으로 인하여 반역의 일을 함을 이른다.

5) 自非盜賊小人 未必皆有是心也：人雖不賢 苟未至於盜賊小人 必不因賞薄 而遽爲不靖之事

사람이 비록 어질지 않더라도 만약 도적과 소인이 아니라면 반드시 포상이 박하다고 해서 갑자기 안정을 해치는 일을 하지는 않는다는 말이다.

6) 子文之爲是言 將概以盜賊小人待天下耶：子文言其人能靖者(歟)[*]有幾 未能安靖者無多也 故此云然

子文이 "국가를 안정시킬 수 있는 사람이 몇이나 되겠는가?"라고 말한 것은, 〈이렇게 하지 않고서는〉 안정시킬 수 있는 자가 많지 않기 때문에 여기에서 그렇게 말한 것이다.

*) 〔역주〕(歟)：저본에는 '歟'가 있으나, 본문에 의거하여 衍文으로 처리하였다.

7) 自子文之言出：自子文之言一出

'子文의 말이 한 번 나옴으로부터'의 뜻이다.

8) 人臣之立大功者……反加屠戮：後世因此 而殺戮功臣者 多矣

後世에 이 말로 인하여 功臣을 죽이는 경우가 많았다는 말이다.

9) 是功者身之賊也：如此 則是立大功 以害其身也

이와 같다면 이는 큰 공을 세워 자신을 해치게 된다는 것이다.

10) 以是位而答是功：以執政之官 賞有功之臣

'執政官으로 공이 있는 신하에게 포상하고'의 뜻이다.

11) 不復問其材之能否：不問其人之賢愚 能當是位與否

그 사람이 현명한지 어리석은지의 정도가 이 지위를 담당할 수 있는지의 여부를 따지지 않는다는 말이다.

12) 使播其惡於民：不仁而在高位 是播其惡於衆

어질지 못하면서 높은 지위에 있다면 이는 그 惡을 대중에게 뿌리는 것과 같다는 말이다.

13) 是功者位之賊也：如此 則是立大功者 害朝廷之職位也

이와 같다면 이는 큰 공을 세운 것이 조정의 직위를 해치게 된다는 말이다.

14) 旣立大功 自謂居危疑不賞之地：君旣疑有功之臣 而功臣亦疑其君之圖己

임금이 이미 공 있는 신하를 의심하면 공 있는 신하도 그 임금이 자기를 도모할까 의심한다는 말이다.

15) 而姦謀始生：於是不容不生叛逆之謀

이에 반역하려는 도모가 생겨나지 않을 수 없다는 말이다.

16) 是功者國之賊也：如此 則是立大功者 爲國家之害也

이와 같다면 이는 큰 공을 세운 것이 국가의 해가 된다는 말이다.

17) 一有大功……國之不幸：總上三賊收結

위의 세 도적을 총괄하여 수렴하여 맺었다.

18) 孰敢以功業自奮耶：是子文一語 絶後人之立功者也

子文의 한마디 말이 공을 세우고자 하는 후세 사람들의 마음을 끊어버렸다는 말이다.

19) 詩曰：詩大雅桑柔篇

≪詩經≫ 〈大雅 桑柔〉篇이다.

20) 誰生厲階：言當初是何人生此危厲之階

당초에 누가 이런 위태로운 재앙의 계제를 만들었느냐는 말이다.

21) 至今爲梗：至今爲害而不已乎 後世因立功 而蹈上文所稱三不幸者 多矣 未必非子文一語 誤之也 故引此詩

'지금까지 해가 되어 그치지 않는구나.'의 뜻이다. 이는 후세에 공을 세움으로 인하여 윗글에서 말한 세 不幸을 겪는 자가 많다는 말이니, 반드시 子文의 한마디 말을 잘못이라고 비난하는 것만은 아니다. 그러므로 이 詩를 인용한 것이다.

내가 일찍이 두 사람의 말을 살펴보았다. 范武子는 화란을 저지하기 위한 시를 외웠으나 화란을 저지하는 뜻을 잘못 알았으니 오히려 깊이 꾸짖기에 부족하지만, 저 子文이 叔伯에게 말한 것은 어쩌면 그리도 이치에 어긋나는가? 그는 말하였다.

"나는 이렇게 함으로써 나라를 안정시키려는 것이다. 큰 공을 세운 사람에게 높은 벼슬을 주지 않는다면 국가를 안정시킬 수 있는 사람이 몇이나 되겠는가?"

무릇 爵位는 공로의 보답으로 줄 수 있는 것이 아니니 이것을 부족하게 여기는 자가 진실로 많기 때문이다. 만약 갑자기 안정을 해치는 일을 일으켜 국가를 위태롭게 하여 스스로 도적이나 소인이 된 경우가 아니라면 반드시 모두 이런 마음이 있는 것은 아닌데도 자문은 이런 말을 하였으니, 한결같이 도적이나 소인으로 천하 사람들을 대한 것인가?

子文의 말이 나오자 큰 공을 세운 신하에 대해 임금이 혹 그가 안정을 해칠까 두려워하여 도리어 도륙하는 일이 있게 되었으니, 이런 공로는 도리어 자신을 해치는 것이다. 이 지위로 이 공로에 보답하고 더 이상 재주의 능력을 따지지 않아 그 惡을 백성에게 뿌리게 되니, 이런 공로는 지위를 해치는 것이다. 이미 큰 공로를 세우고도 스스로 무엇으로도 보상할 수 없는 위태롭고 의심받는 자리에 있다고 여겨서 간사한 꾀가 비로소 생겨나니, 이런 공로는 나라를 해치는 것이다. 한번 큰 공로를 세우면 자신의 불행이고 지위의 불행이며 나라의 불행이니 누가 감히 功業을 세우고자 스스로 분발하겠는가?

≪詩經≫에 이르기를 "누가 재앙의 빌미를 만들었는가? 지금까지 해를 끼치는구나."라고 하였다.

13-04 晉懷公殺狐突 晉 懷公이 狐突을 죽이다

【左傳】僖二十三年이라 晉惠公卒하다 懷公命無從亡人[1)]하라 期하리니 期而不至[2)]면 無赦하리라 狐突之子毛及偃[3)]이 從重耳在秦이러니 弗召하다 冬에 懷公執狐突曰 子來則免하리라 對曰 子之能仕에 父教之忠[4)]이 古之制也니이다 策名委質이라가 貳乃辟也[5)]니이다 今臣之子名在重耳가 有年數矣니 若又召之면 教之貳也니이다 父教子貳면 何以事君이릿가 刑之不濫은 君之明也요 臣之願也어니와 淫刑以逞이면 誰則無罪[6)]릿가 臣聞命矣라하다 乃殺之하다 卜偃稱疾不出曰 周書有之하니 乃大明服[7)]이라하니 己則不明而殺人以逞하니 不亦難乎아 民不見德하고 而唯戮是聞하니 其何後之有[8)]리오

1) 〔역주〕 懷公命無從亡人 : 懷公은 子圉이고 亡人은 重耳이다.〈杜注〉
2) 〔역주〕 期 期而不至 : 杜預와 朱申의 注에는 위의 '期'字는 期約의 뜻으로, 아래의 '期'字는 朞年의 뜻으로 해석하였으나, 역자는 두 '期'字를 모두 期限의 뜻으로 번역하였다.
3) 〔역주〕 偃 : 狐偃의 字는 子犯으로 晉 文公의 외숙이다.
4) 〔역주〕 子之能仕 父教之忠 : 자식이 자라 벼슬할 나이가 되면 그 아비는 반드시 자식에게 섬기는 임금에게 충성할 것을 가르친다는 말이다.〈附注〉
5) 〔역주〕 策名委質 貳乃辟也 : 이름을 신하의 名簿에 올리고 무릎을 꿇고서 임금으로 섬겼으면 두 마음을 품을 수 없다는 말이다. 質은 몸이니, 몸을 바쳐 임금으로 섬긴다는

말이고, 辟은 罪이다.〈杜注〉

6)〔역주〕 淫刑以逞 誰則無罪 : 만약 형벌을 남용하여 마음에 만족을 느끼려 한다면 누구에게나 罪를 씌울 핑계가 없겠느냐는 말이다.〈附注〉

7)〔역주〕 周書有之 乃大明服 : 〈周書〉는 ≪書經≫ 〈康誥〉이다. 임금이 크게 밝으면 백성이 복종한다는 말이다.〈杜注〉

8)〔역주〕 其何後之有 : 반드시 晉나라에 懷公의 後孫이 없을 것이라는 말이다. 僖公 24년에 懷公을 죽인 張本이 되었다.〈杜注〉

僖公 23년, 晉 惠公이 卒하였다. 懷公이 命하였다.

"亡命한 사람을 따르지 말라. 기한을 줄 것이니 기한이 되어도 돌아오지 않으면 용서하지 않으리라."

狐突의 아들 毛와 偃이 重耳를 따라 秦나라에 있었는데 狐突이 부르지 않았다. 겨울에 懷公이 狐突을 체포하고서 "자식이 돌아오면 赦免하겠다."고 하니 狐突이 대답하였다.

"자식이 벼슬할 나이가 되면 아비가 충성을 가르치는 것이 옛날의 制度입니다. 簡策에 이름을 올리고서 몸을 바쳐 신하가 되었다가 두 마음을 품는 것은 罪입니다. 지금 臣의 자식 이름이 重耳의 簡策에 오른 지 여러 해가 되었는데, 만약 불러 돌아오게 한다면 이는 두 마음을 품도록 가르치는 것입니다. 아비가 자식에게 두 마음을 품도록 가르친다면 무엇으로 임금을 섬기겠습니까? 형벌을 남용하지 않는 것은 임금님의 밝은 德이고 臣의 바람입니다만, 刑罰을 남용하여 마음에 만족을 느끼려 하신다면 누군들 죄가 없겠습니까? 臣은 命을 듣겠습니다."

이에 懷公은 狐突을 죽였다. 卜偃은 병을 핑계로 朝廷에 나오지 않고서 말하였다.

"〈周書〉에 '임금이 크게 밝으면 신하가 복종한다.'는 말이 있는데, 자신은 밝지 못하면서 사람을 죽여 마음에 만족을 찾으려 하니 〈사람들을 복종시키기〉 어렵지 않겠는가? 백성들은 임금의 德은 보지 못하고 殺戮만 들을 뿐이니, 그런 사람에게 어찌 後孫이 있겠는가?"

【主意】 謂諸臣之從重耳者는 艱難困辱如彼하고 居晉國者는 富貴安榮如此로되 今寧從彼而不從己하니 是己之德不足以致人也언마는 懷公不能以人觀己而殺人以逞하니 其可乎아

이 글에서 말하였다. "여러 신하 중에 重耳를 따르는 자는 어렵고 곤궁하고 치욕을 받는 것이 저와 같고, 晉나라에 사는 자는 부귀하고 편안하고 영광스러움이 이와 같은데도, 지금 저 重耳를 따르고 자기(懷公)를 따르지 않으니 이는 자기의 덕이 남을 오게 하기에 부족한 것이다. 그런데도 懷公은 남을 통해 자기를 살피지 못하고 사람을 죽여 마음에 만족을 느끼려 하였으니 옳겠는가?"

明於觀人[1]이나 **暗於觀己**[2]니 **此天下之公患也**[3]라 **見秋毫之末者**라도 **不能自見其睫**[4]이요 **擧千鈞之重者**라도 **不能自擧其身**[5]이니 **甚矣**로다 **己之難觀也**[6]여 **人皆知以己觀己之難**[7]이나 **而不知以人觀己之易**(이)[8]라 **同是言也**로되 **彼言之則從**하고 **我言之則違**하니 **其必有故矣**요 **同是事也**로되 **彼爲之則是**하고 **我爲之則非**하니 **其必有故矣**리라 **因人之善**으로 **見己之惡**하고 **因人之惡**으로 **見己之善**[9]이면 **觀孰切於此者乎**[10]리오 **晉懷公不知己之無以致人**[11]하고 **徒責人之不從己**[12]하니 **殆未嘗以人而觀己也**[13]로다

1) 明於觀人：觀人是非則易

남의 옳고 그름을 살피기는 쉽다는 말이다.

2) 暗於觀己：反觀自省則難

돌이켜 자기를 살피기는 어렵다는 말이다.

3) 此天下之公患也：公患 謂常人皆坐此患 此未是主意

公患이란 보통 사람들은 모두 이런 근심에 걸림을 이른다. 이것이 이 글의 主意는 아니다.

4) 見秋毫之末者 不能自見其睫：毛至秋而細小 秋毫之末 爲甚細也 睫 目中毛也

짐승의 털은 가을이 되면 가늘고 작으니, 가을 터럭의 끝은 매우 가늘다. 睫은 눈 속의 털이다.

5) 擧千鈞之重者 不能自擧其身：三十斤爲一鈞 ○ 見秋毫擧千鈞 以喩觀人之易(이) 見其睫擧其身 以喩觀己之難

30근이 1鈞이다. ○ 가을 터럭을 보고 천 균을 드는 것으로 남을 살피기 쉬움을 비유하였고, 속눈썹을 보고 제 몸을 드는 것으로 자기를 살피기 어려움을 비유하였다.

6) 甚矣 己之難觀也：結上文意

윗글의 뜻을 맺었다.

7) 人皆知以己觀己之難：接上生下

윗글에 이어 아래 글을 일으킨 것이다.

8) 而不知以人觀己之易(이) : 此是一篇(生)〔主〕[*]意 斷懷公不能以重耳觀己

이는 본편의 主意이다. 懷公이 重耳를 통해 자기를 살피지 못함을 단언하였다.

*) 〔역주〕 (生)〔主〕: 저본에는 '生'으로 되어 있으나 문맥을 살펴 '主'로 바로잡았다.

9) 同是言也……見己之善 : 此四句 以人觀己之大法

이 네 구절은 남을 통해 자기를 살피는 큰 방법이다.

10) 觀孰切於此者乎 : 玆其所以爲易

이것이 쉬움이 되는 이유이다.

11) 晉懷公不知己之無以致人 : 入本題 言懷公不知己之無德以致人

〈여기부터〉 본편의 일로 들어간다. 懷公은 '자기가 덕이 없어 남을 오게 할 수 없음'을 모른다는 말이다.

12) 徒責人之不從己 : 徒責諸臣從重耳出亡而不從己

한갓 여러 신하들이 重耳를 따라 나가 망명하고, 자기를 따르지 않음을 책망한다는 말이다.

13) 殆未嘗以人而觀己也 : 懷公之病 在此一語

懷公의 병통은 이 한마디에 있다.

남을 살피는 데는 밝지만 자기를 살피는 데는 어두우니 이는 천하 사람들의 공통된 근심거리이다. 가을 터럭의 끝을 볼 수 있는 자라도 제 속눈썹은 볼 수 없고, 천 鈞의 무게를 들 수 있는 자라도 제 몸은 들 수 없는 것이니, 심하도다! 자기를 살피기 어려움이여.

사람들은 모두 자기를 통해 자기를 살피기 어렵다는 것은 알지만, 남을 통해 자기를 살피기 쉽다는 것은 모른다. 똑같은 말인데 저 상대가 말하면 따르고 내가 말하면 어기니, 거기에는 반드시 이유가 있을 것이다. 똑같은 일인데 저 상대가 하면 옳게 여기고 내가 하면 그르게 여기니, 거기에는 반드시 이유가 있을 것이다.

남의 惡을 통해 자기의 善을 보며 남의 악을 통해 자기의 선을 본다면, 살핌에 있어서 무엇이 이보다 더 절실하겠는가? 晉 懷公은 자기가 남을 오게 할 수 없다는 것은 모르고 한갓 남이 자기를 따르지 않음을 책망하였으니, 아마도 남을 통해 자기를 살핀 적이 없었을 것이다.

懷公은 **晉國之君**[1)]이며 **彼重耳**는 **特一亡公子耳**[2)]라 **狐趙之徒**가 **出從重耳**[3)]하야 **陷狄困衛**[4)]하고 **逃齊脫楚**[5)]하니 **人有不堪其憂者矣**[6)]요 **乞食投塊**[7)]하고 **觀浴操戈**[8)]하니 **人**

有不堪其辱者矣[9)]요 風羈雨絏[10)]하야 過都歷邑[11)]하니 人有不堪其勞者矣[12)]라 使其一日捨重耳而從懷公[13)]이면 則里閭歡迎[14)]하고 姻族畢至[15)]하야 擊鮮釃(시)酒[16)]하고 舒發故情[17)]하리니 此天下之至樂也[18)]요 高軒華轂[19)]하고 豹飾羔裘[20)]하며 前趨後陪[21)]하고 光生徒馭[22)]하리니 此天下之至榮也[23)]요 堂宇靚深[24)]하고 自公退食[25)]에 體胖心廣[26)]하고 四顧無虞[27)]하리니 此天下之至安也[28)]라 懷公盍亦以人觀己乎[29)]아 從彼者憂如是하고 辱如是하며 勞如是[30)]로되 而狐趙輩乃就之而不辭[31)]하고 從我者樂如是하고 榮如是하며 安如是[32)]로되 而狐趙輩乃棄之而不顧[33)]하니 則德之優劣厚薄을 不待言而可見矣[34)]로다

1) 懷公 晉國之君：有權位之盛

　높은 권력과 지위를 지니고 있음을 이른다.

2) 彼重耳 特一亡公子耳：遭驪姬之難而出奔

　〈重耳는〉 驪姬의 난을 만나 出奔한 것이다.

3) 狐趙之徒 出從重耳：從者 狐偃趙衰顚頡魏武子司空季子等

　〈重耳를〉 시종한 자는 狐偃·趙衰·顚頡·魏武子·司空季子 등이었다.

4) 陷狄困衛：初出奔狄 過衛衛文公不禮 至乞食於野人

　처음에 狄나라로 출분하였고, 衛나라를 지나갈 때 衛 文公이 무례하여 野人에게 먹을 것을 구걸하기까지 했다.

5) 逃齊脫楚：至齊 齊桓公妻之 重耳安之 姜氏與舅犯謀 醉以酒載之而去 及楚 子玉請殺之 楚子不可

　齊나라에 이르자 齊 桓公이 사위 삼으니 重耳가 〈齊나라에〉 안주하였는데, 姜氏와 舅犯이 도모하여 〈重耳를〉 술에 취하게 만들어 수레에 싣고 齊나라를 떠나게 했다. 楚나라에 이르자 子玉이 重耳를 죽일 것을 청하였으나 楚子가 허락하지 않았다.

6) 人有不堪其憂者矣：其爲憂患 他人所不能堪

　그 우환은, 다른 사람들은 감내할 수 없는 것이라는 말이다.

7) 乞食投塊：乞食於五鹿野人 野人與之塊

　五鹿의 野人에게서 먹을 것을 구걸하였는데, 野人이 그에게 흙덩이를 주었다.

8) 觀浴操戈：子犯因醉載之以去齊 及醒 以戈逐子犯 至曹 曹共公 聞其駢脅 欲觀其裸 因其浴也 薄而觀之 駢脅 謂脅骨相連也

　子犯이 重耳가 술에 취한 틈에 그를 수레에 싣고서 齊나라를 떠났는데, 〈重耳가〉 술에서 깨자 창을 들고 子犯을 쫓아가 찌르려 했다. 曹나라에 이르니 曹 共公은 重耳의 갈비뼈가 통뼈라는 말을 듣고 그의 알몸을 보고자 하여 그가 목욕할 때에 가까이 다가가서 구경하였

다. 骿脅은 갈비뼈가 서로 연결된 것을 이른다.

9) 人有不堪其辱者矣：其爲恥辱 他人所不能堪

그 치욕은, 다른 사람들은 감내할 수 없는 것이라는 말이다.

10) 風羈雨紲：羈紲 馬索也 言在路衝冒風雨

羈와 紲은 말을 부릴 때 쓰는 끈이니, 길에서 비바람을 만나 고생함을 말한다.

11) 過都歷邑：在外凡十九年

〈重耳가〉 국외에 있었던 기간이 19년이다.

12) 人有不堪其勞者矣：其爲勞苦 他人所不能堪

그 수고로움은, 다른 사람들은 감내할 수 없는 것이라는 말이다.

13) 使其一日捨重耳而從懷公：設使諸從亡者 捨之而歸懷公

'가령 망명에 따라다니는 여러 신하들이 重耳를 버리고 懷公에게 돌아온다면'의 뜻이다.

14) 則里閭歡迎：隣閭無不迎接

마을의 이웃사람들이 모두 환영하여 맞이해줄 것이라는 말이다.

15) 姻族畢至：親戚無不慶賀

친척들이 모두 경하해줄 것이라는 말이다.

16) 擊鮮釃酒：殺牲以置酒

희생을 잡아 술자리를 마련해줄 것이라는 말이다.

17) 舒發故情：敍閭里姻族故舊之情

마을사람과 친척들과 친구들과 함께 회포를 풀 것이라는 말이다.

18) 此天下之至樂也：與前不堪其憂相反

앞글의 '근심을 감내하지 못할 것'이라는 말과 상반된다.

19) 高軒華轂：軒 車也 轂 輪也 言車馬之美

軒은 수레이고, 轂은 수레바퀴이니, 수레와 말의 아름다움을 말한다.

20) 豹飾羔裘：羔皮爲裘 而飾以豹皮 言服飾之盛

염소 가죽으로 갖옷을 만들고 표범가죽으로 꾸미는 것이니, 복식의 훌륭함을 말한다.

21) 前趨後陪：或趍於前 或陪於後

어떤 이는 앞에서 인도하고, 어떤 이는 뒤에서 모신다.

22) 光生徒馭：言僕從之多

시종하는 마부가 많다는 말이다.

23) 此天下之至榮也：與前不堪其辱相反

앞글의 '치욕을 감내하지 못할 것'이라는 말과 상반된다.

24) 堂宇靚深：居室之邃

거처하는 방이 깊숙한 것이다.

25) 自公退食：歸朝之時

조정에서 돌아온 때을 이른다.

26) 體胖心廣：奉養之適

봉양이 알맞음을 이른다.

27) 四顧無虞：起居之安

일상생활이 편안함을 이른다.

28) 此天下之至安也：與前不堪其勞相反

앞글의 '수고로움을 감내하지 못할 것'이라는 말과 상반된다.

29) 懷公盍亦以人觀已乎：何不以重耳之有德 反觀己之無德

'어찌 重耳의 有德함을 통하여 돌이켜 자기의 無德함을 살피지 않느냐.'는 말이다.

30) 從彼者憂如是……勞如是：彼 謂重耳

'저〔彼〕'는 重耳를 이른다.

31) 而狐趙輩乃就之而不辭：必是重耳有德 故就之也

반드시 重耳가 덕이 있기 때문에 그에게 나아간다는 말이다.

32) 從我者樂如是……安如是：我 謂懷公

'나〔我〕'는 懷公을 이른다.

33) 而狐趙輩乃棄之而不顧：必是我無德 故棄之也

반드시 내가 덕이 없기 때문에 나를 버린다는 말이다.

34) 則德之優劣厚薄 不待言而可見矣：因人觀已 則重耳之德 優且厚 已之德劣且薄 皆可見矣

남을 통하여 자기를 살피면 重耳의 덕이 넉넉하고 두터우며, 자기의 덕이 용렬하고 야박한 것을 모두 알 수 있다는 말이다.

懷公은 晉나라의 군주이며 저 重耳는 다만 일개 망명한 公子일 뿐이다. 狐偃과 趙衰의 무리들은 重耳를 따라 나가 狄나라에서 함정에 빠지고 衛나라에서 곤궁을 당했으며 齊나라에서 도망치고 楚나라를 탈출하였으니, 사람으로서는 그 근심을 감내하지 못할 것이 있었다. 음식을 구걸하니 흙덩이를 던져주고, 목욕하는 것을 훔쳐보기도 하고, 창을 잡고 쫓아오기도 하였으니, 사람으로서는 그 치욕을 감내하지 못할 것이 있었다. 바람을 굴레 삼고 비를 고삐 삼아 도읍을 지나고 고을을 거쳐 떠돌아다녔으니, 사람으로서는 그 수고를 감내하지 못할 것이 있었다.

가령 하루아침에 重耳를 버리고 懷公을 따랐다면 동네사람들이 환영하고 인척들이 모두 모여 새로 희생을 잡고 술을 걸러 옛 정을 풀어낼 수 있을 것이니, 이는 천하의 지극한 즐거움이다. 높고 화려한 수레를 타고, 표범가죽으로 염소갖옷을 꾸미며, 앞뒤로 모시는 시종들이 있으며, 말 모는 무리들도 빛이 날 것이니, 이는 천하의 지극한 영광이다. 사는 집은 정결하고 그윽하며 조정에서 물러나와 밥을 먹음에 몸은 살찌고 마음도 넉넉하여 사방을 둘러봐도 근심이 없을 것이니, 이는 천하의 지극한 편안함이다.

懷公은 또한 어찌 남을 통하여 자기를 살피지 않는가? 저 重耳를 따르는 자는 이처럼 근심스럽고 이처럼 치욕을 받으며 이처럼 수고로운데도 狐偃과 趙衰의 무리들은 기꺼이 중이를 따르고 떠나지 않았으며, 나를 따르는 자는 이처럼 즐겁고 이처럼 영광스러우며 이처럼 편안할 것인데도 狐偃과 趙衰의 무리들은 나를 버리고 아랑곳하지 않았으니, 〈晉 懷公과 重耳의〉 덕의 優劣과 厚薄을 말하지 않아도 알 수 있다.

懷公盍亦因此自反[1)]가 曰 樂也榮也安也는 人之所同嗜也[2)]니 狐趙之徒所[3)]以崎嶇從重耳者[4)]가 豈與人異情哉[5)]리오 其棄樂而就憂者는 必重耳之德有以勝其憂也[6)]요 其棄榮而就辱者는 必重耳之德有以勝其辱也[7)]며 其棄安而就勞者는 必重耳之德有以勝其勞也[8)]리라 況吾以晉國之大而增修其德[9)]이면 則人之從我者는 旣有道德之樂[10)]하고 又有名位之樂[11)]하며 旣有道德之榮[12)]하고 又有名位之榮[13)]하며 旣有道德之安[14)]하고 又有名位之安[15)]하니 重耳無我之所有[16)]하고 而我有重耳之所無[17)]하니 有無之相形이면 人將不待招而至矣[18)]리라 此猶爲懷公而言[19)]이니 非論之至者也[20)]라 德之休明[21)]이면 冰天桂海[22)]와 荒區絶漠[23)]이 將奉琛重譯하야 而皆來臣[24)]하리니 何至下與一亡公子爭數僕役哉[25)]아 陋矣로다 懷公之褊也[26)]여

1) 懷公盍亦因此自反：就轉一意
　곧 다른 뜻으로 전환한 것이다.
2) 曰樂也榮也安也 人之所同嗜也：三者 人情之所同好
　이 세 가지는 인정상 똑같이 좋아하는 것이다.
3) 〔역주〕 所：四庫全書本에는 '所'가 '而'로 되어 있다.
4) 狐趙之徒所以崎嶇從重耳者：謂人寧棄我而就彼
　사람들이 어찌 나를 버리고 저 重耳를 따르는지를 말한 것이다.

5) 豈與人異情哉：非是不與人同嗜好
　　남들과 똑같이 좋아하지 않는 것은 아니라는 말이다.
6) 其棄樂而就憂者 必重耳之德有以勝其憂也：有德可以爲樂 故忘其憂
　　덕이 있는 것이 즐거움이 될 수 있기 때문에 그 근심을 잊는다는 말이다.
7) 其棄榮而就辱者 必重耳之德有以勝其辱也：有德可以爲榮 故忘其辱
　　덕이 있는 것이 영광이 될 수 있기 때문에 그 치욕을 잊는다는 말이다.
8) 其棄安而就勞者 必重耳之德有以勝其勞也：有德可以爲安 故忘其勞
　　덕이 있는 것이 편안함이 될 수 있기 때문에 그 수고로움을 잊는다는 말이다.
9) 況吾以晉國之大而增修其德：假設懷公若能如此
　　'懷公이 만일 이와 같을 수 있다면'을 가정해 말한 것이다.
10) 則人之從我者 既有道德之樂：亦如重耳有德 可以爲樂
　　重耳처럼 덕이 있으면 즐거움이 될 수 있다는 말이다.
11) 又有名位之樂：又兼前所謂至樂者
　　앞에서 이른바 지극한 즐거움을 겸비한 것이다.
12) 既有道德之榮：亦如重耳有德 可以爲榮
　　重耳처럼 덕이 있으면 영광이 될 수 있다는 말이다.
13) 又有名位之榮：又兼前所謂至榮者
　　앞에서 이른바 지극한 영광을 겸비한 것이다.
14) 既有道德之安：亦如重耳有德 可以爲安
　　重耳처럼 덕이 있으면 편안함이 될 수 있다는 말이다.
15) 又有名位之安：又兼前所謂至安者
　　앞에서 이른바 지극한 편안함을 겸비한 것이다.
16) 重耳無我之所有：無名位
　　명예와 지위가 없다는 말이다.
17) 而我有重耳之所無：既有道德 兼有名位
　　이미 道德이 있고 겸하여 명예와 지위가 있다는 말이다.
18) 有無之相形 人將不待招而至矣：發意透徹
　　뜻을 드러낸 것이 투명하고 철저하다.
19) 此猶爲懷公而言：轉入新意
　　전환하여 새로운 뜻으로 들어간다.
20) 非論之至者也：下文乃言盛德感人之至
　　아래 글에 바로 훌륭한 덕으로 남을 감화시키는 지극함을 말하였다.

21) 德之休明：人君有德而休美明著者
　임금이 덕이 있어서 아름다움이 밝게 드러나는 것이다.
22) 冰天桂海：桂海 在南方 桂林南海郡也 冰天 在北方 其地 多積堅冰
　桂海는 南方에 있으니 桂林의 南海郡이고, 冰天은 北方에 있으니 그 땅은 대부분 단단한 얼음이 쌓여 있다.
23) 荒區絶漠：遐荒之區 絶遠之漠
　멀리 황무지가 있는 지역과 멀리 떨어져 있는 사막을 이른다.
24) 將奉琛重譯 而皆來臣：琛 美玉也 譯者 傳夷夏之言 今下番語*) 者是也 言盛德所盛 無遠不至
　琛은 아름다운 옥이다. 譯이란 夷狄과 華夏의 말을 전달하는 것이니 지금의 番語를 맡은 자가 이것이다. 훌륭한 덕이 성대해지면 아무리 멀어도 모두 이를 것이라는 말이다.
*)〔역주〕下番語：소수 민족의 말, 혹은 외국어를 이른다.
25) 何至下與一亡公子爭數僕役哉：亡公子 謂重耳 僕役 謂狐趙之徒
　亡公子는 重耳를 이르고, 僕役은 狐偃과 趙衰의 무리를 이른다.
26) 陋矣 懷公之褊也：其責處心褊小
　마음 씀이 좁음을 책하는 말이다.

懷公은 또한 어찌 이것을 통하여 스스로 아래와 같이 반문하지 않는가?

"즐거움과 영광과 편안함은 사람들이 똑같이 좋아하는 것이니, 狐偃과 趙衰의 무리들이 기구한 고생을 하면서도 重耳를 따르는 이유가, 어찌 다른 사람들의 인정과 달라서이겠는가?

그들이 즐거움을 버리고 근심을 받아들인 까닭은 반드시 重耳의 德이 그 근심을 극복하게 해주기 때문이고, 그들이 영광을 버리고 치욕을 받아들인 까닭은 반드시 重耳의 德이 그 치욕을 극복하게 해주기 때문이며, 그들이 편안함을 버리고 수고로움을 받아들인 까닭은 반드시 重耳의 德이 그 수고로움을 극복하게 해주기 때문일 것이다.

하물며 내가 강대한 晉나라를 가지고 그 德을 닦는 일을 더한다면 나를 따르는 자들은 이미 道德의 즐거움이 있는 데다 또 명예와 지위의 즐거움이 있으며, 이미 道德의 영광이 있는 데다 또 명예와 지위의 영광이 있고, 이미 道德의 편안함이 있는 데다 또 명예와 지위의 편안함이 있으니, 重耳는 나에게 있는 것이 없으며 나는 重耳에게 없는 것이 있으니, 있고 없는 것이 서로 드러나면 사람들이 장차 부르지 않아도 오게 될 것이다."

그러나 이 말은 懷公을 위하여 하는 말이지 지극한 의론은 아니다. 德이 아름답고 밝으면 얼음이 덮인 북방 지역이나 계수나무가 많은 남해 지역, 멀리 황무지가 있는 지역이나 아주 먼 사막이 있는 지역에서도 장차 보물을 바치고 이중으로 번역하는 사람을 데리고 와서 모두 신하가 될 것이다. 어찌 아래로 망명한 일개 공자 및 몇몇 심부름꾼들과 다투는가? 비루하도다! 懷公의 속 좁음이여.

懷公肆其褊心[1]하야 **不知反己**[2]하고 **徒殺人以逞**[3]하야 **使在外者**로 **絶向我之意**하고 **而堅事讐之志**[4]하니 **計無失於此矣**[5]로다 **雖重耳苟安於外**[6]라도 **彼毛偃挾不戴天之讐**[7]하야 **思欲一逞**[8]하리니 **豈容重耳之安於外乎**[9]아 **是則納重耳於晉者**는 **非秦伯也**[10]요 **非狐趙也**[11]며 **懷公也**[12]로다

1) 懷公肆其褊心：承上文爲字說

웟글의 〈'此猶爲懷公而言'의〉 '爲'자를 이어 말한 것이다.

2) 不知反己：不能因人反見己德

남을 통하여 돌이켜 자기의 덕을 보지 못한다는 말이다.

3) 徒殺人以逞：殺狐突以逞其忿

狐突을 죽여 그 분함을 풀었다는 말이다.

4) 使在外者……而堅事讐之志：仇 謂重耳

원수는 重耳를 이른다.

5) 計無失於此者矣：言懷公之殺狐突 最爲失策

懷公이 狐突을 죽인 것이 가장 잘못된 계책이라는 말이다.

6) 雖重耳苟安於外：假使重耳無歸晉之志

'가령 重耳가 晉나라에 돌아올 뜻이 없다면'의 뜻이다.

7) 彼毛偃挾不戴天之讐：狐毛狐偃 以其父無辜被殺 義與懷公不共戴天

狐毛와 狐偃은 자기 아버지가 무고하게 죽음을 당했기 때문에 의리상 懷公과 하늘 아래 함께 살 수 없다는 말이다.

8) 思欲一逞：思欲爲父報仇

아버지를 위하여 원수를 갚고자 생각한다는 말이다.

9) 豈容重耳之安於外乎：必納重耳於晉 殺懷公而後已

반드시 重耳를 진나라에 들여보내 懷公을 죽인 뒤에야 그만둘 것이라는 말이다.

10) 是則納重耳於晉者 非秦伯也：僖公二十四年 秦穆公納重耳 是爲文公

僖公 24년에 秦 穆公이 重耳를 〈晉나라에〉 들여보내니 이 사람이 晉 文公이다.

11) 非狐趙也：二十三年 秦伯享重耳 子犯請使趙衰從*) 穆公賦詩六月 趙衰命重耳拜賜 子犯 狐偃之字也 次年遂納文公

僖公 23년에 秦伯이 重耳에게 연향을 베풀었는데, 子犯이 趙衰에게 시종하게 할 것을 청하였다. 穆公이 〈六月〉시를 읊으니 趙衰가 重耳에게 穆公의 은혜에 절하게 하였다. 子犯은 狐偃의 字이다. 이듬해에 마침내 〈秦 穆公이〉 文公(重耳)을 〈晉나라에〉 들여보내주었다.

*) 〔역주〕 子犯請使趙衰從：子犯이 重耳에게 자신은 말솜씨가 趙衰만 못하니 趙衰를 데리고 가기를 청한 것이다.

12) 是則納重耳於晉者……懷公也：言納文公者 雖秦穆 狐趙□*) 以其實懷公殺狐突 激而成其事也

晉 文公을 들여보낸 이는 비록 秦 穆公이지만 狐偃과 趙衰가 실제로 懷公이 狐突을 죽인 데에 격분하였기 때문에 그 일을 성사시킨 것이라는 말이다.

*) 〔역주〕 □：저본에는 1자 빈칸으로 되어 있다.

懷公은 그 좁은 속을 멋대로 부려 자기를 돌이켜보지 못하고 한갓 사람을 죽이는 것으로 기분을 풀었다. 그리하여 나라 밖에 있는 자들에게 나를 향한 뜻을 끊고 원수를 섬길 뜻을 굳건하게 만들어주었으니 이보다 더 잘못된 계책은 없다.

비록 重耳가 나라 밖에서 구차히 안주하려 해도 저 狐毛와 狐偃이 하늘 아래 함께 살 수 없는 원한을 가지고 한번 시원하게 풀고자 하니, 어찌 重耳가 밖에서 안주하는 것을 받아들이겠는가? 이렇다면 重耳를 晉나라에 들여놓은 것은 秦伯이 아니고, 狐偃과 趙衰도 아니며, 바로 懷公이다.

13-05 晉重耳奔狄止降服而囚 '晉나라 重耳가 狄으로 도망가다'부터 '上衣를 벗고 스스로 罪囚 모양을 하고서 謝罪하다'까지

13-05-01 晉重耳奔狄止降服而囚 '晉나라 重耳가 狄으로 도망가다'부터 '上衣를 벗고 스스로 罪囚 모양을 하고서 謝罪하다'까지

【左傳】 僖二十三年이라 公子重耳之及於難也[1)]에 晉人伐諸蒲城[2)]하니 蒲城人欲戰한대 重耳不可曰 保君父之命而享其生祿[3)]하고 於是乎得人[4)]이어늘 有人而校면 罪莫大焉[5)]이라 吾其奔也하리라하고 遂奔狄하다 從者 狐偃趙衰顚頡魏武子司空季子[6)]러라 狄人伐廧咎

如[7]하야 獲其二女叔隗季隗하야 納諸公子하니 公子取季隗하야 生伯儵叔劉하고 以叔隗妻趙衰하야 生盾[8]하다 將適齊할새 謂季隗曰 待我二十五年하야 不來而後嫁하라 對曰 我二十五年矣라 又如是而嫁면 則就木焉[9]이리라

1) 〔역주〕 公子重耳之及於難也 : 驪姬의 禍難을 만난 것이다.〈附注〉
2) 〔역주〕 晉人伐諸蒲城 : 이 일은 僖公 5년에 있었다.〈杜注〉
3) 〔역주〕 保君父之命而享其生祿 : 生命을 保養할 수 있는 祿邑을 받았다는 말이다. 享은 受이다.〈附注〉
4) 〔역주〕 於是乎得人 : 祿邑이 있어 많은 무리를 모았다는 말이다.〈杜注〉
5) 〔역주〕 有人而校 罪莫大焉 : 人民을 소유하였다 하여 君父와 勝負를 겨룬다는 말이다. 校는 報復하는 것이다.〈附注〉
6) 〔역주〕 司空季子 : 胥臣臼季를 이른다. 司空은 官名이고, 胥는 氏, 臣은 名, 臼는 食邑이다. 그러므로 胥臣이라 하기도 하고 臼季라고도 한다. 이때 狐毛와 賈佗도 함께 侍從하였는데 이 다섯 사람만을 들어 말한 것은 賢明하고 大功이 있었기 때문이다.〈杜注〉
7) 〔역주〕 廧咎如 : 赤狄의 別種으로 隗姓이다.〈杜注〉
8) 〔역주〕 盾 : 趙衰의 아들 趙盾은 趙宣子이다.
9) 〔역주〕 又如是而嫁 則就木焉 : 장차 죽어서 棺에 들어가게 될 것이니 다시 시집갈 수 없다는 말이다. 즉, 公子 重耳를 기다리겠다는 것이다. 重耳는 僖公 5년에 狄으로 도망가서 僖公 16년에 狄을 떠났으니, 狄에 머문 지 12년 만이다.

僖公 23년, 公子 重耳가 禍難를 만났을 때에 晉人이 蒲城을 攻伐하니, 蒲城 사람들이 맞아 싸우려 하자 重耳가 반대하며 "君父의 命에 의지해 살아갈 수 있는 祿을 받았고, 이로 인해 人民을 얻었는데 人民을 소유하였다 하여 〈君父의 命에〉 저항〔校〕한다면 이보다 큰 罪가 없으니, 나는 도망갈 것이다."라고 하고서 드디어 狄으로 도망갔다. 이때 그를 侍從한 사람은 狐偃, 趙衰, 顚頡, 魏武子(魏犨), 司空季子였다.

狄人이 廧咎如를 討伐하여 그 두 딸 叔隗와 季隗를 포로로 잡아와서 公子에게 바치니, 公子는 季隗를 취하여 伯儵와 叔劉를 낳고, 叔隗를 趙衰의 아내로 주어 盾을 낳았다.

重耳가 齊나라로 가려 할 때 季隗에게 이르기를 "나를 25년 동안 기다렸다가 돌아오지 않거든 시집가라."고 하였다. 季隗가 대답하기를 "내 나이 지금 25세인데 다시 25년이 지난 뒤에 시집간다면 棺에 들어갈 때가 될 것이니, 〈公子를 기다리겠습니다.〉"라고 하였다.

晉나라 重耳가 列國을 주유하다〔晉重耳周遊列國〕

過衛할새 衛文公不禮焉하니 出於五鹿[1)]하야 乞食於野人하다 野人與之塊[2)]하니 公子怒하야 欲鞭之한대 子犯曰 天賜也[3)]라하니 稽首受而載之하다 及齊하야 齊桓公妻之하니 公子安之[4)]하다 從者以爲不可라하야 將行을 謀於桑下[5)]러니 蠶妾在其上[6)]이라가 以告姜氏라 姜氏殺之[7)]하고 而謂公子曰 子有四方之志어늘 其聞之者를 吾殺之矣니이다 公子曰 無之로라 姜曰 行也[8)]하소서 懷與安은 實敗名[9)]이니이다 公子不可라한대 姜與子犯謀하야 醉而遣之[10)]하다

1) 〔역주〕 出於五鹿 : 五鹿은 衛나라 땅이다. 지금 衛縣 서북쪽에 五鹿이란 地名이 있고, 陽平 元城縣 동쪽에도 五鹿이란 地名이 있다.〈杜注〉
2) 〔역주〕 野人與之塊 : 野人이 無禮하게 흙덩이를 重耳에게 준 것이다.〈附注〉
3) 〔역주〕 子犯曰 天賜也 : 흙을 얻는 것은 國家를 소유할 조짐이기 때문에 하늘이 준 것이라고 한 것이다.〈杜注〉
4) 〔역주〕 公子安之 : 重耳는 齊나라의 생활을 편안하게 여겨 다시 천하를 經營할 원대한 뜻을 갖지 않은 것이다.〈附注〉
5) 〔역주〕 將行 謀於桑下 : 齊 桓公은 이미 죽었고, 孝公은 믿을 만한 사람이 못 된다는 것을 알았기 때문에 齊나라를 떠나고자 한 것이다.〈杜注〉
6) 〔역주〕 蠶妾在其上 : 누에를 치는 姜氏의 婢妾이 마침 그 나무 위에서 뽕을 따다가 그 謀議를 들은 것이다.〈附注〉
7) 〔역주〕 以告姜氏 姜氏殺之 : 姜氏는 重耳의 아내이다. 孝公이 重耳가 떠날 것을 알면 怒할 것이 두려웠기 때문에 그 婢妾을 죽여 입을 막은 것이다.〈杜注〉
8) 〔역주〕 姜曰 行也 : 姜氏가 重耳에게 떠나도록 勸勉한 것이다.〈附注〉
9) 〔역주〕 懷與安 實敗名 : 남의 寵愛를 그리워하고 자신의 거처를 편안히 여기는 것은 실로 功名을 무너뜨리기에 충분하다는 말이다.〈附注〉
10) 〔역주〕 姜與子犯謀 醉而遣之 : 齊나라를 떠날 뜻이 없었기 때문에 姜氏는 子犯과 상의하여 公子에게 술을 권해 취하게 한 뒤에 수레에 싣고 齊나라를 떠나보낸 것이다. ≪春秋左氏傳≫에는 이 글 뒤에 '重耳는 술이 깬 뒤에 크게 노하여 창을 들고 子犯을 뒤쫓았다.'는 기사가 더 있다.

衛나라를 지날 때 衛 文公이 禮遇하지 않으니, 五鹿으로 나와 野人에게 음식을 求乞하였다. 野人이 그에게 흙덩이를 주니 公子가 怒하여 채찍으로 치려 하자 子犯이 "하늘이 주신 것입니다."라고 하니, 重耳는 머리를 조아리고 그 흙덩이를 받아 수레에 실었다.

齊나라에 이르러 齊 桓公이 딸을 重耳에게 아내로 주니, 公子는 齊나라의 생활에 安住하였다. 그러자 그를 따른 자들은 이래서는 안 된다고 여겨 장차 떠날 것을 뽕나무 아래에서 謀議하였는데, 누에 치는 妾이 그 나무 위에 있다가 그 모의를 듣고 돌아와서 그 일을 姜氏에게 고하였다.

姜氏는 그 첩을 죽여 입을 막고서 公子에게 "公子께서 가지신 天下를 經營할 遠大한 뜻에 대해 들은 사람을 내가 이미 죽였습니다."라고 하니, 公子가 "그런 뜻이 없다."라고 하였다. 姜氏가 "떠나십시오. 아내를 사모하고 安逸을 탐하는 것은 실로 功名을 무너뜨리는 일입니다." 하였다. 公子가 듣지 않자, 姜氏는 子犯과 상의하여 公子에게 술을 권해 취하게 한 뒤에 수레에 싣고 齊나라를 떠나보냈다.

及曹하니 曹共公聞其駢脅[1)]하고 欲觀其裸하야 浴에 薄而觀之[2)]하다 僖負羈[3)]之妻 曰 吾觀晉公子之從者컨대 皆足以相國이니 若以相이면 夫子[4)]必反其國이요 反其國이면 必得志於諸侯하고 得志於諸侯하야 而誅無禮면 曹其首也리니 子盍蚤自貳焉[5)]가 乃饋盤飧할새 寘璧焉[6)]하니 公子受飧反璧[7)]하다

1) 〔역주〕 駢脅 : 갈비뼈가 붙은 것이다.〈杜注〉 즉 駢은 붙은 것이고 脅은 갈비이니, 겨드랑이 밑에 있는 여러 개의 肋骨이 서로 붙어 마치 하나의 뼈가 된 것 같은 것이다.〈附注〉

2) 〔역주〕 薄而觀之 : 薄은 가까이 가는 것이다.〈杜注〉

3) 〔역주〕 僖負羈 : 曹나라 大夫이다.〈杜注〉

4) 〔역주〕 夫子 : 重耳를 이른다.

5) 〔역주〕 子盍蚤自貳焉 : 自貳는 스스로 曹君에게 다른 마음을 품는 것이니, 이런 뜻을 公子에게 보이라는 말이다.〈杜注〉

6) 〔역주〕 乃饋盤飧 寘璧焉 : 신하는 國外의 사람과 交際하는 의리가 없기 때문에 소반에 음식을 보내는 기회를 이용해 밥 속에 구슬을 넣어 사람들이 모르게 한 것이다.〈杜注〉

7) 〔역주〕 公子受飧反璧 : 밥을 받아 그 뜻을 받아들이고, 구슬을 돌려주어 貪慾하지 않음을 보인 것이다.〈附注〉

曹나라에 이르니 曹 共公은 重耳의 갈비가 통뼈라는 말을 듣고 그의 알몸을 보고자 하여 그가 목욕할 때에 가까이 다가가서 구경하였다. 僖負羈의 아내가 僖負羈에게 말

하였다.

"내가 晉公子의 從者들을 보건대 모두 나라의 宰相이 되기에 충분한 人才들이니 만약 公子가 저들의 보좌를 받는다면 夫子는 반드시 晉나라로 돌아갈 수 있을 것이고, 晉나라로 돌아간다면 반드시 諸侯의 霸主가 될 것이고, 제후의 霸主가 되어 無禮한 나라를 誅罰한다면 아마 曹나라가 맨 먼저 주벌될 것입니다. 그러니 당신은 어찌 일찍이 스스로 두 마음을 품은 것을 公子에게 보이지 않습니까?"

아내의 말을 들은 僖負羈가 한 소반의 음식을 보내면서 밥 속에 구슬을 넣으니, 公子는 그 밥만을 받고 구슬은 돌려주었다.

及宋하니 宋襄公贈之以馬二十乘하니이다 及鄭하니 鄭文公亦不禮하다 及楚하니 楚子享之曰 公子若反晉國이면 則何以報不穀[1]고 對曰 子女[2]玉帛은 則君有之하고 羽毛齒革은 則君地生焉이라 其波及晉國者는 君之餘也니 其何以報君이리잇가 曰 雖然이나 何以報我오 對曰 若以君之靈으로 得反晉國이면 晉楚治兵하야 遇於中原에 其辟君三舍[3]하리이다 若不獲命[4]이면 其左執鞭弭하고 右屬櫜鞬하야 以與君周旋[5]하리이다 子玉請殺之[6]한대 楚子曰 晉公子廣而儉[7]하고 文而有禮[8]하며 其從者肅而寬[9]하고 忠而能力[10]이어늘 晉侯無親하야 外內惡(오)之[11]하나니라 吾聞姬姓은 唐叔之後라 其後衰者也라하니 其將由晉公子乎[12]ㄴ저 天將興之하니 誰能廢之리오 違天이면 必有大咎라하고 乃送諸秦하다 秦伯納女五人하니 懷嬴[13]與焉이라 奉匜沃盥이러니 旣而揮(也)〔之〕[14)15]한대 怒曰 秦晉이 匹也[16]어늘 何以卑我오 公子懼하야 降服而囚[17]하다

1) 〔역주〕 不穀 : 君王의 謙稱이다.

2) 〔역주〕 子女 : 妃妾이다.〈附注〉

3) 〔역주〕 晉楚治兵……其辟君三舍 : 30리가 1舍이다. 만일 晉나라와 楚나라가 전쟁을 할 경우, 晉兵이 90리를 후퇴해 楚兵을 피하는 것으로써 楚나라의 恩德을 갚겠다는 말이다.〈附注〉

4) 〔역주〕 若不獲命 : '三舍를 물러났는데도 戰爭을 중지하자는 楚王의 명을 받지 못한다면'의 뜻이다.〈杜注〉

5) 〔역주〕 其左執鞭弭……以與君周旋 : 弭는 끝을 뼈로 장식하지 않은 활이다. 櫜는 화살통이고, 鞬은 활집이다. 屬은 차는 것이다. 周旋은 서로 追擊하는 것이다.〈杜注〉

6) 〔역주〕 子玉請殺之 : 重耳의 뜻이 큰 것을 두려워했기 때문에 죽이기를 청한 것이다.

〈杜注〉

7) 〔역주〕 晉公子廣而儉 : 重耳의 뜻은 넓고, 행실은 검소하다는 말이다.〈杜注〉

8) 〔역주〕 文而有禮 : 文華한 사람은 傲慢에 이르기 쉬운데 公子는 능히 禮로써 자신을 단속한다는 말이다.〈附注〉

9) 〔역주〕 其從者肅而寬 : 肅은 敬과 같은 말이다.〈杜注〉

10) 〔역주〕 忠而能力 : 충성을 다해 임금을 섬기고 부지런히 힘까지 쓴다는 말이다.〈附注〉

11) 〔역주〕 晉侯無親 外內惡(오)之 : 晉侯는 惠公이다. 그는 猜忌心이 많아 남을 이기려고 하기 때문에 親近한 사람이 없다는 말이다.〈附注〉

12) 〔역주〕 吾聞姬姓……其將由晉公子乎 : 唐叔의 자손이 다른 諸侯보다 뒤에 衰亡한다면 晉나라가 興起하는 것은 아마도 晉公子 重耳 때문일 것이라는 말이다.〈附注〉

13) 〔역주〕 懷嬴 : 子圉의 아내이다. 子圉의 謚가 懷公이기 때문에 懷嬴이라 호칭한 것이다.〈杜注〉

14) 〔역주〕 (也)〔之〕 : 저본에는 '也'로 되어 있으나, 十三經注疏本 ≪春秋左氏傳≫에 의거하여 '之'로 바로잡았다.

15) 〔역주〕 奉匜沃盥 旣而揮(也)〔之〕 : 匜는 洗手하도록 물을 붓는 그릇이다. 盥은 세수하는 것이고, 揮는 뿌리는 것이다. 懷嬴이 匜를 들고 重耳의 손에 물을 부어 세수하게 하고는 세수를 마치자 젖은 손을 회영에게 뿌려 물이 그 옷을 더럽히게 했다는 말이다.〈附注〉

16) 〔역주〕 秦晉 匹也 : 匹은 匹敵이다.〈杜注〉

17) 〔역주〕 降服而囚 : 上服을 벗고 스스로 罪囚의 모양을 하고서 謝過한 것이다.〈杜注〉

宋나라에 이르니 宋 襄公이 그에게 말 20乘을 보내주었다. 鄭나라에 이르니 鄭 文公 또한 禮遇하지 않았다.

楚나라에 이르니 楚子가 酒宴을 베풀어 重耳을 접대하며 말하기를 "公子가 만약 晉나라로 돌아가게 된다면 무엇으로써 不穀에게 報答하겠소?"라고 하니, 重耳가 대답하기를 "子女와 玉帛이라면 임금께서 이미 소유하셨고, 羽·毛·齒·革이라면 임금님의 땅에서 생산됩니다. 우리 晉나라에 흘러온 것들은 임금님께서 쓰시고 남은 것들이니, 무엇으로 임금께 보답할 수 있겠습니까?"라고 하였다.

楚子가 다시 "비록 그렇기는 하지만 무엇으로써 보답하겠소?"라고 하니, 重耳가 대답하였다. "만약 임금님의 덕으로 晉나라로 돌아가게 된다면 晉나라와 楚나라가 군대를 거느리고서 中原에서 만났을 때 임금님을 위해 3舍를 물러나겠습니다. 그래도 〈戰

爭을 중지하자는〉 임금님의 命을 들을 수 없으면 왼손에는 채찍과 활을 잡고 오른손에는 활집과 화살통을 차고서 임금님과 한판 겨루어보겠습니다."

이에 子玉이 죽이기를 청하니 楚子는 "晉公子는 뜻이 廣大하면서도 儉素하고 文華하면서도 禮가 있으며, 그 從者들은 엄숙하면서도 너그럽고 충성스러워 힘을 다해 그 임금을 섬기는데, 현재의 晉侯는 親近한 사람이 없어 內外가 모두 그를 미워한다. 내가 듣건대 姬姓 諸侯 중에 唐叔의 後孫이 가장 뒤에 衰亡할 것이라고 하니, 아마도 晉公子가 장차 晉나라의 임금이 되기 때문이리라. 하늘이 그를 일으키려 하는데 누가 그를 廢黜할 수 있겠는가? 하늘의 뜻을 어기면 반드시 큰 災殃이 있을 것이다."라고 하고서, 重耳를 秦나라로 보내주었다.

秦伯이 重耳에게 여자 다섯을 보내주었는데 懷嬴도 그 속에 끼어 있었다. 하루는 懷嬴이 주전자〔匜〕에 물을 담아 들고 重耳의 손에 부어 洗手하게 하였는데, 〈重耳가〉 세수를 마치고는 젖은 손의 물을 懷嬴에게 뿌리니, 懷嬴이 화를 내며 말하였다. "秦나라와 晉나라는 對等〔匹〕한 나라인데 어째서 나를 卑賤하게 대하십니까?" 公子는 겁이 나서 上衣를 벗고 스스로 罪囚 모양을 하고서 謝罪하였다.

13-05-02 秦伯納重耳至頭須求見 '秦伯이 重耳를 晉나라로 들여보내다'부터 '頭須가 뵙기를 청하다'까지

【左傳】 僖二十四年이라 春에 秦伯納之[1]하다 及河에 子犯以璧授公子[2]曰 臣負羈紲從君巡於天下[3]에 臣之罪甚多矣니이다 請由此亡[4]하노이다 公子曰 所不與舅氏同心者면 有如白水[5]라하고 投其璧于河[6]하다 濟河하야 圍令狐하고 入桑泉하야 取臼衰[7]하다 晉師軍于廬柳[8]어늘 秦伯使公子縶如晉師하니 師退하야 軍于郇[9]하다 狐偃及秦晉之大夫盟于郇[10]하다 公子入于晉師하다 丙午에 入于曲沃하야 丁未에 朝于武宮[11]하고 戊申에 使殺懷公于高梁[12]하다

1) 〔역주〕 秦伯納之 : 重耳를 晉나라로 들여보낸 것이다.〈杜注〉

2) 〔역주〕 及河 子犯以璧授公子 : 璧玉을 重耳에게 준 것은 子犯이 임금으로 하여금 誓約하도록 脅迫하려는 뜻이었으니, 이것이 子犯의 奸巧함이다.〈附注〉

3) 〔역주〕 臣負羈紲從君巡於天下 : 羈는 말굴레이고 紲은 말고삐이니 신하가 임금을 위해 賤役을 奉行하는 것으로, '負羈紲'은 亡命한 임금을 隨從한 자가 자신을 일컫는 투식어

이다.

4) 〔역주〕 請由此亡 : 林堯叟의 注에 "여기에서 도망해 가겠다고 청한 것이다."라고 하였고, 朱申의 주에 "여기에서 죽겠다고 청한 것이다."라고 하였다.

5) 〔역주〕 所不與舅氏同心者 有如白水 : 杜預의 注에 "子犯은 重耳의 外叔이다. 舅氏와 마음을 한가지로 하겠다는 밝은 盟誓가 이 맑은 물과 같다는 말이니, ≪詩經≫ 〈王風 大車〉에 '나의 말이 진실하지 못하다고 여긴다면〔謂予不信〕 밝을 해가 證人이 될 것이다.'라고 한 것과 같다."고 하였다. 所는 若의 뜻으로 誓詞에 많이 쓰인다. 有如도 誓詞 중에 常用하는 말이다. 여기의 '有如白水', 文公 12년의 '有如河', 襄公 25년의 '有如上帝', 定公 6년의 '有如先君', 哀公 14년의 '有如陳宗' 등은 모두 神이 盟誓의 증인이 되어 盟誓를 어기면 神이 罰을 내린다는 뜻이다.(≪春秋左傳注≫, ≪左氏會箋≫)

6) 〔역주〕 投其璧于河 : 황하의 神에게 信義를 立證〔質〕하기 위해 璧玉을 던진 것이다.〈杜注〉

7) 〔역주〕 入桑泉 取臼衰 : 桑泉은 河東 解縣 서쪽에 있고, 臼城은 解縣 동남쪽에 있다.〈杜注〉

8) 〔역주〕 晉師軍于廬柳 : 重耳를 막기 위해 懷公이 보낸 군대이다.〈杜注〉

9) 〔역주〕 秦伯使公子縶如晉師……軍于郇 : 解縣 서북쪽에 郇城이 있다. 晉軍이 秦伯의 命에 따라 文公을 받아들이기로 하였기 때문에 군대를 물린 것이다.〈附注〉

10) 〔역주〕 狐偃及秦晉之大夫盟于郇 : 郇에서 結盟하여 文公을 들여보내기로 約定한 것이다.〈附注〉

11) 〔역주〕 朝于武宮 : 文公의 祖父 武公의 廟이다. 武公이 曲沃伯으로 晉나라를 兼倂하였기 때문에 曲沃에 그의 사당을 세웠다.〈附注〉

12) 〔역주〕 使殺懷公于高梁 : 懷公이 高梁으로 도망갔기 때문이다. 高梁은 平陽 楊縣 서남쪽이다.〈杜注〉

僖公 24년, 봄에 秦伯이 重耳를 晉나라로 들여보냈다. 重耳가 黃河에 이르렀을 때 子犯이 璧玉을 公子에게 주면서 말하기를 "臣이 羈紲을 지고 임금님을 따라 天下를 돌아다니는 사이에 臣이 지은 罪가 매우 많습니다. 그러니 여기에서 떠나겠습니다."라고 하니, 公子가 말하였다. "만약 내가 舅氏(外叔)와 마음을 한가지로 하지 않는다면 白水의 神이 證人이 될 것이다."라고 하고는 그 璧玉을 黃河에 던졌다.

黃河를 건너 令狐를 포위하고 桑泉으로 진입한 뒤에 臼衰를 취하였다. 晉軍이 廬柳에 주둔하거늘 秦伯이 公子 縶을 晉軍에 보내니 晉軍이 퇴각하여 郇에 주둔하였다. 狐偃이 秦나라·晉나라의 大夫와 郇에서 結盟하였다.

公子가 晉軍의 陣營으로 들어갔다. 丙午日에 曲沃으로 들어가서 丁未日에 武宮을 謁見하고 戊申日에 高粱으로 사람을 보내어 懷公을 죽였다.

寺人披請見한대 公使讓之하고 且辭焉曰 蒲城之役에 君命一宿이어늘 女卽至하고 其後에 余從狄君以田渭濱에 女爲惠公來求殺余할새 命女三宿이어늘 女中宿至하니 雖有君命이나 何其速也오 夫袪猶在하니 女其行乎[1]ㄴ저 對曰 臣謂君之入也에 其知之矣러니 若猶未也하니 又將及難하니 君命無二가 古之制也니이다 除君之惡엔 唯力是視니 蒲人狄人이 余何有焉[2]이리잇가 今君卽位하시니 其無蒲狄乎[3]잇가 齊桓公置射鉤[4]하고 而使管仲相하니 君若易之시면 何辱命焉[5]잇가 行者甚衆[6]하리니 豈唯刑臣[7]이리잇가 公見之한대 以難告[8]하다

1) 〔역주〕 女其行乎 : '너는 떠나거라.'는 말은 너를 용서해 멀리 보내겠다는 말이다.〈附注〉
2) 〔역주〕 蒲人狄人 余何有焉 : '君께서 蒲에 있을 때는 蒲人이고 狄에 있을 때는 狄人이었다. 그 당시 나는 獻公과 惠公만을 알 뿐이었으니, 文公에게 무슨 관심이 있었겠느냐.'는 말이다.〈附注〉
3) 〔역주〕 今君卽位 其無蒲狄乎 : 어찌 君께서 蒲와 狄에 있을 때처럼 公을 해치고자 하는 자가 없겠느냐는 말이다.〈附注〉
4) 〔역주〕 齊桓公置射鉤 : 乾時의 戰爭에서 管仲이 桓公에게 활을 쏘아 帶鉤를 맞혔다.〈杜注〉
5) 〔역주〕 君若易之 何辱命焉 : 만약 齊 桓公과 반대로 하려 한다면 스스로 떠날 것이고 떠나라는 명을 내리는 수고를 끼치지 않겠다는 말이다.〈杜注〉
6) 〔역주〕 行者甚衆 : 罪를 받게 될까 두려워 떠나는 자가 매우 많을 것이라는 말이다.〈附注〉
7) 〔역주〕 豈唯刑臣 : 披는 奄人(去勢 당한 사람)이기 때문에 '刑臣'이라고 自稱한 것이다.〈杜注〉
8) 〔역주〕 公見之 以難告 : 呂甥과 郤芮가 公宮에 불을 지르려고 한 일을 고한 것이다. 呂甥과 郤芮는 惠公의 舊臣이기 때문에 文公에게 핍박받을 것을 두려워하여 公宮에 불을 질러 晉侯를 弑害하려 하였다.

寺人 披가 뵙기를 청하자 文公이 사람을 시켜 꾸짖고 또 接見을 거절하며 말하였다.

"蒲城의 戰爭 때 임금(獻公)께서는 하룻밤을 묵으면서 가라고 명하셨는데 너는 卽日로 달려왔고, 그 뒤에 내가 狄君과 渭水 가에서 사냥할 때 너는 또 惠公을 위해 와

서 나를 죽이려 하였는데 그때 惠公은 너에게 사흘 밤을 묵으면서 가라고 명하였는데, 너는 이틀 만에 달려왔다. 비록 君命이 있기는 하였지만 무엇 때문에 그리도 속히 왔느냐? 그때 너에게 소매가 잘린 옷을 아직도 보관하고 있으니 너는 떠나거라.”

披가 대답하였다.

“臣은 임금님께서 들어와 〈임금이 되셨으니〉 당연히 임금의 도리를 아실 것으로 생각하였는데 아직도 임금의 도리를 모르시는 것 같으니 또 장차 患難에 미치게 될 것입니다. 임금의 命을 奉行함에 있어 두 마음을 품지 않는 것이 옛 制度입니다. 임금의 害惡을 제거함에는 오직 힘만을 볼 뿐이니 蒲人과 狄人이 어찌 나의 眼中에 있었겠습니까? 이제 임금께서 즉위하였으니 어찌 蒲人·狄人이 없겠습니까? 齊 桓公은 帶鉤를 쏜 원한을 버리고서 管仲을 丞相으로 삼았으니 君께서 만약 桓公과 반대로 옛 怨恨을 잊지 않으시겠다면 어찌 命을 내리시는 수고를 끼치겠습니까? 떠나는 자가 매우 많을 것이니 어찌 刑臣뿐이겠습니까?”

文公이 그를 접견하니 變難을 고하였다.

初에 晉侯之豎頭須[1)]는 守藏者也라 其出也에 竊藏以逃하야 盡用以求納之[2)]하다 及入에 求見한대 公辭焉以沐하니 謂僕人曰 沐則心覆하고 心覆則圖反하니 宜吾不得見也라 居者爲社稷之守하고 行者爲羈紲之僕이 其亦可也어늘 何必罪居者오 國君而讐匹夫면 懼者甚衆矣리라 僕人以告한대 公遽見之하다

1) 〔역주〕 晉侯之豎頭須 : 豎는 左右의 小吏이다.〈杜注〉

2) 〔역주〕 盡用以求納之 : 文公을 歸國시켜 주기를 구한 것이다.〈杜注〉

당초에 晉侯의 小吏 頭須는 창고를 지키는 자였다. 文公이 出奔했을 때 창고의 財物을 훔쳐 가지고 도망하여 그 재물을 다 써가며 諸侯들에게 文公을 도와 귀국시켜 주기를 구하였다. 文公이 귀국함에 미쳐 頭須가 뵙기를 청하자 文公은 머리를 감는다는 핑계로 접견을 辭絶하였다. 頭須가 僕人에게 말하였다.

“머리를 감으면 심장이 顚倒〔覆〕되고 심장이 전도되면 생각〔圖〕도 전도되는 것이니 내가 謁見하지 못하는 것은 당연하다. 國內에 남았던 사람들은〔居者〕 公子를 위해 社稷을 지키고, 出奔에 따라간 사람들은〔行者〕 公子를 위해 말굴레와 말고삐를 잡는 奴僕 노릇을 한 것은 모두 할 일을 한 것인데, 무엇 때문에 반드시 남았던 사람들만을

죄주려 하는가? 國君으로서 匹夫를 원수로 대한다면 두려워할 사람이 매우 많을 것이다."

僕人이 이 말을 고하자 文公은 서둘러 그를 접견하였다.

晉文公은 **自出亡**으로 **至於霸天下**히 **拔身流離阨困之中**하야 **而成閎大豐顯之業**이라 **一時諸臣狐趙(晉)〔胥〕[1]郤推挽翊贊之功居多焉**이나 **疇諸臣之功**은 **次者**로다 **文公未入之前**엔 **必以反晉之謀爲冠**이요 **文公旣入之後**엔 **必以城濮之戰爲冠**이나 **吾獨以爲反晉之功**은 **不若去齊**요 **而城濮之諸將**은 **序〔績〕[2]論勳**이나 **曾未及寺人披頭須之萬一也**라

1) (晉)〔胥〕: 저본에는 '晉'으로 되어 있으나, 四庫全書本에 의거하여 '胥'로 바로잡았다.
2) 〔績〕: 저본에는 1자 빈칸으로 되어 있으나, 四庫全書本에 의거하여 '績'을 보충하였다.

晉 文公은 晉나라를 떠나 망명했을 때부터 천하의 패자가 될 때까지 流離乞食하는 곤궁한 생활 속에서 拔身하여 閎大하고 豐顯한 기업을 이루었다. 당시의 여러 신하들인 狐偃·趙衰·胥臣·郤縠이 좌우에서 보익한 공로가 크지만, 이와 같은 지난날 여러 신하들의 공로는 〈寺人 披나 頭須의 공적에 비하면〉 次善이다.

〈功은〉 文公이 晉나라에 들어오기 전에는 반드시 晉나라로 돌아갈 계책을 으뜸으로 삼고, 文公이 이미 晉나라에 들어온 뒤에는 반드시 城濮의 전쟁을 으뜸으로 삼는다. 그러나 나는 홀로 '晉나라로 돌아온 功은 齊나라를 탈출한 계책을 성사시킨 功이 비교적 좋고, 城濮의 전쟁에서의 여러 장수들은 공훈에 따라 논의하여 공적이 메겨질 수 있으나, 이들은 寺人 披나 頭須의 공적에 비하면 만분의 일에도 미치지 못한다.'고 생각한다.

天之生物에 **自蘖而條**하고 **自華而實**은 **特造化之小者耳**요 **霜焉雪焉**하야 **勁烈刻厲**히 **翦擊其枝葉**하며 **剝傷其膚理**하고 **然後能反膏收液**하야 **鬱積磅礴**이라가 **發而爲陽春之滋榮**하니 **此天下之大造化也**라 **必有大彫落**하고 **然後有大發生**하며 **必有大摧折**하고 **然後有大成就**하니 **文公安齊之富**하고 **無(役)〔復〕[1]四方之志**할새 **苟從行諸臣亦徇其欲**이면 **則終身營丘一布衣耳[2]**라 **幸而從行者識高慮遠**하야 **謀於桑下**하야 **載而去齊**하니

奪其燕安之雨露하고 **而壓以禍患之雪霜**하야 **激之觀浴沃盥**하야 **以起其憤**하고 **激之鄭文子玉**하야 **以作其憂**라 **乃切乃磋**하고 **乃琢乃磨**하야 **向來弛墮驕怠之氣掃除咸盡**하니 **伯**(패)**心勃然而生**하야 **朝于武宮**하고 **不失舊物**[3]이라 **向非奪其安齊**면 **亦安能進文公之志而霸之耶**아 **文公始所以眷眷於齊者**는 **屬意於二十乘之馬耳**라 **從者奪文公二十乘之馬**하고 **而與文公全晉四千乘之賦**는 **使之棄鴻毛而得泰山**이니 **可謂知取予矣**로다 **苟不去齊**면 **烏能入晉**이리오 **然則策復國之勳**에 **安得不以去齊爲首乎**아

1) 〔역주〕 (役)〔復〕 : 저본에는 '役'으로 되어 있으나, 四庫全書本에 의거하여 '復'로 바로잡았다.
2) 〔역주〕 則終身營丘一布衣耳 : 姜太公이 周나라로부터 처음 봉해 받은 지역이 營丘이다. 齊나라는 춘추시대 獻公 때에 도읍을 臨淄로 옮겼다.
3) 〔역주〕 朝于武宮 不失舊物 : 武宮은 曲沃에 있는 文公의 祖父인 武公의 사당이다. 武公이 曲沃伯으로 晉나라를 兼倂하였기 때문에 曲沃에 그의 사당이 있다. 舊物은 예로부터 내려온 국가의 典章과 制度를 가리키니, 천하를 다스리는 옛일을 잃지 않음이다.

하늘이 만물을 냄에 싹이 나서 가지가 되고 꽃이 피어 열매를 맺는 것은 다만 작은 조화일 뿐이다. 서리가 내리고 눈이 내려서 강렬하고 엄혹하게 가지와 잎을 잘라내고 쳐내며 겉껍질과 속결을 깎아내고 상처 낸 뒤에 기름과 진액을 거두어 무성히 저장해 두다가, 피어나 따뜻한 봄날에 생장하는 꽃이 되니, 이것이 천하의 큰 조화이다.

반드시 크게 시들어 떨어진 뒤에 크게 발생하고, 반드시 크게 꺾여 부러진 뒤에 크게 성취하는 것이니, 文公이 齊나라에서의 부유함을 편안히 여기고 더 이상 四方으로 나아갈 뜻이 없었을 때 만일 시종하는 여러 신하들도 文公의 바람을 따랐다면 종신토록 營丘에 사는 일개 布衣에 불과했을 것이다.

그런데 다행히도 시종하는 신하들의 식견이 높고 사려가 원대하여 뽕나무 아래에서 계획하고 문공을 수레에 실어 齊나라를 떠나게 했으니, 이는 단비와 이슬 같은 안락을 빼앗고 폭설과 서리 같은 환란으로 누른 것이다. 그리하여 목욕하는 알몸을 보이고 손 씻은 물을 뿌려 모욕을 받은 일로 격발시켜 그의 분심을 일으키고, 〈無禮한〉 鄭 文公과 〈重耳를 죽일 것을 청한〉 子玉의 일로 격발시켜 그 걱정을 일으켰다.

이에 切磋琢磨해서 지난날 해이하고 타락했던 교만하고 나태한 기운을 모두 다 쓸어버리니, 패자가 되고자 하는 마음이 불끈 생겨나 武公의 사당에 배알하고 옛일을 잃지 않은 것이다. 지난날 齊나라에서 안주하려는 마음을 빼앗지 않았다면 또한 어찌

文公의 의지를 추진시켜 霸者가 되도록 할 수 있었겠는가?

文公이 처음에 齊나라에서 연연했던 까닭은 말 20승에 뜻이 매어서였을 뿐이다. 시종하는 신하들이 文公에게서 20승의 말을 빼앗고 文公에게 온 晉나라의 4천 승의 구실을 준 것은, 그에게 기러기 털을 버리고 泰山을 얻게 한 것이니 취사선택할 줄 알았다고 이를 만하다.

만일 齊나라를 떠나지 않았다면 어찌 晉나라에 들어갈 수 있었겠는가? 그렇다면 본국으로 돌아갈 계책을 세운 공훈 중에 어찌 齊나라를 탈출할 계책을 성사시킨 功이 으뜸이 아니겠는가?

文公旣入晉하야 **席未及煖**에 **已忘其初**하고 **於寺人披頭**須**之見**에 **忿然有不平之心**이라 **若肆行忿戮**이면 **則懼者甚衆**이리니 **雖幸免焚宮之變**이라도 **安知他日無**蒯聵**戎州之釁乎**[1)]아 **賴披與**須**力抗危言以警之**하야 **文公一聞其警**에 **忿戾俱消**하니 **變淺陋**褊**急之襟量**하야 **爲廣大易**(이)**直之規模**라 **隆寬盡下**에 **人皆思奮**하야 **以取城**濮**之勝**하니 **豈非披與**須**一警之力乎**아 **回萬里之迷途者**는 **一呼之力也**요 **瘳十年之廢疾者**는 **一鍼之力也**며 **登五**霸**之盛烈者**는 **一警之力也**라 **自披**須**而視城**濮**諸將之功**이면 **則我源而彼流**며 **我根而彼幹**이니 **其小大輕重判然矣**라 **此吾所以高披**須**而下城**濮**也**로다

1) 安知他日無蒯聵戎州之釁乎 : 哀二年[*)]

哀公 2년의 일이다.

*) 〔역주〕 哀二年 : 衛 靈公 사후에 出公 輒이 군주가 되나 孔悝의 도움으로 蒯聵(莊公)가 입국하고 출공이 쫓겨난다. 그러나 莊公은 4년을 채우지 못하고 도망하다 戎州의 여인에게 살해당하는데, 당초에 莊公은 "우리나라는 姬姓인데, 어찌 戎人이 있을 수 있느냐?"라고 하고서 戎州의 聚落을 파괴한 일이 있으며, 또 莊公이 戎州의 城 위에서 己氏 아내의 頭髮이 아름다운 것을 보고 사람을 보내어 그 머리를 깎아 대머리로 만들고서 자른 머리카락으로 呂姜(莊公의 妃)의 다리〔髢〕를 만들게 한 일이 있었으니, 莊公이 죽은 일과 무관하지 않다.

文公이 晉나라에 들어가고 나서 방석이 미처 따뜻해지기도 전에 벌써 初心을 잊고 寺人 披와 頭須가 알현하고자 함에 화를 내며 불평하는 마음이 있었다. 만일 맘대로 행동하여 분한 마음에 그들을 죽였다면 두려운 일이 매우 많았을 것이니, 비록 요행

히 궁실이 불타는 변고를 면했다 하더라도 어찌 훗날 蒯聵가 당했던 戎州의 분란이 없으리라고 장담할 수 있겠는가?

寺人 披와 頭須가 힘써 위험을 무릅쓰고 直言으로 경계해준 데 힘입어 文公이 한번 그 경계를 듣자 성나고 삐뚤어진 마음이 다 사라지니, 비루하고 조급한 흉금과 도량이 변하여 광대하고 온화하며 정직한 氣槪가 되었다. 아랫사람을 관대함으로 극진하게 대하자 사람들이 모두 떨쳐 일어날 것을 생각하여 城濮에서의 승리를 취하게 되었으니 어찌 寺人 披와 頭須가 한번 경계시킨 힘이 아니겠는가?

만 리 길을 헤매고 있는 자를 되돌리는 것은 한번 부른 힘이고, 십 년 앓은 고질병을 치료하는 것은 바늘 하나의 힘이며, 五霸의 융성한 공렬에 오른 것은 한번 경계해준 힘이다. 寺人 披과 頭須의 입장에서 城濮의 전쟁에서 공을 세운 여러 장군들을 비교해보면, 나는 근원이고 저 장군들은 말류이며, 나는 뿌리이고 저 장군들은 줄기이니 그 대소와 경중이 확연하다. 이것이 내가 寺人 披와 頭須를 높이 여기고 城濮의 전쟁에서 공을 세운 신하들을 낮게 여기는 이유이다.

文公方安其小하니 **遽奪之而使不得安於小**하고 **文公方驕其大**하니 **遽警之而使不敢驕於大**라 **奪於前而警於後**하야 **置文公於不得不霸之地**하니 **信矣**라 **諸臣之功也**여 **雖然**이나 **此非專諸臣之功也**라 **其本實在於文公焉**이라 **文公當出亡之初**에 **不校君父之命**하니 **旣有君人之資矣**라 **其未安齊之前**에 **危於渭濱**하고 **餓於五鹿**하야 **所以動心忍性**하니 **增益其所不能者**[1]가 **亦非一日也**라 **雖時有所蔽**라도 **一奪一警**에 **初心遽還**하야 **遷移改悔**를 **速不容瞬**하니 **若文公先無所資**면 **二三臣者雖有斡旋之妙用**이라도 **亦安所施乎**아 **其君有如是之資**하고 **其臣有如是之用**이로되 **反僅成霸業而止**하니 **此吾所以爲文公恨也**로다

1) 〔역주〕 所以動心忍性 增益其所不能者 : ≪孟子≫ 〈告子 下〉에 "하늘이 장차 큰 임무를 이 사람에게 내리려 할 적에는 반드시 먼저 그 心志를 괴롭게 하며 그 筋骨을 수고롭게 하며 그 體膚를 굶주리게 하며 그 몸을 빈궁하게 하여 행함에 그 하는 바를 拂亂시키니, 이것은 마음을 격동시키고 성격을 참게 하여 그의 부족한 점을 증익하게 하려는 것이다."라고 하였다.

文公이 바야흐로 작은 일에 안주하자 갑자기 그것을 빼앗아 작은 일에 안주하지 못

하게 하였고, 文公이 바야흐로 높은 자리에서 교만하자 갑자기 경계하여 감히 높은 자리에서 교만하지 못하게 하였다. 앞에서 빼앗고 뒤에서 경계하여 文公을 패자가 되지 않을 수 없는 지경에 놓았으니, 여러 신하들의 공임에 틀림없다.

비록 그렇지만 이는 오로지 여러 신하들의 공만이 아니라, 그 근본은 실제로 文公에게 있는 것이다. 文公은 망명할 초기에 君父의 命을 저항하지 않았으니, 이미 군주의 자질이 있었다. 아직 齊나라에서 안정되기 전에 渭水 가에서 위험에 처했고, 五鹿에서 굶주려 마음을 격동시키고 성격을 참았으니, 그의 부족한 점을 증익한 날이 또한 하루 이틀이 아니었다.

비록 당시에 분별력을 잃었다 해도 한번 빼앗기고 한번 경계받음에 初心이 대번에 돌아와 눈 깜짝할 사이에 改過遷善하였으니 만일 文公에게 먼저 타고난 자질이 없었다면 몇몇 신하들이 일을 잘 주선하는 신묘한 功用이 있다 해도 또한 그것을 어디에 쓰겠는가? 그 군주가 이와 같은 자질이 있고 그 신하가 이와 같은 功用이 있는데도, 도리어 겨우 패업을 이루는 데 그쳤으니, 이것이 내가 文公을 위하여 유감으로 여기는 이유이다.

洙泗[1]**之濱**에 **席間函丈**[2]하니 **聖化天運**하야 **奪子貢之學而一貫自通**하고 **奪顔淵之才而卓爾自見**[3]이라 **或謦或咳**하고 **或顧或盼**하며 **或語或笑**하야 **一警之下**에 **萬慮消亡**하니 **吾未嘗不恨文公生夫子之前**이요 **而又自恨今之學者生夫子之後也**라 **嗚呼**라 **夫子則遠矣**나 **乃若夫子之神化**는 **盖通萬世古今爲一爐冶**하니 **初未嘗息也**라 **孰謂吾生之晩乎**아

孔子

1) 〔역주〕 洙泗 : 춘추시대 魯나라 지역에 있던 洙水와 泗水를 아울러 이르는 말이다. 孔子가

洙水와 泗水 사이에서 제자들을 모아 講學하였다고 하여, '洙泗'는 孔子 또는 儒學의 대칭으로 쓰인다. ≪禮記≫ 〈檀弓 上〉에서, 曾子가 子夏에게 "내가 너와 함께 洙水와 泗水 사이에서 부자를 섬겼다.〔吾與汝事夫子于洙泗之間〕" 하였다.

2) 〔역주〕 席間函丈 : '函丈'은 講學하는 자리를 이르는 말이다. ≪禮記≫ 〈曲禮 上〉에 "음식을 대접할 손님이 아닌 경우에는 자리를 펼 때에 자리의 간격을 한 길〔丈〕 정도로 한다.〔若非飮食之客 則布席 席間函丈〕"라고 하였다.

3) 奪子貢之學而一貫自通　奪顔淵之才而卓爾自見 : 竝論語*)

모두 ≪論語≫에 보인다.

*) 〔역주〕 竝論語 : ≪論語≫ 〈衛靈公〉에 "孔子께서 말씀하셨다. '賜야! 너는 나를 많이 배워서 기억하는 자로 여기느냐?' 子貢이 대답하였다. '그렇습니다. 아닙니까?' 孔子께서 말씀하셨다. '아니다. 나는 하나의 이치로 꿰어 있느니라.'〔子曰 賜也 女以予爲多學而識之者與 對曰 然 非與 曰 非也 予一以貫之〕" 하였고, ≪論語≫ 〈子罕〉에 "顔淵이 탄식하며 말하였다. '〈夫子의 道는〉 우러러볼수록 더욱 높고, 뚫을수록 더욱 단단하며, 볼 때에는 앞에 있더니 갑자기 뒤에 있도다. 夫子께서는 次序에 따라 사람을 잘 인도하시어 文(古文獻)으로써 나의 〈식견을〉 넓혀주시고 禮로써 나의 〈행동을〉 約束(단속)해주셨다. 그만두려 해도 그만둘 수가 없어서 나의 재주를 다하였더니, 〈夫子의 도가 내 앞에〉 우뚝이 서 있는 것 같았다. 비록 그것을 따르고자 하였으나 따를 수가 없도다.'〔顔淵喟然歎曰 仰之彌高 鑽之彌堅 瞻之在前 忽焉在後 夫子循循然善誘人 博我以文 約我以禮 欲罷不能 旣竭吾才 如有所立卓爾 雖欲從之 末由也已〕" 하였다.

子貢

洙水와 泗水 가에서 한 길〔丈〕의 거리를 사이에 두고 앉으니 聖人(孔子)의 교화가 하늘이 운행하는 것 같아, 子貢에게는 그동안 배웠던 학문을 버리고 〈성인의〉 하나의 이치가 관통하는 것으로 저절로 통하게 하였고, 顔淵에게는 재주를 다하게 하여 〈성인이〉 우뚝하게 서 계신 것 같은 것으로 저절로 드러났다.

때로는 기침소리로, 때로는 돌아보심과 눈빛으로, 때로는 큰소리와 웃음으로 교화하여 한번 경계함에 온갖 염려가 다 없어졌다. 이러므로 나는 文公이 孔子보다 먼저 태어난 것을 유감으로 여기지 않은 적이 없고, 또 오늘날의 배우는 자가 孔子의 뒤에 태어난 것을 스스로 유감으로 여긴다.

아! 孔子가 살아계셨던 시대는 오래되었으나, 孔子의 신묘한 교화는 萬世古今을 통틀어 한 용광로에 넣어 다스려지고 있으니, 애당초 쉰 적이 없다. 누가 나의 출생이 늦었다고 하는가?

13-06 晉文公秦穆公賦詩 晉 文公과 秦 穆公이 시를 읊다

13-06-01 晉文公秦穆公賦詩 晉 文公과 秦 穆公이 시를 읊다

【左傳】 僖二十三年이라 晉重耳奔秦하다 他日에 公享之할새 子犯曰 吾不如衰之文也[1]니 請使衰從하소서 公子賦河水[2]한대 公賦六月[3]하다 趙衰曰 重耳拜賜[4]하소서 公子降拜稽首하니 公降一級而辭焉[5]하다 衰曰 君稱所以佐天子者命重耳니 重耳敢不拜[6]아

1) 〔역주〕 吾不如衰之文也 : '文'은 세련된 말솜씨〔文辭〕가 있다는 말이다.〈杜注〉

2) 〔역주〕 公子賦河水 : 〈河水〉는 逸詩(≪詩經≫에 수록되지 않은 詩)이다. 河水가 바다로 흘러 들어간다는 뜻을 취한 것이니, 秦나라를 바다에 비유한 것이다.〈杜注〉

3) 〔역주〕 公賦六月 : 〈六月〉은 ≪詩經≫ 〈小雅〉의 篇名이다. 尹吉甫가 周 宣王을 도와 征伐한 일을 讚揚한 詩인데, 公子가 晉나라로 돌아가 임금이 되면 반드시 王國을 바로잡을 것이라고 비유한 것이다. 옛날에는 禮會(軍事의 會合이 아닌 友好의 會合)에 古詩를 이용해 자신의 뜻을 나타냈기 때문에 '賦'라고 한 것이다. 여기에 읊은 詩는 斷章인데 온전한 詩篇의 이름을 稱한 것은 대체로 首章의 뜻을 취하였기 때문이다. 다른 곳도 이와 같다.〈杜注〉

4) 〔역주〕 重耳拜賜 : 拜賜는 내린 은혜나 또는 말을 절하고서 받는 것이다.

5) 〔역주〕 公子降拜稽首 公降一級而辭焉 : 한 계단을 내려가 公子의 稽首를 사양한 것이다.〈杜注〉

6) 〔역주〕 君稱所以佐天子者命重耳 重耳敢不拜 : 〈六月〉 詩의 首章에는 王國을 바로잡을 것을 말하였고, 다음 章에는 天子를 도울 것을 말하였기 때문에 趙衰가 뭉뚱그려 말한 것이다. 明年에 秦伯이 重耳를 晉나라의 임금으로 들여보낸 張本이다.〈杜注〉

僖公 23년, 晉나라 重耳가 秦으로 도망하였다. 後日에 秦 穆公이 重耳를 酒宴에 초대하였다. 子犯이 말하기를 "나는 말솜씨가 趙衰만 못하니 趙衰를 데리고 가소서."라고 하였다.

〈宴會 중에〉 公子가 〈河水〉를 읊으니 穆公이 〈六月〉을 읊었다. 그러자 趙衰가 말하였다. "重耳는 拜賜하소서." 公子가 뜰 아래로 내려가 절하고서 머리를 조아리니 穆公이 한 계단을 내려가 사양하였다. 趙衰가 말하였다. "秦君께서 天子를 輔佐하는 일을 들어〔稱〕 重耳에게 命하시니 重耳가 감히 절하지 않을 수 있습니까?"

13-06-02 晉侯享公賦詩 晉侯가 연회를 열어 魯 文公을 대접할 때, 晉侯와 文公이 시를 읊다

【左傳】 文三年이라 公如晉하야 及晉侯盟하다 晉侯享公할새 賦菁菁者莪[1]하니 莊叔以公降拜[2]曰 小國受命於大國[3]하니 敢不愼儀릿가 君貺(황)之以大禮하니 何樂如之잇가 抑小國之樂은 大國之惠也니이다 晉侯降하야 辭[4]하고 登하야 成拜[5]하다 公賦嘉樂[6]하다

1) 〔역주〕 賦菁菁者莪 : 〈菁菁者莪〉는 ≪詩經≫ 〈小雅〉의 篇名인데, 이 편의 '이미 君子를 만나보니 내 마음 즐겁고, 君子는 禮儀가 있다.'는 句를 취한 것이다.〈杜注〉
2) 〔역주〕 莊叔以公降拜 : 晉侯가 文公을 君子에 비교한 데 대해 謝禮하라는 말이다.〈杜注〉
3) 〔역주〕 小國受命於大國 : 小國은 魯나라이고 大國은 晉나라이다. 命은 晉侯가 文公을 君子에 비유해 읊은 시를 말한다.
4) 〔역주〕 晉侯降 辭 : 뜰을 내려가서 文公에게 사양한 것이다.〈杜注〉
5) 〔역주〕 登 成拜 : 함께 堂上으로 올라와서 拜禮를 이룬 것이다.〈杜注〉
6) 〔역주〕 公賦嘉樂 : 〈嘉樂〉은 ≪詩經≫ 〈大雅〉의 篇名인데, 이 편의 '드러난 아름다운 덕이 백성과 관리에게 모두 합당하니 하늘에게 복록을 받는다.'는 句를 취한 것이다.〈杜注〉

文公 3년, 文公이 晉나라에 가서 晉侯와 結盟하였다. 晉侯가 연회를 열어 文公을 대접할 때 〈菁菁者莪〉를 읊으니, 莊叔이 文公에게 뜰 아래로 내려가서 拜謝하게 하며 말하였다.

"小國이 大國의 명을 받았으니 감히 禮儀를 삼가지 않을 수 있습니까? 晉君께서 大禮로 접대해주시니 이런 즐거움이 다시 어디 있습니까? 小國의 즐거움은 大國의 은

혜입니다."

晉侯가 뜰에 내려가 사양하고서 함께 올라와서 拜禮를 이루었다. 文公이 〈嘉樂〉을 읊었다.

13-06-03 甯武子來聘 公賦詩 甯武子가 와서 聘問하니 魯 文公이 시를 읊다

【左傳】 文四年이라 衛甯武子來聘하다 公與之宴에 〔爲〕[1]賦湛露及彤弓[2]하니 不辭하고 又不答賦하다 使行人私焉[3]하니 對曰 臣以爲肄業及之也[4]니이다 昔諸侯朝正於王[5]이면 王宴樂之에 於是乎賦湛露하야 則天子當陽하고 諸侯用命也[6]니이다 諸侯敵王所愾[7]하야 而獻其功이면 王於是乎賜之彤弓一과 彤矢百과 玈(로)弓矢千하야 以覺報宴[8]이니이다 今陪臣來繼舊好[9]어늘 君辱貺之하시니 其敢干大禮하야 以自取戾[10]잇가

1) 〔역주〕〔爲〕: 저본에는 1자 빈칸으로 되어 있으나, ≪春秋左氏傳≫에 의거하여 '爲'를 보충하였다.

2) 〔역주〕〔爲〕賦湛露及彤弓 : 禮의 正常이 아니다. 公이 특별히 樂人에게 명하여 자신의 뜻을 보이게 하였기 때문에 '爲賦'라고 한 것이다. 〈湛露〉와 〈彤弓〉은 ≪詩經≫ 〈小雅〉의 篇名이다.〈杜注〉

3) 〔역주〕 使行人私焉 : 사사로이 묻게 한 것이다.

4) 〔역주〕 臣以爲肄業及之也 : 臣은 樂工이 이 樂歌를 연습하다가 우연히 이 詩에 미친 것으로 여겼고, 臣을 접대하기 위해 연주한 것으로 여기지 않았다는 말이다.〈附注〉 肄는 익히는 것이다. 魯人이 읊어서는 안 될 詩를 읊었는데도 甯武子는 모르는 체하였으니, 이 점이 바로 '其愚不可及'이다.〈杜注〉 '其愚不可及'은 ≪論語≫ 〈公冶長〉에 있는 말로 孔子께서 甯武子를 칭찬한 말씀이다. ≪論語≫에 "孔子께서 甯武子를 두고 말씀하기를 '나라에 도가 있을 때에는 자신의 지혜를 드러내고, 나라에 도가 없을 때에는 지혜를 숨기고 어리석은 사람처럼 처신하니, 그 지혜는 따를 수 있지만 그 어리석음은 따를 수 없다.'고 하였다." 하였다.

5) 〔역주〕 朝正於王 : 朝正을 杜預는 '王께 朝會하여 政敎를 받는 것'으로 해석하였으나, 譯者는 楊伯峻의 설을 취해 번역하였다. 襄公 29년 傳에 "經에 '봄 周王 正月에 公이 楚나라에 있었다.'고 한 것은 正月에 祖廟에 朝見하지 않은 것을 해석한 것이다."라고 하였다. 新正에는 祖廟로 가서 賀正하는 것을 '朝正於廟'라고 하니, 이곳의 '朝正於王'도 正月에 王께 朝見하는 것을 말한 것이다.(≪春秋左傳注≫)

6) 〔역주〕 於是乎賦湛露……諸侯用命也 : 〈湛露〉에 '촉촉히 젖은 이슬은 태양이 아니고는

말릴 수 없네.'라고 하였는데, 晞는 乾(마름)이다. 이슬이 해를 보면 마르는 것이 諸侯가 天子의 命을 받아 행하는 것과 같음을 말한 것이다.〈杜注〉

7) 〔역주〕 諸侯敵王所愾 : 敵은 當과 같고, 愾는 恨怒이다.〈杜注〉

8) 〔역주〕 以覺報宴 : 覺은 明이다. 諸侯가 四夷를 토벌해 공을 세우면 왕이 弓矢를 하사하고 또 〈彤弓〉 詩를 노래하여 功을 보답하는 宴樂임을 밝힌다는 말이다.〈杜注〉

9) 〔역주〕 今陪臣來繼舊好 : 바야흐로 天子의 音樂을 논하였기 때문에 '陪臣'이라고 自稱한 것이다.〈杜注〉

10) 〔역주〕 君辱貺之……以自取戾 : 貺은 賜이고, 干은 犯이고, 戾는 罪이다.〈杜注〉

文公 4년, 衛나라 甯武子가 와서 聘問하였다. 文公이 宴會를 열어 그를 접대할 때 〈湛露〉와 〈彤弓〉을 읊으니, 甯武子는 謝禮도 하지 않고, 또 答賦하지도 않았다. 文公이 行人을 보내어 사사로이 그 이유를 묻게 하니 그가 대답하였다.

"신은 樂工들이 연습으로 그 曲을 연주하는 줄 알았습니다. 옛날에 諸侯가 正月에 王께 朝見하면 王이 연회를 열어 함께 즐기는데, 이때에 〈湛露〉를 읊어 天子는 太陽에 해당하고 諸侯는 命에 복종한다는 뜻을 표현합니다. 諸侯가 王이 痛恨해하는 상대를 대적하여 功을 바치면 왕이 이에 彤弓 하나, 彤矢 1백, 검은 弓矢 1천 개를 下賜하여 功을 보답하는 宴會임을 밝힙니다. 지금 陪臣은 옛 우호를 계승하기 위해 왔는데 君께서 이러한 宴會를 열어주시니 어찌 감히 大禮를 犯하여 스스로 罪를 취하겠습니까?"

13-06-04 荀林父賦詩 荀林父가 시를 읊다

【左傳】 文七年이라 先蔑之使也에 荀林父止之曰 夫人太子猶在어늘 而外求君은 此必不行이니 子以疾辭가 若何오 不然이면 將及[1]하리라 攝卿以往도 可也[2]어늘 何必子오 同官爲寮라 吾嘗同寮하니 敢不盡心乎아 弗聽하다 爲賦板之三章[3]이로되 又弗聽하다 及亡에 荀伯盡送其帑及器用財賄於秦曰 爲同寮故也라하다

1) 〔역주〕 將及 : 장차 禍가 몸에 미칠 것이라는 말이다.〈杜注〉

2) 〔역주〕 攝卿以往 可也 : 大夫를 卿의 代理로 보내어 公子 雍을 맞이하게 하라는 말이다. 攝卿은 大夫에게 잠시 동안 卿의 직무를 대리하게 하는 것이다.〈附注〉

3) 〔역주〕 爲賦板之三章 : 〈板〉은 ≪詩經≫ 〈大雅〉의 篇名이다. 그 3章의 '나무꾼의 말도 허술히 여길 수 없는데 하물며 동료의 말이겠느냐?'의 뜻을 취한 것이다. 僖公 28년

에 荀林父는 中行(항)을 거느렸고, 先蔑은 左行을 거느렸기 때문에 同僚라고 한 것이다.〈杜注〉

文公 7년, 先蔑이 〈公子 雍을 맞이하는〉 使臣으로 〈秦나라에〉 갈 적에 荀林父가 말리며 말하기를 "夫人과 太子가 그대로 있는데 밖에서 임금을 구해 오는 일은 반드시 성공할 수 없으니〔不行〕 그대는 병을 핑계로 사양하는 것이 어떻겠는가? 그렇게 하지 않는다면 장차 禍가 미칠 것이다. 다른 사람을 卿의 代理로 보내도 되는데 무엇 때문에 꼭 그대가 갈 필요가 있겠는가? 同官을 僚라 하는데 우리는 同僚였으니 감히 마음을 다해 말하지 않을 수 있겠는가?"라고 하였으나 듣지 않았다.

荀林父가 또 그를 위해 〈板〉 詩의 제3章을 읊었으나 또 듣지 않았다. 그가 亡命하자 荀伯(荀林父)은 그의 妻子와 器用・財物을 모두 秦나라에 보내주며 말하기를 "同僚이기 때문이다."라고 하였다.

13-06-05 鄭伯宴公賦詩 鄭伯이 宴會를 열어 魯 文公을 접대할 때, 子家와 季文子가 시를 읊다

【左傳】 文十三年이라 鄭伯會公于棐하야 亦請平于晉이어늘 公皆成之[1]하다 鄭伯與公宴于棐에 子家賦鴻鴈[2]하니 季文子曰 寡君未免於此[3]라하고 文子賦四月[4]하다 子家賦載馳之四章[5]하니 文子賦采薇之四章[6]하다 鄭伯拜[7]하니 公答拜하다

1) 〔역주〕 鄭伯會公于棐……公皆成之 : ≪春秋左氏傳≫에는 이 기사 바로 앞에 "겨울에 文公이 晉나라에 가서 晉君에게 朝見하고 또 전에 맺은 盟約을 거듭 다졌다. 衛侯가 沓에서 公과 會合하여 晉나라와의 和平을 주선해주기를 청하였고, 公이 돌아올 때……〔公如晉 朝且尋盟 衛侯會公于沓 請平于晉 公還……〕"라고 하였다. 鄭나라와 衛나라가 楚나라에 붙자 晉나라가 불쾌하게 여기니, 두 나라는 晉나라를 두려워하여 公을 통해 晉나라에 화평을 청한 것이다.

2) 〔역주〕 鄭伯與公宴于棐 子家賦鴻鴈 : 子家는 鄭나라 大夫 公子 歸生이다. 〈鴻鴈〉은 ≪詩經≫ 〈小雅〉의 篇名이다. 侯伯이 鰥寡를 가엾게 여겨 길을 걷는 수고를 아끼지 않는다는 뜻을 취하여, 鄭나라의 형세가 외롭고 약하니 魯侯에게 다시 晉나라로 돌아가서 鄭나라를 구휼하기를 바란다는 것을 말한 것이다.〈杜注〉

3) 〔역주〕 季文子曰 寡君未免於此 : 魯나라도 鄭나라와 같이 미약한 國力을 근심하고 있다는 말이다.〈杜注〉

4)〔역주〕 文子賦四月 :〈四月〉은 ≪詩經≫ 〈小雅〉의 篇名이다. 여행에서 돌아갈 시기가 이미 지났으므로 돌아가서 제사를 지내기를 생각한다는 뜻을 취하여, 도로 晉나라로 돌아가고 싶지 않다는 것을 말한 것이다.〈杜注〉

5)〔역주〕 子家賦載馳之四章 :〈載馳〉는 ≪詩經≫ 〈鄘風〉의 篇名이다. 4章 이하를 읊은 것이다. 小國에 위급한 일이 있어 大國에 호소해 구조해주기를 바란다는 뜻을 취한 것이다.〈杜注〉

6)〔역주〕 文子賦采薇之四章 :〈采薇〉는 ≪詩經≫ 〈小雅〉의 篇名이다. "어찌 편안히 거처할 수 있으리, 한 달 사이에 세 번 승리하였네."라는 詩句의 뜻을 취하여 鄭나라를 위해 다시 晉나라로 돌아갈 것이고 감히 편안히 있지 않겠다는 것을 말한 것이다.〈杜注〉

7)〔역주〕 鄭伯拜 : 文公이 鄭나라를 위해 가겠다고 한 데 대해 謝禮한 것이다.〈杜注〉

文公 13년, 鄭伯이 棐에서 文公과 회합하여 또 晉나라와의 화평을 주선해주기를 청하니 文公은 두 나라 모두 晉나라와 화평을 맺도록 도와주었다.

鄭伯이 棐에서 宴會를 열어 文公을 접대할 때 子家가 〈鴻鴈〉을 읊으니, 季文子가 말하기를 "우리 임금께서도 이런 근심에서 면하지 못하고 계신다."고 하고서 季文子는 〈四月〉을 읊었다. 子家가 〈載馳〉의 4章을 읊으니 文子가 〈采薇〉의 4章을 읊었다. 鄭伯이 拜謝하니 文公이 答拜하였다.

13-06-06 公享季文子賦詩 魯 成公이 宴會를 열어 季文子를 대접할 때, 季文子와 穆姜이 시를 읊다

【左傳】 成九年이라 伯姬歸于宋하다 夏에 季文子如宋致女[1)]하고 復命하니 公享之하다 賦韓奕之五章[2)]하니 穆姜出于房하야 再拜曰 大夫勤辱이라 不忘先君하야 以及嗣君하고 施及未亡人[3)]하니 先君猶有望也라 敢拜大夫之重勤[4)]하노라하고 又賦綠衣之卒章而入[5)]하다

1)〔역주〕 季文子如宋致女 : 딸이 出嫁한 지 3개월 만에 또 大夫를 보내어 聘問하는 것을 '致女'라 하는데, 이는 婦人이 되는 禮를 이룬 것을 致賀하고 婚姻의 友好를 돈독히 하기 위함이다. ≪左氏會箋≫에 의하면 며느리가 들어온 지 3개월 만에 宗廟에 謁見시키고, 宗廟에 謁見한 뒤에 남편과 잠자리를 하고서 비로소 夫人이 되는데, 宗廟에 謁見하기 전에는 그 나라의 夫人이 되어 그곳에 남느냐 아니면 쫓겨나 돌아오느냐가 未定이기 때문에 딸을 시집보낸 나라에서는 이때를 기다려 大夫를 보내어 딸을 그 나라

에 바치는〔致〕 禮를 거행한다.

2) 〔역주〕 賦韓奕之五章 : 〈韓奕〉은 ≪詩經≫ 〈大雅〉의 篇名이다. 제5장은 蹶父가 韓侯에게 딸을 시집보내고서 딸이 사는 것을 살펴보니 韓에서의 생활이 매우 안락하다는 것을 말한 것인데, 文子가 이 詩를 읊어, 魯侯는 蹶父의 德을 가졌고 宋公은 韓侯와 같으며 宋나라는 韓나라처럼 안락하다는 것을 비유하였다.〈杜注〉

3) 〔역주〕 穆姜出于房……施及未亡人 : 穆姜은 伯姬의 母后이다. 伯姬가 宣公의 딸이기 때문에 先君을 잊지 않았다고 말하고, 成公의 누이이기 때문에 嗣君에 미쳤다고 말한 것이다. 文子가 宋나라의 생활이 안락하다고 말하는 것을 들었기 때문에 기뻐서 나와 그 勞苦에 감사한 것이다. 남편이 죽은 부인은 스스로를 未亡人이라고 칭한다.〈杜注〉

4) 〔역주〕 敢拜大夫之重勤 : 文子가 上卿으로 伯姬의 婚事를 주관하였는데, 지금 또 宋나라에 가서 致女하였기 때문에 거듭 수고했다고 한 것이다.(≪左氏會箋≫)

5) 〔역주〕 又賦綠衣之卒章而入 : 〈綠衣〉는 ≪詩經≫ 〈邶風〉의 篇名인데, 그 詩의 '내 古人을 생각하니 실로 내 마음을 아셨다.'는 말을 취하여 文子의 말이 나의 뜻을 알았다는 것을 비유한 것이다.〈杜注〉

成公 9년, 伯姬가 宋나라로 시집갔다. 여름에 季文子가 宋나라에 가서 致女하고 돌아와 復命하니, 成公이 宴會를 열어 그를 대접하였다. 〈宴會 자리에서〉 季文子가 〈韓奕〉의 제5章을 읊으니, 穆姜이 방에서 나와 再拜하며 말하기를 "大夫는 욕보셨소. 先君을 잊지 않는 〈그 忠誠이〉 嗣君에 미치고, 이 未亡人에게까지 뻗어 미쳤으니, 先君께서도 오히려 大夫가 이렇게 하기를 바랐을 것이오. 감히 大夫께서 거듭 수고한 것에 拜謝하오."라고 하고서, 또 〈綠衣〉의 卒章을 읊고서 방으로 들어갔다.

13-06-07 公享范宣子賦詩 魯 襄公이 燕享할 때 范宣子가 시를 읊다

【左傳】 襄八年이라 晉范宣子來聘하야 且拜公之辱[1]하고 告將用師于鄭하다 公享之할새 宣子賦摽有梅[2]어늘 季武子曰 誰敢哉[3]리오 今譬於草木컨대 寡君在君하야 君之臭味也[4]라 歡以承命[5]이니 何時之有[6]리오하고 武子賦角弓[7]하다 賓將出에 武子賦彤弓[8]한대 宣子曰 城濮之役[9]에 我先君文公獻功于衡雍하고 受彤弓于襄王하야 以爲子孫藏[10]하니라 匄也는 先君守官之嗣也니 敢不承命[11]가 君子以爲知禮[12]라하니라

1) 〔역주〕 且拜公之辱 : 襄公이 금년 봄에 晉나라에 朝見한 것에 대해 拜謝한 것이다.〈杜注〉

2) 〔역주〕 宣子賦摽有梅 : 〈摽有梅〉는 ≪詩經≫ 〈召南〉의 篇名이다. 摽는 落이다. 梅實의 盛함이 極에 달하면 떨어지니, 詩人이 이를 보고 女人의 얼굴이 한껏 피어나면 衰함이 있는 것을 興(詩의 한 體制로 어떤 사물을 보고 느낌이 있으면 그 느낌을 먼저 말하여 읊고 싶은 말을 일으키는 것)하여 총각들이 아내를 구하려면 제때에 미치는 것이 좋다고 읊은 것이다. 范宣子는 魯나라가 제때에 맞춰 出兵하여 晉나라와 함께 鄭나라를 토벌하기를 바랐다. 그러므로 이 詩를 읊어 그 뜻을 表한 것이니 서둘러 달려오라는 뜻을 취한 것이다.〈杜注〉

摽有梅

3) 〔역주〕 誰敢哉 : 누가 감히 晉나라의 命을 따르지 않겠느냐는 말이다.〈杜注〉

4) 〔역주〕 今譬於草木……君之臭味也 : 〈杜注〉에서는 "같은 무리라는 말이다."라고 하였고, 〈附注〉에서는 "花草의 香氣와 나무의 열매처럼 냄새와 맛이 같다는 말이다."라고 하였다. 范宣子가 '摽有梅'를 읊었기 때문에 季武子가 草木으로 비유한 것이다. 晉君이 꽃과 과일이라면 魯君은 단지 그 꽃의 향기와 과일의 맛일 뿐이라고 하여 晉君을 높이고서, 또 兩國의 情이 一體와 같다고 한 것이다.〈楊注〉

5) 〔역주〕 歡以承命 : 즐거운 마음으로 晉나라의 命을 받들어 따르겠다는 말이다.〈附注〉

6) 〔역주〕 何時之有 : 林堯叟는 "出兵의 遲速을 命에 따를 뿐이니, 어찌 시기에 구애되겠느냐는 말이다."라고 하였다. 꽃과 향기, 과일과 맛이 서로 분리될 수 없듯이, 魯나라와 晉나라는 一體여서 서로 떨어질 수 없으니 어찌 시기의 遲速이 있을 수 있겠느냐는 말이다.

7) 〔역주〕 武子賦角弓 : 〈角弓〉은 ≪詩經≫ 〈小雅〉의 篇名이다. 兄弟와 姻戚은 서로 멀리하지 말라는 뜻을 취한 것이다.〈杜注〉

8) 〔역주〕 武子賦彤弓 : 〈彤弓〉은 天子가 功이 있는 諸侯에게 弓矢를 下賜할 때 읊는 詩이

다. 季武子는 晉君이 文公의 霸業을 계승하여 다시 周王께 彤弓을 받기를 바란 것이다.〈杜注〉

9) 〔역주〕 城濮之役 : 城濮의 戰爭은 僖公 28년에 있었다.〈杜注〉

10) 〔역주〕 以爲子孫藏 : 이것을 家寶로 간직하여 子孫에게 보인다는 말이다.〈杜注〉

11) 〔역주〕 先君守官之嗣也 敢不承命 : 范宣子는 자기가 先君 때 守官(卿)이었던 아버지와 할아버지를 이어 守官이 되었으니, 감히 命(武子의 命)을 버리지 않고 晉君을 匡輔(바르게 인도함)하고자 한다고 말한 것이다.〈杜注〉

12) 〔역주〕 君子以爲知禮 : 〈彤弓〉을 읊은 뜻은 그 뜻이 晉君에 있었기 때문에 范匄(宣子)가 받아들인 것이니, 이것이 이른바 禮를 알았다는 것이다.〈杜注〉

襄公 8년, 晉나라 范宣子가 와서 聘問하고서 또 지난번 魯 襄公이 晉나라에 朝見한 것에 대해 拜謝하고, 이어 鄭나라에 用兵(토벌)하려 한다는 것을 告하였다.

襄公이 燕享할 때 范宣子가 〈摽有梅〉를 읊거늘 季武子가 말하기를 "누가 감히 命을 따르지 않겠습니까? 지금 草木에 비유하면 寡君은 晉君에 있어 晉君의 臭味입니다. 즐거운 마음으로 命을 받들 것이니 어찌 시기의 遲速이 있겠습니까?"라고 하고서, 季武子가 〈角弓〉을 읊었다.

賓(范宣子)이 물러가려 할 때 季武子가 〈彤弓〉을 읊으니, 范宣子가 말하기를 "城濮의 戰爭에서 〈승리하고서〉 우리 先君 文公께서 衡雍으로 가서 戰功(戰利品)을 바치고 周 襄王께 彤弓을 받아 子孫에게 전할 寶藏(家寶)으로 삼았습니다. 나 范匄는 先君 守官의 後孫이니 어찌 감히 그대의 命을 받들지 않겠습니까?"라고 하였다. 君子는 宣子가 禮를 알았다고 하였다.

13-06-08 叔孫穆子賦詩 叔孫穆子가 시를 읊다

【左傳】 襄十四年이라 諸侯之大夫從晉侯伐秦하야 晉侯待于竟[1)]하고 使六卿帥諸侯之師以進하다 及涇하야 不濟[2)]어늘 叔向見叔孫穆子한대 穆子賦匏有苦葉[3)]이어늘 叔向退而具舟하다 魯人莒人先濟하다

1) 〔역주〕 晉侯待于竟 : 秦나라와 晉나라의 接境에서 기다린 것이다.〈附注〉

2) 〔역주〕 及涇 不濟 : 諸侯의 군대가 涇水를 건너려 하지 않은 것이다. 涇水는 安定 朝那縣에서 發源하여 京兆 高陸縣에 이르러 渭水로 들어간다.〈杜注〉

3) 〔역주〕 穆子賦匏有苦葉 : 詩는 ≪詩經≫ 〈邶風〉이다. 물이 깊으면 옷을 입은 채로 건너

고 물이 얕으면 옷을 걷고 건넌다는 뜻을 취한 것이니, 자기의 뜻은 반드시 건너는 데 있다는 것을 말한 것이다.〈杜注〉

襄公 14년, 諸侯의 大夫가 晉侯를 따라 秦나라를 토벌하였다. 晉侯는 國境에서 기다리고 六卿에게 諸侯軍을 거느리고 전진하게 하였다. 涇水에 이르러 諸侯軍이 강을 건너려 하지 않자, 叔向이 叔孫穆子를 찾아가 만나니 穆子가 〈匏有苦葉〉을 읊었다. 그러자 叔向은 물러나와 배〔舟〕를 준비하였다. 魯人과 莒人이 먼저 강을 건넜다.

13-06-09 高厚賦詩 高厚가 시를 읊다

【左傳】 襄十六年이라 晉平公이 卽位하야 與諸侯宴于溫할새 使諸大夫舞曰 歌詩必類[1)]하라 齊高厚之詩不類[2)]어늘 荀偃怒하야 曰 諸侯有異志矣[3)]라하고 使諸大夫盟高厚한대 高厚逃歸[4)]하다

1)〔역주〕 歌詩必類 : 杜預는 '類'를 '恩好之義類(恩愛하고 友好하는 義理와 서로 같은 것)'로 해석하였으나, 譯者는 그 노래가 반드시 춤과 서로 配合하는 것이라고 한 楊伯峻의 說을 취해 노래의 가락이 춤의 동작에 調和되는 뜻으로 번역하였다.

2)〔역주〕 齊高厚之詩不類 : 齊나라가 두마음을 품었기 때문이다.〈杜注〉

3)〔역주〕 諸侯有異志矣 : 諸侯가 한마음으로 晉나라를 섬기지 않는다는 말이다.〈附注〉

4)〔역주〕 使諸大夫盟高厚 高厚逃歸 : 大國인 齊나라의 高厚가 이와 같이 하였으니 반드시 齊나라를 따르는 小國이 있을 줄을 안 것이다.〈杜注〉

襄公 16년, 晉 平公이 즉위하여 諸侯들과 溫에서 宴會할 때 大夫들에게 춤을 추게 하며 말하기를 "詩를 노래하되 반드시 춤의 동작과 調和되게 부르라."고 하였다. 齊나라 高厚의 詩가 맞지 않으니, 荀偃이 화를 내면서 말하기를 "諸侯 중에 딴마음을 품은 자가 있을 것이다."라고 하고서 大夫들로 하여금 高厚와 結盟하게 하자, 高厚가 도망해 齊나라로 돌아갔다.

13-06-10 穆叔賦詩 穆叔이 시를 읊다

【左傳】 襄十六年이라 冬에 穆叔如晉聘하고 且言齊故[1)]한대 晉人曰 以寡君之未禘祀[2)]와 與民之未息[3)]일새라 不然이면 不敢忘이리라 穆叔曰 以齊人之朝夕釋憾於敝邑之地라 是以大請이라 敝邑之急은 朝不及夕일새 引領西望曰 庶幾乎[4)]ㄴ저 比執事之閒이면 恐無及

也[5]리라 見中行獻子[6]하고 賦圻父[7]한대 獻子曰 偃知罪矣라 敢不從執事以同恤社稷하야 而使魯及此[8]리오 見范宣子하고 賦鴻鴈之卒章[9]한대 宣子曰 匄在此하니 敢使魯無鳩乎[10]아

1)〔역주〕且言齊故 : 齊나라가 재차 魯나라를 칠 것이라고 말한 것이다.〈杜注〉

2)〔역주〕禘祀 : 三年喪을 마친 뒤에 지내는 吉祭이다.〈杜注〉

3)〔역주〕與民之未息 : 새로 許나라와 楚나라를 討伐하였기 때문이다.〈杜注〉

4)〔역주〕庶幾乎 : 晉人이 와서 救援해주기를 바라는 것이다.〈杜注〉

5)〔역주〕比執事之閒 恐無及也 : 만약 晉나라가 한가해질 때를 기다려 魯나라를 救援하고자 한다면 魯나라는 이미 망하여 事機(機會)에 미칠 수 없을까 두렵다는 말이다.〈附注〉

6)〔역주〕見中行獻子 : 獻子는 荀偃이다. 그의 아버지 荀林父가 中軍을 거느린 적이 있었으므로 中行氏로 호칭한 것이다.〈附注〉

7)〔역주〕賦圻父 : 〈圻父〉는 ≪詩經≫ 〈小雅〉의 篇名이다. 周나라 司馬는 封畿(王畿)의 兵甲을 관장하기 때문에 그를 '圻父'라 한다. 圻父가 王의 爪牙로서 그 직무를 수행하지 않아 백성으로 하여금 困難과 勞苦의 憂患을 당하게 하여 머물러 살 곳이 없게 한 것을 꾸짖은 詩이다.〈杜注〉

8)〔역주〕敢不從執事以同恤社稷 而使魯及此 : 어찌 감히 魯나라의 諸臣을 따라 함께 社稷(魯나라)의 危難을 救恤하지 않아 魯人으로 하여금 머물러 살 곳이 없게 하겠느냐는 말이다.〈附注〉

9)〔역주〕賦鴻鴈之卒章 : 〈鴻鴈〉은 ≪詩經≫ 〈小雅〉의 篇名이다. 卒章에 "鴻鴈이 날면서 우는 소리 구슬프네. 이 明哲한 이만이 우리들 고생한다 하네."라고 하였으니, 이는 魯나라 사람들이 憂患과 苦難을 당하여 한탄하는 것이 마치 鴻鴈이 살 곳을 잃고 구슬피 우는 것과 같음을 말한 것이다. 큰 놈을 '鴻'이라 하고, 작은 놈을 '鴈'이라 한다.〈杜注〉

10)〔역주〕敢使魯無鳩乎 : 鳩는 安集(安定)이다.〈杜注〉

襄公 16년, 겨울에 穆叔(叔孫豹)이 晉나라에 가서 聘問하고, 또 齊나라가 魯나라를 侵攻할 것을 말하자, 晉人이 말하기를 "우리 임금께서 아직 禘祭를 지내지 못하셨고, 백성들이 아직 휴식도 하지 못하였으므로 〈出兵해 貴國을 도와드리지 못한 것입니다.〉 그렇지 않다면 감히 〈貴國의 患亂을〉 잊지 않았을 것입니다."라고 하니, 穆叔이 말하였다.

“齊人이 아침저녁으로 우리나라 땅을 侵攻하여 怨恨을 풀려고 하기 때문에 이렇게 정중히 청하는 바입니다. 우리나라의 위급한 상황은 아침에 저녁을 기약할 수 없으므로 백성들이 목을 늘여 서쪽을 바라보며 ‘晉나라가 거의 우리를 救援할 것이다.’라고 하는데, 만약 執事가 한가할 때에 미쳐 〈우리나라를 구원한다면〉 아마 미치지 못할 것입니다.”

中行獻子를 만나 〈圻父〉를 읊자, 獻子가 말하기를 “나는 내 죄를 아니, 감히 執事를 따라 함께 社稷(魯나라)의 어려움을 救恤하지 않아 魯나라로 하여금 이 지경에 이르게 하겠습니까?”라고 하였다.

范宣子를 만나 〈鴻鴈〉의 卒章을 읊으니, 范宣子가 말하기를 “내가 여기에 있으니 어찌 감히 魯나라를 안정시키지 않겠습니까.”라고 하였다.

13-06-11 公享季武子賦詩　晉侯가 宴會를 열어 접대할 때 季武子가 시를 읊다

【左傳】 襄十九年이라 季武子如晉拜師하니 晉侯享之하다 范宣子爲政[1]이러니 賦黍苗[2]한대 季武子興하야 再拜稽首曰 小國之仰大國也가 如百穀之仰膏雨焉하니 若常膏之면 其天下輯睦하리니 豈惟敝邑이리오하고 賦六月[3]하다

1)〔역주〕 范宣子爲政 : 荀偃의 뒤를 이어 中軍을 거느린 것이다.〈杜注〉

2)〔역주〕 賦黍苗 : 黍苗는 ≪詩經≫ 〈小雅〉의 篇名이다. 召伯이 諸侯를 勞來(恩德으로 慰勞해 오게 함)한 것이 마치 비가 기장 싹을 자라게 한 것과 같다고 讚美한 詩인데, 晉君이 魯나라를 위해 근심하고 괴로워한 것이 召伯과 같다는 것을 비유한 것이다.〈杜注〉

3)〔역주〕 賦六月 : 〈六月〉(≪詩經≫ 〈小雅〉)은 尹吉甫가 天子를 보좌해 征伐한 것을 서술한 詩인데, 晉侯를 出征해 王國을 바로잡은 尹吉甫에 비유한 것이다.〈杜注〉

襄公 19년, 季武子가 晉나리에 가서 〈魯나라를 위해〉 出兵해준 깃에 대해 拜謝하니, 晉侯가 宴會를 열어 접대하였다. 이때 范宣子가 國政을 담당하였는데 〈黍苗〉를 읊자, 季武子가 일어나 두 번 절하고 머리를 조아리며 말하기를 “小國이 大國에게 기대하는 것이 百穀이 단비를 기대하는 것과 같으니, 만약 항상 단비와 같은 恩澤을 내려주신다면 天下가 和睦할 것이니 어찌 우리나라뿐이겠습니까?”라고 하고서 〈六月〉을 읊었다.

13-06-12 晉侯鄭伯賦詩 晉侯와 鄭伯이 詩를 읊다

【左傳】 襄二十六年이라 衛侯如晉[1)]하니 晉人執而囚之〔於〕[2)]士弱氏[3)]하다 秋七月에 齊侯鄭伯爲衛侯故如晉[4)]하다 晉侯兼享之할새 晉侯賦嘉樂[5)]하니 國景子相齊侯하야 賦蓼蕭[6)]하고 子展相鄭伯하야 賦緇衣[7)]한대 叔向命晉侯拜二君曰 寡君은 敢拜齊君之安我先君之宗祧也하고 敢拜鄭君之不貳也[8)]하노라 國子使晏平仲私於叔向曰 晉君宣其明德於諸侯하야 恤其患而補其闕하고 正其違而治其煩[9)]일새 所以爲盟主也어늘 今爲臣執君하니 若之何[10)]오 叔向告趙文子한대 文子以告晉侯하니 晉侯言衛侯之罪하야 使叔向告二君[11)]하다 國子賦轡之柔矣[12)]하고 子展賦將仲子兮[13)]하니 晉侯乃許歸衛侯하다 叔向曰 鄭七穆에 罕氏其後亡者也라 子展儉而壹[14)]이라하다

1) 〔역주〕 衛侯如晉 : 衛侯가 晉나라에 간 것은 두 사람의 放免을 請하기 위해서이다. 〈附注〉

2) 〔역주〕 〔於〕 : 저본에는 '於'가 없으나, ≪春秋左氏傳≫에 의거하여 보충하였다.

3) 〔역주〕 晉人執而囚之〔於〕士弱氏 : 士弱은 獄을 주관하는 晉나라 大夫이다. 士弱의 집에 가둔 것이다.〈附注〉

4) 〔역주〕 齊侯鄭伯爲衛侯故如晉 : 함께 衛侯의 放免을 청하고자 해서이다.〈杜注〉

5) 〔역주〕 晉侯兼享之 晉侯賦嘉樂 : 〈嘉樂〉은 ≪詩經≫ 〈大雅〉의 篇名이다. 그 詩의 "아름답고 和樂한 君子여, 아름다운 德이 백성에게도 마땅하고 官人에게도 마땅하니, 하늘에서 녹을 받았다."는 뜻을 취한 것이다.〈杜注〉

6) 〔역주〕 賦蓼蕭 : 〈蓼蕭〉는 ≪詩經≫ 〈小雅〉의 篇名이다. 太平의 恩澤이 멀리 미친 것이 마치 이슬이 쑥에 내려 적신 것과 같다는 것을 말하여, 晉君의 은택이 諸侯에 미친 것을 비유한 것이다.〈杜注〉

7) 〔역주〕 賦緇衣 : 〈緇衣〉는 ≪詩經≫ 〈鄭風〉의 篇名이다. "그대의 館舍에 가서 일을 마치고 돌아와서 내 그대에게 음식을 접대하리라."는 뜻을 취하여, 감히 晉나라의 뜻을 어겨 멀리하지 않겠다는 것을 말한 것이다.〈杜注〉

8) 〔역주〕 寡君……敢拜鄭君之不貳也 : 〈蓼蕭〉와 〈緇衣〉 두 詩는 趣旨가 각각 같지 않기 때문에 두 임금에게 拜謝한 말도 달랐다.〈杜注〉 近親의 廟를 '宗'이라 하고, 遠祖의 廟를 '祧'라 한다.〈附注〉

9) 〔역주〕 恤其患而補其闕 正其違而治其煩 : 衛나라에 孫林父가 있는 것이 '患'이고, 능히 懲罰하지 못하고 서로 공격한 것이 '闕'이고, 晉나라의 수비병 3백 人을 죽인 것이 '違'이고, 공격하고 서로 원망해 蚌鷸(大蛤과 도요새)처럼 서로 버티고 있는 것이 '煩亂'이

니, 대체로 時事를 말한 것이다.(≪左氏會箋≫)

10) 〔역주〕 今爲臣執君 若之何 : 晉나라가 孫林父를 위해 衛侯를 잡은 것을 이른다.〈杜注〉

11) 〔역주〕 晉侯言衛侯之罪 使叔向告二君 : 晉侯는 衛軍이 晉나라에서 간 수비병 3백 人을 죽인 것을 罪로 삼은 것이고, 孫林父 때문이 아니라고 말한 것이다.〈杜注〉

12) 〔역주〕 國子賦轡之柔矣 : 〈轡之柔矣는〉 逸詩이다. ≪逸周書≫에 보인다. 政事를 너그럽게 하여 諸侯를 편안하게 하는 것이 마치 부드러운 고삐가 강한 말을 制御하는 것과 같다는 뜻을 취한 것이다.〈杜注〉

13) 〔역주〕 子展賦將仲子兮 : 〈將仲子〉는 ≪詩經≫ 〈鄭風〉의 篇名이다. 사람들의 말이 두렵다는 뜻을 취하여, 衛侯에게 설령 다른 罪가 있어서 잡았을지라도 사람들은 오히려 晉나라가 신하를 위해 임금을 잡았다고 할 것이라는 것을 말한 것이다.〈杜注〉

14) 〔역주〕 鄭七穆……子展儉而壹 : 子展은 鄭나라 子罕의 아들로 몸가짐이 儉素하고 마음 씀이 專一하였다. 鄭 穆公의 11子 중에 子然과 두 子孔 등 세 宗族은 이미 망하였고, 子羽는 卿이 되지 못하였기 때문에 오직 七穆만을 말한 것이다.〈杜注〉 七穆은 子展 罕氏, 子西 駟氏, 子産 國氏, 伯有 良氏, 子太叔 游氏, 子石 豐氏, 伯石 印氏를 이른다.〈附注〉

襄公 26년, 衛侯가 晉나라에 가니, 晉人이 그를 잡아 士弱氏의 집에 가두었다. 가을 7월에 齊侯와 鄭伯이 衛侯를 돕기 위해 晉나라에 갔다.

晉侯가 宴會를 열어 두 임금을 함께 접대할 때 晉侯가 〈嘉樂〉을 읊으니, 齊侯의 相禮 國景子가 〈蓼蕭〉를 읊고, 鄭伯의 相禮 子展이 〈緇衣〉를 읊었다. 그러자 叔向이 晉侯에게 命〔告〕하여 두 임금에게 拜謝하게 하고서 말하기를 "寡君은 감히 齊君께서 우리 先君의 宗廟를 편안하게 하신 것에 대해 拜謝하고, 鄭君께서 두마음을 품지 않는 것에 대해 拜謝한 것입니다."라고 하였다.

國子가 晏平仲을 보내어 叔向에게 사사로이 "晉君께서 밝은 德行을 諸侯에게 宣揚하여 患難을 救恤하고 결점을 보완하며 잘못을 바로잡고 煩亂을 다스려주셨기 때문에 盟主가 되신 것인데, 지금 臣下를 위해 임금을 잡았으니 어째서입니까?"라고 말하게 하였다.

叔向이 이 말을 趙文子에게 고하자, 趙文子가 이를 晉侯에게 고하니, 晉侯는 衛侯의 罪狀을 말해주면서 叔向을 시켜 두 임금에게 고하게 하였다. 그러자 國子가 〈轡之柔矣〉를 읊고 子展이 〈將仲子兮〉를 읊으니, 晉侯는 衛侯의 귀국을 허락하였다. 叔向이 말하기를 "鄭 穆公의 후손 일곱 家門 중에서 罕氏가 최후에 망할 것이다. 子展은 몸가

짐은 儉素하고 마음 씀이 專一하다."라고 하였다.

13-06-13 慶封賦詩 慶封은 〈叔孫이〉 詩를 읊은 〈이유를 알지 못하다〉

【左傳】 襄二十七年이라 齊慶封來聘하다 叔孫與食에 不敬이어늘 爲賦相鼠로되 亦不知也[1)]하다

1) 〔역주〕 爲賦相鼠 亦不知也 : 〈相鼠〉는 ≪詩經≫ 〈鄘風〉의 篇名이다. 그 詩에 "쥐를 보면 가죽이 있는데 사람으로서 威儀가 없을쏜가? 사람으로서 威儀가 없으면 죽지 않고 무엇하리."라고 하였다. 慶封이 자기의 不敬 때문에 이 詩를 읊는 줄을 몰랐다는 것은 그가 매우 昏闇하였음을 말한 것이다. 明年에 慶封이 魯나라로 도망해 온 傳의 배경이다.〈杜注〉

襄公 27년, 齊나라 慶封이 와서 聘問하였다. 叔孫이 그와 함께 식사를 하는데 慶封이 恭敬하지 않자, 叔孫이 〈相鼠〉를 읊었는데도 慶封은 그 이유를 알지 못하였다.

13-06-14 鄭七子賦詩 鄭나라의 일곱 사람이 詩를 읊다

【左傳】 襄二十七年이라 鄭伯享趙孟于垂隴[1)]할새 子展伯有子西子産子太叔二子石從[2)]하다 趙孟曰 七子從君하야 以寵武也[3)]하니 請皆賦하야 以卒君貺[4)]하노라 武亦以觀七子之志[5)]하리라 子展賦草蟲[6)]한대 趙孟曰 善哉라 民之主也[7)]어니와 抑武也는 不足以當之[8)]로다 伯有賦鶉之賁賁[9)]한대 趙孟曰 牀笫之言不踰閾이온 況在野乎아 非使人之所得聞也[10)]니라 子西賦黍苗之四章[11)]한대 趙孟曰 寡君在하니 武何能焉[12)]이리오 子産賦隰桑[13)]한대 趙孟曰 武請受其卒章[14)]하노라 子太叔賦野有蔓草[15)]한대 趙孟曰 吾子之惠也[16)]라 印段賦蟋蟀(실솔)[17)]한대 趙孟曰 善哉라 保家之主也[18)]여 吾有望矣로다 公孫段賦桑扈[19)]한대 趙孟曰 匪交匪敖면 福將焉往[20)]이리오 若保是言也면 欲辭福祿인들 得乎아

1) 〔역주〕 鄭伯享趙孟于垂隴 : 趙孟이 宋나라에서 晉나라로 돌아가는 길에 鄭나라를 지난 것이다.〈杜注〉

2) 〔역주〕 二子石從 : 두 子石은 印段과 公孫 段이다.〈杜注〉

3) 〔역주〕 七子從君 以寵武也 : 武는 趙文子의 이름이다. 詩로써 나에게 光榮을 내려달라는 말이다.〈附注〉

4) 〔역주〕 請皆賦 以卒君貺 : 일곱 사람이 모두 詩를 읊어 鄭君의 賜宴을 마치기를 청한

것이다.〈附注〉

5) 〔역주〕 武亦以觀七子之志 : 詩로써 뜻〔志〕을 말하기 때문에 이런 말을 한 것이다.

6) 〔역주〕 子展賦草蟲 : 〈草蟲〉은 ≪詩經≫ 〈召南〉의 篇名이다. 본래 이 詩는 出役한 大夫의 아내가 풀벌레의 암수가 울음소리로 서로 짝을 찾고 메뚜기의 암수가 서로 붙어 있는 것을 보자, 남편 생각이 나서 "君子(남편)를 보지 못해 근심으로 가슴이 두근거렸네. 군자를 보고 군자와 交合하면 내 마음이 가라앉으련만."이라고 읊은 詩인데, 子展은 詩의 原義와 관계없이 斷章取義하여 鄭나라를 도와줄 君子를 만나지 못해 근심하였는데, 〈趙孟을 君子에 비유하여〉 이미 君子를 만나 서로 뜻이 통하였으니 몸을 낮추어 晉나라에 복종하겠다는 뜻으로 이 詩를 읊은 것이다.

7) 〔역주〕 善哉 民之主也 : 윗자리에 있으면서도 자신을 낮추기를 잊지 않기 때문에 백성의 主人이라고 한 것이다.〈杜注〉

8) 〔역주〕 抑武也 不足以當之 : 자기를 君子에 비유한 것을 사양한 것이다.〈杜注〉

9) 〔역주〕 伯有賦鶉之賁賁 : 〈鶉之賁賁〉은 ≪詩經≫ 〈鄘風〉의 篇名이다. 衛人이 그 임금의 淫亂을 諷刺하여 메추라기나 까치만도 못하다고 한 것이다. "선량하지 못한 사람을 나는 그를 兄이라고 하고 나는 그를 임금이라 하네."라고 한 뜻을 취한 것이다.〈杜注〉

10) 〔역주〕 牀笫之言不踰閾……非使人之所得聞也 : 笫는 자리이다. 이 詩는 淫亂을 諷刺한 것이다. 그러므로 잠자리의 말이라고 한 것이다. 閾은 문지방이다. 使人은 趙孟이 자신을 이른 것이다.〈杜注〉

11) 〔역주〕 子西賦黍苗之四章 : 〈黍苗〉는 ≪詩經≫ 〈小雅〉의 篇名이다. 그 4章에 "신속히 이룬 謝邑의 工役은 召伯이 經營한 것이고, 武勇스러운 行役軍은 召伯이 編成한 것이네."라고 하였다. 趙孟을 召伯에 비유한 것이다.〈杜注〉

12) 〔역주〕 寡君在 武何能焉 : 經營해 성공한 것이 모두 晉君의 功이고 趙孟 자신의 능력이 아니라는 말로, 잘한 일을 그 임금에게 사양한 것이다.〈杜注〉

13) 〔역주〕 子產賦隰桑 : 〈隰桑〉은 ≪詩經≫ 〈小雅〉의 篇名이다. 군자를 만나보기를 생각하여 마음을 다해 섬긴다는 뜻을 취한 것이다. 그 詩에 "이미 군자를 만나보았으니 그 즐거움이 어떠하겠는가?"라고 하였다.〈杜注〉

14) 〔역주〕 武請受其卒章 : 卒章에 "마음에 그를 사랑하고 있으니 어찌 그에게 말하지 않을 수 있으며 마음속에 간직하고 있으니 언제고 잊을 날이 있겠는가?"라고 하였다. 趙武는 子產이 警戒해 가르쳐주기를 바란 것이다.〈杜注〉

15) 〔역주〕 子太叔賦野有蔓草 : 〈野有蔓草〉는 ≪詩經≫ 〈鄭風〉의 篇名이다. "우연히 서로 만나니 나의 소원에 맞았다."는 뜻을 취한 것이다.〈杜注〉

16) 〔역주〕 吾子之惠也 : 太叔이 趙孟과 서로 만난 것을 기뻐하였기 때문에 趙孟이 그 恩

惠를 받았다고 한 것이다.〈杜注〉

17)〔역주〕印段賦蟋蟀(실솔) : 〈蟋蟀〉은 ≪詩經≫ 〈唐風〉의 篇名이다. 그 詩에 "너무 安樂하게 지내지 말고 오히려 자기의 職分을 생각하여 안락을 좋아하되 職務를 荒棄하지 않는 것이 良士가 경계할 바이다."라고 하였으니, 두려운 마음으로 禮儀를 돌아본다는 것을 말한 것이다.〈杜注〉

18)〔역주〕保家之主也 : 警戒하고 두려워하여 職分을 폐기하지 않는 것이 집안을 보존하는 방법이다.〈杜注〉

19)〔역주〕公孫段賦桑扈 : 〈桑扈〉는 ≪詩經≫ 〈小雅〉의 篇名이다. 君子는 禮文이 있기 때문에 하늘의 도움을 받는다는 뜻을 취한 것이다.〈杜注〉

20)〔역주〕匪交匪敖 福將焉往 : 이 句는 〈桑扈〉의 卒章이다. 趙孟은 公孫 段이 詩를 읊었으므로 인하여 卒章의 뜻을 취한 것이다.〈杜注〉

蟋蟀

襄公 27년, 鄭伯이 垂隴에서 宴會를 열어 趙孟(武)을 접대할 때 子展·伯有·子西·子產·子太叔과 두 子石이 鄭伯을 侍從하였다. 趙孟이 말하기를 "일곱 분이 임금님을 시종하여 나를 榮光〔寵〕스럽게 하니 모두 詩를 읊어 임금님이 내리신 이 연회를 잘 마치기 바랍니다. 나 또한 詩를 듣고서 일곱 분의 뜻을 살펴보겠습니다."라고 하였다.

子展이 〈草蟲〉을 읊자, 趙孟이 말하기를 "훌륭합니다. 〈그대는 참으로〉 백성의 主人이 될 수 있지만 나는 〈이런 칭찬을〉 받을 만하지 못합니다."라고 하였다.

伯有가 〈鶉之賁賁〉을 읊자, 趙孟이 "잠자리의 말은 문지방을 넘지 않아야 하는데 하물며 郊野이겠습니까? 使臣이 들을 수 있는 말이 아닙니다."라고 하였다.

子西가 〈黍苗〉의 4章을 읊자, 趙孟이 "우리 임금께서 계시니 내가 무슨 능력이 있겠습니까?"라고 하였다.

子産이 〈隰桑〉을 읊자, 趙孟이 "나는 그 卒章만을 받아들이겠습니다."라고 하였다.

子太叔이 〈野有蔓草〉를 읊자, 趙孟이 "그대의 은혜입니다."라고 하였다.

印段이 〈蟋蟀〉을 읊자, 趙孟이 "훌륭합니다. 집안을 보존할 주인이니, 내 기대해보겠습니다."라고 하였다.

公孫 段이 〈桑扈〉를 읊자, 趙孟이 "사람을 사귐에 있어 傲慢하지 않으니 福이 어디로 가겠습니까? 이 말을 잘 지킨다면 福祿을 사양하고자 한들 사양할 수 있겠습니까?"라고 하였다.

卒享에 文子告叔向曰 伯有將爲戮矣리라 詩以言志어늘 志誣其上而公怨之하야 以爲賓榮[1]하니 其能久乎아 幸而後亡[2]이리라 叔向曰 然하다 已侈[3]하니 所謂不及五稔者는 夫子之謂矣[4]로다 文子曰 其餘는 皆數世之主也[5]나 子展其後亡者也니 在上不忘降[6]하니라 印氏其次也니 樂而不荒[7]하니라 樂以安民[8]하고 不淫以使之[9]하니 後亡이 不亦可乎아

1) 〔역주〕 志誣其上而公怨之 以爲賓榮 : '誣(무함)'라고 말하였으니 鄭伯에게 그런 사실이 없었던 것이다. 趙孟이 "詩를 읊어 자신을 榮光스럽게 하라."고 誘導〔倡〕하였기 때문에 伯有가 공공연히 원망하여 賓客을 영광스럽게 하였을 뿐이다.〈杜注〉

2) 〔역주〕 幸而後亡 : 반드시 제일 먼저 망한다는 말이다.〈杜注〉

3) 〔역주〕 已侈 : 伯有의 驕慢과 奢侈가 너무 심하다는 말이다.〈附注〉

4) 〔역주〕 所謂不及五稔者 夫子之謂矣 : 稔은 年이다. 襄公 30년에 鄭나라가 良霄(伯有)를 죽인 傳의 배경이다.〈杜注〉

5) 〔역주〕 其餘 皆數世之主也 : 그 밖의 여섯 사람은 모두 그 遺澤이 여러 代에 미칠 것이라는 말이다.〈附注〉

6) 〔역주〕 在上不忘降 : 〈草蟲〉의 "내 마음이 가라앉으련만."이란 句를 읊은 것을 말한 것이다.〈杜注〉

7) 〔역주〕 樂而不荒 : 〈蟋蟀〉의 "안락을 좋아하되 직분을 폐기하지 않는다."는 句를 읊은 것을 말한 것이다.〈杜注〉

8) 〔역주〕 樂以安民 : 安樂을 백성과 함께하였기 때문에 백성들이 安定을 얻은 것이다.

〈附注〉

9) 〔역주〕 不淫以使之 : 慾心을 절제하지 않고 지나치게 放縱하여 백성을 모질게 부리지 않았다는 말이다.〈附注〉

宴會를 마친 뒤에 文子(趙孟)가 叔向에게 말하기를 "伯有는 장차 죽임을 당할 것입니다. 詩는 자신의 뜻을 말하는 것인데, 그의 뜻은 임금을 誣陷하고 공공연히 怨望하는 데 있고, 또 이 시로써 賓客을 光榮스럽게 하였으니 어찌 오래 살 수 있겠습니까? 幸運이 있은 뒤에야 죽지 않고 망명할 수 있을 것입니다."라고 하니, 叔向이 말하기를 "그렇습니다. 너무 傲慢〔侈〕하니 이른바 '5년을 넘기지 못할 것이다.'는 말이 바로 저 사람을 두고 한 말일 것입니다."라고 하였다.

文子가 말하기를 "그 나머지 사람들은 모두 여러 代를 전할 主人이지만 그중에 子展이 가장 뒤에 망할 사람이니 윗자리에 있으면서 자신을 낮추기를 잊지 않습니다. 印氏가 그 다음으로 오래갈 사람이니 안락을 즐기되 職務를 廢棄〔荒〕하지 않습니다. 안락으로 백성들을 安定시키고 과도하게 백성을 부리지 않으니 남보다 뒤에 망하는 것이 당연하지 않겠습니까?"라고 하였다.

13-06-15 薳罷賦詩 薳罷가 詩를 읊다

【左傳】 襄二十七年이라 楚薳罷如晉涖盟[1]하니 晉侯享之하다 將出에 賦既醉[2]한대 叔向曰 薳氏之有後於楚國也가 宜哉로다 承君命하야 不忘敏[3]하니 子蕩將知政矣리라 敏以事君이면 必能養民이니 政其焉往[4]이리오

1) 〔역주〕 楚薳罷如晉涖盟 : 薳罷는 令尹 子蕩이다. 荀盈이 楚나라로 가서 結盟에 참가한 데 대한 보답으로 薳罷가 晉나라로 가서 결맹에 참가한 것이다.〈杜注〉

2) 〔역주〕 賦既醉 : 〈既醉〉는 ≪詩經≫ 〈大雅〉의 篇名이다. 그 詩에 "이미 술로써 취하게 하셨고 이미 恩德으로써 배부르게 하셨으니, 君子(周 成王)께서는 萬年의 長壽 누리소서. 하늘이 큰 福으로 당신을 도우실 겁니다."라고 하였는데, 薳罷가 이 詩로써 晉侯를 讚美하여 太平을 이룩한 君子에 비유한 것이다.〈杜注〉 ≪毛詩≫에 의하면 이 詩는 周 成王이 宗廟에 祭祀를 마치고서 群臣을 접대한 것을 읊은 詩이다. ≪毛詩≫와 朱子 注에는 介를 大로 訓詁하여 "너의 큰 복을 크게 하리라."로 해석하였고, 鄭玄의 箋에는 介를 助로 訓詁하여 "하늘이 너에게 큰 복으로 도와줄 것이다."로 해석하였다. 역자는 鄭玄의 설을 취해 번역하였다.

3) 〔역주〕 承君命 不忘敏 : 그가 일에 임해 민첩히 달성하기를 잊지 않았다는 말이다.〈附注〉
4) 〔역주〕 政其焉往 : 政權이 반드시 그에게로 돌아간다는 말이다.〈杜注〉

襄公 27년, 楚나라 薳罷가 晉나라에 가서 結盟에 참가하니 晉侯가 宴會를 열어 그를 접대하였다. 연회를 마치고 나오려 할 때 薳罷가 〈既醉〉를 읊자, 叔向이 다음과 같이 말하였다.

"薳氏의 後孫이 楚나라에서 대대로 祿位를 누리는 것이 당연하다. 임금의 命을 받고 나와서 민첩하게 응대하기를 잊지 않았으니 子蕩(薳罷)은 장차 政權을 잡게 될 것이다. 민첩함으로 임금을 섬긴다면 반드시 백성을 잘 養育할 수 있으니 정권이 어디로 가겠는가?"

13-06-16 穆叔食慶封誦詩 穆叔이 慶封에게 음식을 접대할 때 詩를 읊다

【左傳】 襄二十八年이라 叔孫穆子食慶封에 慶封氾祭[1]하니 穆子不說하야 使工爲之誦茅鴟[2]한대 亦不知[3]하다

1) 〔역주〕 慶封氾祭 : 禮에 음식을 먹을 때에 祭(고수레)함이 있으니, 이는 음식을 처음 만든 분이 있다는 것을 보이기 위함이다. 氾祭는 祭하는 음식을 멀리 흩는 것이니 공경스럽지 못하다.〈杜注〉 여기서의 '祭'는 옛사람들은 음식을 먹을 때 밥과 반찬을 조금씩 덜어내어 그릇 사이에 놓고서 최초에 음식을 發明한 사람에게 祭祀하였던 것을 이른다.
2) 〔역주〕 使工爲之誦茅鴟 : 工은 樂師이다. 〈茅鴟〉는 逸詩인데, 不敬을 諷刺한 詩이다.〈杜注〉
3) 〔역주〕 亦不知 : 慶封이 이번에도 그 詩가 자기를 풍자하는 것임을 알지 못했다는 것은 그가 매우 어리석었음을 말한 것이다.〈附注〉

襄公 28년, 叔孫穆子가 慶封에게 음식을 접대하는데 慶封이 祭(고수레)하는 음식을 멀리 흩으니 穆子는 불쾌하여 樂工을 시켜 그를 위해 〈茅鴟〉를 朗誦하게 하였으나, 慶封은 〈작년에도 〈相鼠〉가 자기를 諷刺하는 것인 줄을 모르더니〉 이번에도 자기를 풍자하는 것인 줄을 알지 못하였다.

13-06-17 令尹趙孟賦詩 令尹과 趙孟이 詩를 읊다

【左傳】 昭元年이라 令尹享趙孟할새 賦大明之首章[1]하니 趙孟賦小宛之二章[2]하다 事畢에

趙孟謂叔向曰 令尹自以爲王矣[3)]니 何如[4)]오 對曰 王弱하고 令尹強하니 其可哉[5)]ㄴ저 不終하리라 趙孟曰 何故오 對曰 強以克弱而安之[6)]는 強不義也[7)]니 不義而強은 其斃必速이라

1) 〔역주〕 賦大明之首章 : 〈大明〉은 ≪詩經≫ 〈大雅〉의 篇名이다. 그 首章에 '文王의 밝은 德이 아래 下土에 빛났기 때문에 하늘의 命이 위 上天에 성대하게 드러났다.'라고 말하였다. 令尹의 뜻이 首章에 있었기 때문에 특별히 首章을 稱誦하여 스스로 〈자기의 德이〉 光明正大하다고 자랑한 것이다.〈杜注〉
2) 〔역주〕 趙孟賦小宛之二章 : 〈小宛〉은 ≪詩經≫ 〈小雅〉의 篇名이다. 2章의 '각기 너의 威儀를 공경하라. 天命은 다시 오지 않는다.'는 뜻을 취한 것이다. 天命은 한번 떠나면 다시 돌아오지 않는다는 것을 말하여 令尹을 警戒한 것이다.〈杜注〉
3) 〔역주〕 令尹自以爲王矣 : 楚나라 令尹 圍가 스스로 자기의 德이 王이 될 만하다고 여긴다는 말이다.〈附注〉
4) 〔역주〕 何如 : 장차 성공할 수 있는지의 여부를 물은 것이다.〈杜注〉
5) 〔역주〕 其可哉 : 성공할 수 있다는 말이다.〈杜注〉
6) 〔역주〕 強以克弱而安之 : 強한 신하로서 弱한 임금을 이기고서도 편안히 여겨 당연하다고 생각하는 것이다.〈附注〉
7) 〔역주〕 強不義也 : 임금을 이기는 것을 편안히 여기는 것은 強하기만 하고 의롭지 못한 것이다.〈杜注〉

昭公 원년, 令尹(圍)이 宴會를 열어 趙孟을 접대할 때 令尹이 〈大明〉의 首章을 읊으니, 趙孟이 〈小宛〉의 제2章을 읊었다.

宴會를 마친 뒤에 趙孟이 叔向에게 "令尹은 스스로 자신의 德이 王이 될 만하다고 여기니, 앞으로 어찌 되겠는가?"라고 묻자, 叔向이 "楚王은 弱하고 令尹은 強하니 아마도 令尹이 楚王이 될 것입니다. 〈비록 王이 된다 하더라도〉 그 結果가 좋지 못할 것입니다."라고 대답하였다.

趙孟이 "무엇 때문인가?"라고 묻자, 叔向은 다음과 같이 대답하였다. "強者로서 弱者를 이기고서 편안히 여기는 것은 強하기만 하고 의롭지 못한 것이니, 의롭지 못하면서 강한 자는 그 멸망이 반드시 빠른 것입니다."

13-06-18 穆叔子皮賦詩　穆叔과 子皮가 詩를 읊다

【左傳】 昭元年이라 夏四月에 趙孟叔孫豹曹大夫入于鄭[1)]하니 鄭伯兼享之하다 子皮戒

趙孟[2]이러니 禮終에 趙孟賦瓠葉[3]하다 子皮遂戒穆叔하고 且告之한대 穆叔曰 趙孟欲一獻[4]하니 子其從之하라 子皮曰 敢乎[5]아 穆叔曰 夫人之所欲也[6]니 又何不敢이리오 及享에 具五獻之籩豆於幕下[7]하니 趙孟辭[8]하고 私於子産曰 武請於冢宰矣[9]라한대 乃用一獻하야 趙孟爲客[10]하다 禮終乃宴할새 穆叔賦鵲巢[11]하니 趙孟曰 武不堪也[12]라하다 又賦采蘩[13]하고 曰 小國爲蘩이어늘 大國省穡而用之하니 其何實非命[14]가 子皮賦野有死麕之卒章[15]하고 趙孟賦常棣[16]하다 且曰 吾兄弟比以安[17]이면 尨也可使無吠[18]리라 穆叔子皮及曹大夫興하야 拜[19]하고 擧兕爵曰 小國賴子하야 知免於戾矣[20]라하고 飮酒樂하다 趙孟出曰 吾不復此矣리라

1) 〔역주〕 趙孟叔孫豹曹大夫入于鄭 : 會盟을 마치고서 鄭나라에 들른 것이다.〈杜注〉

2) 〔역주〕 子皮戒趙孟 : 宴享의 기일을 告知〔啓〕한 것이다.〈杜注〉

3) 〔역주〕 禮終 趙孟賦瓠葉 : 告知를 받는 禮가 끝나자, 詩를 읊은 것이다. 〈瓠葉〉은 ≪詩經≫ 〈小雅〉의 篇名이다. 古人은 식품이 변변치 못하다 하여 禮를 폐하지 않은 뜻을 취한 것이다. 비록 박잎과 한 마리의 토끼라 하더라도 오히려 賓客을 접대하였다는 것을 말한 것이다.〈杜注〉

4) 〔역주〕 趙孟欲一獻 : 〈瓠葉〉을 읊은 것은 변변찮은 食物이라도 獻酬할 수 있다는 뜻을 취한 것이므로 一獻을 원한다는 것을 안 것이다.〈杜注〉 一獻은 主人이 賓에게 술잔을 한 차례만 올리는 것이다. 술을 한 차례만 올린다면 그 밖에 식품의 儀節도 이에 맞게 경감한다.〈楊注〉

5) 〔역주〕 敢乎 : 감히 그리할 수 없다는 말이다.〈杜注〉

6) 〔역주〕 夫人之所欲也 : 夫人은 趙孟을 이른다.〈杜注〉

7) 〔역주〕 及享 具五獻之籩豆於幕下 : 朝聘의 제도에 大國의 卿에게는 五獻의 禮로 접대한다.〈杜注〉

8) 〔역주〕 趙孟辭 : 趙孟은 스스로 지금 鄭나라에 聘問 온 것이 아니라고 여겼기 때문에 五獻의 禮를 시양한 것이다.〈杜注〉

9) 〔역주〕 武請於冢宰矣 : 武는 趙孟의 이름이고, 冢宰는 子皮이다. 請은 〈瓠葉〉을 읊은 것을 이른다.〈杜注〉

10) 〔역주〕 趙孟爲客 : 趙文子를 上賓으로 삼은 것이다.〈附注〉

11) 〔역주〕 穆叔賦鵲巢 : 〈鵲巢〉는 趙孟이 勞苦를 아끼지 않았기 때문에 小國이 편안하게 된 것을 비유한 것이니, 叔孫豹 자신이 楚나라의 誅戮을 면한 것을 가리킨 것이다.(≪左氏會箋≫)

12) 〔역주〕 武不堪也 : 감히 叔孫豹를 誅戮에서 벗어나게 한 공을 자신의 공으로 과시할 수 없다는 말이다.(≪左氏會箋≫)

13) 〔역주〕 又賦采蘩 : 〈采蘩〉도 ≪詩經≫ 〈召南〉의 篇名이다. 蘩菜(쑥)가 변변찮은 食物이지만 公侯에게 올릴 수 있다는 뜻을 취하여, 그 사람의 誠信만을 享受(受用)하고 豐厚한 식품을 구하지 않는다는 것을 말한 것이다.〈杜注〉

14) 〔역주〕 小國爲蘩……其何實非命 : 穆叔이 "小國의 변변찮음이 蘩菜와 같지만 大國이 아껴 쓰고 버리지 않는다면 어찌 감히 命을 따르지 않겠느냐?"고 말한 것이다. 穡은 아끼는 것이다.〈杜注〉

15) 〔역주〕 子皮賦野有死麕之卒章 : 〈野有死麕〉은 ≪詩經≫ 〈召南〉의 篇名이다. 그 卒章에 "천천히 걸어와서 내 수건 흔들리게 하지 말고 삽살개 짖게 하지 말라."고 하였다. 君子는 천천히 걸어 禮로써 와서 나로 하여금 節介를 잃지 말게 하고 우리 개로 하여금 짖게 하지 말라고 한 뜻을 취하여, 趙孟이 道義로써 諸侯를 安撫하고 非禮로써 侵陵(侵犯해 陵蔑함)하지 않은 것을 비유한 것이다.〈杜注〉

16) 〔역주〕 趙孟賦常棣 : 〈常棣〉는 ≪詩經≫ 〈小雅〉의 篇名이다. "무릇 지금 사람들 중에는 형제만 한 이가 없다."는 詩句를 취하여 형제의 나라와 친하게 지내고자 한다는 것을 말한 것이다.〈杜注〉

17) 〔역주〕 吾兄弟比以安 : 比合(和合)하여 安靖하는 것이다.〈附注〉

18) 〔역주〕 尨也可使無吠 : 子皮의 詩를 받아들인 것이다.〈杜注〉

19) 〔역주〕 穆叔子皮及曹大夫興 拜 : 세 大夫는 모두 兄弟國의 신하이다. 興은 일어나는 것이다.〈杜注〉

20) 〔역주〕 擧兕爵曰……知免於戾矣 : 兕爵은 不敬을 罰하는 술잔이다. 小國이 趙孟의 德을 힘입어 친밀하게 지내며 안정되었으므로 스스로 이 懲罰과 誅戮에서 免한 줄을 알았다고 말한 것이다.〈杜注〉

昭公 원년, 여름 4월에 趙孟·叔孫豹·曹나라 大夫가 鄭나라로 들어가니, 鄭伯이 宴會를 열어 이들을 함께 접대하기로 하였다. 子皮가 趙孟에게 가서 宴會日을 告知〔戒〕하였는데, 고지하는 의식이 끝나자 趙孟이 〈瓠葉〉을 읊었다.

子皮는 드디어 穆叔에게 가서 宴會日을 고지하고서 趙孟이 〈瓠葉〉을 읊은 것을 말하자, 穆叔이 말하기를 "趙孟은 一獻의 禮를 원하니 그대는 그 뜻을 따르시오."라고 하였다. 子皮가 "감히 그렇게 할 수 없습니다."라고 하자, 穆叔이 말하기를 "그분이 원하는 바인데 어찌 감히 할 수 없다고 하십니까?"라고 하였다.

宴會日에 미쳐 鄭나라는 五獻의 籩豆를 幕下에 준비하였다. 趙孟은 五獻의 禮를 사양하고서 子產에게 사사로이 말하기를 "나는 이미 冢宰에게 〈一獻의 禮를 거행하기를〉 청하였습니다."라고 하였다. 이에 一獻의 禮를 사용하여 趙孟을 主賓으로 삼았다.

享禮(禮物을 올리는 禮)를 마치고 宴禮(宴會)를 거행하였는데, 穆叔이 〈鵲巢〉를 읊으니, 趙孟이 "제가 감당할 수 없습니다."라고 하였다. 穆叔이 또 〈采蘩〉을 읊고서 말하기를 "小國은 蘩菜와 같지만 大國이 아껴 쓰신다면 어찌 大國의 命을 따르지 않겠습니까?"라고 하였다.

子皮가 〈野有死麕〉의 卒章을 읊으니, 趙孟이 〈常棣〉를 읊고서 말하기를 "우리 兄弟 나라들이 친밀하게 지내며 안정을 추구한다면 삽살개도 짖지 않게 할 수 있을 것입니다."라고 하니, 穆叔·子皮 및 曹나라 大夫가 일어나 절하고, 외뿔소의 뿔로 만든 술잔을 들고서 말하기를 "우리 小國들은 당신의 도움을 힘입어 禍難(楚나라의 責罰)에서 면한 줄을 압니다."라고 하고서, 술을 마시며 즐겼다. 趙孟이 나와서 말하기를 "나는 다시 이런 즐거움을 볼 수 없을 것이다."라고 하였다.

13-06-19 季武子韓宣子賦詩　季武子와 韓宣子가 詩를 읊다

【左傳】 昭二年이라 春에 晉侯使韓宣子來聘[1]하다 公享之할새 季武子賦緜之卒章[2]하니 韓子賦角弓[3]하다 季武子拜曰 敢拜子之彌縫敝邑[4]하노라 寡君有望矣라하고 武子賦節之卒章[5]하다 既享에 宴于季氏할새 有嘉樹焉하니 宣子譽之[6]한대 武子曰 宿敢不封殖此樹[7]하야 以無忘角弓가하고 遂賦甘棠[8]하니 宣子曰 起不堪也라 無以及召公이라하다

1) 〔역주〕 晉侯使韓宣子來聘 : 昭公이 즉위하였기 때문이다.〈杜注〉

2) 〔역주〕 季武子賦緜之卒章 : 〈緜〉은 ≪詩經≫ 〈大雅〉의 篇名이다. 卒章의 文王이 네 신하가 있었기 때문에 면면히 이어온 나라를 흥성하게 만든 뜻을 취하여 晉侯를 文王에 비유하고, 韓宣子를 四輔에 비유한 것이다.〈杜注〉 四輔는 바로 四臣을 가리킨 말로 그 詩에 말한 疏附(아랫사람을 이끌고 윗사람을 가까이하는 신하)·先後(앞뒤에서 인도하는 신하)·奔奏(德으로 曉喩하여 聲譽를 宣揚하는 신하)·禦侮(敵의 氣勢를 꺾는 武臣)이다.

3) 〔역주〕 韓子賦角弓 : 〈角弓〉은 ≪詩經≫ 〈小雅〉의 篇名이다. '兄弟와 姻戚은 서로 멀리하지 말라.'는 詩句를 취하여 兄弟國은 서로 친애해야 한다는 것을 말한 것이다.〈杜注〉

4) 〔역주〕 敢拜子之彌縫敝邑 : 彌縫은 補合(갈라진 틈을 기워 붙임)이니, 兄弟의 義理로

대함을 이른다.〈杜注〉

5)〔역주〕 武子賦節之卒章 : 〈節南山〉은 ≪詩經≫ 〈小雅〉의 篇名이다. 卒章의 '네 마음을 고쳐 萬邦을 기르라.'는 詩句를 취하여 晉나라의 德이 萬邦을 기를 수 있다는 것을 말한 것이다.〈杜注〉

6)〔역주〕 宣子譽之 : 나무가 아름다움을 칭찬한 것이다.〈杜注〉

7)〔역주〕 宿敢不封殖此樹 : 封은 나무의 뿌리에 흙을 두터이 덮는 것이고, 殖은 기르는 것이다.〈杜注〉

8)〔역주〕 遂賦甘棠 : 〈甘棠〉은 ≪詩經≫ 〈召南〉의 篇名이다. 召伯이 甘棠樹 아래에서 쉰 적이 있었으므로 詩人은 召伯을 사모해 그 나무까지 사랑하였다. 季武子는 아름다운 나무를 甘棠처럼 기르고자 한다고 말하여, 韓宣子를 召公에 비유한 것이다.〈杜注〉

昭公 2년, 봄에 晉侯가 韓宣子를 보내어 魯나라에 와서 聘問하였다. 昭公이 宴會를 열어 그를 접대할 때 季武子가 〈緜〉의 卒章을 읊으니, 韓宣子가 〈角弓〉을 읊었다.

季武子가 일어나 절하며 "감히 그대가 우리나라를 兄弟의 의리로 대해준 것〔彌縫〕에 대해 拜謝합니다. 우리 임금님께서는 기대하고 계십니다."라고 하고서, 季武子가 〈節南山〉의 卒章을 읊었다.

宴會를 마친 뒤에 季氏의 집에서 酒宴을 베풀었는데, 季氏의 집에 아름다운 나무 한 그루가 있었다. 韓宣子가 그 나무를 칭찬하자, 季武子가 말하기를 "내 어찌 감히 이 나무를 잘 가꾸어 〈角弓〉의 뜻을 기억하지 않겠습니까?"라고 하고서, 드디어 〈甘棠〉을 읊으니, 韓宣子가 "나로서는 감당할 수 없습니다. 나는 召公의 경지에 미칠 수 없습니다."라고 하였다.

13-06-20 楚子賦詩 楚子가 詩를 읊다

【左傳】 昭三年이라 十月에 鄭伯如楚에 子產相하다 楚子享之할새 賦吉日[1]하다 既享에 子產乃具田備하다 王以田江南之夢[2]하다

1)〔역주〕 楚子享之 賦吉日 : 〈吉日〉은 ≪詩經≫ 〈小雅〉의 篇名인데, 周 宣王이 사냥에 대해 읊은 詩이다. 楚王은 鄭伯과 함께 사냥하고자 하였기 때문에 이 詩를 읊은 것이다.〈杜注〉

2)〔역주〕 王以田江南之夢 : 夢은 楚나라 雲夢으로, 長江의 남북에 걸쳐 있다.〈杜注〉

昭公 3년, 10월에 鄭伯이 楚나라에 갈 때 子產이 相으로 수행하였다. 楚子가 宴會

를 열어 鄭伯을 접대할 때 〈吉日〉을 읊었다. 宴會를 마친 뒤에 子産이 사냥에 필요한 도구를 준비하니, 楚王은 鄭伯과 함께 江南의 雲夢에서 사냥하였다.

13-06-21 鄭六卿賦詩 鄭나라의 여섯 卿이 시를 읊다

【左傳】 昭十六年이라 晉韓起聘于鄭하다 鄭六卿餞宣子于郊[1]할새 宣子曰 二三君子請皆賦하노라 起亦以知鄭志로라 子齹(차)賦野有蔓草[2]한대 宣子曰 孺子[3]善哉라 吾有望矣[4]로다 子産賦鄭之羔裘[5]한대 宣子曰 起不堪也[6]라 子太叔賦褰裳[7]한대 宣子曰 起在此하니 敢勤子至於他人乎[8]아 子太叔拜[9]하니 宣子曰 善哉라 子之言是[10]여 不有是事면 其能終乎[11]아 子游賦風雨[12]하고 子旗賦有女同車[13]하고 子柳賦蘀兮[14]한대 宣子喜曰 鄭其庶乎[15]ㄴ저 二三君子以君命貺起[16]호대 賦不出鄭志[17]하니 皆昵燕好也[18]라 二三君子는 數世之主也니 可以無懼矣[19]리라

1) 〔역주〕 鄭六卿餞宣子于郊 : 餞은 떠나는 사람을 보내면서 술을 마시는 것이다.〈杜注〉

2) 〔역주〕 子齹(차)賦野有蔓草 : 子齹는 子皮의 아들 嬰齊이다. 〈野有蔓草〉는 ≪詩經≫ 〈鄭風〉의 篇名이다. '우연히 서로 만나니 나의 소원에 맞았네.'라는 뜻을 취한 것이다.〈杜注〉

3) 〔역주〕 孺子 : 諸侯나 世卿의 承繼人을 칭하는 말이다.

4) 〔역주〕 吾有望矣 : 군자가 서로 만나기를 원하는 것이 나의 바람이라는 말이다.〈杜注〉

5) 〔역주〕 子産賦鄭之羔裘 : '鄭風'이라고 말한 것은 〈唐風〉의 〈羔裘〉와 구별하기 위함이다. '저 사람이여 목숨을 버릴지언정 절개를 변치 않으리. 國家의 彦士일세.'라는 詩句를 취하여 韓子를 찬미한 것이다.〈杜注〉

6) 〔역주〕 起不堪也 : 國家의 司直이란 말을 감당할 수 없다고 한 것이다.〈杜注〉

7) 〔역주〕 子太叔賦褰裳 : ≪詩經≫ 〈鄭風 褰裳〉에 "그대 나를 사랑해 나를 생각하면 나는 치마를 걷고 溱水를 건너 그대에게 가겠지만, 그대 나를 생각하지 않는다면 어찌 다른 사람(남자)이 없으리오."라고 하였다. '宣子가 우리를 생각한다면 우리는 장차 치마를 걷고 물을 건너 宣子에게 달려갈 뜻이 있지만, 우리를 생각하지 않는다면 우리 또한 어찌 다른 사람(依託할 다른 나라)이 없겠느냐?'를 말한 것이다.〈杜注〉

8) 〔역주〕 起在此 敢勤子至於他人乎 : 내가 지금 友好를 重視〔崇〕하여 이곳(鄭나라)에 와 있으니 다시 그대로 하여금 다른 사람에게 가게 하지 않겠다는 말이다.〈杜注〉

9) 〔역주〕 子太叔拜 : 宣子가 鄭나라에 愛情을 두고 있는 것에 謝禮한 것이다.〈杜注〉

10) 〔역주〕 善哉子之言是 : 是는 〈褰裳〉을 이른다.〈杜注〉

11) 〔역주〕 不有是事 其能終乎 : 이렇게 서로 경계하는 말이 없다면 어찌 끝까지 友好를 유지할 수 있겠느냐는 말이다.〈附注〉

12) 〔역주〕 子游賦風雨 : 子游는 駟帶의 아들 駟偃이다. ≪詩經≫ 〈鄭風 風雨〉를 읊은 것은 '君子를 만나보고 나니 어찌 마음 和平하지 않으리.'라고 한 詩句를 취한 것이다. 〈杜注〉

13) 〔역주〕 子旗賦有女同車 : 子旗는 公孫段의 아들 豐施이다. ≪詩經≫ 〈鄭風 有女同車〉를 읊은 것은 '참으로 아름답고도 閒雅하네.'라는 詩句를 취하여 宣子의 뜻을 愛好한 것이다.〈杜注〉

14) 〔역주〕 子柳賦蘀兮 : 子柳는 印段의 아들 印癸이다. ≪詩經≫ 〈鄭風 蘀兮〉를 읊은 것은 '나를 부르면 너에게 和答하리.'라는 詩句를 취하여, 宣子가 나를 부르면 장차 화답해 따르겠다는 것을 말한 것이다.〈杜注〉

15) 〔역주〕 鄭其庶乎 : 興盛을 바랄 수 있다는 말이다.〈杜注〉

16) 〔역주〕 二三君子以君命貺起 : 鄭나라 임금의 命으로 나를 餞送한다는 말이다.〈杜注〉

17) 〔역주〕 不出鄭志 : 詩는 뜻〔志〕을 말한 것이므로 鄭詩를 '鄭志'라고 한 것이다.(≪左氏會箋≫)

18) 〔역주〕 皆昵燕好也 : 昵은 親이니, 모두 그 나라의 詩를 읊어 親愛와 友好의 뜻을 보였다는 말이다.〈杜注〉

19) 〔역주〕 二三君子……可以無懼矣 : 여섯 大夫는 모두 恩澤이 몇 代에 미쳐 禍患이 없을 것이고, 鄭나라도 怨恨이 없을 것이라는 말이다.〈附注〉

昭公 16년, 晉나라 韓起가 鄭나라에 빙문을 갔다. 鄭나라 六卿이 郊外에서 宣子를 餞送할 때 宣子가 말하기를 "여러 君子께서는 모두 詩 한 수씩 읊기를 청합니다. 나 또한 詩를 듣고서 鄭나라의 뜻을 알 수 있습니다."라고 하였다.

子齹가 〈野有蔓草〉를 읊자, 宣子는 "孺子가 훌륭하십니다. 내가 바라는 바입니다."라고 하였다.

子産이 〈鄭風〉의 〈羔裘〉를 읊자, 宣子는 "나는 감당할 수 없습니다."라고 하였다.

子太叔이 〈褰裳〉을 읊자, 宣子는 "내가 지금 이곳에 와 있으니 어찌 감히 그대에게 다른 사람에게 가는 勞苦를 끼치겠습니까?"라고 하였다. 子太叔이 拜謝하니, 宣子는 "훌륭합니다. 그대가 〈變心을 警戒한〉 이 詩를 말한 것이여! 이 詩를 읊어 〈나를 깨우치지〉 않았다면 어찌 두 나라가 끝까지 〈友好할 수〉 있겠습니까?"라고 하였다.

子游가 〈風雨〉를 읊고, 子旗가 〈有女同車〉를 읊고, 子柳가 〈蘀兮〉를 읊으니, 宣子는

기뻐하며 "鄭나라는 강성해질 希望이 있습니다. 여러 君子께서 임금의 命을 받고 나와 나를 餞送하면서 읊은 詩가 鄭나라의 詩에서 벗어나지 않았고 모두 親愛와 友好를 표현한 詩였습니다. 여러 君子께서는 子孫이 여러 세대 동안 大夫의 직위를 누릴 것이니 鄭나라는 두려움이 없을 것입니다."라 하였다.

13-06-22 小邾穆公季平子賦詩 小邾國의 穆公과 季平子가 詩를 읊다

【左傳】 昭十七年이라 小邾穆公來朝하니 公與之燕하다 季平子賦采菽[1]하니 穆公賦菁菁者莪[2]하다 昭子曰 不有以國[3]이면 其能久乎아

1) 〔역주〕 季平子賦采菽 : 〈采菽〉은 ≪詩經≫ 〈小雅〉의 篇名이다. 그 詩에 '君子가 와서 朝見하니 무엇을 下賜할꼬.'라는 句를 취하여, 穆公을 君子에 비유한 것이다.〈杜注〉

2) 〔역주〕 穆公賦菁菁者莪 : 〈菁菁者莪〉도 ≪詩經≫ 〈小雅〉의 篇名이다. 그 詩에 '이미 君子를 만나보니 즐거운데, 또 예의로써 접대해주시네.'라는 句를 취하여 〈采菽〉에 和答한 것이다.〈杜注〉

3) 〔역주〕 不有以國 : '以는 爲이다.'라고 한 楊伯峻의 說을 취해 '以國'을 '治國'으로 번역하였다.

昭公 17년, 小邾國의 穆公이 와서 朝見하니 昭公이 잔치를 열어 그와 함께 술을 마셨다. 이때 季平子가 〈采菽〉을 읊으니 穆公은 〈菁菁者莪〉를 읊었다. 昭子가 말하기를 "나라를 다스리는 才能이 없다면 어찌 나라를 오래도록 소유할 수 있었겠는가?"라고 하였다.

13-06-23 宋公賦詩 宋公이 詩를 읊다

【左傳】 昭二十五年이라 宋公享昭子에 賦新宮[1]하니 昭子賦車舝[2]하다 明日宴에 飮酒樂하야 宋公使昭子右坐[3]하고 語相泣也하다 樂祁佐[4]러니 退而告人曰 今玆君與叔孫其皆死乎ㄴ저 吾聞之컨대 哀樂[5]而樂哀[6]는 皆喪心也라 心之精爽을 是謂魂魄[7]이라 魂魄去之하니 何以能矣리오

1) 〔역주〕 賦新宮 : 〈新宮〉은 逸詩이다.〈杜注〉

2) 〔역주〕 昭子賦車舝 : 詩는 ≪詩經≫ 〈小雅〉의 편명이다. 周人이 어진 女人을 얻어 君子의 配偶로 삼기를 바라는 생각을 읊은 詩이다. 昭子가 季孫을 위하여 宋公의 딸을 맞

이하려 하였기 때문에 이 시를 읊은 것이다.〈杜注〉

3)〔역주〕宋公使昭子右坐：≪儀禮≫ 〈燕禮〉를 참고하면 禮에 맞는 坐席은 公이 서쪽을 향해 앉으면 빈객은 남쪽을 향해 앉는 것이다. 宋公이 昭子로 하여금 오른쪽에 앉게 해서 宋公의 오른쪽에 있게 한 것이다. 그렇게 되면 宋公의 북쪽에 있게 되니 함께 서쪽을 향해 서로 가까이 앉게 된 것이니, 禮坐를 바꾼 것을 말한 것이다.(≪春秋左傳正義≫)

4)〔역주〕樂祁佐：宴禮의 進行을 도운 것이다.〈杜注〉

5)〔역주〕哀樂：즐거워해야 하는데 슬퍼하는 것이다.〈杜注〉

6)〔역주〕樂哀：슬퍼해야 하는데 즐거워하는 것이다.〈杜注〉

7)〔역주〕心之精爽 是謂魂魄：精은 血이고 爽은 聰明이다. 精血은 陰에 속하니 魄이고, 聰明은 陽에 속하니 魂이다.〈附注〉

昭公 25년, 宋公이 宴會를 열어 昭子를 접대할 때 〈新宮〉을 읊으니 昭子는 〈車轄〉을 읊었다. 이튿날 宴會할 때 술을 마시고 즐거워서 宋公이 昭子를 자기의 오른쪽에 앉히고서 이야기를 하면서 서로 함께 눈물을 흘렸다.

이때 樂祁가 〈宴會의 진행을〉 도왔는데, 물러나 사람에게 말하기를 "금년에 宋君과 叔孫이 모두 죽을 것이다. 내 듣건대 '즐거울 때 슬퍼하고 슬플 때 즐거워하는 것은 모두 常心을 잃었기 때문이다.'라고 한다. 마음의 精爽(정신)을 魂魄이라 하는데 魂魄이 떠났으니 어찌 오래 살 수 있겠는가?"라고 하였다.

【主意】 謂詩出於人心之天機니 非可以義例[1]訓詁而求라 此人心之全經也니 春秋君臣은 因事賦詩하고 斷章取義라 以神遇而不以言求니 可謂善用詩者矣로다 此篇發明有理趣하니 盖深得詩中之意者인저

1)〔역주〕義例：義理를 드러내는 事例를 이른다. ≪春秋經傳集解≫ 〈序〉에 "舊例에 의거해 經의 뜻을 드러내고 行事의 是非를 지적해 褒貶을 바룬다.〔據舊例而發義 指行事以正褒貶〕"라고 하였고, "경문에 義例가 없이 行事에 따라 말한 것은 ≪春秋左氏傳≫에서도 포폄을 가하지 않고 그 결과만을 말했을 뿐이다.〔其經無義例 由行事而言 則傳直言其歸趣而已〕"라고 하였다.

이 글에서 말하였다. "詩는 人心의 天機에서 나왔으니 義例나 訓詁로 구할 수 있는 것이 아니다. 詩는 마음속에 있는 온전한 經典이니 春秋의 君臣들은 일로 인하여 시

를 읊고 구절을 끊어 의미를 취하였다. 이는 신묘한 마음이 통해서 이치를 만난 것이지 말로 구할 수 없는 것이니 詩를 사용하기를 잘하는 자라고 말할 수 있다.”

이 글은 詩에 이치가 있음을 밝혔으니 〈작자는〉 아마도 詩 안의 뜻을 깊이 터득한 자일 것이다.

至理之所在는 可以心遇나 而不可以力求[1)]라 斷編遺簡[2)]은 呻吟諷誦[3)]이라도 越宿已有遺忘[4)5)]이나 至於塗歌里詠[6)]이 偶入吾耳[7)]면 則雖終身而不忘[8)]이라 天下之理는 固眩於求而眞於遇也[9)]라 理有觸於吾心[10)]이요 無意而相遭며 無約而相會[11)]라 油然自生하야 雖吾라도 不能以語人[12)]이니 況可以力求乎[13)]아 一涉於求면 雖有見이라도 非其正矣[14)]라 日用飮食之間에 無非至理[15)]나 惟吾迫而求之[16)]면 則隨得而隨失[17)]이라 硏精極思[18)]하야 日入於鑿[19)]이면 曾不知是理交發於吾前하야 而吾自不遇[20)]하니 是非不用力之罪也라 乃用力之罪也[21)]라 天下之學者는 皆知不用力之害[22)]나 而不知用力之害[23)]니 苟知力之不足恃하야 盡黜其力[24)]하야 而至於無所用力之地[25)]면 則幾矣[26)]리라

1) 至理之所在……而不可以力求：起語甚有理趣 一篇主意在此

시작하는 말이 매우 이치가 있으니, 이 한 편의 主意가 여기에 있다.

2) 斷編遺簡：古人不全之書

온전하게 전해지지 못한 古人의 책을 이른다.

3) 呻吟諷誦：讀其書者

古人의 책을 읽는 것이다.

4) 〔역주〕 忘：三民書局本과 四庫全書本에는 ‘落’으로 되어 있다.

5) 越宿已有遺忘：或有經宿而忘之者 盖口雖誦其文 而心無得於味也

혹 하룻밤이 지나면 잊어버리는 자가 있으니, 이는 입으로는 그 글을 외우나 마음으로 그 맛을 터득함이 없기 때문이다.

6) 至於塗歌里詠：如今歌曲之類

지금의 歌曲의 종류와 같다는 말이다.

7) 偶入吾耳：偶然聞之

우연히 듣는다는 말이다.

8) 則雖終身而不忘：有終身記之不忘者 入心故也

종신토록 기억하여 잊지 못하는 것은 마음에 들어왔기 때문이다.

9) 天下之理 固眩於求而眞於遇也 : 句法佳 眩 惑也 此釋可以心遇而不可以力求之意 殘篇斷簡 以喩諸經 塗歌里詠 以喩詩也

문장수법이 좋다. 眩은 미혹됨이다. 이는 '마음으로 만날 수 있으나 힘으로 구할 수는 없다.'는 뜻을 푼 것이다. 잘라져 나가 잔존된 簡編으로 여러 경전을 비유하였고, 길거리와 마을에서 불리는 노래로 詩를 비유한 것이다.

10) 理有觸於吾心 : 發明遇字之意

'만나다〔遇〕'의 뜻을 밝힌 것이다.

11) 無意而相遭 無約而相會 : 理與心 自然相遇 遭與會 皆體遇字

이치와 마음은 저절로 서로 만나는 것이니, '遭'와 '會'는 모두 '遇'자를 반영한 것이다.

12) 油然自生……不能以語人 : 自得故也

자득했기 때문이다.

13) 況可以力求乎 : 應起語

첫머리의 말에 호응한다.

14) 一涉於求……非其正矣 : 求則所得非眞

구한다면 얻는 것이 참이 아니다.

15) 日用飮食之間 無非至理 : 終身由之而不知之

종신토록 행하면서도 알지 못한다는 말이다.

16) 惟吾迫而求之 : 發明不可力求之意

힘으로 구할 수 없는 뜻을 밝힌 것이다.

17) 則隨得而隨失 : 非眞有者

참으로 소유한 것이 아니라는 말이다.

18) 硏精極思 : 求之愈力

구하기를 더욱 힘쓴다는 말이다.

19) 日入於鑿 : 反穿鑿以害道

도리어 천착하여 道를 해친다는 말이다.

20) 曾不知是理交發於吾前 而吾自不遇 : 心不與理相遇

마음이 이치와 서로 만나지 못한다는 말이다.

21) 是非不用力之罪也 乃用力之罪也 : 以力求 故不遇

힘으로 구하기 때문에 만나지 못한다는 말이다.

22) 天下之學者 皆知不用力之害 : 如冉求以力不足而自畫*)

冉求가 힘이 부족하다고 여겨 스스로 미리 한계를 긋는 것과 같다는 말이다.

*) 〔역주〕 冉求以力不足而自畫 : ≪論語≫ 〈雍也〉에 "冉求가 '선생님의 도를 좋아하지 않는 것은 아니지만 저의 힘이 부족합니다.'라고 하니, 孔子가 '힘이 부족한 자는 도중에서 그만두는데, 너는 지금 미리 한계를 긋는구나.'라고 하였다.〔求曰 非不說子之道 力不足也 子曰 力不足者 中道而廢 今女畫〕"라고 하였다.

23) 而不知用力之害 : 爲其求也

구하는 것이기 때문이다.

24) 苟知力之不足恃 盡黜其力 : 設使有能如此

'가령 이와 같을 수 있다면'의 뜻이다.

25) 而至於無所用力之地 : 此不思而得不勉而中*)之妙

이는 '생각하지 않고도 알고, 힘쓰지 않고도 道에 맞는' 신묘함을 이른다.

*) 〔역주〕 不思而得不勉而中 : ≪中庸≫에 "성실한 자는 힘쓰지 않아도 도에 맞고 생각하지 않아도 알아서 조용히 도에 맞는다.〔誠者 不勉而中 不思而得 從容中道〕"라고 하였다.

26) 盡黜其力……則幾矣 : 則庶幾眞有所得也 然能如此者 乃學問之極功 聖神之能事 非特庶幾而已 幾字下得未穩 ○ 愚按 此冐頭雖說得玄妙 却不能無病 孔子曰 有能一日用其力於仁矣乎 我未見力不足者*1) 聖人盖不以用力爲非也 孟子曰 智譬則巧也 聖譬則力也*2) 盖聖之力 夷惠伊尹可以能 而智之巧 非孔子之集大成 不可能也 盡黜其力 而至於無所用力之地 此語亦過當

이렇게 되면 거의 진정으로 터득하는 바가 있게 될 것이라는 말이다. 그러나 이와 같은 것은 곧 學問의 지극한 공효이며 聖神의 能事이니 '庶幾'일 뿐만이 아니다. '幾'자의 쓰임이 온당치 못하다. ○ 나는 아래와 같이 생각한다. "이 글의 첫머리의 말이 비록 玄妙한 말이기는 하지만 도리어 병폐가 없을 수 없다. 孔子는 '하루라도 仁에 힘을 쓸 수 있는 자가 있는가? 나는 힘이 부족한 자는 보지 못했다.'라고 했으니, 聖人은 힘을 쓰는 것을 그르게 여기지 않은 것이다. 孟子는 '지혜를 비유하자면 솜씨 좋음이고, 聖人을 비유하자면 힘이다.'라고 하였으니, 이는 성인의 힘은 伯夷·柳下惠·伊尹도 할 수 있는 것이지만, 지혜의 솜씨 좋음은 集大成한 孔子가 아니면 할 수 없다는 말이다. '힘쓰는 것을 다 제거해 힘을 씀이 없는 경지에 이른다.'는 이 말은 정도가 지나치다."

*1) 〔역주〕 孔子曰……我未見力不足者 : ≪論語≫ 〈里仁〉에 보인다.

*2) 〔역주〕 孟子曰……聖譬則力也 : ≪孟子≫ 〈萬章 下〉에 보인다.

지극한 이치를 간직한 곳은 마음으로 만날 수는 있으나 힘으로 구할 수는 없다. 잘려진 채 남겨진 簡編에 적힌 글은 애써 읊조리고 외우더라도 자고 나면 이미 잊어버리나, 길거리나 마을에서 불리는 노래가 우연히 내 귀에 들어오게 되면 종신토록 잊히지 않는다.

천하의 이치는 본래 구하는 데서 현혹되고 만나는 데서 참되게 된다. 이치는 내 마음에 닿는 것이 있는 것이지, 의도해서 서로 만나는 것이 아니며 약속해서 서로 모이는 것이 아니다. 성대하게 저절로 생겨나는 것이어서, 비록 내가 한 것이라도 남에게 말해줄 수 없으니 하물며 힘으로 구할 수 있겠는가?

한번 구함을 겪게 되면 비록 보는 것이 있더라도 그것이 바르지 않다. 먹고 마시는 일상생활에 지극한 이치 아님이 없으나, 오직 내가 절박해서 힘으로 구하면, 얻었다가도 잃어버리게 된다. 정밀히 연구하고 깊이 생각하여 나날이 천착함에 빠지면, 일찍이 이 이치가 내 앞에 교차하여 일어나는 줄 몰라서 내 스스로 그것과 만나지 못하니, 이는 힘을 쓰지 못하는 잘못이 아니라 힘을 쓰는 잘못이다.

천하의 배우는 자들은 모두 힘을 쓰지 않는 해로움은 알지만, 힘을 쓰는 해로움은 모른다. 만일 힘을 씀이 믿을 만한 것이 못 됨을 알아서 힘쓰는 것을 다 제거해 힘을 씀이 없는 경지에 이른다면, 거의 〈마음으로 이치를 만날 수 있게〉 될 것이다.

二帝三王之書[1]와 犧文孔子之易[2]과 禮之儀章[3]과 樂之節奏[4]와 春秋之褒貶[5]은 皆所以形天下之理者也[6]라 天下之人은 不以理視經하고 而以經視經[7]하니 刳剔離析하고 彫〔績〕[8]疏鑿之變多하야 而天下無全經矣[9]라 聖人有憂焉[10]하야 汎觀天壤之間하니 鳥鳴於春하고 蟲鳴於秋[11][12]에 而匹夫匹婦懽愉勞佚과 悲怒舒慘[13]이 動於天機[14]하야 不能已하야 而自泄其鳴於詩謠歌詠之間[15]이라 於是釋然喜曰[16] 天理之未鑿者가 尙有此存[17]이로다 是固匹夫匹婦胸中之全經也[18]로되 遽取而列諸書易禮樂春秋之間하야 幷數而謂之六經[19]이라 羈臣賤妾之辭[20]가 與堯舜禹湯文武之格言大訓[21]竝列하야 而無所輕重[22]이라 聖人之意[23]는 盖將擧匹夫匹婦胸中之全經하야 以救天下破裂不全之經[24]하야 使學者知所謂詩者는 本發乎閭巷草野之間하야 衝口而發하고 擧筆而成하니 非可格以義例어나 而局以訓詁也[25]라 義例訓詁之學은 (不可)〔至詩〕[26]而盡廢라 是學旣廢하니 則無硏索擾雜之私以累其意라 一吟一諷[27]에 聲轉機回[28]하야 虛徐容與[29]하야 至理自遇[30]하니 片言有味하야 而五經皆冰釋矣[31]라 是聖人欲以詩之平易(이)而救五經之支離也[32]니 孰知後世反以五經之支離而變詩之平易乎[33]아

1) 二帝三王之書：二帝 謂虞書 三王 謂夏商周之書

二帝는 ≪書經≫의 〈虞書〉를 이르고, 三王은 ≪書經≫의 〈夏書〉·〈商書〉·〈周書〉를 이른다.

2) 犧文孔子之易：伏羲始畫八卦 因而重之 爲六十四卦 文王作卦下彖辭 孔子作彖傳二卷 象辭二卷 係辭二卷 幷文言說卦序卦雜卦 是爲十翼

伏羲氏가 비로소 八卦를 긋고 이것을 중첩하여 64괘를 만드니, 文王은 卦 아래에 〈彖辭〉를 지었고, 孔子는 〈彖傳〉 2권·〈象辭〉 2권·〈繫辭〉 2권과 아울러 〈文言〉·〈說卦〉·〈序卦〉·〈雜卦〉를 지었으니 이것이 十翼이다.

3) 禮之儀章：周公作儀禮及禮記 所謂經禮三百 曲禮三千是也

周公은 ≪儀禮≫와 ≪禮記≫를 지었으니, 이른바 '經禮가 3백 조항이고 曲禮가 3천 조항이다.'라는 것이 이것이다.

4) 樂之節奏：樂書 今不復傳 如樂記之類 亦其緖餘也

樂書는 오늘날 더 이상 전해지지 않으나, ≪禮記≫ 〈樂記〉와 같은 종류가 그 나머지이다.

5) 春秋之褒貶：孔子 因魯史作春秋 加之筆削

孔子는 魯나라 史書에 의거해 ≪春秋≫를 지음에 加筆과 減削을 더했다.

6) 皆所以形天下之理者也：形字下得好 理本無形 非言可盡 特假諸經 以形容之

'形'자의 표현이 좋다. 이치는 본래 형체가 없어서 말로 다 표현할 수 있는 것이 아니므로 다만 여러 경전을 빌려 형용한 것이다.

7) 天下之人……而以經視經：此下譏義例訓詁之破碎聖經

이 이하의 글은 義例와 訓詁가 성인의 經典을 파쇄하였음을 비난한 것이다.

8) 〔역주〕〔繢〕：저본에는 1자 빈칸으로 되어 있으나, 四庫全書本에 의거하여 '繢'를 보충하였다.

9) 刳剔離析……而天下無全經矣：刳剔離析 義例之弊也 彫〔繢〕*) 疏鑿 訓詁之弊也

'刳剔離析'은 義例의 폐단이고, '彫繢疏鑿'은 訓詁의 폐단이다.

*) 〔역주〕 繢：저본에는 1자 빈칸으로 되어 있으나, 본문에 의거하여 '繢'를 보충하였다.

10) 聖人有憂焉：憂天下無全經

천하에 온전한 경전이 없음을 근심한 것이다.

11) 〔역주〕 秋：四庫全書本에는 '夏'로 되어 있다.

12) 汎觀天壤之間……蟲鳴於秋：韓文云 以鳥鳴春 以雷鳴夏 以虫鳴秋 以風鳴冬

韓愈의 〈送孟東野序〉에 "새로써 봄에 울고, 우레로써 여름에 울며, 벌레로써 가을에 울고, 바람으로써 겨울에 운다."라고 하였다.

13) 而匹夫匹婦懽愉勞佚 悲怒舒慘：此人情之變

이것은 心情의 변화이다.

14) 動於天機：猶虫鳥之自鳴 張子厚聞驢鳴*1) 謂與自家意思一般*2) 皆天機之動不能已者也

벌레와 새가 스스로 우는 것과 같다는 말이다. 張子厚가 나귀의 울음소리를 들은 것과 〈程顥가〉 '나의 意思(仁心)와 똑같기 때문이다.'라고 말한 것이 모두 天機가 움직임을 막을 수 없는 것이다.

*1) 〔역주〕 張子厚聞驢鳴：程顥는 "병아리를 보면 仁을 볼 수 있다.〔觀雞雛 此可觀仁〕"라고 하였고, 張載(字 子厚, 1020~1077)는 나귀의 울음을 듣고, 사람과 똑같이 生意가 있음을 알았다고 하였다.(≪二程遺書≫)

*2) 〔역주〕 與自家意思一般：程顥는 "周茂叔(周敦頤)이 창 앞에 있는 풀을 제거하지 않으시므로 그 이유를 물었더니, 말씀하시기를 '나 자신의 意思와 一般이기 때문이다.' 하셨다.〔周茂叔 窓前草不除去 問之 云 與自家意思一般〕"라고 하였다.(≪近思錄≫)

15) 不能已 而自泄其鳴於詩謠歌詠之間：此詩之所以作

이는 詩가 지어진 이유이다.

16) 於是釋然喜曰：喜字 與前憂字 相呼喚

'喜'자는 앞글의 '憂'자와 서로 호응한다.

17) 天理之未鑿者 尙有此存：出於自然 故不〔鑿〕*)也

천지의 자연에서 나오기 때문에 천착하지 않은 것이다.

*) 〔역주〕 〔鑿〕：저본에는 1자 빈칸으로 되어 있으나, 문맥을 살펴 '鑿'을 보충하였다.

18) 是固匹夫匹婦胸中之全經也：與前天下無全經相應

앞글의 '천하에 온전한 경전이 없다.'와 서로 호응한다.

19) 遽取而列諸書易禮樂春秋之間 幷數而謂之六經：前說五經 今增詩而爲六

앞글에서 말한 五經에 지금 ≪詩經≫을 더하여 六經이 되었다는 말이다.

20) 羈臣賤妾之辭：羈 旅也 如式微是羈臣之辭 小星是賤妾之辭

羈는 나그네이다. 예컨대 ≪詩經≫ 〈邶風 式微〉편은 나그네에 대한 가사이고, ≪詩經≫ 〈召南 小星〉은 賤妾에 대한 가사이다.

21) 與堯舜禹湯文武之格言大訓：五經 不止此六聖人之言 姑述其大槩耳

五經은 이 여섯 성인의 말씀에 대하여 우선 그 대강을 기술한 것에 불과하다는 말이다.

22) 竝列 而無所輕重：詩於是與五經竝傳

이에 ≪詩經≫이 五經과 아울러 전해졌다는 말이다.

23) 聖人之意：取詩爲經之意

≪詩經≫을 경전으로 삼은 뜻을 이른다.

24) 盖將擧匹夫匹婦胸中之全經 以救天下破裂不全之經：此句關鎖 前兩段意 極是緊蜜 五經爲義例訓詁之所破碎 故曰 破裂不全

이 구절이 이 글의 관건이다. 앞 두 단락의 뜻이 매우 긴밀하니, 五經은 義例와 訓詁에 의해 파쇄되었기 때문에 파열되어 온전하지 못하다는 것이다.

25) 使學者知所謂詩者……而局以訓詁也：義例 謂條類 訓詁 謂注釋 以其出於人心之自然 故不假如此

義例는 종류에 따른 조항을 이르고, 訓詁는 注釋을 이른다. 〈≪詩經≫은〉 마음이 저절로 그러한 데서 나왔기 때문에 義例나 訓詁에 의지하지 않는다는 말이다.

26) 〔역주〕(不可)〔至詩〕：저본에는 '不可'로 되어 있으나, 三民書局本과 四庫全書本에 의거하여 '至詩'로 바로잡았다.

27) 一吟一諷：可以吟詠 可以諷誦

읊어 노래할 수 있고, 諷誎하여 외울 수 있다는 말이다.

28) 聲轉機回：因彼□*)詩可回天機

≪詩經≫으로 인하여 天機를 되돌릴 수 있다는 말이다.

*) 〔역주〕□：저본에는 1자 빈칸으로 되어 있다.

29) 虛徐容與：辭不迫切

가사가 박절하지 않다는 말이다.

30) 至理自遇：不待力求 而心與理遇

힘써 구하지 않아도 마음이 이치와 만난다는 말이다.

31) 片言有味 而五經皆冰釋矣：經雖異 而至理則同 果於詩中得其眞味 則五經之理 皆渙然如春冰之消釋

경전의 종류는 다르나 지극한 이치는 같으니, 과연 ≪詩經≫ 안에서 참된 의미를 터득한다면 五經의 이치가 모두 봄 얼음처럼 풀릴 것이라는 말이다.

32) 是聖人欲以詩之平易(이)而救五經之支離也：平易 謂胸中全經 支離 謂破裂不全

平易는 가슴속의 온전한 경전을 이르고, 支離는 파열되어 온전하지 못함을 이른다.

33) 孰知後世反以五經之支離而變詩之平易乎：此句包結尾意 謂後世又以義例訓詁而破碎之

이 구절은 結尾의 뜻을 포괄하니, 後世 사람들은 또 義例와 訓詁로 ≪詩經≫을 파쇄했음을 이른다.

二帝・三王의 ≪書經≫과 伏羲氏・文王・孔子의 ≪易經≫과 ≪禮經≫에 기록된 儀禮 및 典章과 ≪樂經≫의 節奏와 ≪春秋≫의 포폄은 모두 천하의 이치를 나타내는 것들이다. 천하의 사람들은 이치로 經典을 보지 않고 경전으로 경전을 보았으니, 도려

내고 쪼개어 분석하며 새기고 쌓아 소통하고 천착하는 등의 변질이 많아 천하에 온전한 경전이 없게 되었다.

聖人이 이 점을 걱정하여 널리 하늘과 땅 사이를 관찰해보니, 새가 봄에 울고, 벌레가 가을에 욺에 匹夫匹婦가 기뻐하고 위로받으며 편안해짐과 슬프고 노엽고 참담함이, 天機에서 움직여 막을 수 없어서 저절로 시를 읊고 노래 부르는 사이에 그 소리가 새어나왔다. 이에 근심이 풀려 기뻐하며 말하기를 "아직 천착되지 않은 天理가 오히려 여기에 존재하고 있구나!"라고 하였다.

이는 본래 匹夫匹婦의 가슴속에 있는 온전한 경전인데, 갑자기 이를 가져다가 ≪書經≫·≪易經≫·≪禮經≫·≪樂經≫·≪春秋≫의 사이에 열거하여 함께 세어서 이를 '六經'이라고 하였다. 그리하여 나그네나 천첩의 말이 堯·舜·禹·湯·文·武의 바른 말씀 및 큰 교훈과 나란히 열거되어 輕重의 차이가 없게 되었다.

聖人의 뜻은 장차 匹夫匹婦의 가슴속에 보존된 온전한 경전을 들어 천하의 파열되어 온전치 못한 경전을 구제해서, 학자들에게 이른바 詩라는 것은 본래 시골마을이나 초야의 민간에서 나와 입에서 나오는 대로 발설하고 붓을 들어 이루어졌으니 義例로 바로잡거나 訓詁로 국한시킬 수 있는 것이 아니라는 것을 알게 하신 것이다.

義例學과 訓詁學은 詩에 이르러 다 폐지되었다. 이런 종류의 학풍이 폐지되고 나니, 어지럽게 섞어서 연구하고 탐색하는 사사로움으로 그 뜻을 구속하는 일도 없어졌다. 그리하여 한 번 시를 읊조리고 諷詠하는 가운데 聲調가 바뀌고 天氣가 돌아서 여유롭고 한가하면서도 지극한 이치를 저절로 만나니, 한 조각 말에도 맛이 있어 五經의 뜻이 모두 얼음 녹듯이 풀리게 되었다. 이는 聖人이 詩의 평이함으로 五經의 지리함을 구제하려는 것이니, 후세에 도리어 五經의 지리함으로 詩의 평이함을 바꿀 줄 누가 알았겠는가?

盖嘗觀春秋之時하니 列國朝聘에 皆賦詩以相命[1)]이라 詩因於事[2)]요 不遷事而就詩[3)]며 事寓於詩[4)]요 不遷詩而就事[5)]라 意傳於肯綮毫釐之中[6)]하야 跡異於牝牡(元)〔驪〕[7)]黃之外[8)]라 斷章取義[9)]하니 可以神遇요 而不可以言求[10)]라 區區陋儒之義例訓詁는 至是皆敗[11)]하니 春秋之時에 善用詩盖如此[12)]라 當是時하야 先王之經浸墜于地하고 易降於卜筮하며 禮墜於僭하고 樂流於淫하며 史病於夸이라 雖多聞諸侯如左史倚相

者라도 亦不過以誦說三墳五典八索九丘[13]爲能이나 獨賦詩尙未入於陋儒之學이라 是先王之敎에 未經踐躪齮然獨全者는 惟風雅頌而止耳라 此孔子所以旣論之六經하고 而又以首過庭之問也[14]라 火于秦[15]하고 雜於漢[16]하며 別之以齊魯[17]하고 汨之以讖緯[18]하며 亂之以五際[19]하고 狹之以專門[20]하야 銖銖而析之[21]하고 寸寸而較之[22]하니 豈復有詩[23]아 噫라 安得春秋賦詩之說語之[24]리오

1) 盖嘗觀春秋之時……皆賦詩以相命：入本題事
〈여기부터〉 본편의 일로 들어간다.

2) 詩因於事：偶然因事賦詩
우연히 일로 인하여 시를 읊었다는 말이다.

3) 不遷事而就詩：不遷今事以就古人之詩
지금의 일을 떠나 고인의 詩에 나아간 것이 아니라는 말이다.

4) 事寓於詩：以事寓意於詩
일로 인해 뜻을 시에 부쳤다는 말이다.

5) 不遷詩而就事：不遷古詩以就今日之事
고인의 시를 떠나 오늘의 일에 나아간 것이 아니라는 말이다.

6) 意傳於肯綮毫釐之中：莊子養生主篇 庖丁爲文惠君解牛曰 始臣解牛之時 所見無非牛者 三年之後 未嘗見全牛也 方今[*]之時 臣以神遇 而不以目視 官知止而神欲行 依乎天理 批大郤 導大窾 因其固然 技經肯綮之未嘗 而況大軱乎
≪莊子≫ 〈養生主〉篇에 나온다. 庖丁이 文惠君을 위해서 소를 잡고 말하였다. “처음 제가 소를 해부하던 때에는 눈에 비치는 것이 온전한 소 아님이 없었습니다. 그런데 3년이 지난 뒤에는 온전한 소는 보이지 않게 되었습니다. 지금은 제가 신묘한 마음으로 소를 대하고, 눈으로 보지 않습니다. 감각기관의 지각 능력이 활동을 멈추고, 대신 신묘한 작용이 움직이면 자연의 결을 따라 커다란 틈새를 치며, 커다란 공간에서 칼을 움직이되 본래 그러한 바를 따를 뿐이므로 經絡과 肯綮이 〈칼의 움직임을〉 조금도 방해하지 않는데 하물며 큰 뼈이겠습니까?”

*) 〔역주〕 方今：저본에는 1자 빈칸으로 되어 있으나, ≪莊子≫에 의거하여 ‘方今’을 보충하였다.

7) 〔역주〕 (元)〔驪〕：저본에는 ‘元’으로 되어 있으나, 四庫全書本에 의거하여 ‘驪’로 바로잡았다.

8) 跡異於牝牡(元)〔驪〕黃之外：列子說符篇 有九方皐者 請見之 穆公使求馬 三月而反報曰 得之矣 穆公曰 何馬也 對曰 牝而黃 使人往取之 牡而驪 穆公不說 召伯樂曰 子所使求馬者 色物牝

牡 尙不能知 又何馬之能知也 伯樂曰 是乃所以千萬臣而無數者也 若皐之所觀 天機也 馬至果天下馬也

≪列子≫〈說符〉篇에 나온다. 〈말을 잘 보는 伯樂이 秦 穆公에게〉 九方皐라는 자가 있으니 만나줄 것을 청하였다. 秦 穆公이 그에게 명마를 구해 오게 하였는데 석 달 만에 돌아와서 아뢰었다. "〈명마를〉 구했습니다." 목공이 물었다. "어떤 말이냐?" 답하였다. "누런 암말입니다." 목공이 사람을 보내어 말을 몰고 오게 하였는데, 검은 수말이었다. 목공이 기뻐하지 않으면서 백락을 불러 말하였다. "그대가 말을 구해 오게 한 자는 누른지 검은지, 수말인지 암말인지도 모르니, 어떻게 말을 알아보겠는가?" 백락이 말하였다. "이자는 저보다 천 배 만 배 뛰어나 그 재주를 헤아릴 수 없는 자입니다. 九方皐는 天機만 볼 뿐입니다." 말이 도착하였는데 과연 천하의 좋은 말이었다.

9) 斷章取義：春秋之賦詩者 斷截章句 取其意義 以寓一時之興趣 故無遷就之弊 猶庖丁之解牛 九方皐之相馬 得天機之妙也

춘추시대에 시를 읊은 자들은 章句를 끊어 뜻을 취해서 한때의 흥취를 부쳤다. 그러므로 遷就의 폐단이 없어 庖丁이 소를 해체하고 九方皐가 말을 보는 것과 같아서 天機의 신묘함을 얻었다.

10) 可以神遇 而不可以言求：應起語主意

첫머리의 主意에 호응한다.

11) 區區陋儒之義例訓詁 至是皆敗：深得詩之旨趣 故義例訓詁 可以一掃而除矣

詩의 旨趣를 깊이 터득했기 때문에 義例와 訓詁를 한 번에 쓸어버릴 수 있었다는 말이다.

12) 春秋之時 善用詩盖如此：深取之

〈이와 같은 이들을 작자가〉 깊이 허용한 말이다.

13) 〔역주〕 三墳五典八索九丘：孔安國의 〈尙書序〉에 "伏羲・神農・黃帝의 글을 '三墳'이라 하고, 少昊・顓頊・高辛・唐・虞의 글을 '五典'이라 하고, 八卦의 說을 '八索'이라 하고, 九州의 기록을 '九丘'라 한다."라고 하였다.

14) 〔역주〕 而又以首過庭之問也：≪論語≫〈季氏〉에 보인다. "陳亢이 〈孔子의 아들〉 伯魚에게 물었다. '그대는 역시 특이한 들음이 있었는가?' 〈伯魚가〉 대답하였다. '없었다. 일찍이 홀로 서 계실 때에 내가 빨리 걸어 뜰을 지나는데, 「詩를 배웠느냐?」라고 물으시기에 「아직 배우지 못했습니다.」라고 대답했더니, 「詩를 배우지 않으면 말을 할 수 없다.」 하시므로 내가 물러가 詩를 배웠노라.'라고 하였다.〔陳亢 問於伯魚曰 子亦有異聞乎 對曰 未也 嘗獨立 鯉趨而過庭 曰 學詩乎 對曰 未也 不學詩 無以言 鯉退而學詩〕"

15) 火于秦：秦始皇焚滅經術 ○ 此下言後世反以五經之支離 而變詩之平易

秦 始皇은 경전의 학술을 불태워 없앴다. ○ 이 이하의 글은 후세에서는 도리어 五經의 지리함으로 詩의 평이함을 변질시켰음을 말하였다.

16) 雜於漢：漢儒雜以專門章句之學

漢나라 儒者들은 章句의 학문을 전공하여 ≪詩≫를 뒤섞었다는 말이다.

17) 別之以齊魯：仲尼旣沒 詩分爲四 申公爲魯詩 轅固爲齊詩 燕韓生爲韓詩 毛公爲毛詩 今行於世

仲尼가 죽은 뒤에 ≪詩≫는 넷으로 갈라졌다. 申公은 ≪魯詩≫를 지었고, 轅固는 ≪齊詩≫를 지었으며, 燕나라의 韓生(韓嬰)은 ≪韓詩≫를 지었고, 毛公(毛亨・毛萇)은 ≪毛詩≫를 지어서 오늘날 세상에 유행한다.

18) 汨之以讖緯：漢五經 皆有緯書雜言圖讖之事

漢나라의 五經 해석에는 모두 緯書・雜言・圖讖의 일이 들어 있다는 말이다.

19) 亂之以五際：前漢翼奉傳 詩有五際注*1) 引詩內傳曰 卯酉午(未□)〔戌亥〕*2)也 陰陽際會之歲也

≪前漢書≫ 〈翼奉傳〉에 "≪詩≫에는 五際가 있다."라고 하였는데, 그 注에 ≪韓詩內傳≫을 인용하여 "〈五除는〉 卯・酉・午・戌・亥이니 陰陽이 만나는 해이다."라고 하였다.

*1) 〔역주〕 前漢翼奉傳 詩有五際注：≪前漢書≫ 〈翼奉傳〉에 "≪易≫에는 冥陽이 있고, ≪詩≫에는 五際가 있으며, ≪春秋≫에는 災異가 있으니, 모두 終始를 열거하고 得失을 미루며 天心을 고찰하여 王道의 安危를 말하였다.〔易有冥陽 詩有五際 春秋有災異 皆列終始 推得失 考天心 以言王道之安危〕"라고 하였다. 注는 孟康의 注를 이른다.

*2) 〔역주〕 (未□)〔戌亥〕：저본에는 '未'로 되어 있고 그 아래 1자 빈칸으로 되어 있으나, ≪前漢書≫ 〈翼奉傳〉의 注에 의거하여 '戌亥'로 바로잡았다.

19) 狹之以專門：專門之學 傳者各守其師之說

專門의 배움은 전수받은 자가 각각 자기 스승의 학설만을 지키는 것을 이른다.

20) 銖銖而析之：黃鍾之龠 容千二百黍 重十二銖 二十四銖爲兩

黃鍾의 대통에는 1,200개의 기장알이 담기는데, 무게는 12銖이다. 24銖를 1兩이라 한다.

21) 寸寸而較之：黃鍾之長九寸 十分爲寸 ○ 此一句言支離之弊

黃鍾의 길이는 9寸이다. 10分을 1寸이라 한다. ○ 이 구절은 지리함의 폐단을 말하였다.

22) 豈復有詩：詩分 胸中之全經 復爲義例訓詁之所支離 雖謂之無詩可也

≪詩≫가 분석되어 가슴속의 온전한 경전이 다시 義例와 訓詁에 의해 지리하게 되었으니, 비록 ≪詩≫가 없다고 해도 옳다는 말이다.

23) 噫 安得春秋賦詩之說語之：或可以救支離之弊

'혹시 지리함의 폐단을 구제할 수 있을까.'의 뜻이다.

대체로 春秋時代를 관찰해보니 列國이 朝聘할 때에 모두 詩를 읊어 서로 命하였다.

詩는 일로 인한 것이지 일을 떠나 詩에 나아간 것이 아니고, 일을 詩에 부친 것이지 詩를 떠나 일에 나아간 것이 아니다. 근육과 힘줄의 사이처럼 미세한 틈새에서 의미를 전하여 밖으로 암말인지 수말인지 검은지 누른지의 형적이 달라지는 것처럼, 구절을 끊어 의미를 취하니, 신묘한 마음으로 이치를 만날 수 있지 말로 찾을 수는 없다.

보잘것없는 누추한 유자들의 義例와 訓詁는 이 점에서 모두 실패한 것이니, 춘추시대에 詩를 잘 사용했던 사람들은 대체로 이와 같았다. 당시에 先王의 법도는 점점 땅에 추락하였고, 易은 卜筮에 빠졌으며, 禮는 참람한 데로 떨어졌고, 樂은 음란한 데로 흘렀으며, 史는 순리를 어기는 데서 잘못되었다. 비록 제후들에게 見聞이 많은 것으로 알려진 左史인 倚相 같은 이도 三墳·五典·八索·九丘를 외우는 것으로 능사를 삼는 데 불과했으나, 詩를 읊는 것만은 아직도 누추한 유자들의 학문에 들어가지 않았다.

그리하여 先王의 가르침 중에 유린되지 않아 우뚝 홀로 온전한 것은 오직 風·雅·頌일 뿐이다. 이는 孔子가 이미 六經을 논하고 또 〈伯魚가〉 뜰을 지날 때 詩를 먼저 물었던 이유이기도 하다.

그러나 秦나라에서 불태워지고, 漢나라에서 뒤섞였으며, 齊詩와 魯詩로 갈라지고, 讖緯說에 빠지고, 五際로 어지럽게 되었으며, 專門으로 편협해져서, 자디잘게 쪼개고, 마디마디 따졌으니, 어찌 다시 詩가 있을 수 있겠는가? 아! 어떻게 하면 춘추시대에 詩를 읊던 의미를 말할 수 있을까?

14-01 介之推不言祿 介推가 祿位를 구하지 않다

【左傳】僖二十四年이라 侯賞從亡者할새 介之推不言祿하니 祿亦弗及[1)]하다 推曰 獻公之子九人에 唯君在矣라 惠懷無親하야 外內棄之[2)]로되 天未絶晉은 必將有主니 主晉祀者는 非君而誰오 天實置之어늘 而二三子以爲己力하니 不亦誣乎아 竊人之財도 猶謂之盜온 況貪天之功하야 以爲己力乎아 下義其罪하고 上賞其姦[3)]하야 上下相蒙하니 難與處矣로다 其母曰 盍亦求之오 以死誰懟오 對曰 尤而效之면 罪又甚焉[4)]이요 且出怨言하니 不食其食[5)]이니이다 其母曰 亦使知之若何[6)]오 對曰 言은 身之文也니 身將隱이어늘 焉用文之릿가 是求顯也니이다 其母曰 能如是乎아 與女偕隱하리라하고 遂隱而死하다 晉侯求之不獲하야 以緜上爲之田曰 以志吾過하고 且旌善人[7)]하노라

1) 〔역주〕 侯賞從亡者……祿亦弗及 : 介는 姓이고 之는 어조사이며 推는 이름이다. 介推도 亡命 때 隨從하였으나 祿位를 구하는 말을 하지 않으니, 晉 文公도 祿을 頒賜할 때 介推에게 미치지 않은 것이다.〈附注〉

2) 〔역주〕 惠懷無親 外內棄之 : 惠公과 懷公은 親黨의 응원이 없어서 밖의 親隣과 안의 臣民이 모두 함께 그를 버렸다는 말이다.〈附注〉

3) 〔역주〕 下義其罪 上賞其姦 : 하늘의 功을 탐하는 것은 罪인데 아랫사람은 도리어 임금으로 세운 것을 義理로 여기고, 하늘의 공을 탐하는 것은 奸惡인데 윗사람은 도리어 임금으로 세워주었다고 賞을 내렸다는 말이다.〈附注〉

4) 〔역주〕 尤而效之 罪又甚焉 : 尤는 허물이다. 나는 하늘의 공을 탐한 저들의 행위를 허물로 여기면서 이제 스스로 賞을 구한다면 이는 저들의 허물을 본받는 것이라는 말이다.〈附注〉

5) 〔역주〕 且出怨言 不食其食 : 또 내가 이미 원망하는 말을 내었으니 다시 그의 祿을 먹어서는 不當하다는 말이다.〈附注〉

6) 〔역주〕 其母曰 亦使知之若何 : 이미 祿을 구하지 않기로 한 것을 介推로 하여금 文公에게 陳達하게 하고자 한 것이다.〈杜注〉

7) 〔역주〕 以緜上爲之田曰……且旌善人 : 旌은 表이다. 西河 界休縣에 地名이 緜上인 곳이 있다.〈杜注〉 緜上의 땅을 介推의 私田으로 삼아 그 제사를 받들게 한 것이다. 志는 記憶하는 것이다.〈附注〉

介子推가 지조를 지키고 綿上에서 불에 타 죽다〔介子推守志焚綿上〕

僖公 24년, 晉侯(晉 文公)가 亡命했을 때 隨從했던 사람들에게 賞을 줄 때에 介推가 祿位를 구하지 않으니 祿 또한 그에게 미치지 않았다. 介推가 말하였다.

"獻公의 아들 아홉 사람 중에 유일하게 主君만이 살아 계신다. 惠公과 懷公은 親近한 사람이 없어서 國內와 國外가 모두 그들을 버렸는데도 하늘이 晉나라를 滅絶시키지 않은 것은 반드시 나라에 主宰者가 있게 하려 한 것이니 晉나라의 祭祀를 主宰할 사람이 主君이 아니고 누구이겠는가? 실로 하늘이 主君을 임금으로 세운 것인데 몇몇 사람은 자신들의 功勞〔力〕로 여기니 남을 속이는 것이 아닌가? 남의 재물을 훔치는 것도 오히려 도둑이라 하는데 하물며 하늘의 공로를 탐하여 자신들의 공로로 삼는 것이겠는가? 아랫사람은 그 罪를 義로 여기고 윗사람은 그 奸惡한 행위에 賞을 내려 上下가 서로 속이니, 저들과 함께 거처하기 어렵다."

그 어머니가 말하기를 "어찌하여 너도 賞을 구하지 않느냐? 이대로 죽으려 한다면 누구를 원망할 게 있겠느냐?"고 하니, 대답하기를 "〈저들의 행위를〉 허물로 여기면서 그 허물을 본받는다면 罪가 더욱 심하게 됩니다. 또 원망하는 말을 내었으니 다시는 그의 祿을 먹지 않겠습니다."라고 하였다.

그 어머니가 말하기를 "임금에게 너의 생각을 알리는 것이 어떻겠느냐?"고 하니, 대답하기를 "말은 몸을 꾸미는 것입니다. 장차 몸을 숨기려 하면서 무엇 때문에 꾸미겠습니까? 〈만약 꾸민다면〉 이는 顯達하기를 구하는 것입니다."라고 하였다.

그 어머니가 말하기를 "네가 이와 같이 할 수 있다면 나도 너와 함께 은거하겠다."라고 하고서 드디어 은거하다가 죽었다. 晉侯는 介推를 찾았으나 찾지 못하자 緜上을 그의 封田으로 삼고서 말하기를 "이것으로 나의 잘못을 기억하고, 또 善人을 旌表한다."고 하였다.

居爭奪奔競之中하야 而見曠逸高世之擧하니 囂塵滯慮가 一掃而空이라 心開目明하야 頓還舊觀하니 暑風旱雨不足以喩其快也요 渴漿饑炙不足以喩其美也요 沂浴雩游不足以喩其淸也[1)]라 晉文公反國之初에 從行諸臣이 駢首爭功하야 子犯之受璧[2)]과 顚頡魏犫(주)之縱熱[3)]은 要切狼戾하야 有市人之所不忍爲者어늘 而介之推獨超然處衆紛之外하니 孰謂此時而有此人乎아 是宜百世之後聞其風者가 猶咨嗟歎頌而不能已也라 雖然이나 盜跖之風不足以誤後世요 而伯夷之風反可以誤後世며 魯威之風不足

以誤後世요 而季札之風反可以誤後世로다 凡人之情은 旣惡(오)之則必戒之하니 其所以陷溺而不知非者는 皆移於所慕也라 然則介之推之失을 其可不別白以警後世乎아

1) 〔역주〕 沂浴雩游不足以喩其淸也 : ≪論語≫ 〈先進〉에 보인다. 孔子가 '남이 알아주면 어떻게 하겠느냐.'고 묻자, 曾點이 "늦봄에 봄옷이 다 만들어지면 어른 5, 6명, 동자 6, 7명과 함께 沂水에서 목욕하고 舞雩에서 바람 쐬고 노래하면서 돌아오겠습니다.〔莫春者 春服旣成 冠者五六人 童子六七人 浴乎沂 風乎舞雩 詠而歸〕"라고 하였는데, 공자께서 흡족해하셨다.

2) 〔역주〕 子犯之受璧 : 晉 文公이 망명생활을 마치고 秦 穆公의 도움으로 晉나라로 돌아갈 때, 河水에 이르자 子犯(狐偃)이 璧玉을 晉 文公에게 주면서 말하기를 "臣이 고삐를 잡고 임금님을 따라 天下를 돌아다니는 사이에 臣이 지은 罪가 매우 많습니다. 臣도 오히려 罪를 알고 있는데 하물며 임금님이겠습니까? 그러니 여기에서 떠나겠습니다."라고 하니, 晉 文公이 "만약 내가 舅氏(外叔)와 마음을 한가지로 하지 않는다면 白水의 神이 證人이 될 것이다." 하고는 그 璧玉을 黃河에 던졌다. 이 일을 두고 ≪春秋左氏傳≫의 〈附注〉에서는 "子犯이 임금으로 하여금 誓約하도록 협박하려는 뜻이었으니, 이것이 子犯의 奸巧함이다."라고 하였다.

3) 〔역주〕 顚頡魏犨(주)之縱爇 : 顚頡과 魏犨는 晉 文公이 망명할 때 수종했던 신하이다. 晉 文公이 曹나라를 침공할 때 망명생활 중 은혜를 받았던 僖負羈에게 報恩하기 위하여 晉나라 군사들에게 그의 집에 함부로 들어가지 말 것을 명령하였는데, 顚頡과 魏犨가 제대로 대접받지 못한 데 대한 불만으로 僖負羈의 집을 불살라버렸다.

爭奪하고 奔競하는 세상에 살면서 속세를 벗어난 초연한 행위를 보니, 시끄러운 세상의 적체된 생각들이 모두 쓸려나가 텅 비어 마음이 열리고 눈이 밝아져서 갑자기 옛 모습으로 돌아온다. 이는 무더위의 서늘한 바람과 가뭄의 단비로도 그 상쾌함을 비유하기에 부족하고, 목마를 때의 음료와 배고플 때의 불고기로도 그 아름다움을 비유하기에 부족하며, 沂水에서 목욕하고 舞雩에서 노니는 것으로도 그 시원함을 비유하기에 부족하다.

晉 文公이 晉나라로 돌아와 즉위한 처음에, 망명 시에 시종했던 신하들이 말 머리를 나란히 하고 功勞를 다투어 子犯이 晉 文公에게 碧玉을 주고, 顚頡과 魏犨가 僖負羈의 집에 불을 지른 것은 〈功名을 이루고픈〉 마음이 간절해서 시정잡배도 차마 하지 않는 사납고 괴벽한 짓을 한 것이다. 그런데 介推는 홀로 어지러운 무리 밖에 초연히 있었으니 이때에 이런 사람이 있을 줄을 누가 생각이나 했겠는가? 당연히 百世 뒤에 그의

풍도를 듣는 자도 오히려 탄식하며 칭송해 마지않을 것이다.

비록 그렇지만 盜跖의 기풍은 후세를 그르치기에 부족하고 伯夷의 풍도가 도리어 후세를 그르칠 수 있으며, 魯 桓公의 기풍은 후세를 그르치기에 부족하고 季札의 풍도가 도리어 후세를 그르칠 수 있다. 무릇 사람의 심정은 싫어하면 반드시 경계하니, 잘못에 빠지고도 잘못인 줄을 모르는 것은 모두 사모하는 대상에게 마음이 옮겨갔기 때문이다. 그렇다면 介推의 잘못을 어찌 명백하게 변별하여 후세를 경계하지 않을 수 있겠는가?

推尤諸臣之貪功은 **其言未必非也**나 **其言之所自發則非也**라 **使晉文賦之以祿**에 **推以此爲辭**면 **祿之言**이 **雖不盡中理**라도 **猶不失爲狷介也**라 **今旣不得祿而爲此言**하니 **則是借正義以泄私怨耳**라 **向若晉文位定之後**에 **首行推之賞**하야 **置之狐趙之間**이면 **吾不知推之發是言乎**아 **不發是言乎**아 **竊意斯言之未必發也**라 **推之言**이 **不在於祿方賦之初**하고 **而在於祿不及之後**하니 **吾固疑推之不主於理而主於怨也**라 **怨而忿詈**는 **未足多責**이요 **惟不明言其怨**하고 **而借理以逞怨者**를 **君子疾之**라 **時不我用**이면 **必曰 此時不可進也**라하고 **未嘗肯明言吾怨時之遺我也**나 **始若見用**이면 **則必不爲此言矣**리라 **人不我擧**면 **必曰 此人不足附也**라하고 **未〔嘗〕**[1]**肯明言吾怨人之棄我也**나 **始若見擧**면 **則必不爲此言矣**리라 **同是時也**로되 **用我則爲治**라하고 **不用我則爲亂**이라하며 **同是人也**로되 **擧我則爲賢**이라하고 **不擧我則爲愚**라하니 **何其無特操耶**아 **此君子所甚疾也**라

1)〔역주〕〔嘗〕: 저본에는 '嘗'이 없으나, 四庫全書本에 의거하여 보충하였다.

介推가 공로에 대한 포상을 탐한 신하들을 비난한 것은 그 말이 반드시 그른 것은 아니나 그 말을 직접 한 것은 옳지 않다. 가령 晉 文公이 祿位를 주었는데 介推가 이 말로 사양했다면 祿位를 말한 것이 비록 다 이치에 맞지 않았다 하더라도 오히려 '몸을 깨끗이 지키는 도리〔狷介〕'는 잃지 않았을 것이다. 그런데 지금 이미 녹위를 받지 못하자 이런 말을 하였으니 이는 正義의 말을 빌려 사사로운 원망을 털어놓은 것일 뿐이다.

만약 晉 文公의 位가 정해진 뒤에 맨 먼저 介推에게 상을 주어 狐偃과 趙衰 사이의 지위에 두었더라도 介推가 이런 말을 했을지 하지 않았을지 모르겠으나, 내 생각에는

반드시 이런 말을 하지는 않았을 것이다.

介推가 녹위를 한창 나누어줄 때에 이런 말을 한 것이 아니라 녹위가 자기에게 미치지 않은 뒤에 말하였으니, 나는 본래부터 介推가 도리에 의거해 말한 것이 아니고 원망으로 인해 말한 것으로 의심하였다. 원망하면서 성내고 욕하는 것은 심하게 꾸짖을 것이 못 되고, 다만 그 원망을 분명하게 말하지 않고 도리를 빌려 원망하는 말을 털어놓는 자를 君子는 미워한다.

시대(時君을 뜻함)가 나를 등용하지 않으면, 반드시 "이 시대는 〈난세이니〉 나아가서는 안 된다."라고 하고, "나는 시대가 나를 버린 것을 원망한다."라고 분명하게 말하려 하지 않을 것이나, 처음에 등용되었다면 반드시 이런 말을 하지는 않을 것이다. 남이 나를 천거하지 않으면, 반드시 "이 사람은 따르기에 부족하다."라고 하고, "나는 남이 나를 버린 것을 원망한다."라고 분명하게 말하려 하지 않을 것이나, 처음에 천거되었다면 반드시 이런 말을 하지는 않을 것이다.

동일한 시대인데도 나를 써주면 '治世'라 하고 나를 써주지 않으면 '亂世'라 하며, 동일한 사람인데도 나를 천거하면 '賢人'이라 하고 나를 천거하지 않으면 '愚人'이라 하니, 어쩌면 그리도 특별한 志操가 없단 말인가? 이것이 君子가 매우 미워하는 이유이다.

吾固疑推之未免乎借理以逞怨也라 推는 高士也니 未易(이)以凡心窺하고 利心量也라 事固有外似而中實相遠者하니 安知推之果出於怨也아 推는 吾所敬也니 因其似而加推之罪는 非惟不忍이라 亦不敢也라 以怨斷推之罪는 非吾之言也요 乃推之言也며 非推之言也요 推母之言也라 推自謂旣出怨言하니 不食其食이라하니 其母亦曰 盍亦求之오 以死誰懟오하니라 母子之間에 眞實底蘊擧皆披露하니 推安所逃情乎아 推若果以從亡之臣爲不當賞이면 則狐趙從亡之臣也요 己亦從亡之臣也니 其不賞均也어늘 文公之賞狐趙하니 固濫而可責也라 賞者爲濫이면 則不賞者乃理之常也라 是文公失之於狐趙하고 而得之於我也라 君待我以常이면 我自安其常이니 怨何爲而生이며 身何爲而隱乎아 是非無兩立之理하니 賞者是면 則不賞者非하고 賞者非면 則不賞者是라 今推旣咎文公之濫賞하고 又咎文公之不賞하니 此近於人情乎아 吾是以知推之言은 特

借理而逞怨也라

나는 본래부터 介推가 도리를 빌려 원망을 털어놓음을 면하지 못했다고 의심하였다. 介推는 고상한 선비이니 凡人의 마음으로 엿보거나 이익을 구하는 마음으로 헤아리기가 쉽지 않다.

일에는 본래 겉은 유사하나 속은 실제로 서로 크게 차이 나는 것이 있으니, 介推의 말이 과연 원망하는 마음에서 나왔다고 어찌 단정할 수 있겠는가? 介推는 내가 존경하는 분이니 유사한 것을 가지고 介推에게 죄를 씌우는 것은 차마 할 수 없을 뿐만 아니라 감히 할 수가 없다.

원망하는 〈마음을 털어놓으려고 이런 말을 했다고〉 介推의 죄를 단정한 것은 나의 말이 아니라 介推의 말이며, 介推의 말이 아니라 介推 모친의 말이다. 介推가 스스로 "이미 원망하는 말을 내었으니 다시 그 祿을 먹지 않겠다."라고 하자, 그의 어머니 또한 "어찌하여 너도 賞을 구하지 않느냐? 이대로 죽으려 한다면 누구를 원망할 게 있겠느냐?"라고 하였다. 母子 사이에 진실한 속마음을 다 털어놓았으니 介推가 어찌 眞情을 숨길 수 있었겠는가?

介推가 가령 망명 시에 시종했던 신하들에게 褒賞하는 것을 부당하게 여겼다면 狐偃과 趙衰도 망명 시에 시종한 신하이고 자기도 망명 시에 시종한 신하이니 상을 내리지 않는 것이 공평한데, 文公이 狐偃과 趙衰에게 상을 내렸으니, 진실로 지나치다고 책망할 만하다. 상이 지나치면 상을 내리지 않는 것이 바로 이치의 常道이니, 이는 문공이 狐偃과 趙衰에게는 잘못하고 나(介推)에게는 바르게 한 것이다. 임금이 나를 常道로 대우하면 나도 스스로 그 상도를 편하게 여길 것이니, 원망하는 마음이 무엇 때문에 생길 것이며 몸을 무엇 때문에 숨기겠는가?

是와 非가 兩立하는 이치는 없으니, 상을 내린 것이 옳았다면 상을 내리지 않는 것이 그르고, 상을 내린 것이 그르다면 상을 내리지 않는 것이 옳았다. 지금 介推는 이미 文公의 지나친 賞을 꾸짖고 또 文公이 상을 내리지 않은 것을 꾸짖었으니, 이것이 인정에 가까운가? 나는 이로써 介推의 말은 다만 도리를 빌려 원망하는 마음을 털어놓은 것뿐임을 알겠다.

天下固有迹高而心卑하고 形淸而神濁者矣니 如推之徒是也라 聚爭名者於朝와 聚爭

利者於市가 **山之巓**과 **水之涯**에 **忽遇如推者焉**이면 **非不蕭然可喜也**나 **怨心內積**이면 **則林麓未必非幽縶之網**이요 **澗溪未必非忿激之聲也**니 **吾未見此之果勝彼也**로라

천하에는 본래 形迹은 고상하나 마음은 비열하고 형체는 清秀하나 정신은 혼탁한 자가 있으니, 介推 같은 무리가 이에 해당한다.

조정에 모여 명예를 다투는 자나 시장에 모여 이익을 다투는 자가, 산마루나 물가에서 갑자기 介推 같은 사람을 만나면, 맑고 고상하여 俗氣가 없는 모습을 기뻐하지 않는 이가 없을 것이다. 그러나 〈介推 같은 사람은〉 원망하는 마음이 안에서 쌓이면 숲과 산기슭이 반드시 〈자신을〉 囚禁하는 그물이 아니라고 하지 않을 것이고, 도랑과 시내의 물소리가 반드시 〈자신이〉 격분해서 내는 소리가 아니라고 하지 않을 것이니, 나는 이런 사람이 과연 저 〈명예와 이익을 다투는〉 자들보다 나은지 모르겠다.

14-02 鄭伯使盜殺子臧 鄭伯이 자객을 보내어 子臧을 죽이게 하다

【左傳】 **僖二十四年**이라 **鄭子臧出奔宋**[1]하야 **好聚鷸冠**[2]하니 **鄭伯聞而惡**(오)**之**[3]하야 **使盜誘殺之于陳宋之間**하다 **君子曰 服之不衷**[4]은 **身之災也**라 **詩曰 彼己之子**여 **不稱其服**[5]이라하니 **子臧之服**이 **不稱也夫**ㄴ저 **詩曰 自詒伊慼**[6]이라하니 **其子臧之謂矣**로다

1) 〔역주〕 鄭子臧出奔宋 : 僖公 16년에 鄭 文公이 子華를 죽였기 때문이다. 子華는 子臧의 同腹 兄이다.
2) 〔역주〕 好聚鷸冠 : 물총새의 깃털을 모아 만든 관을 좋아했다는 뜻이다.〈杜注〉
3) 〔역주〕 鄭伯聞而惡(오)之 : 그 복장이 법도에 맞지 않음을 미워한 것이다.
4) 〔역주〕 衷 : 適(맞음)과 같다.〈杜注〉
5) 〔역주〕 詩曰……不稱其服 : 詩는 ≪詩經≫ 〈曹風 候人〉이다. 小人이 존귀한 지위에 있는 것을 풍자한 것이니, 저 사람의 덕이 그 복장에 걸맞지 않다는 말이다.〈杜注〉 '彼己之子'의 '己'는 ≪詩經≫에 '其'로 되어 있다.
6) 〔역주〕 詩曰 自詒伊慼 : 詩는 ≪詩經≫ 〈小雅 小明〉이다. 詒는 遺(끼침)이다. 慼은 憂(우환)이다. 스스로 憂患을 끼쳤다는 뜻을 취한 것이다.〈杜注〉

僖公 24년, 鄭나라 子臧이 宋나라로 도망가서 물총새 깃털로 만든 冠을 좋아하니, 鄭伯(文公)이 이 소문을 듣고 미워하여 刺客을 보내어 陳나라와 宋나라 사이에서 그를 죽이게 하였다. 군자가 이에 대해 다음과 같이 논평하였다.

"의복이 신분에 맞지 않는 것은 몸의 재앙이다. 詩에 '저 사람이여! 그 의복이 맞지 않았다.'고 하였으니 子臧의 의복이 신분에 맞지 않은 것을 말한 것이고, 詩에 '스스로 이런 憂患을 끼친다.'고 하였으니 子臧을 두고 한 말이다."

【主意】 謂子臧朋附子華로 爲鄭伯所惡(오)하니 雖以相去十年之久요 數百里之遠이나 一聞鷸冠之侈하고 遂從而殺之하니 蓋鄭伯怒子臧之根이 藏於胸中이라가 特因冠而發耳라 根字是一篇血脉이라

이 글에서 말하였다. "子臧은 子華와 가까이 지낸 것으로 鄭伯에게 미움을 받았다. 그리하여 비록 10년의 오랜 세월이 흐르고 수백 리나 멀리 떨어져 있었을지라도 〈鄭伯은 子臧이〉 사치스럽게 물총새 깃털로 만든 冠을 좋아한다는 소문을 한번 전해 듣고는 마침내 쫓아가 죽였으니, 이는 鄭伯의 가슴속에 子臧에 대한 분노의 뿌리가 숨어 있다가 다만 冠으로 인하여 드러난 것일 뿐이다." '根'자는 이 한 편의 혈맥이다.

物之有是根者는 遇物必發[1]이라 一粒之穀을 投倉窖(교)하야 歷歲月이면 混埃塵하야 焦槁頹敗하야 若無復(부)有生意矣라가 偶得半犁之土면 則芃芃覆塊하야 無信宿之淹은 根在焉故也라 是根苟存이면 倉窖所不能腐요 歲月所不能隔이요 埃塵所不能淹하야 使與土相遇면 其生意盖森然而不可禦矣라 生藏於一粒之中하야 無久無近히 遇物이면 則必榮하고 惡(오)藏於一念之中하야 無久無近히 遇物이면 則必發이라

1) 物之有是根者 遇物必發 : 此句是主意 根字是血脉
이 구절이 이 篇의 主意이고, '根'자는 이 편의 혈맥이다.

뿌리가 있는 물건은 의지할 물건을 만나면 반드시 움이 튼다. 한 알의 곡식 씨앗을 오랫동안 창고에 버려두면 티끌과 먼지에 섞여 바싹 마르고 부패해 더 이상 生氣가 없는 것 같다가도 우연히 손바닥만 한 토양을 얻게 되면 이틀 밤도 지체하지 않고 싹이 무성하게 자라 그 토양을 덮으니, 이는 뿌리가 있기 때문이다.

이 뿌리가 보존되면 창고도 부패시킬 수 없고 세월도 가로막을 수 없고 티끌과 먼지도 파묻을 수 없어서, 토양과 만나게 되면 그 생기가 왕성하여 막을 수 없다. 한 알의 씨앗 속에 숨어 있는 생기는 세월과 거리에 관계없이 의지할 물건을 만나면 반

드시 꽃을 피우고, 한 생각 속에 숨어 있는 증오도 세월과 거리에 관계없이 의지할 물건을 만나면 반드시 움이 튼다.

鄭世子華以賣國誅[1)]하고 **其弟子臧出奔宋**이라가 **竟坐聚鷸冠而爲鄭〔伯〕**[2)]**所殺**[3)]이라 **當見殺之時**가 **去子華之誅殆將十年**[4)]이요 **而宋鄭之封疆亦不啻數百里也**[5)]라 **風聲不相接**이요 **利害不相及**이니 **鄭伯之視子臧與塗人等耳**라 **鷸冠之侈**는 **第得於道路之傳**[6)]이니 **其在鄭伯**하얀 **初無損益**[7)]이라 **以常情揆之**면 **不過付之一笑耳**니 **聞之非所怒也**[8)]요 **怒之非所殺也**[9)]어늘 **今鄭伯一聞鷸冠之侈**하고 **陰謀詭計**하야 **必置之死地**[10)]**而後止**하니 **何其喜怒之不類耶**[11)]오

1) 鄭世子華以賣國誅：事見第(九)〔十〕[*)]卷齊威辭鄭太子華題註

일이 제10권 〈齊威辭鄭太子華〉편의 ≪春秋左氏傳≫ 주에 보인다.

*) 〔역주〕(九)〔十〕: 저본에는 '九'로 되어 있으나, 본서의 제10권에 있는 내용이므로 '十'으로 바로잡았다.

2) 〔역주〕〔伯〕: 저본에는 '伯'이 없으나, 四庫全書本에 의거하여 보충하였다.

3) 竟坐聚鷸冠而爲鄭〔伯〕所殺：以鷸毛爲冠也 餘見本題註

물총새의 깃으로 冠을 만든 것이다. 나머지는 본편의 ≪春秋左氏傳≫ 주에 보인다.

4) 當見殺之時 去子華之誅殆將十年：十六年 鄭殺子華 至是實九年

僖公 16년에 鄭나라가 子華를 죽였으니 이때는 실제로 그로부터 9년째 되는 해이다.

5) 而宋鄭之封疆亦不啻數百里也：子臧 自鄭出奔在宋

子臧은 鄭나라에서 출분하여 宋나라에 있었다.

6) 第得於道路之傳：非親見其事

그 일을 직접 본 것이 아니라는 말이다.

7) 初無損益：其事甚小

그 일이 매우 사소하다는 말이다.

8) 聞之非所怒也：非有可怒之事

분노할 만한 일이 아니라는 말이다.

9) 怒之非所殺也：非有可殺之罪

죽일 만한 일이 아니라는 말이다.

10) 今鄭伯一聞鷸冠之侈……必置之死地：遽使盜殺之

대번에 자객을 시켜 죽이게 했다는 말이다.

11) 何其喜怒之不類耶：設疑問難

의문을 가설하여 논란하였다.

鄭나라 세자 子華는 賣國의 죄로 誅殺되었고, 그 아우 子臧은 宋나라로 도망했다가 결국 물총새 깃털로 만든 冠을 좋아한 죄에 걸려 鄭伯에게 살해당했다. 그가 살해당한 때는 子華가 주살된 때로부터 거의 10년이 되었고, 宋나라에서 鄭나라의 국경까지의 거리 또한 수백 리뿐이 아니어서 風聞도 서로 들을 수 없고, 利害도 서로 관계가 없으니, 鄭伯은 子臧을 길 가는 사람과 같이 보았을 것이다.

사치스럽게 물총새 깃털로 만든 冠을 좋아한다는 것은 도로에 전하는 말을 들은 것뿐이니 그 일이 鄭伯에게 있어 애당초 손해될 것도 없고 이익될 것도 없다. 사람의 常情으로 헤아려보면 한번 웃어넘길 일에 지나지 않을 뿐이니, 들었어도 분노할 일이 아니고 분노했어도 죽일 일이 아닌데, 지금 鄭伯은 사치스럽게 물총새 깃털로 만든 冠을 좋아한다는 말을 한번 듣자 음모하고 모략하여 기어이 子臧을 죽이고야 말았으니 어쩌면 그리도 喜怒의 반응이 정상과 달랐는가?

蓋鄭伯之怒는 本不在冠也[1)]라 特遇冠而發之[2)3)]라 鄭伯殺子臧之根은 固已萌於朋附於子華之時矣[4)]라 以國君而誅一亡公子[5)]는 如孤[6)]豚腐鼠니 何所不可[7)]리오 乃淹遲而不發者는 非有所待也[8)]라 時移地移[9)]하야 鄭伯固已忘其怒也[10)]라 怒則忘이나 而怒之根不忘[11)]하야 未與物遇之時에 固伏匿而不見[12)]이나 及鷸冠之傳하얀 忽動其根[13)]하야 前日之積忿宿憾이 一旦如新[14)]하야 非翦滅其身이면 不足以逞其毒[15)]이니 此所以罪之小而怒之大也[16)]라 雖鄭伯亦自不能言其所以怒어든 況他人耶아 自他人視之면 則冠雞가 未必不附於孔門[17)]이요 貂蟬이 未必不貴於漢室[18)]이요 步搖之冠과 飛翮之纓이 未必不見奇於武帝也[19)]니 聚鷸爲冠이 豈有可怒之實耶[20)]아 隣人之笛은 懷舊者感之[21)]하고 斜谷之鈴은 愛溺者悲之[22)]라 感在人而不在笛[23)]이요 悲在人而不在鈴[24)]이며 怒在人而不在冠也[25)]라 以我之不怒로 笑彼之怒면 則過矣라

1) 蓋鄭伯之怒 本不在冠也：怒其朋附子華

子華와 가까이 지냈기 때문에 분노한 것이라는 말이다.

2) 特遇冠而發之：因冠而發前日之怒

冠으로 인하여 전날의 분노가 폭발하였다는 말이다.

3) 〔역주〕 特遇冠而發之 : 四庫全書本과 三民書局本에는 '之' 뒤에 '耳'가 있다.

4) 鄭伯殺子臧之根 固已萌於朋附於子華之時矣 : 一念之中 久藏此根

한 생각 안에 오랫동안 이 뿌리가 감춰져 있었다는 말이다.

5) 以國君而誅一亡公子 : 再反難

다시 반론하여 논란하는 말이다.

6) 〔역주〕 孤 : 四庫全書本에는 '孤'가 '狐'로 되어 있다.

7) 何所不可 : 殺之甚易(이)

그를 죽이는 것이 매우 쉽다는 말이다.

8) 乃淹遲而不發者 非有所待也 : 何待十年之久

어찌 10년이라는 오랜 세월을 기다렸겠느냐는 말이다.

9) 時移地移 : 時移 謂將十年 地移 謂數百里

'時移'는 10년의 세월이 흐른 것을 이르고, '地移'는 수백 리 거리가 떨어져 있음을 이른다.

10) 鄭伯固已忘其怒也 : 既久且遠 其怒有時而忘

이미 오래되고 멀리 떨어졌으니 그 분노가 잊힐 때가 있다는 말이다.

11) 而怒之根不忘 : (照應意字主)〔照應根字主意〕*)

'根'자는 主意에 조응한다.

*) 〔역주〕 (照應意字主)〔照應根字主意〕 : 저본에는 '照應意字主'로 되어 있으나, 문맥을 살펴 '照應根字主意'로 바로잡았다.

12) 未與物遇之時 固伏匿而不見 : 所以十年不發

10년 동안 〈분노가〉 폭발하지 않은 이유이다.

13) 及鷸冠之傳 忽動其根 : 因事而動其怒根

일로 인하여 그 분노의 뿌리가 움직였다는 말이다.

14) 前日之積忿宿憾 一旦如新 : 變舊怒爲新怒

옛날 분노가 변하여 새 분노가 되었다는 말이다.

15) 非翦滅其身 不足以逞其毒 : 必殺之而後已

반드시 그를 죽이고야 말 것이라는 말이다.

16) 此所以罪之小而怒之大也 : 解說意盡

해명하여 뜻을 극진히 하였다.

17) 則冠雞 未必不附於孔門 : 子路好勇 冠雄雞 佩〔猳豚 陵暴〕*)孔子 後因門人 請爲弟子

子路는 勇力을 좋아하여 수탉의 깃을 꽂은 모자를 쓰고, 수퇘지 가죽으로 장식한 劍을 차고 다니면서 孔子를 무시하고 모욕하였으나, 뒤에 문인을 통하여 제자가 되기를 청하였다.

*）〔역주〕〔猳豚陵暴〕: 저본에는 4자 빈칸으로 되어 있으나, ≪史記≫ 〈仲尼弟子列傳〉에 의거하여 '猳豚陵暴'를 보충하였다.

18） 貂蟬 未必不貴於漢室：前漢劉向傳云 青紫貂蟬[*1)]〔充〕[*2)]盈幄內 用鷄蟬事 形容鷸冠最巧

≪前漢書≫ 〈劉向傳〉에 이르기를 "青紫와 貂蟬이 幄內에 가득 채워 있다."라고 하였다. '수탉의 깃을 꽂은 모자'와 '매미 날개 모양으로 장식한 冠'의 사례를 써서 〈이 두 종류의 冠보다〉 鷸冠이 가장 교묘한 솜씨로 만들어졌음을 형용하였다.

*1）〔역주〕 青紫貂蟬：青紫는 옛날에 三公은 자주색 인끈을 사용하고 九卿은 푸른 인끈을 사용하여 청색과 자색의 구별이 있었으므로, 전하여 公卿의 지위를 일컫는 말로 쓰인다. 貂蟬은 담비 꼬리와 매미 날개 모양으로 장식한 관으로 高官이 착용하였다.

*2）〔역주〕〔充〕: 저본에는 1자 빈칸으로 되어 있으나, ≪前漢書≫ 〈劉向傳〉에 의거하여 '充'을 보충하였다.

19）〔역주〕 步搖之冠……未必不見奇於武帝也：步搖之冠은 생사로 만든 장식을 꽂아서 걸음걸이에 따라 흔들거리는 관이고, 飛翮之纓은 매미 날개 같은 모양의 갓끈이다. 江充이 처음 漢 武帝를 만날 때 이러한 복식을 하고 있어 漢 武帝가 기이하게 여겼다는 일화가 ≪前漢書≫ 〈江充傳〉에 전한다.

20） 豈有可怒之實耶：怒在其人 不在冠也

분노는 사람에게 있는 것이지 冠에 있는 것이 아니라는 말이다.

21） 隣人之笛 懷舊者感之：又引二事比喩藏怒意 ○ 晉向秀傳 隣人有吹笛者 發聲寥亮 追想曩昔嵇生〔游〕[*)] 宴之好 感音而嘆 作思舊賦

또 두 가지 일을 인용하여 분노를 감춘 뜻을 비유하였다. ○ ≪晉書≫ 〈向秀傳〉에 "〈晉나라 向秀가 山陽에서 절친하게 지냈던 嵇康이 죽은 뒤에 그곳을 지나는 길에〉 이웃집에 젓대 부는 자가 있었는데, 들려오는 젓대 소리가 적막하고 청아하자 옛날 嵇康이 游宴을 좋아했던 추억을 생각하고는 그 소리에 느낀 바 있어 탄식하면서 〈思舊賦〉를 지었다."라고 하였다.

*）〔역주〕〔游〕: 저본에는 1자 빈칸으로 되어 있으나, ≪晉書≫ 〈向秀傳〉에 의거하여 '游'를 보충하였다.

22） 斜谷之鈴 愛溺者悲之：楊妃外傳云 貴妃既死 明皇至斜谷[*)] 霖雨涉旬 道中聞鈴聲隔山相應 上繹其聲 作雨霖鈴曲 以寄恨焉

≪楊妃外傳≫에 이르기를 "楊貴妃가 죽은 뒤 唐 玄宗이 斜谷에 이르렀을 때 열흘이 지나도록 비가 계속 내렸는데 도중에 말방울소리가 산을 사이에 두고 서로 어우러지는 것을 듣고는 玄宗이 그 소리를 갖추어 〈雨霖鈴曲〉을 지어 한스러움을 부쳤다."라고 하였다.

*）〔역주〕 斜谷：陝西省 終南山에 있는 골짜기 이름이다. 남쪽 입구를 褒라 하고 북쪽 입구를

斜라 하므로 '褒斜谷'이라고도 칭한다. 전체 길이가 470里로 山勢가 험준한 요새이다.

23) 感在人而不在笛：因笛動其感心

젓대소리로 인하여 그 느꺼운 마음을 움직인 것이다.

24) 悲在人而不在鈴：因鈴動其悲心

방울소리로 인하여 그 슬픈 마음을 움직인 것이다.

25) 怒在人而不在冠也：如鄭伯因鷸冠而動其怒心也

鄭伯이 물총새 깃털로 만든 冠으로 인하여 그 분노한 마음을 움직인 것과 같다는 말이다.

대체로 鄭伯의 분노는 본래 물총새 깃털로 만든 冠에 있었던 것이 아니라 우연히 물총새 깃털로 만든 冠을 만나자 폭발한 것일 뿐이다. 鄭伯이 子臧을 죽인 뿌리는 본래 子華와 가까이 지낼 때에 이미 싹텄다. 國君으로서 망명한 한 公子를 죽이는 것은 돼지새끼나 쥐새끼를 죽이는 것과 같으니 언제인들 죽일 수 없었겠는가? 그런데도 지체하며 행동으로 드러내지 않았던 것은 기다리는 바가 있어서가 아니라 시간이 흐르고 장소가 바뀌자 鄭伯이 진실로 그 분노를 잊은 것이다.

분노는 잊었으나 분노의 뿌리는 잊히지 않아서, 의지할 물건을 만나기 전에는 숨어서 드러나지 않았으나 물총새 깃털로 만든 冠에 관한 말을 전해 듣자 갑자기 그 뿌리가 움직여 지난날에 쌓였던 분노와 묵은 감정이 하루아침에 새롭게 되살아나서 그를 죽이지 않고는 그 독한 분노를 풀 수가 없었으니 이는 죄는 작은데 노여움이 컸기 때문이다. 비록 鄭伯도 자기가 분노한 이유를 말할 수 없는데, 하물며 다른 사람이겠는가?

子路

다른 사람의 입장에서 보면 수탉의 깃을 꽂은 모자를 쓴 〈子路가〉 반드시 孔門에 歸附하지 못한 것이 아니고, 담비 꼬리와 매미 날개로 장식한 冠이 반드시 漢室에서 귀한 대접을 받지 못한 것이 아니며, 步搖로 장식한 冠과 飛翮의 갓끈이 반드시 漢 武帝에게 기이하게 여김을 받지 못한 것이 아닌데, 물총새 깃을 모아 관을 만든 것이 어찌 분노할 일이겠는가?

이웃 사람의 피리 소리는 벗을 그리는 자를 느껍게 하고, 斜谷의 방울 소리는 사랑에 빠진 자를 슬프게 하였다. 느낌은 사람에게 있고 피리에 있지 않으며 슬픔은 사람에게 있고 방울에 있지 않으며 노여움은 사람에게 있고 冠에 있지 않다. 내가 분노하지 않는다 해서 상대가 분노하는 것을 비웃는다면 잘못이다.

嗚呼라 **鄭伯之怒子臧**은 **本於一念**[1]하고 **而子臧朋附子華之邪志**도 **亦根一念間耳**라 **根於一念**이 **遇物而發**하니 **雖事在十年之前**하고 **身居數百里之外**라도 **終不能免**[2]이니 **其亦可畏矣哉**인저 **十年之久也**요 **數百里之遠也**로되 **而忿怒之根**을 **終不(亡)〔去〕**[3]하니 **吾是以知怒之不可藏也**[4]라 **十年之久也**요 **數百里之遠也**로되 **而邪慝之根**을 **終不忘**하니 **吾是以知邪之不可萌也**라

1) 鄭伯之怒子臧 本於一念 : 提起主意及根字
主意와 '根'자의 뜻을 제기한 것이다.

2) 終不能免 : 不免鄭伯之誅
鄭伯의 주벌을 면할 수 없다는 말이다.

3) 〔역주〕 (亡)〔忘〕 : 저본에는 '亡', 四庫全書本에는 '去', 三民書局本에는 '忘'으로 되어 있으나, 四庫全書本에 의거하여 '去'로 바로잡았다.

4) 吾是以知怒之不可藏也 : 藏之則遇事而發矣
마음속에 감추고 있으면 관련된 사물을 만났을 때 드러난다는 말이다.

아! 鄭伯의 子臧에 대한 분노는 한 생각에 근본한 것이고, 子臧이 子華와 가까이 지낸 사악한 뜻도 한 생각 사이에서 근원한 것이다. 한 생각에 뿌리를 박고 있다가 의지할 물건을 만나자 폭발하여 비록 10년 전에 있었던 일이고 몸이 수백 리 밖에 살고 있었어도 끝내 면할 수 없었으니 또한 두려워할 만하다.

10년이 얼마나 오랜 세월이고 수백 리가 얼마나 먼 거리인가! 그런데도 분노의 뿌리를 끝내 제거하지 못했으니, 나는 이로 인해 분노는 간직해서는 안 된다는 것을 알

았다. 10년이 얼마나 오랜 세월이고 수백 리가 얼마나 먼 거리인가! 그런데도 사특한 뿌리를 끝내 잊지 못했으니, 나는 이로 인해 사특함은 싹트게 해서는 안 된다는 것을 알았다.

嗚呼라 **去惡者其務去其根也哉**ㄴ저 **子臧雖欲遷善改過**[1)]하야 **以去邪慝之根**이나 **然鄭伯之怒**가 **已根於胸中**하니 **其能保其遇物而不發耶**[2)]아 **曰**[3)] **鄭伯何爲而怒也**오 **以子臧而發也**[4)]라 **過在子臧**이로대 **而怒在鄭伯**[5)]하니 **吾是以知人心固通而無間也**[6)]라 **子臧之過**가 **旣可以動鄭伯之怒**하니 **則子臧之改**가 **獨不可以動鄭伯之喜乎**[7)]아 **想子臧意方回於睢陽之野**[8)]면 **而鄭伯顔已解於溱洧之濱矣**[9)]리라 **心之相通**[10)]은 **胡越無間**[11)]이온 **況父子間耶**[12)]아

1) 子臧雖欲遷善改過：結尾又設疑問難

結尾에서 또 가설하여 묻고 논란한 것이다.

2) 其能保其遇物而不發耶：設問鄭伯已藏怒根 子臧雖欲改過 亦必不免

鄭伯이 이미 분노의 뿌리를 감추고 있으니 子臧이 비록 改過遷善하고자 하더라도 또한 반드시 〈정백의 주벌을〉 면하지 못한다고 가설하여 물은 것이다.

3) 曰：答

윗글에 대한 답변이다.

4) 以子臧而發也：所怒者 在子臧

분노하게 되는 일이 子臧에게 있다는 말이다.

5) 而怒在鄭伯：子臧有過故怒

子臧이 허물이 있기 때문에 분노하게 된다는 말이다.

6) 吾是以知人心固通而無間也：此一句斷得到

이 한 구절은 결단력이 있다.

7) 則子臧之改 獨不可以動鄭伯之喜乎：有過而怒 則改過而喜 可知矣

허물이 있어서 분노하는 것이라면 허물을 고치면 기뻐하리라는 것을 알 수 있다는 말이다.

8) 想子臧意方回於睢陽之野：意回 謂改過也 睢陽 宋地

意回는 허물을 고침을 이른다. 睢陽은 宋나라 지역이다.

9) 而鄭伯顔已解於溱洧之濱矣：顔解 謂變怒爲喜也 溱洧 鄭國二水名

顔解는 분노가 변하여 기쁨이 되는 것이다. 溱洧는 鄭나라의 두 강 이름이다.

10) 心之相通 : 應前
앞글에 호응한다.

11) 胡越無間 : 胡在北 越在南 唯此心則無間
胡는 북쪽에 있고 越은 남쪽에 있으나 이 마음만은 간격이 없다는 말이다.

12) 況父子間耶 : 子華子臧 皆鄭伯之子 故其說如此
子華와 子臧은 모두 鄭伯의 아들이기 때문에 그 설명이 이와 같다.

아, 惡을 제거하는 자는 그 뿌리를 제거하기를 힘써야 한다. 子臧이 비록 改過遷善하여 사특한 뿌리를 제거하고자 했더라도 鄭伯의 분노가 이미 가슴속에 뿌리박고 있으니, 어찌 의지할 물건을 만나도 폭발하지 않는다고 보장할 수 있겠는가? 나는 아래와 같이 생각한다.

"鄭伯이 무엇 때문에 분노하였는가? 子臧 때문에 분노가 폭발한 것이다. 허물은 子臧에게 있는데 분노가 鄭伯에게 있으니 나는 이로 인해 사람의 마음은 본래 서로 통하여 간격이 없다는 것을 알았다. 子臧의 허물이 이미 鄭伯의 분노를 觸動시킬 수 있었으니, 子臧의 개과천선이 어찌 유독 鄭伯의 기쁨을 촉동시킬 수 없겠는가? 생각건대 子臧의 생각이 睢陽의 들에서 바뀌었다면 鄭伯은 이미 溱水와 洧水 가에서 얼굴을 활짝 폈을 것이다. 마음이 서로 통하는 것은 北胡와 南越 사람도 차이가 없는데 하물며 父子 사이겠는가?"

14-03 衛禮至殺邢國子 衛나라 禮至가 邢나라 國子를 살해하다

【左傳】 僖二十五年이라 春에 衛人伐邢하니 二禮從國子巡城[1)]이라가 掖以赴外하야 殺之[2)]하다 正月丙午에 衛侯燬滅邢이라하니 同姓也라 故名하다 禮至爲銘曰 余掖殺國子하니 莫余敢止[3)]라하다

1) 〔역주〕 二禮從國子巡城 : 二禮는 禮至 형제이다. 禮至는 衛나라 大夫이며, 守는 邢나라의 正卿 國子(姓이 國인 高官)이다. 이보다 앞서 僖公 24년에 邢나라를 치기 위한 계책으로, 이들 형제가 衛나라를 위해 間諜이 되어 먼저 邢나라로 가서 벼슬하고 있었는데, 이때에 이르러 속여서 國子를 죽인 것이다.

2) 〔역주〕 掖以赴外 殺之 : 손으로 國子의 팔을 잡고서 성 밖의 衛軍 陣營으로 나온 것이다.〈附注〉

3) 〔역주〕 禮至爲銘曰……莫余敢止 : 禮至가 속임수를 써서 同姓國을 滅한 것이 부끄러운

줄을 모르고 도리어 그 功을 器物에 새긴 것을 미워한 것이다.〈杜注〉

僖公 25년, 봄에 衛人이 邢나라를 토벌하니 禮至 형제가 國子를 따라 城을 巡視하다가, 두 사람이 좌우에서 國子의 겨드랑이를 끼고 성 밖으로 나와 殺害하였다. 經에 "正月 丙午日에 衛侯 燬가 邢나라를 滅하였다."고 기록하였으니, 同姓國을 멸하였기 때문에 '燬'라고 이름을 기록한 것이다.

禮至가 銘文을 짓기를 "내가 國子를 끼고 나와 죽이니 누구도 감히 나를 막지 못하였다."고 하였다.

【主意】 謂禮至行詐以滅同姓하니 其惡大矣라 然禮至之惡이 非以銘諸器而不泯實이요 以載於左氏之傳而不泯實이라

이 글에서 말하였다. "禮至가 속임수를 써서 同姓國을 멸하였으니 그 악행이 크다. 그러나 禮至의 악행이 그릇에 새겨졌기 때문에 그 악행의 사실이 없어지지 않은 것이 아니라, ≪春秋左氏傳≫에 기록되었기 때문에 그 악행의 사실이 없어지지 않은 것이다."

物莫壽於金石[1]이라 **言於千載之上而傳於千載之下者**는 **皆託金石以不朽**[2]라 **然金有時而銷**[3]하고 **石有時而泐**(륵)[4]하니 **其所託者**도 **未必眞可恃也**[5]라 **一得其託**이면 **不銷不泐**하야 **視古今如朝**[6]**暮者**는 **果何物**[7]고 **曰 君子之論是也**[8]라

1) 物莫壽於金石 : 二物堅而不朽
   두 물건은 견고하여 썩지 않는다는 말이다.
2) 皆託金石以不朽 : 金石不朽 刻其銘於金石者 亦與之而不朽
   쇠와 돌은 썩지 않으니 쇠와 돌에 새긴 명문도 그와 함께 썩지 않는다는 말이다.
3) 然金有時而銷 : 銷 鎔也
   銷는 녹는다는 뜻이다
4) 石有時而泐(륵) : 音勒 出周禮考工記 泐 破裂也
   泐은 음이 '勒'이다. ≪周禮≫ 〈考工記〉에 나오니, 泐은 깨지고 부서진다는 뜻이다.
5) 其所託者 未必眞可恃也 : 以其銷泐 故不可恃
   녹고 깨지기 때문에 믿을 수 없다는 말이다.
6) 〔역주〕 朝 : 저본의 '朝'가 四庫全書本과 三民書局本에는 '旦'으로 되어 있다. 저본의 '朝'는

朝鮮의 太祖 李旦을 피휘한 것으로 보인다.

7) 一得其託……果何物 : 設問可託以不朽者 果爲何物

의탁하면 썩지 않을 수 있는 것이 과연 무슨 물건인지를 설문한 것이다.

8) 曰 君子之論是也 : 此句一篇主意

이 구절이 이 한 편의 主意이다.

만물 중에 쇠나 돌보다 장수하는 것은 없다. 천 년 전에 말한 것이 천 년 뒤에 전해지는 것은 모두 쇠나 돌에 의탁해서 썩지 않을 수 있었기 때문이다. 그러나 쇠도 녹을 때가 있고 돌도 깨질 때가 있으니 쇠나 돌에 의탁한 것도 꼭 믿을 것은 못 된다. 한 번 의탁하면 녹지도 않고 깨지지도 않아서 古今이 朝夕처럼 보이는 것은 과연 무슨 물건인가? 바로 군자의 言論이다.

天下不見湯之盤[1)]이로되 而能誦日新之銘者는 託於大學也[2)]요 天下不見周之量[3)]이로되 而能誦文思之銘者는 託於周官也[4)]라 是則銘託於湯盤者가 反不如託於大學之堅[5)]이요 銘託於周量者가 反不如託於周官之固[6)]라 君子之論其可恃가 豈金石比耶[7)]아 善託於君子之論은 固不朽[8)]요 惡託於君子之論도 亦不朽[9)]라

1) 天下不見湯之盤 : 盤 沐浴之器也 言湯之盤 今已不存

盤(욕조)은 沐浴할 때 사용하는 그릇이다. 湯王의 욕조가 지금은 이미 남아 있지 않다는 말이다.

2) 而能誦日新之銘者 託於大學也 : 大學載湯之盤銘曰 苟日新 日日新 又日新 言有大學之書 則盤雖不存 而其銘尙存

≪大學≫에 湯王의 욕조에 새겨진 글이 실려 있으니 "진실로 어느 날 새로워졌다면 날마다 새롭게 하고 또 나날이 새롭게 하라."이다. ≪대학≫의 기록이 있으니 욕조는 비록 남아 있지 않지만 그 銘文은 여전히 남아 있다는 말이다.

3) 天下不見周之量 : 量者 龠合升斗斛[*)]也 言周之量 今已不存

量이란 龠·合·升·斗·斛이다. 周나라의 量器는 지금 이미 남아 있지 않다는 말이다.

*) 〔역주〕 龠合升斗斛 : 10龠이 1合〔홉〕이고, 10合이 1升이며, 10升이 1斗이고, 10斗가 1斛이다.

4) 而能誦文思之銘者 託於周官也 : 周禮冬官考工記(卓)〔栗〕[*)]氏爲量 其銘曰 時文思索 允臻其極云云 言有周禮之書 則量雖不存 而其銘尙存

*) 〔역주〕 (卓)〔栗〕 : 저본에는 '卓'으로 되어 있으나, ≪周禮≫에 의거하여 '栗'로 바로잡았다.

≪周禮≫ 〈冬官 考工記 栗氏〉에 "栗氏가 量器를 만들었다. 그 명문에 '이에 文德을 지닌 군왕이 백성을 〈위해 度量의 법칙을 세울 것을〉 생각하여 진실로 그 표준을 이루셨도다. 운운'이라고 하였다."라고 하였다. ≪周禮≫의 기록이 있으니 量器는 비록 남아 있지 않지만 그 명문은 여전히 남아 있다는 말이다.

5) 是則銘託於湯盤者 反不如託於大學之堅 : 盤有存亡 大學之書無存亡

욕조는 남아 있거나 없어짐이 있으나, ≪大學≫의 글은 남아 있거나 없어짐이 없다는 말이다.

6) 銘託於周量者 反不如託於周官之固 : 量有存亡 周官之書無存亡

量器는 남아 있거나 없어짐이 있으나, ≪周官(周禮)≫의 글은 남아 있거나 없어짐이 없다는 말이다.

7) 君子之論其可恃 豈金石比耶 : 繳結上一段意 可恃字應前

앞 한 단락의 뜻을 묶어 맺었으니 '可恃'자가 앞글에 호응한다.

8) 善託於君子之論 固不朽 : 轉入本題 盤銘量銘 皆善之託

전환하여 〈여기부터〉 본편으로 들어간다. 욕조에 새기는 것과 量器에 새기는 것은 모두 善을 기탁한 것이다.

9) 惡託於君子之論 亦不朽 : 左氏所載 禮至之銘 惡之託也

≪春秋左氏傳≫에 기록된 禮至의 명문은 惡을 기탁한 것이다.

천하 사람들이 商湯의 浴盤을 보지는 못했어도 '日新'의 銘文을 욀 수 있는 것은 〈그 명문이〉 ≪大學≫에 의탁해 있기 때문이고, 천하 사람들이 周나라의 量器를 보지는 못했어도 '文思'의 명문을 욀 수 있는 것은 〈그 명문이〉 ≪周禮≫에 의탁해 있기 때문이다.

그렇다면 명문을 商湯의 浴盤에 의탁한 것이 도리어 ≪대학≫에 의탁한 것만큼 견고하지 못하고, 명문을 周나라의 量器에 의탁한 것이 도리어 ≪주례≫에 의탁한 것만큼 확고하지 못하다.

군자의 언론을 믿을 수 있는 것이 어찌 쇠나 돌에 비할 바이겠는가. 善行은 군자의 언론에 의탁하여 본래 썩지 않고, 惡行도 군자의 언론에 의탁하여 또한 썩지 않는다.

湯德日新圖

衛禮至行險僥倖[1)]而取其國[2)]코도 恬不知恥[3)]하고 反勒其功於銘하야 以章示後世[4)]하니 人皆以禮至之惡이 因金石而遺臭萬世也[5)]나 抑不知禮至之惡이 雖因金石而傳[6)]이나 不因金石而遠[7)]이라 自今而求禮至之所銘者[8)]컨대 鼎耶아 鍾耶[9)]아 敦(대)耶[10)]아 鉶(형)耶[11)]아 而已滅已沒하니 化爲飛塵하야 蕩爲太虛하야 無絲髮之存矣[12)]라 物不存則銘不存[13)]하고 銘不存則惡不存[14)]이라 然禮至之惡은 播在人口[15)]하야 初不隨物而朽[16)]하니 吾是以知禮至之所以遺臭萬世者[17)]가 非金石也[18)]요 君子之論也[19)]라 使幸而不爲左氏所載면 則銘亡而惡亦亡矣[20)]니 豈至於今日猶爲人詆訶而不已耶[21)]아 見辱於市人[22)]은 越宿而已忘[23)]이어니와 見辱於君子[24)]는 萬世而不泯[25)]이라 君子所以筆誅口伐於華門圭竇之間[26)]하야 而老姦巨猾心喪膽落者[27)]는 恃此權也[28)]라 遇伯樂者는 駑駘之不幸[29)]이요 遇匠石者는 樗櫟之不幸[30)]이요 遇左氏者는 禮至之不幸[31)]이라 向若禮至之事가 偶逃左氏之紀錄이면 其辱亦必有時而止矣니 是擧衛國之嘲哂[32)]이 不如左氏一字之辱也[33)]라

1) 衛禮至行險僥倖：謂兄弟詐求仕於邢[*)]

　형제가 속임수로 邢나라에서 벼슬을 구한 것을 이른다.

*)〔역주〕謂兄弟詐求仕於邢：僖公 24년에, 衛人이 邢나라를 치려 하자 禮至가 말하기를 "邢나라의 守를 잡지 못하면 나라를 얻을 수 없으니, 우리 형제가 邢나라로 가서 벼슬하겠습니다."라고 하고서 邢나라로 가서 벼슬을 얻었다. 守는 邢나라의 正卿 國子(姓이 國인 高官)를 이른다.

2) 而取其國：掖殺國子 而滅其國

　國子의 겨드랑이를 끼고 나와 殺害하고 邢나라를 멸하였다는 말이다.

3) 恬不知恥：不知大惡之可羞恥

　부끄러워할 만한 큰 악행인 줄 모른다는 말이다.

4) 反勒其功於銘 以章示後世：銘見本題註

　銘文은 본편 ≪春秋左氏傳≫ 주에 보인다.

5) 人皆以禮至之惡 因金石而遺臭萬世也：常人之論如此 晉桓溫曰 丈夫不能流芳百世 亦當遺臭萬年

　보통 사람의 의론이 이와 같다는 말이다. 晉나라 桓溫은 "대장부가 아름다운 명성을 百世에 남길 수 없으면, 또한 더러운 이름이라도 만 년토록 남겨야 한다."라고 하였다.

6) 抑不知禮至之惡 雖因金石而傳：雖因所銘之器而傳

'비록 명문이 새겨진 그릇으로 인해 전해지더라도'의 뜻이다.

7) 不因金石而遠 : 銘之於器 雖傳而不能久

그릇에 명문을 새겨 비록 전해지더라도 오래갈 수 없다는 말이다.

8) 自今而求禮至之所銘者 : 左傳但載其銘 而不言其何器

≪春秋左氏傳≫에는 다만 銘文만 기록되어 있고 그 그릇이 어떤 그릇인지는 언급하지 않았다는 말이다.

9) 鼎耶鍾耶 : 或銘於鼎 或銘於鐘

'혹은 鼎에 새겼을까? 혹은 鐘에 새겼을까?'의 뜻이다.

10) 敦(대)耶 : 敦 音對 禮器也

敦의 음은 '對'이니 禮器이다.

11) 鉶(형)耶 : 鉶 音邢 鉶 羹之鼎也 或銘於敦 或銘於鉶

鉶의 음은 '邢'이니 鉶은 국을 끓이는 솥이다. '혹은 敦에 새겼을까? 혹은 鉶에 새겼을까?'의 뜻이다.

12) 自今而求禮至之所銘者……無絲髮之存矣 : 禮至所銘 雖不知爲器 然其器已泯滅久

禮至가 새긴 데가 비록 어느 그릇인지는 모르겠으나 그 그릇이 이미 없어진 지 오래되었다는 말이다.

13) 物不存則銘不存 : 器所以載其銘

그릇은 그 명문을 싣고 있기 때문이다.

14) 銘不存則惡不存 : 銘所以著其惡

명문이 그 악을 드러내기 때문이다.

15) 然禮至之惡 播在人口 : 萬世之下 人皆譏笑

만 세대가 흘렀으나 사람들이 모두 비난하고 비웃는다는 말이다.

16) 初不隨物而朽 : 器已朽而惡不朽

그릇은 이미 썩어 없어졌으나, 惡行은 썩어 없어지지 않는다는 말이다.

17) 吾是以知禮至之所以遺臭萬世者 : 應前

앞글에 호응한다.

18) 非金石也 : 非因所銘之器而傳

새긴 그릇으로 인해 전해지는 것이 아니라는 말이다.

19) 君子之論也 : 實因左氏之書 傳之而不朽也

실제로 左氏의 기록으로 인하여 전해져서 썩어 없어지지 않았다는 말이다.

20) 使幸而不爲左氏所載 則銘亡而惡亦亡矣 : 發明主意極明

主意를 밝힌 것이 매우 분명하다.

21) 豈至於今日猶爲人詆訶而不已耶：詆訶 排斥也
'詆訶'는 배척한다는 뜻이다.

22) 見辱於市人：譬如爲市井人所辱
비유하자면 市井의 사람에게 욕을 받는 것과 같다는 말이다.

23) 越宿而已忘：人不傳其事故也
사람들이 그 일을 전하지 않기 때문이다.

24) 見辱於君子：若君子取人惡事 而筆之於書
군자의 경우는 사람의 악한 사실을 찾아 그것을 서적에 쓴다는 말이다.

25) 萬世而不泯：以其書愈久而愈傳也
서적은 오래될수록 더 전해진다는 말이다.

26) 君子所以筆誅口伐於篳門圭竇之間：篳門 以竹爲門也 圭竇 穿墻穴以出入 其銳如圭之首也 此貧賤者之所居也 筆誅口伐 謂以筆削議論紀錄人之罪惡也
篳門은 댓가지를 엮어 만든 문이다. 圭竇는 담에 구멍을 뚫어 출입하는 곳인데 뾰족한 모양이 홀의 머리 부분 같으니 이는 빈천한 자들이 사는 곳이다. '筆誅口伐'은 다른 사람의 罪惡을 의론하여 筆削하고 기록하는 것이다.

27) 而老姦巨猾心喪膽落者：如孔子作春秋而亂臣賊子懼
孔子가 ≪春秋≫를 짓자 亂臣賊子가 두려워한 것과 같은 것이다.

28) 恃此權也：以筆削之嚴 雖無權 猶有權也
筆削을 엄중하게 하니 비록 권한이 없더라도 권한이 있는 것과 같다는 말이다.

29) 遇伯樂者 駑駘之不幸：伯樂識馬 故無才之馬 遇之爲不幸
伯樂이 말의 재주를 알아보았기 때문에 재주 없는 말이 그를 만나는 것은 불행이라는 말이다.

30) 遇匠石者 樗櫟之不幸：匠石識木 故不材之木 遇之爲不幸
匠石이 재목을 알아보았기 때문에 재목이 아닌 나무가 그를 만나는 것은 불행이라는 말이다.

31) 遇左氏者 禮至之不幸：禮至不幸而遇左氏 遭其紀錄 而惡不泯
禮至는 불행하게도 左氏를 만나 기록을 당해서 惡이 없어지지 않았다는 말이다.

32) 是擧衛國之嘲哂：嘲 罵也 哂 笑也
'嘲'는 욕하는 것이고, '哂'은 비웃음이다.

33) 不如左氏一字之辱也：嘲哂 見於一時 左氏傳於萬世
욕과 비웃음은 한때에 받는 것이지만 左氏의 기록은 만세토록 전해지는 것이다.

衛나라 禮至는 위험한 것을 행하면서 요행을 바라 남의 나라를 취하고도 뻔뻔스럽게 부끄러운 줄을 모르고 도리어 그 功을 銘文에 새겨 후세에 밝게 보였으니, 사람들은 모두 禮至의 악행이 쇠나 돌로 인해 더러운 이름이 千秋에 남게 되었다고 하였다. 그러나 이는 禮至의 악행이 쇠나 돌로 인하여 전해졌으나 쇠나 돌로 인하여 오래 전해지지 못할 것임을 모른 것이다.

이제 禮至가 명문을 새긴 기물을 추구해보면 鼎일까? 鍾일까? 敦일까? 鋓일까? 〈무엇이 되었건〉 이미 다 없어졌으니 먼지가 되어 드넓은 허공에 날아다녀 한 올의 머리터럭만큼도 남아 있는 것이 없다. 물건이 남아 있지 않으면 명문도 존재하지 않고, 명문이 존재하지 않으면 악명도 존재하지 않는다.

그러나 禮至의 악행은 사람들의 입에 전파되어 애당초 물건에 따라 썩지 않았으니, 나는 이로 인해 禮至가 더러운 이름을 천추에 남기게 된 것은 쇠나 돌 때문이 아니고, 君子의 언론 때문임을 알았다. 가령 요행히 ≪春秋左氏傳≫에 기록되지 않았다면, 명문이 없어져 악명도 없어졌을 것이니, 어찌 오히려 지금까지 사람들이 비난해 마지않겠는가?

저자 사람들에게 당한 모욕은 하룻밤을 지나면 잊히지만, 군자에게 당한 모욕은 만세토록 없어지지 않는다. 군자가 벽을 뚫어 문을 낸 오두막의 방에 앉아서 문자와 언어로써 誅伐하여 크게 간악하고 교활한 자들의 간담을 서늘하게 하는 것은, 이 권한을 믿기 때문이다.

伯樂을 만난 것은 노둔한 말의 불행이고, 匠石을 만난 것은 가죽나무의 불행이며, 左氏를 만난 것은 禮至의 불행이다. 그때 만약 禮至의 일이 우연히 左氏의 기록을 피했다면 그의 치욕 또한 반드시 그칠 때가 있었을 것이다. 이는 온 衛나라 사람들이 비웃은 것이 左氏가 한 글자로 모욕한 것만 못하다는 것이다.

禮至之辱[1)]은 **雖他人爲之汗顔**泚(체)**顙**[2)]이나 **然至曷嘗自以爲辱哉**[3)]아 **想其顯書深刻之時**[4)]에 **未必不願君子之紀錄也**[5)]라 **以辱爲榮**하야 **其無愧而不知恥**[6)]하니 **盖不足多**(矣)〔**責**〕[7)8)]이라 **吾切怪戰國秦漢以來**[9)]로 **用兵者反覆狙詐**[10)]가 **大率皆禮至之比**[11)]로되 **不特其人自矜其功**[12)]이요 **而作史者亦從而咨**(羡)〔**美**〕[13)]**頌嘆之**하야 **以誇示來世**[14)]하니라 **甚矣**라 **風俗之日薄也**[15)]여 **春秋之時**에 **有一禮至**[16)]로되 **人固已指爲異**[17)]하야 **特書之以爲笑端**[18)]하니 **孰知後世爲禮至者**가 **將千百而未已耶**[19)]아 **又孰知**

後世執筆而記之者도 **亦禮至之徒耶**[20)]아 **甚矣**라 **風俗之日薄也**[21)]여

1) 禮至之辱：承上文辱字說
   윗글의 '辱'자를 이은 말이다.
2) 雖他人爲之汗顔泚(체)顙：泚 亦汗也 顙 額也 言他人代禮至惶恐也
   '泚'도 땀의 뜻이다. 顙은 이마이니, 다른 사람이 禮至를 대신하여 두려워한다는 말이다.
3) 然至曷嘗自以爲辱哉：轉一意 言禮至之無恥
   또 다른 뜻으로 전환하여 禮至에게 부끄러워하는 마음이 없음을 말하였다.
4) 想其顯書深刻之時：明書掖殺國子之事 深刻其銘於器
   國子의 겨드랑이를 끼고 나와 죽인 일을 분명하게 쓰고, 그릇에 그 명문을 깊게 새긴 때를 이른다.
5) 未必不願君子之紀錄也：他人以爲惡 而禮至以爲功故也 發出禮至心術
   다른 사람은 악행이라고 여겼으나 禮至는 功이라고 여겼기 때문이다. 여기에서 禮至의 마음 씀을 드러냈다.
6) 以辱爲榮 其無愧而不知恥：用莊子句
   ≪莊子≫ 〈在宥〉의 구절을 인용하였다.
7) 〔역주〕(矣)〔責〕: 저본에는 '矣'로 되어 있으나, 四庫全書本과 三民書局本에 의거하여 '責'으로 바로잡았다.
8) 盖不足多(矣)〔責〕：轉生下意
   전환하여 아랫글의 뜻을 제기하였다.
9) 吾切怪戰國秦漢以來：春秋之後
   春秋 이후를 이른다.
10) 用兵者反覆狙詐：皆以詭計戕人滅國
   모두 속임수로 남을 해치고 남의 나라를 멸하였다는 말이다.
11) 大率皆禮至之比：如禮至者 不但一人
   禮至 같은 자가 한둘이 아니라는 말이다.
12) 不特其人自矜其功：亦如禮至爲銘之意
   이 또한 禮至가 명문을 새긴 뜻과 같다.
13) 〔역주〕(羨)〔美〕: 저본에는 '羨'으로 되어 있으나, 四庫全書本과 三民書局本에 의거하여 '美'로 바로잡았다.
14) 而作史者亦從而咨(羨)〔美〕頌嘆之 以誇示來世：左氏以禮至爲惡而譏之 後世作史者 反以此等爲功而美之
   左氏는 禮至가 악행을 하였다고 기롱하였는데, 後世의 史家들은 도리어 이런 것을 功으

로 여겨 찬미한다는 말이다.

15) 甚矣 風俗之日薄也 : 感嘆人心不古 而風俗薄惡

人心이 옛날만 못해 풍속이 야박하고 나쁘게 됨을 느껴 탄식하는 말이다.

16) 春秋之時 有一禮至 : 僅有一人 如此無恥

겨우 禮至 한 사람만이 이처럼 부끄럼이 없었다는 말이다.

17) 人固已指爲異 : 時人以爲可怪之事

당시 사람들은 괴이할 만한 일이라고 여겼다.

18) 特書之以爲笑端 : 左氏直書其惡 使觀書者 付之一笑

左氏는 다만 그 惡을 기록하여 기록을 보는 자에게 한번 웃음거리를 주었을 뿐이라는 말이다.

19) 孰知後世爲禮至者 將千百而未已耶 : 豈知後世效禮至所爲者 萬無窮也

후세에 禮至의 행동을 본받은 자가 만년토록 무궁하리라는 것을 어찌 알았겠느냐는 말이다.

20) 又孰知後世執筆而記之者 亦禮至之徒耶 : 豈知後世作史者 誇美此等惡事 其心術蓋與禮至一也

후세에 史家가 이러한 악행의 일을 자랑하고 찬미하여 그 마음 씀이 禮至와 한가지일 줄을 어찌 알았겠느냐는 말이다.

21) 甚矣 風俗之日薄也 : 重言之 以寓感慨不已之意

거듭 말하여 끝없이 개탄하는 뜻을 부쳤다.

禮至의 치욕은 비록 다른 사람들도 그를 위해 얼굴에 식은땀을 흘렸으나, 禮至는 언제 스스로 치욕으로 여긴 적이 있었던가? 생각건대 〈國子를 끼고 나와 죽인 일을〉 분명하게 쓰고 〈그릇에 銘文을〉 깊게 새길 때에 군자가 기록해주기를 바라지 않은 것이 아닐 것이다. 그는 치욕을 영광으로 여겨 부끄러움이 없고 치욕을 모른 것이니 크게 꾸짖을 가치도 없다.

나는 戰國시대와 秦나라·漢나라 이래로 군대를 부린 자가 이랬다저랬다 종잡을 수 없고 온갖 속임수를 쓴 것이 대체로 모두 禮至와 흡사한데도 그런 사람이 스스로 자기의 공을 자랑할 뿐만 아니라, 史家들도 따라서 찬미하고 감탄하여 후세 사람들에게 과시한 것을 매우 괴이하게 여겼다. 심하도다. 풍속이 나날이 경박해짐이여!

春秋 때에는 한 명의 禮至가 있었으나 사람들은 이미 괴이하다고 지적하여 특별히 기록하여 웃음거리로 삼았으니, 누가 알았으랴! 후세에 禮至 같은 자가 천 명 백 명에서 그치지 않을 줄을. 또 누가 알았으랴! 후세에 붓을 잡고 기록하는 자도 禮至 같은

무리일 줄을. 심하도다. 풍속이 나날이 경박해짐이여!

抑吾有所深懼焉이로라 **讀左氏之書者**는 **夫人而能笑禮至之妄也**나 **戰國秦漢以來爲將者**는 **其視禮至相去幾何**아 **然史之所載**가 **閎麗雄偉**하야 **可喜可愕**하니 **讀史者奪於其辭**하고 **而眩於其實**하야 **未必不快然慕之矣**라 **同是事也**로되 **讀左氏之書**면 **則隨左氏而輕之**하고 **讀後世之史**면 **則隨史官而重之**하니 **吾心之眞輕重安在耶**아 **今日之游於書**와 **他日之游於書**가 **一也**로되 **游衆正之間**이면 **則見貪冒者賤之而不爲**하고 **游衆邪之間**이면 **則見貪冒者慕之而欲爲**라 **人正亦正**하고 **人邪亦邪**라 **正者難見**하고 **而邪者易**(이) **逢**하니 **終必爲小人之歸而已矣**라 **吁**라 **可畏哉**ㄴ저

또 나는 깊이 두려워하는 바가 있다. ≪春秋左氏傳≫을 읽는 자는 평범한 사람도 禮至의 망령된 행동을 비웃었는데, 戰國시대와 秦나라・漢나라 이래로는 장수가 된 자들을 禮至와 비교해보건대 그 차이가 얼마나 되겠는가?

그런데 史書에 기록된 것이 화려하고 웅장하여 기뻐할 만하고 경악할 만하니, 역사서를 읽는 자들은 그 文辭에 정신을 빼앗기고 그 내용에 눈이 어지러워 흔쾌히 사모하지 않는 자가 없다. 동일한 일인데도 ≪春秋左氏傳≫을 읽으면 左氏를 따라 그를 경시하고, 후세 史書를 읽으면 후대의 史官을 따라 그를 중시하니, 내 마음의 진정한 輕重은 어디에 있는가?

오늘 서책에 노니는 것과 후일에 서책에 노니는 것이 한가지이다. 그런데 바른 무리 사이에서 노닐면 탐욕스런 자를 보고 천하게 여겨 그런 일을 하지 않고, 간사한 무리 사이에 노닐면 탐욕스런 자를 보고 사모하여 그런 일을 하고자 한다. 주변 사람이 바르면 자기도 바르고, 주변 사람이 간사하면 자기도 간사하게 된다. 바른 자는 만나기 어렵고 간사한 자는 만나기 쉬우니, 끝내 반드시 小人이 되고 말 것이다. 아! 두렵도다.

14-04 晉文請隧 啓南陽 圍陽樊 圍原 問守原 晉 文公이 隧葬을 청하다, 南陽으로 영토를 開拓하다, 陽樊을 포위하다, 原을 포위하다, 原을 지킬 만한 관리를 묻다

【左傳】 僖二十五年이라 晉侯辭秦師而下[1)]하야 三月甲辰에 次于陽樊[2)]하야 右師圍

溫[3]하고 左師逆王하다 四月丁巳에 王入于王城하야 取太叔于溫하야 殺之于隰城[4]하다 戊午에 晉侯朝王하니 王享醴하고 命之宥[5]하다 請隧어늘 弗許[6] 曰 王章也[7]니 未有代德而有二王은 亦叔父之所惡(오)也[8]라 與之陽樊溫原欑茅之田하니 晉於是에 始啓南陽[9]하다 陽樊不服이어늘 圍之한대 倉葛[10]呼 曰 德以柔中國하고 刑以威四夷니 宜吾不敢服也라 此誰非王之親姻이완대 其俘之也[11]오 乃出其民[1)2)]하다

1) 〔역주〕 晉侯辭秦師而下 : 秦軍에게 사양하여 돌려보내고서(王을 들여보낸 공을 독차지하기 위해서이다.) 물을 따라 내려갔기 때문에 '下'라고 한 것이다.〈杜注〉

2) 〔역주〕 次于陽樊 : 晉軍이 周나라 땅 陽樊에 주둔한 것이다.〈附注〉

3) 〔역주〕 右師圍溫 : 太叔이 溫에 있기 때문이다. 太叔은 王子 帶이다.〈杜注〉

4) 〔역주〕 殺之于隰城 : 晉人이 죽인 것이다.〈附注〉

5) 〔역주〕 王享醴 命之宥 : 享禮는 使臣이 朝聘한 나라의 임금에게 禮物을 進獻하는 儀式을 이른다. 享禮를 거행한 뒤에 단술을 접대하고 또 추가로 幣帛을 내려 기쁨을 도운 것이다. 宥는 돕는 것이다.〈杜注〉

6) 〔역주〕 請隧 弗許 : 땅에 굴을 파서 通路를 만드는 것을 '隧'라 하는데 이는 王의 葬禮이다. 諸侯는 모두 靈柩를 밧줄에 매달아 下棺한다.〈杜注〉 천자의 장례에는 棺이 크고 무겁기 때문에 멀리에서 壙까지 비스듬히 굴을 파서 통로를 만든 뒤에 그 통로를 이용해 관을 壙으로 밀어 넣는다.

7) 〔역주〕 王章也 : 王의 典章은 諸侯와 다르다는 것을 드러낸 것이다.

8) 〔역주〕 未有代德而有二王 亦叔父之所惡(오)也 : 周나라의 덕이 비록 쇠하였으나, 천하에 아직 周나라의 덕을 대신할 자가 나오지 않았는데, 晉侯가 天子의 禮를 사용하고자 한다면 이는 두 王이 있는 것이 된다. 천하에 두 왕이 있는 것은 諸侯들이 싫어할 뿐만이 아니라 晉侯 스스로도 싫어할 것이라는 말이다.〈附注〉

9) 〔역주〕 始啓南陽 : 晉나라의 山南水北에 있기 때문에 '南陽'이라 한 것이다.〈杜注〉

10) 〔역주〕 倉葛 : 陽樊人이다.〈杜注〉

11) 〔역주〕 此誰非王之親姻 其俘之也 : 이곳에 사는 자 중에 王室의 親戚과 姻戚이 아닌 자가 누가 있느냐. 그런데 어째서 우리를 잡아 포로로 삼으려 하느냐는 말이다.〈附注〉

12) 〔역주〕 乃出其民 : 晉侯가 倉葛의 말을 듣고는 억지로 취할 수 없다는 것을 알고서 陽樊의 주민들을 이주시키고 그 땅만을 취했을 뿐이다.〈附注〉

僖公 25년, 晉侯가 秦軍에게 사양하고서 물길을 따라 내려갔다. 3월 甲辰日에 陽樊

에 주둔하여 右軍은 溫을 포위하고 左軍은 王을 맞이해 들였다.

여름 4월 丁巳日에 王이 王城으로 들어가서 太叔을 溫에서 잡아 隰城에서 죽였다. 戊午日에 晉侯가 王께 朝見하니 王이 단술을 접대하고 宥를 命하였다. 文公이 隧葬을 청하자, 王은 허락하지 않으며 말하기를 "이는 王의 典章(制度)이다. 周나라의 德을 대신할 자가 나타나지도 않았는데 두 王이 있는 것은 叔父도 싫어할 것이다."라고 하고서, 陽樊・溫・原・欑茅 등의 땅을 주니, 晉나라가 이때부터 비로소 南陽으로 영토를 開拓(擴張)하였다.

陽樊人이 복종하지 않자 晉軍이 포위하니, 倉葛이 고함쳐 말하기를 "德으로 中國을 懷柔하고 刑罰로 四夷를 威脅하는 것인데, 〈우리를 무력으로 위협하니〉 우리가 복종하지 않는 것은 당연하다. 이곳의 주민 중에 王의 親戚이 아닌 자가 누가 있기에 우리를 포로로 잡으려고 하는가?"라고 하였다. 이에 晉侯는 그곳의 백성을 축출하였다.

冬에 晉侯圍原할새 命三日之糧이러니 原不降이어늘 命去之하다 諜出曰 原將降矣라하니 軍吏曰 請待之하소서 公曰 信은 國之寶也요 民之所庇也니 得原失信이면 何以庇之리오 所亡滋多[1]라하고 退一舍而原降하다 遷原伯貫于冀하고 趙衰爲原大夫하다 晉侯가 問原守於寺人勃鞮[2]한대 對曰 昔趙衰以壺飧從徑에 餒而弗食[3]이니이다 故使處原[4]하다

1) 〔역주〕 得原失信……所亡滋多 : 原을 얻는 것은 얻는 것이 적고, 信을 잃는 것은 잃는 것이 많다는 말이다.〈附注〉
2) 〔역주〕 勃鞮 : 寺人 披이다.〈杜注〉
3) 〔역주〕 昔趙衰以壺飧從徑 餒而弗食 : 飧은 餔(저녁밥)인데 물에 말은 밥이다. 趙衰가 전에 병에 밥을 담아 가지고서 떠도는 文公을 따라다닐 때 아무리 배가 고파도 감히 먹지 않았다는 말이다.〈附注〉
4) 〔역주〕 故使處原 : 披의 말을 따른 것이다. 趙衰는 大功이 있었지만 오히려 작은 善行으로 拔擢한 것은 작은 功勞도 잊지 않는다는 것을 보인 것이다.〈杜注〉

겨울에 晉侯가 原을 포위할 때에 사흘 치의 식량만 가지고 가도록 명하였더니 〈사흘이 되어도〉 原人이 항복하지 않자 晉侯는 撤軍을 명하였다. 〈이때 原에 잠입했던〉 諜者가 나와서 "原人이 항복하려 합니다."라고 하니, 軍吏가 "〈저들의 항복을〉 기다리소서."라고 하였다. 文公이 말하기를 "信은 나라의 보배로 백성들이 庇

護(保護)받는 것인데, 原을 얻는다 하더라도 信을 잃는다면 무엇으로 백성을 비호하겠는가? 잃는 것이 더욱 많을 것이다."라고 하고서 1舍를 물러나니 原人이 항복하였다.

晉侯는 原伯 貫을 冀(晉나라 땅)로 옮기고서 趙衰를 原大夫로 삼았다. 晉侯가 寺人 勃鞮에게 原을 지킬 만한 관리를 물으니, 그가 대답하기를 "전에 趙衰가 壺飧을 가지고 主君을 從行할 때 아무리 배가 고파도 먹지 않았습니다."라고 하였다. 그래서 〈그를 原의 大夫로 삼아〉 原에 거처하게 하였다.

【主意】 謂形勢猶身也요 德猶氣也니 未有身不存而氣能獨存者라 婁敬謂周之衰는 非德之薄이요 乃形勢之弱이라하니 固爲妄論이라 而襄王不許晉文之請隧하고 寧割地以與之하니 意謂可恃者在德이요 而不在形勢면 則是不能守身而徒欲守氣니 無是理也라 此篇議論精當하야 可以破在德不在險之說[1)]이라

1) 〔역주〕 在德不在險之說 : 전국시대 魏 武侯가 西河에서 배를 타고 내려가다가 吳起에게 '山河의 견고함이 魏나라의 보배'라고 하자, 吳起가 "나라를 보존하는 것은 德에 달려 있고 험한 지형에 달려 있지 않으니〔在德不在險〕, 만약 군주께서 德을 닦지 않으시면 이 배 안에 있는 사람들이 모두 敵國이 될 것입니다."라고 하였다.(≪史記≫ 권65 〈吳起列傳〉)

이 글에서 말하였다. "形勢는 몸과 같고 德은 기운과 같으니, 몸이 존재하지 않고서 기운만 홀로 존재할 수 있는 경우는 없다. 婁敬은 '周나라가 쇠퇴한 것은 德이 박해서가 아니라 곧 형세가 약했기 때문이다.'라고 하였으니 진실로 망령된 말이다. 襄王은 晉 文公이 隧道를 청한 것을 허락하지 않고 차라리 땅을 할애해주었으니, 그의 생각에 '믿을 수 있는 것은 德에 있고 형세에 있지 않다.'고 여긴 것이다. 그렇다면 이는 몸은 지키지 못하면서 한갓 기운만을 지키고자 한 것이니 이런 이치는 없다."

이 篇의 의론이 정밀하고 합당하여 '〈나라를 보존하는 것은〉 德에 달려 있고 험한 지형에 달려 있지 않다는 말'을 깨뜨릴 수 있다.

言周秦之强弱者는 必歸之形勢[1)]하니 其說蓋始於婁敬[2)]이라 敬之言曰 周公營成周[3)]都雒[4)]은 以爲有德易(이)以興하고 無德易以亡[5)]이니 不欲阻險令後世驕奢以虐民

也[6]라 及周之衰하야 天下莫朝[7]로되 周不能制[8]하니 非德薄[9]이요 形勢弱也[10]라 秦地被山帶河[11]하야 四塞以爲固[12]하니 此所謂天府[13]라 論周秦之形勢者는 皆宗於敬[14]이나 吾獨謂敬所見者는 特平王之周耳[15]라 曷嘗見文武成康之周哉[16]아 敬以周之形勢爲弱하고 秦之形勢爲强하니 抑不知敬之所謂秦乃文武成康之周也[17]라 文武成康之世에 岐豐乃周之都[18]니 如敬之言被山帶河四塞以爲固者[19]는 盖皆周之形勢라 當是時하야 安得有所謂秦者耶[20]아

1) 言周秦之强弱者 必歸之形勢：周衰由形勢之弱 秦盛由形勢之强
 周나라가 쇠퇴함은 형세가 약함으로 말미암았고, 秦나라의 번성함은 형세가 강함으로 말미암았다는 말이다.

2) 其說盖始於婁敬：婁敬 漢高祖時人
 婁敬은 漢 高祖 때의 사람이다.

3) 周公營成周：昔周公經營遷都之地
 〈成周는〉 옛날 周公이 경영하여 천도한 지역이다.

4) 都雒：與洛同 定都洛邑 今東京洛關是也
 〈'雒'은〉 '洛'과 같으니 洛邑으로 도읍을 정한 것이다. 지금의 東京 洛關이 이곳이다.

5) 以爲有德易(이)以興 無德易以亡：此一句 婁敬所引周公營洛之議
 이 한 구절은 婁敬이, 周公이 낙읍을 경영할 때 했던 말을 인용한 것이다.

6) 不欲阻險令後世驕奢以虐民也：此婁敬釋上二句意 謂洛無險阻 使子孫畏懼而修德恤民
 이는 婁敬이 위 두 구절의 뜻을 해석한 것이니, 낙읍은 험고한 지형이 없어서 자손으로 하여금 두려워해서 덕을 닦고 백성을 구휼하게 한다는 것을 이른다.

7) 及周之衰 天下莫朝：諸侯不復朝周
 제후가 더 이상 周나라에 조회 오지 않았다는 말이다.

8) 周不能制：不能制諸侯
 제후를 제재할 수 없었다는 말이다.

9) 非德薄：非是周之無德
 周나라가 덕이 없어서가 아니라는 말이다.

10) 形勢弱也：由洛邑無險阻故也
 洛邑에 험고한 지형이 없기 때문이라는 말이다.

11) 秦地被山帶河：秦都關中 有山河之險
 秦나라의 도성인 關中은 山河의 험고함이 있다는 말이다.

12) 四塞以爲固：四面阨塞以爲險固

사면의 요새를 험고한 지형으로 삼는다는 말이다.

13) 此所謂天府：以其勢如登天 故號天府 婁敬之言止此

그 형세가 하늘에 오르는 것 같기 때문에 '하늘이 낸 창고〔天府〕'라고 부른다. 婁敬의 말은 여기까지이다.

14) 論周秦之形勢者 皆宗於敬：後世論者 以敬之言爲主 下文乃貶敬之言誤

후세에 의론하는 자들은 婁敬의 말을 종주로 삼는다는 말이다. 아래 글에서는 곧 누경의 말이 잘못되었음을 폄하하였다.

15) 吾獨謂敬所見者 特平王之周耳：婁敬不知平王東遷之後 始居洛邑

婁敬은 平王이 동쪽으로 천도한 뒤에야 비로소 洛邑에 산 것임을 몰랐다는 말이다.

16) 曷嘗見文武成康之周哉：文王都豐 武王都鎬 成王雖營洛邑 第於此受諸侯朝會 復歸于豐 未嘗居洛邑也

文王은 豐에 도읍하였고 武王은 鎬에 도읍하였으며 成王은 비록 洛邑을 경영하였으나, 다만 洛邑에서는 제후들의 조회만 받고 다시 豐으로 돌아갔으니, 洛邑에 거주한 적이 없었다는 말이다.

17) 抑不知敬之所謂秦乃文武成康之周也：見婁敬之說誤

누경의 말이 잘못되었음을 나타낸 것이다.

18) 文武成康之世 岐豐乃周之都：其地正在關中

그 지역이 바로 關中에 해당한다는 말이다.

19) 如敬之言被山帶河四塞以爲固者：亦指關中而言

또한 關中을 가리켜 말한 것이다.

20) 當是時 安得有所謂秦者耶：秦西戎之裔 當時未得關中之地

秦나라는 西戎의 후예이니 당시에는 關中의 땅을 차지하지 못했다는 말이다.

周나라와 秦나라의 强弱을 말하는 자들은 그 원인을 반드시 형세로 돌리니, 이런 논리는 婁敬으로부터 비롯하였다. 婁敬은 이렇게 말하였다.

"周公이 成周를 경영하여 雒邑에 도읍한 것은, 덕이 있으면 흥성하기 쉽고 덕이 없으면 패망하기 쉬우니, 험고한 곳을 〈도읍으로 정하여〉 후세(후손)가 지형을 믿고 교만하고 사치하여 백성을 학대하는 일이 없기를 바라서이다. 그러나 周나라가 쇠미해지자 천하의 제후들은 누구도 조회 오지 않았으나 周나라는 그들을 제재할 수 없었으니, 이는 덕이 박해서가 아니라 형세가 약해서이다. 秦나라 지역은 높은 산이 에워싸고 강하가 띠처럼 둘러 있어 사방이 요새여서 견고하니 이것이 이른바 '天府'이다."

周나라와 秦나라의 형세를 논하는 자들은 모두 婁敬의 설을 종지로 여기지만 나는 홀로 아래와 같이 생각한다.

'婁敬이 본 것은 平王의 周나라일 뿐이니 어찌 일찍이 文王·武王·成王·康王의 주나라를 보았겠는가?'

婁敬은, 周나라는 형세가 약하고 秦나라는 형세가 강하다고 하였으니, 이는 婁敬이 말한 秦나라가 바로 文王·武王·成王·康王 때의 周나라라는 것을 모른 것이다. 文王·武王·成王·康王 때에 岐와 豐은 바로 周나라의 도읍이었으니, 婁敬이 말한 '산이 에워싸고 강하가 띠처럼 둘러 있어 사방이 요새여서 견고하다.'는 것은 모두 周나라의 형세를 이른 것이다. 당시에 어찌 이른바 '秦나라'라는 것이 있었겠는가?

周公 旦

迨至平王東遷[1]하야 **輕捐岐豐之地以封秦**[2]하야 **遂成秦之强**[3]하니 **是秦非能自强也**요 **得周之形勢而强也**[4]라 **秦得周之形勢**하야 **以無道行之**[5]로되 **猶足以雄視諸侯**[6]하고 **幷吞天下**[7]온 **況文武成康**[8]은 **本之以盛德**[9]하고 **輔之以形勢**[10]하니 **其孰能禦之耶**[11]아 **是天下形勢之强者**가 **莫周若也**[12]어늘 **敬何所見而遽以弱名周耶**[13]아 **吾故曰 敬所見者**는 **平王之周**요 **而未見文武成康之周也**라호라 **敬論周之形勢旣謬**[14]하고 **其論周之德益謬**[15]로다

1) 迨至平王東遷：因犬戎之亂 東遷于洛

犬戎의 난리로 인하여 洛邑으로 東遷한 것을 이른다.

2) 輕捐岐豐之地以封秦：以文武成康之都 畀之秦國

文王・武王・成王・康王의 도읍지를 秦나라에 주었다는 말이다.

3) 遂成秦之强 : 秦自是始强

秦나라는 이때부터 비로소 강해졌다는 말이다.

4) 是秦非能自强也 得周之形勢而强也 : 辨論分曉

변론이 분명하다

5) 秦得周之形勢 以無道行之 : 恃形勢而恣爲無道

형세를 믿고 멋대로 무도한 짓을 했다는 말이다.

6) 猶足以雄視諸侯 : 遂爲諸侯之雄

마침내 제후의 영웅이 되었다는 말이다

7) 幷呑天下 : 幷呑六國而有天下

6국(齊, 楚, 燕, 韓, 趙, 魏)을 병탄하여 천하를 소유했다는 말이다.

8) 況文武成康 : 何況周之四君有道

'하물며 周나라의 네 분 임금은 도가 있으니'의 뜻이다.

9) 本之以盛德 : 有德以爲之氣

유덕함으로 기운을 삼은 것이다.

10) 輔之以形勢 : 有形勢以爲之身體

형세로 신체를 삼은 것이다.

11) 其孰能禦之耶 : 此所以爲成周之盛

이것이 成周가 번성한 이유이다.

12) 是天下形勢之强者 莫周若也 : 周雖有德 何嘗不藉形勢

'周나라가 비록 유덕하기는 하나 어찌 형세에 의지하지 않았겠느냐.'는 말이다.

13) 敬何所見而遽以弱名周耶 : 婁敬謂周形勢弱者誤矣

婁敬이 周나라의 形勢가 약하다고 한 것은 잘못이라는 말이다.

14) 敬論周之形勢旣謬 : 謬 誤 如前所云

謬는 '잘못〔誤〕'의 뜻이니, 앞에서 말한 것과 같다.

15) 其論周之德益謬 : 如後所云

뒤에 말하는 바와 같다.

平王이 東遷함에 미처 岐・豐의 땅을 가볍게 떼어 秦나라를 봉해주었다. 그리하여 마침내 秦나라가 强國이 되게 하였으니 이는 秦나라가 스스로 강국이 된 것이 아니라 周나라의 형세를 얻어서 강국이 된 것이다. 秦나라는 周나라의 형세를 얻은 뒤에 무도한 정치를 하였으되 오히려 제후를 압도하고 천하를 병탄하기에 충분하였는데, 하물며 文王・武王・成王・康王은 성대한 덕을 근본으로 삼고 형세를 보조로 삼았으니 그 누가 막을 수 있었겠는가?

천하에 형세가 강한 나라로는 周나라만 한 나라가 없었는데 婁敬은 무슨 소견으로 갑자기 周나라를 弱國으로 명칭하였는가? 나는 이로 인해 "婁敬이 본 것은 平王 때의 周나라이고 文王・武王・成王・康王 때의 周나라는 보지 못했다."고 한 것이다. 婁敬이 周나라의 형세를 논한 것이 이미 틀렸고, 그가 周나라의 德을 논한 것은 더욱 틀렸다.

形勢與德이 **夫豈二物**[1)]이리오 **形勢**는 **猶身也**요 **德**은 **猶氣也**[2)]니 **人未有恃氣之充**하고 **而置身於易**(이)**死之地者**요 **亦未有恃德之盛**하고 **而置國於易亡之地者**[3)]라 **王者之興**엔 **其德必有以先天下**하고 **其形勢亦必有以先天下**[4)]하니 **文武成康之德**은 **天下莫如也**[5)]요 **岐豐伊雒之形勢**는 **天下亦莫如也**[6)]라 **兩盡其極**하야 **而未嘗有所隆殺**(쇄)**也**라 **君子無所不用其極者**니 **隆其德而殺其形勢**[7)]면 **是有時而不用其極矣**니 **烏得爲王者之道耶**[8)]아 **陋矣哉**라 **敬之論也**[9)]여

1) 形勢與德 夫豈二物：二者相依而存

두 가지는 서로 의지하여 존재한다는 말이다.

2) 形勢猶身也 德猶氣也：無氣則身亡 無身則氣散

기운이 없으면 몸이 죽고, 몸이 없으면 기운이 흩어진다는 말이다.

3) 亦未有恃德之盛 而置國於易亡之地者：必有德以守其形勢 必有形勢以用其德 後世所謂在德不在險者 盖一偏之論也

반드시 덕이 있어야 험고한 형세를 지킬 수 있고, 반드시 험고한 형세가 있어야 그 덕을 쓸 수 있으니, 후세에서 이른바 〈나라를 보존하는 것은〉 德에 달려 있고 험고한 지형에 달려 있는 것이 아니라는 것은 대체로 한쪽으로 치우친 논리라는 말이다.

4) 王者之興……其形勢亦必有以先天下：二者皆不可無

두 가지는 모두 없어서는 안 된다는 말이다.

5) 文武成康之德 天下莫如也：此德之先天下

이분들의 덕이 천하에 으뜸이라는 말이다.

6) 岐豐伊雒之形勢 天下亦莫如也：此形勢之先天下

이 지역의 형세가 천하에 으뜸이라는 말이다.

7) 隆其德而殺其形勢：如婁敬所謂營洛之議是

婁敬이 말한 洛邑을 경영함에 대한 의론과 같은 것이 여기에 해당한다.

8) 烏得爲王者之道耶：王者豈恃德之盛而置國於易亡之地

'王者가 어찌 덕의 번성함만을 믿고 망하기 쉬운 지형에 나라를 둘 수 있겠느냐.'는 말이다.

9) 陋矣哉 敬之論也：以上皆責婁敬之謬論

이상의 글은 모두 婁敬의 잘못된 의론을 책망한 것이다.

形勢와 德이 어찌 서로 다른 두 가지 일이겠는가? 형세는 몸과 같고 德은 기운과 같으니, 기운이 충만함을 믿고서 몸을 죽기 쉬운 곳에 두는 사람은 없고, 덕이 성대함을 믿고서 나라를 망하기 쉬운 곳에 두는 사람도 없다.

王者가 일어날 때는 그 德이 반드시 천하에 으뜸이었고 그 형세 또한 반드시 천하에 으뜸이었으니, 文王・武王・成王・康王의 德은 천하에 비길 데가 없고, 岐・豐・伊川・雒邑의 형세 또한 천하에 비길 데가 없었다.

'형세'와 '덕' 두 가지를 똑같이 지극히 여겨 한쪽을 높이거나 낮춤이 없었으니 君子는 그 지극함을 쓰지 않음이 없다. 덕만을 높이고 형세를 낮춘다면 이는 그 지극함을 쓰지 않는 때가 있는 것이니, 어찌 王者의 道가 될 수 있겠는가? 비루하구나. 婁敬의 의론이여!

非特敬爲然[1]이요 雖周之子孫도 莫不皆然[2]이라 晉文公旣定子帶之難[3]하고 請隧以自寵[4]하니 襄王弗許曰 王章也[5]라 未有代德[6]而有二王[7]은 亦叔父之所惡(오)也[8]라하고 與之陽樊溫原欑茅之田[9]하니라 襄王之意는 以爲吾周之爲周는 在德而不在形勢[10]하니 典章文物之制[11]는 子孫當世守之요 不可一毫之假人[12]이라 至於區區土壤[13]하얀 吾何愛而以犯强國之怒耶[14]아 抑不知隧固王章也[15]요 千里之畿甸亦王章也[16]라 襄王惜禮文하야 不以與晉[17]하고 自謂能守王章[18]이나 抑不知割地自削이면 則畿甸之王章旣不全矣[19]라 惜其一而隳(휴)其(二)〔一〕[20][21]하니 烏在其能守王章耶[22]아 形勢는 猶身也요 德은 猶氣也[23]라 披其肩背하야 斷其手足하고 自謂能守氣者[24] 면 吾不信也[25]로라

1) 非特敬爲然：此下轉責襄王不當割地與晉

이 이하의 글은 전환하여 襄王이 땅을 晉나라에 할양한 것은 부당하다고 질책한 것이다.

2) 雖周之子孫 莫不皆然：亦如婁敬所見

이 또한 婁敬의 견해와 같다는 말이다.

3) 晉文公旣定子帶之難：初王子帶召狄伐周 襄王出適鄭 晉文公殺子帶而納襄王

애초에 王子 帶가 狄國을 불러들여 周나라를 치니 襄王이 출망하여 鄭나라로 갔다. 晉文公이 子帶를 죽이고 襄王을 周나라에 들여보냈다.

4) 請隧以自寵：鑿隧道以葬 王者之禮也 晉文以有大功於王室 故請用隧也

隧道를 파서 장사 지내는 것은 천자의 예이다. 晉 文公은 周王室에 큰 공이 있었기 때문에 隧道를 쓸 것을 요청한 것이다.

5) 襄王弗許曰 王章也：襄王答言此隧是王室之典章

襄王은 이 隧道는 왕실의 典章이라고 대답해 말한 것이다.

6) 未有代德：晉未有德可以代周爲王

晉나라에는 周나라를 대신하여 王者가 될 만한 덕이 없다는 말이다.

7) 而有二王：今葬禮用隧 是猶二王也

지금 〈晉나라가〉 장례에 隧道를 쓰면 두 왕이 있는 것과 같다는 말이다.

8) 亦叔父之所惡(오)也：天子稱同姓諸侯曰 伯父叔父

天子는 同姓의 제후를 '伯父'나 '叔父'라고 칭한다.

9) 與之陽樊溫原欑茅之田：襄王與晉文四邑之地 陽樊一也 溫二也 原三也 欑茅四也

襄王이 晉 文公에게 네 읍의 땅을 주었으니, 첫째 陽樊이고, 둘째 溫이며, 셋째 原이고, 넷째 欑茅이다.

10) 襄王之意……在德而不在形勢：襄王所見 正與婁敬同也

襄王의 견해는 바로 婁敬과 같다.

11) 典章文物之制：國家所立法度

國家가 세운 法度를 말한다.

12) 子孫當世守之 不可一毫之假人：如不許請隧之類

예컨대 隧道를 요청하였으나 허락하지 않은 따위를 이른다.

13) 至於區區土壤：土地則不必惜

토지는 아낄 필요가 없다는 말이다.

14) 吾何愛而以犯强國之怒耶：寧割四邑 以與晉文

차라리 네 읍을 할애하여 晉 文公에게 주는 것이 낫다고 여긴 것이다.

15) 抑不知隧固王章也：此下責襄王割地之非

이 글 이하는 襄王이 땅을 할양한 잘못을 책망하였다.

16) 千里之畿甸亦王章也：王畿地方千里 亦是王室典章

王畿는 땅이 사방 千里이니, 이 또한 왕실의 典章이라는 말이다.

17) 襄王惜禮文 不以與晉：不許請隧

隧道를 요청하였으나 허락하지 않았음을 이른다.

18) 自謂能守王章：所以守王室之典章

王室의 典章을 지키는 것이라고 여긴 것이다.

19) 抑不知割地自削 則畿甸之王章旣不全矣：王畿之地 日削日狹 是亦不能守王章也

王畿의 땅이 날로 깎여 날로 좁아지면 또한 왕실의 典章을 지킬 수 없다는 말이다.

20) 〔역주〕(二)〔一〕: 저본에는 '二'로 되어 있으나, 四庫全書本에 의거하여 '一'로 바로잡았다.

21) 惜其一而墮(휴)其(二)〔一〕: 墮 音隳(휴) 惜隧葬而割地與人

墮의 음은 隳이다. 隧葬을 아껴서 땅을 남에게 할양한 것을 이른다.

22) 烏在其能守王章耶：是守禮文之王章 而失畿甸之王章也

이는 禮文의 王章은 지켰으나 畿甸의 王章은 잃은 것이라는 말이다.

23) 形勢猶身也 德猶氣也：應前主意

앞의 主意에 호응한다.

24) 披其肩背……自謂能守氣者：喩襄王割地與人 形勢日蹙 而自謂所守在德

襄王이 땅을 잘라 남에게 주어 형세가 날로 위축되는데도 스스로 지켜야 할 것은 덕에 있다고 한 것을 비유한 말이다.

25) 吾不信也：支體廢而氣獨有 無此理也

支體가 없는데 기운만 남아 있는 것이니, 이런 이치는 없다는 말이다.

비단 婁敬만이 그런 것이 아니라 周나라의 子孫들도 모두 그러하였다. 晉 文公은 子帶의 반란을 평정하고 나서 隧道를 청하여 스스로의 榮寵(광영)으로 삼고자 하였다. 襄王은 허락하지 않으며 "이는 王章(왕의 制度)이다. 周나라의 德을 대신할 자가 아직 나타나지 않았는데 두 王이 있는 것은 叔父도 싫어할 것이다."라고 하고 陽樊・溫・原・欑茅 등의 땅을 주었으니, 襄王은 '우리 周나라가 周나라가 되는 이유는 德에 있고 형세에 있지 않으니 典章과 文物의 제도는 子孫이 마땅히 대대로 지켜야 하고 터럭만치도 남에게 주어서는 안 된다. 하찮은 땅덩어리야 내 무엇 때문에 아껴 강국의 심기를 건드려 노하게 할 필요가 있겠는가?'라고 생각한 것이다. 그러나 隧道도 본래 王章이고 千里의 畿甸도 王章이라는 것은 모른 것이다.

襄王은 禮文을 아껴 晉나라에 주지 않고서 스스로 王章을 지켰다고 생각하였으나, 땅을 잘라 남에게 주고 스스로의 땅을 삭감하면 천리의 畿甸을 가져야 하는 王章이 이미 온전하지 못하다는 것을 모른 것이다. 한 가지(隧道)는 아끼고 한 가지(畿甸)는 훼손하였으니 어찌 그 王章을 지켰다고 할 수 있겠는가?

형세는 몸과 같고 德은 기운과 같다. 어깨와 등을 베어내 손과 발을 잘라내고서 스스로 "기운을 지켰다."고 한다면 나는 믿지 않는다.

嗚呼[1)]라 **周自平王捐岐豐以封秦**[2)]으로 **既失周之半矣**[3)]라 **以破裂不全之周**로 **兢兢自保**[4)]라도 **猶恐難立**[5)]이어늘 **豈容復(부)有所侵削耶**[6)]아 **奈何子孫猶不知惜**[7)]가 **今日割虎牢**畀**鄭**[8)]하고 **明日割酒泉**畀**虢**[9)]하야 **文武境土**가 **歲朘月耗**[10)]하야 **至襄王之時**[11)]하얀 **隣於亡矣**[12)]어늘 **又頓捐數邑於晉**[13)]하니 **猶棄粮於陳蔡之間**[14)]하고 **揮金於原曾之室**[15)]이니 **果何以堪乎**[16)]아 **周之堙替至此**[17)]하니 **見之者皆爲之憫惻**[18)]이어늘 **晉文乃忍於此時**에 **多取其地以自肥**[19)]하니 **亦猶奪粮於陳蔡之間**[20)]이요 **攫金於原曾之室**[21)]이니 **其亦不仁甚矣**[22)]로다 **噫**[23)]라 **晉文獨非周之苗裔耶**[24)]아 **坐視宗國之危蹙**[25)]하야 **不能附益**[26)]하고 **反從而漁奪之**[27)]하니 **是而可忍**이온 **孰不可忍**[28)]이리오 **議者反屑屑然論其伐原之信**[29)]**問守之非**[30)]하니 **何其捨本而求末也**[31)]아

1) 嗚呼 : 此下議論 愈見精采
　이 글 이하는 의론이 더욱 정밀하고 다채롭다.

2) 周自平王捐岐豐以封秦 : 再敍起
　다시 서술하여 의론을 제기한 것이다.

3) 既失周之半矣 : 已失王畿千里之地
　이미 王畿인 千里의 땅을 잃었다는 말이다.

4) 以破裂不全之周 兢兢自保 : 保守見(현)存之地
　현재 남아 있는 땅을 보존하여 지킨다는 말이다.

5) 猶恐難立 : 尙恐不能立國
　오히려 나라를 유지할 수 없을까 두렵다는 말이다.

6) 豈容復(부)有所侵削耶 : 地已狹小 豈容屢割
　'땅이 이미 협소하니 어찌 자주 할양할 수 있겠느냐.'는 말이다.

7) 奈何子孫猶不知惜 : 深責周之子孫

周나라의 자손을 깊이 책망하는 말이다.

8) 今日割虎牢畀鄭 : 莊公二十一年 惠王與鄭(武)〔厲〕*)公 以武公之略 自虎牢以東

鲁 莊公 21년에 周 惠王이 鄭 厲公에게 옛날 鄭 武公 때 〈鄭나라의 경계였던〉 虎牢 以東의 땅을 주었다.

*) (武)〔厲〕: 저본에는 '武'로 되어 있으나, ≪春秋左氏傳≫에 의거하여 '厲'로 바로잡았다.

9) 明日割酒泉畀虢 : 其年王巡虢守 與虢公酒泉

이해(莊公 21년)에 王이 虢을 순수하면서 虢公에게 酒泉의 땅을 주었다.

10) 歲朘月耗 : 侵削不已

침삭이 그치지 않았다는 말이다.

11) 至襄王之時 : 襄王 惠王之子

襄王은 惠王의 아들이다.

12) 隣於亡矣 : 地削兵少 近於滅亡

땅이 깎이고 군대가 적어져 멸망에 가깝게 되었다는 말이다.

13) 又頓捐數邑於晉 : 又割四邑 以賂晉文

게다가 네 읍을 떼어서 晉 文公에게 뇌물로 주었다는 말이다.

14) 猶棄粮於陳蔡之間 : 譬如孔子厄於陳蔡之間 粮已乏矣 而又棄其餘粮*)

비유하자면 孔子가 陳나라와 蔡나라의 국경지역에서 곤액을 당해 양식이 이미 다 떨어져 가는데도 또 남은 양식을 버리는 일과 같다는 말이다.

*) 〔역주〕 而又棄其餘粮 : 이 일은 실제 있었던 일이 아니라, 공자가 陳나라와 蔡나라의 국경지역에서 겪었던 곤궁한 상황을 비유로 들어서, 이런 상황에서 양식을 버리는 것과 같다고 가정한 말인 듯하다.

15) 揮金於原曾之室 : 譬如原憲曾參之室 貧已甚矣 而又不吝揮金*)

비유하자면 原憲과 曾參의 집안 살림이 매우 가난하였는데도 또 아낌없이 돈을 헤프게 쓰는 것과 같다는 말이다.

*) 〔역주〕 而又不吝揮金 : 이 일은 실제 있었던 일이 아니라, 原憲과 曾參의 집안 살림이 매우 가난한 상황을 비유로 들어서, 이런 상황에서 돈을 헤프게 쓰는 것과 같다고 가정한 말인 듯하다.

16) 果何以堪乎 : 引喩明切

비유를 든 것이 명쾌하다.

17) 周之堙替至此 : 又轉責晉文之不仁 堙替削弱不振也

또 문장을 전환하여 晉 文公이 어질지 못하여 周나라를 침체시키고 땅을 깎아 약화시켜 떨치지 못하게 하였음을 책망하였다.

18) 見之者皆爲之憫惻：周非無道而致削弱 誠可憫也

周나라가 무도하여 땅이 깎이고 약화된 것이 아니니 진실로 민망할 만하다는 말이다.

19) 晉文乃忍於此時 多取其地以自肥：受四邑而不辭

네 읍을 받으면서도 사양하지 않았음을 이른다.

20) 亦猶奪粮於陳蔡之間：粮已乏 而又攘奪之

양식이 이미 떨어졌는데 또 약탈까지 당한다는 말이다.

21) 攫金於原曾之室：金已乏 而又攫取之

돈이 다 떨어졌는데 또 강탈까지 당한다는 말이다.

22) 其亦不仁甚矣：貫穿上 譬喩極精巧

윗글과 맥락이 관통하니 비유가 매우 정교하다.

23) 噫：承上文意 深責晉文

윗글의 뜻을 이어 晉 文公을 깊이 책망하는 것이다.

24) 晉文獨非周之苗裔耶：晉始封之君唐叔虞 乃武王之子 成王之弟也

晉나라에 처음 봉해진 임금은 唐叔虞이니, 곧 武王의 아들이자 成王의 동생이다.

25) 坐視宗國之危蹙：勢危而地蹙

형세가 위태롭고 땅이 줄어들었음을 이른다.

26) 不能附益：不能爲周開拓土宇

周나라를 위하여 疆土를 개척하지 못했음을 이른다.

27) 反從而漁奪之：又因請隧 而取四邑之地

게다가 隧道를 요청함으로 인하여 네 읍의 땅을 취하게 되었다는 말이다.

28) 是而可忍 孰不可忍：此事尙忍爲之 何事不忍爲乎

이런 일을 오히려 차마 하였으니 무슨 일을 차마 하지 못하겠느냐는 말이다.

29) 伐原之信：見本題註 又左傳曰 於是乎 伐原以示之信*)

본편의 ≪春秋左氏傳≫ 주에 보인다. 또 ≪春秋左氏傳≫에서 "이에 〈晉 文公은〉 原을 쳐서 백성들에게 信義를 보였다."라고 하였다.

*) 〔역주〕 又左傳曰……伐原以示之信：≪春秋左氏傳≫ 僖公 27년에 보인다.

30) 問守之非：見本題註 柳子厚守原議曰 晉文公旣受原於王 難其守 問寺人勃鞮 以畀趙衰 余謂守原政之大者也 所以承天子立伯功致命諸侯 不宜謀及媟近 以忝王命 媟近 謂寺人也

본편의 ≪春秋左氏傳≫ 주에 보인다. 柳宗元(자는 子厚)의 〈晉文公問守原議〉에 "晉 文公이 천자로부터 原을 받은 뒤에 그곳을 지키는 것이 어렵다고 생각하고 寺人인 勃鞮에게 물어 그곳을 趙衰에게 맡겼다. 내가 생각건대 原을 지키는 것은 정치상 중대한 것으로, 천자를 받들어 霸者의 공업을 세우고 제후들에게 명을 이루는 수단이니 '설만하게 가까이 모시는 신하〔媟近〕'와 상의하여 천자의 명을 욕되게 해서는 안 된다."라고 하였다. 媟近은 寺人(환관)을 이른다.

31) 議者反屑屑然論其伐原之信問守之非 何其捨本而求末也：左氏言其能示信 柳文貶其問寺人 而不知其侵削周地之罪 皆捨其本而論其末者也

左氏는 그 일을 두고 信義를 보일 수 있다고 말하고, 柳宗元의 글은 寺人에게 물었다고 폄하하였으나, 周나라의 땅을 침삭한 죄는 몰랐던 것이니, 이는 모두 그 근본을 버리고 말단만을 의론한 것이라는 말이다.

아! 周나라는 平王이 岐·豐을 떼어 秦나라를 봉해준 때로부터 이미 周나라의 절반을 잃은 것이다. 쪼개지고 찢어져 온전하지 못한 周나라로는 전전긍긍하며 스스로 보전되기를 바라더라도 오히려 存立하기 어려울까 두려운데 어찌 다시 侵削을 용납할 수 있겠는가? 그런데 어째서 자손이 오히려 아까워할 줄을 모르는가?

오늘 虎牢를 떼어 鄭나라에 주고 내일 酒泉을 떼어 虢나라에 주어 文王·武王이 개척한 영토가 해마다 쪼그라들고 달마다 줄어들어 襄王 때에 이르러서는 거의 멸망에 근접하였는데, 또 갑자기 몇 개의 邑을 晉나라에 주었다. 이는 陳·蔡 사이에서 양식을 버리고 原憲과 曾參의 집에서 돈을 헤프게 쓰는 것과 같으니 과연 어떻게 견딜 수 있겠는가?

曾子

周나라의 쇠퇴가 이에 이르렀으니 보는 자들이 모두 가여워하였다. 그런데도 晉 文公은 잔인하게도 이러한 때에 周나라의 땅을 많이 취하여 자신을 살찌웠으니 또한 陳·蔡 사이에서 양식을 빼앗고, 原憲과 曾參의 집에서 돈을 탈취하는 것과 같으니 그 또한 매우 어질지 못하다.

아, 晉 文公은 유독 周나라의 후예가 아니었던가? 宗主國의 위급한 상황을 가만히 구경만 하고 〈周나라를 도와 토지를 개척해〉 국토를 넓혀주지 않고서 도리어 좇아가서 침탈하였으니 이런 짓을 차마 할 수 있다면 무슨 짓인들 차마 하지 못하였겠는가? 그런데도 평의하는 자들은 도리어 잔달게 原을 정벌한 때의 신의와 原을 지킬 신하를 물은 잘못만을 논평하였으니, 어쩌면 그리도 근본은 버리고 말단만을 추구하였는가?

晉文之不仁至是하니 **固自不可以人理責**이라 **向使爲襄王者**가 **知祖宗之地**는 **尺寸不可以與人**하야 **以正義大法**으로 **明告於晉**이면 **晉雖强暴**나 **未必敢遽加無道於周也**라 **雖然**[1]이나 **仲叔于奚有功于衛**[2]에 **賞之繁纓**하니 **夫子以爲不如多與之邑**[3]이라하시니 **隧之於繁纓**에 **不亦大乎**[4]아 **襄王重隧而輕邑**하니 **適合夫子之訓**[5]이라 **夫子是則襄王亦是**[6]하고 **襄王非則夫子亦非**[7]니 **必居一於此矣**[8]리라 **曰 不類**[9]라 **仲叔于奚**는 **內臣也**[10]니 **雖多與之邑**이라도 **猶衛地也**[11]어니와 **晉文公**은 **外臣也**[12]니 **朝受圖而夕設版矣**[13]라 **是不同**[14]이라

1) 雖然：結尾又論繁纓一事 極爲切當

결미에 또 말의 장식인 배띠와 가슴걸이〔繁纓〕에 관한 또 다른 일로 의론하였으니 매우 적절하다.

2) 仲叔于奚有功于衛：成公二年 新築之戰 衛師敗績 仲叔于奚救孫桓子[*1] 衛人賞之以邑 辭 請曲縣繁纓以朝[*2] 許之 曲縣者 軒縣也 繁纓者 馬飾也 二者 皆諸侯之制 縣 音玄 繁 步干反

成公 2년, 新築의 전쟁에서 衛나라 군대가 크게 패배하니 仲叔于奚가 孫桓子를 구원하였다. 衛人이 邑을 상으로 주자, 그는 邑을 사양하고 曲縣과 繁纓으로 朝見하기를 청하니, 衛侯는 이를 許諾하였다. 曲縣은 軒縣이고, 繁纓은 말의 장식이니, 이 두 가지는 모두 제후의 禮制이다. 縣의 음은 玄이고, 繁은 步와 干의 반절음이다.

*1) 〔역주〕 新築之戰……仲叔于奚救孫桓子：新築은 衛나라 땅이다. 仲叔于奚는 新築을 지키는 大夫이고, 孫桓子는 衛나라 대부이다.

*2) 〔역주〕 請曲縣繁纓以朝：曲縣은 軒縣〔懸〕이다. ≪周禮≫에 "天子의 樂은 宮縣으로 四面에 걸고, 諸侯의 樂은 軒縣으로 南面에는 걸지 않고 三面에만 건다."고 하였다. 繁은 馬匹을 장식하는 繁纓(말의 배띠와 가슴걸이)이다.

3) 賞之繁纓 夫子以爲不如多與之邑：夫子曰 惜也 不如多與之邑 唯器與名 不可以假人[*]

孔子께서 말씀하셨다. "애석하다. 邑을 많이 주는 것만 못하다. 오직 器物과 名號는 남에게 주어서는 안 된다."

*)〔역주〕夫子曰……不可以假人：≪春秋左氏傳≫ 成公 2년에 나오는 말이다.

4) 隧之於繁纓 不亦大乎：隧葬 天子之禮 比之繁纓 事體尤大

隧葬은 天子의 禮이니 繁纓에 비하면 일의 체모가 더욱 중대하다는 말이다.

5) 襄王重隧而輕邑 適合夫子之訓：正與孔子不如多與之言 適相符合

바로 孔子께서 "많이 주는 것만 못하다."고 한 말과 마침 서로 부합한다는 말이다.

6) 夫子是則襄王亦是：襄王不可責也

襄王을 나무랄 수 없다는 말이다.

7) 襄王非則夫子亦非：夫子豈可責乎

孔子를 어찌 나무랄 수 있겠느냐는 말이다.

8) 必居一於此矣：設此一說 反難極高

이 한 가지 말을 가설한 것은 반론이 매우 강하다.

9) 曰 不類：斷曰一事本不相似

한 종류의 일인 듯하나 〈이 일은〉 근본적으로는 서로 같지 않다고 단언한 것이다.

10) 仲叔于奚 內臣也：是衛國之臣

이 사람은 衛나라의 신하라는 말이다.

11) 雖多與之邑 猶衛地也：以衛地與衛人 猶在境土之內

衛나라 땅을 衛나라 사람에게 준 것이니 여전히 위나라 국토 안에 해당된다는 말이다.

12) 晉文公 外臣也：是在外之諸侯

晉 文公은 국외의 제후라는 말이다.

13) 朝受圖而夕設版矣：以周地與晉人 是割地與諸侯之國 彼晉人者 朝受四邑之圖籍 而夕已設版〔築〕[*)] 奄爲晉之有矣

周나라 땅을 晉人에게 준 것은 바로 땅을 떼어 제후의 나라에 준 것이다. 저 晉人은 아침에 네 읍의 地圖와 戶籍을 받고는 저녁에 이미 城을 쌓아 갑자기 晉나라의 소유로 삼은 것이다.

*)〔역주〕〔築〕：저본에는 1자 빈칸으로 되어 있으나, 문맥을 살펴 '築'을 보충하였다. 版은 담이나 성을 쌓을 때 양쪽에 세우는 널빤지이고, 築은 흙을 다지는 工具이므로, 版築은 성을 쌓음을 뜻한다.

14) 是不同：以此知衛邑可多與仲叔于奚 而周邑實不可以與晉文 其事體大不同也 此一疑難 東萊只數句斷了 極有手段 又朝受圖而夕設版 亦是融化左傳句法 所以學者貴乎讀書也

이 일로 衛나라의 邑은 仲叔于奚에게 많이 주어도 되지만 周나라의 邑은 실제로 晉 文公에게 주어서는 안 됨을 알겠으니 그 일의 體貌가 매우 같지 않다. 이런 의심나는 한 부분을 東萊는 단지 몇 구절로 결단하였으니 솜씨가 매우 뛰어나다. 또 '아침에 지도를 받고 저녁에 城을 쌓았다.'는 말도 ≪春秋左氏傳≫의 문장법을 녹여낸 것이니, 이 때문에 배우는 자가 讀書를 귀하게 여긴다.

晉 文公의 不仁함이 이에 이르렀으니 진실로 사람의 도리로 책망할 수 없다. 그때 가령 襄王이 祖宗이 전해준 땅은 한 자 한 치도 남에게 주어서는 안 된다는 것을 알고서 正義와 大法으로써 晉나라에 명백하게 일러주었다면, 晉나라가 아무리 强暴할지라도 감히 갑자기 周나라에게 무도한 짓을 하지 못했을 것이다.

비록 그러나 仲叔于奚가 衛나라에 공을 세웠을 때에 繁纓을 상으로 주자, 孔子께서는 "邑을 많이 주는 것만 못하다."라고 하셨으니, 隧道는 繁纓에 비해 더욱 중대하지 않은가? 襄王은 隧道를 중시하고 邑을 경시하였으니 공자의 교훈에 부합한다. 공자의 말씀이 옳았다면 襄王의 행위도 옳았고 襄王의 행위가 그르다면 공자의 말씀도 그르니, 이 두 가지 중에 반드시 하나에 해당할 것이다. 나는 생각한다.

"이 두 가지는 같지 않다. 仲叔于奚는 國內의 신하이니 비록 그에게 邑을 많이 주어도 여전히 衛나라의 국토이지만, 晉 文公은 國外의 신하이니 아침에 封地와 함께 地圖를 받으면 저녁에 城을 쌓을 것이니 이 점이 같지 않다."

14-05 展喜犒齊師 展喜가 齊軍을 犒饋하다

14-05-01 展喜犒齊師 展喜가 齊軍을 犒饋하다

【左傳】僖二十六年이라 齊孝公伐我北鄙어늘 公使展喜犒師[1]할새 使受命于展禽[2]하다 齊侯未入竟에 展喜從之[3]하야 曰 寡君聞君親擧玉趾하야 將辱於敝邑하고 使下臣犒執事[4]하니이다 齊侯曰 魯人恐乎아 對曰 小人恐矣어니와 君子則否니이다 齊侯曰 室如縣罄하고 野無靑草어늘 何恃而不恐[5]고 對曰 恃先王之命이니이다 昔周公太公股肱周室하야 夾輔成王하니 成王勞之하사 而賜之盟曰 世世子孫無相害也하라 載在盟府[6]하야 太師職之[7]니이다 桓公是以糾合諸侯하야 而謀其不協하고 彌縫其闕하고 而匡救其災[8]하니 昭舊職也니이다 及君卽位에 諸侯之望曰 其率桓之功[9]하리라 我敝邑用不敢保聚[10]曰 豈其嗣世九年에 而棄命廢職[11]이리오 其若先君何오 君必不然이리라 恃此以不恐이니이다 齊(師)〔侯〕[12]乃還하다

1)〔역주〕公使展喜犒師 : 齊軍을 위로하는 것이다.

2) 〔역주〕 使受命于展禽 : 展禽은 柳下惠이다. 展喜를 柳下惠에게 보내어 齊軍을 위로할 때 응대할 말을 받아 가지고 가게 한 것이다.〈附注〉

3) 〔역주〕 齊侯未入竟 展喜從之 : 展喜가 齊君이 있는 곳으로 찾아가서 위로한 것이다. 〈附注〉

4) 〔역주〕 使下臣犒執事 : 執事라고 한 것은 감히 尊貴한 齊君을 지적해 말할 수 없어서이다.〈杜注〉

5) 〔역주〕 室如縣罄……何恃而不恐 : 如는 而이다. 이때의 여름 4월은 지금의 2월이어서 들에 穀物이 성숙되지 않았기 때문에 居室에는 食糧이 다 떨어졌고, 들에는 먹을 수 있는 푸성귀도 없으니 당연히 두려워해야 한다는 말이다.

6) 〔역주〕 載在盟府 : 載는 載書이다. 회맹할 때 상정한 서약 문서로 '盟書'라고도 한다.

7) 〔역주〕 太師職之 : 職은 주관하는 것이다. 太公이 太師로서 司盟의 官職까지 겸하였다는 말이다.〈杜注〉

8) 〔역주〕 彌縫其闕 而匡救其災 : 匡은 救의 뜻이다. 제후의 闕失을 彌縫하고 제후의 災害를 구제한 것이다.〈杜注〉

9) 〔역주〕 其率桓之功 : 率은 따르는 것이다.〈杜注〉

10) 〔역주〕 我敝邑用不敢保聚 : 옛 맹약을 믿기 때문에 무리를 모아 城을 지키지 않았다는 말이다.〈杜注〉

11) 〔역주〕 豈其嗣世九年 而棄命廢職 : 先王의 명을 버리고 太公의 직분을 폐기하는 것이다.〈附注〉

12) 〔역주〕 (師)〔侯〕 : 저본에는 '師'로 되어 있으나, ≪春秋左氏傳≫에 의거하여 '侯'로 바로잡았다.

僖公 26년, 齊 孝公이 우리나라〔魯〕의 북쪽 변방을 토벌하자 僖公이 齊軍을 犒饋하기 위해 展喜를 보낼 때 展禽(柳下惠)에게 가서 가르침〔命〕을 받아 가지고 가게 하였다. 齊侯가 아직 魯나라의 境內로 들어오지 않았는데 展喜는 그를 찾아가서 말하였다.

"우리 임금께서는 君께서 친히 귀한 발걸음을 옮겨 우리나라로 오신다는 말을 들으시고 下臣을 보내어 執事를 犒饋하게 하셨습니다."

齊侯가 "魯人은 두려워하는가?"라고 묻자, 展喜는 "小人(下流階級)은 두려워하지만 君子(上流階級)는 두려워하지 않습니다."라고 대답하였다.

齊侯가 "집에는 경쇠를 달아놓은 것 같아 안이 텅 비었고, 들에는 푸성귀 하나도 없는데 무엇을 믿고 두려워하지 않는다는 말인가?"라고 하자, 展喜는 이렇게 대답하였다.

柳下惠가 응대할 말을 전해주어 적을 물리치다〔柳下惠授辭却敵〕

“先王의 命을 믿기 때문입니다. 옛날에 周公과 太公이 周나라 王室의 手足이 되어 成王을 좌우에서 輔佐하니, 成王은 두 분의 공로를 위로하시고 두 분에게 結盟하도록 명하시며 ‘대대로 子子孫孫 서로 해치지 말라.’고 하셨는데, 그 載書(盟書)가 盟府에 보관되어 太師가 맡아 관리하고 있습니다. 齊 桓公이 이 때문에 諸侯를 糾合하여 諸侯 사이의 不和를 해결하기를 도모하고, 諸侯들의 闕失을 彌縫하며 災難을 구제하였으니, 이는 옛날 太公의 職分을 밝힌 것입니다. 君께서 즉위함에 미쳐 제후들은 君께서 ‘齊 桓公의 功業을 따를 것’이라 기대하였고, 우리나라도 이 때문에 감히 城을 지키지도 군대를 모으지도 않고서 ‘어찌 대를 이어 임금이 된 지 9년 만에 先王의 命을 버리고 太公의 직분을 폐기하겠는가? 〈만약 그렇게 한다면〉 무슨 낯으로 先君을 대하겠는가? 君은 반드시 그렇게 하지 않을 것이다.’라고 생각하였습니다. 〈우리나라의 君子들은〉 이를 믿고서 두려워하지 않습니다.”

이 말을 들은 齊侯는 즉시 還軍하였다.

14-05-02 魯如楚乞師　魯나라가 楚나라에 가서 援軍을 빌다

【左傳】 僖二十六年이라 東門襄仲臧文仲[1]如楚乞師하다 臧孫見子玉[2]而道之伐齊宋하니 以其不臣也[3]라

1) 〔역주〕 東門襄仲臧文仲 : 襄仲은 바로 魯나라 公子 遂이다. 東門에 살았기 때문에 東門을 氏로 삼은 것이다. 臧文仲은 魯나라 대부이다.

2) 〔역주〕 臧孫見子玉 : 子玉은 楚나라 令尹인 成得臣이다.

3) 〔역주〕 以其不臣也 : 不臣은 신하로서 복종해 섬기지 않는 것이다. 〈杜注〉에서 不臣을 齊나라와 宋나라가 周나라에 不臣한 것으로 해석한 것은 옳지 않다. 이때 楚나라는 이미 王號를 僭用하였으니 어찌 다시 尊周에 마음이 있었겠는가? 齊나라와 宋나라가 楚나라에 不臣한 것으로 해석하는 것이 옳을 듯하므로 이상과 같이 번역하였다. 李震相은 “王號를 僭用한 楚나라에게 周나라에 복종해 섬기지 않는 죄를 꾸짖게 하였으니, 文仲의 지혜가 이 정도란 말인가?”라고 하였다

僖公 26년, 東門襄仲과 臧文仲이 楚나라에 가서 援軍을 빌었다. 臧孫이 子玉을 만나 齊나라와 宋나라를 토벌하라고 권하였으니〔道〕 이는 齊나라와 宋나라가 楚나라를 섬기지 않기 때문이다.

14-05-03 楚伐宋齊 楚나라가 宋나라와 齊나라를 토벌하다

【左傳】僖二十六年이라 宋以其善於晉侯也[1)]로 叛楚卽晉하니 冬에 楚令尹子玉司馬子西帥師伐宋하야 圍緡하다 公以楚師伐齊하야 取穀하다 凡師能左右之曰以[2)]라

1) 〔역주〕宋以其善於晉侯也：重耳가 出奔하였을 때 宋 襄公은 그에게 말 20乘을 주었다.〈杜注〉

2) 〔역주〕凡師能左右之曰以：左右는 군대의 進退를 내 마음대로 指揮하는 것이다.〈杜注〉

僖公 26년, 宋나라는 자기들이 晉侯를 잘 대우하였다 하여 楚나라를 배반하고 晉나라에 붙으니, 겨울에 楚나라 令尹 子玉과 司馬 子西가 군대를 거느리고 가서 宋나라를 토벌하여 緡을 포위하였다. 僖公이 楚軍를 거느리고〔以〕 齊나라를 토벌하여 穀을 취하였다. 凡例에 의하면 군대를 左之右之하는 것을 '以'라 한다.

緩則信하고 急則詐하며 安則信하고 危則詐하니 習俗之情皆然也라 公卿大夫平居佚豫면 侃侃正論하야 視儀秦代厲[1)]爲何等物고라가 一朝羽檄雷動하고 邊聲四起하야 搶攘恍迫하야 不知所出에 有能拾儀秦代厲之遺策하야 以排難解紛者면 則皆欣然하야 恨聞之晩이리라 彼非遽忘前日之論也요 苟以濟一時之難이면 不暇顧一時之詐也라 故無事則爲君子하고 有事則爲小人하며 在國則爲君子하고 在敵則爲小人이라 彼其心以謂 誠信者는 國家閑暇用之하야 以厚風俗則可耳라 四郊多壘하니 此何時也오 兩陣相向하니 此何地也아 區區之小謀를 豈當施於此耶아 可以爲吾利면 雖置敵於害勿恤也요 可以爲吾福이면 雖置敵於禍勿恤也라하니 彼孰知君子之道는 行乎兵革之間에 固有兩全而不傷者耶아

1) 〔역주〕儀秦代厲：張儀·蘇秦·蘇代·蘇厲를 가리키는 말로, 이들은 모두 전국시대 변설가이다. 張儀는 連橫策을 蘇秦은 合縱策을 주장하였으며, 蘇代와 蘇厲는 蘇秦의 친척이다.

상황이 완화되면 信義를 강구하다가도 위급해지면 속임수를 쓰며, 안전할 때는 신의를 강구하다가도 위태로울 때는 속임수를 쓰니, 세속의 인심은 모두 그러하다.

公卿大夫가 평소 한가롭고 안락할 때에는 강직하게 正論을 펴면서 張儀·蘇秦·蘇代·蘇厲를 사람 취급도 하지 않다가, 하루아침에 전쟁을 알리는 격문이 진동하고 변방에 戰鼓 소리가 사방에서 일어나서 어지럽고 두려워 어찌할 바를 모를 적에 張儀·

蘇秦・蘇代・蘇厲가 남긴 계책을 사용하여 난리를 물리치고 분란을 해결하는 자가 있으면 모두 기뻐하면서 늦게 들은 것을 한으로 여길 것이다.

이는 저 공경대부들이 갑자기 지난날의 正論을 잊은 것이 아니라 한때의 위난을 구제할 수 있다면 한때에 속임수를 쓰는 것을 돌아볼 겨를이 없기 때문이다. 그러므로 무사할 때에는 君子가 되고 일이 있을 때는 小人이 되며, 자기 나라에 있으면 君子가 되고 敵國에 있으면 小人이 된다.

저 공경대부들은 마음속으로 "성실한 사람은 국가가 한가할 때에 등용하여 풍속을 두터이 하는 것이 좋다. 그러나 지금은 사방의 郊野에 城壘가 많으니 이것이 어떤 때이고, 적군과 아군이 대치하고 있으니 여기가 어떤 곳인가? 그런데 하찮은 작은 꾀를 어찌 이런 때에 쓸 수 있겠는가? 우리에게 이익이 된다면 비록 적군이 해를 당하여도 연민하지 말고, 우리에게 복이 된다면 비록 적군이 화를 당하여도 연민하지 말라."고 하니, 저 공경대부들이 어찌 君子의 도는 전쟁하는 사이에도 행해져서 兩軍이 모두 안전하여 상해를 입지 않게 한다는 것을 알겠는가?

聞其語오도 **未必信有其人也**며 **聞其名**이오도 **未必信有其實也**하니 **吾請擧其人**하고 **指其實以曉之**하노라 **齊孝公親帥師伐魯北鄙**에 **魯使展喜犒師**하고 **其行也**에 **實受辭於柳下惠焉**하니라 **他人爲之辭**면 **必捭闔詭辨**하야 **期於誤齊而全魯**리라 **吾觀柳下惠之辭**컨대 **何其溫厚誠篤**하야 **守約而施博也**오 **首告之以先王之命**하야 **以發其尊周之心**하고 **繼告之以周公太公之睦**하야 **以發其親魯之心**하고 **終告之以威公之盛**하야 **以發其圖霸之心**하니라 **旣爲魯慮之**하고 **又爲齊慮之**하야 **初無一語之欺**하니라

그런 말을 듣고도 반드시 그런 사람이 있다고 믿지 않으며 그 이름을 듣고도 반드시 그런 실상이 있다고 믿지 않으니, 나는 그 사람을 예로 들고 그 실상을 지적해서 깨우치고자 한다.

齊 孝公이 직접 군대를 거느리고 魯나라 북쪽 변방을 침벌하자 魯 僖公은 展喜를 보내어 齊나라 군대를 犒饋하게 하고서, 갈 때에 실제로 柳下惠에게 응대할 말을 받아가지고 가게 하였다. 〈가령 柳下惠가 아닌〉 다른 사람이 응대할 말을 일러주었다면 반드시 說客의 詭辯을 늘어놓아 齊나라를 誤導하고 魯나라를 보전하기를 바랐을 것이다.

내가 柳下惠의 말을 관찰하건대 어쩌면 그리도 온후하고 독실하여 지킴은 간략하나 베풂은 광대한가? 먼저 先王의 命을 고해주어 齊君으로 하여금 尊周의 마음을 일으키게 하고, 이어 周公과 太公이 화목했던 일을 고해주어 齊君으로 하여금 魯나라를 친애하는 마음을 일으키게 하며, 끝으로 齊 桓公의 성대했던 업적을 고해주어 齊君으로 하여금 霸業을 도모할 마음을 일으키게 하였다. 이미 魯나라를 위하여 염려하고 또 齊나라를 위하여 염려하여 애초에 속이는 말이 한마디도 없었다.

想展喜致命之際에 **齊侯一聞王命之重**에 **必肅然而敬**이요 **再聞齊魯之舊**에 **必驩然而和**요 **三聞霸業之盛**에 **必慨然而奮**하야 **向來憤毒怨憾之氣**가 **陰銷潛鑠**하야 **不知所在**니 **是宜還轅反旆**하야 **不待其辭之畢也**라 **柳下惠之辭命**에 **無儀秦代厲之詐**나 **而有儀秦代厲之功**이라 **然則排難解紛者**는 **變詐之外**에 **豈無術耶**아 **吾今而後**에 **知存魯亂吳破齊强晉霸越者**가 **決不出於孔子之徒也**[1]라

1) 吾今而後……決不出於孔子之徒也：子貢 見史記*)

子貢의 일이다. ≪史記≫에 보인다.

*)〔역주〕見史記：≪史記≫〈仲尼弟子列傳〉端木賜(子貢) 조항에 "子貢이 한 차례 사신의 일을 행하여 魯나라를 보존하고, 齊나라를 교란시키고, 吳나라를 파멸시키고, 晉나라를 강대하게 만들고, 越나라를 패자로 만들었다.〔子貢一出 存魯亂齊破吳彊晉而霸越〕"라고 하였다. 일반적으로 子貢의 외교술을 높게 평가하나, 東萊의 견해는 이러한 행동을 공자의 가르침과는 다른 것으로 보고 있다.

생각해보건대 展喜가 魯君의 命을 전할 때에 齊侯는 첫째 王命의 중대함을 듣자 반드시 엄숙해져서 공경하는 마음이 생기고, 둘째 齊나라와 魯나라 사이의 오랜 友誼를 듣자 반드시 기뻐서 화목하게 지내고 싶은 생각이 일고, 셋째 桓公의 霸業의 성대함을 듣자 반드시 감격해 분발할 뜻이 일어나서 종전의 분노와 원한의 기운이 어디로 갔는지 모르게 은연중 사라졌을 것이니, 展喜의 말이 끝나기도 전에 수레를 돌리고 깃발을 돌려 回軍한 것이 당연하다.

柳下惠의 辭命(외교언사)에 張儀・蘇秦・蘇代・蘇厲의 속임수는 없었으나 張儀・蘇秦・蘇代・蘇厲의 功은 있었다. 그렇다면 난리를 물리치고 분란을 해소하는 데 속임수 말고 어찌 다른 방법이 없겠는가? 나는 이제야 魯나라를 보존하고, 吳나라를 교

란시키고, 齊나라를 파멸시키고, 晉나라를 강대하게 만들고, 越나라를 패자로 만든 자가 결코 孔子의 門徒에서 나온 것이 아님을 알았다.

雖然柳下惠之辭命則善이나 **魯所以用其辭命則不善**이라 **齊孝公成師以出**하야 **旣臨魯境**하니 **在常情論之**면 **豈有聞一言而遽還者乎**아 **孝公度越常情**하야 **樂於從善**하고 **不憚三軍之暴露**코서 **徒手而還**하니 **是有大造於魯也**라 **魯曾不知報齊之施**하고 **反以德爲怨**하야 **與楚連兵而伐齊**하니 **是柳下惠之辭命**이 **適爲魯款敵之具耳**라 **古語有之**하니 **柳下惠見飴**하고 **曰 可以養老**라하고 **盜跖見飴**하고 **曰 可以黏牡**[1]라하니 **此言非爲盜跖也**요 **爲魯也**라 **盜跖得柳下惠之飴而爲盜跖**하고 **魯得柳下惠之辭而爲詐**라 **一物而兩用**하고 **一言而兩心**은 **隨人之所見何如耳**라 **飴與辭何罪焉**이리오 **然則魯之君臣**은 **是一盜跖也**라

1) 〔역주〕 柳下惠見飴……可以黏牡 : ≪淮南子≫ 〈說林訓〉에 "柳下惠는 엿을 보고 '이것으로 노인을 봉양할 수 있겠다.' 하고, 도척은 엿을 보고 '이것으로 자물쇠에 바르면 문을 잘 열 수 있겠다.'고 하였다. 물건을 보는 것은 같은데 그 물건을 쓰는 것은 다르다.〔柳下惠見飴曰 可以養老 盜跖見飴曰 可以黏牡 見物同 而用之異〕" 하였다. '黏牡'는 자물쇠에 엿을 바르는 것인데, 이렇게 하면 열쇠를 돌릴 때 소리가 나지 않는다고 한다.

비록 그러나 柳下惠의 辭命은 훌륭했으나 魯나라가 그 사명을 쓴 것은 옳지 못했다. 齊 孝公이 大軍〔成師〕을 이끌고 나와서 이미 魯나라 국경에 이르렀으니, 常情으로 논하면 어찌 한마디 말을 듣고 대뜸 돌아갔겠는가?

孝公은 상정을 초월할 정도로 善言을 따르기 좋아하고 三軍의 暴露(野營)를 두려워하지 않고서 빈손으로 돌아갔으니, 이는 魯나라에 큰 은덕을 베푼 것이다. 그런데도 魯나라는 끝내 齊나라의 은혜를 갚을 줄 모르고 도리어 은덕을 원수로 여겨 楚나라와 연합하여 齊나라를 쳤으니, 이는 柳下惠의 사명이 다만 魯나라가 적의 침략을 늦추는 도구가 되었을 뿐이다.

옛날 말에 이런 말이 있다. "柳下惠는 엿을 보고서 '이것으로 노인을 봉양할 수 있겠다.'라고 하고, 盜跖은 엿을 보고서 '이것으로 자물쇠에 바르면 문을 잘 열 수 있겠다.'라고 하였다." 이것은 盜跖을 위해서 한 말이 아니라 魯나라를 위해서 한 말이다.

盜跖은 柳下惠의 엿을 얻고서도 盜跖이 되고, 魯나라는 柳下惠의 사명을 얻고서도

남을 속였다. 물건은 동일한데 사용을 달리하고, 말은 동일한데 마음가짐을 달리한 것은 사람들의 소견이 어떠하냐에 따라 달라졌을 뿐이다. 엿과 사명에 무슨 죄가 있는가? 그렇다면 魯나라의 君臣도 일개 盜跖일 뿐이다.

14-06 楚滅夔 楚나라가 夔나라를 멸하다

【左傳】 僖二十六年이라 夔子不祀祝融與鬻熊[1)]하니 楚人讓之한대 對曰 我先王熊摯有疾[2)]에 鬼神弗赦르새 而自竄于夔[3)]하니라 吾是以失楚어늘 又何祀焉[4)]이리오 秋에 楚成得臣鬪宜申帥師滅夔[5)]하고 以夔子歸하다

1) 〔역주〕 夔子不祀祝融與鬻熊 : 祝融은 高辛氏의 火正으로 楚나라의 먼 조상이고 鬻熊은 祝融의 12대손이다. 夔는 楚나라의 別封이기 때문에 대대로 이어가며 그 제사를 지냈다.〈杜注〉

2) 〔역주〕 我先王熊摯有疾 : 熊摯는 楚나라 熊渠의 中子 紅으로 熊渠에 의해 鄂王으로 세워진 자이다.〈附注〉

3) 〔역주〕 而自竄于夔 : 熊摯는 楚나라의 嫡子였으나 병이 있어 왕위를 승계하지 못하였기 때문에 別封해서 夔子로 삼은 것이다.〈杜注〉

4) 〔역주〕 吾是以失楚 又何祀焉 : 常祀(고정된 제사)를 폐지해놓고서 말을 꾸며 잘못을 수식한 것이다.〈杜注〉

5) 〔역주〕 楚成得臣鬪宜申帥師滅夔 : 成得臣은 令尹 子玉이고, 鬪宜申은 司馬 子西이다.〈杜注〉

僖公 26년, 夔子가 祝融과 鬻熊의 제사를 지내지 않으니 楚人이 이를 꾸짖자 대답하였다.

"우리 先王 熊摯께 병이 있을 때 〈鬼神에게 祈禱하였으나〉 귀신이 용서하지 않았으므로 스스로 夔로 오셨다. 우리가 이 때문에 楚나라를 잃었는데 또 무엇 때문에 그 제사를 지내겠는가?"

가을에 楚나라 成得臣과 鬪宜申이 군대를 거느리고 가서 夔나라를 討滅하고서 夔子를 잡아 가지고 돌아왔다.

【主意】 謂夔子不敢祀祝融與鬻熊이 禮也라 楚特假此以爲興兵之端이로되 而夔子又以忿怒之辭答之하니 所以取亡이라

이 글에서 말하였다. "夔子가 감히 祝融과 鬻熊의 제사를 지내지 않은 것은 禮이다. 楚나라는 다만 이것을 빌려 전쟁을 일으킬 단서로 삼고자 했을 뿐인데 夔子는 더욱 분노가 담긴 辭命으로 답변했으니, 이 때문에 멸망을 초래한 것이다."

以君子之言이라도 借小人之口發之면 則天下見其邪而不見其正[1)]이요 以小人之言이라도 借君子之口發之면 則天下見其正而不見其邪[2)]라 是故[3)]大誥之篇[4)]入於王莽之筆하니 則爲姦說[5)]하고 陽虎之語[6)]編於孟氏之書하니 則爲格言[7)]이라 是非變其言也[8)]요 氣變則言隨之變也[9)]ㄹ새니라 於此有木焉[10)]하니 柯幹固未嘗改也[11)]로되 春氣至[12)]면 則枯者榮하고 衰者盛하고 陳者新하고 悴者澤[13)]하며 秋氣至[14)]면 則榮者枯하고 盛者衰하고 新者陳하고 澤者悴[15)]하니 氣也者는 潛乎柯幹之中하야 而浮乎柯幹之外者也[16)]라

1) 以君子之言……則天下見其邪而不見其正：小人心邪故邪

小人의 마음은 간사하기 때문에 〈천하 사람들이〉 간사하게 여기는 것이다.

2) 以小人之言……則天下見其正而不見其邪：君子心正故也 道經註[*)]曰 正人說邪法 邪法悉歸正 邪人說正法 正法悉歸邪 正是此意

君子의 마음은 바르기 때문이다. ≪金剛經註≫에 말하기를 "바른 사람은 간사한 법을 말해도 간사한 법이 모두 바름에 귀결되고, 간사한 사람은 바른 법을 말해도 바른 법이 모두 간사함에 귀결된다."라고 하였으니 바로 이런 뜻이다.

*) 〔역주〕 道經註：宋나라 道川의 ≪金剛經註≫에 나오는 말이다.

3) 是故：此下引事 發明上文

이 이하의 글은 일을 인용하여 윗글의 뜻을 밝혔다.

4) 大誥之篇：周公東征作大誥

周公이 東征한 뒤에 〈大誥〉를 지었다.

5) 入於王莽之筆 則爲姦說：王莽 簒漢之賊臣 亦作大誥 以喩群下 引此以證君子之言 借小人之口發之

王莽은 漢나라를 찬탈한 逆賊인데 또한 〈大誥〉를 지어 여러 신하들을 깨우쳤다. 이것을 인용하여 君子의 말이 小人의 입을 빌려 발언된 것을 증명한 것이다.

6) 陽虎之語：陽虎 季氏之叛臣 言爲富不仁矣 爲仁不富矣[*)]

陽虎는 季氏를 배반한 가신인데, "富者 되는 일을 하면 仁하지 못하고, 仁을 하면 富者가 못 된다."라고 말하였다.

*) 〔역주〕 爲富不仁矣 爲仁不富矣 : ≪孟子≫ 〈滕文公 上〉에 나오는 말이다.

7) 編於孟氏之書 則爲格言 : 孟子引此言 以答滕文公 蓋陽虎恐爲仁之害於富 孟子恐爲富之害於仁 所以不同 引此以証小人之言 借君子之口發之

孟子가 이 말을 인용하여 滕 文公에게 대답한 것이다. 대체로 陽虎는 仁을 함이 富者 되는 일에 해 될까 두려워한 것이고, 孟子는 富者 되는 일을 함이 仁에 해 될까 두려워한 것이니, 〈군자와 소인이〉 같지 않은 이유이다. 이것을 인용하여 小人의 말이 君子의 입을 빌려 발언된 것을 증명한 것이다.

8) 是非變其言也 : 其言則同

그 말은 같다는 말이다.

9) 氣變則言隨之變也 : 此是一篇主意 君子之氣溫厚 小人之氣忿戾

이는 이 한 편의 主意이다. 君子의 기운은 溫厚하고, 小人의 기운은 忿怒하기 때문이다.

10) 於此有木焉 : 上文說氣 故又引木爲喩

윗글에서 기운을 설명했기 때문에 또 '나무'를 인용하여 비유한 것이다.

11) 柯幹固未嘗改也 : 猶言未嘗變

변한 적이 없다는 말과 같다.

12) 春氣至 : 猶溫厚之氣

온후한 기운과 같다.

13) 則枯者榮……悴者澤 : 猶邪化爲正

간사함이 변화하여 바름이 됨과 같다.

14) 秋氣至 : 猶忿戾之氣

분노하는 기운과 같다.

15) 則榮者枯……澤者悴 : 猶正化爲邪

바름이 변화하여 간사함이 됨과 같다.

16) 氣也者……而浮乎柯幹之外者也 : 所以氣變而木亦變

이 때문에 기운이 변하면 나무도 변하는 것이다.

君子의 말일지라도 小人의 입을 빌려 발언하면 천하 사람들은 그 간사함만 볼 수 있고 바름은 볼 수 없으며, 小人의 말일지라도 君子의 입을 빌려 발언하면 천하 사람들은 그 바름만 볼 수 있고 간사함은 볼 수 없다. 그러므로 ≪書經≫ 〈周書 大誥〉篇이 王莽의 붓에 들어가니 간사한 말이 되었고, 陽虎의 말이 孟子의 책에 편입되니 格言이 되었다. 이는 그 말이 변한 것이 아니라 기운이 변하면 말도 따라서 변하기 때문이다.

여기에 나무가 있다고 가정해보자. 가지와 줄기가 본래 바뀐 적이 없는데도 봄의 기운이 이르면 말랐던 것이 무성해지고 쇠퇴했던 것이 왕성해지고 묵은 것이 새로워지고 초췌한 것이 윤택해지며, 가을 기운이 이르면 무성했던 것이 말라 시들고 왕성하던 것이 쇠퇴하고 새로웠던 것이 묵은 것이 되고 윤택하던 것이 초췌해지니, 기운이라는 것은 가지와 줄기 속에 잠복하여 가지와 줄기 밖으로 드러나는 것이다.

惟言亦然[1)]하야 **溫厚之氣加焉**[2)]이면 **凡勁暴粗厲之言**이 **皆變而爲溫厚**[3)]하고 **忿戾之氣加焉**[4)]이면 **凡溫醇和易**(이)**之言**이 **皆變而爲忿戾**[5)]라 **不動一辭**하고 **不移一字**[6)]로되 **而善惡相去若天淵然**[7)]하니 **是孰使之然哉**[8)]아 **氣也**라 **氣可以奪言**이나 **言不可以奪氣**[9)]라 **故君子之學**은 **治氣而不治言**[10)]이라

1) 惟言亦然：氣變而言亦變
   기운이 변하면 말도 변함을 이른다.
2) 溫厚之氣加焉：君子 以溫厚之氣 發而爲言
   君子는 온후한 기운을 발하여 말을 한다는 것이다.
3) 凡勁暴粗厲之言 皆變而爲溫厚：所以見其正 而不見其邪
   이는 그 바름만 보고 그 간사함은 보지 못한 이유이다.
4) 忿戾之氣加焉：小人 以忿戾之氣 發而爲言
   소인은 분노한 기운을 발하여 말을 한다는 것이다.
5) 凡溫醇和易之言 皆變而爲忿戾：所以見其邪 而不見其正
   이는 그 간사함만 보고 그 바름을 보지 못한 이유이다.
6) 不動一辭 不移一字：同是此言
   똑같이 이 말이라는 말이다.
7) 而善惡相去若天淵然：君子之善如天 小人之惡如地
   군자의 善은 하늘과 같고, 소인의 惡은 땅과 같다는 말이다.
8) 是孰使之然哉：設問 言何以變
   가설하여 물은 것으로, 왜 변하느냐는 말이다.
9) 氣可以奪言 言不可以奪氣：答云 氣變則言亦隨之而變也
   기운이 변하면 말도 따라서 변한다고 대답한 것이다.
10) 故君子之學 治氣而不治言：總結上文 辭簡意盡
   윗글을 총결하였다. 말이 간단하나 뜻이 극진하다.

말도 그러해서 온후한 기운이 더해지면 강포하고 거친 말들이 모두 변하여 온후하

게 되고, 忿戾(난폭)의 기운이 더해지면 온순하고 화평한 말들이 모두 변하여 난폭하게 된다.

한마디 말도 변동하지 않고 한 글자도 바꾸지 않았으되 善과 惡의 차이가 하늘과 땅처럼 멀다. 이는 무엇이 그렇게 만든 것인가? 기운이 그렇게 만든 것이다. 기운이 언어를 변화시킬 수는 있으나 언어가 기운을 변화시킬 수는 없다. 그러므로 군자의 학문은 기운을 다스리고 말을 다스리지 않는다.

夔子之對楚問[1)]은 **正也**[2)]나 **其激楚怒而見滅者**는 **以氣之忿而奪言之正也**[3)]라 **夔子不祀祝融與鬻熊**이 **禮也**[4)]라 **衛祖康叔**[5)]하고 **不敢祀后稷**[6)]하며 **魯祖周公**[7)]하고 **不敢祀公劉**[8)]는 **非所以爲罪也**[9)]라 **此固先儒之所已論也**[10)]라 **然夔子之言則是**[11)]나 **言之所出則非**[12)]라 **治言而不治氣**[13)]면 **雖有正禮大義**[14)]라도 **反爲忿戾之所敗**[15)]하야 **不足以解紛**[16)]하고 **而反以速禍**[17)]니 **豈不甚可惜哉**[18)]아

1) 夔子之對楚問：入本題事

여기부터 본편의 일로 들어간다.

2) 正也：祝融鬻熊 禮不當祀故也

祝融과 鬻熊은 禮로 볼 때 제사 지내서는 안 되기 때문이다.

3) 以氣之忿而奪言之正也：其氣忿戾 故其言粗暴也

분노하는 기운이기 때문에 그 말이 조악하다는 것이다.

4) 夔子不祀祝融與鬻熊 禮也：祝融 高辛氏之父 正楚之遠祖也 鬻熊 祝融之十二世孫 夔 楚之別封 於禮不得而祀也

祝融은 高辛氏의 아버지이니 바로 楚나라의 먼 조상이고, 鬻熊은 祝融의 12세손이다. 夔는 楚나라가 別封한 나라이니 禮로 볼 때 제사 지낼 수 없다는 말이다.

5) 衛祖康叔：康叔 周文王之子 衛始封之君

康叔은 周 文王의 아들로 衛나라에 처음 봉해진 임금이다.

6) 不敢祀后稷：后稷 周之先祖 衛不得而祀也

后稷은 周나라의 先祖이니 衛나라에서 제사 지낼 수 없다는 말이다.

7) 魯祖周公：周公 亦文王之子 魯始封之君

周公도 文王의 아들이니 魯나라에 처음 봉해진 임금이다.

8) 不敢祀公劉：公劉 后稷之後 魯不得而祀也

公劉는 后稷의 후손이니 魯나라에서 제사 지낼 수 없다는 말이다.

9) 非所以爲罪也 : 未聞以魯衛不祀后稷公劉爲罪也

魯나라가 公劉의 제사를 지내지 않고 衛나라가 后稷의 제사를 지내지 않는 것이 죄가 된다는 소리는 들어보지 못했다는 말이다.

10) 此固先儒之所已論也 : 以見夔不祀祝融鬻熊 皆非其罪也

夔나라가 祝融과 鬻熊의 제사를 지내지 않는 것이 모두 그 죄가 아님을 알 수 있다는 말이다.

11) 然夔子之言則是 : 不祀爲是

제사 지내지 않음이 옳다는 말이다.

12) 言之所出則非 : 答云 因熊摯有疾 不爲鬼神所祐 遂失楚國 故不祀焉 其言忿戾不遜

〈夔子가〉 대답하기를 "熊摯가 병이 들었을 때 鬼神이 도와주지 않아 마침내 楚나라를 잃었으므로 제사 지내지 않는다."라고 하였으니, 그 말이 분노에 차 있고 겸손하지 못한 것이다.

13) 治言而不治氣 : 此句主意 以斷夔子之罪

이 구절이 主意이니 夔子의 죄를 단언한 것이다.

14) 雖有正禮大義 : 夔只當祀熊摯 如衛祖康叔 魯祖周公 故云 正禮大義

夔나라가 단지 熊摯의 제사만을 지내야 하는 것은 마치 衛나라의 조상이 康叔이고 魯나라의 조상이 周公인 것과 같기 때문에 '바른 예법과 큰 의리'라고 말한 것이다.

15) 反爲忿戾之所敗 : 忿戾之氣 奪其正大之言

분노의 기운이 그 바르고 큰 말을 바꿔놓았다는 말이다.

16) 不足以解紛 : 楚人初借(比)〔此〕*)事 以爲用兵之端

楚人은 애초에 이 일을 빌려 군대를 일으키는 단서로 삼고자 했다는 말이다.

*) 〔역주〕 (比)〔此〕 : 저본에는 '比'로 되어 있으나, 문맥을 살펴 '此'로 바로잡았다.

17) 而反以速禍 : 以忿戾之言 速敗亡之禍

분노의 말로 패망의 화를 불렀다는 말이다.

18) 豈不甚可惜哉 : 惜其一言而喪邦也

한마디 말로 나라를 잃었음을 애석하게 여기는 말이다.

夔子가 楚子의 責問에 답한 말은 바른말이었으나, 楚나라의 부아를 질러서 멸망을 당한 것은 기운이 분노하여 말의 바름을 잃었기 때문이다. 夔子가 祝融과 鬻熊의 제사를 지내지 않은 것이 禮에 맞는다. 衛나라가 康叔을 시조로 삼아 제사하고 감히 后稷까지 거슬러 올라가 제사 지내지 않았으며, 魯나라가 周公을 시조로 삼아 제사하고 감히 公劉까지 거슬러 올라가 제사 지내지 않은 것은 죄가 되는 것이 아니다. 이에 대해서는 본래 先儒가 이미 논한 바이다.

그러나 夔子의 말은 옳으나 말을 하는 방법은 옳지 않았다. 말만을 다스리고 기운을 다스리지 않으면 비록 〈그 말 속에〉 바른 예와 큰 의리가 담겼다 하더라도 도리어 난폭한 기운에 밀리어 분란은 해결하지 못하고 도리어 화를 부를 것이니 어찌 매우 애석하지 않은가?

夔之不當祀祝融鬻熊은 **楚固知之**라 **知之而且問者**는 **特假以爲發兵之端耳**니 **在常情不得不忿也**라 **忿心旣生**에 **言亦隨厲**라 **故其對楚之辭**에 **則曰 我先王熊摯有疾**에 **鬼神弗赦**하야 **而自竄於夔**하야 **吾是以失楚**하니 **又何祀焉**가하니 **忿戾之氣**가 **殆如矛戟傷人**하야 **至今讀者猶爲之變容**이온 **況仇敵乎**아 **使夔有君子**라도 **亦必以不當祀爲對**나 **然其言之所自出則異矣**리라 **惟其空國無君子**라 **故蔽於私忿**하야 **徒能爲不當祀之對**요 **而弗暇思不當祀之由**하야 **反追咎失楚**하고 **讐鬼神之不祐**하니 **何其悖耶**아 **嗚呼**라 **祖可讐**면 **是天可讐也**라 **果如夔子之言**이면 **則石厚之子可以廢碏之祀**[1]요 **而日磾**(제)**之孫盖有不入敬侯之廟者矣**[2]리라 **夔之始所以不祀者**에 **曷嘗有是意耶**아

1) 石厚之子可以廢碏之祀 : 事見隱四年*)

일이 ≪春秋左氏傳≫ 隱公 4년에 보인다.

*) 〔역주〕 事見隱四年 : 石厚는 石碏의 아들이며 石碏은 衛나라 大夫이다. 당시 衛 莊公의 妃는 莊姜인데 아들이 없었다. 후비 戴嬀가 桓公을 낳으니, 莊姜은 桓公을 자기의 아들로 삼았다. 衛 莊公은 嬖人의 아들인 公子 州吁를 총애하여 그가 兵事를 좋아하는데도 금하지 않으니, 莊姜이 州吁를 미워했다. 石碏의 아들 石厚가 州吁와 交遊하니, 石碏이 이를 금지하였으나 듣지 않았다. 桓公이 즉위한 뒤 州吁가 백성과 不和하니, 石碏은 州吁와 石厚를 陳나라로 유인하고, 陳人에게 부탁하여 이들을 살해했다. 이에 대해 군자는 다음과 같이 논평하였다. "石碏은 忠純한 신하이다. 州吁를 미워하여 石厚까지 죽였으니, '大義滅親'이란 이런 경우를 두고 한 말일 것이다."(≪春秋左氏傳≫ 隱公 4년)

2) 日磾(제)之孫盖有不入敬侯之廟者矣 : 事見本傳*)

≪漢書≫ 〈金日磾傳〉에 보인다.

*) 〔역주〕 事見本傳 : 休屠王의 태자인 日磾가 官에 籍沒되어 黃門에 보내져서 말을 기른 지 오래되었는데, 日磾가 말을 끌고 대궐 아래를 지날 적에 용모가 매우 엄숙하니, 漢 武帝가 기특하게 여겨 侍中으로 삼고, 매우 신임하고 총애하여 金氏 姓을 하사하였다. 뒤에 金日磾는 그의 아들이 宮女를 희롱하자 그 아들을 죽인 일이 있다.

衛나라 石碏의 大義滅親〔衛石碏大義滅親〕

夔나라가 祝融과 鬻熊의 제사를 지내서는 안 된다는 것은 楚나라는 본디부터 알고 있었다. 알면서도 물은 것은 다만 그것을 빌미로 군대를 일으킬 꼬투리로 삼고자 한 것일 뿐이니, 常情으로 볼 때 분노하지 않을 수 없다.

이미 분한 마음이 생기자 말도 따라서 사나워졌다. 그러므로 楚나라에 대답하는 辭命에 "우리 先王 熊摯께 병이 있을 때 〈鬼神에게 祈禱하였으나〉 귀신이 용서하지 않았으므로 스스로 夔로 오셨다. 우리가 이 때문에 楚나라를 잃었는데 또 무엇 때문에 그 제사를 지내겠는가?"라고 하였으니, 난폭한 기운이 거의 창으로 사람을 찌르듯 하여 지금까지도 이 대목을 읽는 자들은 오히려 얼굴에 노기를 드러내는데 하물며 원수이겠는가?

가령 夔나라에 君子가 있었더라도 반드시 제사 지내서는 안 된다는 말로 대답했을 것이다. 그러나 그 말을 하는 방법은 달랐을 것이다. 오직 夔나라가 텅 비어 군자가 없었기 때문에, 사사로운 분노에 가려서 다만 제사 지내지 않아야 한다는 것만으로 대답할 뿐, 제사 지내지 않아야 하는 이유는 생각할 겨를이 없었다. 그러므로 도리어 楚나라를 잃은 것을 추후에 허물하고 귀신이 돕지 않은 것을 원수로 여겼으니 어쩌면 그리도 사리에 어긋났는가? 아! 조상을 원수로 여긴다면 이는 하늘을 원수로 여기는 것이다.

과연 夔子의 말대로라면 石厚의 아들은 石碏의 제사를 폐지하고, 金日磾의 자손은 敬侯(金日磾)의 사당에 〈제사 지내기 위해〉 들어가지 않는 자가 있었을 것이다. 夔나라가 처음 제사 지내지 않은 이유에 어찌 이런 뜻이 있었겠는가?

人情固有自譽而以惡爲美者矣나 未有自詆而以美爲惡者也라 夔之祀典이 本出於禮어늘 今務快其忿하야 甘自處於悖逆而忘其守禮之初心하니 忿戾之移人可畏哉ㄴ저 忿楚子而上及吾祖하니 何怒之遷也오 怒止於楚면 其可自附於不遷怒乎아 曰 未也라 所謂遷怒者는 非待怒室及市然後謂之遷也요 非待怒甲及乙然後謂之遷也라 怒在於彼라가 遷之於我면 是之謂遷이라 怒在於彼而遷之於我는 是猶奪人之酖而自飮이니 其不裂腹潰腸者幾希리라 彼顔子之不遷怒[1]는 果何以異於人哉아 亦不奪酖者之智而已矣니라

1) 〔역주〕 彼顔子之不遷怒 : ≪論語≫ 〈雍也〉에 보인다. "哀公이 '제자 가운데 누가 學問을 좋아합니까?'라고 묻자, 孔子께서 대답하셨다. '顔回라는 자가 배움을 좋아하여 노여움을 남에게 옮기지 않고 같은 잘못을 거듭 짓지 않더니, 불행하게도 命이 짧아 죽었습니다. 지금은 없으니, 아직 배움을 좋아한다는 자를 듣지 못하였습니다.'〔哀公問 弟子孰爲好學 孔子對曰 有顔回者好學 不遷怒 不貳過 不幸短命死矣 今也則亡 未聞好學者也〕"

사람의 常情은 본래 제가 한 일을 스스로 칭찬하여 악행을 미덕으로 만드는 자는 있지만, 스스로 무함하여 미덕을 악행으로 만드는 자는 없다. 夔나라의 祀典은 본래 禮에서 나온 것인데 지금 그 忿怨을 풀기를 힘써 스스로 기꺼이 도리에 거스르는 짓을 하고 禮를 지키는 초심을 잊었으니, 분노가 사람을 변하게 하는 것이 참으로 두렵다.

楚子에게 분노하여 위로 자기 조상에까지 미쳤으니 어찌하여 그렇게 분노를 옮겼는가? 분노가 楚나라에서 그치고 〈조상에 미치지 않았다면〉 스스로 '不遷怒(노여움을 옮기지 않음)'에 비유할 수 있는가? 그렇지 않다. 이른바 '遷怒(노여움을 옮김)'란 집에서 노한 것을 시장에서 화풀이한 뒤에야 그것을 '옮겼다'고 하는 것이 아니며, 甲에게 노한 것을 乙에게 화풀이한 뒤에야 그것을 '옮겼다'고 하는 것도 아니다. 다른 사람에게 노한 것을 나에게 옮기는 것을 일러 '옮김'이라 한다.

다른 사람에게 노한 것을 나에게 옮기는 것은 마치 다른 사람의 짐독을 빼앗아 스스로 마시는 것과 같으니, 배가 찢어지고 창자가 녹아내리지 않을 자가 드물 것이다. 저 顔子의 '노여움을 옮기지 않은 것'은 과연 무엇이 사람들과 달랐는가? 이 또한 짐독을 뺏어 마시지 않은 지혜일 뿐이다.

東萊博議 卷15

15-01 宋叛楚卽晉 宋나라가 楚나라를 배반하고 晉나라에 붙다

15-01-01 宋叛楚卽晉 宋나라가 楚나라를 배반하고 晉나라에 붙다

【左傳】 僖二十六年이라 秋에 宋以其善於晉侯也[1]로 叛楚卽晉하니 楚令尹子玉司馬子西帥師伐宋하야 圍緡하다

1) 〔역주〕 秋 宋以其善於晉侯也 : 重耳가 出奔하였을 때 宋 襄公이 그에게 말 20乘을 준 것을 이른다.

僖公 26년, 가을에 宋나라는 자기들이 晉侯를 잘 대우하였다 하여 楚나라를 배반하고 晉나라에 붙으니, 楚나라 令尹 子玉과 司馬 子西가 군대를 거느리고 가서 宋나라를 토벌하여 緡을 포위하였다.

15-01-02 楚子將圍宋止文之敎也 '楚子가 宋나라를 포위하려 하다'에서 '文公이 백성을 敎導한 結果이다'까지

【左傳】 僖二十七年이라 楚子將圍宋[1]하야 使子文治兵於睽[2]하니 終朝而畢하고 不戮一人[3]하다 子玉復治兵於蔿[4]하니 終日而畢하고 鞭七人하고 貫三人耳[5]하다 國老皆賀子文하니 子文飮之酒[6]하다 蔿賈尙幼러니 後至不賀[7]어늘 子文問之한대 對曰 不知所賀니이다 子之傳政於子玉에 曰 以靖國也[8]라하더니 靖諸內而敗諸外[9]면 所獲幾何[10]오 子玉之敗는 子之擧也라 擧以敗國하니 將何賀焉이릿가 子玉剛而無禮하야 不可以治民이니 過三百乘이면 其不能以入矣[11]리이다 苟入而賀ㄴ들 何後之有릿가

1) 〔역주〕 楚子將圍宋 : 宋나라가 楚나라를 배반하고 晉나라에 붙었기 때문에 楚나라가 宋나라를 포위하려 한 것이다.〈杜注〉

2) 〔역주〕 使子文治兵於睽 : 子文이 이때 令尹이 아니었기 때문에 '使'라고 한 것이다. 治兵(군사 훈련)은 號令을 익히는 것이다. 睽는 楚나라 邑이다.〈杜注〉

3) 〔역주〕 終朝而畢 不戮一人 : 終朝는 새벽부터 아침밥을 먹을 때까지이다. 子文은 子玉에게 重任을 맡기고자 하였기 때문에 자신은 일을 대충 처리한 것이다.〈杜注〉

4) 〔역주〕 子玉復治兵於蔿 : 子玉이 楚나라의 令尹이었기 때문에 다시 治兵한 것이다. 蔿는 楚나라 邑이다.〈杜注〉
5) 〔역주〕 貫三人耳 : 화살로 그 귀를 꿴 것이다.〈附注〉
6) 〔역주〕 國老皆賀子文 子文飮之酒 : 國老는 벼슬에서 물러난 卿大夫이다. 子文이 子玉을 令尹이 되도록 하였기 때문에 그가 적임자를 천거한 것을 축하한 것이다.〈杜注〉
7) 〔역주〕 蔿賈尙幼 後至不賀 : 蔿賈는 伯嬴으로 孫叔敖의 아버지이다. 幼는 少(나이가 어림)이다.〈杜注〉
8) 〔역주〕 子之傳政於子玉 曰以靖國也 : 僖公 23년에 子文이 叔伯에게 대답한 말을 말한 것이다.〈附注〉
9) 〔역주〕 靖諸內而敗諸外 : 蔿賈는 子玉이 반드시 실패한다고 생각하였기 때문에, 비록 國內는 안정되지만 國外에서는 반드시 실패한다고 한 것이다.〈附注〉
10) 〔역주〕 所獲幾何 : 얻는 것이 잃는 것을 補償할 수 없다는 말이다.〈附注〉
11) 〔역주〕 其不能以入矣 : 군대를 온전하게 거느리고 살아서 돌아올 수 없다는 말이다.

僖公 27년, 楚子가 宋나라를 포위하려고 子文에게 睽에서 治兵하게 하니, 子文은 終朝에 治兵을 마치고 한 사람도 처벌하지 않았다. 子玉에게 다시 蔿에서 治兵하게 하니 子玉은 하루해가 다한 뒤에 마치고 일곱 사람에게 매질을 하고 화살로 세 사람의 귀를 꿰었다. 國老가 모두 子文에게 祝賀하니 子文이 그들에게 술을 대접하였다. 蔿賈는 아직 젊었는데 늦게 와서 축하도 하지 않거늘 子文이 그 까닭을 묻자 蔿賈는 이렇게 대답하였다.

“축하할 일이 무엇인지 모르겠습니다. 당신께서 子玉에게 國政을 전할 때 ‘이렇게 함으로써 나라를 안정시키고자 한다.’고 하셨는데, 國內는 안정된다 하더라도 國外에서 실패한다면 소득이 얼마나 되겠습니까? 子玉의 실패는 당신의 薦擧 때문입니다. 國事를 실패할 사람을 천거하였는데 무엇을 축하하란 말입니까? 子玉은 剛愎(퍅)하고 無禮하여 군대〔民〕를 다스릴 수 없으니, 300乘 이상을 거느리고 出戰하면 군대를 온전히 거느리고 돌아올 수 없을 것입니다. 만약 온전하게 거느리고 돌아온다면 〈그 때에 가서 축하한들〉 무엇이 늦겠습니까?”

冬에 楚子及諸侯圍宋하니 宋公孫固[1]如晉告急하다 先軫曰 報施救患[2]하고 取威定霸가 於是乎在矣니이다 狐偃曰 楚始得曹하고 而新昏於衛[3]하니 若伐曹衛면 楚必救之리니 則齊宋免矣[4]리이다 於是乎蒐于被廬[5]하야 作三軍하고 謀元帥하다 趙衰曰 郤縠이 可니이다 乃

使將中軍하고 郤溱佐之하며 使狐偃將上軍하니 讓於狐毛[6]而佐之하고 命趙衰爲卿하니 讓於欒枝[7]先軫이어늘 使欒枝將下軍하고 先軫佐之하며 荀林父御戎[8]하고 魏犨(주)爲右하다

1)〔역주〕宋公孫固：宋 莊公의 손자이다.
2)〔역주〕先軫曰 報施救患：先軫은 晉나라 下軍의 佐(副將) 原軫이다. 報施는 말 20乘을 주었던 宋나라의 은혜를 갚는다는 말이다.
3)〔역주〕而新昏於衛：曹 共公이 비로소 楚나라에 복종한 것이다.〈附注〉
4)〔역주〕若伐曹衛……則齊宋免矣：去年에 楚나라가 申叔을 보내어 穀을 지키게 하여 齊나라를 逼迫하였고, 금년에 楚나라가 宋나라를 포위하였으니, 晉나라가 曹나라와 衛나라를 치면 楚나라는 반드시 宋나라의 포위와 穀의 守備를 풀고 달려가서 曹나라와 衛나라를 救援할 것이므로 齊나라와 宋나라가 벗어난다고 한 것이다.〈附注〉
5)〔역주〕於是乎蒐于被廬：晉나라는 항상 봄에 蒐禮(閱兵式)를 거행하고 政令을 고쳐 한 해의 시작을 경건히 하였다. 被廬는 晉나라 땅이다.〈杜注〉
6)〔역주〕狐毛：狐偃의 兄이다.
7)〔역주〕欒枝：欒貞子인데, 欒賓의 손자이다.
8)〔역주〕荀林父御戎：荀林父는 中行桓子이다. 御戎은 文公의 戎車를 모는 것이다.〈附注〉

겨울에 楚子가 諸侯와 함께 군대를 거느리고서 宋나라를 포위하니 宋나라 公孫固가 晉나라에 가서 위급함을 고하였다. 先軫은 "恩惠를 보답하고 患難을 구제하여 威嚴을 취하고 霸業을 정하는 것이 이 일에 달렸습니다."라 하고, 狐偃은 "楚나라가 비로소 曹나라를 얻었고 衛나라와 새로 婚姻을 맺었으므로 우리가 曹나라와 衛나라를 치면 楚나라는 반드시 이들을 救援할 것이니, 齊나라와 宋나라는 楚나라의 핍박에서 벗어날 수 있을 것입니다."라고 하였다.

이에 晉나라는 被廬에서 군대를 훈련시키고 三軍을 편성하여 元帥를 누구로 삼을 것인가를 상의하였다. 趙衰가 말하였다. "郤縠이 좋습니다." 이에 晉侯는 郤縠에게 中軍을 거느리게 하고 郤溱에게 그를 보좌하게 하였으며, 狐偃에게 上軍을 거느리게 하니 〈狐偃이〉 狐毛에게 사양하고서 자신은 그의 보좌가 되었으며, 趙衰에게 卿을 命하니 欒枝와 先軫에게 사양하거늘 欒枝에게 下軍을 거느리게 하고 先軫에게 그를 보좌하게 하였으며, 荀林父에게 戎車를 몰게 하고 魏犨를 車右로 삼았다.

晉侯始入[1]而敎其民하고 二年에 欲用之하니 子犯曰 民未知義하니 未安其居[2]하니이다 於

是乎出定襄王[3)]하고 入務利民하니 民懷生矣[4)]라 將用之한대 子犯曰 民未知信하니 未宣其用[5)]이니이다 於是乎伐原以示之信하니 民易資者가 不求豐焉[6)]하고 明徵其辭[7)]어늘 公曰 可矣乎아 子犯曰 民未知禮하니 未生其共[8)]이니이다 於是乎大蒐以示之禮[9)]하고 作執秩以正其官[10)]하니 民聽不惑하다 而後用之[11)]하야 出穀戍하고 釋宋圍[12)]하야 一戰而霸하니 文之教也[13)]라

1) 〔역주〕 晉侯始入 : 僖公 24년에 歸國하였다.
2) 〔역주〕 民未知義 未安其居 : 義理가 없으면 目前의 安逸만을 탐하여 구차하게 산다.〈杜注〉
3) 〔역주〕 於是乎出定襄王 : 僖公 25년에 襄王의 위치를 안정시켜 임금을 섬기는 의리를 보였다.〈杜注〉
4) 〔역주〕 入務利民 民懷生矣 : 백성들이 모두 故鄕을 떠나지 않고 편안히 살며 生活의 즐거움을 안다는 말이다.〈附注〉
5) 〔역주〕 民未知信 未宣其用 : 用은 施行하는 것이다. 백성들이 아직 信義를 모르기 때문에 施用하는 방법을 분명히 알지 못하는 것이다.(≪左氏會箋≫)
6) 〔역주〕 民易資者 不求豐焉 : 속임수를 써서 많은 이익을 구하지 않은 것이다.
7) 〔역주〕 明徵其辭 : 契約書와 言約을 모두 분명히 한 것이다.〈附注〉
8) 〔역주〕 未生其共 : 아직 윗사람에게 공경하는 마음이 생기지 않았다는 말이다.〈附注〉
9) 〔역주〕 於是乎大蒐以示之禮 : 蒐(訓鍊)는 長幼의 순서를 정하고 貴賤의 등급을 밝히는 것이다.〈杜注〉
10) 〔역주〕 作執秩以正其官 : 執秩은 爵秩(官爵과 祿俸)을 주관하는 官職이다.〈杜注〉
11) 〔역주〕 民聽不惑 而後用之 : 聽은 聽從의 뜻으로 시키는 대로 順從하는 것이다. 백성들이 義·信·禮를 알면 윗사람의 命을 따르고 의심하지 않는다는 말이다.〈附注〉
12) 〔역주〕 出穀戍 釋宋圍 : 楚子가 申叔에게 穀을 떠나게 하고, 子玉에게 宋나라를 떠나게 한 것이다.〈杜注〉
13) 〔역주〕 一戰而霸 文之教也 : 一戰은 明年의 城濮의 戰爭을 이른 것이다. 晉侯가 文德으로 백성을 教導했기 때문이라는 말이다.〈附注〉

晉侯가 처음 歸國했을 때부터 백성들을 教導하였는데, 〈교도한 지〉 2년 만에 文公이 이들을 사용해 戰爭하려 하니, 子犯이 말하였다.

"백성들이 아직 道義를 몰라 그 생활을 불안하게 여기고 있습니다."

이에 文公은 出兵하여 襄王의 위치를 안정시키고 還國하여 백성을 이롭게 하는 政

治에 힘을 쓰니, 백성들이 생활을 편안히 여겼다. 文公이 다시 이들을 사용해 전쟁하려 하니 子犯이 말하였다.

"백성들이 아직 信義를 몰라 施行할 방법을 분명하게 알지 못합니다."

이에 文公은 原을 쳐서 백성들에게 信義를 보이니, 物資를 交易하는 백성들이 많은 이익을 구하지 않고 약속한 말을 分明한 證據로 삼았다. 文公이 "이제 사용해도 되겠는가?"라고 하니 子犯이 말하였다.

"백성들이 아직 禮를 몰라 공경하는 마음이 생기지 않습니다."

이에 文公은 군사 훈련을 대대적으로 거행하여 禮를 보이고, 執秩를 설치하여 官爵의 등급을 바로잡으니, 백성들이 上司의 命을 따라 의심하지 않았다. 그런 뒤에 이들을 사용하여 穀에 주둔한 楚나라의 戍兵을 축출하고 宋나라의 포위를 풀었다. 그리고 한 번 戰爭하여 霸業을 이루었으니 이는 文公이 백성을 敎導한 결과이다.

15-01-03 晉侯將伐曹止會諸侯于許 '晉侯가 曹나라를 討伐하고자 하다'에서 '〈曹伯이〉 許나라로 가서 諸侯와 會盟하다'까지

【左傳】 僖二十八年에 晉侯將伐曹하야 假道于衛[1]한대 衛人弗許어늘 還하야 自南河濟[2]하야 侵曹伐衛[3]하다 取五鹿[4]하다 晉侯齊侯盟于斂盂[5]하다 衛侯請盟이어늘 晉人弗許하다 晉侯圍曹하야 三月丙午에 入曹하야 令無入僖負羈之宮而免其族하니 報施也[6]라 執曹伯하고 分曹衛之田以畀宋人[7]하다 楚子入居于申하야 使申叔去穀하고 使子玉去宋曰 無從晉師하라 晉侯在外十九年矣로되 而果得晉國[8]하니 險阻艱難을 備嘗之矣[9]요 民之情僞를 盡知之矣라 天假之年[10]하고 而除其害[11]하니 天之所置를 其可廢乎아 子玉使伯棼請戰[12]曰 非敢必有功也라 願以間執讒慝之口[13]하노이다 王怒하야 少與之師하다 公乃拘宛春於衛하고 且私許復曹衛하니 曹衛告絶於楚하다

1) 〔역주〕 晉侯將伐曹 假道于衛 : 曹나라가 衛나라의 동쪽에 있기 때문에 길을 빌리려 한 것이다.〈杜注〉

2) 〔역주〕 自南河濟 : 汲郡 남쪽에서 渡河하여 衛나라의 남쪽으로 나와 동쪽으로 간 것이다.〈杜注〉

3) 〔역주〕 侵曹伐衛 : 내가 고찰하건대 曹나라를 侵攻한 것은 觀狀한 怨恨을 갚기 위함이고, 衛나라를 討伐한 것은 흙덩이를 준〔與塊〕 羞恥를 씻기 위함이었다.〈附注〉 觀狀과

與塊는 僖公 23년 傳에 보인다. 觀狀은 文公이 亡命하여 여러 나라를 떠돌 때 曹伯이 목욕하는 文公의 알몸을 훔쳐본 일이고, 與塊는 衛나라 五鹿에서 野人이 먹을 것을 구걸한 文公에게 흙덩이를 준 일이다.

4) 〔역주〕 五鹿 : 衛나라 땅이다.

5) 〔역주〕 晉侯齊侯盟于斂盂 : 斂盂는 衛나라 땅이다. 齊侯가 穀을 수비하고 있는 楚軍의 逼迫 때문에 晉侯에게 구원을 요청한 것이다.〈附注〉

6) 〔역주〕 報施也 : 밥 속에 구슬을 넣어주었던 은혜를 보답한 것이다.〈杜注〉

7) 〔역주〕 分曹衛之田以畀宋人 : 이것은 모두 楚나라의 부아를 돋우기 위함이다.〈附注〉

8) 〔역주〕 晉侯在外十九年矣 而果得晉國 : 晉侯가 17세에 亡命하였고 망명한 지 19년 만에 돌아왔으니 모두 36년이다. 이때는 그의 나이 40세였다.〈杜注〉

9) 〔역주〕 險阻艱難 備嘗之矣 : 險難한 일을 빠짐없이 경험하면 마음이 견고해진다.〈杜注〉

10) 〔역주〕 天假之年 : 獻公의 아들 9人 중에 오직 文公만이 살아 있기 때문에 하늘이 壽命을 주었다고 한 것이다.〈杜注〉

11) 〔역주〕 而除其害 : 惠公・懷公과 呂甥・郤芮를 제거한 것을 이른다.〈杜注〉

12) 〔역주〕 子玉使伯棼請戰 : 伯棼은 子越椒로 鬪伯比의 손자이다. 出戰을 청한 것은 晉나라와 전쟁할 수 있도록 군대의 增員을 요구한 것이다.〈附注〉

13) 〔역주〕 願以間執讒慝之口 : 間執은 塞(막음)과 같다. 讒慝(蔑視해서 헐뜯는 말)은 "子玉이 3백 乘을 거느리면 살아서 돌아올 수 없다."고 한 蔿賈의 말을 이름이다.〈杜注〉

僖公 28년, 晉侯가 曹나라를 討伐하기 위해 衛나라에 길을 빌려달라고 요청하였으나 衛人이 허락하지 않자, 길을 돌아 衛나라의 남쪽에서 黃河를 건너 曹나라를 侵攻하고 아울러 衛나라도 討伐하였다. 五鹿을 취하였다.

晉侯가 齊侯와 斂盂에서 結盟하였다. 이때 衛侯가 결맹에 참여하기를 요청하였으나 晉人이 허락하지 않았다. 晉侯가 曹나라를 포위하고서 3월 丙午日에 曹나라의 國都로 쳐들어가서 僖負羈의 집에 들어가지 못하도록 令을 내려 그 家族이 禍를 면하게 하였으니, 이는 恩惠를 보답한 것이다. 이에 曹伯을 잡고, 曹나라와 衛나라의 땅을 나누어 宋人에게 주었다.

楚子가 申으로 들어가 거주하면서 申叔에게는 穀에서 떠나게 하고, 子玉에게는 宋나라에서 떠나게 하며 말하였다.

"晉軍을 추격하지 말라. 晉侯가 亡命하여 國外에 19년 동안 있었으나 끝내 晉나라를 얻었으니, 세상의 험하고 어려운 일들을 빠짐없이 경험하였고, 백성들의 진실과 거짓을 모두 알고 있다. 그런 데다가 하늘이 그에게 壽命을 주었고 또 그의 害惡을 제거하였으니, 하늘이 세운 사람을 어찌 사람의 힘으로 폐할 수 있겠는가?"

子玉이 伯棼을 보내어 楚子에게 出戰을 요청하며 말하기를 "감히 기필코 공을 세우겠다는 것이 아니라 이 기회를 이용해〔以〕 讒慝한 입을 막고자 합니다."라고 하였다. 楚王은 노하여 그에게 少數의 군대만 주었다. 文公은 이에 宛春을 衛나라에 억류하고, 또 은밀히 曹나라와 衛나라의 恢復을 허락하니 曹나라와 衛나라는 楚나라에 관계의 단절을 通告하였다.

子玉怒하야 從晉師[1)]하니 晉師退한대 軍吏曰 以君辟臣은 辱也요 且楚師老矣어늘 何故退오 子犯曰 師直爲壯이요 曲爲老니 豈在久乎아 微楚之惠면 不及此[2)]니 退三舍辟之는 所以報也[3)]라 退三舍하다 楚衆欲止하니 子玉不可하다 四月에 晉侯次于城濮한대 楚師背酅而舍라 子玉使鬪勃請戰하다 晉侯登有莘之虛以觀師曰 少長有禮[4)]하니 其可用也로다 遂伐其木하야 以益其兵[5)]하다 己巳에 晉師陳于莘北[6)]하다 楚師敗績이라 晉師三日館穀[7)]하고 及癸酉而還하다 甲午에 至于衡雍하야 作王宮于踐土[8)]하다

1) 〔역주〕 子玉怒 從晉師 : 子玉이 怒하여 宋나라의 포위를 풀고 晉軍과 싸우기 위해 달려온 것이다.
2) 〔역주〕 微楚之惠 不及此 : 重耳가 楚나라를 지날 때 楚 成王이 贈送(이별할 때 財物을 주어 보내는 것)한 은혜가 있었다.〈杜注〉
3) 〔역주〕 退三舍辟之 所以報也 : 1舍가 30리이다. 과거에 楚子가 '公子가 만약 晉나라로 돌아가 임금이 된다면 나에게 무엇으로 보답하겠는가?'라고 물었을 때에 重耳는 3舍를 피하겠다고 대답하였다. 그러므로 '退三舍'를 보답으로 여긴 것이다.〈杜注〉
4) 〔역주〕 晉侯登有莘之虛以觀師曰 少長有禮 : 有莘은 옛날의 나라 이름이다. 少長은 大小란 말과 같다.〈杜注〉
5) 〔역주〕 遂伐其木 以益其兵 : 나무를 베어 전쟁에 필요한 器具를 더 만들어 보탠 것이니, 兵車에 매달고 달려 먼지가 일게 하는 섶〔柴〕도 그중의 하나이다.〈杜注〉
6) 〔역주〕 莘北 : 城濮이다.
7) 〔역주〕 晉師三日館穀 : 館은 駐屯이다. 3일 동안 楚軍의 穀食을 먹은 것이다.〈杜注〉
8) 〔역주〕 至于衡雍 作王宮于踐土 : 衡雍은 鄭나라 땅인데, 지금의 滎陽 卷縣이다. 晉軍이 勝戰하고 돌아온다는 소식을 듣고 襄王이 직접 가서 위로하였기 때문에 王宮을 지은

것이다.〈杜注〉

子玉이 노하여 晉軍을 추격하니 晉軍이 후퇴하였다. 軍吏가 말하였다.

“임금으로서 신하를 피하는 것은 恥辱이고, 또 楚軍은 出征한 지 오래여서 지쳤는데〔老〕 무엇 때문에 후퇴하십니까?”

子犯이 말하였다.

“군대는 名分이 바르면〔直〕 士氣가 旺盛〔壯〕하고 名分이 바르지 못하면〔曲〕 士氣가 衰退〔老〕하는 것이니, 어찌 出征의 久近에 달렸겠습니까? 지난날 楚나라의 은혜가 없었다면 임금님께서 오늘에 이르지 못했을 것이니, 3舍를 후퇴해 피하는 것은 그 은혜를 보답하는 것입니다.”

이에 晉軍이 3舍를 후퇴하였다. 楚軍이 추격을 멈추려 하니 子玉이 허락하지 않았다.

4월에 晉侯가 군대를 거느리고서 城濮에 주둔하였는데, 楚軍이 험한 丘陵을 등지고 陣을 쳤다. 子玉이 鬭勃(楚나라 대부)을 晉나라 軍中으로 보내어 戰鬪를 요청하였다. 晉侯가 有莘의 언덕에 올라 군대를 査閱〔觀師〕하고는 “少長이 모두 禮가 있으니 쓸 만하다.”라고 하고서 드디어 나무를 베어 兵器를 더 만들게 하였다.

己巳日에 晉軍이 莘北에 陣을 쳤다. 楚軍이 大敗하였다. 晉軍이 사흘 동안 주둔하며 楚軍이 버리고 간 軍糧을 먹고 癸酉日에 還軍하였다. 甲午日에 衡雍에 이르러서 踐土에 王宮을 지었다.

丁未에 獻楚俘于王하다 己酉에 王享醴하고 命晉侯宥[1)]하다 王命尹氏及王子虎와 內史叔興父하야 策命晉侯爲侯伯[2)]하고 賜之大輅之服과 戎輅之服[3)]과 彤弓一과 彤矢百과 玈(려)弓矢千[4)]과 秬鬯一卣[5)]와 虎賁三百人[6)]하고 曰 王謂叔父하노니 敬服王命하야 以綏四國하고 糾逖王慝[7)]하라한대 晉侯三辭하고 從命[8)]하야 曰 重耳敢再拜稽首하야 奉揚天子之丕顯休命[9)]하노이다 受策以出하야 出入三覲[10)]하다

1) 〔역주〕 王享醴 命晉侯宥 : 단술을 대접한 뒤에 또 束帛을 내려 晉侯의 기쁨을 돕도록 명하여 厚待의 뜻을 보인 것이다.〈杜注〉

2) 〔역주〕 王命尹氏及王子虎……策命晉侯爲侯伯 : 策命은 辭令狀을 주어 임명하는 것이다. 策命하여 晉侯를 侯伯으로 삼은 것이다. ≪周禮≫에 ‘九命作伯’이라고 하였다. 尹氏와 王子虎는 모두 周나라의 卿士이고, 叔興父는 大夫이다. 이 세 高官을 시켜 策命하

게 한 것은 晉侯를 寵愛한다는 것을 보이기 위함이었다.〈杜注〉

3) 〔역주〕 賜之大輅之服 戎輅之服 : 大輅는 金輅이고 戎輅는 戎車인데, 이 두 輅에는 각각 입는 服裝이 따로 있다.〈杜注〉 大輅는 祭祀 때 타는 수레인데 그 服裝은 驚冕이고, 戎輅는 兵事가 있을 때 타는 수레인데 그 복장은 韋弁이다.〈附注〉 驚冕은 驚衣와 冕旒冠으로 天子와 諸侯의 命服이다. 驚은 꿩의 그림을 그린 것이다. 驚服의 上衣에는 驚·火·宗彝(호랑이)를 그리고 下裳에는 藻·粉米·黼·黻을 수놓는다. 韋弁은 熟皮로 만들어 붉은 칠을 한 모자로 天子와 諸侯가 전쟁 때 착용하는 服裝이다.

4) 〔역주〕 彤弓一……玈(려)弓矢千 : 彤은 赤弓이고, 玈는 黑弓이다. 활 한 자루에 살 백 대씩을 주니, 살이 천 대면 활은 열 자루이다. 諸侯가 弓矢를 下賜받은 뒤에야 征伐을 마음대로 할 수 있다.〈杜注〉

5) 〔역주〕 秬鬯一卣 : 秬鬯은 검은 기장에 香草를 섞어 빚은 鬱鬯酒인데, 제사 지낼 때 이 술을 땅에 부어 神을 降臨케 한다.

6) 〔역주〕 虎賁三百人 : ≪周禮≫에 "虎賁氏가 虎士 3백 인을 거느리고 앞뒤에서 王을 趨從한다."고 하였다. 侯伯으로서는 晉 文公이 처음으로 虎賁을 下賜받은 것이다.〈附注〉

7) 〔역주〕 王謂叔父……糾逖王慝 : 이것은 任命狀에 기록된 말이다. 逖은 遠이니, 王에게 잘못하는 자들을 糾察해 멀리 추방하라는 말이다.〈杜注〉 〈杜注〉에는 逖을 遠으로 해석하였으나, 譯者는 楊伯峻의 ≪春秋左傳注≫를 취하여 '治'의 뜻으로 번역하였다.

8) 〔역주〕 晉侯三辭 從命 : 策命을 세 번 사양한 뒤에 天子의 命을 받아들인 것이다.〈附注〉

9) 〔역주〕 奉揚天子之丕顯休命 : 稽首는 머리가 땅에 닿는 것이다. 丕는 大이고, 休는 美이다.〈杜注〉

10) 〔역주〕 出入三覲 : 出入은 去來와 같으니, 올 때부터 갈 때까지 모두 세 차례 王을 謁見했다는 말이다. 세 차례의 謁見은 戰利品을 바칠 때가 첫 번째 알현이고, 단술을 접대받을 때가 두 번째 알현이고, 策命을 받고 떠날 때가 세 번째 알현이다.

丁未日에 楚나라와의 戰爭에서 얻은 戰利品〔俘〕을 王에게 바쳤다. 己酉日에 王이 晉侯에게 단술을 대접하고, 이어 晉侯에게 宥를 명하였다. 王이 尹氏와 王子虎·內史叔興父에게 명하여 晉侯를 策命하여 侯伯으로 삼게 하고서, 大輅의 服裝과 戎輅의 복장과 彤弓 하나와 彤矢 백 개와 玈弓矢 천 개와 秬鬯 한 통과 虎賁 3백 명을 下賜하면서 말하였다.

"王은 叔父에게 이르노니 삼가 王命에 복종하여 사방의 諸侯를 安撫하고 王에게 잘못하는 자들을 다스리라."

晉侯는 세 번 사양한 뒤에 王命을 받아들이며 "重耳는 감히 再拜하고 머리를 조아리며 天子의 크고 밝으신 아름다운 命을 받들어 宣揚하겠습니다."라고 하고서 策命을 받아 가지고 나왔다. 晉侯는 와서 돌아갈 때까지 모두 세 차례 天子를 謁見하였다.

大輅圖

衛侯聞楚師敗하고 懼하야 出奔楚라가 遂適陳하야 使元咺(훤)奉叔武以受盟[1)]하다 癸亥에 王子虎盟諸侯于王庭하다 要言[2)]曰 皆奬王室하야 無相害也하라 有渝此盟이면 明神殛之하야 俾隊(추)其師하야 無克祚國하고 及(其)〔而〕[3)]玄孫히 無有老幼하리라 君子謂是盟也信이라하고 謂晉於是役也에 能以德攻[4)]이라하다

1) 〔역주〕 使元咺(훤)奉叔武以受盟 : 奉은 叔武에게 임금의 일을 代行하게 한 것이다. 〈杜注〉

2) 〔역주〕 要言 : 載書에 기록한 盟約의 말이다.〈附注〉

3) 〔역주〕 (其)〔而〕: 저본에는 '其'로 되어 있으나, ≪春秋左氏傳≫에 의거하여 '而'로 바로잡았다.

4) 〔역주〕 謂晉於是役也 能以德攻 : 文德으로 백성을 가르친 뒤에 사용한 것을 말한다. 〈杜注〉

衛侯는 楚軍이 敗戰했다는 말을 듣고 겁이 나서 楚나라로 出奔하였다가 드디어 陳나라로 가서 元咺을 보내어 叔武를 받들고 〈王庭으로 가서〉 盟約을 접수하게 하였다.

癸亥日에 王子 虎가 諸侯들과 王庭에서 맹약하였다. 맹약하기를 "모두 王室을 도와 서로 해치지 말라. 이 맹약을 어기면 明神이 벌을 내려 그 군대를 失墜시켜 國家를 享有하지 못하게 하고, 너의 玄孫에 이르기까지 老少할 것 없이 〈모두 災殃을 받을 것이다.〉"라고 하였다.

君子는 이 맹약을 두고 "信義에 맞았다."고 하고, 또 "晉나라가 이번 전쟁에 德으로써 進攻하였다."고 하였다.

城濮之戰에 晉中軍風于澤[1)]하야 亡大旆之左旃[2)]하니 祁瞞奸命[3)]이라하야 司馬[4)]殺之하야 以徇于諸侯하고 使茅茷代之하다 師還하야 濟河하다 舟之僑先歸하니 士會攝右[5)]하다 七月에 振旅하야 愷以入于晉[6)]하야 獻俘授馘[7)]하고 飮至大賞하고 徵會討貳[8)]하고 殺舟之僑以徇于國[9)]하니 民於是大服하다 君子謂文公其能刑矣로다 三罪[10)]而民服이로다

1) 〔역주〕 晉中軍風于澤 : 牛馬가 바람으로 인해 달아나서 牛馬를 모두 잃은 것이다.〈杜注〉 牛馬의 암수가 서로 유인하는 것을 '風'이라 한다.〈附注〉 晉軍이 늪지대를 지나다가 큰바람을 만난 것이다. 傳文에 '牛馬'란 말이 없는데, 牛馬를 잃었다고 한 〈杜注〉와 '風'을 牛馬의 바람으로 해석한 〈附注〉가 모두 옳지 않다.

2) 〔역주〕 亡大旆之左旃 : 大旆는 旗名이다. 깃 가에 술을 붙인 것을 '旆'라 하고, 아무 무늬가 없는 통폭 천으로 만든 것을 '旃'이라 한다.〈杜注〉 大旆의 左旃은 前軍의 左旃이다.

3) 〔역주〕 祁瞞奸命 : 祁瞞은 牛馬와 旗旆를 맡은 자로 이것들을 모두 잃었으니, 軍令를 범한 것이다.〈附注〉

4) 〔역주〕 司馬 : 法을 맡은 軍職이다.

5) 〔역주〕 士會攝右 : 임시로 舟之僑의 직무를 代行한 것이다. 士會는 隨武子로 士蔿의 손자이다.

6) 〔역주〕 振旅 愷以入于晉 : 군대가 나가는 것을 '治兵'이라 하고, 들어오는 것을 '振旅'라

하는데, 여기서는 勝戰하고 돌아오는 뜻으로 쓰였다. 愷는 音樂이다.

7) 〔역주〕 獻俘授馘 : 俘는 생포한 敵軍이고, 馘은 죽인 敵軍의 귀를 벤 것이다. 獻과 授는 모두 告의 뜻이다.

8) 〔역주〕 徵會討貳 : 諸侯를 徵召한 것은 장차 겨울에 溫에서 會合하기 위함이다. 討貳는 두마음 품은 諸侯를 토벌한 것이다.〈附注〉

9) 〔역주〕 殺舟之僑以徇于國 : 군대를 버리고 먼저 돌아간 罪를 지었기 때문에 그 죄를 懲罰해 죽인 것이다.〈附注〉

10) 〔역주〕 三罪 : 세 罪人은 顚頡·祁瞞·舟之僑이다.

城濮의 전쟁 때 晉나라의 中軍이 늪지대에서 큰바람을 만나 大旆의 左旃을 잃었다. 祁瞞이 軍令을 犯했다 하여 司馬가 그를 죽여 諸侯 軍中에 조리돌리고서 茅茷에게 그 職務를 대신하게 하였다. 晉軍이 還軍하여 河水를 건넜다. 舟之僑가 먼저 돌아가니 士會가 車右의 職을 代行하였다.

7월에 振旅하여 凱旋樂을 울리며 晉나라 國都로 들어와서, 宗廟에 俘와 馘을 告하고 飮至하고서 크게 상을 내리고 諸侯들을 불러 두마음 품은 나라를 討伐하게 하고 舟之僑를 죽여 全國에 조리돌리니 백성들이 크게 복종하였다. 君子가 이에 대해 다음과 같이 評論하였다.

"文公은 刑罰을 잘 시행하였다. 세 罪人을 죽이니 백성들이 복종하였다."

冬에 會于溫하니 討不服也[1]라 是會也에 晉侯召王하야 以諸侯見하고 且使王狩[2]하다 仲尼曰 以臣召君은 不可以訓이라 故書曰 天王狩于河陽이라하니 言非其地也[3]요 且明德也[4]라 晉侯有疾하니 (竪)〔豎〕侯(孺)〔獳〕[5]가 貨筮史[6]하야 使曰 以曹爲解[7]하라 齊桓公爲會而封異姓[8]이어늘 今君爲會而滅同姓하니 曹叔振鐸은 文之昭也[9]요 先君唐叔은 武之穆也라 且合諸侯而滅兄弟는 非禮也요 與衛偕命[10]하고 而不與偕復은 非信也요 同罪異罰은 非刑也[11]라 禮以行義하고 信以守禮하며 刑以正邪니 舍此三者면 君將若之何오 公說(열)하야 復曹伯하고 遂會諸侯(圍)〔于〕[12]許[13]하다

1) 〔역주〕 會于溫 討不服也 : 討許衛
　許나라와 衛나라를 討伐하기 위함이었다.

2) 〔역주〕 是會也……且使王狩 : ≪春秋左傳正義≫에 의하면 晉侯의 本心은 諸侯를 대대적으로 모아 함께 天子를 섬기는 것을 신하의 名分과 道義로 삼고자 한 것이고, 실로

天子의 자리를 엿보려는 마음은 없었다. 그러나 이때 周나라 王室이 이미 쇠퇴하여 天子가 미약하였으니, 갑자기 아홉 나라의 군대 수십만을 거느리고 京師로 가서 天子을 謁見한다면 簒奪하려는 意圖가 있는 것으로 誤認될 우려가 있기 때문에 周나라로 가지 않고 王이 오도록 불렀다는 뜻이다.

3) 〔역주〕 故書曰……言非其地也 : 마치 天子가 스스로 사냥을 나왔고, 사냥한 장소만이 합당한 장소가 아닌 것처럼 글을 만들었다. 그러므로 '河陽'이라고 기록한 것이다. 河陽은 실로 晉나라에 속한 땅이니 王이 사냥할 곳이 아니다.

4) 〔역주〕 且明德也 : 王을 부른 晉侯의 잘못은 숨기고 晉나라의 功德을 밝히고자 한 것이다. 의심스러운 義理이기 때문에 특별히 仲尼를 칭하여 밝힌 것이다.〈杜注〉

5) 〔역주〕 (豎)〔豎〕侯(孺)〔獳〕 : 저본에는 '豎侯孺'로 되어 있으나, ≪春秋左氏傳≫에 의거하여 '豎侯獳'로 바로잡았다.

6) 〔역주〕 (豎)〔豎〕侯(孺)〔獳〕 貨筮史 : 豎는 內外의 交通을 맡은 자이다. 史는 晉나라의 史이다.

7) 〔역주〕 以曹爲解 : 曹나라를 멸망시킨 일로 曹나라 先君의 神이 災殃을 내려 병이 생긴 것으로 풀이하라는 말이다.

8) 〔역주〕 齊桓公爲會而封異姓 : 邢나라와 衛나라를 封해준 것을 이른다.

9) 〔역주〕 曹叔振鐸 文之昭也 : 曹叔 振鐸은 曹나라에 처음 봉해진 임금으로 文王의 아들이다.〈杜注〉

10) 〔역주〕 與衛偕命 : 은밀히 曹나라와 衛나라를 회복시켜 주겠다고 허락한 것을 이른다.〈杜注〉

11) 〔역주〕 非刑也 : 公正한 刑罰이 아니라는 말이다.

12) 〔역주〕 (圍)〔于〕 : 저본에는 '圍'로 되어 있으나, ≪春秋左氏傳≫에 의거하여 '于'로 바로잡았다.

13) 〔역주〕 遂會諸侯(圍)〔于〕許 : 復位된 曹伯은 曹나라로 가지 않고 즉시 許나라로 가서 晉侯가 주도한 會盟에 참여한 것이다.

겨울에 溫에서 회합하였으니, 이는 服從하지 않는 나라를 懲罰하기 위함이었다. 이번 會合에 晉侯가 王을 불러 諸侯를 거느리고 朝見하고, 또 王에게 사냥하게 하였다. 이에 대해 仲尼는 "신하로서 임금을 부른 것은 敎訓이 될 수 없다."고 하였다. 그러므로 經에 "天王이 河陽에서 사냥하였다."고 기록하였으니, 이는 王이 사냥할 땅이 아님을 말한 것이고, 또 晉 文公의 德을 밝힌 것이다.

晉侯가 병이 들자 豎(曹伯의 小臣) 侯獳가 筮史에게 뇌물을 주어, 〈병이 생긴 원인을〉 曹나라를 멸망시켰기 때문으로 풀이하게 하였다. 〈이에 筮史는 晉侯에게〉 "齊 桓公은 會盟하여 異姓을 諸侯로 封하였는데, 지금 君께서는 회맹하여 同姓 諸侯를 滅하셨습니다. 曹叔 振鐸은 文王의 아들이고 先君 唐叔은 武王의 아들입니다. 그리고 또 諸侯를 會合하여 兄弟의 나라를 擊滅하는 것은 禮가 아니고, 〈曹나라와〉 衛나라를 함께 회복시키겠다고 명해놓고서 함께 회복시키지 않은 것은 信이 아니며, 같은 罪에 罰을 달리하는 것은 刑이 아닙니다. 禮로써 義를 행하고 信으로써 禮를 지키며 刑으로써 邪惡을 바로잡는 것이니, 이 세 가지를 버리고서 君께서는 장차 무엇으로 나라를 다스리겠습니까?"라고 하니, 公은 기뻐하여 曹伯을 復位시켰다. 曹伯은 드디어 許나라로 가서 諸侯와 會盟하였다.

戶有樞하고 **言亦有樞**하며 **射有的**하고 **言亦有的**하며 **(道)〔屠〕**[1]**有會**[2]하고 **言亦有會**하니 **一得其樞**면 **萬戶皆開**하고 **一破其的**이면 **萬矢皆廢**하며 **一中其會**하면 **萬理皆解**라 **千世之所不能決**과 **百家之所不能定**과 **群說之所不能該**를 **聖人折之以一字**하야 **而包羅交結**하야 **擧無所遺**하니 **是果何術耶**아 **盖所運者樞**요 **所貫者的**이요 **所據者會也**ㄹ새니라

1) 〔역주〕 (道)〔屠〕: 저본에는 '道'로 되어 있으나, 四庫全書本과 三民書局本에 의거하여 '屠'로 바로잡았다.

2) 〔역주〕 (道)〔屠〕有會 : 屠는 백정이고 會는 心會(마음속으로 파악함)이니, 곧 짐승을 屠殺해 解體하는 백정은 마음속으로 짐승의 관절과 筋骨 등의 구조를 파악하고 있다는 말이다.

門戶에 樞機가 있고 말에도 樞機가 있으며, 射箭에 표적이 있고 말에도 표적이 있으며, 백정은 짐승의 몸 구조를 파악함이 있고 말에도 脈理를 파악함이 있다. 한번 그 樞機을 얻으면 천만 개의 문호를 모두 열 수 있으며, 한번 그 표적을 격파하면 천만 개의 화살을 모두 폐기해야 하며, 한번 그 맥리를 理會하면 만 가지 이치가 모두 풀린다.

千世 동안 해결하지 못한 것과 百家가 결정하지 못한 것과 각종 논설이 포괄하지 못한 것들을 성인은 한 글자로 折中하고 전부를 포괄하여 빠뜨리는 것이 없으니, 이는 과연 무슨 方術인가? 대체로 運轉하는 것은 樞機이고 貫穿하는 것은 標的이고 의거하는 것은 그 이치를 體會하였기 때문이다.

晉文公之霸諸侯에 其謀畫(획)과 其政刑과 其征伐과 其盟會를 使後世學者定其是非면 必條陳縷數[1)]之曰 此臧也요 彼否也며 此優也요 彼劣也며 此工也요 彼拙也라하야 雖累牘聯簡[2)]이라도 猶未能盡其是非어늘 而吾夫子斷之一字曰 譎而已[3)]라하시니라 味譎之一字하야 而觀晉文之平生이면 千源萬派가 滔滔汨汨하야 皆赴於一字之內하야 動容周旋과 橫斜曲直이 無往非譎[4)]이라

1) 〔역주〕 條陳縷數 : 조목별로 진술하고 자세히 셈이다.

2) 〔역주〕 累牘聯簡 : 문장이 장황하고 길을 이른다.

3) 〔역주〕 夫子斷之一字曰 譎而已 : ≪論語≫ 〈憲問〉에 "晉 文公은 狡譎하고 정직하지 않았다.〔晉文公譎而不正〕"란 말이 보인다. 譎은 權謀術數 등 부정한 속임수를 이른다.

4) 〔역주〕 千源萬派……無往非譎 : 千源萬派는 晉 文公의 發想을 이르고, 滔滔汨汨은 그 발상이 행위로 진행됨을 이르고, 動容周旋은 행동거지와 揖讓進退를 이르고, 橫斜曲直은 행위의 모든 것을 이르니, 곧 晉 文公의 모든 행위는 시작부터 끝까지 狡譎이 아님이 없다는 말이다.

晉 文公이 諸侯의 霸者가 되었을 때에 행했던 計謀와 政刑과 征伐과 盟會에 대하여 後世 학자들에게 그 是非를 論定하게 한다면, 반드시 조목별로 자세히 진술하기를 "이것은 善하고 저것은 不善하며, 이것은 우월하고 저것은 저열하며, 이것은 공교하고 저것은 졸렬하였다."라고 장황하게 서술하였을 것이다. 그러나 이렇게 해도 오히려 그 是非를 다 거론하지 못했을 것인데, 우리 夫子께서는 '譎'이란 한 글자로써 晉 文公을 단정하셨다.

'譎'이란 한 글자의 含意를 음미하여 晉 文公의 일생의 〈행위를 비추어보면〉 천 개의 근원과 만 개의 물결이 滔滔히 흐르고 汨汨히 흘러 모두 하나의 '譎'字 안으로 달려가서 動容周旋과 橫斜曲直이 가는 곳마다 譎이 아님이 없다.

如拔其尤者論之컨대 楚與宋은 皆有德於文公者也[1)]라 兼受二國之施하니 則當兼報二國之德이라 豈當有所偏助哉아 文公之心은 則以宋弱國也니 因前日之德而親我者也요 楚强國也니 挾前日之德而陵我者也라 今楚伐宋하니 爲吾計者컨대 固當助宋以厚其親我之心이요 挫楚以奪其陵我之氣라 不寧惟是라 吾方圖霸業호되 坐視楚橫行而不敢較면 則霸權在楚不在晉矣라 然遽加兵於楚면 則天下必以我爲背惠食言이리니

其誰與我리오 於是不攻楚而攻楚之所必救라 伐曹伐衛면 皆楚親暱이니 外無背楚之名이요 而內有怒楚之實이라 使兵端發於楚하고 而不發於我하야 待楚之先動而後에 徐起而應之면 則雖破楚而無背惠之名이니 其爲謀可謂譎矣라

1) 〔역주〕 楚與宋 皆有德於文公者也 : 晉 文公이 公子로서 出奔하여 여러 나라를 주유할 적에 宋나라에 들르니 宋 襄公이 晉 公子에게 말 20乘(80匹)을 증여한 일과, 楚 成王이 연회를 열어 晉 公子를 접대하면서 후일에 晉나라로 돌아가서 임금이 된다면 나에게 무엇으로 보답하겠느냐고 묻자, 晉 公子가 "晉나라와 楚나라가 군대를 거느리고서 中原에서 만났을 때에 楚君을 위해 3舍(90리)를 물러나겠다."고 한 일을 이른다.(≪春秋左氏傳≫ 僖公 23년)

그중에 더욱 드러난 일을 뽑아서 評論하면, 楚나라와 宋나라는 모두 晉 文公에게 恩德이 있는 나라이다. 두 나라의 은혜를 동시에 받았으니 두 나라의 은덕을 똑같이 갚음이 마땅하다. 어찌 치우치게 돕는 바가 있어서야 되겠는가?

文公의 마음에는 '宋나라는 약소국이니 전일에 우리에게 은덕을 베푼 일로 인해 우리를 친근하게 여길 것이고, 楚나라는 강대국이니 전일에 우리에게 은덕을 베푼 일을 믿고서 우리를 업신여길 것이다. 지금 楚나라가 宋나라를 攻伐하니, 우리 晉나라를 위해 계책을 세운다면 宋나라를 도와주어 우리를 친근하게 대한 마음을 후하게 보답하고, 楚나라를 좌절시켜 우리를 업신여기는 기세를 꺾어야 한다. 이뿐만 아니라 우리 晉나라가 바야흐로 霸業을 도모하면서 楚나라가 횡행하는 것을 좌시하고 감히 따지지 않는다면 霸權이 楚나라 있고 晉나라에 있지 않게 될 것이다. 그렇다고 갑자기 楚나라를 攻伐〔加兵〕한다면 천하의 제후들은 반드시 우리 晉나라가 은혜와 언약을 저버렸다고 할 것이니, 그 누가 우리를 돕겠는가?'라고 여겼다.

그러므로 楚軍을 공격하지 않고 楚軍이 반드시 구원할 나라를 공격한 것이다. 曹나라를 공격하거나 衛나라를 공격한다면 모두 楚나라가 친근히 여기는 나라이니, 겉으로는 楚나라를 저버리는 惡名이 없고 안으로는 楚나라를 激怒시키는 실상이 있을 것이다. 전쟁의 꼬투리가 楚軍에게서 발생하고 우리에게서 발생하지 않게 하여, 楚軍이 먼저 움직이기를 기다린 뒤에 천천히 일어나 應戰한다면 비록 楚나라를 擊破하더라도 은혜를 저버렸다는 惡名이 없을 것이니, 文公의 계책이 狡譎하다고 이를 만하다.

此猶非其譎之尤者也라 文公名雖救宋이나 而意實在於勝楚라 時天下之强國은 爲晉

與楚니 必先摧楚之鋒然後에 晉可以專覇於天下라 楚子固倦於兵하니 其很戾而好戰者는 獨子玉耳라 儻不深激楚之怒면 則楚將知難而退리니 晉楚之雌雄不決矣리라 於是因執曹伯하고 分曹衛之田賜宋은 所以深激楚之怒하야 而趣之戰也라 苟文公意止於救宋이면 則當宛春之使에 必欣然而從矣리라 何者오 始伐曹衛는 本所以救宋也어늘 今楚果以愛曹衛之故로 將釋宋圍면 是適投吾欲也라 我復曹衛하고 彼釋宋圍면 兩得其欲이니 何爲不許之乎아 文公非惟不許라 乃執宛春以辱之하고 又私許復曹衛以挑之하야 惟恐激而不怒하고 怒而不戰하니 是其心果在於勝楚요 而不在於救宋也라 人知文公救宋而止耳니 孰知其譎之尤가 一至於此乎아

그러나 이것은 오히려 가장 狡譎한 것이 아니다. 文公이 내세운 名目은 宋나라를 구원하는 것이었으나, 本心은 실로 楚나라와 싸워 승리하는 데 있었다. 이때 천하의 强國은 晉나라와 楚나라였으니, 반드시 먼저 楚나라의 鋒芒(세력)을 꺾은 뒤에야 晉나라가 홀로 天下의 霸者가 될 수 있었다.

楚王은 본래 전쟁하기를 싫어하였으니, 楚나라에 패려궂고 사나워 전쟁하기를 좋아하는 자는 오직 子玉 한 사람뿐이었다. 만약 楚나라를 심하게 격노시키지 않으면 楚軍은 아마도 어려움을 알고 물러갈 것이니 晉나라와 楚나라의 雌雄(勝負)은 결정되지 않을 것이다.

이에 曹伯을 잡고, 曹나라와 衛나라의 땅을 나누어 宋나라에 준 것은 楚나라를 심하게 격노시켜 전쟁을 재촉하게 하기 위함이었다. 만약 晉 文公의 本意가 宋나라를 구원하는 것이었다면 〈楚나라의 大夫〉 宛春이 使臣으로 와서 〈衛侯를 회복시키고 曹나라를 封해주면 우리도 宋나라의 포위를 풀겠다고 했을 때에〉 반드시 흔연히 따랐을 것이다.

어째서냐 하면, 당초에 晉軍이 曹나라와 衛나라를 친 것은 본래 宋나라를 구원하기 위함이었으니, 이제 楚나라가 과연 曹나라와 衛나라를 친애하기 때문에 宋나라의 포위를 풀었다면 이는 우리(晉)의 欲望에 맞춰준 것이다. 우리(晉)는 曹나라와 衛나라를 회복시켜주고 저(楚)는 宋나라의 포위를 풀어준다면 두 나라가 모두 각자의 욕망을 얻는 것이니 무엇 때문에 허락하지 않겠는가?

그런데 晉 文公은 허락하지 않았을 뿐만 아니라 도리어 宛春을 체포하여 모욕을 주

고, 또 사사로이 曹나라와 衛나라의 회복을 허락하여 楚나라에 挑戰하게 하여, 오직 楚王을 격노시켜도 노하지 않고 노하고도 전쟁을 하지 않을까만을 우려하였으니, 이는 그 마음이 과연 楚나라와 전쟁해 승리하는 데 있고 宋나라를 구원하는 데 있지 않은 것이다. 사람들은 晉 文公이 宋나라를 구원한 줄만 알 뿐이니, 누가 그의 심한 狡譎이 끝내 여기에 이른 줄을 알겠는가?

至於退舍之事하야는 **則其譎又深矣**라 **楚本無與晉競之心**이로되 **文公多方以怒之**하고 **迫而使戰**하니 **雖子玉不勝一朝之忿**이나 **然上則楚子**와 **下則士卒**이 **皆不欲也**라 **自常情論之**컨대 **雖車馳卒奔**이라도 **猶懼失楚師**온 **況退舍避之**하야 **使子玉得假以爲班師之名乎**아 **蓋文公固已料子玉於度內**하야 **明知子玉內懷蔿賈之謗**하고 **急於立功以刷其恥**하야 **見吾之退避**면 **必謂幸遇脆敵**하니 **功業易**(이)**取**가 **無若此時**라 **雖吾退十舍**라도 **猶將來追**온 **況三舍乎**아 **文公之所以肯退者**는 **先有以必楚之不退也**라 **心欲戰而形若不欲戰**하야 **用以報德**하고 **用以驕敵**하고 **用以惑諸侯之心**하고 **用以作三軍之憤**이라 **一世爲其所眩惑而不自知**하고 **雖明智如左氏者**로도 **猶信其我退楚還我將何求之語**하야 **載之於書**하니 **信矣**로다 **文公之善譎也**여

90리(3舍)를 물러난 일에 이르러서는 그의 狡譎함이 더욱 심하다. 楚나라는 본래 晉나라와 경쟁할 마음이 없었는데도 文公이 온갖 방법으로 楚軍을 격노시키고 楚나라를 핍박하여 전쟁을 하게 하니, 비록 子玉이 잠시의 분노를 참지 못해 〈應戰하였으나〉 위로 楚王에서부터 아래로 士卒에 이르기까지 모두 전쟁하기를 원하지 않았다.

일반적인 생각으로 논하면 비록 楚軍의 車馬와 士卒이 도주하더라도 오히려 楚軍을 놓칠까 우려할 것인데, 하물며 90리를 물러나 피하여, 子玉으로 하여금 이를 핑계삼아 班師(回軍)의 명분으로 삼을 수 있게 하였겠는가?

文公은 본래 子玉의 행위가 이미 자기가 예상한 범위 이내에 있어서, '子玉은 마음속으로 蔿賈의 비방에 한을 품고서 功을 세워 그 치욕을 씻기에 급하여, 우리가 물러나 피하는 것을 보면 반드시 脆弱한 적을 만나게 된 것을 행운으로 여겨, 功業을 쉽게 취할 수 있는 기회가 지금보다 좋은 때가 없다고 여길 것이니, 비록 우리(晉軍)가 3백 리(10舍)를 물러나도 오히려 추격할 것인데 하물며 90리겠는가?' 하는 것을 분명

히 알고 있었다. 文公이 기꺼이 90리를 물러난 것은 楚軍이 반드시 물러가지 않을 것임을 예상하였기 때문이다.

마음속으로는 전쟁을 원하면서 겉으로는 전쟁을 원하지 않는 것처럼 행동하여 이로써 恩德을 갚고, 이로써 敵을 교만하게 하고, 이로써 諸侯들의 마음을 현혹시키고, 이로써 三軍의 憤愾心을 진작시켰다. 온 세상이 그에게 현혹되어 스스로 깨닫지 못하였고, 左氏처럼 밝은 지혜를 지닌 분도 오히려 "우리가 물러난 뒤에 楚軍도 돌아간다면 우리가 장차 무엇을 바라겠는가?"라고 한 晉 文公의 말을 믿고서 ≪春秋左氏傳≫에 기재하기까지 하였으니, 文公이 狡譎을 잘하였음이 진실이로다.

文公之譎이 夫豈一端而已哉리오 三日而去原하니 若欲自附於王者之師나 然毁丘墓以脅曹[1)]하니 果王者之師耶아 利小則用信하고 利大則用暴하니 吾是以知文公之譎也로라 三罪而民服[2)]하니 若欲自附於王者之刑矣라 然(後)〔舍〕[3)]魏犨(주)而屈法[4)]하니 果王者之刑耶아 疏者則用法하고 愛者則用私하니 吾是以知文公之譎也로라 統而論之컨대 大則如託狩以召王이요 小則如曳柴以誤敵[5)]이니 殆未易偏擧라 要皆不能出夫子一字之外하니 聖人之言可畏也라

1) 〔역주〕 三日而去原……然毁丘墓以脅曹 : 僖公 28년에 晉侯가 曹나라를 포위하고서 城門을 공격할 때 晉軍이 많이 죽으니, 曹人이 晉軍의 屍身을 城 위에 늘어놓았다. 晉侯가 이를 근심하여 많은 사람들에게 계획을 물으니 "군대를 曹나라의 墓地로 옮겨 駐屯시키라."고 하였다. 晉侯가 이 말에 따라 군대를 옮기니, 曹人은 〈자기들 조상의 무덤을 훼손할 것을〉 두려워하여 늘어놓았던 晉軍의 시신을 棺에 넣어 성 밖으로 내보냈다. 晉軍은 그들이 두려워하는 기회를 이용해 曹나라를 공격하여 3월 丙午日에 曹나라에 입성한 일을 이른다.

2) 三罪而民服 : 顚頡祁瞞舟之僑[*)]

〈三罪는〉 顚頡・祁瞞・舟之僑 등 〈세 사람을 처형한 것이다.〉

*) 〔역주〕 顚頡祁瞞舟之僑 : 이 세 사람을 처형한 것은 ≪春秋左氏傳≫ 僖公 28년에 보인다.

3) 〔역주〕 (後)〔舍〕 : 저본에는 '後'로 되어 있으나, 三民書局本에 의거하여 '舍'로 바로잡았다.

4) 〔역주〕 然(後)〔舍〕魏犨(주)而屈法 : 僖負羈의 집을 불태우다가 魏犨가 가슴을 다치자 文公은 그를 죽이고자 하였으나 그의 힘이 아까워 사람을 보내 그를 慰問하게 하고 그의 負傷을 살피게 하여 부상이 심하면 죽이게 하였다. 魏犨가 가슴을 동여매고 나와서 使者를 보고 말하기를 "임금님의 福으로 그대가 보기에 내가 편안하지 않은가?"라고 하고서 높이뛰기를

세 차례, 멀리뛰기를 세 차례 하니, 그는 용서하고 顚頡만을 죽인 일을 이른다.(≪春秋左氏傳≫ 僖公 28년)

5) 〔역주〕 曳柴以誤敵 : 僖公 28년에 있었던 城濮의 전쟁에 晉軍이 수레 뒤에 섶을 매달고 달려 먼지를 일으켜 마치 도망가는 것처럼 위장하여 楚軍을 속여 승리한 것을 이른다.

文公의 狡譎함이 어찌 한 가지뿐이겠는가? 3일 동안 〈포위했으나 항복하지 않자〉 原에서 撤軍하였으니, 〈자신의 행위를〉 王軍의 행위에 비교하고자 한 것 같다. 그러나 무덤을 파헤쳐 曹나라를 위협하였으니 이것이 과연 王軍의 행위인가? 이익이 작으면 신의를 지키고 이익이 크면 暴力을 썼으니 나는 이로써 文公이 狡譎했음을 알았다.

顚頡・祁瞞・舟之僑 등 세 사람을 처형하자 백성들이 信服하였으니, 〈자신의 行刑을〉 王者의 行刑에 비교하고자 한 것 같다. 그러나 뒤에 魏犫를 용서하여 法을 굽혔으니 이것이 과연 王者의 行刑인가? 소원한 자에게는 法을 쓰고, 친애하는 자에게는 私情을 썼으니 나는 이로써 文公이 狡譎했음을 알았다.

통틀어 논하면 큰 狡譎은 사냥을 핑계로 周王을 부른 것이고, 작은 교휼은 兵車에 섶〔柴〕을 매달고 달려 〈逃走하는 것처럼 위장하여〉 敵에게 해를 끼친 것이다. 이런 일들이 하도 많아 일일이 들어 말할 수 없다. 그러나 요컨대 모두 夫子께서 말씀하신 한 '譎'字를 벗어나지 않으니, 성인의 말씀은 〈참으로 사람들을〉 두렵게 한다.

嗚呼라 **文公之譎**이 **所就者區區之霸業耳**라 **其師一動**에 **而子叢死於魯**하고 **子玉死於楚**하고 **叔武歂犬士榮元咺子適子儀死於衛鄉**하니 **若晉師不出**이면 **則是皆無罪之人也**라 **至於若偏若裨**와 **若輿若臺**로 **膏潤原野**하야 **名不登於簡冊者**가 **抑不知其百耶千耶萬耶**니 **忍哉**라 **文公之不仁也**여 **雖然文公始欲譎人**이나 **而終不免爲人所譎**이라 **曹伯之當執當復**과 **衛侯之當殺當釋**이 **出於文公可也**어늘 **顧乃爲巫所譎而還曹伯**하고 **爲醫所譎而生衛侯**라 **至於反衛侯於國**하얀 **則爲魯所餌**하야 **而使恩歸於魯**[1]하니라 **魯**는 **諸侯也**니 **受其譎**이라도 **猶不足深愧**어니와 **孰謂巫醫下流其譎**이 **又有在文公之上者耶**아 **吾所以深爲文公愧**하고 **而益知譎之果不足恃也**로라

1) 曹伯之當執當復……而使恩歸於魯 : 僖公二十八年 晉人執衛侯歸之于京師 三十年 晉侯使醫衍酖衛侯 甯兪貨醫 使薄其酖 不死 公爲之請 納玉於王與晉侯皆十瑴 王許之 秋乃釋衛侯

僖公 28년에 晉人이 衛侯를 잡아 京師로 보냈다. 30년에 晉侯가 醫員 衍을 보내어 衛侯

를 鴆殺하게 하였다. 甯兪가 醫員에게 뇌물을 주어 鴆毒을 약하게 타게 하니 죽지 않았다. 魯 僖公이 衛侯의 석방을 청하며 王과 晉侯에게 모두 열 쌍의 玉을 바치니 王이 석방을 허락하였다. 가을에 衛侯를 석방하였다.

아! 文公의 狡譎이 성취한 것은 보잘것없는 霸業일 뿐이다. 그 군대가 한 번 출동하자 子叢이 魯君에게 죽임을 당하였고, 子玉이 楚나라에서 自殺하였으며, 叔武·歂犬·士榮·元咺·子適·子儀가 衛鄕에서 죽었다. 만약 晉軍이 출동하지 않았다면 이들은 모두 無罪한 사람들이었을 것이다. 偏裨(副將)와 輿臺(賤人)들로 기름진 草原에서 죽어 이름이 簡冊에 登載되지 않은 자들은 또 몇 백인지 몇 천인지 몇 만인지를 알 수 없으니, 잔인하도다! 文公의 不仁함이여!

비록 그러나 文公이 처음에는 남을 속이고자 하였으나 끝내는 남에게 속임을 당함을 면치 못하였다. 曹伯을 잡고 회복시키는 일과, 衛侯를 죽이고 풀어주는 일이 文公에게서 나와야 하는데, 도리어 筮史에게 속임을 당해 曹伯의 封地를 돌려주고, 醫生에게 속임을 당해 衛侯를 살려주었다. 衛侯를 衛나라로 돌려보낸 것으로 말하면 魯 僖公의 뇌물에 낚여 〈衛侯로 하여금〉 은혜를 魯나라에 돌리게 하였다.

魯나라는 諸侯이니 속임을 당해도 크게 부끄러울 게 없지만, 천한 筮史와 醫員의 狡譎이 또 文公의 윗길일 줄을 누가 생각이나 했겠는가? 나는 그러므로 文公을 위해 매우 부끄러워하고, 또 狡譎이 과연 믿을 만하지 못하다는 것을 더욱 자세히 알게 되었노라.

15-02 晉文夢與楚子搏 晉 文公이 꿈에 楚子와 手搏하다

15-02-01 晉文夢與楚子搏 晉 文公이 꿈에 楚子와 手搏하다

【左傳】 僖二十八年이라 四月에 晉侯夢與楚子搏[1]에 楚子伏己而盬其腦[2]하다 是以懼하다 子犯曰 吉이니이다 我得天하고 楚伏其罪하니 吾且柔之矣[3]리이다 楚師敗績하다

1) 〔역주〕 搏 : 搏은 手搏이다. 手搏은 서로 손으로 치는 것으로 지금의 拳鬪와 같은 것이다.

2) 〔역주〕 楚子伏己而盬其腦 : 楚子가 晉 文公의 몸 위에 엎드려 입으로 그 腦를 먹은 것이다.〈附注〉

3) 〔역주〕 楚伏其罪 吾且柔之矣 : 晉侯는 위로 하늘을 향하였기 때문에 '得天(하늘을 도움

얻음)'이라 한 것이고, 楚子는 땅을 향하였기 때문에 '伏罪(죄를 받아들여 복종함)'라 고 한 것이다.〈杜注〉 楚子가 剛한 이(齒)를 사용해 나의 頭骨을 씹는데, 나는 부드러운〔柔〕 腦로써 받쳐 주었으니, 이것이 剛한 것을 부드럽게 하는 것이다. 그러므로 '柔之'라고 한 것이다.〈楊注〉

僖公 28년, 4월에 晉侯가 꿈에 楚子와 手搏하는데 楚子가 晉 文公을 넘어뜨려 놓고 몸 위에 엎드려 腦를 파먹었다. 이 꿈 때문에 文公이 두려워하니, 子犯이 말하였다. "吉夢입니다. 우리는 누워서 하늘을 향하였으니 하늘의 도움을 얻을 徵兆이고, 楚子는 地面을 향해 엎드렸으니 임금님께 伏罪할 징조입니다. 그러니 우리가 장차 저들을 柔順하게 만들 수 있을 것입니다."

楚軍이 大敗하였다.

15-02-02 楚子玉夢(與)[1]河神求瓊弁玉纓 楚나라 子玉의 꿈에 河神이 瓊弁과 玉纓을 요구하다

【左傳】 僖二十八年이라 初에 楚子玉自爲瓊弁玉纓[2]하야 未之服也러니 先戰[3]에 夢河神謂己曰 畀余[4]하라 余賜汝孟諸之麋[5]하리라

1) 〔역주〕 (與) : 저본에는 '與'가 있으나, 四庫全書本과 三民書局本에 의거하여 衍文으로 처리하였다.

2) 〔역주〕 楚子玉自爲瓊弁玉纓 : 瓊弁과 玉纓은 모자와 갓끈을 옥으로 장식한 것이다.

3) 〔역주〕 先戰 : 城濮의 戰爭이 있기 전이다.〈附注〉

4) 〔역주〕 夢河神謂己曰 畀余 : 子玉의 꿈에 河神이 나타나 '瓊弁과 玉纓을 나에게 달라.'고 하였다는 말이다.〈附注〉

5) 〔역주〕 余賜汝孟諸之麋 : 孟諸는 宋나라의 藪澤(濕地)이다. 물과 풀의 어름을 麋라고 한다. 河神의 뜻은 내가 너에게 地利(地勢가 험준하여 敵을 방어하기 좋은 곳)를 주어 네가 勝戰하도록 돕겠다는 것이다.〈附注〉

僖公 28년, 당초에 楚나라 子玉이 스스로 瓊弁과 玉纓을 만들어 아직 사용하지 않았는데, 戰爭에 앞서 꿈에 河神이 子玉에게 "그것을 나에게 달라. 나는 너에게 孟諸의 麋를 주겠다."고 하였다.

15-02-03 燕姞夢天與己蘭　燕姞의 꿈에 天使가 그에게 蘭을 주다

【左傳】 宣三年이라 冬에 鄭穆公卒하다 初에 鄭文公有賤妾曰燕姞[1)]이라 夢天使與己蘭曰 余爲伯鯈[2)]니 余는 而祖也라 以是爲而子[3)]하리니 以蘭有國香일새 人服媚之如是[4)]리라 旣而文公見之하고 與之蘭而御之한대 辭曰 妾不才로 幸而有子라도 將不信하리니 敢徵蘭乎[5)]잇가 公曰 諾다 生穆公에 名之曰蘭이라하다 穆公有疾曰 蘭死면 吾其死乎ㄴ저 吾所以生也라 刈蘭而卒[6)]하다

1) 〔역주〕 燕姞 : 姞은 南燕의 姓이다.
2) 〔역주〕 伯鯈 : 伯鯈는 南燕의 祖上이다.
3) 〔역주〕 以是爲而子 : 蘭을 너의 아들의 이름으로 삼으라는 말이다.〈杜注〉 이 蘭으로 너의 아들을 만들어주겠다는 말이지, 네 아들의 이름으로 삼으라는 말이 아니다.〈楊注〉
4) 〔역주〕 以蘭有國香 人服媚之如是 : 媚는 사랑하는 것이니, 사람들로 하여금 그를 蘭처럼 사랑하게 한다는 말이다.〈杜注〉 國香은 그 香의 高貴함이 예사 品種과 같지 않다는 말이다. 服은 차는 것이다. 옛사람들은 香草를 장식물로 찼다.〈附注〉
5) 〔역주〕 敢徵蘭乎 : 장차 믿음을 받지 못할 것이 두려웠기 때문에 文公이 준 蘭으로 姙娠한 月數를 계산하고자 한 것이다.〈杜注〉
6) 〔역주〕 刈蘭而卒 : 〈楊注〉에 의하면 '刈蘭而卒'에 세 가지 解釋이 있는데, 蘭의 꽃이 열매가 되어 어떤 사람이 蘭을 베어 그 열매를 취하자 穆公이 바로 죽었다는 說이 一解이고, 穆公이 자기의 生死를 試驗하기 위해 蘭을 베어내니 과연 죽었다는 說이 二解이고, 어떤 사람이 실수로 蘭을 베어내자 穆公이 죽었다는 說이 三解이다. 譯者는 三解의 說을 취해 번역하였다.

宣公 3년, 겨울에 鄭 穆公이 卒하였다. 당초 鄭 文公에게 燕姞이라는 賤妾이 있었는데, 꿈에 天使가 그에게 蘭을 주며 "나는 伯鯈이니, 나는 너의 祖上이다. 이 蘭으로 너의 아들을 만들어줄 것이니, 蘭은 國中의 꽃 중에 香氣가 가장 뛰어나므로 사람들이 그를 蘭처럼 친애하고 사랑할 것이다."라고 하였다.

이윽고 文公이 燕姞을 보고서 그에게 蘭을 주며 侍寢하게 하자, 燕姞이 말하기를 "妾이 才能이 없는 몸으로 다행히 姙娠하더라도 〈사람들은 임금님의 아이로〉 믿지 않을 것이니, 감히 이 蘭을 徵據로 삼아도 좋겠습니까?"라고 하니, 文公이 좋다고 승낙하였다. 뒤에 穆公이 태어나자 이름을 '蘭'이라고 하였다.

鄭 穆公이 병이 나자 말하기를 "蘭이 죽으면 나도 죽을 것이다. 나를 태어나게

한 것이 蘭이기 때문이다."라고 하였다. 〈어떤 자가 실수로〉 蘭을 베어내자, 穆公이 죽었다.

15-02-04 魏顆夢結草之老人 魏顆의 꿈에 풀을 묶는 노인이 보이다

【左傳】 宣十五年이라 秋에 秦桓公伐晉하야 次于輔氏[1]하다 壬午에 魏顆敗秦師하야 獲杜回하니 秦之力人也라 初에 魏武子有嬖妾하니 無子라 武子[2]有疾에 命顆曰 必嫁是하라하더니 疾病則曰 必以爲殉하라하다 及卒에 顆嫁之曰 疾病則亂하니 吾從其治也[3]라하다 及輔氏之役에 顆見老人結草以亢杜回러니 杜回躓而顚이라 故獲之하다 夜夢之曰 余는 而[4]所嫁婦人之父也라 爾用先人之治命일새 余是以報호라

1) 〔역주〕 輔氏 : 晉나라 땅이다.

2) 〔역주〕 武子 : 魏犫로 魏顆의 아버지이다.

3) 〔역주〕 疾病則亂 吾從其治也 : 사람이 病이 위중하면 精神이 혼란해지니, 내가 이 妾을 改嫁시키는 것은 우리 아버지의 정신이 혼란할 때 하신 말을 따르지 않고, 정신이 맑을 때 내리신 命〔治命〕을 따르기 위함이라고 말한 것이다.〈附注〉

4) 〔역주〕 而 : '너'이다.

宣公 15년, 가을에 秦 桓公이 晉나라를 討伐하기 위해 輔氏에 駐屯하였다. 壬午日에 魏顆가 秦軍을 敗北시키고서 杜回를 사로잡았으니, 杜回는 秦나라의 力士이다.

과거에 魏武子에게 자식이 없는 嬖妾이 하나 있었는데, 魏武子가 처음 病이 들었을 때는 魏顆에게 命하기를 "〈내가 죽거든〉 이 사람을 반드시 改嫁시켜라."라고 하더니, 병이 위독해지자 "반드시 이 사람을 殉葬시켜라."라고 하였다. 魏武子가 죽은 뒤에 魏顆는 그 여자를 개가시키며 "병이 위독하면 정신이 혼란하니, 나는 아버지의 정신이 맑을 때 하신 命을 따르려는 것이다."라고 말한 일이 있었다.

輔氏에서 戰爭할 때 魏顆는 어떤 한 老人이 풀을 묶어 杜回의 길을 막는 것을 보았는데, 杜回가 그 맺어놓은 풀에 걸려 넘어졌기 때문에 杜回를 사로잡은 것이다. 그날 밤 꿈에 〈그 老人이 魏顆에게 나타나〉 말하기를 "나는 그대가 개가시킨 婦人의 아비이다. 그대가 先人의 治命(정신이 맑을 때 내린 命)을 따랐기 때문에 내가 이로써 보답한 것이다."라고 하였다.

15-02-05 韓厥夢子輿 韓厥의 꿈에 子輿가 보이다

【左傳】 成二年이라 韓厥夢子輿[1]謂己曰 (且)〔旦〕[2]辟左右하라 故中御而從齊侯[3]하다 邴夏曰 射其御者하소서 君子也니이다 公曰 謂之君子而射之는 非禮也[4]라하고 射其左하야 越于車下하고 射其右하야 斃于車中하다

1) 〔역주〕 韓厥夢子輿 : 子輿는 韓厥의 아버지이다.

2) 〔역주〕 (且)〔旦〕 : 저본에는 '且'로 되어 있으나, ≪春秋左傳正義≫에 의거하여 '旦'으로 바로잡았다.

3) 〔역주〕 故中御而從齊侯 : 韓厥이 司馬이니 이 또한 諸將 중의 하나이다. 꿈 때문에 가운데 타고서 수레를 몰았다고 말하여, 그가 본래 御者가 아니기 때문에 가운데 탈 수 없다는 것을 밝혔다. 만약 御者가 없었다면 '代御'라고 말하지 않았을 것이니, 여기에서 韓厥이 元帥가 아닌 것을 알 수 있다. 그 밖의 諸將의 兵車에는 모두 御者가 가운데 타고 將帥가 왼쪽에 탄다.(≪春秋左傳正義≫)

4) 〔역주〕 謂之君子而射之 非禮也 : 戰爭에는 敵을 죽이는 것을 禮로 삼는데, 齊侯는 '君子를 쏘는 것은 禮가 아니다.'라고 하였으니, 이는 戎禮를 모른 것이다.

成公 2년, 韓厥의 꿈에 그 아비 子輿가 그에게 이르기를 "내일 出戰할 때 車左나 車右의 자리를 피하라."고 하였다. 그러므로 韓厥은 가운데에 서서 수레를 몰며 齊侯를 추격하였다.

邴夏가 齊侯에게 말하기를 "저 뒤쫓는 수레의 御者를 쏘십시오. 제가 보기에 그는 君子입니다."라고 하니, 齊侯가 말하기를 "그를 君子라고 하면서 쏘라는 것은 禮가 아니다."라고 하고서, 그 車左를 쏘아 수레 밑으로 떨어뜨리고, 그 車右를 쏘아 수레 안에서 죽게 하였다.

15-02-06 趙嬰夢天使 趙嬰의 꿈에 天使가 보이다

【左傳】 成五年이라 原屛放趙嬰於齊하다 嬰曰 我在라 故欒氏不作하니 我亡이면 吾二昆其憂哉ㄴ저 且人各有能有不能[1]하니 舍我何害리오 弗聽하다 嬰夢天使謂己호대 祭余면 余福女하리라 使問諸士貞伯한대 貞伯曰 不識也라하고 既而告其人曰 神은 福仁而禍淫이어늘 淫而無罰은 福也라 祭其得亡乎ㄴ저 祭之之明日而亡하다

1) 〔역주〕 人各有能有不能 : 禮를 지켜 집안을 바르게 다스리는 일이라면 잘해내지 못하

지만, 굳세고 힘이 있어 趙氏의 종족을 공고히 하는 일이라면 잘해낸다는 말이다.

成公 5년, 原(趙同)과 屛(趙括)이 趙嬰을 齊나라로 추방하려 하자, 趙嬰이 말하기를 "내가 있기 때문에 欒氏가 亂을 일으키지 못한 것입니다. 만약 내가 도망간다면 우리 두 兄께 아마도 憂患이 있게 될 것입니다. 게다가 사람에게는 각각 잘해내는 일과 잘해내지 못하는 일이 있으니, 나를 赦免〔舍〕한다 해서 무슨 害가 있겠습니까?"라고 하였으나, 原과 屛은 들어주지 않았다.

趙嬰의 꿈에 하늘이 使者를 보내어 趙嬰에게 이르기를 "나에게 祭祀를 지내라. 그러면 나는 너에게 福을 주겠다."고 하였다. 趙嬰이 士貞伯에게 사람을 보내어 꿈에 대해 물으니, 貞伯은 "모르겠다."고 하고서, 한참 있다가 그 사람에게 말하기를 "神은 仁慈한 사람에게 福을 내리고 淫亂한 사람에게 禍를 내리는 것인데, 淫亂한 짓을 하고도 罰(禍)을 받지 않는 것은 福이다. 제사를 지낸다면 아마 추방〔亡〕을 당하게 될 것이다."라고 하였다. 趙嬰은 제사를 지낸 이튿날 추방당하였다.

15-02-07 晉侯夢大厲 夢疾爲二豎子 小臣夢負公登天 晉侯의 꿈에 큰 厲鬼가 보이다, 晉侯의 꿈에 病이 두 더벅머리 아이가 되다, 小臣이 꿈에 景公을 업고 하늘로 올라가다

【左傳】 成十年이라 晉侯夢에 大厲가 被髮及地하고 搏膺而踊曰 殺余孫하니 不義로다 余得請於帝矣[1]라하고 壞大門及寢門而入이어늘 公懼하야 入于室하니 又壞戶하다 公覺하야 召桑田[2]巫하니 巫言如夢[3]이어늘 公曰 何如[4]오 曰 不食新矣[5]리이다 公疾病하야 求醫于秦하니 秦伯使醫緩爲之[6]하다 未至에 公夢疾爲二豎子曰 彼는 良醫也라 懼傷我히니 焉逃之오 其一曰 居肓之上膏之下면 若我何[7]리오 醫至曰 疾不可爲也니이다 在肓之上膏之下하야 攻之不可[8]하고 達之不及하고 藥不至焉하니 不可爲也[9]로이다 公曰 良醫也라하고 厚爲之禮而歸之하다 六月丙午에 晉侯欲麥[10]하야 使甸人[11]獻麥하고 饋人爲之[12]하야 召桑田巫하야 示而殺之하다 將食에 張[13]하야 如厠타가 陷而卒[14]하다 小臣有晨夢負公以登天이러니 及日中하야 負晉侯出諸厠하다 遂以爲殉[15]하다

1) 〔역주〕 余得請於帝矣 : 내가 上帝에게 원통함을 호소해 이미 허락을 받았다는 말이다.〈附注〉

2)〔역주〕桑田 : 晉나라 邑이다.
3)〔역주〕巫言如夢 : 鬼神이 怒했다는 무당의 말이 晉 景公이 꿈에서 들은 것과 같다는 것이다.〈杜注〉
4)〔역주〕公曰 何如 : 꿈이 길한지 흉한지를 물은 것이다.〈附注〉
5)〔역주〕不食新矣 : 晉 景公이 新麥을 먹을 때까지 살 수 없다는 말이다.〈杜注〉
6)〔역주〕秦伯使醫緩爲之 : 緩은 醫員의 이름이고, 爲는 治와 같다.〈杜注〉
7)〔역주〕居肓之上膏之下 若我何 : 肓은 膈膜이고, 心腸 아래를 膏라 한다.〈杜注〉
8)〔역주〕攻之不可 : 攻은 뜸을 뜨는 것이니, 불로도 病을 다스릴 수 없다는 말이다.〈附注〉
9)〔역주〕不可爲也 : 針이 도달할 수 없다는 말이다.〈附注〉
10)〔역주〕六月丙午 晉侯欲麥 : 周正의 6월은 지금의 4월로 보리가 비로소 익는 때이다.〈杜注〉
11)〔역주〕甸人 : 公田을 주관하는 사람이다.
12)〔역주〕饋人爲之 : 饋人은 飮食 만드는 일을 주관하는 사람이므로 그에게 음식을 장만하게 한 것이다.
13)〔역주〕張 : 漢方의 脹症으로 腹腔에 물이 차서 배가 부어오르는 病이다.
14)〔역주〕如厠 陷而卒 : 변소 속에 빠져 죽어, 끝내 新麥을 먹지 못한 것이다.〈附注〉
15)〔역주〕遂以爲殉 : 小臣은 꿈을 말하였기 때문에 스스로 禍를 부른 것이다.

成公 10년, 晉侯의 꿈에 큰 厲鬼가 머리는 풀어 헤쳐 땅에 끌리고, 가슴을 치고 뛰면서 말하기를 "네가 나의 손자를 죽였으니, 義理를 모르는 놈이다. 내가 〈너에게 復讐할 것을〉 上帝께 請하여 허락을 받았다."고 하면서 大門과 寢門을 부수고 들어오자, 景公은 겁이 나서 內室로 들어가니 또 內室의 門을 부수었다.

景公이 꿈에서 깨어 桑田에 사는 무당을 불러 점을 치게 하니, 무당의 말도 꿈에서 들었던 것과 같았다. 景公이 "그 吉凶이 어떠하냐?"고 물으니, 무당은 "新麥(새로 생산된 보리)을 먹지 못하실 것입니다."라고 대답하였다.

景公이 과연 병이 위중해져서 秦나라에 사람을 보내어 醫員을 보내주기를 요구하니, 秦伯은 醫員 緩을 보내어 치료하게 하였다. 醫員이 도착하기 전에 景公이 꿈을 꾸니, 病이 두 더벅머리 아이〔豎子〕가 되어 〈한 아이가〉 말하기를 "저 의원은 良醫이니, 우리를 다치게 할까 두렵다. 어디로 도망해야 하겠는가?"라고 하자, 한 아이가 말하기를 "肓의 위와 膏의 아래로 가서 있으면 우리를 어찌하겠는가?"라고 하였다.

의원이 와서 진찰한 다음 景公에게 말하기를 "병을 치료할 수 없습니다. 病이 肓의 위와 膏의 아래에 있으므로 뜸으로도 다스릴 수 없고, 針〔達〕도 그곳까지 미치지 않고, 藥의 힘도 그곳까지 이르지 않으니, 어찌할 수 없습니다."라고 하니, 景公은 "참으로 良醫이다."라고 하고서 후하게 禮遇하여 돌려보냈다.

6월 丙午日에 晉侯는 新麥을 먹고자 하여 甸人에게 보리를 바치게 하고 饋人에게 新麥으로 밥을 짓게 하고서, 桑田의 무당을 불러 〈新麥으로 만든 음식을〉 보이고는 그를 죽였다. 그리고서 막 그 밥을 먹으려 하는데 갑자기 배가 膨脹하여 변소에 갔다가 변소에 빠져 죽었다. 어떤 小臣이 새벽에 景公을 업고 하늘로 올라가는 꿈을 꾸었는데, 正午에 晉侯를 업고 변소에서 나왔다. 드디어 그를 殉葬시켰다.

15-02-08 呂錡夢射月 呂錡가 꿈에 달을 쏘아 맞히다

【左傳】 成十六年이라 呂錡[1]夢射月中之하고 退入於泥하다 占之하니 曰 姬姓은 日也[2]요 異姓은 月也[3]니 必楚王也라 射而中之하고 退入於泥하니 亦必死矣[4]리라 及戰에 射共王中目하다

1)〔역주〕呂錡 : 魏錡이다.
2)〔역주〕姬姓 日也 : 周代에 姬姓은 존귀하였다.〈杜注〉
3)〔역주〕異姓 月也 : 異姓은 비천하였다.〈杜注〉
4)〔역주〕退入於泥 亦必死矣 : 呂錡가 스스로 진창으로 들어갔으니, 역시 죽음을 상징한 것이다.〈杜注〉

成公 16년, 呂錡가 달을 쏘아 맞히고 물러나 진창으로 들어간 꿈을 꾸고는 그 꿈의 吉凶을 점치니, 卜人이 말하기를 "姬姓은 해이고, 異姓은 달이니, 그 달은 楚王이 틀림없습니다. 그러나 활을 쏘아 맞히고 물러나다가 진창에 빠졌으니, 당신도 반드시 죽을 것입니다."라고 하였다. 交戰할 때에 미쳐 呂錡가 楚王을 쏘아 눈을 맞혔다.

15-02-09 聲伯夢瓊瑰 聲伯이 꿈에 珠玉을 먹다

【左傳】 成十七年이라 初에 聲伯夢涉洹[1]에 或與己瓊瑰어늘 食之[2]하고 泣而爲瓊瑰하야 盈其懷[3]하다 從而歌之曰 濟洹之水에 贈我以瓊瑰로다 歸乎歸乎ㄴ저 瓊瑰盈吾懷乎[4]ㄴ저

懼不敢占也[5)]러니 還自鄭에 壬申에 至于貍脤(신)而占之曰 余恐死라 故不敢占也러니 今衆繁而從余三年矣니 無傷也[6)]라하다 言之之莫(모)而卒하다

1)〔역주〕 洹 : 洹水는 汲郡 林慮縣에서 발원하여 동북으로 흘러 魏郡 長樂縣에 이르러 淸水로 들어간다.〈杜注〉

2)〔역주〕 或與己瓊瑰 食之 : 瓊은 玉이고, 瑰는 珠이다. 珠玉을 먹인 것은 飯含의 상징이다.〈杜注〉

3)〔역주〕 泣而爲瓊瑰 盈其懷 : 눈물을 흘리니 그 눈물이 珠玉이 되어 그 품안에 가득 쌓인 것이다.〈杜注〉

4)〔역주〕 從而歌之曰……瓊瑰盈吾懷乎 : 從은 따라가는 것이다. 꿈속에서 珠玉을 준 사람은 바로 저승사자이니, 그 使者를 따라가는 것으로 해석하는 것이 옳을 듯하다.

5)〔역주〕 懼不敢占也 : 聲伯이 꿈에서 깬 뒤에 겁이 나서 감히 이 꿈의 吉凶을 점치지 못한 것이다.〈附注〉

6)〔역주〕 余恐死……無傷也 : 聲伯이 처음에는 凶夢으로 여겼으나, 지금은 따르는 무리가 이미 많고, 또 따른 지가 3년이나 되었으니, 珠玉이 품속에 가득한 것이 이 많은 무리를 상징하는 것으로 여겨 吉夢으로 생각했다. 그러므로 害가 없다고 한 것이다.〈楊注〉

成公 17년, 당초에 聲伯이 잠을 자다가 洹水를 건너는데, 어떤 사람이 聲伯에게 珠玉〔瓊瑰〕을 주자 그것을 먹고 聲伯이 눈물을 흘리니 그 눈물이 珠玉이 되어 품안에 가득히 쌓였다. 聲伯은 〈珠玉을 준 사람을〉 따라가며 "洹水를 건너는데 어떤 이가 나에게 珠玉을 주었네. 돌아갈 것이다. 돌아갈 것이다. 珠玉이 내 품에 가득하니."라고 노래하는 꿈을 꾸었다.

〈聲伯은 꿈에서 깬 뒤에〉 겁이 나서 감히 점을 치지 못하였더니. 이번에 鄭나라 討伐에서 돌아올 때 壬申日에 貍脤에 이르러 점을 치게 하며 말하기를 "나는 죽을 것이 두려워 감히 점을 묻지 못하였다. 그러나 지금은 많은 무리가 나를 따른 지 3년이나 되었으니, 害가 없을 것이다."라고 하였다. 그러나 그는 이 말을 한 날 저녁〔莫〕에 죽었다.

15-02-10 中行獻子夢與厲公訟 中行獻子가 꿈에 厲公과 訟事를 하다

【左傳】 襄十八年이라 中行獻子將伐齊[1)]하다 夢與厲公訟하야 弗勝하다 公以戈擊之하니

首隊於前이어늘 跪而戴之하야 奉以走라가 見梗陽之巫皐[2]하다 他日에 見諸道하야 與之言하니 同[3]이라 巫曰 今玆主[4]必死어니와 若有事於東方이면 則可以逞[5]이리라 獻子許諾하다

1) 〔역주〕 中行獻子將伐齊 : 이해 가을에 齊侯가 魯나라의 북쪽 邊邑을 侵伐하였기 때문이다. 厲公은 獻子가 弑害한 임금이다.
2) 〔역주〕 見梗陽之巫皐 : 梗陽은 晉나라 邑으로 太原 晉陽縣 남쪽에 있다. 皐는 무당의 이름이다. 獻子가 꿈에 그 무당을 만난 것이다.〈杜注〉
3) 〔역주〕 與之言 同 : 무당도 꿈에 獻子가 厲公과 訟事하는 것을 본 것이다.〈杜注〉
4) 〔역주〕 今玆主 : ≪春秋左氏傳≫에 기재된 '主'의 용례를 살펴보면, 成公 이전에는 家臣이 그 大夫를 '君'으로 칭하였고 襄公 이후로는 '主'로 칭하였는데, 家臣뿐만이 아니라 그 밖의 사람도 大夫를 '主'로 칭하였다.
5) 〔역주〕 若有事於東方 則可以逞 : 무당은 獻子가 죽을 징조가 있는 것을 알았기 때문에 결심해 齊나라를 討伐하도록 권한 것이다.〈杜注〉

襄公 18년, 中行獻子(荀偃)가 齊나라를 토벌하려 하였다. 꿈에, 先君 厲公과 訟事를 하여 勝訴하지 못하자, 厲公이 창으로 치니 머리가 잘려 앞에 떨어졌는데, 무릎을 꿇고 앉아 떨어진 머리를 집어 목 위에 얹고 두 손으로 붙들고서 달아나다가 梗陽의 무당 皐를 만났다.

後日에 길에서 그 무당을 만나 이야기하니 그도 똑같은 꿈을 꾸었다. 무당이 말하기를 "금년에 大夫는 반드시 죽을 것이지만 東方의 나라와 戰爭을 한다면 뜻을 이룰 수 있을 것입니다."라고 하니, 獻子가 허락하였다.

15-02-11 叔孫穆子夢天壓已 叔孫穆子의 꿈에 하늘이 자기를 내리누르다

【左傳】 昭四年이라 初에 穆子去叔孫氏할새 及庚宗[1]하야 遇婦人하야 使私爲食而宿焉[2]하다 問其行이어늘 告之故한대 哭而送之하다 適齊하야 娶于國氏[3]하야 生孟丙仲壬하다 夢天壓己하니 弗勝이라 顧而見人하니 黑而上僂[4]요 深目而豭喙라 號之曰 牛아 助余하라 乃勝之[5]하다 (朝)〔旦〕[6]而皆召其徒하니 無之[7]라 且曰 志之하라 宣伯曰 魯以先子之故[8]로 將存吾宗하야 必召女하리니 召女何如[9]오 對曰 願之久矣[10]라 魯人召之하니 不告而歸하다 旣立[11]에 所宿庚宗之婦人이 獻以雉어늘 問其姓[12]하니 對曰 余子長矣하야 能奉雉而從我矣[13]라하다 召而見之하니 則所夢也라 未問其名하고 號之曰牛야하니 曰 唯라 皆召其徒하야

使視之하고 遂使爲豎하다 云云

1) 〔역주〕 穆子去叔孫氏 及庚宗 : 叔孫豹는 成公 16년에 형인 叔孫僑如(宣伯)의 難을 피해 齊나라로 出奔하였다. 庚宗은 魯나라 땅이다.

2) 〔역주〕 遇婦人 使私爲食而宿焉 : 穆子가 女人에게 사사로이 음식을 차리게 하고, 그 집에 寄宿한 것이다.〈附注〉

3) 〔역주〕 娶于國氏 : 國氏는 齊나라 正卿으로 姜姓이다.〈杜注〉

4) 〔역주〕 顧而見人 黑而上僂 : 穆子가 돌아보니 사람이 하나 있는데, 얼굴이 검고 어깨 위가 굽었다는 말이다.〈附注〉

5) 〔역주〕 號之曰……乃勝之 : 꿈속에 그 이름을 '소'라고 불러, 그 소로 하여금 나를 돕게 하여 마침내 하늘을 버틸 수 있었다는 말이다.〈附注〉

6) 〔역주〕 (朝)〔旦〕 : 저본에는 '朝'로 되어 있으나, ≪春秋左氏傳≫에 의거하여 '旦'으로 바로잡았다. '朝'는 朝鮮 太祖 李旦의 피휘로 보인다.

7) 〔역주〕 (朝)〔旦〕而皆召其徒 無之 : 꿈에서 본 자와 비슷한 容貌와 '牛'라는 이름을 가진 자가 없었다는 말이다.〈附注〉

8) 〔역주〕 魯以先子之故 : 先子는 宣伯의 先人이다.〈杜注〉

9) 〔역주〕 將存吾宗……召女何如 : 叔孫氏의 後嗣를 보존시키기 위해 반드시 穆子를 불러 魯나라로 돌아오게 할 것이니, 만약 너를 부른다면 너는 어떻게 처신하겠느냐고 물은 것이다.〈附注〉

10) 〔역주〕 願之久矣 : 兄이 처음 亂을 일으켰을 때부터 나는 오늘과 같이 되기를 원하였다는 말이니, 忿言(분해서 하는 말)인 듯하다.〈杜注〉

11) 〔역주〕 旣立 : 穆子가 齊나라에 있을 때 孟丙과 仲壬을 낳았다. 魯나라가 穆子를 불러들여 卿으로 삼은 것이다.〈杜注〉

12) 〔역주〕 獻以雉 問其姓 : 古禮에 의하면 士가 相見할 때에 꿩을 禮物로 가지고 간다. 이 女人이 꿩을 바쳐 아들이 있다는 것을 暗示하였기 때문에 穆子가 아들이 있느냐고 물은 것이다.〈楊注〉 여자가 아이를 낳는 것을 '姓'이라 하니, 姓은 아들을 이른다.〈附注〉

13) 〔역주〕 能奉雉而從我矣 : 襄公 2년에 豎牛의 나이가 5, 6세였다.〈杜注〉

昭公 4년, 당초 穆子(叔孫豹)가 叔孫氏와 訣別하고 〈魯나라를 떠나 齊나라로 갈 때〉 庚宗에 미쳐 한 女人(婦人)을 만나, 그 여인에게 은밀히 밥을 짓게 하여 먹고 그 여인과 同寢하였다. 그 여인이 穆子에게 떠날 것이냐고 묻자, 〈穆子가 떠나야 할〉 緣由를 말해주니, 그 여인은 울면서 穆子를 보내주었다. 穆子는 齊나라로 가서 國氏의 딸에게 장가들어 孟丙과 仲壬을 낳았다.

하루는 穆子의 꿈에 하늘이 자기를 내리누르니 버틸 수가 없었다. 고개를 돌려 보니 어떤 사람이 있는데, 얼굴은 검고 두 어깨는 앞으로 굽었으며, 눈은 깊고 입은 돼지주둥이 같았다. 큰소리로 그에게 "牛야! 나를 도와달라."고 말하였다. 그의 도움으로 끝내 버틸 수가 있었다. 다음 날 아침에 穆子는 從者들을 다 불러 세워놓고서 살펴보았으나, 꿈에서 본 자와 같이 생긴 자가 없었다. 〈穆子는 從者들에게 꿈 이야기를 해주면서〉 "잘 기억해두라."고 하였다.

宣伯이 말하기를 "魯나라는 우리 先子의 일로 인해 우리 宗族을 보존시키기 위해 반드시 너를 불러들일 것이니, 너를 부른다면 어찌하겠느냐?"고 묻자, 穆子는 "그렇게 되기를 바란 지 오래입니다."라고 대답하였다. 魯人이 부르니, 穆子는 宣伯에게 告하지 않고 歸國하였다.

穆子가 卿이 된 뒤에 庚宗에서 동침했던 女人이 꿩을 바치자, 穆子가 아들이 있느냐고 물으니, 그 여인은 "내 아들이 이미 자라서 꿩을 奉獻할 수 있을 나이가 되었으므로 나를 따라왔습니다."라고 대답하였다. 穆子가 그 아이를 불러 보니, 바로 꿈에서 보았던 아이였다. 穆子는 그 이름도 묻지 않고 '牛야'라고 부르니 아이가 '예'라고 대답하였다. 從者들을 다 불러 그 아이를 보게 하고는 드디어 豎(小臣)로 삼았다. 운운.

15-02-12 魯昭夢襄公祖 魯 昭公의 꿈에 魯 襄公이 祖道祭를 지내다

【左傳】 昭七年이라 楚子成章華之臺하야 願與諸侯落之[1]하니 大宰薳啓彊來召公하다 公將往에 夢襄公祖[2]하다 梓愼曰 君不果行이리이다 襄公之適楚也에 夢周公祖而行이어니와 今襄公實祖하니 君其不行[3]하소서 子服惠伯曰 行하소서 先君未嘗適楚라 故周公祖以道之하고 襄公適楚矣라 而祖以道하니 君不行이면 何之릿가 三月에 公如楚하다

1) 〔역주〕 願與諸侯落之 : 宮室이 처음 완성되면 제사 지내는 것을 '落'이라 한다.〈杜注〉 諸侯를 會合하여 落成祭를 거행하고자 한 것이다.〈附注〉

2) 〔역주〕 公將往 夢襄公祖 : 祖는 道路의 神에 제사하는 것이다. 옛사람은 出行할 때 반드시 路神에게 제사를 지냈다.〈楊注〉

3) 〔역주〕 今襄公實祖 君其不行 : 襄公 28년에 襄公이 楚나라에 갈 적에 일찍이 周公이 祖道祭를 지내는 꿈을 꾼 뒤에 가기로 결정하였는데, 지금 〈周公이 아닌〉 襄公이 실로

昭公을 위해 祖道祭를 지냈으니 魯君은 아마도 가지 못할 것이라는 말이다.〈附注〉

昭公 7년, 楚子가 章華臺를 완성하고서 諸侯들을 초청해 落成式을 거행하기를 원하자, 太宰 薳啓彊이 魯나라에 와서 昭公을 초청하였다.

昭公이 楚나라에 가려 할 때 襄公이 祖道祭를 지내는 꿈을 꾸었다. 梓愼이 말하기를 "임금님께선 과연 가시지 못할 것입니다. 襄公께서 楚나라에 가실 적에 周公이 祖道祭를 지내는 꿈을 꾸고서 가셨지만, 지금 襄公께서 실로 祖道祭를 지내는 꿈을 꾸셨으니, 임금님께선 가지 마소서."라고 하자, 子服惠伯이 말하기를 "가소서. 先君(襄公)께선 楚나라에 가신 적이 없었기 때문에 周公께서 祖道祭를 지내어 길을 引導하셨고, 襄公께선 楚나라에 가신 적이 있기 때문에 祖道祭를 지내어 임금님을 인도하신 것이니, 楚나라에 가시지 않는다면 어디로 가시겠습니까?"라고 하였다. 3월에 昭公이 楚나라에 갔다.

15-02-13 晉侯夢黃熊 晉侯의 꿈에 黃熊이 보이다

【左傳】 昭七年이라 鄭子産聘于晉이러니 晉侯有疾하다 韓宣子逆客하야 私焉[1]曰 寡君寢疾이 於今三月矣라 竝走群望[2]호되 有加而無瘳라 今夢黃熊入於寢門하니 其何厲鬼也오 對曰 以君之明으로 子爲大政하니 其何厲之有리오 昔堯殛鯀于羽山[3]한대 其神化爲黃熊하야 以入于羽淵이러니 實爲夏郊[4]근새 三代祀之[5]니라 晉爲盟主하야 其或者未之祀也乎[6]아 韓子祀夏郊[7]하니 晉侯有間[8]하다 賜子産莒之二方鼎[9]하다

1)〔역주〕私焉 : 은밀히 말한 것이다.〈杜注〉

2)〔역주〕竝走群望 : 晉나라가 望祭를 지내는 山川에 모두 가서 祈禱했다는 말이다.〈杜注〉

3)〔역주〕羽山 : 東海 祝其縣 서남쪽에 있다.〈杜注〉

4)〔역주〕夏郊 : 夏나라가 天祭인 郊祭를 지낼 때 鯀을 配享하는 神으로 삼은 것이다.

5)〔역주〕昔堯殛鯀于羽山……三代祀之 : 鯀은 禹王의 아버지인데, 夏王朝는 郊祭에 그를 配享하였다. 殷·周 二代를 거치면서도 夏王朝와 같이 群神의 數에 들었던 것이 모두 祀典에 보인다.〈杜注〉

6)〔역주〕晉爲盟主 其或者未之祀也乎 : 周나라가 衰하자, 晉나라가 盟主가 되어 天子를 도와 群神에 제사 지내게 된 것이다.〈杜注〉

7)〔역주〕韓子祀夏郊 : 鯀에게 제사 지낸 것이다.〈杜注〉

8) 〔역주〕 晉侯有間 : 間은 病이 조금 나은 것이다.〈杜注〉

9) 〔역주〕 方鼎 : 莒나라가 바친 것이다.〈杜注〉 발이 네 개 달린 鼎이다. ≪春秋左傳正義≫에 "발이 세 개 달린 鼎은 圓形이고, 발이 네 개 달린 鼎은 方形이다."라고 하였다.

昭公 7년, 鄭나라 子産이 晉나라에 聘問하였는데, 이때 晉侯가 병을 앓고 있었다. 韓宣子가 客(子産)을 맞이하면서 은밀히 말하기를 "우리 임금께서 병으로 자리에 누우신 지 지금 석 달이 되었습니다. 응당 祭祀 지낼 모든 山川에 달려가서 祈禱하였으나 병이 더하기만 하고 낫지 않았습니다. 오늘 임금님의 꿈에 黃熊이 寢室의 門으로 들어왔으니, 그것이 무슨 厲鬼(惡鬼)입니까?"라고 하니, 子産이 대답하기를 "晉君의 英名함으로 그대를 大政(正卿)으로 삼았으니, 어찌 厲鬼가 있겠습니까? 옛날에 帝堯가 鯀을 羽山에서 죽이자 그 鬼神이 黃熊으로 변하여 羽淵으로 들어갔는데, 이 神이 실로 夏郊가 되었으므로 三代가 모두 그 神에게 제사를 지냈습니다. 晉나라는 盟主가 되어, 혹시 그 神에게 제사를 지내지 않아서 그런 것인지 모르겠습니다."라고 하였다.

韓子가 夏郊(鯀의 神)에 제사를 지내니 晉侯의 병에 차도가 있었다. 晉侯는 子産에게 莒나라에서 바친 方鼎 두 개를 下賜하였다.

15-02-14 孔成子夢康叔 孔成子의 꿈에 康叔이 보이다

【左傳】 昭七年이라 衛襄公夫人姜氏無子하고 嬖人婤姶(주압)生孟縶하다 孔成子夢康叔謂己호되 立元[1]하라 余使羈之孫圉與史苟相之[2]하리라 史朝亦夢康叔謂己호되 余將命而子苟與孔烝鉏之曾孫圉相元하리라 史朝見成子하고 告之夢하니 夢協이라 故立靈公하다

1) 〔역주〕 孔成子夢康叔謂己 立元 : 成子는 衛나라 卿으로 孔達의 손자 烝鉏이다. 元은 孟縶의 아우이다. 꿈을 꿀 때는 元이 태어나기 전이다.〈杜注〉

2) 〔역주〕 余使羈之孫圉與史苟相之 : 羈는 烝鉏의 아들이고, 苟는 史朝의 아들이다.〈杜注〉

昭公 7년, 衛 襄公의 夫人 姜氏(宣姜)는 아들을 낳지 못하였고, 嬖人 婤姶이 孟縶을 낳았다. 孔成子의 꿈에 康叔(衛나라의 始祖)이 孔成子에게 말하기를 "元(衛 靈公)을 임금으로 세우라. 내 羈의 孫子 圉와 〈史朝의 아들〉 史苟로 하여금 元을 섬기게 하겠다."고 하였다. 史朝 역시 꿈에 康叔이 史朝에게 말하기를 "내 장차 너의 아들 苟와 孔烝鉏의 曾孫 圉에게 命하여 元을 섬기게 하겠다."고 하였다.

史朝가 成子를 찾아가 꿈 이야기를 하니, 두 사람의 꿈이 같았다. 그러므로 〈孔成

子가〉 靈公을 세웠다.

15-02-15 泉丘人有女 夢以其帷幕孟氏之廟 泉丘에 사는 어떤 女人이 자기의 帳幕으로 孟氏의 家廟를 덮는 꿈을 꾸다

【左傳】 昭十一年이라 泉丘人有女러니 夢以其帷幕孟氏之廟하고 遂奔僖子하니 其僚從之[1]하다 盟于淸丘之社曰 有子면 無相棄也[2]하라 僖子使助薳氏之簉(추)[3]하다 反自祲祥하야 宿於薳氏하야 生懿子及南宮敬叔於泉丘人하다 其僚無子하니 使字敬叔[4]하다

1) 〔역주〕 其僚從之 : 이웃에 사는 그녀의 벗도 그녀를 따라 孟僖子에게 달려간 것이다. 〈杜注〉

2) 〔역주〕 盟于淸丘之社曰……無相棄也 : 두 女人이 孟僖子와 맹약한 것이라고 한 〈楊注〉의 說을 취해 번역하였다. 〈附注〉에서는 "後日에 만약 아들을 낳는다면 서로 버리거나 등지지 말기를 盟誓한 것이다."라고 하였다.

3) 〔역주〕 僖子使助薳氏之簉(추) : 簉는 副倅(妾)이다. 薳氏의 딸이 孟僖子의 副妾(두 번째 첩)이 되어 밖에 別居하고 있었으므로 孟僖子가 泉丘의 여인들을 받아들여 薳氏를 補助하게 한 것이다.〈杜注〉

4) 〔역주〕 使字敬叔 : 字는 養育이다. 懿子와 敬叔이 쌍둥이인 듯하다.〈杜注〉

昭公 11년, 泉丘(魯나라 邑)에 사는 어떤 女人이 있었는데, 자기의 帳幕으로 孟氏의 家廟를 덮는 꿈을 꾸고서 드디어 孟僖子에게로 달려가니, 그 벗도 그를 따라갔다. 〈두 여인은 孟僖子와〉 淸丘의 社神 앞에서 맹약하기를 "아들을 낳으면 〈우리를〉 버리지 말라."고 하였다. 孟僖子는 그 여인을 薳氏를 補助하는 妾이 되게 하였다.

孟僖子는 祲祥에서 돌아와서 薳氏의 처소에 묵으면서 泉丘人에게서 懿子와 南宮敬叔을 낳았다. 그 벗에게 아들이 없자 敬叔을 양육하게 하였다.

15-02-16 趙宣子夢文公授之陸渾 趙宣子의 꿈에 文公이 그에게 陸渾을 주다

【左傳】 昭十七年이라 九月丁卯에 晉(旬)〔荀〕[1]吳帥師涉自棘津[2]하야 使祭史先用牲于雒하다 陸渾人弗知하니 師從之[3]하야 遂滅陸渾하다 宣子夢文公攜荀吳而授之陸渾이라 故使穆子帥師하고 獻俘于文宮[4]하다

1) 〔역주〕 (甸)〔荀〕 : 저본에는 '甸'으로 되어 있으나, ≪春秋左氏傳≫에 의거하여 '荀'으로 바로잡았다.
2) 〔역주〕 棘津 : 黃河의 나루 이름이다.〈杜注〉
3) 〔역주〕 陸渾人弗知 師從之 : 陸渾이 晉軍이 자기들을 치려 한다는 것을 알아차리지 못하니, 晉나라 荀吳가 군대를 거느리고 祭史의 뒤를 따라간 것이다.〈附注〉
4) 〔역주〕 故使穆子帥師 獻俘于文宮 : 이렇게 함으로써 꿈에 應對(報答)하려 한 것이다.〈杜注〉

昭公 17년, 9월 丁卯日에 晉나라 荀吳가 군대를 거느리고 棘津에서 渡河한 뒤에 祭史(祭祀를 주관하는 官員)를 보내어 먼저 犧牲을 잡아 雒水에 제사 지내게 하였다. 그런데도 陸渾人은 〈晉人이 자기들을 치려 한다는 것을〉 알아차리지 못하니, 晉軍은 그 뒤를 따라가서 드디어 陸渾을 擊滅하였다.

宣子는 文公이 荀吳의 손을 잡고서 그에게 陸渾을 주는 꿈을 꾸었다. 그러므로 穆子(荀吳)에게 군대를 거느리고 가서 陸渾을 치게 하고, 〈勝利하고 돌아온 뒤에〉 俘虜를 文公의 廟에 바쳤다.

15-02-17 宋元公夢太子欒卽位 宋 元公의 꿈에 太子 欒이 卽位式을 하다

【左傳】 昭二十五年이라 宋元公將爲公故如晉[1]이러니 夢太子欒[2]卽位於廟에 己與平公服而相之[3]하다 (朝)〔旦〕[4]에 召六卿하야 公曰 寡人不佞하야 不能事父兄[5]하야 以爲二三子憂하니 寡人之罪也라 若以群子之靈으로 獲保首領以歿이면 唯是楄柎요 所以藉幹者[6]는 請無及先君[7]하노라 仲幾對曰 君若以社稷之故로 私降昵宴[8]이면 群臣弗敢知어니와 若夫宋國之法과 死生之度[9]라면 先君有命矣니 群臣以死守之요 弗敢失隊니이다 臣之失職이면 常刑不赦라 臣不忍其死니 君命祇辱[10]이니이다 宋公遂行하다 己亥에 卒于曲棘하다

1) 〔역주〕 宋元公將爲公故如晉 : 昭公을 魯나라로 들여보내기를 청하기 위해 가려 한 것이다.〈杜注〉
2) 〔역주〕 太子欒 : 太子 欒은 元公의 太子이다.〈附注〉
3) 〔역주〕 己與平公服而相之 : 己는 元公이다. 平公은 元公의 아버지이다. 元公과 平公이 朝服을 입고서 太子 欒을 輔佐한 것이다.〈附注〉
4) 〔역주〕 (朝)〔旦〕 : 저본에는 '朝'로 되어 있으나, ≪春秋左氏傳≫에 의거하여 '旦'으로 바로잡았다. '朝'는 朝鮮 太祖 李旦의 피휘로 보인다.

5)〔역주〕不能事父兄：父兄은 華氏와 向氏를 이른다.〈杜注〉

6)〔역주〕唯是楄柎 所以藉幹者：楄柎는 ≪左氏會箋≫에 의하면, 楄은 나무를 엮는 것이고 柎는 멧목이니, 나무를 멧목처럼 엮어 棺 밑에 깔아 屍身이 썩으면서 생기는 汁이 새어나가게 하는 것이라고 하였다. 藉幹은 屍身을 받쳐놓는 寢牀만을 말한 것이 아니고 棺 안에 넣는 일체의 副葬品까지 아울러 말한 것인 듯하다.

7)〔역주〕請無及先君：스스로 줄이고자 한 것이다.〈杜注〉

8)〔역주〕私降昵宴：昵은 近이다. 降昵宴은 聲樂과 飮食을 가까이하는 일을 줄이는 것을 이른다.〈杜注〉

9)〔역주〕死生之度：死者를 葬送하고 生者를 섬기는 法度를 이른다.〈附注〉

10)〔역주〕臣不忍其死 君命祗辱：임금님의 명령을 기필코 奉行할 수 없다는 말이다. 祗는 適(다만)이다.〈杜注〉 ≪左氏會箋≫에서는 "命을 내렸는데도 奉行하지 않기 때문에 '辱'이라 한 것이다."라고 하였다.

昭公 25년, 宋 元公이 魯 昭公을 위한 일로 晉나라에 가려 하였더니, 太子 欒이 宗廟에서 卽位式을 거행하는데 자기와 平公이 朝服을 입고 輔佐하는 꿈을 꾸었다.

아침에 六卿을 불러놓고서 元公이 말하기를 "寡人이 변변치 못하여 父兄을 잘 섬기지 못해 여러분에게 근심을 끼쳤으니 이는 寡人의 罪이다. 그러니 여러분의 福〔靈〕을 힘입어 〈橫死를 당하지 않고〉 壽命으로 죽는다면 오직 楄柎만을 쓰고 屍身 밑에 까는 것들은 先君의 장례 때보다 모자라게 하기를 청한다."고 하였다.

仲幾가 대답하기를 "임금님께서 만약 국가의 일로 사사로이 昵宴을 줄이는 것이라면 群臣이 감히 알려 하지 않겠습니다만, 만약 宋나라의 法과 死生의 제도에 관계된 것이라면 先君의 命이 있으니 群臣은 죽음으로 지켜 감히 어길 수 없습니다. 臣 등이 직무를 소홀히 하면 법이 용서하지 않습니다. 신 등은 〈직무를 소홀히 함으로써〉 죽임을 당할 짓을 차마 할 수 없으니, 임금님의 命을 받들 수 없습니다." 하였다.

宋 元公은 드디어 길을 떠났다. 己亥日에 曲棘에서 卒하였다.

15-02-18 曹人夢衆君子立于社宮 曹人의 꿈에 여러 君子들이 社宮에 서 있다

【左傳】 哀七年이라 初에 曹人或夢衆君子立于社宮하야 而謀亡曹어늘 曹叔振鐸請待公孫強한대 許之[1]하다 (朝)〔旦〕[2]而求之하니 曹無之[3]하다 戒其子[4]曰 我死에 爾聞公孫強爲政이어든 必去之하라 及曹伯陽卽位하야 好田弋하다 曹鄙人公孫強好弋하여 獲白雁獻之하다

有寵하야 使爲司城以聽政하니 夢者之子乃行하다 強言霸說於曹伯[5)]한대 曹伯從之하야 乃背晉而奸宋[6)]하니 宋人伐之하다

1)〔역주〕 曹叔振鐸請待公孫強 許之 : 振鐸은 曹나라 始祖이다. 여러 군자들에게 公孫 強이 執政할 때를 기다린 뒤에 曹나라를 멸망시키기를 청하자 여러 군자들이 허락한 것이다.〈附注〉

2)〔역주〕 (朝)〔旦〕 : 저본에는 '朝'로 되어 있으나, ≪春秋左氏傳≫에 의거하여 '旦'으로 바로잡았다. '朝'는 朝鮮 太祖 李旦의 피휘로 보인다.

3)〔역주〕 (朝)〔旦〕而求之 曹無之 : 꿈을 꾼 다음날 曹나라에 두루 찾아보았으나 이른바 公孫 強이란 자가 없었다는 말이다.〈附注〉

4)〔역주〕 戒其子 : 꿈을 꾼 자가 그 아들에게 경계한 것이다.〈附注〉

5)〔역주〕 強言霸說於曹伯 : 公孫 強이 曹伯 陽에게 霸業을 創建하는 방법〔說〕을 進言한 것이다.〈附注〉

6)〔역주〕 乃背晉而奸宋 : 宋나라를 침범한 것이다.〈附注〉

哀公 7년, 당초에 曹나라의 어떤 사람이 꿈에 여러 君子들이 社宮에 서서 曹나라를 멸망시킬 일을 謀議하는데, 曹叔 振鐸이 公孫 強이 〈執政할 때를〉 기다리기를 청하자 여러 君子가 허락하는 것을 보았다.

그 사람은 이튿날 公孫 強이란 자를 찾아보았으나 曹나라에는 그런 자가 없었다. 그러자 그 아들에게 경계하기를 "내가 죽은 뒤에 너는 公孫 強이란 사람이 執政이 되었다는 말을 듣거든 반드시 이곳을 떠나라."고 하였다.

曹伯 陽이 즉위함에 미쳐 사냥〔田弋〕을 좋아하였다. 曹나라 변방 사람 公孫 強이 주살로 새 잡기를 좋아하여 白雁을 잡아 曹伯 陽에게 바쳤다. 〈曹伯 陽은 公孫 強을〉 寵愛하여 司城으로 삼아 國政을 처리하게 하니, 꿈꾼 자의 아들이 곧 曹나라를 떠났다. 公孫 強이 曹伯에게 霸者가 되는 방법〔說〕을 말하자, 曹伯이 그 말을 따라 晉나라를 배반하고 宋나라를 침범하니, 宋人이 曹나라를 토벌하였다.

15-02-19 衛侯夢渾良夫 衛侯의 꿈에 渾良夫가 보이다

【左傳】 哀十七年이라 衛侯夢于北宮[1)]에 見人登昆吾之觀[2)]하야 被髮北面而譟曰 登此昆吾之虛하니 緜緜生之瓜[3)]로다 余爲渾良夫니 叫天無辜[4)]하리라 公親筮之하니 胥彌赦[5)] 占之曰 不害라하다 與之邑한대 寘之[6)]而逃하야 奔宋[7)]하다 衛侯貞卜[8)]하니 其繇曰 如魚

(窺)〔竀〕[9]尾[10]하니 衡流而方羊이로다 裔焉[11]大國이 滅之하니 將亡하리라 闔門塞竇하고 乃自後踰하리라 冬十月에 晉復伐衛[12]하야 入其郛하다

1)〔역주〕衛侯夢于北宮：衛 莊公이 北宮에서 꿈을 꾼 것이다.〈附注〉

2)〔역주〕見人登昆吾之觀：옛날 昆吾氏의 터에 衛나라의 樓臺〔觀〕가 있다. 지금의 濮陽城中이다.〈杜注〉

3)〔역주〕綿綿生之瓜：綿綿은 넝쿨이 끊어지지 않고 이어져 있는 모양이다. ≪詩經≫〈大雅 綿〉篇에 "끊임없이 이어진 오이 넝쿨이여, 周나라에 사람이 처음 산 것은〔綿綿瓜瓞 民之初生〕"이라 하였다. 渾良夫는 衛나라가 처음 開國한 때로부터 지금까지 끊어지지 않게 한 것과 衛侯를 세운 것이 자기의 힘이라는 것을 비유한 말이다.〈楊注〉

4)〔역주〕叫天無辜：본래의 盟約은 죽을죄를 응당 세 번 赦免하겠다고 하였는데, 同時의 일을 列擧하여 세 가지 罪目으로 삼아서 죽였기 때문에 스스로 無辜하다고 한 것이다.〈杜注〉

5)〔역주〕敇：衛나라의 筮史이다.〈杜注〉

6)〔역주〕與之邑 寘之：衛侯가 기뻐서 邑을 賞으로 주었으나, 胥彌敇는 그 邑을 버리고 받지 않은 것이다.〈附注〉

7)〔역주〕逃 奔宋：衛侯가 無道하므로 卜人이 감히 사실대로 대답하지 않고서, 禍難이 닥칠 것이 두려워 도망간 것이다.〈杜注〉

8)〔역주〕貞卜：'貞'은 점을 쳐서 吉凶을 묻는 것이다. '貞'字가 卜辭에 흔히 보인다.〈楊注〉

9)〔역주〕(窺)〔竀〕：저본에는 '窺'로 되어 있으나, ≪春秋左氏傳≫에 의거하여 '竀'으로 바로잡았다.

10)〔역주〕如魚(窺)〔竀〕尾：竀은 赤이다. 魚類는 괴로우면 꼬리가 붉어진다.〈杜注〉

11)〔역주〕衡流而方羊 裔焉：〈杜注〉에는 '裔焉'을 上句에 붙여 '물살을 뚫고 물가를 정처 없이 헤맨다.'는 뜻으로 해석하였으나, 劉炫은 "卜辭는 文句에 韻을 다니, '裔焉' 두 글자를 下句에 붙여 읽어야 '方羊'의 '羊'과 '將亡'의 '亡'이 서로 운이 맞는다."라고 하면서 '裔焉'을 上句에 붙인 〈杜注〉는 옳지 않다고 하였다. 後代의 註釋書에는 대체로 劉炫의 설을 따랐다.(≪春秋左傳正義≫, ≪左氏會箋≫)

11)〔역주〕晉復伐衛：蒯聵를 피해 도망간 것이다.〈杜注〉

哀公 17년, 衛侯가 北宮에서 꿈을 꾸었는데, 꿈에 어떤 사람이 昆吾觀에 올라가서 머리를 풀어 헤치고서 북쪽을 향해 큰소리로 "이 昆吾의 옛터에 올라보니 오이 넝쿨 끊어지지 않고 이어져 있네. 나는 바로 渾良夫이니 하늘에 無辜함을 부르짖겠노라."

고 하는 것을 보았다.

衛 莊公이 이 꿈에 대해 친히 蓍草占을 쳤는데, 胥彌赦가 그 점을 풀이해 말하기를 "해롭지 않습니다."라고 하였다. 莊公이 그에게 邑을 주니 胥彌赦는 그 邑을 받지 않고 도망해 宋나라로 달아났다.

衛侯가 거북점을 치니, 그 占辭에 "물고기처럼 꼬리가 붉으니 흐르는 물살을 뚫고 정처 없이 헤매리라. 邊隣의 大國이 멸망시키려 하니 장차 망할 것이로다. 문을 닫고 구멍을 막고서 뒷담을 넘어 도망가리라."고 하였다.

겨울 10월에 晉나라가 다시 衛나라를 토벌하여 그 外郭까지 들어갔다.

15-02-20 宋得夢己爲烏 宋得의 꿈에 자신이 까마귀가 되다

【左傳】 哀二十六이라 宋得夢啓北首而寢於盧門之外[1)]하고 己爲烏而集於上하니 咮加於南門하고 尾加於桐門하다 曰 余夢美하니 必立하리라 大尹奉啓以奔楚하다 乃立得하다

1) 〔역주〕 宋得夢啓北首而寢於盧門之外 : 盧門은 宋나라 東門이다. 北首는 죽음의 상징이고, 門外에 있는 것은 失國을 뜻한다.〈杜注〉

哀公 26년, 宋得(宋 昭公)은, 啓(得의 아우)가 북쪽으로 머리를 두고 盧門(東門) 밖에서 잠을 자고, 자기는 까마귀가 되어 啓의 몸 위에 앉았는데, 부리는 南門에 걸치고 꼬리는 桐門(北門)에 걸친 꿈을 꾸고서, 말하기를 "내 꿈이 좋으니 반드시 임금이 될 것이다."라고 하였다. 大尹은 啓를 모시고 楚나라로 出奔하였다. 이에 得을 임금으로 세웠다.

形神相接而夢者를 世歸之想이요 形神不接而夢者를 世歸之因이라 因之說曰 因羊而念馬하고 因馬而念車하고 因車而念盖라 固有牧羊而夢鼓吹曲盖[1)]者矣니 是雖非今日之想이나 實因於前日之想也라 故因與想一說也라 信如是說이면 無想則無因이요 無因則無夢이니 擧天下之夢이라도 不出於想而已矣라

1) 〔역주〕 鼓吹曲盖 : 鼓吹는 귀인의 행차에 앞에서 북을 치고 나팔을 부는 樂隊를 이르고, 曲盖은 귀인의 행차에 儀仗으로 쓰는 傘蓋(日傘)를 이른다.

형상과 정신이 서로 접촉하여 꿈이 되는 것을 세상 사람들은 '想'이라 하고, 형상과

정신이 서로 접촉하지 않고도 꿈이 되는 것을 세상 사람들은 '因'이라 한다. '因'의 뜻은 "羊을 因하여 말〔馬〕을 생각하고, 말을 因하여 수레를 생각하고, 수레를 因하여 車蓋를 생각한다."는 따위이다. 본래 羊을 치는 〈가난한 집 자식이〉 鼓吹와 曲蓋를 꿈꾸는 경우가 있으니, 이는 비록 오늘의 생각이 아니지만 실은 전일의 생각에서 起因한 것이다.

그러므로 因과 想은 그 이치가 하나이다. 진실로 이 說과 같다면 想이 없으면 因이 없고 因이 없으면 꿈이 없으니, 온 천하 사람들의 꿈이 想에서 벗어나지 않는다.

嗚呼라 **萬物皆備於我**[1)]하고 **萬理皆備於心**하니 **豈以想而有**며 **豈以不想而無哉**리오 **耳之所聞者有限也**나 **然天下之聲皆具於吾耳之中**하니 **非可以聞不聞限也**라 **目之所見者有限也**나 **然天下之色皆具於吾目之中**하니 **非可以見不見限也**라 **心之所想者有限也**나 **然天下之理皆具於吾心之中**하니 **非可以想不想限也**라 **上天下澤**과 **內華外夷**와 **往古來今**히 **其鉅其細**와 **其晦其明**이 **皆與吾心同流而無間**하야 **或感於志氣**하고 **或動於四體**하고 **或發於夢寐**하야 **層見錯出**이 **軸運機旋**하니 **豈待想而後有因**하고 **待因而後有夢耶**아

1)〔역주〕 萬物皆備於我 : ≪孟子≫ 〈盡心 上〉에 나오는 말이다.

아! 천하의 온갖 사물이 모두 내 마음속에 갖추어져 있고, 온갖 이치가 모두 내 마음속에 갖추어져 있으니, 어찌 생각한다 해서 〈物과 理가〉 있고 생각하지 않는다 해서 〈物과 理가〉 없겠는가?

귀가 들을 수 있는 것은 有限하다. 그러나 천하의 소리가 모두 내 귀 가운데 갖추어져 있으니, 듣거나 듣지 못함으로써 有限과 無限을 논할 것이 아니다. 눈이 볼 수 있는 것은 有限하다. 그러나 천하의 색깔이 모두 내 눈 가운데 갖추어져 있으니 보거나 보지 못함으로써 유한과 무한을 논할 것이 아니다. 마음이 생각할 수 있는 것은 有限하다. 그러나 천하의 이치가 모두 내 마음속에 갖추어져 있으니 생각하거나 생각하지 않는 것으로써 유한과 무한을 논할 것이 아니다.

위로 하늘, 아래로 山澤, 안으로 中華, 밖으로 夷狄, 예로부터 지금까지의 鉅細와 晦明이 모두 내 마음과 함께 흘러 일치해 조금의 간격도 없어서, 혹은 志氣에 감응하

기도 하고 혹은 四體에 작동하기도 하며 혹은 夢寐에 드러나기도 하여, 끊임없이 거듭 나타나는 것이 마치 機軸이 돌아가는 것과 같다. 그러니 어찌 想을 기다린 뒤에 因이 있고, 因을 기다린 뒤에 꿈이 있겠는가?

苟必謂因想而後有夢이면 **則是未想之前**에 **胸中本無是物**이요 **因想而後有是物也**며 **未想之前**에 **胸中本無是理**요 **因想而後有是理也**라 **抑不知心猶地而想特其一塵耳**요 **心猶海而想特其一漚耳**라 **以想爲心**이면 **何異指塵爲地**하고 **指漚爲海乎**아 **是其爲論**이 **淺狹潰亂**하야 **猶未離乎夢中語**어늘 **反欲證他人之夢**하니 **甚矣**라 **其惑也**여

만약 반드시 생각함을 인한 뒤에 꿈이 있다고 한다면, 이는 생각하기 전에는 가슴속에 본래 이 事物이 없다가 생각함을 인한 뒤에 이 사물이 있고, 생각하기 전에는 가슴속에 본래 이 이치가 없다가 생각함을 인한 뒤에 이 이치가 있다는 것이다.

그러나 이는 마음은 땅과 같고 생각은 땅 위의 한 티끌일 뿐이며, 마음은 바다와 같고 생각은 물결의 한 거품일 뿐임을 모르고서 한 말이다. 생각을 마음이라 한다면 티끌을 가리켜 땅이라 하고, 거품을 가리켜 바다라고 하는 것과 무엇이 다르겠는가?

이것은 그 논리가 천박하고 雜亂하여 잠꼬대 같은 말인데도 도리어 〈이를 통해〉 다른 사람의 꿈을 증명하고자 하니, 미혹됨이 심하다.

歷擧左氏所載之夢컨대 **自晉文公至於宋得**히 **無慮於數十**이니 **名之以想可也**요 **名之以因亦可也**어니와 **至於叔孫穆子夢童牛之貌於牛未至之前**하고 **曹人夢公孫強之名於強未生之前**이니 **是果出於想乎**며 **果出於因乎**아 **雖起樂廣**[1]**於九原**이라도 **吾知其未必能判是義也**라 **以有窮之說**로 **而欲盡無窮之理**하고 **以有外之見**으로 **而欲測無外之心**이면 **難矣哉**라

1) 〔역주〕 樂廣 : 晉나라 때 사람으로 識見이 遠大하였다. 담론에 더욱 뛰어나서, 매번 간단한 말로 이치를 분석하여 사람들의 마음을 만족시켰고 한다.(≪晉書≫ 〈樂廣傳〉)

≪春秋左氏傳≫에 실린 꿈에 대한 기록을 일일이 들면 晉 文公으로부터 宋得(宋 昭公)에 이르기까지 무려 수십 조에 달하니, '想'으로 명칭해도 괜찮고 '因'으로 명칭해도 괜찮다. 그러나 叔孫穆子가 꿈에서 어린 牛를 본 것이 牛가 이르기 이전이었고, 曹人

이 꿈에서 公孫 強의 이름을 말한 것이 公孫 強이 출생하기 이전이니, 이것도 과연 想과 因에서 나온 것인가?

비록 樂廣이 다시 살아 돌아온다 해도 내가 알기로는 그도 반드시 이런 도리를 판단할 수 없을 것이다. 유한한 말로 무한한 이치를 다 말하고자 하고, 유한〔有外〕한 견문으로 무한〔無外〕한 마음을 헤아리고자 하면 어려울 것이다.

嗚呼라 **理本無窮**이어늘 **而人自窮之**하고 **心本無外**어늘 **而人自外之**라 **故左氏之所謂夢**은 **出於所因所思之外蓋無幾**요 **其餘未有不局於區區念慮之間者也**라 **持樂廣之論以揆之**[1)]면 **固已十中其八九矣**라 **然醫不至於神**이면 **治常疾則精**이나 **治非常之疾則疏**하고 **論不至於極**이면 **談常夢則合**이나 **談非常之夢則敗**라 **魯襄公之夢周公**은 **固子服惠伯之所能辨也**나 **如使論孔子之夢周公**[2)]이면 **吾不知其何辭以對**라

1) 持樂廣之論以揆之 : 事見本傳*)

일이 ≪晉書≫ 〈樂廣傳〉에 보인다.

*) 〔역주〕 事見本傳 : ≪晉書≫ 〈樂廣傳〉에 "衛玠가 어린 시절에 樂廣에게 꿈에 대해 물어보았는데, 樂廣은 '이것은 想이다.'라고 대답하였다. 衛玠가 '정신과 형상이 서로 접촉하지 않고 꿈을 꾸었는데 이것이 어찌 想입니까?' 하자, 樂廣은 '因이다.'라고 대답하였다.〔衛玠總角時 嘗問廣夢 廣云 是想 玠曰 神形所不接而夢 豈是想邪 廣曰 因也〕"는 내용이 보인다.

2) 〔역주〕 孔子之夢周公 : ≪論語≫ 〈述而〉에 "孔子께서 말씀하셨다. '심하도다. 나의 노쇠함이여! 오래되었도다. 내가 다시 꿈에서 周公을 보지 못한 것이.'〔子曰 甚矣 吾衰也 久矣 吾不復夢見周公〕"라는 내용이 보인다.

아! 이치는 본래 다함이 없는데 사람들은 스스로 다함이 있는 것으로 여기고, 마음은 본래 밖이 없는데 사람들은 스스로 밖이 있는 것으로 여긴다. 그러므로 左氏가 말한 '꿈'이란, 因과 思(想)의 밖에서 나온 것은 얼마 되지 않고, 나머지는 모두 사람들의 자잘한 생각 사이에 국한된 것들이다.

樂廣의 말을 가지고 헤아려보면 본래 열에 이미 여덟아홉은 맞았다. 그러나 醫術이 신묘한 경지에 이르지 못하면 보통의 질병을 치료하는 데는 정교하지만 비상한 질병을 치료하는 데는 정밀하지 못하며, 언론이 지극한 경지에 이르지 못하면 평범한 꿈을 담론함에는 부합하지만 비상한 꿈을 담론함에는 적절치 않다.

魯 襄公이 꿈에 周公을 본 것은 본래 子服惠伯이 그 吉凶禍福을 판별한 바이지만, 가령 그에게 孔子께서 꿈에서 周公을 보신 것을 논하게 한다면 나는 그가 무슨 말로 대답할지 모르겠다.

15-03 晉侯作三行　晉侯가 三行(三軍)을 編成하다

【左傳】僖二十八年이라 晉侯作三行(항)以禦狄할새 荀林父將中行하고 屠擊將右行하고 先蔑將左行[1]하다

1)〔역주〕晉侯作三行(항)以禦狄……先蔑將左行 : 天子만이 六軍을 둘 수 있고, 諸侯는 大國인 경우라야 三軍을 둘 수 있다. 晉나라는 이미 三軍을 가졌는데 다시 三軍을 增設하면 天子만이 둘 수 있는 六軍의 명칭을 僭用하는 것이 되기 때문에 증설한 군대의 명칭을 '三軍'이라 하지 않고 '三行'이라고 한 것이다.

僖公 28년, 晉侯가 三行을 만들어 狄을 막을 때에 荀林父가 中行을 거느리고 屠擊이 右行을 거느리고 先蔑이 左行을 거느렸다.

事固有當責而不可責者하니 奢者可責也나 多與之財而責其奢는 不可也라 醉者可責也나 多飮之酒而責其醉는 不可也라 晉自武公始受一軍啓封[1]으로 繼以獻公之强하야 衍其一軍爲二하고 繼以文公之伯하야 衍其二軍爲三코도 猶以爲未足하야 復(剳)〔創〕[2]爲三行之制하니 外避天子六軍之名이요 而內僭天子之實이라 議者竝以文公爲可責也나 吾獨以爲當責而不可責也라하노라

1)〔역주〕啓封 : 天子가 宗親이나 功臣에게 土地를 나누어주어 제후로 封함이다.
2)〔역주〕(剳)〔創〕: 저본에는 '剳'로 되어 있으나, 三民書局本에 의거하여 '創'으로 바로잡았다.

일에는 본래 책망함이 마땅하지만 책망할 수 없는 것이 있다. 예컨대 사치하는 것은 책망함이 마땅하지만 그에게 재물을 많이 주고서 그가 사치하는 것을 책망함은 옳지 않으며, 술에 취하는 것은 책망함이 마땅하지만 그에게 술을 많이 먹이고서 그가 취하는 것을 책망함은 옳지 않다.

晉나라는 武公이 周王으로부터 비로소 一軍을 받아 諸侯로 封해진 뒤로 獻公에 이르

러 國力이 강해지자, 一軍을 二軍으로 늘렸고, 文公에 이르러 侯伯이 되자, 二軍을 三軍으로 늘리고도 오히려 부족하게 여겨서 다시 三行의 제도를 創立하였으니, 이는 밖으로는 天子六軍의 명칭을 피하면서 안으로는 천자의 실제 제도를 僭用한 것이다.

평론하는 자들은 모두 文公을 책망해야 한다고 하나, 나는 홀로 책망함이 마땅하지만 책망해서는 안 된다고 생각한다.

亦嘗聞周室軍旅之制乎ㄴ저 **五人爲伍**요 **五伍爲兩**이요 (五)〔四〕[1]**兩爲卒**이요 **五卒爲旅**요 **五旅爲師**요 **五師爲軍**이라 **一軍之制爲人萬二千五百**[2]이니 **損一人則不足**하고 **增一人則有餘**라 **大國之三軍也**는 **地方百里而其人僅足以具三軍也**요 **次國之二軍也**는 **地方七十里而其人僅足以具二軍也**며 **小國之一軍也**는 **地方五十里而其人僅足以具一軍也**라 **地有限則人有限**하고 **人有限則軍有限**하니 **雖欲僭侈其軍**이라도 **亦窘於無人而不得騁矣**리라

1) 〔역주〕 (五)〔四〕 : 저본에는 '五'로 되어 있으나, ≪周禮≫와 四庫全書本에 의거하여 '四'로 바로잡았다.

2) 五人爲伍……一軍之制爲人萬二千五百 : 司馬法[*]
≪司馬法≫에 보인다.

*) 〔역주〕 司馬法 : 이 내용은 ≪司馬法≫에 보이지 않고, ≪周禮≫ 〈地官 司徒〉에 보인다.

그들(議者) 또한 周나라 軍旅의 編制에 대해 들은 적이 있을 것이다. 5人이 1伍, 5伍가 1兩, 4兩이 1卒, 5卒이 1旅, 5旅가 1師, 5師가 1軍이다. 1軍의 편제는 12,500人이니, 1人이라도 缺損되면 〈定數에〉 부족하고 1人이라도 增員되면 〈定數를〉 초과한다.

大國의 군대가 3軍인 것은 封地가 사방 100리여서 그 人民이 겨우 3軍을 갖추기에 충분하기 때문이고, 次國의 군대가 2軍인 것은 封地가 사방 70리여서 그 인민이 겨우 2軍을 갖추기에 충분하기 때문이며, 小國의 군대가 1軍인 것은 封地가 사방 50리여서 그 인민이 겨우 1軍을 갖추기에 충분하기 때문이다.

封地에 〈大小의〉 제한이 있으면 그 인민에도 〈多少의〉 한량이 있고, 인민에 한량이 있으면 군대에도 한량이 있게 될 것이니, 비록 참람하게 그 軍制를 확대하고 싶어도 군대로 뽑을 인민이 없어서 그 뜻을 펼치지 못했을 것이다.

王者之於諸侯에 典祀陵節은 所當問也요 車服亂常은 所當問也요 宮室改度는 所當問也요 樂舞踰數는 所當問也로되 獨軍旅之制는 有所不必問焉이라 非軍旅果輕於典祀車服宮室樂舞也라 蹙之以地하고 束之以人이면 雖使僭之라도 亦不能僭也라 王綱上擧하고 侯度下修하야 大不侵小하고 强不犯弱이면 則地有常地하고 人有常人하고 軍有常軍이니 雖欲如晉之僭이라도 豈可得哉아

王者가 諸侯에 대하여, 典祀에 제도를 초월하는 것과, 車馬와 服飾이 常規를 어지럽히는 것과, 宮室에 제도를 變改하는 것과, 樂舞에 禮數를 초과하는 것은 문책함이 마땅하지만, 유독 軍旅의 편제에 대해서만은 문책할 필요가 없다. 이는 軍旅를 典祀・車服・宮室・樂舞보다 가볍게 여겨서가 아니라, 그 封地를 축소하고 그 인민을 제한〔束〕한다면 비록 그에게 분수 넘는 짓을 하라고 해도 할 수 없기 때문이다.

天王이 위에서 綱紀를 거행하고 제후가 아래에서 법도를 수행하여, 대국이 소국을 침탈하지 않고 강자가 약자를 침범하지 않으면 봉지에 일정한 경계가 있고, 인민에 일정한 人口가 있고, 군대에 일정한 軍制가 있게 될 것이니, 비록 晉 文公처럼 참람하고자 해도 어찌 할 수 있겠는가?

晉之所以能僭六軍者는 適當周室失政之時하야 南吞北噬하고 東攘西略하야 以斥大其國이라 增地必增人이요 增人必增軍이며 野曠則風勁하고 川漲則舟高하며 國大則兵衆矣니 夫何疑耶아 旣已容其兼幷하고 而反責其軍制之僭은 是猶多與之財而責其奢하고 多飮之酒而責其醉也니 此吾所謂事有當責而不可責者也라

晉나라가 참람하게 6軍을 가지게 된 까닭은 마침 周나라의 정치가 혼란한 때를 당하여 남북의 小國들을 兼幷하고 동서의 나라들을 侵奪하여 그 國土를 넓혔기 때문이다. 국토가 늘어나면 반드시 인민이 불어나고 인민이 불어나면 반드시 군대가 늘어난다. 들이 넓으면 바람이 세차고 강물이 불으면 배의 標高가 높아지듯이 나라가 커지면 군대가 많아지는 것이야 의심할 게 뭐 있겠는가?

이미 晉나라가 겸병하는 것을 허용하고서 도리어 그 軍制가 참람함을 책망하는 것은 "그에게 재물을 많이 주고서 그가 사치하는 것을 책망하고, 술을 많이 먹이고서 그가 취하는 것을 책망한다."는 것과 같으니, 이것이 내가 이른바 "일에는 본래 책망

함이 마땅하지만 책망할 수 없는 것이 있다."는 것이다.

爲周室計者컨대 **當深絶其晉兼幷之原**이요 **至於軍數之多寡**하야는 **則在周室初無損益焉**이니 **周果能治晉兼幷之罪**하야 **披其地**하고 **奪其人**이면 **則善矣**라 **不然**이면 **則合爲一軍者是衆也**니 **晉之强自若也**라 **分爲六軍者是衆也**니 **晉之强自若也**라 **是一軍者**는 **未分之六軍**이요 **而六軍者**는 **旣分之一軍也**어늘 **吾何爲喜其一而怒其六哉**아 **軍數之多寡**는 **不足爲損益**이라 **則先王之制禮**에 **銖兩毫髮**이라도 **至嚴而不可踰者**가 **果非耶**아 **曰賈人不得衣綺縠**(곡)**者**는 **政也**나 **盜賊不得衣綺縠**은 **非政也**라 **盜賊非剽掠**이면 **不能具綺縠**이요 **晉侯非兼幷**이면 **不能具六軍**이라 **舍其剽掠而責其服之侈儉**하고 **舍其兼幷而責其軍之多寡**가 **可不可耶**아

周나라를 위해 계획한다면, 晉나라가 겸병할 수 있는 근원을 깊이 끊어버림이 마땅하고, 晉軍의 數가 많고 적음은 周나라에 있어 애당초 손해가 되거나 이익이 될 사항이 아니었으니, 周나라가 과연 小國을 兼幷한 晉나라의 죄를 다스려 그 땅을 分割하고 그 인민을 割奪(빼앗아 줄임)하였다면 바로 최선의 방법이었을 것이다.

그렇게 할 수 없다면 〈軍制의 數目만이라도 줄여 현재의 군대(6軍)를 통합해 1軍으로 만드는 것이 次善은 되었을 것이다.〉 통합해 1軍으로 만든 군대의 수가 바로 현재 6군의 수이니 晉軍의 강성함은 여전하고, 분리해 6軍으로 만든 군대의 수가 바로 1군의 수이니 晉軍의 강성함은 여전하다.

이 1軍은 6軍으로 분리하기 이전의 군대이고, 6軍은 1軍을 여섯으로 분리한 뒤의 군대이다. 그런데 나는 무엇 때문에 晉나라가 1軍을 세운 것에 대해서는 기뻐하고 6군을 세운 것에 대해서는 분노하는가?

晉軍의 數가 많고 적음은 周나라에 損益이 될 만하지 못하다. 그렇다면 先王이 제정한 禮制에 지극히 사소한 것이라도 엄격하게 분별하여 分限을 넘지 말아야 할 것이 과연 이것이 아니겠는가?

나는 이렇게 말하고 싶다. 商人이 비단옷을 입을 수 없는 것은 政令의 규정이지만, 도적이 비단옷을 입을 수 없는 것은 政令의 규정 때문이 아니다. 도적은 폭력을 써서 약탈하지 않으면 비단옷을 마련할 수 없고, 晉侯는 겸병하지 않았으면 6軍을 갖출 수

없었을 것이다. 그런데 도적이 폭력으로 약탈한 것은 따지지 않고 그 의복의 사치와 검소만을 책망하며, 晉侯가 兼幷한 것은 따지지 않고 그 군대의 많고 적음만을 책망하는 것이 옳은가? 옳지 않은가?

15-04 周公閱聘魯 周公 閱이 魯나라로 와서 聘問하다

【左傳】僖三十年이라 冬에 王使周公閱來聘하다 饗有昌歜(잠)白黑形鹽[1)]하니 辭曰 國君文足昭也하고 武可畏也[2)]면 則有備物之享하야 以象其德하고 薦五味하며 羞嘉穀하며 鹽虎形[3)]하야 以獻其功[4)]하나니 吾何以堪之릿가

1) 〔역주〕 饗有昌歜(잠)白黑形鹽 : 昌歜은 菖蒲로 담근 김치이고, 白은 볶은 쌀이고, 黑은 볶은 기장이고, 形鹽은 호랑이 모양으로 깎은 소금이다.〈杜注〉
2) 〔역주〕 國君文足昭也 武可畏也 : 文德이 사람들에게 드러낼 만하고, 武德이 사람들을 畏服시킬 만하다는 말이다.〈附注〉
3) 〔역주〕 羞嘉穀 鹽虎形 : 嘉穀은 볶은 쌀과 기장인데, 그것으로 文德을 상징하고, 호랑이 모양으로 소금을 깎아 그것으로 武功을 상징한다.〈杜注〉 羞는 올림이다.〈附注〉
4) 〔역주〕 以獻其功 : 文武의 功을 상징한 것이다.〈杜注〉 獻은 象(상징)과 같은 뜻으로 쓰였다.(≪春秋左傳注≫)

僖公 30년, 겨울에 王이 周公 閱을 魯나라로 보내어 와서 聘問하였다. 그를 접대하는 床에 창포김치〔昌歜〕·흰쌀〔白〕·검은 기장〔黑〕·호랑이 모양으로 깎은 소금〔形鹽〕이 올라 있으니, 周公 閱이 사양하며 말하였다.

"國君의 文治가 四方에 드러날 만하고, 武功이 사람들을 畏服시킬 만하면, 여러 가지 음식을 갖추어 접대하여 그의 文德을 象徵하고, 五味와 嘉穀과 호랑이 모양으로 깎은 소금을 올려 武功을 상징하는 것이니, 내가 어찌 이를 감당하겠습니까?"

身者寄也요 軒冕[1)]者身之寄也는 是道家者流之論也라 人自送丞相長史로되 而張君嗣[2)]厭其勞[3)]하고 魯自待宰周公이나 而姬閱辭其享하야 認而有之하니 非惑耶아 信如是言이면 則有宰周公而又有姬閱이니 是身與位爲二也라 蘇孺文[4)]視身與位爲二라 故指飮故人과 按故人者爲兩事[5)]라 (荀)〔苟〕[6)]道將[7)]視身與位爲二라 故指殺弟哭弟者爲兩人[8)]이라 傷恩敗敎하야 其禍有不可勝言者가 非二之罪耶아

1) 〔역주〕 軒冕 : 수레와 면류관으로 官位와 爵祿을 이른다.
2) 〔역주〕 張君嗣 : 이름은 裔로 蜀漢 成都 사람이다. 諸葛亮이 漢中에 있을 때에 張裔는 益州太守였다. 뒤에 제갈량에게 일을 자문하기 위해 한중으로 갈 때에 전송하는 사람이 수백 명이고 수레가 길을 메우니, 장예는 친한 벗에게 "근자에 길을 떠나기로 하였는데, 밤낮으로 賓客을 접대하다 보니 편이 쉴 수가 없다. 사람들은 자발적으로 丞相長史를 존경하고, 男子 張君嗣는 그들을 친근히 대하다보니 피곤해 죽고 싶다.〔近者涉道 晝夜接賓 不得寧息 人自敬丞相長史 男子張君嗣附之 疲倦欲死〕"는 내용의 편지를 보냈다.(≪三國志≫ 〈蜀志 張裔傳〉)
3) 張君嗣厭其勞 : 見本傳

   ≪三國志≫ 〈蜀志 張裔傳〉에 보인다.
4) 〔역주〕 蘇孺文 : 이름이 章으로 東漢 사람이다. 漢 順帝 때 冀州刺史가 되었는데, 淸河太守로 있는 벗이 있었다. 蘇章은 管轄地域을 순행하며 太守의 姦贓을 조사한 다음, 太守를 초청해 술자리를 마련하고서 평소의 우정을 이야기하며 매우 즐거워하였다. 太守가 기뻐하며 "사람들에게는 모두 하나의 하늘이 있지만 나에게는 두 개의 하늘이 있다."고 하였다. 그러자 蘇章은 "오늘 저녁에 蘇孺文이 벗과 술을 마신 것은 사사로운 恩情이고, 내일 冀州刺史로서 事件을 심문하는 것은 國法이다."라고 하고서 마침내 벗의 罪를 거론하였다. (≪後漢書≫ 〈蘇章傳〉)
5) 蘇孺文視身與位爲二……按故人者爲兩事 : 見本傳

   ≪後漢書≫ 〈蘇章傳〉에 보인다.
6) 〔역주〕 (荀)〔苟〕 : 저본에는 '荀'으로 되어 있으나, ≪晉書≫에 의거하여 '苟'로 바로잡았다.
7) 〔역주〕 (荀)〔苟〕道將 : 이름은 晞로 晉나라 河內 사람이다. 苟晞가 都督靑兗諸軍事로 있을 때에 督護(鎭將의 副官)로 있는 그 姨母의 아들이 법을 범하니 苟晞는 刺史의 권한으로 그를 斬殺하였다. 그 이모가 머리를 조아리며 살려주기를 청하였으나 듣지 않았다. 斬刑을 마치고는 素服으로 갈아입고 눈물을 흘리며 弔哭하면서 "그대를 죽인 자는 兗州刺史이고 아우의 죽음에 哭하는 자는 苟道將이다."라고 하였다.(≪晉書≫ 〈苟晞傳〉)
8) (荀)〔苟〕道將視身與位爲二 故指殺弟哭弟者爲兩人 : 見本傳

   ≪晉書≫ 〈苟晞傳〉에 보인다.

몸은 寄託하는 것이고, 軒冕은 몸이 기탁하는 것이라는 말은 바로 道家者流의 論說이다. 사람들이 자발적으로 丞相長史를 전송하는데도 張君嗣는 전송하는 빈객을 접대하는 노고를 싫어하였고, 魯나라가 자발적으로 宰周公을 접대하는데도 姬閱은 그 宴享을 사양하여, 응당 그렇게 해야 하는 것으로 인식하였으니 이것은 迷惑이 아닌가?

진실로 이 말대로라면 宰周公이라 하고 또 姬閱이라 하였으니, 이는 몸과 職位를 나누어 둘로 여긴 것이다. 蘇孺文은 몸과 職位를 나누어 둘로 보았기 때문에 故人(벗)에게 술을 접대한 것과 故人의 죄를 심문한 것을 두 가지의 일로 여긴 것이다. 荀道將은 몸과 職位를 나누어 둘로 보았기 때문에 아우를 죽인 자와 아우의 죽음을 곡하는 자를 兩人으로 여긴 것이다.

은혜를 해치고 교화를 망쳐 災禍가 말할 수 없는 지경에 이르게 된 것이 몸과 직위를 나누어 둘로 여긴 죄가 아니겠는가?

儒者之論則進是矣나 **居其位而無其德**이면 **爲身之羞**요 **居其位而黜其禮**면 **爲位之羞**라 **身者**는 **一夫之私也**요 **位者**는 **萬世之公也**라 **周公閱以德薄自(悅)〔愧〕**[1]하야 **不敢受魯之享**하니 **抑不思所居者上宰之官**이요 **所持者天子之節**이요 **所享者先王之禮**라 **今徒以一夫之無德**으로 **而廢萬世之常尊**하니 **是避身之羞而爲位之羞也**요 **是知身之〔不足〕**[2]**當其禮**요 **而不知身之不足當其位也**라 **如愧之**인댄 **莫若亟去其位**라 **位則受之**하고 **禮則辭之**는 **受其大而辭其細**하니 **豈不甚可責耶**아

1) 〔역주〕 (悅)〔愧〕 : 저본에는 '悅'로 되어 있으나, 四庫全書本과 三民書局本에 의거하여 '愧'로 바로잡았다.

2) 〔역주〕 〔不足〕 : 저본에는 '不足'이 없으나, 三民書局本에 의거하여 보충하였다.

儒者의 도리로 논하면 仕進하는 것이 옳다. 그러나 그 職位에 있으면서 그에 걸맞는 德이 없으면 몸의 치욕이 되고, 그 직위에 있으면서 그에 걸맞는 禮를 물리치면 직위의 치욕이 된다. 몸은 한 사람의 私有物이지만 직위는 만세의 公有物이다.

周公 閱은 자기의 德이 淺薄한 것을 스스로 부끄럽게 여겨 감히 魯나라의 饗宴을 받지 않았으니, 이는 자기가 있는 자리가 上宰의 官位이고 가지고 있는 것이 天子가 내린 符節이고 받는 饗宴이 선왕의 제정한 禮라는 것을 생각하지 못한 것이다. 지금 단지 한 사람이 無德하다 하여 만세토록 영원히 높여야 할 爵位를 폐기하였으니, 이는 몸의 치욕을 피하기 위해 직위의 치욕으로 돌린 것이고, 이는 몸이 그 禮를 담당하기에 부족한 것만을 알고, 몸이 그 직위를 담당하기에 부족한 것은 모른 것이다.

만약 부끄러워한다면 즉시 그 직위를 버려야 한다. 직위는 받아들이고 饗禮는 사양

하는 것은 큰 것(직위)은 받아들이고 작은 것(향례)은 사양한 것이니, 어찌 매우 책망할 일이 아니겠는가?

以儒者之論으로 而責周公閱이면 固無所逃罪라 然吾(切)〔竊〕[1]有所矜焉이로라 周公之位는 自周文公之沒로 居其位者不知其幾人也요 使于四方하야 享昌歜白黑形鹽之享者도 又不知其幾人也어늘 彼豈皆德與禮稱하야 受之而無愧耶아 晏然居之하고 欣然樂之요 未聞有一人以德薄辭者라 至周公閱之居此官受此享에 怵惕內愧하야 對大賓大客之前에 痛自羞薄하야 不敢少安하니 其不能辭位固可責이나 吾未嘗不獨矜其愧心之猶在也로라

1) 〔역주〕 (切)〔竊〕 : 저본에는 '切'로 되어 있으나, 四庫全書本과 三民書局本에 의거하여 '竊'로 바로잡았다.

儒者의 논리를 가지고 周公 閱을 꾸짖는다면 진실로 그 죄를 피할 길이 없다. 그러나 나는 마음속으로 존경함이 있다.

周公의 職位는 周文公(姬旦)이 사망한 뒤로 그 직위에 있었던 자가 얼마인지 알 수 없을 만큼 많았고, 사방의 나라에 사신으로 가서 창포김치・흰 쌀・검은 기장・호랑이 모양으로 깎아 만든 소금의 饗宴을 받은 자가 또 얼마인지 알 수 없을 만큼 많았는데, 저들이 德과 禮가 어찌 모두 서로 걸맞아서 그 향연을 부끄럼 없이 받아들일 만하였겠는가? 그런데도 편안한 마음으로 그 직위를 차지하고 즐거운 마음으로 그 향례를 즐겼고, 한 사람도 德이 淺薄하다는 이유로 사양한 자가 있었다는 말을 듣지 못하였다.

그런데 周公 閱은 이 관직에 있고 이 향례를 받을 때에 두렵고 부끄러워, 高貴한 賓客을 面對한 앞에서 비통해하며 스스로 덕이 천박한 것을 치욕으로 여겨 감히 조금도 편안히 있을 수 없었으니, 그가 직위를 사양하지 않은 것은 진실로 꾸짖을 만하지만, 나는 홀로 그에게 오히려 부끄러워하는 마음이 있었던 것을 존경하지 않은 적이 없었다.

其視前後數公이 旣不辭位하고 又不辭禮하야 驕泰奢侈者컨대 豈不賢耶아 其視道家者流의 傲誕荒唐하야 視身與位爲二物者컨대 豈不賢耶아 范鞅一陪臣이로되 猶索十牢於

禮之外[1)]하고 周公閱以天子之宰로 乃肯辭備物於禮之內어늘 儒者不矜其愧心而責其迹하니 吾(切)〔竊〕恨儒者之不恕也로라 然既曰 知愧矣라하니 不愧其大而愧其細는 獨何歟아 吾又未見儒者之不恕也로라

1) 范鞅一陪臣 猶索十牢於禮之外 : 昭二十三年[*)]
《春秋左氏傳》 昭公 23년에 보인다.

*) 〔역주〕 昭二十三年 : 실제로는 昭公 21년의 일이다. 《春秋左氏傳》 昭公 21년에 "여름에 晉나라 士鞅(范鞅)이 와서 聘問하니 이때 叔孫이 賓客 접대하는 일을 맡았다. 季孫은 叔孫을 晉나라에 밉보이게 하고자 하여 有司에게 齊나라 鮑國이 費邑을 가지고 왔을 때 접대했던 禮(七牢)로 士鞅을 접대하게 하자, 士鞅이 노하여 말하기를 '鮑國은 지위가 낮고 그 나라는 약소한데, 지금 나에게 그가 받았던 牢禮를 따르게 하니, 이는 우리 晉나라를 경시하는 것이다. 나는 장차 이 일을 우리 임금님께 보고하겠다.'고 하니, 魯人은 두려워하여 四牢를 추가하여 十一牢로 접대하였다."라고 하였다. 范鞅은 晉나라 卿 士鞅이니 바로 范獻子이다. 陪臣은 諸侯의 大夫를 이른다. 牛·羊·豕를 갖춘 것을 一牢라 한다. 諸侯를 접대하는 禮는 七牢를 넘을 수 없는데, 范鞅은 제후의 대부로서 十牢를 요구하였으니, 饗禮의 限節을 벗어난 것이다.

그의 행위를 전후의 몇몇 周公들의, 직위를 버리지도 향례를 사양하지도 않고 교만하고 사치한 것에 비교하면 어찌 훌륭하지 않은가? 그의 행위를 道家者流의 오만 放誕하고 황당하여 몸과 직위를 나누어 둘로 여긴 것에 비교하면 어찌 훌륭하지 않은가?

范鞅은 한낱 陪臣으로서 오히려 향례 밖의 十牢를 요구하였고, 周公 閱은 天子의 太宰로 끝내 향례 이내의 備物을 사양하였다. 그런데도 儒者들은 그의 부끄러워하는 마음을 존경하지 않고 그의 행적만을 꾸짖으니, 나는 마음속으로 儒者들의 寬恕하지 못함을 한스러워한다.

그러나 〈周公 閱이〉 이미 부끄러움을 안 것이라면, 큰 것은 부끄러워하지 않고 작은 것만을 부끄러워한 것은 무엇 때문인가? 〈儒者들이 이것을 꾸짖지 못하니〉 나는 또 儒者들이 '〈진정으로〉 寬恕하지 못함'을 보지 못했다.

15-05 臧文仲如晉分曹田 臧文仲이 晉나라에 가서 曹나라의 땅을 나눠 받다

【左傳】 僖三十一年이라 春에 取濟西田하니 分曹地也[1)]라 使臧文仲往하다 宿於重館[2)]이러니

重館人[3)]告曰 晉新得諸侯하니 必親其共[4)]하리라 不速行이면 將無及也[5)]리라 從之하야 分曹地하니 自洮以南으로 東傅于濟히 盡曹地也라

1) 〔역주〕 取濟西田 分曹地也 : 僖公 28년에 晉 文公이 曹나라를 토벌하고서 그 땅을 分割하였으나 境界를 정하지는 않았다. 이때에 와서 諸侯에게 나누어준 것이다.〈杜注〉
2) 〔역주〕 宿於重館 : 高平 方與縣 서북쪽에 重鄕城이 있다.〈杜注〉
3) 〔역주〕 重館人 : 重은 地名이고, 館은 客館이고, 人은 객관을 관리하는 사람이다.
4) 〔역주〕 必親其共 : 晉人은 반드시 자기들에게 恭順하고 禮가 있는 사람을 親愛한다는 말이다.〈附注〉
5) 〔역주〕 不速行 將無及也 : 먼저 간 자들이 땅을 전부 받아 가면 뒤에 간 자는 아마도 땅을 받는 일에 미칠 수 없을 것이라는 말이다.〈附注〉

僖公 31년, 봄에 濟水 이서의 땅을 취하였으니 이는 曹나라의 땅을 나누어 받은 것이다. 僖公은 臧文仲을 보내어 땅을 받아오게 하였다.

臧文仲이 가다가 重館에 묵게 되었는데, 重館人이 고하기를 "晉나라가 새로 諸侯를 얻었으니 반드시 恭順한 나라를 親愛할 것이다. 빨리 가지 않는다면 아마도 미치지 못할 것이다."라고 하였다. 臧文仲은 그의 말에 따라 〈서둘러 가서〉 曹나라의 땅을 나누어 받았으니, 洮水 이남에서 동쪽으로 濟水에 이르기까지가 모두 曹나라 땅이다.

【主意】 魯曹는 兄弟之國也[1)]라 晉以私意討曹而分其地하니 魯不能私어늘 而文仲反听(청)重館人之言하고 爭先而取其地하니 是誠何心哉아 吾恐文仲所喪之多於地耶로라

1) 〔역주〕 魯曹 兄弟之國也 : 魯나라의 시조인 周公과 曹나라의 시조인 叔振鐸은 모두 周 文王의 아들이자 周 武王의 아우이다.

魯나라와 曹나라는 兄弟의 나라이다. 晉나라가 사사로운 감정으로 曹나라를 討伐하고서 그 土地를 分割하니, 魯나라는 그 토지를 私有할 수 없는데, 臧文仲은 도리어 重館人의 말을 듣고 앞다퉈 달려가서 그 토지를 취하였으니, 이것이 진실로 무슨 마음이란 말인가? 나는 장문중이 잃은 것이 얻은 토지보다 많다고 생각한다.

利則居後[1)]하고 害則居先[2)]은 此君子處利害之常法也[3)]라 是故見利而先謂之貪[4)]이요 見利而後謂之廉[5)]이며 見害而先謂之義[6)]요 見害而後謂之怯[7)]은 皆古今之定名이나

未有知其所由始者也라 **人之於利**에 **憂其銳而不憂其怠**하고 **憂其急而不憂其緩**하며 **憂其溺而不憂其忘**하니 **天下豈有憂蟻之避羶**하고 **憂蚋之捨醯者耶**아

1) 利則居後 : 用利則居後而遜人
   이익이 있으면 뒤로 물러나 남에게 사양함이다.
2) 害則居先 : 遇害則爭先而赴難
   해로움을 만나면 앞을 다투어 危難에 달려감이다.
3) 此君子處利害之常法也 : 斷上二句意 便見臧文仲之非
   위 두 글귀의 뜻으로 결단해보면 바로 臧文仲의 잘못을 볼 수 있다.
4) 是故見利而先謂之貪 : 志在苟得 故謂之貪
   뜻이 구차히 얻으려는 데 있기 때문에 貪이라 한 것이다.
5) 見利而後謂之廉 : 見得思義 故謂之廉
   이득을 보면 의리를 생각하기 때문에 廉이라 한 것이다.
6) 見害而先謂之義 : 見危受命 故謂之義
   위난을 보면 목숨을 바치기 때문에 義라 한 것이다.
7) 見害而後謂之怯 : 志在苟免 故謂之怯
   뜻이 구차히 면하는 데 있기 때문에 怯이라 한 것이다.

이익을 보면 뒤로 물러서고 危害를 보면 앞으로 나서는 것은 君子가 利害에 대처하는 불변의 법칙이다. 그러므로 이익을 보고서 앞으로 나서는 것을 '貪'이라 하고 이익을 보고서 뒤로 물러서는 것을 '廉'이라 하며, 위해를 보고서 앞으로 나서는 것을 '義'라 하고 위해를 보고서 뒤로 물러서는 것을 '怯'이라 하는 것은 모두 예로부터 지금까지 정해진 명칭이다. 그러나 그 명칭이 언제부터 쓰이기 시작했는지는 알 수 없다.

사람들은 이익에 대해 지나치게 銳進하는 것을 걱정하고 태만한 것을 걱정하지 않으며, 지나치게 급박한 것을 걱정하고 느린 것을 걱정하지 않으며, 지나치게 빠지는 것을 걱정하고 망각하는 것을 걱정하지 않으니, 천하에 어찌 개미가 비린내를 피할까 걱정하고 파리가 젓갈을 버릴까 걱정하는 자가 있겠는가?

晉文公私有討於曹[1)]하야 **分裂其地**[2)]에 **爲諸侯者**가 **坐視不能救則已矣**[3)]라도 **乃乘其危而共取其利**[4)]는 **是誠何心也**[5)]오 **臧文仲所以遲遲其行者**[6)]는 **亦忸怩而不安歟**[7)]ㄴ저 **異哉**라 **重館人之論也**[8)]여 **曰 晉新得諸侯**[9)]하니 **必親其共**[10)]하리라 **不速行**[11)]이면 **將無**

及也[12)]리라하니 **重館之人所謂共**[13)]은 **其諸異乎聖人之共歟**[14)]ㄴ저 **信如是說**[15)]이면 **則狡商庸賈**[16)]로 **趨利如風雨者**[17)]가 **皆重館人之所謂共也**[18)]니 **世之共者何其多耶**아 **彼逡巡推揖**[19)]하야 **恥於冒私之君子**[20)]를 **格以重館人之言**[21)]이면 **皆不共之大者**[22)]라 **其說陋甚**[23)]하니 **雖始學者**라도 **猶**(之)〔知〕[24)]**謝而卻之**어늘 **孰知以臧文仲之賢**[25)]으로 **反爲其說之所動乎**[26)]아

1) 晉文公私有討於曹 : 晉文公之出奔也 過曹而受觀浴之侮 故討曹以報舊怨

晉 文公이 出奔하였을 때에 曹나라에 들렀다가 목욕하는 裸體를 엿보는 모욕을 받았다. 그러므로 曹나라를 토벌하여 묵은 원한을 갚은 것이다.

2) 分裂其地 : 取曹田而分之

曹나라의 土地를 취하여 나눈 것이다.

3) 坐視不能救則已矣 : 力不能救 猶云可也

구원할 수 있는 힘이 없으면 오히려 괜찮다고 할 수 있다.

4) 乃乘其危而共取其利 : 因曹之害 爲己之利

曹나라의 災害를 이용해 자기의 이익으로 삼음이다.

5) 是誠何心也 : 有人心者 豈忍如此

'사람의 마음을 가진 자라면 어찌 차마 이렇게 할 수 있겠느냐?'는 말이다.

6) 臧文仲所以遲遲其行者 : 推原文仲本心

臧文仲의 本心의 근원을 추구함이다.

7) 亦忸怩而不安歟 : 想其猶有羞愧之心 故不速行

그도 오히려 부끄러운 마음이 있었기 때문에 속히 가지 않은 것으로 생각된다.

8) 異哉 重館人之論也 : 深責重館人所言之非

重館人의 말이 옳지 않음을 깊이 책망한 것이다.

9) 晉新得諸侯 : 文公新爲伯(패)主

晉 文公이 새로 霸主가 된 것이다.

10) 必親其共 : 共 音恭 ○ 諸侯能奔命於晉者 晉必以爲恭而(觀)〔親〕[*)]之

共은 음이 恭이다. ○ 晉나라의 命을 받고 바쁘게 뛰어다니며 그 命을 집행하는 제후를 晉나라는 반드시 공순하다고 여겨 친애할 것이란 말이다.

*) 〔역주〕 (觀)〔親〕 : 저본에는 '觀'으로 되어 있으나, '親'의 誤字인 듯하므로 '親'으로 바로잡았다.

11) 不速行 : 若遲遲其行

'만일 더디게 한다면'의 뜻이다.

12) 將無及也：晉必以爲不恭而不與之地矣
晉나라는 반드시 공순하지 않다고 여겨 土地를 주지 않을 것이라는 말이다.

13) 重館之人所謂共：反以速于趨利爲恭
이익을 쫓는 데 재빠른 것을 도리어 공순으로 여긴다는 말이다.

14) 其諸異乎聖人之共歟：聖人言共必不如此
聖人께서 말씀하신 공순은 반드시 이와 같지 않다는 말이다.

15) 信如是說：果如重館人之說
'과연 重館人의 말과 같다면'이란 말이다.

16) 則狡商庸賈：狡儈之行商 庸常之坐賈
교활한 行商과 용렬한 坐賈(坐商)를 이른다.

17) 趨利如風雨者：速於得財 商賈之志
속히 재물을 얻고 싶어 하는 것이 商賈의 뜻이다.

18) 皆重館人之所謂共也：深見其說之謬
重館人의 말이 옳지 않음을 깊이 안 것이다.

19) 彼逡巡推揖：逡巡 舒緩也 推揖 辭遜也
逡巡은 행동이 느릿느릿함이고, 推揖은 사양하고 겸손함이다.

20) 恥於冒私之君子：君子以貪冒得利爲深恥
君子는 탐욕하여 이익을 얻는 것을 심한 치욕으로 여긴다.

21) 格以重館人之言：格 謂質正
格은 質正함을 이른다. 譯者는 이 說을 취하지 않고, ≪廣韻≫의 訓을 취하여 '量度(헤아림)'으로 번역하였다.

22) 皆不共之大者：旣以趨利爭先爲恭 必以見利居後爲不恭矣
이미 이익을 쫓아 앞을 다투는 것을 공순으로 여겼다면, 반드시 이익을 보면 뒤로 물러나는 것을 공순하지 않을 것으로 여겼을 것이라는 말이다.

23) 其說陋甚：館人之言 淺陋之甚
重館人의 말은 淺陋함이 심하다.

24) [역주] (之)[知]：저본에는 '之'로 되어 있으나, 四庫全書本과 三民書局本에 의거하여 '知'로 바로잡았다.

25) 孰知以臧文仲之賢：文仲 臧孫氏 名辰 魯之賢大夫
文仲은 臧孫氏로 이름은 辰이다. 魯나라의 賢大夫이다.

26) 反爲其說之所動乎：反爲淺陋之言所動
도리어 淺陋한 말에 흔들렸다는 말이다.

晉 文公이 私憾으로 曹나라를 토벌해 그 땅을 취하여 各國에 나누어줄 때에 諸侯들이 앉아서 구경만 하고 曹나라를 구원하지 않은 것은 따지지 않는다 하더라도, 마침내 曹나라의 危難을 틈타 공동으로 그 이익을 취한 것은 진실로 무슨 마음이란 말인가? 臧文仲이 천천히 간 까닭은 아마도 그 또한 부끄러워 불안한 바가 있어서였을 것이다.

그런데 "晉나라가 막 諸侯의 추대를 받았으니 반드시 공순한 나라를 親愛할 것이다. 빨리 가지 않는다면 아마도 미치지 못할 것이다."라고 한 重館人의 말이 괴이하다. 重館人이 말한 '공순'은 아마도 聖人의 '공순'과 다른 듯하다. 진실로 이 말대로라면 교활하고 용렬한 商人이 급히 이익을 좇는 것이 모두 重館人이 말한 공순이니, 세상에 어쩌면 그리도 공순한 자가 많단 말인가?

저 머뭇거리고 사양하여 탐욕을 치욕으로 여기는 군자를 重館人의 말로 헤아려보면 모두 크게 공순하지 못한 것이 된다. 그 말이 매우 비루하니, 비록 初學者라 해도 오히려 사절해 물리쳐야 함을 알 것인데, 臧文仲처럼 현명한 사람이 도리어 그 말에 흔들리게 될 줄을 누가 알았겠는가?

昔(萬)〔萭〕[1]章與石顯善[2]이라 **顯免官[3]〔歸〕[4]**에 **留物數百萬與章[5]**하니 **章不受[6]**하고 **曰 吾以布衣**로 **見哀於石君[7]**이나 **石君家破[8]**로되 **不能有以安也[9]**하고 **而受其財物[10]**이면 **此爲石氏之禍[11](萬)〔萭〕氏反當以爲福耶[12]**라 **魯與曹同出姬姓[13]**하야 **竝列諸侯[14]**니 **其恩義信誓之重[15]**이 **非如石顯(萬)〔萭〕章一時之私交也[16]**라 **魯坐視曹之剪覆[17]**하고 **不惟不能辭其地[18]**라 **又奔走而趨之[19]**하야 **以曹之禍爲魯之福[20]**이라 **曾謂臧文仲之賢不如(萬)〔萭〕章乎[21]**아 **使臧文仲緩轡徐驅[22]**하야 **徘徊不進**하야 **以致吾不忍之意[23]**면 **雖後諸侯之期[24]**하야 **不得尺土以歸[25]**라도 **吾親親之義已盡矣[26]**요 **今冒利競進[27]**하니 **雖得地之多[28]**라도 **吾恐文仲所喪者之多於地也[29]**라

1) 〔역주〕 (萬)〔萭〕 : 저본에는 '萬'으로 되어 있으나, 四庫全書本과 三民書局本에 의거하여 '萭'로 바로잡았다. 아래도 같다.

2) 昔(萬)〔萭〕章與石顯善 : (萬)〔萭〕章事 出西漢游俠傳 石顯 漢之宦官也
萭章의 일은 ≪漢書≫ 〈游俠傳〉에 보인다. 石顯은 漢나라의 宦官이다.

3) 顯免官 : 顯以罪罷官

石顯이 罪를 지어 관직에서 파면된 것이다.

4) 〔역주〕〔歸〕: 저본에는 '歸'가 없으나, 四庫全書本에 의거하여 보충하였다.

5) 留物數百萬與章 : 顯與章相善 故以數萬財物與之

石顯은 萬章과 서로 사이가 좋은 벗이었기 때문에 數萬金의 재물을 萬章에게 준 것이다.

6) 章不受 : 不受財物

재물을 받지 않은 것이다.

7) 吾以布衣 見哀於石君 : 布衣 賤者也 哀 憐也 石君 以稱顯也

布衣는 賤者이다. 哀는 가엾게 여겨 돌봐줌이다. 石君은 石顯을 칭한다.

8) 石君家破 : 今顯免官破家

이제 石顯이 관직에서 파면되어 집안이 망하였다는 말이다.

9) 不能有以安也 : 我無計而安之

나는 그 집안을 편안하게 할 계책이 없다는 말이다.

10) 而受其財物 : 豈忍受其所賜

어찌 차마 그가 주는 재물을 받을 수 있겠느냐는 말이다.

11) 此爲石氏之禍 : 石顯有破家之禍

석현에게 집안을 망친 災禍가 있다는 말이다.

12) (萬)〔萬〕氏反當以爲福耶 : 豈可受其財物爲我之福

어찌 그 재물을 접수하여 나의 福으로 삼아서야 되겠느냐는 말이다

13) 魯與曹同出姬姓 : 周公與曹祖振鐸 皆文王之子

魯의 始祖 周公과 曹의 始祖 振鐸은 모두 文王의 아들이다.

14) 竝列諸侯 : 魯侯爵 曹伯爵

魯는 侯爵이고, 曹는 伯爵이다.

15) 其恩義信誓之重 : 兄弟之國 恩義至重 必有信誓藏之盟府

兄弟의 나라는 恩情과 道義가 지극히 深重하니 반드시 信誓가 盟府에 간직되어 있을 것이다.

16) 非如石顯(萬)〔萬〕章一時之私交也 : 非石顯(萬)〔萬〕章私交之比

石顯과 萬章의 사사로운 交分에 비할 바가 아니다.

17) 魯坐視曹之剪覆 : 晉文公滅曹 而魯不能救

晉 文公이 曹나라를 擊滅하는데도 魯나라는 구원하지 않은 것이다.

18) 不惟不能辭其地 : 不能如(萬)〔萬〕章辭石氏之財

萬章이 石氏의 재물을 사절한 것처럼 하지 못했다는 말이다.

19) 又奔走而趨之 : 又聽重館人言 速行分地

더구나 重館人의 말을 듣고 속히 달려가서 토지를 나누어 받고자 한 것이다.

20) 以曹之禍爲魯之福：曹有喪地之禍 爲魯有得地之福

曹나라에 土地를 상실하는 禍가 있는 것이 魯나라에 土地를 얻는 복이 있음이 된다는 말이다.

21) 曾謂臧文仲之賢不如(萬)〔萬〕章乎：深責文仲之罪

臧文仲의 罪를 깊이 꾸짖은 것이다.

22) 使臧文仲緩轡徐驅：轡 馬繩也 謂徐行也

轡는 말고삐이니, 徐行함을 이른다.

23) 徘徊不進 以致吾不忍之意：假使文仲能如此

'가령 臧文仲이 이와 같이 하였다면'의 뜻이다.

24) 雖後諸侯之期：雖其來在衆人之後

'비록 그가 다른 사람들보다 뒤에 와서'의 뜻이다.

25) 不得尺土以歸：不得晉人所分曹田

'晉人이 나누어주는 曹나라의 土地를 얻지 못했다 하더라도'의 뜻이다.

26) 吾親親之義已盡矣：亦足以致吾親愛同姓之意 而無愧於心矣

또한 同姓을 친애하는 나의 마음을 드러내기에 충분하여 마음에 부끄러움이 없었을 것이다.

27) 今冒利競進：今乃貪冒其利 爭競以進

그런데 지금 도리어 그 이익을 탐하여 앞다퉈 나아갔다.

28) 雖得地之多：魯分曹地 自(北)〔洮〕以南 東傅于(齊)〔濟〕*)

魯나라가 나누어 받은 曹나라 토지는 洮水 이남으로부터 동쪽으로 濟水까지였다.

*) 〔역주〕 自(北)〔洮〕以南 東傅于(齊)〔濟〕：≪春秋左氏傳≫ 僖公 31년 條에 "自洮以南 東傅于濟 盡曹地也"라 한 것에 의거하여 저본의 '北'과 '齊'를 '洮'와 '濟'로 바로잡았다.

29) 吾恐文仲所喪者之多於地也：見利忘義 蔑棄親親之恩 得地雖多 而所失尤多矣

이익을 보고서 도의를 잊어 親族을 친애하는 恩情을 잊는다면 토지를 얻은 것은 비록 많다 하더라도 잃은 것이 더욱 많을 것이다.

옛날에 萬章과 石顯(元帝 때의 宦侍)은 벗으로서 사이가 좋았다. 石顯이 官職에서 파면되어 鄕里로 돌아갈 적에 萬章에게 數百萬金의 재물을 남겨주자, 萬章은 받지 않으면서 "나는 평민으로 石君의 보살핌을 받았으나, 이제 石君의 집이 패망하는데도 그 집을 안정시켜주지 못하고 도리어 그 재물을 받는다면, 이는 石氏의 禍를 萬氏의 福으로 삼는 것이다."라고 말하였다.

魯나라와 曹나라는 같은 姬姓에서 나와 나란히 諸侯가 되었으니, 두 나라 사이의 심중한 恩義와 信約은 石顯과 萬章의 한때의 사사로운 親交에 비할 바가 아니다. 그런데 魯나라는 曹나라가 전복되는 것을 앉아서 보기만 하고, 그 땅을 사양하지 않았을 뿐만 아니라 더구나 달려가 이익을 추구하여 曹나라의 禍를 魯나라의 福으로 삼았다. 〈그러나 어찌〉 臧文仲의 현명함이 萬章만 못하다고 하겠는가? 가령 臧文仲이 고삐를 늦춰 잡고 말을 천천히 몰며 머뭇거리고 나아가지 않아서 차마 할 수 없는 나의 뜻을 드러냈다면, 비록 諸侯들과 약속한 시일이 지난 뒤에 당도하여 1尺의 토지도 얻지 못하고 돌아갔다 하더라도 우리 魯나라는 親族을 친애하는 道義를 이미 극진히 한 것이다. 그런데 지금 이익을 탐하고 앞을 다투어 〈그 토지를 취하였으니〉 비록 많은 땅을 얻는다 하더라도 나는 臧文仲이 잃은 것이 얻은 토지보다 많다고 생각한다.

前日魯僖之請復衛侯[1)]에 **文仲嘗爲謀主矣**[2)]라 **其言曰**[3)] **諸侯之患**[4)]을 **諸侯恤之**[5)]는 **所以訓民也**[6)]니 **君盍請衛侯**하야 **以示親於諸侯**[7)]하고 **且以動晉**[8)]이니잇가 **夫晉新得諸侯**[9)]하니 **使亦曰 魯不棄其親**[10)]하니 **其亦不可以惡**[11)]이라 **於是納玉於晉**하야 **以免衛侯**[12)]하니라 **曹衛一體也**[13)]라 **免衛之難**이 **其義旣可以動晉**[14)]이면 **辭曹之田**[15)]이 **其義獨不可以動晉乎**[16)]아 **文仲於衛**엔 **則割我之所有**하야 **棄之而不惜**[17)]하고 **於曹**엔 **則奪彼之所有**하야 **受之而不疑**[18)]하니 **是非恩衛而讐曹也**[19)]라 **本心易**(이)**失**하고 **而利心易昏也**[20)]일새니라 **吁**라 **可畏哉**[21)]ㄴ저

1) 前日魯僖之請復衛侯 : 先是 晉文公伐衛□[*1)] 衛侯歸之于京師 使(鑒醢)〔醫鴆〕[*2)]之 不死 臧文仲言於魯僖請復之

이에 앞서(魯 僖公 28년) 晉 文公이 衛나라를 토벌해 衛侯를 잡아 京師로 보냈다. 〈僖公 30년에 晉侯는〉 醫員을 보내어 衛侯를 鴆殺(독살)하게 하였으나 죽지 않았다. 臧文仲이 魯僖公에게 말하여 〈周王과 晉 文公에게〉 衛侯의 復位를 請하게 하였다.

＊1) 〔역주〕 □ : 저본에는 1자 빈칸으로 되어 있다.

＊2) 〔역주〕 (鑒醢)〔醫鴆〕 : 저본에는 '鑒醢'로 되어 있으나, ≪春秋左氏傳≫에 의거하여 '醫鴆'으로 바로잡았다. ≪春秋左氏傳≫ 僖公 28년 經에 "晉人執衛侯 歸之于京師"란 기록이 보이고, 僖公 30년 條에 "晉侯가 醫員 衍을 보내어 衛侯를 鴆殺하게 하였다. 〈그 낌새를 알아차린 衛나라 大夫〉 甯兪가 醫員에게 賂物을 주어 毒을 약하게 타게 하니 죽지 않았다. 魯 僖公이 衛侯의 석방을 청하며 周王과 晉侯에게 모두 열 쌍의 玉을 바치니 王이 석방을 허락하

였다. 가을에 衛侯를 석방하였다.〔晉侯使醫衍酖衛侯 甯兪貨醫 使薄其酖 不死 公爲之請 納玉於王與晉侯 皆十穀 王許之 秋 乃釋衛侯〕"는 기록이 보인다.

2) 文仲嘗爲謀主矣 : 事見國語

이 일은 ≪國語≫ 〈魯語 上〉에 보인다.

3) 其言曰 : 此下述國語所載文仲之言

이하는 ≪國語≫에 실린 臧文仲의 말을 서술한 것이다.

4) 諸侯之患 : 凡諸侯有患難

'무릇 諸侯에 患難이 있으면'의 뜻이다.

5) 諸侯恤之 : 爲隣國者 當憂恤之 言衛侯有患 魯當請救之也

이웃 나라는 마땅히 근심해 구휼해야 한다. 衛侯에게 患難이 있으니, 魯나라는 응당 구원하기를 청해야 한다는 말이다.

6) 所以訓民也 : 所以教民相救恤也

백성들에게 서로 구휼해야 함을 가르치기 위함이다.

7) 君盍請衛侯 以示親於諸侯 : 公何不請救衛君 以示諸侯親愛之義 蓋衛始封之君康叔與周公爲親兄弟

僖公은 어찌하여 衛君의 구원을 청구하여 諸侯들에게 서로 親愛하는 도의를 보이지 않느냐는 말이다. 衛나라에 처음 봉함을 받은 임금 康叔은 魯나라의 始祖 周公과 친형제이다.

8) 且以動晉 : 魯能親愛衛侯 亦可感動晉人 蓋晉始封之君叔虞 乃衛康叔之猶子也

魯나라가 衛侯를 친애하면 이 또한 晉人을 감동시킬 수 있다. 晉나라에 처음 봉함을 받은 임금 叔虞는 바로 衛 康叔의 猶子(조카)이다.

9) 夫晉新得諸侯 : 晉文初爲伯(패)主

晉 文公이 처음 伯主(霸主)가 된 것을 말한다.

10) 使亦曰 魯不棄其親 : 晉人必曰 魯尙知親愛衛侯 我獨不與衛親乎

晉나라 사람들은 반드시 "魯나라는 오히려 衛侯를 친애해야 함을 아는데, 우리는 유독 衛나라를 친애하지 않아서야 되겠는가?"라고 말할 것이다.

11) 其亦不可以惡 : 我而棄衛 是惡魯也

우리(晉)가 衛나라를 버리는 것은 바로 魯나라와 원한을 맺는 것이다.

12) 於是納玉於晉 以免衛侯 : 於是 僖公從文仲之言 納玉於襄王與晉文 會于穀 衛侯由是得免

이에 僖公이 臧文仲의 말에 따라 周 襄王과 晉 文公에게 玉을 바치고서 穀에서 會合하였다. 衛侯가 이로 인해 풀려나게 된 것이다.

13) 曹衛一體也 : 二國於魯皆親

두 나라는 모두 魯나라와 親族이다.

14) 其義旣可以動晉：以親愛之義 感動晉人

親愛하는 도의로 晉나라 사람을 감동시킴이다.

15) 辭曹之田：假設魯能如此

'魯나라가 이렇게 할 수 있었다면'을 가설한 것이다.

16) 其義獨不可以動晉乎：晉人亦必感動 而免曹之難矣

晉人도 반드시 감동하여 曹나라를 患難에서 벗어나게 하였을 것이다.

17) 棄之而不惜：謂納玉于王

玉을 周王에게 바친 것을 이른다.

18) 於曹……受之而不疑：謂分曹田而盡曹地*)

曹나라의 토지를 나누어 曹의 토지를 모두 받았음을 이른다.

*) 〔역주〕 謂分曹田而盡曹地：이 注說은 未詳이다. 僖公 31년 ≪春秋左氏傳≫의 "自洮以南 東傅于濟 盡曹地也"라는 기록에 의하면, 洮水 이남으로부터 동쪽으로 濟水까지가 모두 曹나라의 土地을 나누어 받은 것이라는 말이지, 魯나라가 曹나라의 土地를 다 차지했다는 말이 아니다.

19) 是非恩衛而讐曹也：發明文仲之心 不是以衛爲恩 以曹爲仇

臧文仲의 마음이 衛나라는 은혜로 대하고 曹나라는 원수로 대한 것이 아니라는 것을 설명한 것이다.

20) 本心易(이)失 而利心易昏也：盖是親愛之本心易失 而爲利欲所昏蔽也 此句是一篇斷案

대체로 친애하는 本心(善心)은 상실되기 쉬워 利欲에 가림을 당하기 때문이다. 이 句가 바로 이 한 篇의 斷案이다.

21) 可畏哉：人心易變如此可畏

사람의 마음은 이처럼 쉽게 변하니 두려워할 만하다.

전에 魯 僖公이 晉 文公에게 衛侯의 復位를 청할 때에 臧文仲이 그 계획을 주도하였는데, 그 말에 "諸侯의 환난을 제후가 구원하는 것은 백성을 교훈하기 위함이니, 임금님께선 어찌하여 晉侯에게 衛侯의 복위를 청하여 同姓 제후를 親近히 여김을 보이고, 또 晉侯를 감동시키지 않으십니까? 晉나라가 막 諸侯를 얻었으니(새로 盟主가 되었으니), 晉나라의 使臣도 '魯나라는 그 친근한 나라를 버리지 않으니, 魯나라와 怨恨〔惡〕을 맺는 것은 옳지 않다.'고 할 것입니다."라고 하였다. 이에 魯나라는 晉侯에게 玉을 바치고서 衛侯를 災難에서 벗어나게 하였다.

曹나라와 衛나라는 그 관계가 한 몸과 같다. 衛侯를 災難에서 벗어나게 한 그 의로운 일이 이미 晉侯를 감동시켰다면 曹나라의 토지를 사양하는 그 의로운 일이 어찌

晉侯를 감동시키지 못하였겠는가?

臧文仲이 衛나라에 대해서는 자기의 소유(穀의 玉)를 떼어내어 晉나라에 주면서도 아까워하지 않았으면서, 曹나라에 대해서는 저들의 소유를 빼앗아 주는데도 받아들이고 의심하지 않았으니, 이는 衛나라는 은혜로 대하고 曹나라는 원수로 대한 것이 아니라, 사람의 本心(善心)은 상실하기 쉽고, 이익을 탐하는 마음은 사람을 혼미하게 하기 쉽기 때문이다. 아! 〈탐욕이란 참으로〉 두려운 것이다.

雖然[1)]이나 **太公之就封**[2)]에 **道宿行遲**[3)]하니 **逆旅人曰**[4)] **客寢甚安**[5)]하니 **殆非就國者也**[6)]라 **太公聞之**[7)]하고 **夜衣而行**[8)]하야 **黎明至國**[9)]하니 **則萊侯旣與之爭營丘矣**[10)]라 **太公聽逆旅之言**[11)]하니 **其亦未免於趨利歟**[12)]아 **非也**[13)]라 **君子固不以利自浼**[14)]하고 **亦不以利自嫌也**[15)]라 **一國之重**[16)]에 **有民人焉**[17)]하고 **有社稷焉**[18)]하니 **吾其可避趨利之小嫌**[19)]하야 **濡滯逗橈**[20)]하야 **使爲姦寇之所伺乎**[21)]아 **故太公之不可遲**[22)]는 **猶臧文仲之不可速也**[23)]라 **然受封分地之事**[24)]와 **逆旅重館之言**[25)]은 **其同其異**와 **其是其非**가 **相去**[26)]**間不容髮**[27)]이니 **若之何而辨之**[28)]오 **曰 在明善**[29)]이라

1) 雖然 : 結尾辨難

末尾에 辨難(辯論하고 論難함)한 것이다.

2) 太公之就封 : 引此事辨難極切當 太公姜姓 齊始封之君也

이 일을 이끌어 辨難한 것이 매우 적절하고 타당하다. 太公은 姓이 姜氏로 齊나라에 처음 봉해진 임금이다.

3) 道宿行遲 : 方其就國 宿於路而行甚遲

그가 봉함을 받은 나라로 갈 때에 도로에서 留宿하며 매우 천천히 걸어갔다.

4) 逆旅人曰 : 逆旅 猶今客館也

逆旅는 오늘날의 客館과 같은 것이다.

5) 客寢甚安 : 逆旅人 言太公安寢而不速行

旅館 주인이 "太公은 편안히 잠을 자고 빨리 걷지 않는다."고 말한 것이다.

6) 殆非就國者也 : 若是就國 必不如此

만약 封國으로 가는 것이라면 반드시 이와 같지 않을 것이라는 말이다.

7) 太公聞之 : 聞逆旅人之言

여관 주인의 말을 들은 것이다.

8) 夜衣而行 : 夜起披衣而行

밤에 일어나 옷을 입고 〈급히〉 길을 떠났다는 말이다.

9) 黎明至國 : 天欲明時 已至齊國

먼동이 틀 때에 이미 齊나라에 이른 것이다.

10) 則萊侯既與之爭營丘矣 : 萊 東夷國名 (魯討)〔會紂〕*) 之亂而周初定 未能集遠方 遂與太公爭營丘之地

萊는 東夷의 國名이다. 그때는 紂王의 정사가 혼란하고 周나라가 막 안정된 시기여서 아직 먼 곳까지는 安集시키지 못하였다. 그러므로 마침내 太公과 營丘의 땅을 다툰 것이다.

*) 〔역주〕 (魯討)〔會紂〕 : 저본에는 '魯討'로 되어 있으나, ≪史記≫ 〈齊太公世家〉에 의거하여 '會紂'로 바로잡았다.

11) 太公聽逆旅之言 : 此下 是東萊反難 言太公聽逆旅人之言 猶文仲聽重館人之言

이 이하는 바로 呂東萊가 반복해 論難하여, 太公이 여관 주인의 말을 들은 것이 臧文仲이 重館人의 말을 들은 것과 같다는 것을 말한 것이다.

12) 其亦未免於趨利歟 : 文仲固是利心 太公獨非利心歟

臧文仲의 마음은 본래 이욕의 마음이었으나, 太公의 마음은 유독 이욕의 마음이 아니었겠는가?

13) 非也 : 爲太公分疏

太公을 위해 해명한 것이다.

14) 君子固不以利自浼 : 以利自浼 文仲是也

이욕으로 인해 자신을 더럽힌 것은 바로 臧文仲이다.

15) 亦不以利自嫌也 : 不以利自嫌 太公之事 是也

이욕으로 인해 자신을 혐오하지 않은 것은 바로 太公의 일이다.

16) 一國之重 : 諸侯就封一國*)

諸侯가 封함을 받은 한 나라로 감이다.

*) 〔역주〕 諸侯就封一國 : 무슨 뜻인지 未詳이다.

17) 有民人焉 : 民人賴其牧養

民人이 國君의 養育을 받음이다.

18) 有社稷焉 : 社稷待其祭祀

社稷의 神이 그 제사를 기다림이다.

19) 吾其可避趨利之小嫌 : 應上文不以利自嫌

上文의 "이욕으로 인해 자신을 혐오하지 않는다."는 것을 應對한 것이다.

20) 濡滯逗橈 : 謂不速行

속히 가지 않은 것을 이른다.

21) 使爲姦寇之所伺乎：如齊爲萊侯之所窺伺

萊侯가 齊나라를 칠 기회를 노리는 것과 같은 것이다.

22) 故太公之不可遲：太公受天子之封國 故不可遲

太公은 天子의 명을 받고 封國으로 가기 때문에 지체할 수 없었던 것이다.

23) 猶臧文仲之不可速也：文仲分他人之田地 故不可速

臧文仲은 다른 사람의 토지를 나누기 위해 가기 때문에 속히 갈 수 없었던 것이다.

24) 然受封分地之事：太公是受封 文仲是分地

太公은 바로 封地를 받은 것이고, 文仲은 바로 남의 토지를 나누어 받은 것이다.

25) 逆旅重館之言：逆旅之言是 重館之言非

逆旅人의 말은 옳고, 重館人의 말을 그르다.

26) 其同其異……相去：二事若同 而是非則異

두 사람의 일이 같으나 是非는 다르다.

27) 間不容髮：是非之間 僅若毫髮

是非의 사이가 겨우 터럭만 하다.

28) 若之何而辨之：設問如何辨別

어떻게 辨別할지에 대해 가설하여 물은 것이다.

29) 在明善：中庸曰 不明乎善 不誠乎身矣 盖善者 吾心純粹至善之理 能明乎此 則事之是非 可以辨別於毫髮之間矣

≪中庸≫ 20장에 "善에 대해 밝게 알지 못하면 몸을 성실히 할 수 없다."고 하였다. 대체로 善이란 내 마음의 純粹하고 지극히 善한 이치이니, 이 이치에 대해 밝게 알면 毫髮 사이와 같은 일의 시비를 辨別할 수 있을 것이다.

비록 그러나 太公이 封國으로 갈 때에 路上에서 留宿하며 더디게 가니, 旅館 主人이 "손님께서는 잠자는 모습이 매우 편안하니 封國으로 가는 분이 아닌 듯합니다."라고 하였다. 太公은 이 말을 듣자, 밤에 옷을 입고 길을 떠나 날이 샐 무렵에 齊나라에 당도하니, 이윽고 萊侯가 〈쳐들어와서〉 太公과 營丘를 다투었다.

太公이 여관 주인의 말을 들었으니 그 또한 이익 좇는 것을 면하지 못한 것인가? 아니다. 君子는 본래 이익으로 인해 자신을 더럽히지 않고, 또 이익으로 인해 자신을 嫌惡하지도 않는다. 한 나라에는 소중한 民人이 있고 社稷이 있으니, 내 어찌 이익을 좇는다는 작은 혐의를 피하기 위해 지체하고 머뭇거려 姦寇가 기회를 노리게 해서야 되겠는가? 그러므로 太公이 지체할 수 없었던 것이 臧文仲이 속히 가서는 안 되는 것과 같다.

그러나 受封·分地의 일과 逆旅人·重館人의 말은 同異와 是非의 거리가 머리털 하나를 용납할 틈도 없으니, 어떻게 그 同異와 是非를 분변할 수 있겠는가? 明善에 달렸을 뿐이다.

15-06 晉作五軍以禦狄 晉나라가 五軍으로 만들어 狄人을 방어하다

【左傳】 僖三十一年이라 秋에 晉蒐于淸原하야 作五軍以禦狄[1)]할새 趙衰爲卿[2)]하다

1) 〔역주〕 晉蒐于淸原 作五軍以禦狄 : 僖公 28년에 晉나라는 三行을 만들었는데 이제 그것을 革罷하고서 다시 上下의 新軍으로 편성한 것이다. 河東 聞喜縣 북쪽에 淸原이 있다.〈杜注〉

2) 〔역주〕 趙衰爲卿 : 僖公 27년에 趙衰를 卿에 임명하자 趙衰는 欒枝에게 양보하였다. 그러므로 이제야 비로소 原의 大夫로서 新軍의 元帥가 된 것이다.〈杜注〉

僖公 31년, 가을에 晉나라가 淸原에서 군대를 查閱하고서 五軍으로 만들어 狄人을 방어할 때에 趙衰를 卿으로 삼았다.

爲善未盡이라도 猶愈不爲요 改過未盡이라도 猶愈不改라 堯舜之善은 非可一日爲也요 桀紂之惡은 非可一日改也라 百善而有其一이면 固可漸自附於堯舜矣요 百過而去其一이면 固可漸自離於桀紂矣라 雖然이나 爲善未盡者엔 君子固矜而進之也하고 寬而待之也하며 徐而誘之也어니와 至於人之改過者하얀 君子必用其察焉하야 改過而未盡者는 在所恕요 改過而不盡者는 在所誅라 始發之善端은 新而未固하고 已染之惡習은 舊而難除라 是改過未盡者也니 是力不足者也라 鐫其毫末하야 以盖丘山之愆하고 去其一二하야 以塞衆多之議라 是改過不盡者也니 是誠不足者也라 力不足者는 猶有時而足焉이어니와 誠不足者는 前過未盡에 今僞已生하니 是益其過耳라 何改過之云乎아 曾不如不改之爲愈也니라

善行을 하는 것이 극진하지 못하여도 오히려 하지 않는 것보다 낫고, 허물을 고치는 것이 극진하지 못하여도 오히려 고치지 않는 것보다 낫다. 堯와 舜의 善行은 하루 안에 다 행할 수 있는 것이 아니고, 桀과 紂의 惡行은 하루 안에 다 고칠 수 있는 것이

아니다. 백 가지 善行 중에 한 가지 선행을 가진다면 반드시 점점 〈선행을 늘려〉 스스로 堯舜에 근접할 수 있고, 백 가지 허물 중에 한 가지 허물을 제거한다면 반드시 점점 〈허물을 줄여〉 스스로 桀紂에서 멀어질 수 있다.

비록 그러나 선행을 하는 것을 극진히 하지 못한 자에 대해서는 君子는 본래 가엾게 여겨 進就시키고, 너그럽게 대우하며, 천천히 그를 誘導한다. 그러나 사람의 허물을 고치는 일에 대해서는 군자는 반드시 밝게 살펴, 허물 고치기를 극진히 할 수 없는 자에 대해서는 너그럽게 용서하고, 허물 고치기를 극진히 하지 않는 자에 대해서는 誅伐한다.

처음 발생한 善端(선의 싹)은 새로 생겨나서 아직 견고하지 못하고, 이미 오염된 惡習은 오래되어 제거하기 어렵다. 이것이 바로 허물을 고치기를 극진히 하지 못하는 까닭이니, 이것은 힘이 부족하기 때문이다.

털끝만 한 허물을 삭제하여 태산 같은 허물을 덮고, 한두 가지 허물을 제거하여 많은 비난을 막으려고 한다. 이것이 바로 허물을 고치기를 극진히 하지 못하는 까닭이니, 이것은 誠心이 부족하기 때문이다. 힘이 부족한 자는 오히려 언젠가는 충분할 때가 있을 것이지만, 성심이 부족한 자는 지난날의 허물도 다 제거하지 전에 지금의 詐僞가 이미 생겨났으니 이는 그 허물을 덧보탤 뿐이다. 그러니 어찌 改過라 할 수 있겠는가? 〈이럴 바에야 차라리〉 끝내 고치지 않는 것이 나음이 되는 것만 못하다.

瞑眩之藥[1)]은 不可再投요 背城之戰은 不可再接이라 藥未投에는 雖危疾이라도 猶有望其瘳요 戰未接엔 雖危國이라도 猶有望其勝이어니와 一發而不中이면 則其望窮矣라 過而不改者는 雖元惡大憝(대)[2)]라도 〔君子〕[3)]猶不忍輕絶은 何也오 所恃者改過之術存也ㄹ새니라 乃若改過而不肯盡하고 略爾裁抑하야 苟以欺人이면 則是改過之術既試而不效矣니 夫復何所望耶아 積昏所以致明也요 積蔽所以致通也며 積迷所以致悟也니 人心至神하야 雖懵懵罔罔하야 不知過之當改라도 久閉斯(入)〔開〕[4)]하고 久鬱斯發이니 是惟無改언정 改則若決江河而莫能禦矣라 三年鐘鼓之間은 乃所以陰養其一日之修省也라 今既知過之當改오도 反毛擧細故하야 〔公〕[5)]爲欺誕하야 以竊改過之名이면 是既累其心於不誠矣라 心既不誠이면 則善端何時而復發耶아 本無昏이면 安得明이며 本

無蔽면 **安得通**이며 **本無迷**면 **安得悟**리오 **吾是以知改過不盡者**는 **終無改過之路也**로라

1) 〔역주〕 瞑眩之藥 : 복용한 뒤에 정신이 어지럽고 눈이 아찔한 반응이 강열하게 나타나는 약을 이른다.

2) 〔역주〕 元惡大憝(대) : 더할 수 없이 奸惡한 사람을 이른다.

3) 〔역주〕 〔君子〕 : 저본에는 '君子'가 없으나, 四庫全書本에 의거하여 보충하였다.

4) 〔역주〕 (入)〔開〕 : 저본에는 '入'으로 되어 있으나, 四庫全書本에 의거하여 '開'로 바로잡았다.

5) 〔역주〕 〔公〕 : 저본에는 '公'이 없으나, 四庫全書本에 의거하여 보충하였다.

사람의 정신을 어찔하게 하는 독한 藥은 재차 복용할 수 없고, 城을 등진 최후의 一戰은 두 번 다시 接戰할 수 없다. 약을 쓰기 전에는 아무리 위험한 병이라도 오히려 치료되기를 희망하고, 交戰하기 전에는 아무리 위험한 나라라도 오히려 승리하기를 희망하지만, 한번 행동하여 的中하지 못하면 그 희망이 없어진다.

허물이 있는데도 고치지 않은 자가 비록 지극히 간악한 자라 하더라도 군자가 차마 가벼이 斷絶하지 않는 것은 어째서인가? 믿는 바는 허물을 고칠 방법이 있기 때문이다. 허물을 고치되 다 고치려 하지 않고 대략 억제하여 구차하게 사람들을 속이려 한다면 이는 허물을 고치는 방법을 이미 시험하여 효과를 보지 못한 것이니, 이런 사람에게 다시 무슨 희망이 있겠는가?

오래 쌓인 어두움은 광명을 부르는 원인이고, 오래 쌓인 가림은 개통을 부르는 원인이며, 오래 쌓인 미혹은 깨달음을 부르는 원인이다. 사람의 마음은 지극히 神妙하여, 아무리 무지하고 속임을 당해, 허물을 당연히 고쳐야 함을 모른다 해도 오래 막힌 것은 뚫리기 마련이고 오래 뭉친 것은 발산하기 마련이니, 고치지 않을지언정 고친다면 長江과 大河의 둑이 터진 것처럼 그 기세를 막을 수 없을 것이다.

3년 동안 새벽을 알리는 종소리 가운데서 〈가르침을 받은 것은〉 속으로 하루의 修身과 反省을 培養하기 위함이었다. 이제 허물을 당연히 고쳐야 함을 알고도 도리어 털끝 같은 작은 허물을 들어 공공연히 세상을 속여 "허물을 고쳤다."는 명성을 竊取한다면 이는 이미 그 마음에 성실하지 못함이 쌓인 것이다. 마음이 이미 성실하지 못하다면 善端(善의 싹)이 언제 다시 트겠는가?

본래 어두움이 없었다면 어찌 밝아짐이 있을 수 있으며, 본래 가림이 없었다면 어

찌 뚫림이 있을 수 있으며, 본래 미혹함이 없었다면 어찌 깨달음이 있을 수 있겠는가? 나는 이로 인해 허물을 고치기를 극진히 하지 않는 자는 끝내 허물을 고칠 길이 없다는 것을 알았노라.

晉文公始兼三行三軍之制[1)]하야 以擬天子之六軍이러니 曾未數年에 知僭侈之過하야 復蒐於淸原에 損其一而爲五軍焉하니라 晉文公果知過之當改면 則亟出令하야 盡復諸侯之舊可矣어늘 乃於改過之時에 而爲文過[2)]之事하야 創立軍制하야 上則異於天子하고 下則尊於諸侯라 明知其過而不能盡改하야 外邀恭順之名하고 內享泰侈之實하니 其機不可謂不巧요 其謀不可謂不譎矣라 巧如是하고 譎如是하니 其良心乎아 僞心乎아 良心無巧하니 巧者는 僞心也요 良心無譎하니 譎者는 僞心也라 軍雖損其一이나 而僞心之增者는 不知其幾矣라 嗚呼라 易(이)則易하고 于則于하니 易于雜者는 未之有也라 天下之分은 非君則臣이요 天下之俗은 非夷則夏며 天下之事는 非善則惡이요 天下之說은 非正則邪니 出臣則入君하고 出夷則入夏하며 出善則入惡하고 出正則入邪라 天下豈有出乎此而不入乎彼者耶아 宜晉文之心勞日拙[3)]也라

1) 〔역주〕 三行三軍之制 : 天子만이 六軍을 둘 수 있고, 諸侯는 大國이라야 三軍을 둘 수 있다. 晉나라는 이미 三軍을 가졌는데 다시 三軍을 增設하면 天子만이 둘 수 있는 六軍의 名稱을 僭用하는 것이 되기 때문에 增設한 군대의 명칭을 '三軍'이라 하지 않고 '三行'이라고 한 것이다.

2) 〔역주〕 文過 : 허물을 덮어 감춤이다.

3) 〔역주〕 心勞日拙 : 갖은 잔꾀를 다 부려도 날이 가면 갈수록 더욱 궁지로 몰림이다.

晉 文公은 처음에 三行과 三軍의 제도를 竝行하여 天子의 六軍을 比擬(모방)하였는데, 몇 해 되지 않아 참람했다는 허물을 알고서 다시 淸原에서 군대를 査閱하면서 1軍을 줄여 5軍으로 만들었다.

晉 文公이 과연 허물을 당연히 고쳐야 함을 알았다면 급히 명령을 내려 諸侯의 옛 제도를 다 회복하는 것이 옳았는데, 도리어 허물을 고칠 때에 허물을 숨기는 일을 하여, 군대의 제도를 創建하여 위로는 天子와 다르게 하고 아래로는 諸侯보다 높게 하였다. 자기의 허물을 분명히 알면서도 다 고치지 않아, 겉으로는 恭順하다는 명성을 얻기를 바라고 안으로는 교만하고 사치하는 實情을 누렸으니, 그 心機(心思)가 교묘하

다 하지 않을 수 없고 그 計謀가 詭譎하다 하지 않을 수 없다.

이와 같이 교묘하고 이와 같이 詭譎한 것이 그의 良心이었는가? 僞心이었는가? 良心에는 교묘함이 없으니 교묘함은 僞心이고, 良心에는 詭譎이 없으니 궤휼은 僞心이다. 군대는 비록 하나를 줄였으나, 僞心은 얼마가 增加되었는지 알 수 없다.

아! ≪禮記≫ 〈檀弓 下〉에 "간략한 臣禮를 행해야 할 때이면 간략하게 臣禮를 행하고 성대한 君禮를 행해야 할 때이면 성대하게 君禮를 행하였으며, 간략한 臣禮와 성대한 君禮를 雜用한 경우는 아직까지 없었다."라고 하였다.

천하의 身分은 君이 아니면 臣이고, 天下의 風習은 夷狄이 아니면 華夏이며, 天下의 일은 善이 아니면 惡이고, 天下의 말은 正이 아니면 邪이니, 臣을 벗어나면 君으로 들어가고, 夷狄을 벗어나면 華夏로 들어가며, 善을 벗어나면 惡으로 들어가고, 正을 벗어나면 邪로 들어간다. 天下 어디에 여기에서 벗어났으나 저기에로 들어가지 않은 자가 있었던가? 晉 文公이 마음을 괴롭혀가며 온갖 잔꾀를 다 부려도 날이 갈수록 더욱 궁지로 몰린 것이 당연하다.

〔附 錄〕

1. ≪東萊博議 3≫ 圖版目錄

2. ≪東萊博議≫ 解 題

2. 解 題

QR코드를 스캔하면 ≪東萊博議≫ 解題를 볼 수 있습니다.

3. ≪東萊博議≫ 總目次

3. 總目次

QR코드를 스캔하면 ≪東萊博議≫ 總目次를 볼 수 있습니다.

責任飜譯者

鄭太鉉

慶北 尙州 化北 出生
止山 林聖武 先生과 鳳西 吳禹善 先生 師事
民族文化推進會 國譯硏修院 卒業
國譯部長, 國譯硏修院 敎授
韓國古典飜譯院 附設 古典飜譯敎育院 名譽漢學敎授
傳統文化硏究會 顧問
국민훈장 모란장 受賞

論文 및 譯書

〈栗谷의 改革思想〉
譯書 ≪春秋左氏傳≫ ≪孝經大義≫ ≪同春堂集≫
共譯 ≪五洲衍文長箋散稿≫ ≪星湖僿說≫ ≪宋子大全≫
≪茶山詩文集≫ ≪陽村集≫ ≪高峯集≫ ≪寒水齋集≫
≪朝鮮王朝實錄≫ 등 多數

金炳愛

京畿 驪州 出生
弘益大學校 師範大學 國語敎育科 卒業
國民大學校 大學院 碩士課程 卒業(文學碩士)
서울市立大學校 大學院 博士課程 修了
高麗大學校 大學院 古典飜譯協同科程 博士課程 卒業(文學博士)
民族文化推進會 國譯硏修院 및 常任硏究員 卒業
傳統文化硏究會 校務委員 겸 講師
韓國傳統文化大學校 韓國哲學硏究所 專任硏究員
교육부장관상 受賞
국사편찬위원회장상 受賞

論文 및 譯書

〈蘇軾散文의 文藝美 硏究〉〈산문기법으로 본 허균의 개혁의식〉
〈≪律呂新書≫의 번역・교감・주석 고찰〉〈河濱 愼後聃 ≪周易象辭新編(上經)≫ 譯註〉
譯書 ≪마음 속의 대나무 - 蘇軾散文評說≫
共譯 ≪한국주역대전≫ ≪承政院日記≫ 등 多數

東洋古典譯註叢書 64

譯註 東萊博議 3 정가 35,000원

2018년 10월 20일 초판 발행
2018년 10월 30일 초판 2쇄

著　　者 呂祖謙
責任飜譯 鄭太鉉
共同飜譯 金炳愛
潤文校訂 朴勝株 南賢熙 田炳秀 郭成龍
諮問委員 吳圭根
編　　輯 東洋古典飜譯編輯委員會
發 行 人 李啓晃
發 行 處 社團法人 傳統文化硏究會

서울시 종로구 삼일대로 428 낙원빌딩 411호
전화 : (02)762-8401 전송 : (02)747-0083
전자우편 : juntong@juntong.or.kr
홈페이지 : juntong.or.kr
사이버書堂 : cyberseodang.or.kr
온라인서점 : book.cyberseodang.or.kr
등록 : 1989. 7. 3. 제1-936호

인쇄처 : 한국법령정보주식회사(02-462-3860)
총　판 : 한국출판협동조합(070-7119-1750)

ISBN 979-11-5794-177-3 94910
978-89-85395-71-7(세트)

※ 이 책은 2018년도 교육부 고전문헌 국역지원사업 지원비에 의해 초판(비매품) 간행.

전통문화연구회 도서목록

基礎漢文教材 - 懸吐完譯

成百曉 譯

四字小學 / 習字教本 7,000원/4,000원
推句 · 啓蒙篇 / 習字教本 6,000원/4,000원
明心寶鑑 8,000원
童蒙先習 · 擊蒙要訣 14,000원
註解千字文 11,000원

東洋古典國譯叢書

論語集註 - 개정증보판 成百曉 譯註 25,000원
孟子集註 - 개정증보판 成百曉 譯註 28,000원
大學 · 中庸集註 - 개정증보판 成百曉 譯註 10,000원
詩經集傳 上 · 下 成百曉 譯註 28,000원
書經集傳 上 · 下 成百曉 譯註 28,000원
周易傳義 上 · 下 成百曉 譯註 38,000원
小學集註 成百曉 譯註 28,000원
古文眞寶 後集 成百曉 譯註 28,000원

東洋古典譯註叢書

春秋左氏傳1~8 鄭太鉉 譯註 18,000원~35,000원
莊子1~4 安炳周 · 田好根 共譯 25,000원~29,000원
古文眞寶 前集 成百曉 譯註 28,000원
禮記集說大全1 辛承云 譯註 25,000원
心經附註 成百曉 譯註 35,000원
近思錄集解1~3 成百曉 譯註 25,000원/35,000원
通鑑節要1~9 成百曉 譯註 18,000원~30,000원
唐詩三百首1~3 宋載卲 外 譯註 25,000원~30,000원
東萊博議1~3 鄭太鉉 · 金炳愛 譯註 25,000원
說苑1~2 許鎬九 譯註 25,000원
顔氏家訓1~2 鄭在書 · 盧暻熙 譯註 22,000원/25,000원
大學衍義1~5 辛承云 外 譯註 26,000원~30,000원
貞觀政要集論1~4 李忠九 外 譯註 25,000원~32,000원
荀子集解1~5 宋基采 譯註 25,000원~30,000원
老子道德經注 金是天 譯註 30,000원
揚子法言1 朴勝珠 譯註 24,000원
墨子閒詁1 李相夏 外 譯註 32,000원
韓非子集解1~2 許鎬九 外 譯註 32,000원
唐宋八大家文鈔 韓愈1~3 鄭太鉉 譯註 22,000원/28,000원
〃 歐陽脩1~4 李相夏 譯註 25,000원~30,000원
〃 王安石1~2 申用浩 · 許鎬九 共譯 25,000원
〃 蘇洵 李章佑 外 譯註 25,000원
〃 蘇軾1~5 成百曉 譯註 22,000원
〃 蘇轍1~3 金東柱 譯註 20,000원/22,000원
〃 曾鞏 宋基采 譯註 25,000원
〃 柳宗元1~2 宋基采 譯註 22,000원

十三經注疏
論語注疏1~3 鄭太鉉 · 李聖敏 譯註 25,000원/30,000원
尙書正義1~4 金東柱 譯註 25,000원/30,000원
周易正義1~3 成百曉 · 申相厚 譯註 32,000원
毛詩正義1~2 朴小東 譯註 32,000원/35,000원
禮記正義 中庸 · 大學 李光虎 · 田炳秀 譯註 20,000원
孝經注疏 鄭太鉉 · 姜珉廷 譯註 35,000원

武經七書直解
孫武子直解 · 吳子直解 成百曉 · 李蘭洙 譯註 35,000원
六韜直解 · 三略直解 成百曉 · 李鍾德 譯註 26,000원
尉繚子直解 · 李衛公問對直解 成百曉 · 李蘭洙 譯註 26,000원
司馬法直解 成百曉 · 李蘭洙 譯註 26,000원

思政殿訓義 資治通鑑綱目1~10 辛承云 外 譯註 18,000원~35,000원

漢字漢文教育叢書

형성자 중심 한자교육시험백과 金鐘赫 著 35,000원
◆ 教授用 指導書 四字小學 咸賢贊 著 10,000원
〃 推句 · 啓蒙篇 咸賢贊 著 10,000원
◆ 袖珍本 懸吐 기초한문교재 13,000원
〃 論語 · 大學 · 中庸 10,000원
〃 孟子 15,000원
〃 詩經 · 周易 12,000원
〃 小學 · 孝經 13,000원

東洋古典新譯

당시선 송재소 · 최경렬 · 김영죽 편역 22,000원
손자병법 성백효 역주 14,000원
장자 안병주 · 전호근 · 김형석 역주 13,000원

동양문화총서

동양사상 해설과 원전 정규훈 外 저 22,000원
화합의 길 - ≪중용≫ 읽기 금장태 저 20,000원

문화문고

논어 · 대학 · 중용/맹자 조수익 · 박승주 공역 10,000원
100자에 담긴 한자문화 이야기 김경수 저 9,000원
한자한문전통교재 조수익 · 이성민 공역 10,000원
소학 박승주 · 조수익 공역 10,000원
목민심서 이계황 엮음 10,000원
고문진보散文選 신용호 · 조수익 공역 10,000원
士小節 선비 집안의 작은 예절 이동희 편역 10,000원
名說과 字說 신용호 편역 10,000원
儒學이란 무엇인가 이동희 저 10,000원
대한민국 국무총리 이재원 저 10,000원
경전으로 본 세계종교 이슬람 김영경 편역 10,000원
한문문법 이상진 저 10,000원
우리 설화1~2 김동주 편역 10,000원
경전으로 본 세계종교 그리스도교 이정배 편저 10,000원
경전으로 본 세계종교 도교 이강수 편역 10,000원
당시선 송재소 · 최경렬 · 김영죽 편역 10,000원
현대인, 동양고전에서 길을 찾다 이동희 저 10,000원
경전으로본 세계종교 천도교 윤석산 · 홍성엽 편저 10,000원
무경칠서 손자병법 · 오자병법 성백효 역 10,000원
무경칠서 육도 · 삼략 성백효 역 10,000원
무경칠서 사마법 · 울료자 · 이위공문대 성백효 역 10,000원
경전으로 본 세계종교 힌두교 길희성 편역 10,000원
경전으로 본 세계종교 유교 이기동 편저 10,000원
경전으로 본 세계종교 불교 김용표 편저 10,000원
동아시아의 유교와 전통문화 이동희 저 13,000원